Objektorientiertes Design mit C++

Ken Barclay • John Savage

Objektorientiertes Design mit C++

Prentice Hall

München
London
Mexiko
New York
Singapur
Sydney
Toronto

Die Deutsche Bibliothek – CIP-Einheitsaufnahme

Barclay, Ken:
Objektorientiertes Design mit C++ / Ken Barclay ; John Savage.
[Übers.: G & U Technische Dokumentation, Flensburg]. – München [i.e. Haar] ;
London ; Mexiko ; New York ; Singapur ; Sydney ; Toronto : Prentice Hall, 1997
  Einheitssacht.: Object oriented design with C++ <dt.>
  ISBN 3-8272-9553-X

Die Informationen in diesem Produkt werden ohne Rücksicht auf einen
eventuellen Patentschutz veröffentlicht.
Warennamen werden ohne Gewährleistung der freien Verwendbarkeit benutzt.
Bei der Zusammenstellung von Texten und Abbildungen wurde mit größter
Sorgfalt vorgegangen.
Trotzdem können Fehler nicht vollständig ausgeschlossen werden.
Verlag, Herausgeber und Autoren können für fehlerhafte Angaben
und deren Folgen weder eine juristische Verantwortung noch
irgendeine Haftung übernehmen.
Für Verbesserungsvorschläge und Hinweise auf Fehler sind Verlag und
Herausgeber dankbar.

Titel der englischen Originalausgabe: Object-oriented Design with C++ by K.A. Barclay
and W.J. Savage © 1997 Prentice Hall International (UK), Hemel Hempstead.

Alle Rechte vorbehalten, auch die der fotomechanischen
Wiedergabe und der Speicherung in elektronischen Medien.
Die gewerbliche Nutzung der in diesem Produkt gezeigten
Modelle und Arbeiten ist nicht zulässig.

10 9 8 7 6 5 4 3 2 1

2000 99 98 97

ISBN 3-8272-9553-X

© 1997 by Prentice Hall Verlag GmbH,
Hans-Pinsel-Straße 9b, D-85540 Haar bei München/Germany
Alle Rechte vorbehalten
Einbandgestaltung, Übersetzung und Satz: G&U Technische Dokumentation, Flensburg
Lektorat: Rolf Pakendorf
Druck: Schoder Druck, Gesthofen
Dieses Produkt wurde mit Desktop-Publishing-Programmen erstellt
und auf chlorfrei gebleichtem Papier gedruckt
Printed in Germany

Inhaltsverzeichnis

Vorwort 11
        Programmierumgebungen 14

Danksagungen 17

1 Objekttechnologie 19
1.1 Objekte: Kombinationen aus Diensten und Daten 19
1.2 Objekte als Software-Module 22
1.3 Nachrichten als Mittel für den Dialog zwischen Objekten 23
1.4 Klassen: Sammlungen ähnlicher Objekte 24
1.5 Suche nach der richtigen Methode 26
1.6 Spezialisierung 27
1.7 Klassenhierarchien 29
1.8 Suche nach der richtigen Methode bei der Vererbung 30
1.9 Mehrere Ebenen für die Definition von Operationen 31
1.10 Polymorphie 32
1.11 Abstrakte Klassen 34
1.12 Zusammenfassung 35
1.13 Übungen 36

2 Objektorientierte Analyse und Design 39
2.1 Grundlagen von objektorientierter Analyse und Design 39
2.1.1 Bestimmen von Objekten und Klassen 39
2.1.2 Bestimmen von Operationen 42
2.1.3 Darstellung von Objekten 43
2.1.4 Beziehung zwischen Objekten 43
2.1.5 Aggregatskomponenten von Objekten 47
2.1.6 Aggregation und Assoziation 49
2.1.7 Assoziation zwischen Aggregatskomponenten 50
2.2 Szenarien 52
2.3 Zusammenfassung 55
2.4 Übungen 55

8.3.4	Aufbau der Klasse Application	252
8.4	Version 2	253
8.4.1	Analyse	253
8.4.2	Strukturelles Design	253
8.4.3	Design	254
8.4.4	Aufbau der Klasse Application	254
8.5	Version 3	257
8.5.1	Analyse	257
8.5.2	Strukturelles Design	257
8.5.3	Design	257
8.5.4	Aufbau der Klasse Application	258
8.6	Überlegungen zum Polymorphieeffekt	259
8.7	Übergabe unzulässiger Werte	263
8.8	Kopieren eines Objekts	265
8.9	Zusammenfassung	266
8.10	Übungen	267

9 Vererbung ... 285

9.1	Spezialisierung	285
9.2	Redefinition von Operationen	302
9.3	Dynamische Bindung	303
9.4	Abstrakte Basisklassen	307
9.5	Private Vererbung	311
9.6	Zusammenfassung	312
9.7	Übungen	313

10 Programmierumgebungen ... 315

10.1	ROME	315
10.2	Benutzerschnittstelle	316
10.3	Aufbereitung von Modellen	317
10.4	Codegenerierung	329
10.5	Zukünftige Entwicklungen	331

A Die Grammatik von LOOM ... 337

A.1	Metasymbole	337
A.2	Die Klassenspezifikation	338
A.3	Die Spezialisierungsklausel	339
A.4	Der Klassenrumpf	340
A.5	Die public interface-Klausel	341
A.6	Die protected interface-Klausel	343
A.7	Der Typ einer Eigenschaft	343
A.8	Die private implementation-Klausel	344
A.9	Die Vererbungsklausel	345

A.10	Die representation-Klausel	345
A.11	Die Aggregationsklausel	346
A.12	Die Assoziierungsklausel	346
A.13	Die invariant-Klausel	347
A.14	Die Definitionsklausel	348
A.15	Die Vorbedingung	348
A.16	Die Nachbedingung	349
A.17	Anweisungsblock	349
A.18	Die instance-Anweisung	350
A.19	Die If-Anweisung	351
A.20	Die While-Anweisung	352
A.21	Die Foreach-Anweisung	352
A.22	Die Return-Anweisung	353
A.23	Die Nachrichtenanweisung	353
A.24	Die Let-Anweisung	354
A.25	Ausdrücke	354

B Elementare Datentypen von LOOM ... 357

B.1	Die direkten Behälter	365

C C++-Klassen ... 383

C.1	Das Wesentliche zu Klassen	383
C.2	Ableitung von Klassen	388
C.3	Template-Klassen	394

D Klassenverzeichnis zu C++ ... 397

D.1	CString	397
D.2	CDate	402
D.3	POrderedCollection	407
D.4	PIterator	413

E LOOM-Skripte zur Fallstudie 415
- E.1 Kapitel 4, Version 1 des Bibliothekssystems 415
- E.2 Kapitel 4, Version 2 des Bibliothekssytems 427
- E.3 Kapitel 8, Version 1 des Bibliothekssystems 441
- E.4 Kapitel 8, Version 2 des Bibliothekssystems 451
- E.5 Kapitel 8, Version 3 des Bibliothekssystems 469

F C++-Programm-Listings 495

Stichwortverzeichnis 575

Vorwort

Dieses Buch ist eine Einführung in die Themengebiete objektorientiertes Design und C++. Die Zielgruppe bilden Studenten der Informatik und der praktischen Informatik in unteren Semestern. Es ist jedoch auch für bereits im Projektgeschäft tätige Software-Entwickler nützlich, die ihr Wissen auf diesem Gebiet auf den neuesten Stand bringen möchten.

Der Text setzt seitens des Lesers keinerlei Kenntnisse über Objektorientierung oder die Programmiersprache C++ voraus. Eine gewisse Erfahrung in der Programmierung mit einer höheren Programmiersprache ist jedoch von Vorteil. Das Buch bildet die Grundlage für Vorlesungen, in deren Rahmen eine gemeinsame Einführung in objektorientiertes Design und die Programmiersprache C++ erfolgt.

Es wurden erhebliche Anstrengungen unternommen, die Themen in klarer, prägnanter und methodischer Art und Weise zu präsentieren. Jedes Kapitel ist Teil einer Entwicklung des Objektkonzepts von einfachen Objekten und Klassen hin zu abstrakten Klassen, dynamischer Bindung und polymorphem Verhalten. Zu anschaulichen Anwendungen werden eine Reihe von Objektmodellen entwickelt, Darstellungen des Modells definiert und Implementationen realisiert.

Eine Besonderheit dieses Buchs ist, daß es eine Reihe von Fallstudien enthält. Sie dienen dazu, die verschiedenen Aspekte des Designs und der Programmiersprache C++ sowie des grundlegenden und systematischen Programmentwurfs in einem umfangreichen Kontext zu veranschaulichen, was sich mit kleinen Systemen nicht erreichen ließe. An den Stellen, an denen es geeignet erscheint, enthält jedes Kapitel den vollständigen Entwurf und alle Programm-Listings. Sie wurden samt und sonders auf einem Computer generiert und sollten sich auf jedem Rechner, für den es einen Standard-C++-Compiler gibt, korrekt ausführen lassen.

Am Ende jedes Kapitels findet sich eine Liste der wesentlichen Punkte, die in dem jeweiligen Kapitel angesprochen wurden. Die meisten Kapitel enthalten zudem eine Reihe von Übungen. Teil dieser Übungen sind sowohl die Erstellung neuer Entwürfe als auch Modifikationen und Erweiterungen zu den gegebenen Beispielen. Auf Anfrage sind Lösungen zu diesen Übungen von den Autoren erhältlich.

Viele im Projektgeschäft tätige Entwickler halten C++ im Bereich der objektorientierten Entwicklung schlicht für die Implementierungssprache der Wahl. Dies rührt zweifellos vom Erfolg der Programmiersprache C her. Aufgrund ihrer Leistungsfähigkeit, und im Falle von C++ zusätzlich aufgrund der Größe und Komplexität, bieten beide Programmiersprachen jedoch ein verwirrendes Feld an Funktionalität. Die Wahl von C++ als Programmiersprache führt zu einer Reihe bedeutender Probleme, von denen das geringste nicht unbedingt darin besteht, die dem Programmierer zur Verfügung stehenden Freiheitsgrade einzuschränken. Dieses Buch erforscht einige dieser Schwierigkeiten und deren Lösung, indem auf die Programmiersprache ein Objektmodell aufgesetzt wird. Es wird in Form der Entwurfssprache LOOM (Language for Object-Oriented Modelling) ausgedrückt, die, außer die Form des Modells einzuschränken, die geheimnisvolle Syntax von C++ und seiner verwirrenden Semantik zu umgehen hilft.

Vorwort

Mit Auftauchen einer Reihe objektorientierter Methoden ergibt sich die Gelegenheit, objektorientierte Modellierung und Entwurf von Beginn des Entwicklungsprozesses an einzusetzen, d.h., noch vor allen Betrachtungen, die die spätere Implementierung betreffen. LOOM verstärkt den holistischen Charakter des Objektmodells an jenen Stellen, an denen die einzelnen Phasen des Software-Entwicklungszyklus fließend ineinander übergehen. Darüber hinaus sorgt diese Sprache für das notwendige Gleichgewicht zwischen der Leistungsfähigkeit und Flexibilität der Programmiersprache C++ und der bei ihrer Benutzung erforderlichen Kontrollmöglichkeiten. Auf diese Weise werden die mit der Wahl von C++ als objektorientierte Programmiersprache verbundenen Risiken vermindert.

Für die Modellierung benötigen wir eine Möglichkeit, Details der wesentlichen Abstraktionen des Problembereichs (Klassen) und ihr Verhältnis zu anderen Abstraktionen (Beziehungen, Aggregationen und Spezialisierungen) zu fassen, sowie eine Definition für den Effekt der zugehörigen Operationen. Hierzu gelangen wir mit Hilfe der höheren Programmiersprache für die Objektmodellierung namens LOOM.

LOOM gestattet es Entwicklern, die Details ihres Entwurfs zu beschreiben, ohne dafür die Sprache C++ einsetzen zu müssen. Sie bietet uns genügend Ausdruckskraft, um Klassen, deren grundlegende Eigenschaften, ihr Verhältnis zu anderen Klassen und das Verhalten ihrer Operationen aufzeichnen zu können. Letztere werden informell beschrieben, wobei jedoch an bestimmten Stellen, an denen es erforderlich ist, zusätzliche Konstrukte benutzt werden, mit deren Hilfe objektorientierte Konzepte, wie z.B. die Nachrichtenübermittlung, betont werden sollen.

Der Vorteil dieses Ansatzes besteht darin, daß sich eine deutliche Verschiebung der Gewichtigkeit ergibt, von den besonderen Schwierigkeiten der Programmierung weg und zu einer höheren Ebene hin, in der die Analyse der Bedeutung und der Genauigkeit des Modells stattfindet. Sobald sich die Abbildung vom Modell auf die Implementation weiterentwickelt, erkennen wir außerdem immer wiederkehrende Muster, und infolgedessen fällt die Programmierung in eine Codierungsarbeit zusammen.

LOOM weist die meisten Merkmale der Objektorientiertheit auf – Objekte, Klassen, Nachrichtenübermittlung, Einfach- und Mehrfachvererbung, Wahlmöglichkeit bei der Methodenbindung und generische Objekterzeugung. Es wird eine sorgfältige Unterscheidung zwischen abstrakten und konkreten Klassen gemacht, und abgeleitete und polymorphe Operationen werden explizit angegeben. Das Verhältnis von Objekten zueinander in Form von Aggregationen und Beziehungen wird in den Klassenspezifikationen explizit dokumentiert. Auf ähnliche Weise wird die Beziehung zwischen zwei Klassen mit Hilfe von Klauseln für die Spezialisierung und die Vererbung ausgedrückt.

Kapitel 1 enthält eine Beschreibung der grundlegenden Konzepte von Objektorientiertheit und liefert eine Einführung in die Themen, die später im Buch näher erörtert werden. Es beschreibt die Software-Entwicklung als Modellierungsprozeß mit Objekten als Grundbausteine und beschäftigt sich in groben Zügen mit den Eigenschaften von Objekten, der Kapselung, dem Verbergen von Informationen, der Abstraktion, der Klasse, der Nachrichtenübermittlung, der Vererbung und der Polymorphie. Kapitel 1 liefert die Grundlagen und das Vokabular zum Thema Objektorientiertheit, welches wir in den nachfolgenden Kapiteln ausführlich behandeln.

Kapitel 2 enthält eine Beschreibung der grundlegenden Merkmale von objektorientierter Analyse und Design (OOAD). In diesem Kapitel beginnt eine Erörterung über die Bestimmung von Objekten, der Klassen, zu denen sie gehören, ihrer Operationen und ihrer Repräsentation. Dazu gehören die strukturellen Beziehungen in Form von Assoziationen und Aggregationen, die zwischen den Klassen bestehen können. Das sich aus dem Entwurf ergebende Objektmodell wird in Diagrammform dargestellt. An dieser Stelle bietet es sich für den Leser an, einen Blick in Kapitel 10 zu werfen, das als Benutzerhandbuch für das zusammen mit diesem Buch vorgestellte Programmierwerkzeug ROME dient. Zusätzlich zu anderen später einzeln aufgeführten Diensten kann man ROME dazu benutzen, diese Objektmodelle zu erstellen und zu pflegen.

Kapitel 3 enthält eine Beschreibung der von den Autoren entwickelten Sprache für objektorientierte Modellierung (**L**anguage for **O**bject-**O**riented **M**odelling, LOOM). In den verbleibenden Kapiteln des Buchs dient LOOM als Hauptmedium, mit dem die Details einer OOAD erörtert und festgehalten werden können. Die Sprache LOOM besitzt alle Merkmale einer objektorientierten Programmiersprache, einschließlich Klassenspezifikationen, Methodendefinitionen, Objekterzeugung und Nachrichtenübermittlung, Klassenspezialisierung, Polymorphie und dynamischer Bindung. Zu den elementaren Datentypen von LOOM gehören u.a. String und Date. Außerdem wird umfassender Gebrauch von Behältern gemacht. Ihre Spezifikation in LOOM sowie die elementaren Datentypen von LOOM sind in Anhang B enthalten. Eine formale Definition von LOOM findet man in Anhang A.

Bei Kapitel 4 handelt es sich um eine Fallstudie, die dazu dient, die in den vorangehenden Kapiteln vorgebrachten Argumente zu festigen. Es wird eine relativ einfache Bibliothek in LOOM modelliert. Die Betonung liegt hierbei auf der Benutzung der Prinzipien eines guten Software-Engineering im Kontext einer OOAD. Die Fallstudie dient als Beispiel für eine Strategie, aus der sich über die Identifikation von Problemklassen das strukturelle Design, das grundlegende Design, einschließlich den Problemklassen verbundener öffentlicher Dienste und privater Eigenschaften und schließlich dem detaillierten Entwurf der Klassenoperationen eine OOAD ergibt.

Kapitel 5 zeigt, wie sich ein dynamisches Modell eines vollständigen Systems entwickeln läßt. In Übereinstimmung mit dem Ziel des Buchs wird ein direkter Ansatz gewählt. Für eine Beschreibung des dynamischen Verhaltens des Systems werden Zustandsübergangsdiagramme (**S**tate **T**ransition **D**iagrams, STDs) benutzt. Dabei wird hervorgehoben, daß sich ein STD sehr leicht auf den Steuercode in LOOM abbilden läßt.

Kapitel 6 gibt einen detaillierten Überblick über die Implementation objektorientierter Systeme in C++. Dabei wird sehr sorgsam darauf geachtet, daß saubere Techniken verwendet werden, damit unübersichtlicher oder verwirrender Quelltext vermieden wird. Der überwiegende Teil des entwickelten Quelltextes läßt sich zu den LOOM-Skripten aus den Kapiteln 3, 4 und 5 zurückverfolgen. Ein Zugang zu Themenbereichen von C++, wie z.B. der Klassendeklaration, der Definition von Datenelementen und Elementfunktionen, der Nachrichtenübermittlung, Strategien für die Argumentübergabe, Gültigkeitsbereich und Lebensdauer von Objekten, ist nun sehr leicht möglich, da diese Begriffe bereits sehr früh im Objektmodell eingeführt werden und es passende LOOM-Skripte gibt. Anhang C enthält eine Übersicht über Klassen in C++.

Kapitel 7 vervollständigt die Diskussion über OOAD mit der Spezialisierung von Klassen, der Redefinition von Methoden und der Ausnutzung des Polymorphieeffekts. Außerdem werden die Begriffe abstrakte Basisklasse und abgeleitete Methoden eingeführt. Darüber hinaus werden solche Fragen wie öffentliche und geschützte Eigenschaften, private Operationen und Vererbung bei Implementierung angesprochen.

Bei Kapitel 8 handelt es sich um eine Fallstudie, in der das Bibliothekssystem aus Kapitel 4 nochmals betrachtet wird. Wie zuvor werden auch hier die wichtigsten Fragen zusammengefaßt, die in vorangehenden Kapiteln aufgeworfen wurden. Als Variation der in Kapitel 4 angewandten Entwicklungsmethode wird hier eine schrittweise Entwicklung mit Hilfe einer Reihe unterschiedlicher Versionen angeboten. Im Kontext dieser Anwendung werden die Spezialisierung von Klassen und der Polymorphieeffekt besonders hervorgehoben.

Kapitel 9 enthält eine Beschreibung der in den Kapiteln 7 und 8 im Zusammenhang mit der Implementierung in C++ angesprochenen Fragen. Wie in Kapitel 6 lassen sich die LOOM-Skripte direkt auf den C++-Quelltext abbilden. Die im Zusammenhang mit der Implementation auftretenden Fragen betreffen die Ableitung von Klassen, die Redefinition von Elementfunktionen, abstrakte Basisklassen sowie rein virtuelle Funktionen, Polymorphie und dynamische Bindung.

Kapitel 10 vervollständigt das Buch mit einem Handbuch zum Modellierungswerkzeug ROME. Dieses Kapitel kann der Leser immer dann zu Rate ziehen, wenn er für die Entwicklung der in diesem Buch vorgestellten Objektmodelle eine Programmierumgebung einsetzen möchte. Die Diskette zu diesem Buch enthält das Programmierwerkzeug ROME und alle im Buch vorgestellten Beispielmodelle.

Programmierumgebungen

LOOM zu benutzen, bedeutet, daß die Modellierer anderen ihre Entwürfe sehr leicht vermitteln können. Dadurch, daß eine Abbildung zwischen LOOM und C++ definiert ist, findet die Programmieraktivität nun ihren angemessenen Platz als einfache Codieraktivität.

LOOM wurde in ein grafisches Entwurfswerkzeug namens ROME eingebunden, daß unter Microsoft Windows läuft. Diese Umgebung für die Objektmodellierung erlaubt es dem Anwender, sein Objektmodell grafisch darzustellen, wobei Dialogfelder die LOOM-Spezifikationen vervollständigen. Die Dialogfelder werden durch einen Compiler ergänzt, der die Eingaben des Anwenders überprüft. Das Programmierwerkzeug konstruiert einen zugrundeliegenden Syntaxbaum, aus dem die LOOM-Skripte und der sich daraus ergebende C++-Quelltext generiert werden.

Der generierte C++-Quelltext wird außerdem durch eine Klassenbibliothek unterstützt. Diese Bibliothek bildet die C++-Unterstützung für die im Text benutzten Basisklassen und Behälterklassen. Der Quelltext für diese Klassen wurde bereitgestellt, damit der Leser einen zusätzlichen Einblick in ihre Konstruktion gewinnt.

Das Programmierwerkzeug ROME wird dem Leser so angeboten, wie es ist, d.h. ohne ausdrückliche oder implizite Gewährleistungsansprüche. Es handelt sich um ein voll funktionsfähiges Programmierwerkzeug für die Modellierung und Codegenerierung, mit dem der Leser den Ausführungen dieses Buchs folgen kann. Die Autoren haben in den vergangenen zwei Jahren in ihren Lehrprogrammen ausgiebigen Gebrauch von diesem Programm gemacht. Die Autoren haben jegliche nur erdenkliche Vorsichtsmaßnahme ergriffen, um die Robustheit dieser Version gewährleisten zu können. Das Produkt wird den Lesern in gutem Glauben zur Verfügung gestellt. Die Autoren können jedoch keine Haftung für jegliche Form beim Einsatz dieser Software auftretender Systemausfälle übernehmen. Gleichermaßen geben die Autoren keine Gewähr für Marktgängigkeit oder Tauglichkeit für einen bestimmten Zweck. Die Autoren können nicht für irgendwelche Schäden haftbar gemacht werden, die dem Lizenznehmer durch Benutzung irgendeines durch die ROME-Software generierten Codes entstehen.

Die wachsende Anzahl von ROME-Anwendern entspricht einer stetig länger werdenden Wunschliste nach zusätzlichen Funktionen. Viele dieser Funktionen werden in neue Versionen integriert, die sich derzeit in der Entwicklung befinden. Außerdem untersuchen die Autoren andere verwandte Werkzeuge/Möglichkeiten, die in Kapitel 10 kurz angerissen werden.

Danksagungen

Die Autoren erkennen die Anregung zu diesem Projekt, die ihnen von ihren Kollegen gegeben wurde, dankbar an. Ihre Dankbarkeit gilt dem Computer Studies Department, Napier University, Edinburgh. Wir danken den Studenten dieses Instituts, die aktiv an der Entwicklung von LOOM teilgenommen haben, sowohl als Versuchskaninchen, während LOOM formuliert wurde, als auch als Mitwirkende, als die Sprache sich zu ihrer derzeitigen Form entwickelt hat. Mehr als 500 Studenten unterer und höherer Semester des Instituts haben direkte Erfahrungen mit LOOM gemacht. Die meisten von ihnen fungierten als inoffizielle Betatester für das Programmierwerkzeug ROME. Die Autoren konnten außerdem ihren Nutzen aus den Erfahrungen und Einblicken ziehen, die ihnen von den Praktikern geboten wurden, welche ihre professionellen Entwicklungsprogramme begleiteten.

Die Autoren möchten Richard McMahon ihre tiefste Dankbarkeit ausdrücken, der das in diesem Buch benutzte Modellierungswerkzeug ROME im Rahmen seiner Diplomarbeit entwickelt hat. Durch dieses beträchtliche Unterfangen wurde konkret, was sonst im Entwurfsstadium verblieben wäre. Die Studenten des Instituts ziehen nun ihren Nutzen aus der Verfügbarkeit dieses Werkzeugs, sowohl für Programmdesign und Programmgenerierung als auch für die zahlreichen Projekte, zu denen es geführt hat.

K. A. Barclay
W. J. Savage

Kapitel 1

Objekttechnologie

In diesem Kapitel werden die Grundlagen der objektorientierten Datenverarbeitung dargestellt. Dadurch soll das Hintergrundwissen vermittelt werden, das für das weitere Verständnis des Buchs notwendig ist. Das Kapitel stellt die grundlegenden Eigenschaften der objektorientierten Datenverarbeitung vor, einschließlich der Abstraktionen, der Klassen, der Kapselung und der Spezialisierung. Die Begriffe werden anhand von alltäglichen Beispielen erläutert, wobei das Ziel eine Einführung in den Sprachgebrauch objektorientierter Systeme ist. Formale Begriffsdefinitionen folgen in späteren Kapiteln.

Die Computertechnologie hat sich seit ihrer Einführung sehr rasch entwickelt. Heutzutage kommen wir in vielen Bereichen unseres Lebens mit computergestützten Systemen in Berührung, sei es im Bankwesen, in der Medizin, bei Flugreservierungen, in der Ausbildung oder im militärischen Bereich. Diese Systeme zeichnen sich dadurch aus, daß sie mit sehr umfangreicher Software ausgestattet sind. Die Leistungsfähigkeit dieser Systeme basiert auf den umfangreichen Computerprogrammen, die sie steuern.

Auch wenn die Entwicklung von Computerprogrammen heute besser beherrscht wird, so kommt es doch häufig zu einer verspäteten Auslieferung und außerplanmäßigen Kosten. Oft erfüllt die Software nicht die Anforderungen des Anwenders, und sie ist schwer zu warten und zu verändern. Dieses Klischee fand schon immer Anwendung auf die Software-Industrie. Auch wenn die Technologien zur Unterstützung der Software-Entwicklung verbessert worden sind, so erfüllen sie immer noch nicht in vollem Umfang die Anforderungen zeitgenössischer Systeme im Hinblick auf deren Umfang und deren Vielfalt.

1.1 Objekte: Kombinationen aus Diensten und Daten

Das Konzept für die Objekte bei der Software-Entwicklung entstand mit dem Modell komplexer Objekte der realen Welt in Computerprogrammen. Ein *Objekt* ist eine Sammlung von Prozeduren und Daten, die aufgrund ihrer gemeinsamen Unterstützung einer einzigen Abstraktion miteinander in Verbindung stehen. Eine *Abstraktion* ist der Vorgang der Formulierung allgemeiner Konzepte durch Sammlung gemeinsamer Eigenschaften aus speziellen Beispielen. *Datenabstraktion* ist das oberste Prinzip bei objektorientierten Software-Systemen. Das bedeutet, daß über den Daten und den Algorithmen, die für die Bearbeitung dieser Daten benötigt werden, eine Abstraktionsebene eingerichtet wird. Bei der objektorientierten Herangehensweise werden Algorithmen durch die Implementierung von *Operationen* realisiert und auf die Daten als *Eigenschaften* (oder *Attribute*) Bezug genommen.

Wenn wir zum Beispiel ein Reservierungssystem für Luftlinien entwickeln wollen, dann ist Airplane eine der wichtigsten Abstraktionen für die Anwendung. Die Eigenschaften dieser Abstraktion können die Passagierkapazität und den augenblicklichen Standort einschließen. Eine mögliche Operation wäre es, den Zielort für den nächsten Flug des Flugzeugs anzugeben. Die Datenabstraktion Airplane bildet die *Klasse* für den Objekttyp. Eine *Klasse* bestimmt die Merkmale der Abstraktion, einschließlich der Operationen und der Eigenschaften. Alle Operationen zusammen definieren das Verhalten der über die Eigenschaften definierten Abstraktionen.

Im eigentlichen Sinne stellt eine Klasse einen Plan oder ein Muster dar, das eine beliebige Anzahl solcher Objekte beschreibt. Die Klasse Airplane beschreibt eine Anzahl solcher Objekte. Die Klasse Paragraph könnte benutzt werden, um jeden Absatz dieses Textes zu beschreiben. Zu den Operationen der Klasse Paragraph könnte eine Zugriffsoperation zum Zählen der Wörter eines Absatzes gehören. Genauso ist eine Klasse Studenten denkbar, die die Studenten eines Kurses umfaßt. Ein Student kann den Kurs wechseln oder uns über seinen Wohnsitz informieren. Dies sind dann Operationen der Klasse Studenten.

Abbildung 1.1 zeigt diagrammartig wie eine *Objektinstanz* dargestellt wird, ein einzelnes Beispiel für ein Objekt einer benannten Klasse. Der obere Bereich nennt die Klasse, zu welcher die Objektinstanz gehört (z.B. Airplane, Paragraph oder Student). Die Operationen am rechten Rand bilden eine Liste der öffentlich bekannt gemachten Operationen dieses Objekttyps. Der grau unterlegte Bereich bezieht sich auf die Werte der Eigenschaften, die für diese Instanz geführt werden.

In der Abbildung ragen die Operationen über den rechten Rand hinaus und bezeichnen eine Sammlung frei zugänglicher Dienste. Da diese Operationen frei zugänglich sind, repräsentieren sie die Dienste, die mit diesem Objekt verbunden sind. Ein Getränkeautomat wird zum Beispiel über eine Operation verfügen, mit der gewählt werden kann, ob Kaffee oder Tee ausgeschenkt wird. Ein Geldautomat verfügt über eine Operation, die es erlaubt, den Kontostand abzulesen.

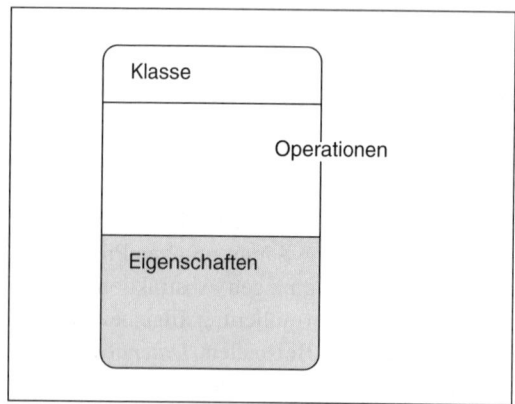

Abbildung 1.1:   Eine Objektinstanz

1.1 Objekte: Kombinationen aus Diensten und Daten

In Abbildung 1.1 stehen die Eigenschaften in dem grau unterlegten Bereich, der durch das abgerundete Rechteck begrenzt wird. Diese Anordnung der Einträge zeigt an, daß die Eigenschaften nicht direkt zugänglich sind. Ein Kernpunkt der Datenabstraktion ist, daß die Eigenschaften versteckt oder privat sind und nur von den Operationen bearbeitet werden können. Infolgedessen werden wir z.B. bei einem Student-Objekt mit einer Eigenschaft, die die Namen der von dem Studenten belegten Kurse enthält, diese nur finden, wenn es eine dazugehörige Operation gibt. Existiert eine solche Operation nicht, dann können wir auf diese Informationen nicht zugreifen, auch wenn ein entsprechender Eigenschaftswert in der Instanz geführt wird.

Überlegen wir einmal, wie ein Bankkonto modelliert werden könnte. Ein Konto kann verschiedene Verhaltensweisen erfordern: Es müssen Beträge abgebucht oder ausgezahlt werden, oder es muß der aktuelle Kontostand ausgegeben werden. Aus diesen Verhaltensweisen entstehen einige der häufigsten Operationen für das Konto. Verschiebungen von Soll und Haben belegen die Höhe des entsprechenden Betrags und das Datum des Vorgangs. Diese Einzelheiten sowie die Kontonummer und der Kontostand müssen von allen Instanzen des Kontos verwaltet werden. Jedes Beispiel für ein Bankkonto enthält seine eigenen Datenwerte für diese Merkmale. Alle Instanzen des Bankkontos unterliegen natürlich den gleichen Verhaltensweisen, die durch die Sammlung der Operationen festgelegt werden.

Um ein Konto als Objekt darzustellen, beschreiben wir seine Verhaltensweisen als Operationen und seine Charakteristika als Eigenschaften. Während der Ausführung eines Systems wird das Objekt angewiesen, seine verschiedenen Operationen auszuführen und die Eigenschaften wie erforderlich zu ändern, damit sich so die Wirkung seiner Aktionen widerspiegelt. In Abbildung 1.2 wird die Ausführung einer Soll-Operation an einem solchen Objekt Konto zu einer Veränderung der Eigenschaft theBalance führen.

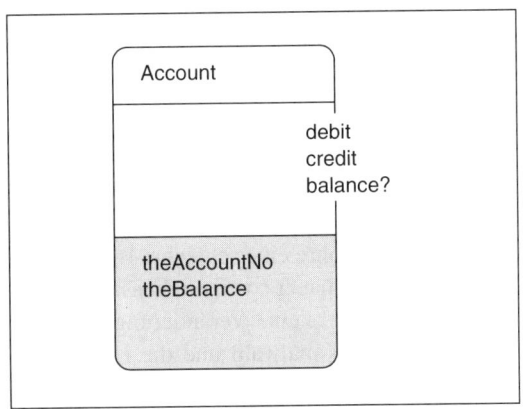

Abbildung 1.2:   Die Instanz eines Bankkontos

Einige Operationen liefern Informationen über das Objekt, andere haben Auswirkungen auf das Objekt. So ändert zum Beispiel eine Sollverschiebung eines Kontos den aktuellen Kontostand. Solche Operationen werden als *Umwandlungsoperationen* bezeichnet. Eine Umwandlungsoperation ändert einen oder mehrere Eigenschaftswerte einer Objektinstanz. Einige Operationen liefern nur Informationen und werden als Zugriffsoperation bezeichnet. Sie werden durch ein nachgestelltes Fragezeichen gekennzeichnet. Die Operation für die Abfrage des Kontostands ist vom letzten Typ. Beide Operationen beziehen sich auf die Werte der Eigenschaften des Objekts. Die Werte der Eigenschaften werden als Zustand des Objekts bezeichnet, führen zu einer Veränderung des Zustands, Zugriffsoperationen hingegen berühren normalerweise den Zustand einer Instanz nicht.

1.2 Objekte als Software-Module

Das Konzept des Objekts ist sowohl einfach als auch leistungsfähig. Objekte sind ideale Software-Module, weil sie unabhängig voneinander definiert und gewartet werden können. Jede Objektinstanz bildet eine in sich geschlossene Einheit. Alles was einem Objekt bekannt ist, wird über seine Eigenschaften ausgedrückt, und alles was es ausführen kann, über die Operationen.

Nehmen wir die Objektklasse `Television` als Beispiel. Ein Fernsehgerät hat eine Reihe von Schaltern, die den öffentlichen Operationen der Klasse entsprechen. Zu den Zugriffsoperationen gehört der Schalter für die Wahl des Fernsehkanals. Einige Geräte verfügen über einen Schalter, über den für eine kurze Zeit in einer Ecke des Bildschirms der augenblicklich eingestellte Kanal angezeigt wird. Dieser Schalter entspricht einer Abfrageoperation.

Der Zustand des Fernsehgeräts wird durch die vielen elektronischen Bauteile, die im Gehäuse enthalten sind, realisiert. Das Holz- oder Plastikgehäuse trennt den Zuschauer von den inneren Bauteilen. Dadurch wird verhindert, daß der Zuschauer zu Schaden kommt oder Teile des Geräts beschädigt werden. Stellen Sie sich vor, der Zuschauer müßte anstelle des Lautstärkereglers einen Schraubenzieher benutzen und die Lautstärke über eine Steuerschraube im Inneren regeln. Der Lautstärkeregler gestattet normalerweise nur eine Regulierung innerhalb bestimmter Lautstärkepegel. Ohne diese Einschränkung wäre eine Einstellung mittels der Steuerschraube möglich, die über dem maximal zulässigen Pegel läge, was dann zu einer Beschädigung von Bauteilen führen könnte.

Dadurch, daß die Bauteile vor dem Zuschauer geschützt und nur einem geschulten Techniker zugänglich sind, wird ein weiterer Vorteil erreicht. Wenn die Bildröhre eine schlechte Bildqualität liefert, kann sie von einem Techniker ausgewechselt und dem Zuschauer so eine verbesserte Bildqualität zur Verfügung gestellt werden. Für diesen Austausch sind keine Veränderungen an der Funktionsweise des Geräts notwendig. Der Zuschauer kann die Kanalwahl und die Lautstärkeregulierung wie gewohnt durchführen, es hat sich nur die Bildqualität verbessert.

Bei der Software bezeichnet man solche Vorgänge als *Kapselung* oder *Verstecken von Informationen*. Sie bieten der Software die gleichen Vorteile wie dem Fernsehgerät. Bei einem Objekt der Software sind die Eigenschaften vor dem Benutzer versteckt, man kann sie aber ersetzen, ohne die Anwender-Software zu verändern, die über dieser Objektabstraktion liegt. Für die Software ist das Verhalten eines Objekts durch die öffentlichen Operationen definiert und nicht durch die privaten Bestandteile. Die öffentlichen Operationen regeln, wozu wir ein Software-Objekt veranlassen können. Wenn wir einer Operation einen falschen Wert übergeben, dann kann der Erfolg verweigert werden, damit so der korrekte Zustand des Objekts sichergestellt wird. So kann z.B. eine Veränderung des Solls eines Kontos nur dann zugelassen werden, wenn genügend Deckung vorhanden ist.

Da die Eigenschaften und Operationen der Objekte nur ihre eigenen und keine anderen Abstraktionen definieren, zeigen sie oft eine *lockere Kopplung* mit anderen Objekten. Dies ist sehr erwünscht, weil eine starke Kopplung die Software-Bestandteile schwerer verständlich und veränderbar oder korrigierbar macht. Wenn die Operationen eines Objekts definiert werden, muß man sich üblicherweise nicht mit dem Anwender (Client) dieser Operation befassen. Es muß nur der Erfolg dieser Operation im Hinblick auf die Eigenschaften des Objekts berücksichtigt werden. Umgekehrt muß der einen Dienst anfordernde Client sich nicht darum kümmern, wie diese Anforderung erfüllt wird und welche Eigenschaften daran beteiligt sind. Objekte weisen außerdem einen *starken* Zusammenhalt auf, da alle Elemente eines Objekts ein gut auf die spezielle Abstraktion, die sie repräsentieren, abgestimmtes Verhalten gewährleisten sollen.

1.3 Nachrichten als Mittel für den Dialog zwischen Objekten

Objekte kommunizieren mittels Nachrichten miteinander, um so den Empfänger zu veranlassen, eine gewünschte Operation auszuführen. Nehmen wir als Beispiel einen Bankkunden, der eine Buchung durchführen möchte. Der Kunde ist in diesem Fall das sendende Objekt und das Konto das empfangende Objekt. Eine *Nachricht* besteht aus der Angabe des empfangenden Objekts und dem Namen für die Nachricht. Der Name der Nachricht ist eine der öffentlichen Operationen aus der Klasse, zu der der Empfänger gehört. Wenn die Operation weitere Angaben benötigt, dann werden sie als *Nachrichtenparameter* übergeben.

Um z.B. einen bestimmten Geldbetrag von einem Bankkonto abzuheben, könnte ein Geldautomat (ATM) folgende Nachricht versenden:

```
Account123 debit 50
```

In diesem Beispiel steht *Konto123* für den Namen des Empfängers, *debit* für die Operation die ausgeführt werden soll, und 50 ist der Parameter, der dem Empfänger den Buchungsbetrag anzeigt (siehe Abbildung 1.3).

Wenn eine Nachricht bei einem Empfänger eingeht, dann wird eine Aktion durchgeführt. Diese Aktion betrifft in der Regel einige oder alle Werte der Eigenschaften, die den Zustand des empfangenden Objekts darstellen. Normalerweise wird die Aktion von jedem Parameter der Nachricht beeinflußt. Die Logik, nach der die Aktion durchgeführt wird, bezeichnet man als die Methode. Die *Methode* ist gleichbedeutend mit dem Algorithmus, der angewandt wird, um die Operation auszuführen.

Wir haben bereits darauf hingewiesen, daß Umwandlungsoperationen normalerweise den Zustand des empfangenden Objekts verändern, wohingegen Zugriffsoperationen nur Informationen beim Empfänger abfragen. Mit Kommunikation ist lediglich das Schicken einer Nachricht vom Sender zum Empfänger gemeint. Bei einer Zugriffsoperation ist ein zweiter Informationsfluß zu beobachten. In diesem Fall erwartet der Sender eine Antwort in Form eines *Rückgabewertes* vom Empfänger. Gelegentlich liefern auch Umwandlungsoperationen einen Rückgabewert, etwa um anzuzeigen, daß eine Aufgabe erfolgreich durchgeführt wurde.

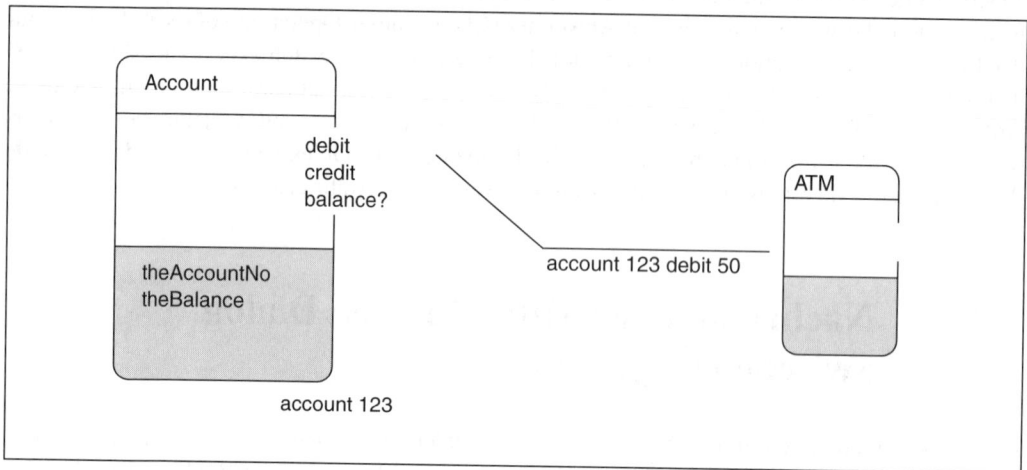

Abbildung 1.3: Eine Nachricht an `Account123`

Beachten Sie hierbei die Asymmetrie des Nachrichtenkonzepts. Wenn das empfangende Objekt seine Operation bestimmt, dann kümmert es sich nicht um das Objekt, welches die Nachricht geschickt hat. Umgekehrt befaßt sich der Sender nicht mit der ausgeführten Operation. Wie bereits erwähnt, ist dies für die Erstellung qualitativ hochwertiger Software sehr hilfreich.

1.4 Klassen: Sammlungen ähnlicher Objekte

Gewöhnlich existiert mehr als ein Objekt einer bestimmten Art. So hat z.B. eine Bank mehrere Kundenkonten. Eine *Klasse* ist ein Muster oder eine Plan, durch den die Operationen und Eigenschaften für ein bestimmtes Objekt definiert werden. Bei der Definition der Klasse wird die Beschreibung der Operationen und Eigenschaften nur einmal vorgenommen. Die Objekte, die zu einer Klasse gehören, heißen *Instanzen*. Sie enthalten ihre eigenen Werte für die Eigenschaften, welche den aktuellen Zustand dieses Objekts repräsentieren. Die Instanzen weisen aufgrund ihrer gemeinsamen Operationen die gleichen Verhaltensweisen auf. Daher können wir auf eine Liste der Operationen für jede einzelne Instanz verzichten. Diese wird ein einziges Mal im Template, zu deutsch Schablone, für die Klasse definiert, und die Instanz nennt nur die Klasse, der sie angehört.

1.4 Klassen: Sammlungen ähnlicher Objekte

Für die Einführung einer Klasse wird die gleiche Notation benutzt wie für die Instanz. Die Instanz wird als Rechteck mit abgerundeten Ecken dargestellt, die Klasse als Rechteck. Auch hier stehen die bekanntgemachten Operationen im rechten Rand und die Eigenschaften sind im unteren Drittel der Darstellung aufgeführt (siehe Abbildung 1.4).

Ein modernes Banksystem unterhält z.B. viele Bankkonten, mit denen die gleichen Aktionen durchgeführt werden und die die gleichen Informationen enthalten. Die gesamten Konten könnten durch die einzige Klasse Account dargestellt werden. Die Klasse würde die Spezifikationen ihrer Operationen, die Definitionen ihrer Operationen (Methoden) und ihre Eigenschaften enthalten. Die einzelnen Konten würden als Instanzen dieser Klasse dargestellt werden und trügen einen eindeutigen Namen (z.B. AccountABC123, AccountXYZ456 usw.). Jede Instanz enthielte Daten, die ihren eigenen Zustand darstellen würden. Wenn ein Konto eine Nachricht zur Ausführung einer Operation erhielte, dann würden die Operationsdefinitionen der Klasse benutzt und auf die eigenen, lokalen Werte der Eigenschaften angewandt.

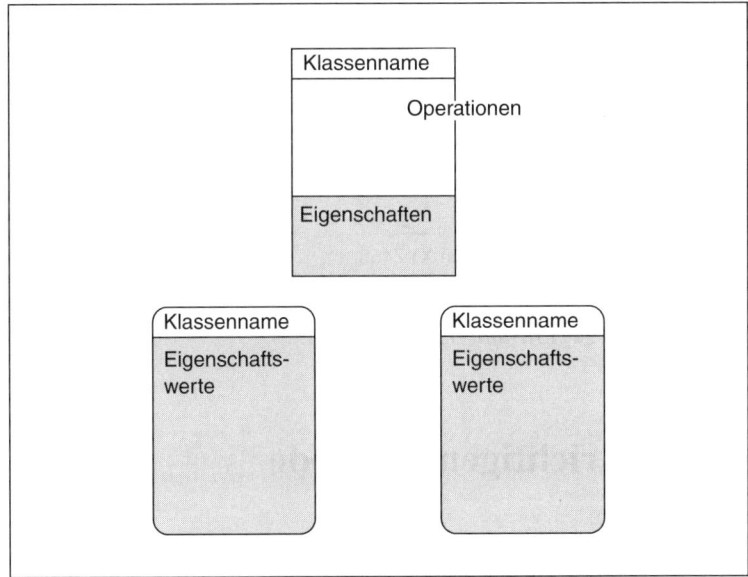

Abbildung 1.4:   Eine Klasse und zwei Instanzen

Abbildung 1.5 zeigt die Klasse Account und zwei Instanzen dieser Klasse. Die Instanzen sind als AccountABC123 und AccountXYZ456 bezeichnet. Die Klasse Account stellt mit den Operationen debit, credit und balance? drei Dienste zur Verfügung. Die von jeder Instanz dieser Klasse verwalteten Eigenschaften haben ihre eigenen Werte für die zwei Eigenschaften theAccountNo und theBalance. In der ersten Instanz sind dies z.B. die Eigenschaftswerte ABC123 und 150. Die Nachricht:

AccountABC123 debit 50

führt zur Ausführung der Methode für die Solloperation. Diese kann so definiert sein, daß der Wert 50 des Nachrichtenparameters vom aktuellen Wert der Eigenschaft theBalance des Account-Objekts AccountABC123 subtrahiert wird. Das Ergebnis dieser Umwandlungsoperation ist eine Zustandsänderung des Objekts durch die Reduzierung von theBalance auf den Wert 100.

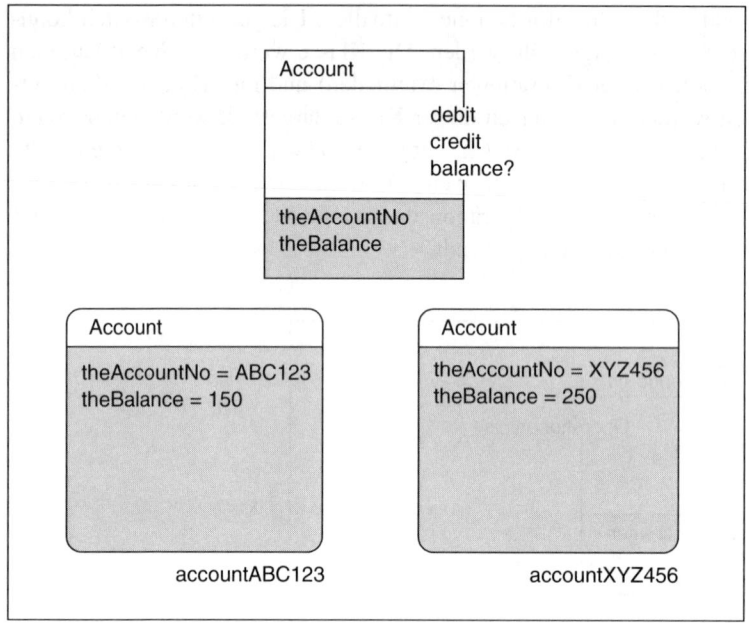

Abbildung 1.5: Die Klasse Account *und zwei Instanzen*

1.5 Suche nach der richtigen Methode

Es ist angebracht, darüber nachzudenken, wie eine Objektinstanz den Quelltext für anzuwendende Operationen findet, wenn sie eine Nachricht erhält. Betrachten wir die Instanz AccountABC123 der Klasse Account. Wenn sie die Nachricht erhält, den Betrag von 50 abzubuchen, dann weiß sie, daß sie zur Klasse Account gehört und sich der Quelltext dementsprechend in der Klasse befinden muß (Abbildung 1.6).

Um eine empfangene Nachricht zu beantworten, muß die Instanz die entsprechende Operation in der Klasse suchen, der sie angehört. Das erinnert an herkömmliche Programmiersprachen, bei denen *Prozedur-* oder *Funktionsaufrufe* vom Compiler mit den entsprechenden Prozedur- und Funktionsdefinitionen verknüpft werden, welche die dazugehörige Logik zur Verfügung stellen. Dieser Vorgang ist als *Binden* bekannt. Wenn das Binden während der Compilierung stattfindet, sprechen wir von *statischem Binden*.

Beim statischen Binden verwandelt das System eine Meldung in die Aktivierung einer Operationsmethode, die in der Klasse der Instanz definiert ist. Eventuell vorhandene Parameter der Nachricht werden dabei selbstverständlich auch der Methode übergeben.

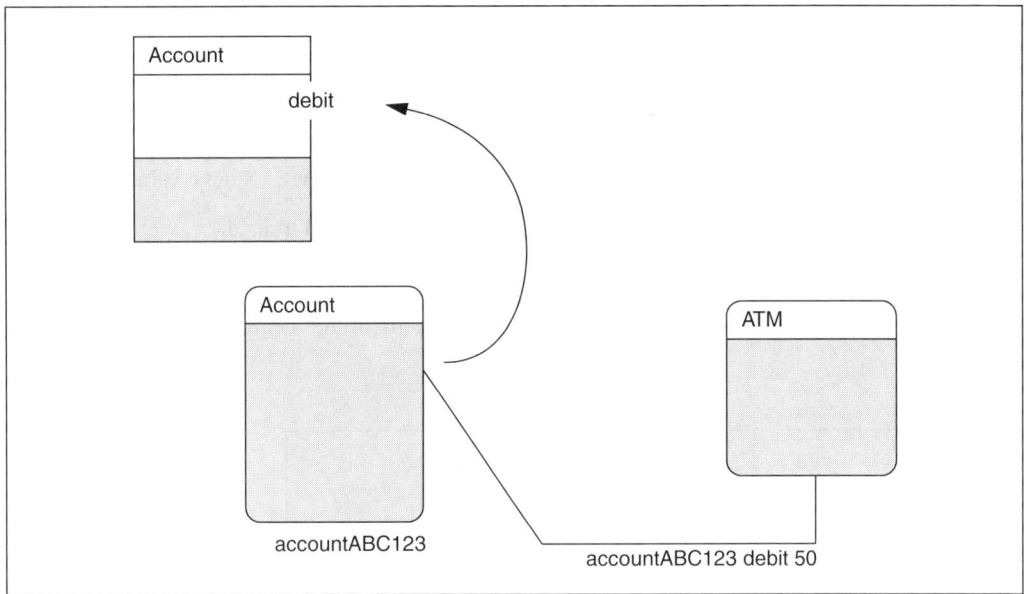

Abbildung 1.6:   Die Suche nach der Methode

1.6 Spezialisierung

Bei großen, objektorientierten Modellen können zu viele Klassen entstehen. Durch eine hierarchische Gliederung nach Allgemeinem und Besonderen können solche komplexen Modelle rationalisiert und vereinfacht werden. Eine solche Gliederung des Wissens wird in vielen Geistes- und Naturwissenschaften angewendet und stellt eine große Hilfe für die Vereinfachung umfangreicher Informationen dar. So werden z.B. Tausende von Tierarten als Säugetiere zusammengefaßt. Alle Säugetiere, wie immer sie im einzelnen aussehen mögen, haben bestimmte Gemeinsamkeiten. Die Säugetiere können in weitere Arten unterteilt werden, z.B. die Menschen, welche zusätzlich zu den Merkmalen aller Säugetiere weitere Eigenarten haben. Alles was für die Säugetiere zutrifft, gilt auch für die Menschen und jede Instanz der Klasse Mensch ist gleichzeitig eine Instanz der Klasse Säugetiere.

Die Klasse Human ist eine *Spezialisierung* der Klasse Mammal. Umgekehrt ist die Klasse Mammal eine *Verallgemeinerung* der Klasse Human. Die Klasse Human *erbt* sozusagen alle Merkmale seiner verallgemeinerten Klasse Säugetier. Wir sagen, daß die Klasse Human in einer *isA*-Relation zur Klasse Mammal steht. Jede Operation die auf eine Instanz der Klasse Mammal angewendet werden kann, kann auch auf jede Instanz der Klasse Human angewendet werden. Der Umkehrschluß ist jedoch nicht gültig. Für einen Menschen kann es Eigenschaften und Operationen geben, die nur ihm eigen sind. Da ein Säugetier eine Verallgemeinerung eines Menschen ist, sind nur die allgemein gleichen Merkmale auf die Säugetiere anwendbar.

Die Spezialisierung ist der Vorgang, bei dem eine Klasse als Sonderfall einer anderen Klasse definiert wird. Die spezialisierte Klasse schließt alle Operationen und Eigenschaften der allgemeinen Klasse ein. Die spezialisierte Klasse kann aber auch zusätzliche, ihr eigentümliche Operationen und Eigenschaften enthalten. Zusätzlich zu den geerbten Operationen kann das Verhalten jeder dieser Operationen für die spezialisierte Klasse neu definiert werden. Die spezialisierte Klasse wird auch als *Subklasse* und die allgemeine Klasse als *Superklasse* bezeichnet (Abbildung 1.7).

Bei einer Bankanwendung könnte die Klasse Account z.B. durch die zwei Subklassen CurrentAccount und DepositAccount spezialisiert werden. Jede erbt die allgemeinen Merkmale der gemeinsamen Superklasse. Jede Subklasse kann die Liste der Operationen und Eigenschaften der Superklasse ergänzen oder das Verhalten einer oder mehrerer geerbter Operationen überschreiben.

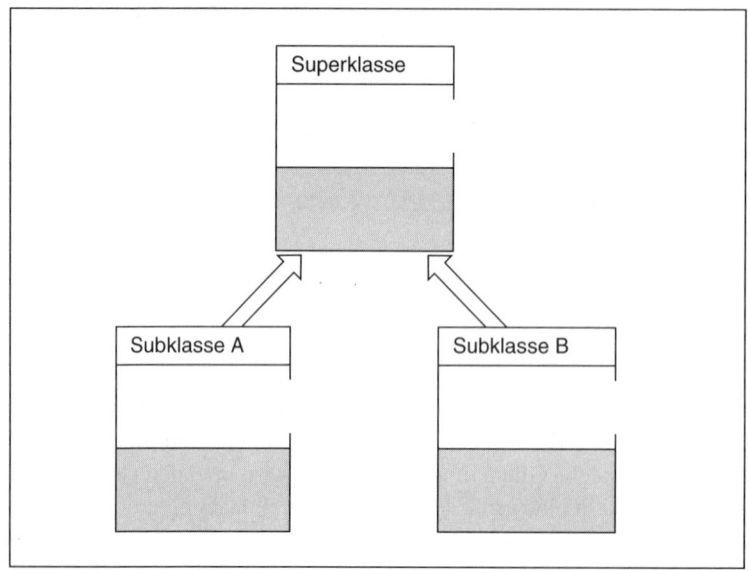

Abbildung 1.7:   *Zwei spezialisierte Versionen von Subklassen einer einzigen Superklasse*

In Abbildung 1.8 hat jede Instanz der Klasse CurrentAccount die Eigenschaften theAccountNo, theBalance und theOverdraftLimit. Die zuletzt genannte Eigenschaft wurde in der Klasse CurrentAccount selbst eingeführt, während die übrigen Eigenschaften von der Superklasse Account geerbt sind. Desgleichen wird jede Instanz der Klasse CurrentAccount die Nachrichten debit, credit, balance? und limit? beantworten. Auch hier sind die ersten drei Operationen von der Superklasse geerbt und die letzte für die Klasse CurrentAccount definiert worden. Ähnliches gilt für die Klasse DepositAccount mit den Eigenschaften theAccountNo, theBalance (beide geerbt) und theInterestRate, sowie den Operationen debit und credit (geerbt) und interest? und balance? (überschrieben).

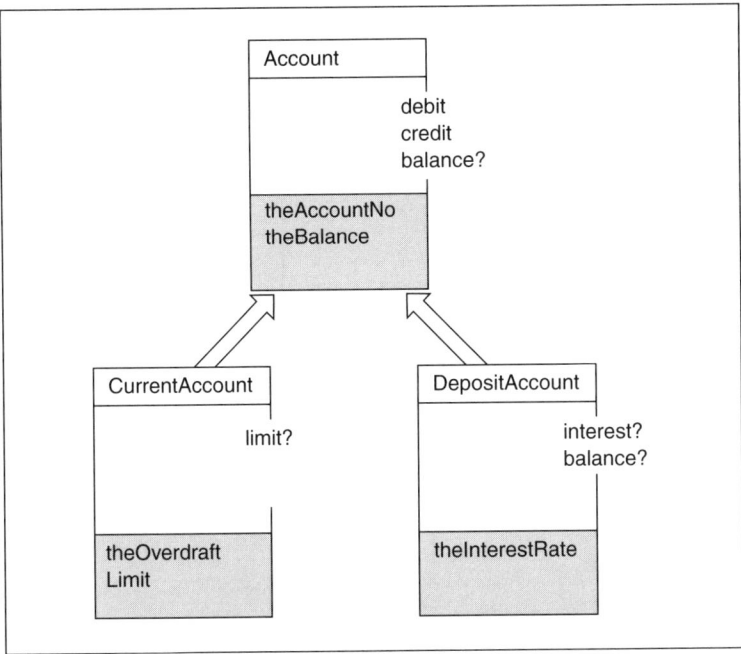

Abbildung 1.8: Zwei Subklassen des Bankkontos

Das Überschreiben der Definition einer Operation in einer Subklasse erlaubt eine differenzierte Ausführung einer Methode. Die Operation balance? der Klasse Account kann z.B. so definiert werden, daß sie einfach den aktuellen Wert der Eigenschaft theBalance liefert. In der Subklasse DepositAccount taucht die Operation theBalance wieder auf, was eine Neudefinition anzeigt, z.B. für die Berechnung aufgelaufener Zinsen.

1.7 Klassenhierarchien

Die Spezialisierung von Klassen kann sich durch eine beliebige Anzahl von Ebenen ziehen, wodurch eine sogenannte *Klassenhierarchie* entsteht. In Abbildung 1.9 ist die Superklasse Person durch die Subklassen Civilian und Military spezialisiert worden. Die Klassen Army und AirForce sind Subklassen der Klasse Military.

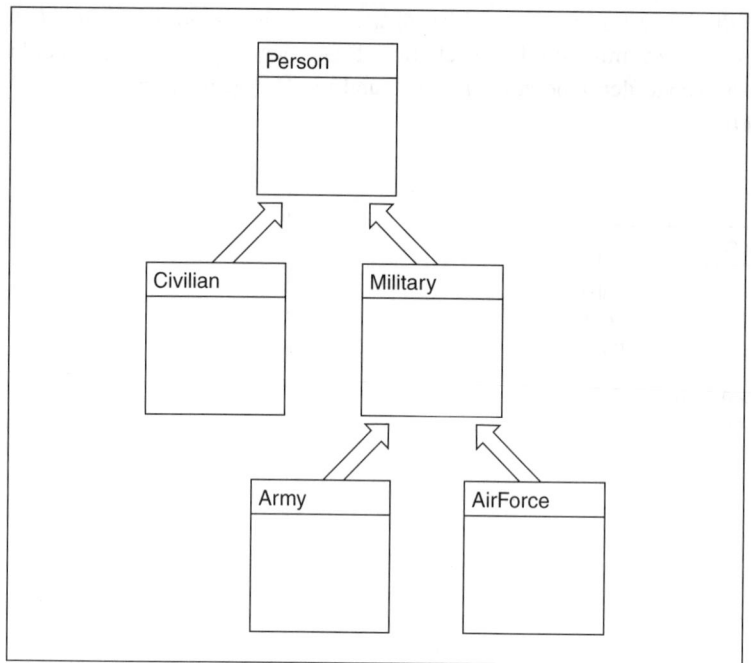

Abbildung 1.9: Eine Klassenhierarchie

1.8 Suche nach der richtigen Methode bei der Vererbung

Es lohnt sich, noch einmal die Suche nach der Methode beim statischen Binden zu betrachten, wobei diesmal die Vererbung zu berücksichtigen ist (Abbildung 1.10). Wenn einer Instanz der Klasse DepositAccount die Nachricht interest? gesendet wird, dann schauen wir zuerst in der Klasse, zu der das Objekt gehört, nach der Definition der Operation. Da die Methode hier definiert ist, findet das statische Binden mit diesem Operationscode statt. Wenn der Instanz die Nachricht debit gesendet wird, schauen wir noch einmal in der Klasse DepositAccount nach der Definition der Operation. Ist sie dort nicht definiert, dann sehen wir in der unmittelbaren Superklasse nach und gelangen schrittweise nach oben in der Klassenhierarchie. Hier ist die Operation debit in der Superklasse Account definiert und das statische Binden findet mit dieser Implementation statt.

Ist eine solche Operation nicht definiert, dann ist die Nachricht ein Fehler, weil ein Objekt der entsprechenden Klasse nicht auf eine solche Nachricht antworten kann.

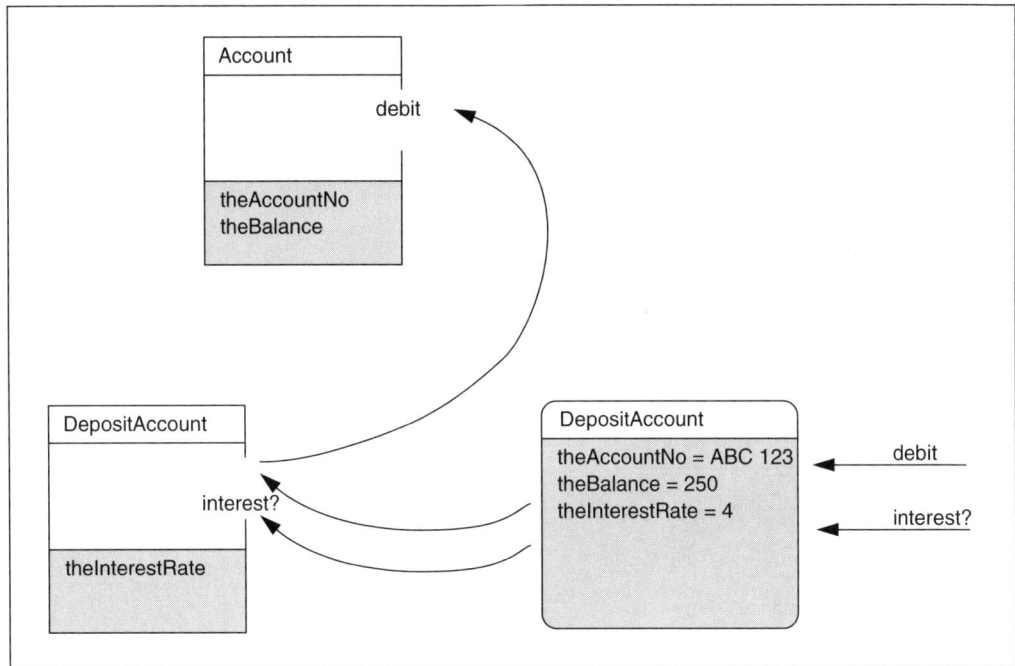

Abbildung 1.10: Die Suche nach der Methode bei Vererbung

Die Suche nach der Methode im Fall von Spezialisierungen unterstreicht die Vererbung der Merkmale einer Superklasse. Wenn in der Subklasse DepositAccount die Operation balance? nicht neu definiert wird, dann ist es immer noch erlaubt, eine Nachricht an eine Instanz der Klasse DepositAccount zu versenden, weil diese Operation an die Subklasse vererbt wird.

1.9 Mehrere Ebenen für die Definition von Operationen

Normalerweise wird eine Operation auf der Ebene einer Klasse in der Klassenhierarchie definiert. Grundsätzlich können Operationen ohne Einschränkungen auch auf beiden Ebenen, der allgemeinen und der spezialisierten, definiert werden. In diesen Fällen wird die spezialisierteste Version zuerst gefunden und ausgeführt, weil die Objekte die Operationsdefinitionen in der Hierarchie, ausgehend von der spezialisierten Ebene, zur allgemeinen Ebene hin durchsuchen.

Nehmen wir an, wir haben eine Klassenhierarchie wie in Abbildung 1.11, wobei in der Basisklasse Account die Operation balance? definiert ist. Es ist denkbar, daß diese Operation für die gewöhnlichen Instanzen der Klasse Account alle Soll- und Habentransaktionen durchführt und so die Beträge verschiebt. In der Subklasse DepositAccount möchten wir diese Operation neu definieren, so daß alle aufgelaufenen Zinsen mitberücksichtigt werden.

Diese Lösung ist nützlich, weil wir die Klasse Account nicht ändern müssen. Jede Instanz der Klasse DepositAccount wird dann die Zinsen dem endgültigen Betrag zuschlagen, wenn ihr die Nachricht balance? gesendet wird. Diese Technik wird *Überschreiben* genannt, weil die Subklasse eine von der Superklasse geerbte Definition für eine Operation überschreibt.

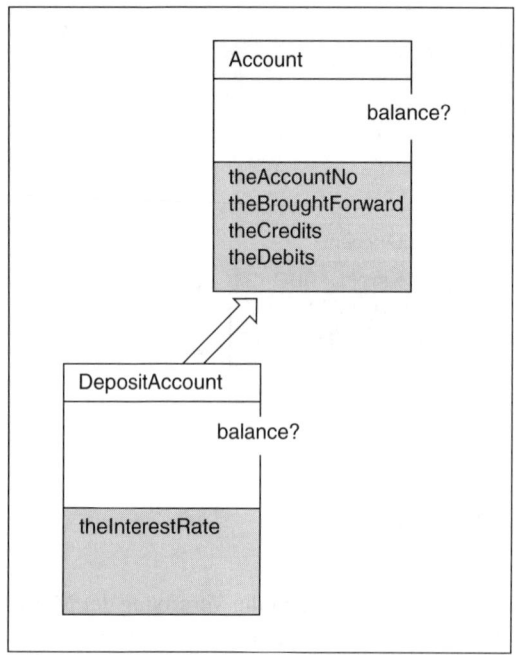

Abbildung 1.11: Die Neudefinition der Operation balance?

1.10 Polymorphie

Die Vererbung ist, wie bereits beschrieben, ein Vorgang, bei dem eine Klasse als Spezialisierung einer bereits bestehenden Klasse gebildet wird. Dies ist ein besonders wichtiges Konzept, mit dem die Wiederverwendbarkeit bereits vorhandener Quelltexte unterstützt wird. In engem Zusammenhang mit der Vererbung stehen die Begriffe *Polymorphie* und *dynamisches Binden*. Diese beiden Konzepte bieten Unterstützung bei einer nachträglichen Anpassung von Software-Systemen.

Polymorphie wird definiert als *Viele Formen haben können*. In der Definition der Klasse DepositAccount wird die Vererbung von der Klasse Account festgelegt und angezeigt, daß ein DepositAccount in einer *isA*-Relation zu einem Account steht und möglicherweise zusätzliche Eigenschaften, Operationen und neu definierte Operationen hat. Infolgedessen kann eine Instanz von DepositAccount eine Instanz von Account ersetzen. Desgleichen kann eine Instanz von

CurrentAccount benutzt werden, wo eine Instanz von Account zu erwarten wäre. Das bedeutet, daß z.B. eine Klasse Bank eingeführt werden kann, die auf einer Anzahl von Objekten aus Account beruht. Die Klasse Bank muß sich dabei nicht darum kümmern, ob dies Objekte von CurrentAccount oder von DepositAccount sind. Sie sind alle in irgendeiner Weise Instanzen von Account.

Diese Herangehensweise unterscheidet sich grundlegend von der konventionell strukturierter Systeme, wo es notwendig wäre, den Quelltext mit umfangreichen Verzweigungen zu bevölkern, um so die Art des Kontos zu bestimmen und dann die entsprechenden Anweisungen ausführen zu können. In diesem System obliegt die Festlegung der Zugehörigkeit ausschließlich dem Programmierer. Bei objektorientierten Systemen ist die Verantwortung für die Auswahl dem Programmsystem überlassen.

Abbildung 1.12 zeigt ein Objektmodell, bei dem eine Anzahl von Konten von einer Bank geführt oder verwaltet wird. Eine eigene Instanz der Klasse Bank ist für eine oder mehrere Instanzen von Bankkonten verantwortlich, von denen einige Sparkonten und andere Girokonten sind. Die mit holds (=führt) bezeichnete Linie ist eine *Beziehung* zwischen der Klasse Bank und der allgemeinen Klasse Account, die eine 1:N-Relation darstellt. Diese Art von Objektmodellen ist der Gegenstand dieses Buchs, und sie werden im nächsten Kapitel ausführlich dargestellt.

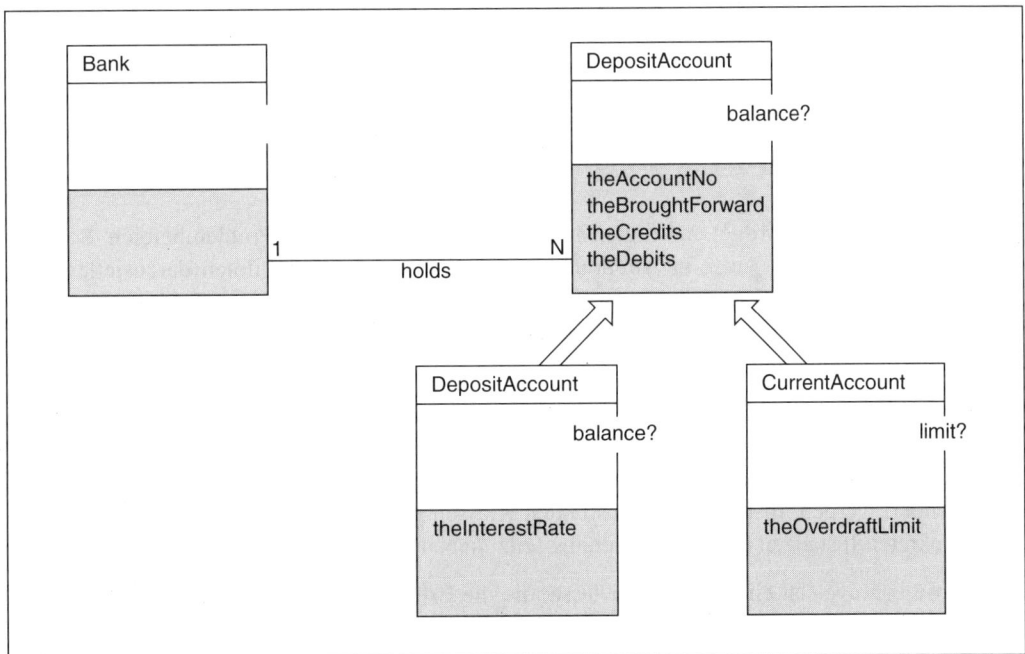

Abbildung 1.12: Bank-/Konto-Objektmodell

Wenn die Objektinstanz der Klasse Bank die Nachricht balance? an jedes der vielen Objekte der Klasse Account, die es führt, versendet, dann wird die Definition für diese Operation aus der Klasse Account benutzt. Natürlich sind einige der Konten zinsbringende Sparkonten, die einen anderen Weg zur Berechnung des Zinsbetrags benutzen. Damit hier ein korrektes Binden erreicht wird, wird es bis zur Laufzeit verschoben und in Form des als dynamisches Binden bekannten Mechanismus ausgeführt. Dies wird dadurch erreicht, daß festgelegt wird, daß für die Operation balance? der Polymorphieeffekt erforderlich ist. Wenn die Operation balance? aus der Klasse Account als polymorph gekennzeichnet ist, dann wird bei Versenden dieser Nachricht an jede Instanz von Account die entsprechende Definition der Operation angewandt, die der Klasse des empfangenden Objekts entspricht. Das empfangende Objekt weiß zu welcher Klasse es gehört und führt die entsprechende Version der Operation aus.

Polymorphie unterstützt die Programmwartung. Wenn wir dem System eine neue Art von Account hinzufügen müssen, dann kann sie mit einer eigenen Operation balance? ausgestattet werden. Der Klasse Bank muß diese Erweiterung nicht bekannt sein, denn sie wird die Nachricht balance? an alle Konten versenden. Wenn eine bestimmte Instanz dieser neuen Klasse angehört, wird sie ihre eigene Definition für diese Operation wählen.

Wenn die Nachricht balance? von einer Instanz aus DepositAccount empfangen wird, dann wird die Version der neu definierten Methode dieser Klasse ausgeführt. Empfängt ein Objekt von CurrentAccount die gleiche Nachricht, dann wird die in der Superklasse definierte Methode ausgeführt, weil die Operation in der Klasse CurrentAccount nicht neu definiert wurde.

1.11 Abstrakte Klassen

Eine Klassenhierarchie ordnet und organisiert unser Wissen von einem Problembereich. So kann man z.B. die Klasse Airforce in Abbildung 1.9 dazu benutzen, um Piloten darzustellen. Die Superklasse Military aber umfaßt alles militärische Personal, z.B. auch einen Zahlmeister. Beide Klassen dieser Hierarchie werden als *konkrete Klassen* bezeichnet, für die aktuelle Objektinstanzen generiert werden können.

Die Klasse Employee in Abbildung 1.13 stellt eine *abstrakte Klasse* dar. Abstrakte Klassen organisieren Merkmale, die mehreren Subklassen gemeinsam sind. Sie können auch dazu benutzt werden, die Wiederverwendung von Quelltext zu fördern, indem Operationen in diesen Superklassen implementiert werden. Instanzen von abstrakten Klassen gibt es nicht, aber sie gestatten es mehreren konkreten Instanzen an einer Beziehung teilzuhaben (siehe wiederum Abbildung 1.12).

Die Klasse Employee ist eine abstrakte Klasse, die die Erfassung aller Angestellten darstellt. Die einzelnen spezialisierten Klassen HourlyEmployee und SalariedEmployee sind zwei *konkrete Klassen*, für die Instanzen existieren. Die beiden konkreten Klassen erben die Eigenschaft theAccumulations und die Operationen yearToDateEarnings? und computePay?. Zusätzlich haben sie ihre eigenen Eigenschaften.

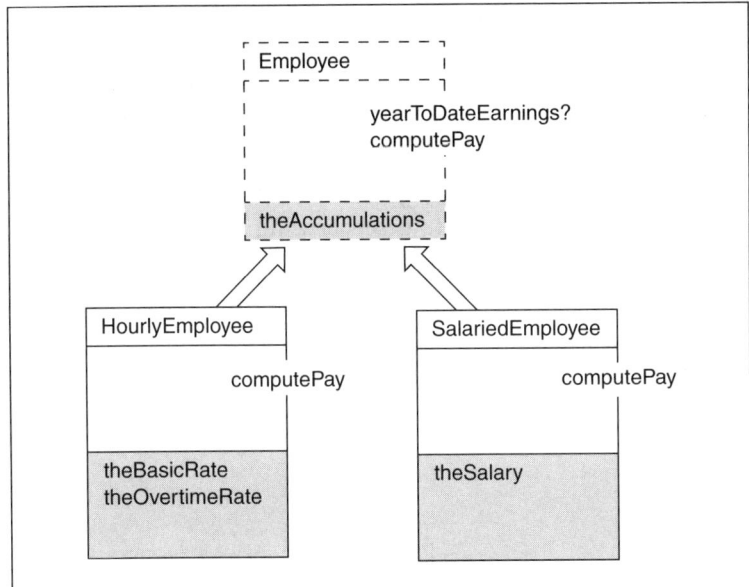

Abbildung 1.13:   Die abstrakte Klasse Employee

Die abstrakte Klasse Employee kann eine Implementation für die Operation yearToDateEarnings? bereitstellen, die den Wert der Eigenschaft theAccumulations liefert. Nur die konkreten Klassen können Implementationen für die Operation computePay? enthalten, weil sie von der besonderen Art der Angestellten abhängen. Die Operation computePay?, die in der abstrakten Klasse Employee erscheint, wird *zurückgestellte Operation* genannt, weil sie hier nicht definiert werden kann. Der Sinn liegt darin, daß sie von allen Subklassen die Implementation einer solchen Operation erfordert, und somit sicherstellt, daß alle Angestellten ungeachtet ihrer besonderen Art die Nachricht gesendet bekommen können, die Zahlung zu berechnen. Eine zurückgestellte Operation erzwingt ein *gemeinsames Protokoll* für alle Subklassen, da diese immer über eine Implementation für die genannte zurückgestellte Operation verfügen müssen.

1.12   Zusammenfassung

1. Ein Objekt ist die Sammlung von Operationen und ein Zustand, den das Objekt zwischen den Aufrufen einer seiner Operationen einnimmt.

2. Eine Instanz ist ein spezielles Beispiel für ein Objekt irgendeiner benannten Klasse. Klassen sind Pläne oder Muster, die eine beliebige Anzahl solcher Instanzen beschreiben.

3. Objekte kommunizieren durch die Weitergabe von Nachrichten. Ein Objekt sendet einem anderen eine Nachricht, wodurch auf der Empfängerseite Operationen ausgelöst werden. Die Nachricht wird durch das statische Binden mit der Definition der Operation verknüpft.

Kapitel 1   Objekttechnologie

4. Klassen können vom Allgemeinen zum Speziellen hin hierarchisch gegliedert sein. Eine Subklasse ist die Spezialisierung der unmittelbar darüberliegenden Superklasse. Eine Subklasse erbt alle Merkmale der Superklasse, wobei weitere Merkmale hinzugefügt werden oder Operationen neu definiert werden können. Eine Instanz einer Subklasse ist eine Instanz ihrer Superklassen und kann jederzeit eine Instanz der letztgenannten ersetzen.

5. Vererbung führt zu den Begriffen Polymorphie und dynamisches Binden. Eine dynamisch gebundene, polymorphe Nachricht, die an ein Objekt gesendet wird, wird an die Definition der Operation in der Klasse gebunden, zu der das Objekt gehört.

6. Eine abstrakte Klasse wird aus organisatorischen Gründen in eine Hierarchie eingeführt. Diese Klasse kann keine Instanzen haben. Durch die Einführung zurückgestellter Operationen wird den Subklassen ein gemeinsames Protokoll auferlegt.

1.13   Übungen

1. Zeichnen Sie ein Diagramm für die Klasse Person mit den Eigenschaften theName und theDateofBirth sowie mit den Operationen name?, age? und changeName.

   Stellen Sie zwei Instanzen der Klasse Person dar, die Sie und eine andere Person Ihrer Familie bezeichnen.

   Schlagen Sie weitere sinnvolle Eigenschaften und Operationen für die Klasse Person vor.

2. Die Klasse Account in Abbildung 1.5 enthält zwei Eigenschaften und drei Operationen. Die Zugriffsoperation balance? fragt ein Account-Objekt nach Teilen seines Zustands. Welchen Eigenschaftswert liefert diese Operation zurück? Wie werden die Werte verwendet, wenn die zusätzliche Operation isOverdrawn? implementiert wird, die den Zustand eines Account-Objekts angibt?

   Welcher Eigenschaftswert ist betroffen, wenn Soll oder Haben auf einem Konto gebucht werden? Um welchen Betrag wird das Konto verändert? Wie wird diese Veränderung mit den Operationen debit und credit durchgeführt?

3. Wie wird eine Operation für eine Klasse durchgeführt? Was sind die drei Hauptkomponenten? Welche Komponente ist optional? Wenn keine optional ist, welche Kategorie einer Operation liegt dann typischerweise vor?

4. Abbildung 1.8 zeigt drei Arten von Bankkonten. Auf welche Eigenschaften wirken die Operationen debit, credit und balance? der Klasse Account? Welche Eigenschaft bearbeitet die Operation Limit? der Klasse CurrentAccount? Wie arbeitet die neu definierte Operation balance? der Klasse DepositAccount? Welche Eigenschaften sind betroffen, und zu welcher Klasse gehören sie?

5. Abbildung 1.9 zeigt eine Klassenhierarchie von fünf sich aufeinander beziehenden Klassen. Hat ein Civilian-Objekt eine Eigenschaft für den Namen, wenn die Klasse Person wie in Übung 1 beschrieben aufgebaut ist? Hat ein Army-Objekt eine Namenseigenschaft?

   Zählen Sie alle Eigenschaften auf, die die Klasse AirForce hat, wenn die Klasse Military eine Eigenschaft für Dienstgrad und Personenkennziffer erhält. Warum hat ein Zivilist keinen Dienstgrad? Ist ein Instanz der Klasse Army implizit eine Instanz der Klasse Military? Ist die gleiche Instanz von Army zugleich eine implizite Instanz der Klasse Person? Begründen Sie Ihre Erklärung. Kann eine Instanz der Klasse Person eine Instanz der Klasse Civilian ersetzen? Begründen Sie Ihre Antwort.

6. Wenn die Operation balance? der Klasse CurrentAccount in Abbildung 1.12 neu definiert wird und eine Instanz von Bank eine Sammlung von Objekten der Klasse DepositAccount oder der Klasse CurrentAccount führt und die Nachricht balance? an alle sendet, welche Version der Operation wird dann ausgeführt? Wodurch ist diese Auswahl festgelegt?

   Welche Aufgabe hat in dieser neuen Anordnung nun die Operation balance? der Klasse Account? Müssen wir diese Operation für die Klasse Account definieren? Wenn nicht, was für eine Art Klasse ist die Klasse Account dann?

   Wenn in Abbildung 1.12 eine Klasse InterestBearingCurrentAccount als Spezialisierung von CurrentAccount eingeführt wird, welche Änderungen müssen dann an der Klasse Bank vorgenommen werden? Erklären Sie warum. Warum sollte in dieser neuen Klasse die Operation balance? neu definiert werden?

Kapitel 2

Objektorientierte Analyse und Design

Im vorhergehenden Kapitel wurden objektorientierte Systeme als aus Software-Objekten zusammengesetzte Systeme beschrieben, wobei die Objekte untereinander zusammenarbeiten, um ein gemeinsames Ziel zu erreichen. Dabei ist es von größter Wichtigkeit, daß die Objekte und ihre Beziehungen zueinander klar definiert sind. Leider ist es sehr schwierig, einfache und griffige Regeln für alle Fälle zu formulieren.

Die Ursache dafür ist, daß die Lösung eines Problems eine menschliche Aktivität ist, die noch nicht vollständig als allgemein anwendbare Methode formuliert werden kann. Trotzdem sind in letzter Zeit mehrere Methoden für *objektorientierte Analyse und Design* (OOAD) sehr beliebt geworden (Booch, 1991; Coad und Yourdon, 1990; Rumbaugh et al., 1991; Shlaer und Mellor, 1992). Auch wenn sich die Autoren in einigen wichtigen Aspekten unterscheiden, so sind sich jedoch alle darin einig, daß sich das menschliche Denken in Objektbegriffen vollzieht und daher die Lösung von Problemen durch Modellierung von Objektsystemen so einfach wie möglich gemacht werden kann.

2.1 Grundlagen von objektorientierter Analyse und Design

Jedes Software-System ist eigentlich das Modell eines Problems, daß in unserer realen (oder erdachten) Welt existiert. Je mehr das Modell dem aktuellen Problem entspricht, desto effektiver wird es folglich sein. OOAD-Methoden berücksichtigen diese Tatsache und benutzen Schlüsselabstraktionen (Objekte) aus dem Problemfeld als Grundbausteine für Programmsysteme.

Durch diese Herangehensweise gibt es nur ein Modell des Systems, ganz gleich in welcher Phase der Entwicklung es sich befindet. Im Prozeß der Systementwicklung werden dem Modell schrittweise weitere Teile hinzugefügt, bis zu dem Zeitpunkt, wo es auf einem Rechner ausgeführt werden kann (weitere Informationen hierzu finden Sie in Abschnitt 3.8).

2.1.1 Bestimmen von Objekten und Klassen

Bevor man sich daranmachen kann, die Objekte eines Modells für ein bestimmtes Problem zu definieren, muß man sich darüber im klaren sein, um was für eine Art von Anwendung es sich überhaupt handelt (Yourdon, 1994). Viele Anwendungen werden entweder von den Daten, die sie enthalten, ihrer Funktionalität oder der Art, wie sie sich unter Einflüssen von außen verhalten, dominiert.

Systeme, die von den Daten beherrscht werden, führen normalerweise wenige Verarbeitungsschritte aus, enthalten dafür aber sehr komplexe Datenelemente. Zu diesem Problembereich gehören z.B. Anwendungen für das Bank- oder Versicherungswesen. Von ihrer Funktionalität beherrschte Systeme führen im Gegensatz dazu normalerweise komplexe Berechnungen mit vergleichsweise einfachen Daten durch. Zu dieser Kategorie gehören viele Anwendungen aus dem wissenschaftlichen Bereich. Systeme, die durch ihr Verhalten bestimmt sind, müssen dagegen unter Echtzeitbedingungen auf externe Ereignisse reagieren. Typische Beispiele hierfür sind technische Anwendungen, die Hardware steuern oder von dieser gesteuert werden.

Wenn wir datenorientiert an ein System herangehen, dann finden wir Kandidaten für Objekte, indem wir die wesentlichen Datenelemente betrachten. So wird uns z.B. eine Bankanwendung immer dazu bringen, ein Konto als Objekt zu definieren. Ein guter Ausgangspunkt ist oft das Unterstreichen von Substantiven in einer schriftlichen Beschreibung des Problems. Bei der entsprechenden Sorgfalt und Erfahrung können Texte wie der folgende überraschend nützlich sein:

Jeder Kunde verfügt über ein <u>Konto</u>, auf das er einzahlen, von dem er abheben und dessen aktuellen Stand er erfragen kann.

Da die Ausrichtung auf Daten eine wichtige Rolle in der Objektorientierung spielt, wird diese Herangehensweise von vielen Praktikern als die beste für die Identifizierung potentieller Objekte gehalten (Coad und Yourdon, 1990).

Wenn wir uns einem System unter dem Blickwinkel der Funktionalität nähern, dann finden wir die potentiellen Objekte, indem wir fragen, wofür Objekte verantwortlich sind. Anders ausgedrückt, müssen wir die Operationen herausfinden, die ein Objekt durchführen muß, um seiner Aufgabe gerecht zu werden. Da Funktionen etwas tun, kann eine Untersuchung der Verben (und der Verbalausdrücke) einer Problembeschreibung oftmals sehr nützlich sein, um die Operationen zu identifizieren, genauso wie dies die Substantive bei der Identifikation der Objekte waren. Wenn wir z.B. den folgenden Satz aus der Beschreibung eines E-Mail-Systems unter einem funktionalen Aspekt betrachten, dann finden wir ein Objekt mit Operationen, die es dem Client erlauben, eine E-Mail-Nachricht zu editieren, zu versenden und zu empfangen:

E-Mail-Nachrichten können <u>editiert</u>, <u>gesendet</u> oder <u>empfangen</u> werden.

Auf diese Weise kann eine E-Mail-Nachricht als Objekt beschrieben werden.

Auch wenn diese Vorgehensweise sehr hilfreich sein kann, muß sie doch mit Vorsicht behandelt werden. Wird sie zu weit getrieben, dann kann das zu einer Systembeschreibung führen, die nicht objektorientiert sondern funktional ist. Im Extremfall werden die Objekte nur zu einer beliebigen Ansammlung von Operationen. Es ist äußerst wichtig, daß jedes Objekt eine gut definierte Datenabstraktion mit einer definitiven Aufgabe darstellt. Es sollte sich nicht um eine beziehungslose Sammlung von Operationen handeln.

Im Hinblick auf das Verhalten können die wichtigen Objekte, die ein System bestimmen, normalerweise durch eine Sichtung der Ereignisse identifiziert werden (Anforderungen von Objekten, die extern zum System sind), die es aktivieren. Sie können dann entsprechend ihrer Stellung im Problemzusammenhang gegliedert werden, und jeweils ein Objekt kann als verantwortlich für einen einzelnen Gliederungsbereich bestimmt werden. So kann es z.B. notwendig sein, daß die Software zur Steuerung eines Kernreaktors auf Signale eines Sensors reagiert. Normalerweise messen Sensoren sehr unterschiedliche Arten physikalischer Daten, wie z.B. Druck, Durchflußmengen oder Temperaturen. Es könnten jedoch alle Ereignisse herausgefiltert werden, die dadurch ausgelöst werden, daß Messungen über einen bestimmtem Temperaturwert steigen. Dadurch könnten wir Objekte identifizieren, die auf diese Ereignisse antworten, etwa durch einen Warnton oder durch eine korrigierende Maßnahme.

Oft ist ein Rollenspiel ein guter Ausgangspunkt für diese Vorgehensweise. Jeder Spieler stellt ein Objekt dar, das auf Ereignisse reagiert, die sich in der realen Welt ereignen. Reagiert auf ein bestimmtes Ereignis keiner der Spieler, dann muß es folglich einem existierenden Objekt zugeordnet oder ein neues Objekt geschaffen werden. Wie wir im weiteren Verlauf dieses Kapitels sehen werden, kann diese Herangehensweise hilfreich für den Aufbau jeder Art von objektorientiertem System sein.

Leider ist es ein Gemeinplatz, daß die Anwendungen, die wir untersuchen, nie so eindeutig sind wie die Beispiele, die wir für die Illustrationen der einzelnen Herangehensweisen benutzt haben. Sie werden immer sowohl Elemente der datenorientierten, der funktionsorientierten und der verhaltensorientierten Systeme enthalten. In solchen Fällen können wir uns dazu entschließen, eine Sichtweise zur beherrschenden zu bestimmen, oder wir übernehmen in den unterschiedlichen Phasen der OOAD die jeweils entsprechende Sichtweise. Ein Textverarbeitungssystem bietet dem Anwender z.B. eine grafische Benutzerschnittstelle (GUI), die es ihm gestattet, vielseitige Manipulationen an den Textdaten durchzuführen. Betrachtung der grafischen Benutzerschnittstelle aus verhaltensorientierter Sicht kann zur Bestimmung der Maus als Objekt für Mauseingaben und zur Bestimmung der Tastatur als Objekt für Tastatureingaben führen. Jedes dieser Objekte wirkt bei Empfang einer Maus- oder Tastaturaktion auf andere Objekte, z.B. auf Textobjekte. Eine funktionsorientierte oder datenorientierte Beschreibung wäre denkbar, aber sie wäre nicht so effektiv für die Identifizierung der Objekte, die auf die Aktionen reagieren müssen.

Veränderungen am Text können dementsprechend am besten funktionsorientiert behandelt werden. Es können dabei Objekte für das Editieren bestimmt werden, die für Bearbeitungsoperationen wie etwa Ausschneiden und Einfügen verantwortlich sind. Der bearbeitete Text kann schließlich datenorientiert behandelt werden, indem Absätze, Seiten, Zeilen und Wörter zu Objekten bestimmt werden. In diesem Fall wären die verhaltensorientierten und die funktionsorientierten Systeme nicht so effektiv und könnten sogar zu einem aus ungeeigneten Objekten zusammengesetzten System führen.

Bevor wir uns einem anderen Thema zuwenden, wollen wir noch das Problem der Zuordnung eines Objekts zu einer Klasse betrachten. Die Bestimmung eines Objekts allein ist nicht hinreichend, weil diese Information in der Regel zu speziell ist. Es ist wesentlich nützlicher, wenn wir die Klasse bestimmen können, zu der es gehört, weil dadurch allgemeinere Beziehungen hergestellt werden können.

In einigen Fällen kann eine sprachliche Beschreibung des Problems alle Objekte nennen, die zu einer Klasse gehören, und dadurch die Bestimmung der Klassen sehr einfach machen. Der folgende Satz legt z.B. nahe, die Klasse `Account` zu definieren, in der jedes Konto als Objekt eine Instanz darstellt:

Jeder Kunde hat ein Konto, auf das er einzahlen, von dem er abheben oder dessen aktuellen Stand er abfragen kann.

In ähnlicher Weise legt der Satz:

E-Mail-Nachrichten können editiert, gesendet oder empfangen werden

nahe, eine Klasse `E-Mail` zu bestimmen, in der jede E-Mail-Nachricht eine Instanz darstellt.

Beachten Sie, daß für die Benennung einer Klasse immer der Singular verwendet wird. Die Versuchung liegt nahe, die Klasse `Accounts` zu nennen, weil die Klasse `Account` mehrere Objekte hat. Das wäre aber ein Fehler, weil die Bezeichnung sich auf die Klasse bezieht und nicht auf ihre Instanzen.

In einigen Fällen werden wir uns eine Klassenbezeichnung ausdenken müssen, weil die sprachliche Beschreibung des Problems nur die Objekte beschreibt. In dem Satz:

Hans und Christian sind bei der Napier-Universität angestellt

können wir die Klasse `Employee` mit Hans und Christian als Instanzen bestimmen. Der gewählte Name hängt natürlich vom Kontext ab, er sollte aber im Hinblick auf die Objekte, die die Instanzen der Klasse bilden, immer sehr aussagekräftig sein.

2.1.2 Bestimmen von Operationen

Sind die Objekte eines Systems einmal bestimmt, dann ist es relativ einfach, die dazugehörigen Operationen herauszufinden. Diese scheinbar einfache Behauptung mag einen Neuling überraschen, aber sie beschreibt einen der Hauptvorteile des objektorientierten Designs. Sind die zu den Objekten gehörigen Operationen einmal definiert, dann ist es darüber hinaus sehr einfach, sie zu verändern. Dabei muß der Software-Designer aber immer vor Augen haben, daß es das Ziel des Überschreibens ist, eine Schnittstelle zwischen Klassen herzustellen, die sinnvoll in die Zusammenhänge eines vorliegenden Problems paßt. Die Schnittstelle sollte möglichst klein, aber funktional umfassend sein. Überentwickelte oder gedoppelte Operationen führen unvermeidlich zu einer unsauberen Schnittstelle, die schwierig zu benutzen und zu verstehen ist.

Eine gute Quelle für mögliche Operationen sind die Verben oder Verbalausdrücke einer sprachlichen Problembeschreibung. So können z.B. für ein Objekt der Klasse `Account` die Operationen `credit`, `debit` und `balance?` (das Fragezeichen zeigt an, daß dem Client ein Rückgabewert übergeben wird, siehe Abschnitt 3.2) aus dem folgenden Text ermitteln:

Jeder Kunde hat ein Konto, für das ein <u>Haben gebucht</u>, ein <u>Soll gebucht</u> oder der <u>Kontostand abgefragt</u> werden kann.

Auch Überlegungen dazu, welche Operationen im Zusammenhang mit einem Objekt sinnvoll wären, können sehr nützlich sein. So ist z.B. zu erwarten, daß für ein `Konto`-Objekt die Operation `close` benötigt wird, auch wenn dies nicht ausdrücklich formuliert ist. In Kapitel 6 werden wir sehen, daß diese Vorgehensweise weiter fortgeführt werden kann, so daß einige Operationen obligatorisch für alle Objekte werden.

Diese Strategien können mit einem Rollenspiel kombiniert werden, in dem jeder Spieler (real oder in der Phantasie) die Rolle eines Objekts übernimmt, das auf die von einem anderen Objekt gesendete Nachricht reagiert (Beck und Cunningham, 1989). Einzelheiten jedes Objekts (eigentlich seiner Klasse) werden auf einer Karte protokolliert, und jede Funktion des Systems wird der Reihe nach berücksichtigt. Die Funktionen mit ihren impliziten Verantwortlichkeiten werden zerlegt und den entsprechenden Objekten zugeordnet, dann wird das System `gestartet`. Ein Objekt kann nur über seine Schnittstelle auf Anforderungen zur Ausführung einer Operation antworten und es hat nur Zugriff auf Informationen über seinen eigenen Zustand, so daß Mängel im Design schnell erkannt und korrigiert werden können. Wenn es notwendig ist, dann kann das Verhalten der Operation eines Objekts verändert werden, neue Operationen können der Schnittstelle des Objekts hinzugefügt werden oder neue Objekte (und selbstverständlich auch ihre Klassen) können definiert werden.

2.1.3 Darstellung von Objekten

Damit ein Objekt die in seiner Schnittstelle verfügbaren Operationen unterstützen kann, muß es einen internen Zustand aufrechterhalten. Normalerweise besteht der interne Zustand eines Objekts aus den privaten Datenelementen, die von einem Objekt eingekapselt werden. Allgemein werden die privaten Datenelemente als *Eigenschaften* eines Objekts bezeichnet. Ihre Identifizierung ist normalerweise sehr einfach, da sie gewöhnlich Objekte der Standardklassen für Zeichenketten (eine Folge von Zeichen) oder Zahlen sind.

Im allgemeinen sind Objekte ausgesprochen grobkörnige Elemente einer Problemumgebung, die Eigenschaften hingegen sind wesentlich feinkörniger und verdienen daher keine unabhängige Existenz als Objekte. Die Klasse `Employee` kann z.B. Eigenschaften für Name, Adresse, Alter, Geschlecht, Personalnummer und Gehalt jedes Angestellten haben. Für sich genommen, besitzt jede Eigenschaft keine besondere Bedeutung. Es wird nur dann relevant, wenn es im Zusammenhang mit etwas Größerem gesehen wird, z.B. einem Angestellten. Dies ist ein wichtiger Punkt, da Anfänger beim Design allgemein dazu neigen, zu viele Objekte für ein System zu bestimmen. Auch wenn hier keine allgemeingültigen Regeln festgelegt werden können, so bilden sechs bis zehn Objekte jedoch meist ein vertretbares Maximum für ein System, das von einer bestimmten Abstraktionsebene aus betrachtet wird.

2.1.4 Beziehung zwischen Objekten

Da Objekte normalerweise zusammenarbeiten müssen, um ihre Ziele zu erreichen, treten sie gewöhnlich in Verbindung miteinander. Eine der wichtigsten Verbindungen ist die *Beziehung*.

Objekte die zueinander in Beziehung stehen, arbeiten mittels des Sendens von Nachrichten zusammen. Eine Beziehung sollte dann eingesetzt werden, wenn zwei Objekte zwar nicht konzeptionell miteinander verbunden sind, aber im konkreten Problemzusammenhang jeweils die Schnittstellen des anderen Objekts mitbenutzen müssen. So ist z.B. ein Szenario denkbar, bei dem ein Employee-Objekt in einem Company-Objekt angestellt ist. Sie stehen dadurch in Beziehung zueinander, daß das Company-Objekt die Rolle des Arbeitgebers annimmt und das Employee-Objekt die Rolle des Angestellten. Während der Laufzeit des Systems könnte ein Angestellter den Namen des Arbeitgebers erfragen, und umgekehrt könnte der Arbeitgeber die Position oder das Gehalt des Angestellten erfragen. In Abbildung 2.1 sehen Sie das Diagramm einer Klasse, die diese Verbindung beschreibt.

```
┌─────────────────────────────────────────────────────────────────┐
│ ┌──────────┐                                      ┌──────────┐  │
│ │ Company  │                          theEmployee │ Employee │  │
│ ├──────────┤────── Anstellung ───────────────────┤          │  │
│ │          │ theEmployer                          │          │  │
│ └──────────┘                                      └──────────┘  │
└─────────────────────────────────────────────────────────────────┘
```

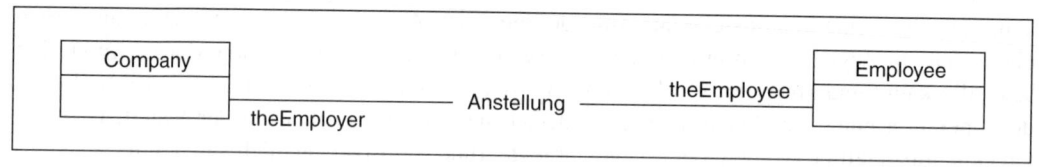

Abbildung 2.1:   Beziehungen

Ein Rechteck stellt eine benannte Klasse dar und die Linie zwischen den beiden Rechtecken stellt eine optional benannte Beziehung zwischen ihnen dar. Jede Klasse (und somit auch jede Instanz) kann eine bestimmte *Rolle* in dieser Beziehung einnehmen. Unser Beispiel zeigt, daß eine Verbindung besteht zwischen der Klasse Company, deren Instanzen als Arbeitgeber agieren, und der Klasse Employee, dessen Instanzen als Angestellte agieren. Die Beziehung Employment impliziert, daß Employee-Objekte und Company-Objekte gegenseitig ihre Schnittstellen für das Senden von Nachrichten benutzen können.

Beachten Sie, daß wir in den Diagrammen der Klassen in Kapitel 1 die mit den Klassen assoziierten Operationen eingetragen haben. Auch wenn das zulässig ist, so sollte man dies doch unterlassen, um unnötige Verwirrungen zu vermeiden. Desgleichen sprechen wir im Text oft Objekte mit ihren Klassennamen an, um eine leichtere Lesbarkeit zu erreichen. So sprechen wir z.B. von einem Employee oder einem Employee-Objekt. In jedem Falle sollte der Kontext deutlich machen, daß wir Objekte meinen und nicht die Klasse, zu der sie gehören.

Eine Firma kann mehr als einen Angestellten haben und ein Angestellter kann in mehreren Firmen arbeiten. Das führt dazu, daß es eine Vielfalt von Beziehungen zwischen den Klassen gibt, die sich in der Anzahl der betroffenen Objekte niederschlägt. In Abbildung 2.2 sehen Sie häufig auftretende Möglichkeiten, wobei die durch N gegebene Vielfalt für ein oder mehrere Objekte steht.

Die normale Anzahl von Beziehung ist eins und wird normalerweise in den Klassendiagrammen weggelassen. Die Funktion und der Name einer Beziehung können auch weggelassen werden, wenn der Software-Designer meint, daß sie aus dem Zusammenhang ersichtlich sind. Die Funktionsnamen deuten allerdings die Bedeutung der Beziehungen an, wobei die Instanz einer Klasse auf die Instanz einer assoziierten Klasse verweisen kann. Im zweiten Schema der Abbildung 2.2

2.1 Grundlagen von objektorientierter Analyse und Design

würde z.B. eine Instanz der Klasse Employee auf ein Company-Objekt verweisen, bei dem er durch den Funktionsnamen theEmployee angestellt ist.

Das dritte Schema in Abbildung 2.2 zeigt eine N:N-Beziehung. Ein Tutor unterrichtet viele Students und ein Student wird von vielen Tutors unterrichtet. Eigentlich haben wir es hier mit zwei Beziehungen gleichzeitig zu tun: einer 1:N-Beziehung zwischen einem Tutor und den Students, die er unterrichtet, und einer 1:N-Beziehung zwischen dem Student und seinen Tutors.

Manchmal findet man Beziehungen zwischen der gleichen Klasse. So ist z.B. jede Person das Kind einer anderen Person, seiner Mutter. Dies zeigt das vierte Schema in Abbildung 2.2, wo jede Person das Kind einer Mutter ist. Eine solche Beziehung wird *rekursive Beziehung* genannt. Beachten Sie, wie lebendig und erklärend für die Verwendung der Klasse Person hier die Funktionsnamen sind.

1:1: Eine Person besitzt ein Auto.

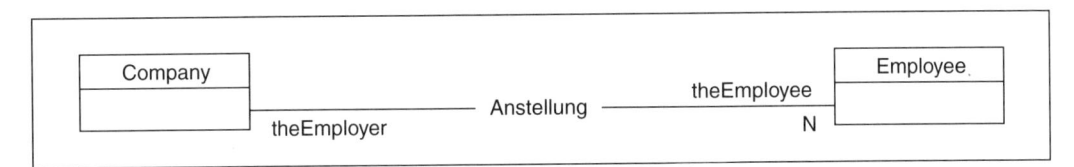

1:N: Eine Firma beschäftigt viele Angestellte.

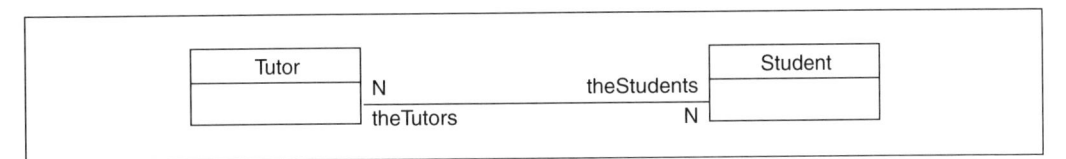

N:N: Ein Tutor unterrichtet viele Studenten; ein Student wird von vielen Tutoren unterrichtet.

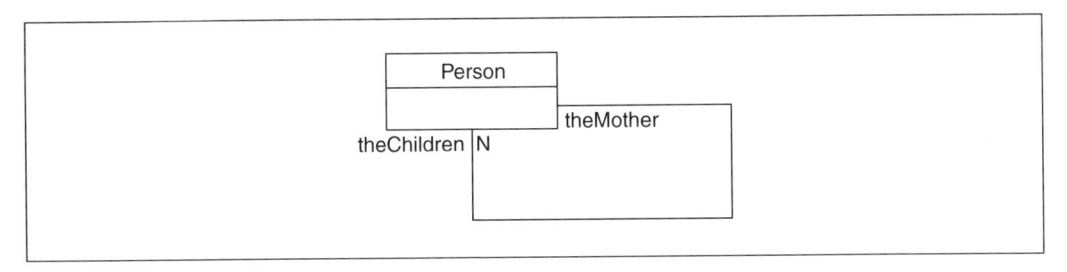

Rekursive Assoziation: Ein Kind besitzt eine Mutter.

Abbildung 2.2: *Beziehungen und Mengenrelationen*

Bevor wir das Thema Beziehungen zwischen den Klassen verlassen, ist es sehr wichtig, darauf hinzuweisen, daß ein Klassendiagramm nicht eine bestimmte Implementation beschreibt. Es ist nur eine allgemeine Beschreibung der Verbindung zwischen zwei Klassen.

Abbildung 2.3 zeigt, daß ein Company-Objekt als Arbeitgeber für viele Employee-Objekte agiert, die wiederum als Angestellte in der Angestelltenbeziehung agieren, die zwischen ihnen existiert. Dadurch wird aber nicht festgelegt, welches Company-Objekt oder Employee-Objekt diese Beziehung eingehen wird. Dies ist ein wichtiger Punkt, der für die Interpretation eines Klassendiagramms verstanden werden muß.

```
┌─────────────────────────────────────────────────────────────────┐
│  ┌──────────┐                                      ┌──────────┐ │
│  │ Company  │                         theEmployees │ Employee │ │
│  ├──────────┤──────── Anstellung ─────────────────├──────────┤ │
│  │theEmployer│                                   N │          │ │
│  └──────────┘                                      └──────────┘ │
└─────────────────────────────────────────────────────────────────┘
```

Abbildung 2.3:   Klassendiagramm

Um den Aufbau realer Systeme mit realen Objekten und nicht nur Beschreibungen von Objekten zu zeigen, müssen Instanzen der Klassen mit Verknüpfungen untereinander geschaffen werden. Genauso wie ein Objekt eine Instanz einer Klasse ist, so ist eine *Verknüpfung* eine Instanz einer Beziehung, wobei eine Verknüpfung zwischen jedem Objekt bestehen muß, welches Teil der Beziehung ist. In dem Instanzdiagramm in Abbildung 2.4 werden abgerundete Rechtecke für die Darstellung von Instanzen der Klassen benutzt und ein Company-Objekt c1 mit Verknüpfungen zu drei Employee-Objekten e1, e2 und e3 gezeigt.

Dabei ist zu beachten, daß es sich bei diesem Diagramm um eine konkrete Architektur handelt und nicht um etwas Abstraktes wie ein Klassendiagramm. Es stellt eine bestimmte Implementation dar, die mit der allgemeinen Beschreibung übereinstimmt, welche in dem entsprechenden Klassendiagramm in Abbildung 2.3 enthalten ist.

Jede Instanz einer Klasse hat eine eindeutige Bezeichnung, so daß sie von anderen Instanzen unterschieden werden kann. Wenn mehrere Instanzen einer Klasse existieren, dann bilden wir den Bezeichner so einfach wie möglich, indem wir den ersten Buchstaben des Klassennamens, gefolgt von einer passenden Zahl, benutzen. Ist nur ein Objekt vorhanden, dann können wir die Regel außer acht lassen und eine auf dem Kontext basierende Bezeichnung wählen. Die Bezeichnungen für die Employee-Objekte lauten z.B. e1, e2 und e3. Für das einzige Company-Objekt hätten wir die Bezeichnung theCompany wählen können.

Beachten Sie die unterschiedliche Bedeutung der Ausdrücke *Name eines Objekts* und *Bezeichner für ein Objekt*. Sie sind nicht gleich, da ein Objekt nur dann einen Namen hat, wenn dies eine seiner Eigenschaften ist. Ein Employee-Objekt könnte die Bezeichnung e1 und den Namen *Christian* haben. Konsequenterweise sollte immer der *Bezeichner für ein Objekt* benutzt werden, wenn wir ein Objekt an sich und nicht ein Objekt im Hinblick auf eine Eigenschaft benennen wollen. In diesem Sinne ist auch der Ausdruck *das Objekt e1* nicht ganz korrekt. Es müßte eigentlich *ein Objekt mit dem Bezeichner e1* lauten. Wegen der Lesbarkeit wird diese Unterscheidung aber normalerweise nicht vorgenommen.

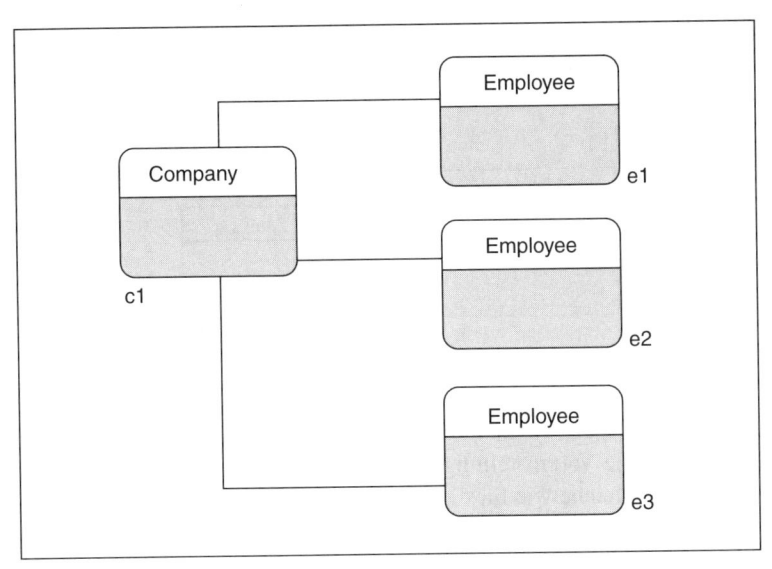

Abbildung 2.4: Das Instanzdiagramm

2.1.5 Aggregatskomponenten von Objekten

Eine zweite, wichtige Verbindung zwischen den Objekten ist die `Aggregation`. Für die Beschreibung dieser Verbindung werden manchmal auch die Bezeichnung *is a*-Relation oder *part of*-Relation benutzt, um anzudeuten, daß ein Objekt aus einem anderen besteht. Bei der Aggregation ist die Verbindung zwischen den Objekten wesentlich stärker als bei der Assoziation, weil das Ganze nicht ohne seine Teile bestehen kann. Deswegen sollte sie auch nur dort eingerichtet werden, wo ein Objekt Teil eines anderen Objekts ist, und nicht dort, wo nur zufällig eine Verbindung mit einem unabhängigen Objekt besteht. Die Aggregatskomponente muß für den ausschließlichen Gebrauch desjenigen Objekts sein, dessen Bestandteil sie ist, und von dem sie vollständig eingekapselt wird. Das bedeutet, daß eine Aggregatskomponente außerhalb des sie enthaltenden Objekts nicht sichtbar ist. Auch die anderen Aggregatskomponenten oder das Ganze, von dem sie ein Teil sind, sind nicht direkt sichtbar. Nachrichten, die dem Ganzen gesendet werden, können, wenn notwendig, an die Aggregatskomponenten weitergeleitet werden, jedoch können die Nachrichten nicht direkt an Aggregatskomponenten verschickt werden.

Die Aggregatskomponenten sind den Eigenschaften sehr ähnlich. Der Unterschied besteht darin, daß erstere im Zusammenhang eines Problems wichtig genug sind, um Objekte mit eigenen Rechten zu sein, und nicht nur ganz gewöhnliche Eigenschaften darstellen. Eine Mailbox kann z.B. als eine Sammlung von E-Mail-Nachrichten betrachtet werden. Eine typische Nachricht in diesem Szenario wäre die Aufforderung, alle E-Mail-Nachrichten anzuzeigen, die das `MailBox`-

Kapitel 2   Objektorientierte Analyse und Design

Objekt erhalten hat. Auf diese Nachricht hin würde das `MailBox`-Objekt eine Nachricht an jedes Objekt in der Sammlung `Mail`-Objekt schicken, damit dieses sich selbst ausgibt. Dieses Verhalten ist typisch für objektorientierte Systeme und wird als *Nachrichtenverbreitung* bezeichnet.

Das Klassendiagramm in Abbildung 2.5 zeigt eine Klasse `MailBox` und seine Aggregatskomponenten der Klasse `Mail`. Eine Linie mit einer Raute zeigt die Aggregation an. Die Raute befindet sich bei dem Ganzen der Ganzes-Teil-Relation.

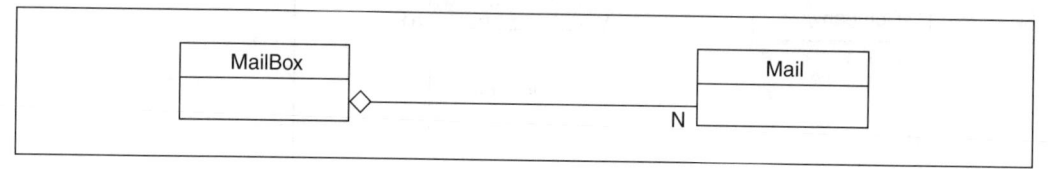

Abbildung 2.5:   Aggregation

Auch wenn jeweils nur ein Ganzes existiert, so kann es in einer Aggregationen doch mehrere Exemplare einer Komponente geben. Die Voreinstellung hierfür ist eins. Die Relation kann auch rekursiv sein. Die Schreibweise ist die gleiche wie für die Assoziation. Wie zuvor ist das Klassendiagramm der Aggregation ganz allgemein, das dazugehörige Instanzdiagramm jedoch spezifisch. Abbildung 2.6 zeigt ein Instanzdiagramm für die spezifische `MailBox` mb mit drei E-Mail-Nachrichten m1, m2 und m3.

Man spricht allgemein bei den Darstellungen, Aggregationen und Assoziationen der Objekte von seinen *Merkmalen* oder seinen *Charakteristika*. Sie stellen alle Aspekte der Klasse eines Objekts dar, einschließlich der Eigenschaften und der Operationen.

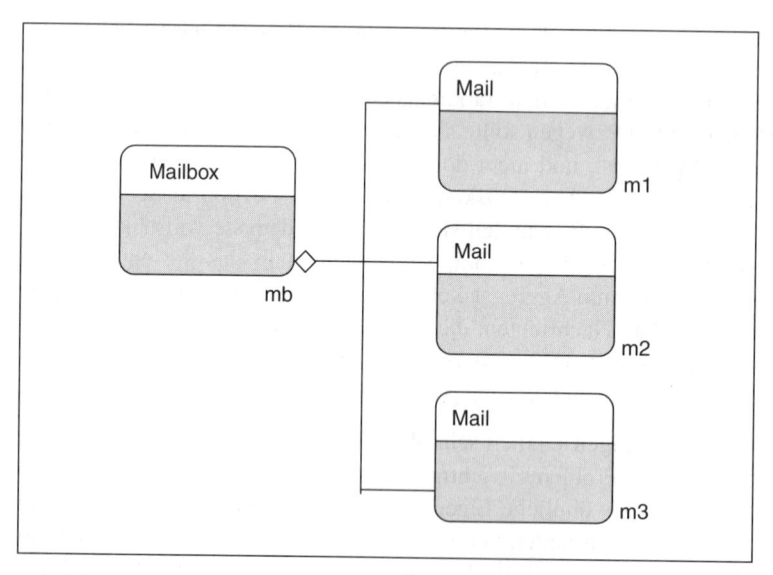

Abbildung 2.6:   Das Instanzdiagramm `MailBox`

2.1.6 Aggregation und Assoziation

Die Aggregation erfordert eine Ganzes-Teil-Relation zwischen den betroffenen Objekten. Die Relation impliziert, daß der Client nur Zugriff auf die Schnittstelle des Ganzen und nicht direkt auf eines der Teile hat. Bei einem Motor gibt es z.B. eine Aggregationsrelation mit den Bauteilen Zylinder und Vergaser. Das heißt, daß die Benutzer des Motors nur indirekt mittels zur Verfügung gestellter Operationen, wie Starten oder Stoppen, auf seine Teile zugreifen können. Da die Teile unter der ausschließlichen Kontrolle des Ganzen stehen, muß der Benutzer glücklicherweise nichts von deren Existenz wissen. Abbildung 2.7 zeigt diese Relation.

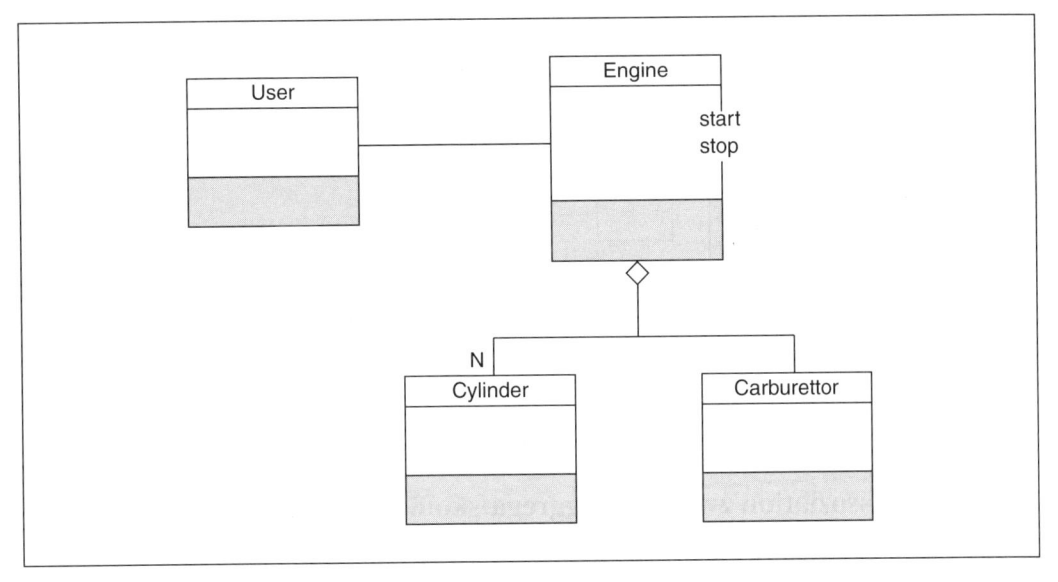

Abbildung 2.7: Ein Motor als Aggregation seiner Teile

Die Assoziation ist im Gegensatz zur Aggregation eine wesentlich lockerere Form der Abhängigkeit oder *Kopplung*. Die assoziierten Objekte stehen zum Erreichen des übergeordneten Ziels in einem sachlichen Zusammenhang. Wenn ein Motor als Assoziation zwischen seinen Bestandteilen modelliert wird, dann haben die Benutzer direkten Zugriff auf die Schnittstelle jedes Bauteils. Das heißt, daß die Benutzer den Motor nicht nur starten und stoppen können, sondern auch wie in Abbildung 2.8 zu sehen ist, das Vergasergemisch einstellen können.

Sinnvollerweise sollte der Software-Designer das Motorenmodell für einen Fahrer als Aggregation und für einen Mechaniker als Assoziation modellieren.

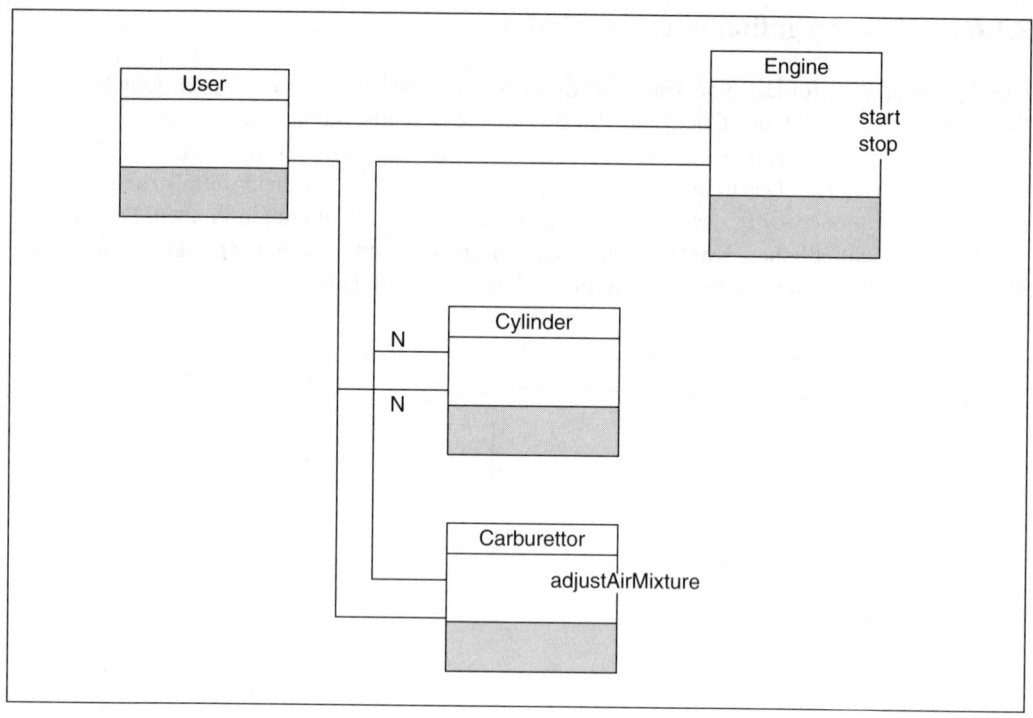

Abbildung 2.8:   Ein Motor als Assoziation

2.1.7   Assoziation zwischen Aggregatskomponenten

Software-Designer stehen bezüglich der Relationen zwischen den Objekten oft vor schwierigen Entscheidungen. Das ist besonders dann der Fall, wenn es zu Kombinationen zwischen Assoziationen und Aggregationen kommt. Eine Hauptschwierigkeit können wir demonstrieren, wenn wir uns mit dem Aufbau einer einfachen elektronischen Mailbox beschäftigen.

Zur Laufzeit des Mail-Systems kann eine Nachricht verfaßt und der Mailbox für den weiteren Transport übergeben werden. Vorüberlegungen können uns dazu veranlassen, die Klassen `Editor`, `MailBox` und `Mail` festzulegen. Die Objekte von `Mail` sind integrierter Bestandteil der `MailBox` und sollten daher als Aggregatskomponenten modelliert werden. Wenn wir darüber hinaus annehmen, daß `Editor`-Objekte und ein `Mail`-Objekt locker miteinander gekoppelt sind, dann sollten sie als Teile einer Assoziationen modelliert werden. Da das `Editor`-Objekt dem `MailBox`-Objekt `Mail`-Objekte hinzufügen muß, sollten diese ebenfalls Teile einer Assoziation sein. Abbildung 2.9 veranschaulicht diese Relationen.

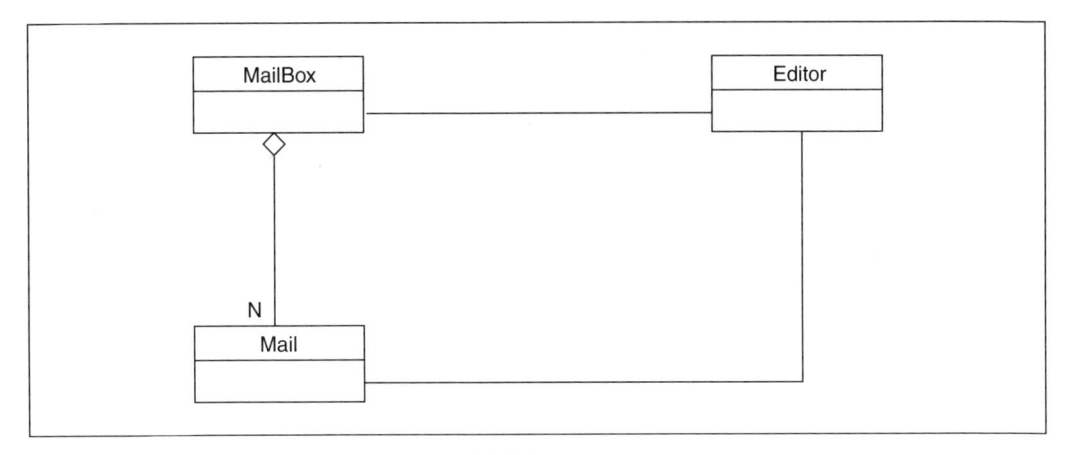

2.1 Grundlagen von objektorientierter Analyse und Design

Abbildung 2.9: Klassendiagramm eines Mail-Systems

Rufen Sie sich den Hinweis aus Abschnitt 2.1.4 ins Gedächtnis zurück, wonach ein Klassendiagramm eine allgemeine Beschreibung ist und nicht eine bestimmte Implementation beschreibt. Deshalb müssen wir auch ein Diagramm der Instanzen entwerfen, so wie es in Abbildung 2.10 zu sehen ist.

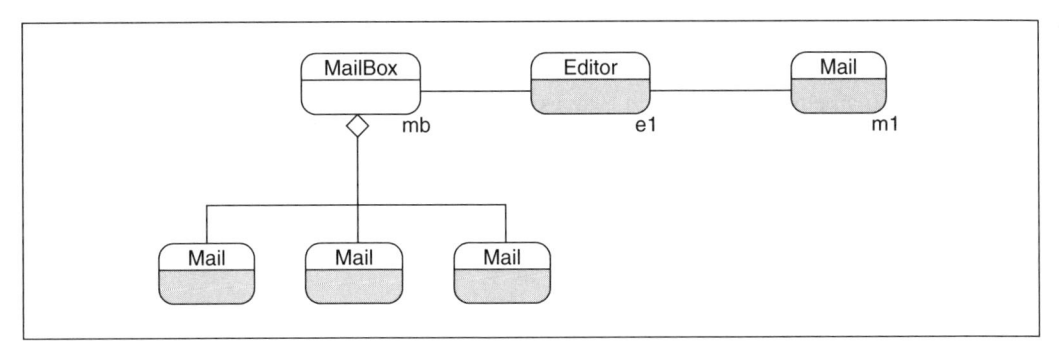

Abbildung 2.10: Ein Instanzdiagramm für ein Mail-System

Es ist offensichtlich, daß das Editor-Objekt e1 keine Assoziation zu einem der Mail-Objekte hat, die Aggregatskomponenten der MailBox sind. Das heißt, sie können nicht miteinander kommunizieren. Das Editor-Objekt e1 hat dagegen eine Assoziation zum MailBox-Objekt mb und zum Mail-Objekt m1. Diagramm. Das heißt, sie können miteinander kommunizieren. Darin spiegelt sich unser Ziel wider, daß eine Mail (m1) mit dem Editor (e1) bearbeitet und dann der MailBox (mb) hinzugefügt werden kann.

Abbildung 2.11 zeigt ein weiteres Instanzdiagramm, das ebenfalls zulässig wäre. Das Editor-Objekt hat eine Assoziation zu Mail, die ihrerseits Aggregatskomponenten von MailBox sind.

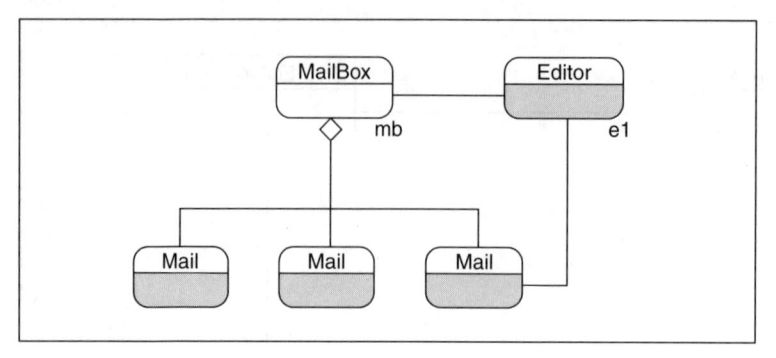

Abbildung 2.11: Ein weiteres Instanzdiagramm für ein Mail-System

Mit dieser Konfiguration der Instanzen kann ein Software-Designer den `Editor` in die Lage versetzen, `Mail`-Objekte zu bearbeiten, während sie sich in der `MailBox` befinden. Dies ist jedoch ein schwerwiegender Fehler, der unter allen Umständen vermieden werden sollte. Der Entwickler hat hier gegen eine grundlegende Regel der objektorientierten Programmierung verstoßen, wonach nämlich ein Objekt seinen Zustand, der privat ist, einkapseln muß. Das heißt mit anderen Worten, daß der `Editor` direkten Zugriff auf Teile der `MailBox` erhalten hat und somit die Integrität der `MailBox` verletzt wird.

Sicherlich muß auf die `Mail`-Objekte in der `MailBox` ein Zugriff möglich sein, es muß aber sichergestellt werden, daß dies über die Schnittstelle von `MailBox` geschieht. Dies kann sehr leicht dadurch erreicht werden, daß die Klasse `MailBox` eine öffentliche Operation erhält, die `Mail`-Objekte genauso an einen Client liefert, wie es eine private Eigenschaft täte. Einzelheiten dazu werden in späteren Kapiteln behandelt. Für den Augenblick genügt es, zu beachten, daß eine Konfiguration, wie sie in Abbildung 2.11 zu sehen ist, nicht Bestandteil unseres Entwurfs sein sollte. Es handelt sich hier um ein nicht zulässiges Beispiel.

2.2 Szenarien

Klassendiagramme sind statisch, weil sie nicht angeben, wie sich ein beschriebenes System zur Laufzeit tatsächlich verhält. Ein Instanzdiagramm hingegen ist konkreter und liefert mehr Informationen zum dynamischen Verhalten eines Objekts. Wir können z.B. Nachrichten durchnumerieren, um die Reihenfolge in der sie gesendet werden zu verdeutlichen. Auf diese Art können wir ein *Szenario* des Laufzeitverhaltens aller Teile eines Systems entwerfen. Wenn es für notwendig erachtet wird, dann können auch die Datenflüsse eingezeichnet werden. Abbildung 2.12 zeigt ein `Company`-Objekt `c1`, welches der Reihenfolge nach die `Employee`-Objekte `e1`, `e2` und `e3` abfragt.

2.2 Szenarien

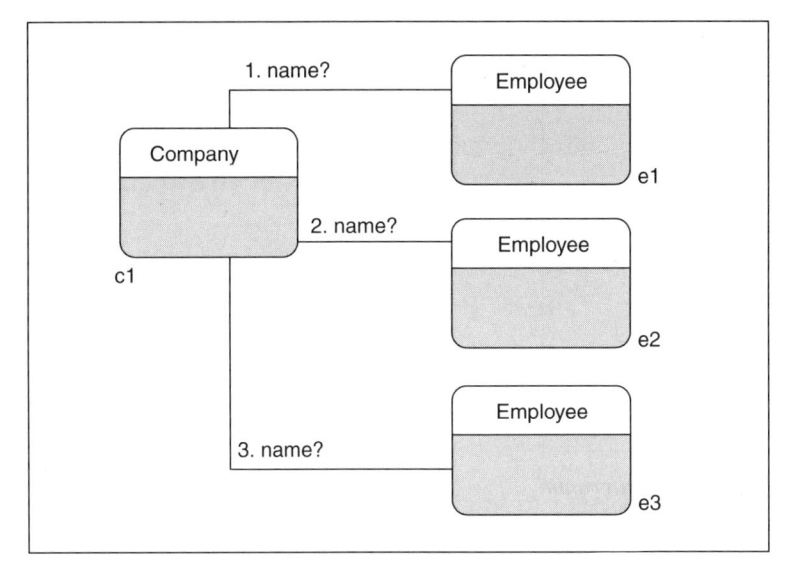

```
                1. name?        ┌─────────────┐
         ┌──────────────────────│  Employee   │
         │                      │             │
    ┌────┴────┐                 │          e1 │
    │ Company │                 └─────────────┘
    │         │   2. name?      ┌─────────────┐
    │         ├─────────────────│  Employee   │
    │      c1 │                 │             │
    └────┬────┘                 │          e2 │
         │                      └─────────────┘
         │                      ┌─────────────┐
         │      3. name?        │  Employee   │
         └──────────────────────│             │
                                │          e3 │
                                └─────────────┘
```

Abbildung 2.12:   Ein Szenario mit einem Instanzdiagramm

Ein *Nachrichtenfluß*- oder *Interaktionsdiagramm* kann gleichfalls Teil eines Szenarios sein. Die Instanzen werden in der obersten Zeile angegeben, die darunterliegenden Zeilen stellen die Reihenfolge dar, in der die Nachrichten zwischen den Objekten gesendet werden. Die Zeit nimmt von oben nach unten zu. Eine breite vertikale Linie zeigt an, daß das Objekt in der Spalte eine Methode ausführt. Eine dünne vertikale Linie signalisiert Inaktivität des Objekts. Der Sender und der Empfänger werden durch einen gerichteten Pfeil markiert. Der Pfeil kann von links nach rechts oder umgekehrt verlaufen. So erhalten wir einen klaren Überblick über das Laufzeitprofil aller Teile des Systems.

Abbildung 2.13 enthält z.B. die gleichen Informationen wie Abbildung 2.12: Eine Nachricht name? wird von einer Instanz c1 an eine Instanz e1 gesendet, dann von der Instanz c1 an die Instanz e2 und zuletzt von der Instanz c1 an die Instanz c3. Außerdem wird deutlich, daß die Instanz c1 im Prinzip während der Zeit, in der die drei Nachrichten gesendet werden, aktiv ist (in der Praxis kann die Ausführung angehalten werden). Die Instanzen e1, e2 und e3 werden nur ausgeführt, wenn sie auf die Nachricht name? antworten.

Dabei ist zu beachten, daß für die Beschreibung der Hauptelemente eines Systems während der Laufzeit mehrere Szenarien erforderlich sein können. Es wird zwischen für die normale Ausführung repräsentativen und Szenarien für besondere Probleme unterschieden.

Um Verwirrung zu vermeiden, muß man bei der Entwicklung von Szenarien zwei Dinge beachten. Erstens folgt daraus, daß ein Objekt zwar jede Operation anfordern kann, die ein anderes Objekt mit seiner Schnittstelle anbietet, jedoch nicht unbedingt so verfahren wird. Es ist möglich, daß nur eine Untermenge benötigt wird. Zweitens können Nachrichten zwischen Objekten von beiden Seiten der Relation oder nur von einer Seite gesendet werden, d.h. die Relation kann zweiseitig oder einseitig realisiert werden.

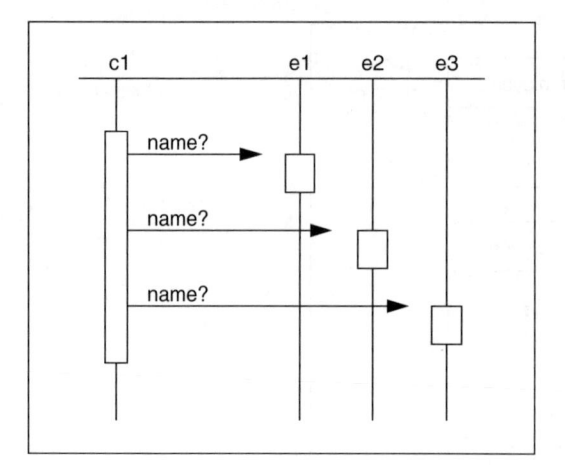

Abbildung 2.13: Ein Nachrichtenflußdiagramm

Abbildung 2.14 zeigt z.B. ein Employee-Objekt e1, welches eine Anfrage beim Company-Objekt c1 bezüglich seines Namens macht. Es findet ein Datenfluß des Namens *Napier* vom Company-Objekt zum Employee-Objekt statt. Des weiteren wird gezeigt, wie ein Company-Objekt c1 eine Anfrage address? an ein Employee-Objekt e1 richtet. Dabei entsteht ein Datenfluß, der den *Rückgabewert* der Adresse *10 High Street* vom Employee-Objekt an das Company-Objekt darstellt.

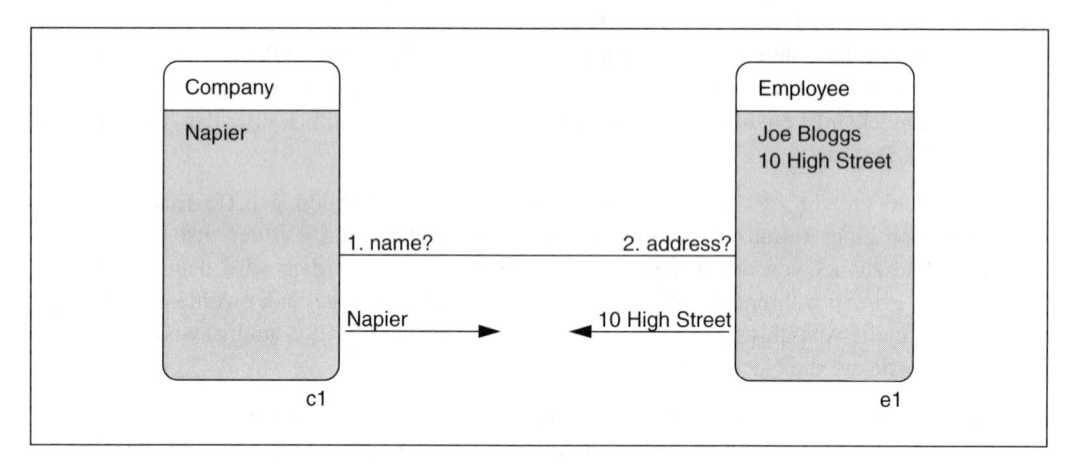

Abbildung 2.14: Szenarien und Datenflüsse

Dabei sind auch andere Wege mit dem gleichen Ziel denkbar. Ein Employee-Objekt kann z.B. den Namen seines Arbeitgebers vom entsprechenden Company-Objekt abfragen müssen, wenn diese Information eine Eigenschaft von jedem Employee-Objekt ist. In diesem Fall muß keine Nachricht an das Company-Objekt gesendet werden und die Assoziation wird nur in einer Richtung durchlaufen (siehe Abschnitt 3.7).

2.3 Zusammenfassung

1. Objekte und die zugehörigen Operationen können durch eine Kombination aus Textanalyse der Problembeschreibung, Rollenspiel und Szenario bestimmt werden.

2. Ein Klassendiagramm gibt die identifizierten Klassen des Problemfelds und den Aufbau ihrer Relationen untereinander wieder. Ein Instanzdiagramm zeigt die Instanzen der Klassen, die in einem Klassendiagramm enthalten sind.

3. Relationen zwischen Klassen können Assoziationen und Aggregationen sein. Assoziationen sollten dort eingesetzt werden, wo zwei Klassen nicht konzeptionell verbunden sind, sondern sich nur zur Problemlösung gegenseitig ihrer Schnittstellen bedienen müssen. Bei Aggregationen ist die Kopplung zwischen den Klassen wesentlich stärker, weil das Ganze nicht ohne seine Teile und umgekehrt das Teil nicht ohne das Ganze bestehen kann.

4. Die Assoziationen und Aggregationen in den Klassendiagrammen können mehrwertig sein. Beide können mit Rollennamen versehen werden. Eine Assoziation kann optional mit ihrer Beschreibung versehen werden.

5. Eine Instanz sollte keine Assoziation zu einer Aggregatskomponente eines assoziierten Objekts haben.

6. Szenarien stellen die Instanzen eines Objekts dynamisch dar. Sie geben einen Überblick über das Laufzeitverhalten aller Teile eines Systems.

2.4 Übungen

Lösen Sie die Aufgaben für die nachfolgenden Problemstellungen:

- Bestimmen Sie die vorhandenen Hauptklassen
- Bestimmen Sie die wichtigsten Operationen und Eigenschaften
- Entwerfen Sie ein Klassendiagramm mit allen Assoziationen oder Aggregationen
- Entwerfen Sie passende Instanzdiagramme
- Entwerfen Sie ein Nachrichtenflußdiagramm mit den Interaktionen zwischen den Objekten

Lassen Sie dabei unbeachtet, wie die Operationen tatsächlich implementiert werden.

1. Eine Person mit einer eindeutigen Personenkennziffer und einem Namen kann zu einer gegebenen Zeit ein Fahrzeug besitzen. Das Fahrzeug hat einen Herstellernamen und eine Herstellernummer. Außerdem muß die Person in der Lage sein, ein Fahrzeug zu veräußern und Details zu dem eigenen Fahrzeug abzufragen.

Zeigen Sie, wie eine Person ein Fahrzeug besitzen, Informationen dazu abfragen und es veräußern kann. Zeigen Sie auch, wie diese Person ein anderes Fahrzeug erwerben und die entsprechenden Informationen abfragen kann.

2. Ein Land hat viele Städte. Eine Stadt hat einen Namen und Einwohner, ein Land hat einen Namen und eine Hauptstadt. Auf Anfrage soll ein Land mit der Operation Hauptstadt? die Hauptstadt und mit der Operation Städte? alle seine Städte ausgeben. Über die Operationen GesamtBevölkerung? und BevölkerungsDurchschnitt? sollen die entsprechenden Werte abgefragt werden können.

Modellieren Sie das System so, daß die Hauptstädte, die Namen der Städte und der Bevölkerungsdurchschnitt ermittelt werden können.

3. Eine Bank hat einen Namen und eine Reihe von Konten mit einer entsprechenden Registriernummer und dem Namen des Kontoinhabers sowie dem aktuellen Kontostand. Ein Kontoinhaber kann auf ein bestimmtes Konto einzahlen oder bestimmte Beträge abheben. Zeigen Sie, wie der Kontoinhaber

   - eine Einzahlung vornehmen,
   - eine Auszahlung ohne Deckungsprüfung vornehmen,
   - Informationen zum Konto abfragen,
   - eine Auszahlung mit Deckungsprüfung vornehmen und
   - eine Auszahlung mit Überziehung vornehmen kann.

4. Ein Unterrichtsgebäude hat mehrere Räume mit jeweils einer eindeutigen Raumnummer und einer bestimmten Platzanzahl. Die Räume können für den Unterricht an bestimmten Tagen gebucht werden. Jede Buchung muß zu einer vollen Stunde beginnen und kann beliebig lange dauern. Es soll möglich sein, einen freien Raum im Unterrichtsgebäude zu buchen und die Belegung jedes Raumes im Unterrichtsgebäude für einen bestimmten Tag auszugeben.

Entwickeln Sie ein Modell, mit dem ein Raum im Unterrichtsgebäude gebucht werden kann.

5. Die Hörer einer Vorlesung können in einer Bibliothek Bücher ausleihen. Jeder Hörer hat einen Namen und jedes Buch einen Titel. Entwickeln Sie ein System, bei dem der Hörer sich die Bücher einer Bibliothek anzeigen lassen kann, ein Buch ausleihen und es zurückgeben kann. Dem Hörer sollen auch ausgeliehene Bücher angezeigt werden.

6. Wettkämpfe im Turmspringen werden wie folgt bewertet:

   - Jeder Teilnehmer erhält von insgesamt fünf Juroren für jeden Sprung eine Note zwischen eins und zehn.
   - Bei der Bewertung bleiben die höchste und die niedrigste Wertung unberücksichtigt.
   - Der Durchschnitt wird ermittelt.
   - Der Durchschnitt wird mit einem Schwierigkeitsfaktor multipliziert (ein Wert in Zehntelschritten zwischen 0,1 und 1,0).

Jeder Teilnehmer springt dreimal. Die Gesamtwertung ist die Summe der Einzelwertungen. Sieger ist der Teilnehmer mit der Höchstwertung. Entwerfen Sie ein System für die Automatisierung der Bewertung.

7. Bei einem Computerspiel konkurrieren mehrere Spieler beim Bau eines Käfers miteinander. Ein fertiger Käfer hat zwei Fühler, einen Kopf, einen Hals, einen Körper, sechs Beine und einen Schwanz. Hat ein Spieler seinen Käfer fertiggestellt, dann wird sein Name ausgegeben und er verläßt das Spiel. Das Spiel dauert so lange, bis alle Käfer fertig sind.

   Die Regeln legen fest, daß ein Käfer

   - erst Fühler erhalten kann, wenn ein Kopf vorhanden ist
   - einen Kopf erst erhalten kann, wenn ein Hals vorhanden ist
   - einen Hals erst erhalten kann, wenn ein Körper vorhanden ist
   - Beine erst erhalten kann, wenn ein Körper vorhanden ist
   - einen Schwanz erst erhalten kann, wenn ein Körper vorhanden ist.

   Während des Spiels würfeln die Spieler der Reihe nach eine Zufallszahl, um den Käfer zu bauen. Die Zahlen 1 bis 6 stehen jeweils für einen Fühler, einen Kopf, einen Hals, einen Körper, ein Bein und einen Schwanz. Der Stand des Käferbaus soll vor und nach einem Wurf angezeigt werden.

   Entwerfen Sie ein Modell für das Spiel.

Kapitel 3

Eine Sprache für die objektorientierte Modellierung

Bei der objektorientierten Anwendungsentwicklung müssen viele wichtige Entscheidungen getroffen werden. Sie dürfen nicht zweideutig sein, damit der Entwickler oder Designer eine saubere Beschreibung erstellen kann. Um dies zu erreichen, haben wir eine Sprache entwickelt, mit der die Schnittstellen, die Darstellung, der Aufbau der Relationen und die Interaktionen zwischen den Objekten beschrieben werden können. Sie heißt Language for Object-Oriented Modelling (LOOM). Wie wir im Kapitel 6 sehen werden, kann sie leicht in C++ abgebildet werden. Kapitel 10 zeigt, wie mit ihr ein Klassendiagramm automatisch umgesetzt werden kann.

3.1 Die Rolle von LOOM

Für eine typische objektorientierte Analyse ist die Beschreibung der Anforderungen eine Hauptinformationsquelle. Ziel ist eine klare Beschreibung des zu entwickelnden Systems, aber selbst für einfachste Systeme gelingt dies oft nur unvollständig und oberflächlich. Die Aufgabe des Entwicklers ist es, die Beschreibung genauer und in sich konsistenter zu machen, damit die wesentlichen Merkmale des beschriebenen Systems genauer modelliert werden können. Die Modellanalyse legt die statischen Strukturen der Objekte genauso wie ihr dynamisches Verhalten und die auszuführenden Datenumwandlungen fest. Es liefert jedoch keine Einzelheiten für die Implementation und bezieht sich ausschließlich auf Objekte, die durch die Beschreibung der Anforderungen oder ähnliche Dokumentationen auffindbar sind.

Die Hauptaufgabe des objektorientierten Designs ist es, durch die Modellanalyse die Grundlagen für die Implementation herauszuarbeiten. Es ist ein Übergang von der realen Welt mit dem zu lösenden Problem in die Welt des Rechners, wo die Lösung durchgeführt wird. Dabei kann es Objekte geben, die bei der Modellanalyse nicht auftauchen, die aber dennoch für die Implementation notwendig sind. Auch diese während der Analyse identifizierten Objekte und Relationen müssen im Design enthalten sein.

LOOM enthält sehr viele wichtige Eigenschaften für den Entwickler. Für den Augenblick sind die folgenden die wichtigsten:

- LOOM ist von der Sprache der Systemimplementation nicht abhängig, kann jedoch einfach und konsistent auf eine Reihe von objektorientierten Programmiersprachen abgebildet werden.

- Sie verfügt über eine deutliche, klar definierte, objektorientierte Syntax, die leicht zu verstehen und leicht zu lesen ist.

- Mit LOOM kann der Entwickler auch dann objektorientierte Paradigmen übernehmen, wenn die Sprache der Systemimplementation keine rein objektorientierte Sprache ist.

- Sie beschreibt genau die Entscheidungen während der objektorientierten Anwendungsentwicklung und kann dennoch in die Sprache der Implementation übersetzt werden.

In den folgenden Kapiteln werden weitere wichtige Merkmale von LOOM deutlich.

3.2 Das elementare LOOM-Skript für eine Klasse

Für die Definition von Klassen gibt es in LOOM reservierte Wörter in Großbuchstaben, während vom Anwender vergebene Namen (Bezeichner) klein- oder großgeschrieben werden. Alle vom Anwender vergebenen Bezeichnungen unterscheiden Groß- und Kleinschreibung und können von beliebiger Länge sein. Sie beginnen mit einem Buchstaben, dem weitere Buchstaben, Ziffern oder Unterstriche (_) folgen können. Kommentare beginnen mit // und reichen bis zum Ende der Zeile, in der sie stehen. Die elementare LOOM-Beschreibung einer Klasse lautet:

```
CLASS className
WITH
PUBLIC INTERFACE
   // für Clients verfügbare Funktionen

PRIVATE IMPLEMENTATION
   REPRESENTATION
   // für Clients nicht verfügbare Funktionen

DEFINITIONS
   // eine Methode für jede Operation der Form:

   METHOD operationName AS
   // detaillierte Logik
   ENDMETHOD operationName

ENDCLASS className
```

Die Klasse muß einen Namen und die obligatorischen Klauseln PUBLIC INTERFACE, PRIVATE IMPLEMENTATION, REPRESENTATION und DEFINITIONS enthalten.

- Die `PUBLIC-INTERFACE`-Klausel enthält eine Liste der mit der Klasse verknüpften Merkmale.

- Die `PRIVATE-IMPLEMENTATION`-Klausel enthält die Subklauseln `REPRESENTATIONS` und `DEFINITIONS`, die für Clients versteckt sind.

- Die REPRESENTATION-Klausel enthält eine Liste privater Merkmale. Sie stehen für Clients nicht zur Verfügung, auf sie kann aber nach ihrer Deklaration innerhalb der Klasse zugegriffen werden.
- Die DEFINITIONS-Klausel enthält die detaillierte Logik für die in der PUBLIC-INTERFACE-Klausel eingeführten Operationen. Diese Logik legt die Wirkung einer Operation fest und sie wird oft auch als *Methode* bezeichnet.

Die reservierten Wörter METHOD und ENDMETHOD begrenzen den Bereich einer Methodendefinition. Die reservierten Wörter CLASS und ENDCLASS begrenzen den Bereich einer Klassendefinition.

In LOOM gibt es auch das reserviertes Wort NONE. Wenn keine Eintragungen in den obligatorischen Klauseln vorgenommen werden, dann muß dieses reservierte Wort eingesetzt werden. Diese Regel soll Doppeldeutigkeiten in einem LOOM-Skript verhindern. Sie ist ein typisches Beispiel für die Vorgehensweise von LOOM. Klarheit und Genauigkeit sind die Hauptziele eines LOOM-Skripts, auch wenn das auf Kosten des Sprachumfangs geht.

Eine Klasse Employee kann in LOOM z.B. so beschrieben werden:

```
CLASS Employee
WITH
PUBLIC INTERFACE
   Employee (aName :String, aDateOfBirth :Date)
   changeName (aName :String)
   name? -> String
   age? -> Integer
PRIVATE IMPLEMENTATION
   REPRESENTATION
      theName :String
      theDateOfBirth :Date
   DEFINITIONS
      METHOD Employee (aName :String, aDateOfBirth :Date)
      AS
         // detaillierte Logik für die Erzeugung eines Employee-Objekts
      ENDMETHOD Employee

      METHOD changeName (aName :String)
      AS
         // detaillierte Logik zur Änderung des Namens des Employee-Objekts
      ENDMETHOD changeName

      METHOD name? -> String
      AS
         // detaillierte Logik zur Ausgabe des Namens des Employee-Objekts
      ENDMETHOD name?

      METHOD age? -> Integer
```

```
            AS
               // detaillierte Logik zur Ausgabe des Alters des Employee-Objekts
            ENDMETHOD age?

     ENDCLASS Employee
```

Es ist eine Übereinkunft, daß Klassennamen mit Großbuchstaben beginnen. Bei Namen von Operationen wird die zweite und die folgende Komponente großgeschrieben, z.B. `changeName`. Außerdem beginnt der Name einer Eigenschaft mit *the*, was anzeigt, daß sie der Instanz der Klasse eigen ist. Bei dieser Definition sind die Namen der Klassen `String`, `Date` und `Integer` elementare LOOM-Klassen. Diese und andere grundlegende Klassen werden im Anhang B ausführlich behandelt.

Das LOOM-Skript beschreibt, daß:

- die Klasse `Employee` vier öffentliche Operationen, zwei private Eigenschaften für die Repräsentationen und vier Methodendefinitionen hat.

- die Eigenschaften das `String`-Objekt `theName` und das `Date`-Objekt `theDateOfBirth` sind.

- die Operation `name?` ein Objekt vom Typ `String` zurückliefert. Das `?` wird dem Bezeichner der Operation angehängt, um anzuzeigen, daß es sich um eine Zugriffsoperation handelt. Das Symbol `->` verweist auf die Art des Rückgabewerts. Dementsprechend ist die Operation `age?` eine Zugriffsoperation, die ein `Integer`-Objekt zurückliefert.

- Die Operation `changeName` ist eine Umwandlungsoperation. Sie wird mit dem `String`-Objekt `aName` als formalem Parameter durchgeführt.

- Die Operation `Employee` hat den gleichen Bezeichner wie die Klasse und wird als *Konstruktor* bezeichnet. Das erlaubt, eine Instanz der Klasse `Employee` mit den zwei formalen Parametern `aName` (vom Typ `String`) und `aDateOfBirth` (vom Typ `Date`) zu schaffen und zu initialisieren.

Auf ähnliche Weise kann die Klasse `Company` in LOOM beschrieben werden:

```
CLASS Company
WITH
PUBLIC INTERFACE
   Company (aName :String)
   changeName (aName :String)
   name? -> String
PRIVATE IMPLEMENTATION
   REPRESENTATION
      theName :String
   DEFINITIONS
      METHOD Company (aName :String)
      AS
         // detaillierte Logik zur Erzeugung eines Company-Objekts
      ENDMETHOD Company
```

```
METHOD changeName (aName :String)
AS
    // detaillierte Logik zur Änderung des Namens des Company-Objekts
ENDMETHOD changeName

METHOD name? -> String
AS
    // detaillierte Logik zur Ausgabe des Namens des Company-Objekt
ENDMETHOD name?

ENDCLASS Company
```

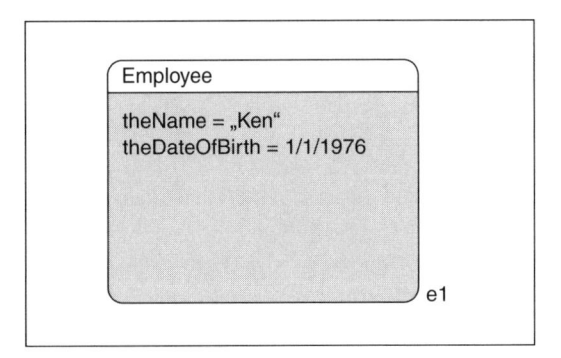

```
┌─────────────────────────────────────┐
│  ┌─Employee──────────────────────┐  │
│  │ theName = „Ken"               │  │
│  │ theDateOfBirth = 1/1/1976     │  │
│  │                               │  │
│  │                            e1 │  │
│  └───────────────────────────────┘  │
└─────────────────────────────────────┘
```

Abbildung 3.1:   Die initialisierte Instanz der Klasse Employee

3.2.1 Objektgenerierung

Objekte werden mit folgender LOOM-Anweisung initialisiert:

`INSTANCE InstanzName :KonstruktorName (aktuelle Parameter)`

Zum Beispiel:

`INSTANCE e1 :Employee("Ken",Date(1,1,1976))`

Die Instanzbildung benutzt den in der Klasse explizit definierten Konstruktor:

`Employee(aName :String, aDateOfBirth :Date)`

Abbildung 3.1 zeigt das erzeugte Objekt e1 der Klasse Employee mit den Eigenschaften theName und theDayOfBirth, denen der String *Ken* und das Datum 1. 1. 1976 zugewiesen sind. Beachten Sie, daß das Date-Objekt seine Form durch den Standardkonstruktor erhält, dem Tag, Monat und Jahr übergeben werden, und daß ein String-Objekt in doppelten Anführungszeichen steht.

3.2.2 Versenden von Nachrichten

Nachrichten zwischen Objekten werden in LOOM mit folgender Anweisung versendet:

```
SEND instanceName THE MESSAGE
operationName (actual parameters)
```

Zum Beispiel:

```
SEND e1 THE MESSAGE changeName("John")
```

Diese Nachricht eines Clients fordert das Employee-Objekt e1 auf, seine öffentliche Operation changeName auszuführen. Vom Sender der Nachricht wird der aktuelle Parameter *John* übermittelt. Das empfangende Objekt e1 ordnet den aktuellen Parameter dem formalen Parameter in der Methodendefinition der Operation zu. In diesem Fall wird die private Eigenschaft theName zu *John* geändert (siehe Abbildung 3.2).

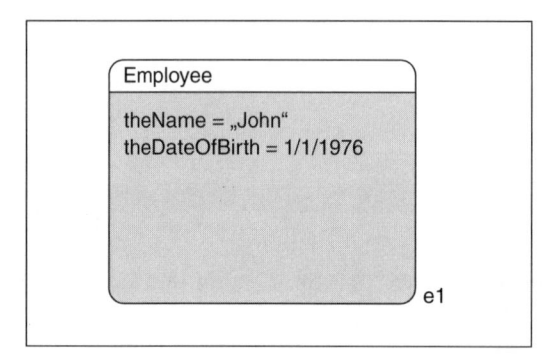

Abbildung 3.2:   Das Ergebnis einer Anwendung der Operation changeName *auf eine Instanz von* Employee.

Die besondere LOOM-Nachricht assign dient dazu, einem bestehenden Objekt einen neuen Wert zuzuweisen. Die Operation changeName der Klasse Company weist z.B. den Parameterwert der Eigenschaft theName des empfangenden Objekts zu:

```
METHOD changeName(aName :String) AS
   SEND theName THE MESSAGE assign(aName)
ENDMETHOD changeName
```

In ähnlicher Weise ist die Nachricht initialise dafür reserviert, Eigenschaften von Klassen bei der Erzeugung von Instanzen Anfangswerte zuzuweisen. Diese Nachricht ist insbesondere für Konstruktoroperationen reserviert.

```
METHOD Company(aName :String) AS
   SEND theName THE MESSAGE initialise(aName)
ENDMETHOD Company
```

3.3 Das Verhalten einer Operation

Wie bereits ausgeführt, hat jede Operation in der Spezifikation der Klasse eine Definition für ihr Verhalten. Diese Definition wird auch *Methode* genannt. Die ausführliche Logik einer Methode besteht in der Regel aus *Anweisungen* folgender Art:

- erzeuge Objekte für den privaten Gebrauch der Methode
- sende der Reihe nach Nachrichten an andere Objekte
- sende Nachrichten an andere Objekte, die von der Auswertung der Ausdrücke TRUE und FALSE abhängen
- sende der Reihe nach Nachrichten an jedes Element einer Sammlung
- verarbeite Daten

Da sich eine Methode innerhalb des durch die reservierten Wörter CLASS und ENDCLASS definierten Gültigkeitsbereichs seiner Klasse befindet, kann sie auf alle Merkmale der Klasse zugreifen, die in den PUBLIC-INTERFACE-Klauseln und PRIVATE-IMPLEMENTATION-Klauseln definiert sind.

Eine Methode hat auch einen eigenen Gültigkeitsbereich, der durch die reservierten Wörter METHOD und ENDMETHOD markiert wird. Somit kann sie Objekte haben, die ausschließlich für den eigenen Gebrauch gedacht sind. In der Klasse Employee erzeugt z.B. die Methode, die die Operation age? -> Integer definiert, ihr eigenes Objekt today aus der Klasse Date mit der privaten Eigenschaft theDateOfBirth des Objekts für den Vergleich:

```
METHOD age? -> Integer AS
    INSTANCE today :Date
    // Weitere Anweisungen können folgen.
ENDMETHOD age?
```

Das Objekt today ist für die Methode privat. Beachten Sie die Möglichkeit, daß ein Objekt der Klasse Date eine Eigenschaft der Klasse Employee sein kann. In diesem Fall wird das lokalste Objekt gewählt, nämlich die Definition in der Methode.

Der Informationsfluß zu einer Methode läuft normalerweise über die formalen Parameter. Der aktuelle Parameter einer vom Sender geschickten Nachricht wird dem formalen Parameter zugeordnet. Die Assoziation zwischen einem aktuellen und einem formalen Parameter wird durch ihre relative Position in der Nachricht hergestellt. Das heißt die aktuellen Parameter müssen an der gleichen Stelle in der Reihenfolge stehen wie die formalen Parameter. Ein formaler Parameter kann nur für die Methode verwendet werden, innerhalb derer er deklariert ist. Genauso wie eine Eigenschaft mit dem Präfix *the* versehen wird, um anzuzeigen, daß sie einen speziellen Wert besitzt, beginnen formale Parameter in der Regel mit *a* oder *an*, was anzeigen soll, daß sie allgemein sind. Ein Beispiel:

```
changeName(aName :String)
```

und

```
METHOD changeName(aName :String) AS
    // Detail der METHOD
ENDMETHOD changeName
```

Der Informationsfluß vom Objekt zurück an die Methode, die die Nachricht gesendet hat, geschieht normalerweise mit dem Ausdruck RETURN. Ein Beispiel:

```
METHOD name? -> String AS
    RETURN theName
ENDMETHOD name?
```

Der Sender erhält eine Kopie der Eigenschaft `theName` von der Instanz, die die Nachricht erhalten hat.

RETURN-Ausdrücke können auch komplexer sein, so daß der RETURN-Wert einer Methode der Rückgabewert einer anderen Nachricht sein kann. Im Beispiel

```
METHOD companyName? -> String AS
    RETURN (SEND theEmployer THE MESSAGE name?)
ENDMETHOD companyName?
```

wird der Rückgabewert der Nachricht `name?` an das Objekt `theEmployer` geschickt.

LOOM kann auch arithmetische, relationale und logische Ausdrücke auswerten. Die Operatoren für diese Ausdrücke sind die gleichen wie bei herkömmlichen Programmiersprachen wie Fortran, Pascal, C und Ada. Folgende Operatoren können verwendet werden:

+ - * / %	für arithmetische Ausdrücke
> >= < <= == !=	für relationale Ausdrücke
AND OR NOT	für logische Ausdrücke.

Die folgenden Beispiele mit INSTANCE-Anweisungen zeigen die Anwendung dieser Operatoren:

```
INSTANCE one :Integer(1)
INSTANCE two :Integer(1 + one) //arithmetische Addition
INSTANCE fourteen:Integer(2 + 3 * 4) //Die Multiplikation hat Vorrang
INSTANCE remainder :Integer(27 % two) // Rest-Operator
INSTANCE isBetween :Boolean(1 <= fourteen AND
fourteen <= 27) // Logische Verknüpfung
```

Im dritten Beispiel hat der Multiplikationsoperator (*) Vorrang vor dem Additionsoperator (+), das heißt, die Werte 3 und 4 werden zuerst multipliziert und dann der Wert 2 addiert. Im vierten Beispiel liefert der Modulo-Operator (%) nach der Division des ersten Operanden (27) durch den zweiten Operanden (two) den Restwert 1. Die Boolesche Instanz `isBetween` wird mit einem der beiden Booleschen Werte TRUE oder FALSE initialisiert. Der logische Ausdruck ergibt, daß `fourteen` zwischen 1 und 27 liegt und liefert für `isBetween` den logischen Wert TRUE.

3.3 Das Verhalten einer Operation

In LOOM wird eine Zuweisung mit einer vordefinierten Operation ausgeführt:

`assign(expression)`

In der folgenden Anweisung:

```
SEND theAge THE MESSAGE
assign(todayYear - dateOfBirthYear)
```

wird der Integerwert des Ausdrucks:

`todayYear - dateOfBirthYear`

durch Anwendung des arithmetischen Operators $- auf die Operanden `todayYear` und `dateOfBirthYear` ermittelt und das Ergebnis dem vorhandenen `Integer`-Objekt `theAge` zugewiesen.

Für die ausführliche Beschreibung der Logik einer Methode werden in LOOM die Kontrollstrukturen für *Hintereinanderausführung*, *Verzweigung* und *Schleifen* eingeführt, die auch für herkömmliche Programmiersprachen typisch sind.

3.3.1 Aufeinanderfolgende Nachrichten

Die Standardkontrollanweisung versendet Nachrichten hintereinander, so daß die Formulierung

```
SEND p1 THE MESSAGE changeName("John")
SEND p2 THE MESSAGE changeName("Jim")
```

dazu führt, daß dem Objekt `p1` die Nachricht `changeName("John")` und dann dem Objekt `p2` die Nachricht `changeName("Jim")` gesendet wird.

3.3.2 Verzweigungen

Verzweigungen erfordern die Auswertung eines Booleschen Ausdrucks während der Laufzeit, wodurch festgelegt wird, welcher Verzweigungszweig durchlaufen wird. Eine Verzweigung ist als Folge von Anweisungen definiert. Die Syntax für eine Verzweigung lautet:

```
IF aBooleanExpression THEN paragraph
{ELSEIF aBooleanExpression THEN paragraph}
[ELSE paragraph]
ENDIF
```

Die geschweiften Klammern {...} stehen für keine oder mehrere Wiederholungen der Subklausel, die eckigen Klammern [...] für kein oder ein Vorkommen.

Wenn wir folgende Instanz voraussetzen:

`INSTANCE theAdult:Boolean(FALSE)`

```
INSTANCE theOldAgePensioner:Boolean(FALSE)
INSTANCE theJuvenile:Boolean(FALSE)
INSTANCE theAge:Integer(16)
```

sind folgende Beispiele denkbar:

```
IF theAge > 21 THEN
    SEND theAdult THE MESSAGE assign (TRUE)
ENDIF
```

Wenn der Wert des `Integer`-Objekts `theAge` größer als 21 ist, dann erhält das Boolesche Objekt `theAdult` den Wert `TRUE`.

```
IF theAge > 21 THEN
    SEND theAdult THE MESSAGE assign (TRUE)
ELSE
    SEND theAdult THE MESSAGE assign (FALSE)
ENDIF
```

Wenn der Wert des `Integer`-Objekts `theAge` größer als 21 ist, dann erhält das Boolesche Objekt `theAdult` den Wert `TRUE`. Ist der Wert dagegen kleiner als 21, dann erhält das Boolesche Objekt `theAdult` den Wert `FALSE`.

```
IF theAge > 65 THEN
SEND theOldAgePensioner THE MESSAGE
assign (TRUE)
ELSEIF theAge > 21 THEN
    SEND theAdult THE MESSAGE assign (TRUE)
ELSE
    SEND theJuvenile THE MESSAGE assign (TRUE)
ENDIF
```

Es wird geprüft, ob das `Integer`-Objekt `theAge` einen Wert größer 65 hat. Ist das der Fall, dann erhält das Boolesche Objekt `theOldAgePensioner` den Booleschen Wert `TRUE` und die Verzweigung wird durchlaufen. Andernfalls wird `theAge` auf einen Wert größer 21 überprüft. Ist die Bedingung erfüllt, dann erhält das Boolesche Objekt `theAdult` den Wert `TRUE` und die Verzweigung wird verlassen. Sind beide Bedingungen nicht erfüllt, dann erhält das Boolesche Objekt `theJuvenile` den Wert `TRUE`.

3.3.3 Schleifen

Auch Schleifen erfordern die Überprüfung eines Booleschen Ausdrucks. Liefert der Ausdruck den Wert `TRUE`, dann wird die Schleife durchlaufen. Die Syntax lautet:

```
WHILE aBooleanExpression DO
    paragraph
ENDWHILE
```

Folgende Instanzbildung mit Initialisierung vorausgesetzt:

```
INSTANCEtheCounter :Integer (1)
```

würde die Anweisung:

```
WHILE theCounter <= 10 DO
   SEND theCounter THE MESSAGE assign(theCounter + 1)
ENDWHILE
```

das Objekt `theCounter` auf einen Wert kleiner oder gleich 10 testen. Ist der Boolesche Ausdruck TRUE, dann wird 1 zu dem Wert des `Integer`-Objekts `theCounter` addiert.

Die Anweisungen können auch wie folgt verschachtelt werden:

```
SEND theCounter THE MESSAGE assign(1)
SEND theAdult THE MESSAGE assign(FALSE)
// ...

WHILE theCounter <= 10    DO
   // ...

   IF  theAge > 21 THEN
      SEND theAdult THE MESSAGE assign (TRUE)
   ENDIF

   // ...
   SEND theCounter THE MESSAGE assign (theCounter + 1)
ENDWHILE
```

Die Anweisungen zwischen DO und ENDWHILE werden zehnmal durchlaufen, einschließlich eines Tests des `Integer`-Objekts `theAge` auf einen Wert größer 21.

Die bisher erwähnten Anweisungen finden wir auch in herkömmlichen Programmiersprachen. LOOM verfügt über eine weitere Anweisung, die besonders für objektorientierte Modelle sinnvoll ist. Dabei wird vorausgesetzt, daß Objekte in speziell aufgebauten Objekten gespeichert werden, die *Behälter* heißen. Ein Beispiel für einen Behälter ist eine Menge `Set`, die Objekte in nicht festgelegter Reihenfolge und ohne Duplikate enthält. Die Syntax für die Kontrollanweisung lautet:

```
FOREACH anObjectIdentifier :aClassName IN
aContainerName DO
   paragraph
ENDFOREACH
```

Bei Ausführung der Anweisung wird jedes angegebene Element gesucht und der Anweisungsblock ausgeführt. Die Ausführung wird beendet, wenn alle Elemente besucht wurden. Im folgenden Beispiel ist das Objekt `theEmployees` eine Menge von Instanzen der Klasse `Employee`:

```
FOREACH anEmployee :Employee IN theEmployees DO
```

Kapitel 3   Eine Sprache für die objektorientierte Modellierung

```
   SEND anEmployee THE MESSAGE display?
ENDFOREACH
```

Das Objekt anEmployee nimmt der Reihe nach die Identität jedes Elements des Behälters theEmployees an und erhält jeweils die Nachricht zugesandt:

```
SEND anEmployee THE MESSAGE display?
```

Jedes Element des Behälters erhält dadurch eine Nachricht. Wenn alle Elemente besucht worden sind, dann endet die Ausführung der Schleife automatisch und die Kontrolle geht an die nächste Anweisung in der Anweisungsfolge über.

Beachten Sie, daß die Operation display? zwar keinen Rückgabewert liefert, aber einen Client-Zugriff auf den privaten Zustand eines Employee-Objekts gewährt. Das Fragezeichen in ihrem Namen weist auf diese Zugriffsoperation hin. Wir übernehmen diese Konvention für den Rest des Buchs.

3.4   Struktureller Aufbau

Bisher haben wir nur LOOM-Skripte für einzelne Objekte betrachtet. Wir haben aber auch schon gesehen, daß Objekte Aggregationen und Assoziationen miteinander bilden. LOOM benutzt AGGREGATIONS- und ASSOCIATIONS-Klauseln, um diese Relationen im Aufbau zu beschreiben. Auch wenn die Eigenschaften eines Objekts von der Anwendung unabhängig sind, so hängen Aggregationen und Assoziationen doch von der besonderen Konfiguration eines Objekts ab und können sich von Anwendung zu Anwendung ändern.

Damit ein Objekt eine *Aggregation* mit einem oder mehreren Objekten eingehen kann, muß es als Sammlung seiner Aggregatskomponenten dienen. Dies erreicht man leicht dadurch, daß man jede Komponente eines Aggregats in der AGGREGATIONS-Klausel des sie enthaltenden Objekts deklariert. Wir können z.B. unser Company-Employee-Szenario dahingehend erweitern, daß jedes Company-Objekt mehrere Department-Objekte enthält. In Abbildung 3.3 sehen Sie ein Klassendiagramm, das die Relationen zwischen den Klassen beschreibt.

Da mehrere Department-Objekte in der Aggregation vorhanden sind, ist es sinnvoll, sie in einem Behälter zusammenzufassen. Eine bestimmte Reihenfolge in der die Department-Objekte geordnet werden, etwa eine alphabetische, ist nicht erforderlich. Ein Objekt der Klasse DOrderedCollection speichert die Objekte in der Reihenfolge ihres Eingangs und eignet sich daher für unsere Zwecke. Außerdem ist es wünschenswert, daß der Behälter eine vollständige Kopie jedes einzelnen Department-Objekts enthält. Es mag sonderbar erscheinen, daß auch etwas anderes als eine vollständige Kopie anlegt werden könnte. Für objektorientierte Systeme ist es jedoch üblich, die Auswahl zwischen einem vollständigen Objekt oder einem einfachen Verweis darauf zu haben. Im ersten Fall kann auf das Objekt direkt zugegriffen werden (angedeutet durch das D in DOrderedCollection), im zweiten Fall muß der Zugriff indirekt erfolgen.

3.4 Struktureller Aufbau

```
┌─────────────────────────────────────────────────────────────────────┐
│  ┌──────────┐                                         ┌──────────┐  │
│  │ Company  │              theEmployee                │ Employee │  │
│  ├──────────┤─────── Anstellung ──────────────────────├──────────┤  │
│  │          │  theEmployer                        N   │          │  │
│  └────◇─────┘                                         └──────────┘  │
│       │                                                              │
│     N │ theDepartments                                               │
│  ┌────┴─────┐                                                        │
│  │Department│                                                        │
│  ├──────────┤                                                        │
│  │          │                                                        │
│  └──────────┘                                                        │
└─────────────────────────────────────────────────────────────────────┘
```

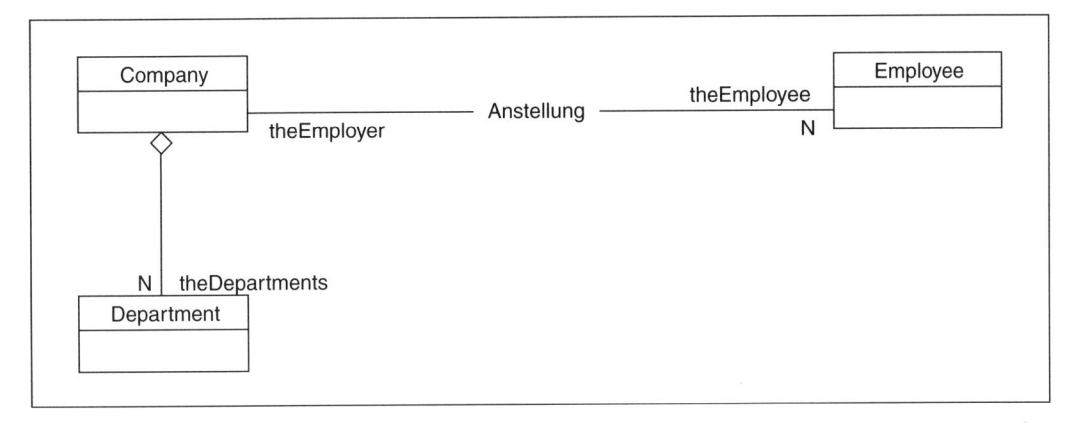

Abbildung 3.3:   Aggregation

Der `DOrderedCollection`-Behälter ist eine der elementaren Behälterklassen in LOOM. Sie wird im Anhang B ausführlich beschrieben. Der Behälter muß nur mit der entsprechenden Objektklasse, die er enthalten soll, als Instanz eingerichtet werden. Durch die Deklaration:

`theDepartments :DOrderedCollection [Department]`

wird das Objekt `theDepartments` als Behälter der Klasse `DOrderedCollection` deklariert, der alle `Department`-Objekte in der Reihenfolge ihres Eingangs speichert.

Behälter sind äußerst nützlich, aber sie erfordern einen gewissen Aufwand. Ein Behälter ist insofern von ganz allgemeiner Natur, als er jede Objektklasse enthalten kann. Er weiß daher zunächst nicht, wie die Objekte, die er enthalten kann, miteinander vergleichen soll. Aufgrund ihrer inneren Funktionsweise müssen die Behälter diese Fähigkeit leider haben. Der Vergleich zweier `Integer`-Objekte ist sicherlich recht einfach, aber der Vergleich zweier `Employees` oder `Departments` ist es nicht. Daher ist die Klasse, die die zu vergleichenden Objekte definiert, dafür verantwortlich, daß eine öffentliche Operation für den Vergleich zweier Objekte zur Verfügung steht, z.B. für den Vergleich zweier Objekte der Klassen `Integer`, `Employee` und `Department`.

Daraus folgt, daß bei Bildung der Instanz eines Behälters eine öffentliche Operation für den Vergleich zweier in ihm enthaltener Objekte der zu vergleichenden Klasse vorgesehen werden muß. Die Vergleichsoperation ist in LOOM wie folgt standardisiert:

`lessThan?(anObjectName :ClassName) -> Boolean`

Das erlaubt dem Behälter (oder jedem anderen Objekt) die Nachricht `lessThan` an eines seiner Elemente zu senden, damit festgestellt werden kann, ob ein Objekt kleiner als ein anderes Objekt der gleichen Art ist, das als aktueller Parameter übergeben wird. Das ist z.B. notwendig, wenn hinzugefügte Objekte in einer bestimmten Reihenfolge einsortiert werden sollen.

Wir müssen deshalb die Operation:

lessThan?(aDepartment :Department) -> Boolean

der öffentlichen Schnittstelle der Klasse Department hinzufügen, wenn wir einen Behälter mit den Department-Objekten einrichten wollen. Die Methode würde in diesem Fall wie folgt formuliert:

```
METHOD   lessThan?(aDepartment :Department) -> Boolean AS
   IF theName <  (SEND aDepartment THE MESSAGE name?) THEN
      RETURN TRUE
   ELSE
      RETURN FALSE
   ENDIF
ENDMETHOD   lessThan?
```

Wir haben uns hier entschieden, beim Vergleich zweier Department-Objekte die entsprechenden Namen mit dem String-Operator $< zu vergleichen. Die Basis für den Vergleich ist nicht weiter entscheidend und liegt im Gutdünken des Entwicklers der Klasse. Bezüglich des Behälters ist lediglich von Bedeutung, daß ein Boolescher Wert zurück geliefert wird. Die LOOM-Skripte für die Klassen Company und Department sehen wie folgt aus:

```
CLASS Company
WITH
PUBLIC INTERFACE
   Company (aName :String)
   changeName (aName :String)
   name? -> String
PRIVATE IMPLEMENTATION
   REPRESENTATION
      theName :String
   AGGREGATIONS
      theDepartments :DOrderedCollection[Department]
   ASSOCIATIONS NONE
   DEFINITIONS
      // geeignete Methodendefinitionen...

ENDCLASS Company


CLASS Department
WITH
PUBLIC INTERFACE
   Department (aName :String)
   lessThan?(aDepartment :Department) -> Boolean
   name? -> String
PRIVATE IMPLEMENTATION
   REPRESENTATION
```

```
      theName :String
   AGGREGATIONS NONE
   ASSOCIATIONS NONE
   DEFINITIONS
      // geeignete Methodendefinitionen...

ENDCLASS Department
```

Die Auswirkungen dieser LOOM-Skripte müssen verstanden werden. Sie besagen im einzelnen:

- Die Aggregatskomponente `theDepartments` enthält eine vollständige Kopie aller `Department`-Objekt und nicht nur einen Verweis auf sie.

- Die Klasse `Company` muß eine Operation für die Erzeugung und das Hinzufügen von `Department`-Objekten zur Eigenschaft `theDepartments` haben.

- Nur für ein `Company`-Objekt ist die öffentliche Schnittstelle jedes `Department`-Objekts im `DOrderedCollection`-Behälter `theDepartments` sichtbar.

- `Department`-Objekte können einander oder das `Company`-Objekt, deren Bestandteil sie sind, nicht direkt sehen.

Wenn eine Assoziation zwischen zwei Klassen besteht, dann sind diese nicht so stark gekoppelt wie bei der Aggregation. Sie sind nur für die Zwecke einer einzelnen Anwendung verbunden, die wir gerade entwickeln. Sie sind mehr oder weniger unabhängig voneinander. Diese Beziehung wird in der ASSOCIATIONS-Klausel festgelegt und berücksichtigt, daß wir bei der Assoziation nur einen durch das reservierte LOOM-Wort LINK gekennzeichneten Verweis auf ein assoziiertes Objekt benötigen und keine vollständige Kopie. Als Beispiel dient das LOOM-Skript für die Klasse `Employee`:

```
CLASS Employee
WITH
PUBLIC INTERFACE
   Employee (aName :String, aDateOfBirth :Date)
   changeName (aName :String)
   name? -> String
   age? -> Integer
PRIVATE IMPLEMENTATION
   REPRESENTATION
      theName :String
      theDateOfBirth :Date
   AGGREGATIONS NONE
   ASSOCIATIONS
      theEmployer :Company LINK
   DEFINITIONS
      // geeignete Methodendefinitionen...

ENDCLASS Employee
```

Kapitel 3   Eine Sprache für die objektorientierte Modellierung

Der Eintrag `theEmployee` für die Assoziation speichert nur einen Verweis auf ein `Company`-Objekt und keine vollständige Kopie davon. In dieser Assoziation ist also kein `Company`-Objekt in der Klasse `Employee` enthalten, es wird lediglich darauf verwiesen. Sie ist daher unabhängig und kann z.B. in Relation zu anderen Objekten des Systems stehen.

Veranschaulichen Sie sich für dieses letzte Beispiel anhand der Abbildung 3.3, daß ein `Company`-Objekt als einziger Arbeitgeber für ein `Employee`-Objekt agiert. Das Attribut `theEmployer` ist daher einwertig. Dennoch können viele `Employee`-Objekte als Angestellte eines `Company`-Objekts agieren. Um diese Relation zu modellieren, benötigen wir einen Behälter für jeden `LINK` zu einem `Employee`-Objekt. Die Wahl von `POrderedCollection` als Behälter ist angemessen, da die `Employee`-Objekte unsortiert sind. `POrderedCollection` bildet das Gegenstück zu `DOrderedCollection`, eignet sich aber eher dazu, `LINK`s auf `Employee`-Objekte zu verwalten als vollständige Kopien der `Employee`-Instanzen. Der Zugriff auf jedes enthaltene Objekt ist indirekt, da in Wirklichkeit Zeiger (eine Art Verweis) auf ein Objekt (daher das P in `POrderedCollection`) enthalten sind. Die Deklaration:

```
theEmployees :POrderedCollection[Employee LINK]
```

deklariert das Objekt `theDepartment` als Behälter der Klasse `POrderedCollection` mit Zeigern (Verweisen) auf `Employee`-Objekte in der Reihenfolge, in der sie hinzugefügt werden.

Das LOOM-Skript für die Klasse `Company` lautet:

```
CLASS Company
WITH
PUBLIC INTERFACE
   Company (aName :String)
   changeName (aName :String)
   name? -> String
PRIVATE IMPLEMENTATION
   REPRESENTATION
      theName :String
   AGGREGATIONS
      theDepartments :DOrderedCollection[Department]
   ASSOCIATIONS
      theEmployees :POrderedCollection[Employee LINK]
   DEFINITIONS
      // geeignete Methodendefinitionen...

ENDCLASS Company
```

3.5 Eingabe und Ausgabe

Daten werden oft über die Tastatur eingegeben und auf dem Bildschirm ausgegeben. Die Tastatur kann dabei als Eingabestrom betrachtet werden, aus dem Objekte Daten entnehmen. Entsprechend kann der Bildschirm als Ausgabestrom betrachtet werden, in den Daten von Objekten eingefügt werden. Wir können daher eine Klasse InputStream anlegen, die mit der Tastatur eingegebene Daten für ein Programm zur Verfügung stellt. Dementsprechend können wir auch eine Klasse OutputStream anlegen, die für die Ausgabe der Daten eines Programms auf dem Bildschirm sorgt. Die einzelnen LOOM-Skripte für diese Klassen lauten:

```
CLASS InputStream WITH
PUBLIC INTERFACE
    extract (anInteger :Integer OUT)
    extract (aDecimal :Decimal OUT)
    extract (aString :String OUT)
    extract (aDate :Date OUT)
    // ...

ENDCLASS InputStream
```

und:

```
CLASS OutputStream WITH
PUBLIC INTERFACE
    insert (anInteger :Integer IN)
    insert (aDecimal :Decimal  IN)
    insert (aString :String IN)
    insert (aDate :Date IN)
    // ...

ENDCLASS OutputStream
```

Beachten Sie, daß es eine Operation für jede Art von Daten gibt, die eingefügt oder entnommen werden. Wenngleich sie auch alle denselben Namen haben, so unterscheiden sie sich doch durch den Parameter unterschiedlicher Klassen. Diese bei objektorientierten Systemen oft anzutreffende Erscheinung wird als *Überladen* bezeichnet.

Außerdem hat in jeder extract-Operation der InputStream-Klasse der formale Parameter den Modus OUT. Das zeigt an, daß der aktuelle Parameter, der von einem sendenden Objekt geliefert wird, von der Methode für das Auslesen des empfangenden InputStream-Objekts verändert wird. Der Wert dieses Parameters im sendenden Objekt ist nicht von Bedeutung, er wird in jedem Fall vom empfangenden InputStream-Objekt überschrieben.

Die Verwendung eines OUT-Parameters ist gefährlich und sollte daher nur mit Sorgfalt erfolgen. Das Problem liegt darin, daß eine Nachricht mit einem OUT-Parameter zu einer Änderung des Zustands des Senders führt, wenn der Parameter vom Empfänger verändert wird. Das kann besonders dann, wenn die Nachricht mehrere OUT-Parameter enthält, zu Verwirrungen führen. Es ist normalerweise besser, eine Zustandsänderung beim Sender durch eine explizite Umwandlungsoperation durchzuführen.

In diesem Fall ist die Benutzung des OUT-Parameters dadurch gerechtfertigt, daß er eine Dateneingabe in unser Programm vereinfacht. Er gestattet es uns, einem InputStream-Objekt eine Nachricht zur Aufnahme von Informationen bei gleichzeitiger Änderung der aktuellen Parameter zu senden. Es ist wesentlich ungeschickter, wenn das InputStream-Objekt eine Umwandlungsnachricht an das betroffene Objekt sendet, weil dieses nicht den Weg der tatsächlichen Dateneingabe widerspiegelt.

Der Standardmodus ist IN, weil ein Parameter am häufigsten in dieser Form benutzt wird. Das bedeutet, daß das sendende Objekt dem empfangenden Objekt einen Parameter als Teil der Nachricht übergibt, wobei sich alle Änderungen auf das empfangende Objekt beschränken und den Sender der Nachricht nicht betreffen. In LOOM-Skripten wird dies meist weggelassen, aber zur Verdeutlichung wird es bei den Operationen der Klasse OutputStream angegeben.

Es gibt auch den Modus INOUT, der anzeigt, daß der Parameter einer Nachricht einen Initialisierungswert liefert, der vom Empfänger geändert wird. Die Änderung hängt vom Wert des Parameters im sendenden Objekt ab. Ein Beispiel:

```
increment(anInteger :Integer INOUT)
```

Diese Operation fügt den Wert eins zum Wert des aktuellen Parameters im Sender hinzu. Genauso wie bei einem OUT-Parameter sollte die Verwendung dieses Modus immer gerechtfertigt sein.

Um Nachrichten an den Bildschirm oder die Tastatur zu schicken, benutzen wir die Standardbezeichner theScreen und theKeyboard. Instanzen dieser Klassen werden auf die bekannte Art erzeugt:

```
theKeyBoard:InputStream
theScreen:OutputStream
```

Werden folgende Instanzbildungen vorausgesetzt:

```
INSTANCE i1:Integer(0)
INSTANCE d1:Decimal(0.0)
INSTANCE s1:String("John")
```

dann sehen die Nachrichten für die Ein- und Ausgabe wie folgt aus:

```
// Ausgabe des Werts von i1 auf dem Bildschirm
SEND theScreen THE MESSAGE insert (i1)
// Ausgabe des Werts von s1 auf dem Bildschirm
SEND theScreen THE MESSAGE insert (s1)
// Einlesen des Werts von d1 von der Tastatur
SEND theKeyBoard THE MESSAGE extract (d1)
```

3.6 LINK-Instanz

Bei dem Company-Employee-Szenario haben wir vorausgesetzt, daß ein Company-Objekt über EmployeeLINK eine Nachricht an ein Employee-Objekt senden kann. Das bedeutet, daß wir für eine Nachricht an ein Employee-Objekt eigentlich zwei Objekte benötigen. Wir benötigen sowohl das entsprechende Employee-Objekt als auch ein Objekt, das den LINK gespeichert hat. Ersteres ist eine Instanz der Klasse Employee, zweiteres eine Instanz der Klasse EmployeeLINK.

Dabei ist es sehr wichtig zu beachten, daß beide Objekte von sehr unterschiedlicher Art sind. Ein EmployeeLINK-Objekt hat keines der Merkmale eines Employee-Objekts und wird sich sicherlich auch nicht so verhalten. Es gestattet nur, daß über dieses eine Nachricht an ein Employee-Objekt gesendet wird.

Bei dem Company-Employee-Szenario hätten wir zur Bildung eines LINK zwischen einem bestimmten Company-Objekt und einem bestimmten Employee-Objekt folgende Operation in die Schnittstelle der Klasse Company einfügen können:

hire (anEmployee :Employee LINK)

Der formale Parameter anEmployee gehört dabei eindeutig zur Klasse EmployeeLINK und nicht zur Klasse Employee. Mit den folgenden Instanzbildungen:

```
INSTANCE c1 :Company("Napier")
INSTANCE e1 :Employee("Ken",Date(1,1,1976))
```

können wir die Nachricht:

SEND c1 THE MESSAGE hire(e1)

nicht senden, da die Operation hire ein EmployeeLINK-Objekt erwartet und der übergebene Parameter ein Employee-Objekt ist.

Die Lösung besteht darin, ein Employee-Objekt mit *dynamischer Lebenszeit* einzurichten. Dabei wird das Employee-Objekt dynamisch erzeugt, z.B. zur Laufzeit, und e1 wird an das Objekt geLINKt (siehe Abbildung 3.4).

Dies wird durch folgende, geänderte INSTANCE-Anweisung erreicht:

INSTANCE e1 :Employee LINK("Ken",Date(1,1,1976))

Mit dieser neuen Form der Instanzbildung können wir nun den LINK zwischen c1 und dem Employee-Objekt, mit dem e1 geLINKt wird, wie folgt einrichten:

SEND c1 THE MESSAGE hire(e1)

Eine ausführlichere Betrachtung des Problems finden Sie in Abschnitt 4.9.

Bei einem formalen Parameter, der ein LINK-Objekt ist, muß beim Übergabemodus IN, OUT oder INOUT beachtet werden, ob sich dieser auf das Objekt selbst bezieht oder auf das Objekt, zu dem der LINK erzeugt wird. In LOOM ist die Situation eindeutig, da das LINK-Objekt niemals modifiziert werden kann und sich der Modus der Parameterübergabe somit nur auf das Objekt beziehen kann, zu dem der LINK hergestellt wird.

Unter dieser Voraussetzung kann folgende Operation durchgeführt werden:

```
hire(anEmployee :Employee LINK)
```

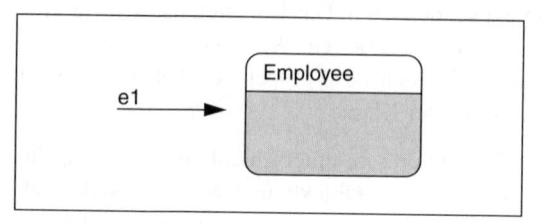

Abbildung 3.4:   Eine LINK*-Instanz*

Da kein Modus für die Parameterübergabe festgelegt wird, gilt IN als Voreinstellung. Ein Employee-Objekt als Ziel von EmployeeLINK erfährt somit keine Zustandsänderung durch eine Nachricht, die über diesen LINK kommt. Während der Ausführung der Operation hire darf das Company-Objekt mit dem LINK zu diesem neuen Mitarbeiter keine Zustandsänderungen bei dem Employee-Objekt hervorrufen. Eine Nachricht wie z.B.:

```
SEND anEmployee THE MESSAGE hiredBy(me)
```

in der Methode hire für die Klasse Employee wäre unzulässig (siehe Abbildung 3.8), weil dies die Anforderung einer Zustandsänderung eines konstanten Employee-Objekts wäre.

Wenn es sich bei der Relation um eine Assoziation zwischen den Klassen handelt, ist dieses Verhalten nicht immer erwünscht. In einem solchen Fall können wir als Modus für die Parameterübergabe INOUT vorgeben:

```
hire(anEmployee :Employee LINK INOUT)
```

Das Employee-Objekt mit dem LINK zu anEmployee ist dann nicht mehr konstant, so daß über das Objekt Nachrichten geschickt werden können, die seinen Zustand verändern. Dabei basiert die Zustandsänderung beim Modus INOUT auf dem Zustand des Employee-Objekts, der vor Erhalt der Nachricht vorlag.

3.7   Aufbau eines Systems

Bevor wir uns weiter mit LOOM beschäftigen, wollen wir die Operationen der Klassen Company, Employee und Department erweitern, um so eine größere Breite der Verhaltensweisen zu erreichen. Es werden auch weitere Methoden definiert, so daß wir das Verhalten der Klassen im Detail untersuchen können.

Wenn wir annehmen, daß die Employee-Objekte von einem Company-Objekt eingestellt und entlassen werden können, dann benötigt die Klasse Company zwei weitere Operationen:

hire(anEmployee :Employee LINK)
fire(anEmployee :Employee LINK)

Unter Beibehaltung der Assoziation zwischen den Klassen Company und Employee sind die formalen Parameter LINK-Werte. Wir fügen der Klasse Company eine Operation displayEmployees? hinzu, mit der Einzelheiten zu jedem Angestellten ausgegeben werden, außerdem eine Operation averageAge? für die Ausgabe des Durchschnittsalters und eine Operation displayDepartments? für die Ausgabe der Details jedes Departments. Das aktualisierte LOOM-Skript sieht wie folgt aus:

```
CLASS Company
WITH
PUBLIC INTERFACE
   Company (aName :String)
   hire(anEmployee :Employee LINK)
   fire(anEmployee :Employee LINK)
   displayEmployees?
   changeName(aName :String)
   name? -> String
   displayDepartments?
   averageAge? -> Integer
PRIVATE IMPLEMENTATION
   REPRESENTATION
      theName :String
   AGGREGATIONS
      theDepartments :DOrderedCollection[Department]
   ASSOCIATIONS
      theEmployees :POrderedCollection[Employee LINK]
   DEFINITIONS
      METHOD Company(aName :String)
      AS
         SEND theName THE MESSAGE initialise(aName)
         SEND theEmployees THE MESSAGE initialise(DEFAULTSIZE, UNMANAGED)
         SEND theDepartments THE MESSAGE initialise(DEFAULTSIZE)
      ENDMETHOD Company

      METHOD hire(anEmployee :Employee LINK )
      AS
         SEND theEmployees THE MESSAGE add(anEmployee)
            // wobei add eine von der Klasse POrderedCollection angebotene Operation ist
      ENDMETHOD hire

      METHOD fire(anEmployee :Employee LINK )
```

```
       AS
          SEND theEmployees THE MESSAGE remove(anEmployee)
             // wobei remove eine von der Klasse POrderedCollection
             // angebotene Operation ist
       ENDMETHOD fire

       METHOD displayEmployees?
       AS
          FOREACH emp :Employee LINK IN theEmployees DO
             SEND emp THE MESSAGE display?
          ENDFOREACH
       ENDMETHOD displayEmployees?

       METHOD changeName (aName :String)
       AS
          SEND theName THE MESSAGE assign(aName)
       ENDMETHOD changeName

       METHOD name? -> String
       AS
          RETURN theName
       ENDMETHOD name?

       METHOD displayDepartments?
       AS
          FOREACH aDepartment :Department IN theDepartments DO
             SEND aDepartment THE MESSAGE display?
          ENDFOREACH
       ENDMETHOD displayDepartments?

       METHOD averageAge? -> Integer
       AS
          INSTANCE totalAge :Integer(0)
          FOREACH anEmployee :Employee LINK IN theEmployees DO
             INSTANCE employeeAge :Integer(SEND anEmployee THE MESSAGE age?)
             SEND totalAge THE MESSAGE assign(totalAge + employeeAge)
          ENDFOREACH
          INSTANCE avAge :
                   Integer(totalAge / SEND theEmployees THE MESSAGE cardinality?)
          RETURN avAge
       ENDMETHOD averageAge?

ENDCLASS Company
```

Es ist keine Operation für das Hinzufügen neuer Departments vorgesehen. Beachten Sie hierzu bitte Übung 1 am Ende dieses Kapitels.

Beachten Sie die Form des Konstruktors für die Klasse Company. Die Daten für die Darstellung von theName werden mit dem Parameterwert initialisiert. Auch die Daten für den Aufbau werden initialisiert. Da die Aggregation theDepartments und die Assoziation theEmployees beide Behälter sind, müssen auch sie initialisiert werden. Gemäß Anhang B muß die DOrderedCollection theDepartments ihre Originalgröße bei der Initialisierung kennen. Auch die POrderedCollection theEmployees muß ihre Originalgröße bei der Initialisierung kennen, und sie muß wissen, ob sie für die Objekte, auf die sie verweist, verantwortlich ist. Führt das Löschen eines Verweises zur gleichzeitigen Löschung des entsprechenden Objekts, dann wird es als MANAGED bezeichnet. Bleibt das Objekt dagegen beim Löschen des Verweises unverändert, dann wird es als UNMANAGED bezeichnet. (Eine ausführlichere Diskussion dieses Themas finden sie in Abschnitt 4.9).

Dementsprechend verfügt die Klasse Employee über die Operation:

hiredBy(anEmployer :Company LINK)

Diese Operation hat einen LINK auf das Company-Objekt, welches es eingestellt hat, als formalen Parameter. Mit der Operation:

fired

wird einem Employee-Objekt mitgeteilt, daß ihm gekündigt wurde. Ein Parameter zur Bezeichnung des Angestellten ist nicht notwendig, da der Aufbau jeden Angestellten der Klasse Employee eindeutig bestimmt.

Es gibt außerdem noch eine Operation companyName?, die den Namen des Company-Objekts liefert, bei dem das Employee-Objekt angestellt ist. Eine Operation display? liefert Einzelheiten zu dem Employee-Objekt. Das aktualisierte LOOM-Skript sieht wie folgt aus:

```
CLASS Employee
WITH
PUBLIC INTERFACE
   Employee(aName :String, aDateOfBirth :Date)
   display?
   name? -> String
   changeName (aName :String)
   age? -> Integer
   hiredBy(anEmployer :Company LINK )
   companyName? -> String
   fired       // ... weitere Operationen, einschließlich lessThan?
PRIVATE IMPLEMENTATION
   REPRESENTATION
      theName :String
      theDateOfBirth :Date
   AGGREGATIONS NONE
   ASSOCIATIONS
      theEmployer :Company LINK
   DEFINITIONS
      METHOD Employee(aName : String, aDateOfBirth :Date)
```

```
AS
   SEND theName THE MESSAGE initialise(aName)
   SEND theDateOfBirth THE MESSAGE initialise(aDateOfBirth)
   SEND theEmployer THE MESSAGE initialise(NIL)
ENDMETHOD Employee

METHOD display?
AS
   SEND theScreen THE MESSAGE insert(theName)
   SEND theScreen THE MESSAGE insert(theDateOfBirth)
ENDMETHOD display?

METHOD name? -> String
AS
   RETURN theName
ENDMETHOD name?

METHOD changeName(aName :String)
AS
   SEND theName THE MESSAGE assign(aName)
ENDMETHOD changeName

METHOD age? -> Integer
AS
   //
   // Einfache Lösung
   //
   INSTANCE today :Date
   INSTANCE todayYear :Integer(SEND today THE MESSAGE year?)
   INSTANCE dateOfBirthYear :Integer(SEND theDateOfBirth THE MESSAGE year?)
   INSTANCE resultAge :Integer(todayYear - dateOfBirthYear)
   RETURN resultAge
ENDMETHOD age?

METHOD hiredBy(anEmployer :Company LINK )
AS
   SEND theEmployer THE MESSAGE assign(anEmployer)
ENDMETHOD hiredBy

METHOD companyName? -> String
AS
   RETURN (SEND theEmployer THE MESSAGE name?)
ENDMETHOD companyName?

METHOD fired
```

```
        AS
            SEND theEmployer THE MESSAGE assign(NIL)
        ENDMETHOD fired

ENDCLASS Employee
```

Beachten Sie wiederum, wie mit dem Konstruktor die strukturellen Daten initialisiert werden. Jedes `Employee`-Objekt verfügt über einen `LINK` zur Firma, von dem es angestellt wurde. Bis zum Antritt der Anstellung durch den Angestellten bleibt der Wert auf NIL gesetzt. Dieser besondere Wert für einen `LINK` besagt, daß er auf kein Objekt verweist.

In der Klasse `Department` gibt es die Operation:

`allocateStaff(aStaffName :String)`

Diese Operation vermerkt einen Angestellten, der einem `Department`-Objekt zugeordnet ist, als Belegschaftsmitglied. Die Namen der Angestellten werden in dem Behälter `theStaffNames` als Teil der Darstellung geführt. Dieser Behälter gehört zur Klasse `DSortedList` und enthält daher die Namen in alphabetischer Reihenfolge (siehe Anhang B). In der Klasse `Department` gibt es auch eine Operation `display?`, die die Namen der Belegschaftsmitglieder des `Department`-Objekts ausgibt. Das aktualisierte LOOM-Skript für die Klasse `Department` lautet:

```
CLASS Department
WITH
PUBLIC INTERFACE
    Department(aName :String)
    name? -> String
    allocateStaff(aName :String)
    display?
PRIVATE IMPLEMENTATION
    REPRESENTATION
        theName : String
        theStaffNames :DSortedList[String]
    AGGREGATIONS NONE
    ASSOCIATIONS NONE
    DEFINITIONS
        METHOD Department (aName :String)
        AS
            SEND theName THE MESSAGE initialise(aName)
            SEND theStaffNames THE MESSAGE initialise(DEFAULTSIZE, "")
        ENDMETHOD Department

        METHOD name? -> String
        AS
            RETURN theName
        ENDMETHOD name?
```

```
METHOD allocateStaff(aName :String)
AS
   SEND theStaffNames THE MESSAGE add(aName)
ENDMETHOD allocateStaff

METHOD display?
AS
   FOREACH staff :String IN theStaffNames DO
      SEND theScreen THE MESSAGE insert(staff)
   ENDFOREACH
ENDMETHOD display?

ENDCLASS Department
```

Der `Department`-Konstruktor setzt die zugrundeliegende Struktur `theStaffNames` auf eine bestimmte Größe und füllt sie mit leeren Zeichenketten. Beachten Sie hierbei, daß ein `DSorted-Order`-Behälter mit einer bestimmten Anfangsgröße initialisiert und mit einem Wert gefüllt wird, der sich von den tatsächlich gespeicherten Werten unterscheiden muß (siehe Anhang B). Wir haben hier den leeren `STRING` als Unterscheidungswert zugewiesen.

Damit wir ein vollständiges System entwickeln können, benötigen wir ein Objekt, das in der Lage ist, auf eine Nachricht aus der Programmumgebung, d.h. vom Betriebssystem, zu reagieren. Wir bezeichnen es als `Application`-Objekt und exportieren von ihm eine öffentliche Operation `run`, die extern aktiviert werden kann. Die zugehörige Methode erzeugt die Hauptobjekte sowie die Steuerlogik für ihre Stimulation. Sie ist wie folgt aufgebaut:

```
CLASS Application WITH
PUBLIC INTERFACE
   run
PRIVATE INTERFACE
   REPRESENTATION NONE
   AGGREGATIONS NONE
   ASSOCIATIONS NONE
         DEFINITIONS
      METHOD run AS
         // Erzeugung der Objekte, die das System bilden.
         // Achtung: Einige Objekte können ihre eigenen Objekte erzeugen,
         // wie z.B. Komponenten einer Aggregation oder lokale Objekte in Methoden.

         INSTANCE object1 :Class1
         INSTANCE object2 :Class2
         // ...

         // An Objekte im System gesandte Nachrichten.
         // Sie können aufeinanderfolgen, bedingt sein oder wiederholt werden.
         // Achtung: Wenn wir möchten, daß Objekte miteinander assoziert sind,
```

```
        // sollten wir sie als Objekt-LINKs instanzieren, wie z.B.
        // INSTANCE object3 : Class3 LINK

        SEND object1 THE   MESSAGE message1
        SEND object2 THE   MESSAGE message2
        // ...
    ENDMETHOD run

ENDCLASS Application
```

Die LOOM-Anweisung:

`INSTANCE theApplication :Application`

erstellt im Prinzip eine ausführbare Anwendung (das Objekt `theApplication`). Die von der Programmumgebung ausgeführte Anweisung:

`SEND theApplication THE MESSAGE run`

sorgt für den Programmstart.

Um ein anschaulicheres Beispiel zu geben, können wir ein `Application`-Objekt für unser `Company-Employee`-Beispiel entwerfen. Rufen Sie sich Erinnerung, daß ein Klassendiagramm eine allgemeine Beschreibung, ein Instanzdiagramm jedoch spezifisch für eine bestimmte Konfiguration der Objekte ist. Beachten Sie auch, daß ein Nachrichtenflußdiagramm die Nachrichten zeigt, die zwischen den Objekten gesendet werden. Alle drei Diagramme sind ein wichtiger Bestandteil beim Entwurf der Methode `run` einer Klasse `Application`. Das Klassendiagramm des modellierten Systems dient als Grundlage für das Instanzdiagramm, das festlegt, welche Objekte erzeugt werden. Das Instanzdiagramm in Abbildung 3.6 basiert auf dem Klassendiagramm in Abbildung 3.5 (und muß mit ihm übereinstimmen).

Beachten Sie, daß wir nur *Top-Level*-Objekte berücksichtigen. Aggregatskomponenten werden daher nicht von `Application`-Objekten erzeugt, sondern von dem Ganzen, deren Teil sie sind (eine genauere Beschreibung dieses Punkts finden Sie in Abschnitt 4.9).

Das Nachrichtenflußdiagramm zeigt sowohl die Sender und Empfänger jeder Nachricht, als auch die Reihenfolge in der die Nachrichten gesendet werden. Daher legen die Nachrichtenflüsse in Abbildung 3.7 die Abfolge und die Art der Nachrichten in der Methode `run` eines `Application`-Objekts fest, in unserem Fall des Objekts `theApplication`, die zum Aufbau einer zweiseitigen Assoziation zwischen dem `Company`-Objekt c1 und den drei `Employee`-Objekten e1, e2 und e3 notwendig sind. (Eine ausführlichere Betrachtung dieses Punkts finden Sie in Abschnitt 3.8.)

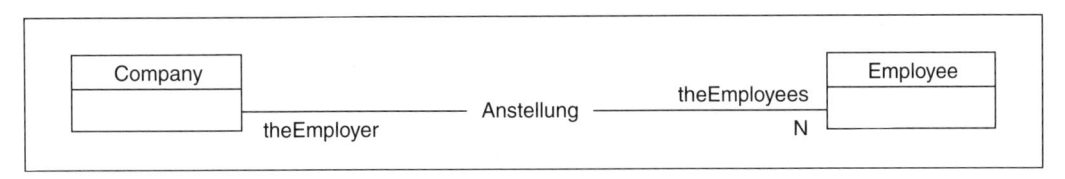

Abbildung 3.5:   Das Klassendiagramm

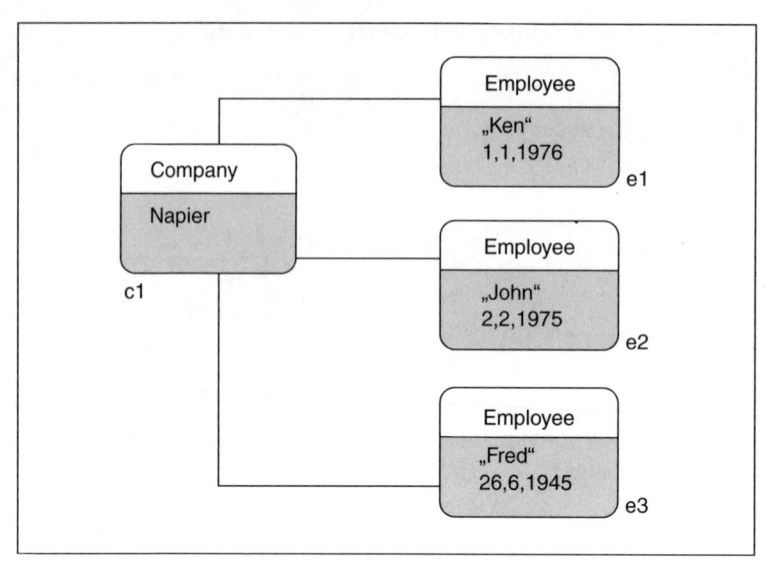

Abbildung 3.6: Das Instanzdiagramm

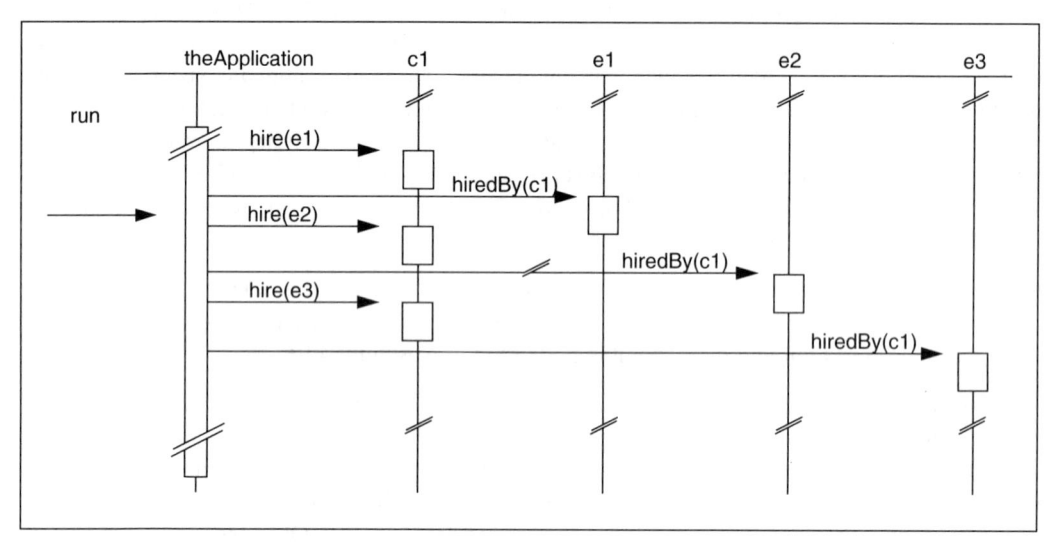

Abbildung 3.7: Ein Nachrichtenflußdiagramm

Beachten Sie, daß dieses Nachrichtenflußdiagramm erweitert werden könnte, um weitere Laufzeitverhaltensweisen des Application-Objekts zu beschreiben, und um die Art und die Reihenfolge anderer Nachrichten der Methode run zu definieren. Wir überlassen dies dem Leser als Übung.

Auf diese Weise ergibt sich das folgende LOOM-Skript für die Klasse Application:

```
CLASS Application
WITH
PUBLIC INTERFACE
   run
PRIVATE IMPLEMENTATION
   REPRESENTATION NONE
   AGGREGATIONS NONE
   ASSOCIATIONS NONE
   DEFINITIONS
      METHOD run
      AS
         //
         //    Erzeuge und initialisiere Top-level-Objekte.
         //    Department-Objekte gehören nicht dazu, da sie
         //    Aggregatskomponenten des Company-Objekts sind
         //    und von diesem erzeugt werden.
         //
         INSTANCE c1 :Company LINK("Napier")
         INSTANCE e1 :Employee LINK("Ken", Date(1,1,1976))
         INSTANCE e2 :Employee LINK("John", Date(2,2,1975))
         INSTANCE e3 :Employee LINK("Fred", Date(26, 6, 1945))
         //
         // Stelle die Angestellten ein.
         // Achtung: Der Angestellte und der Arbeitgeber werden vom
         // Application-Objekt über den Arbeitgeber bzw. den Angestellten
         // informiert.
         SEND c1 THE MESSAGE hire(e1)
         SEND e1 THE MESSAGE hiredBy(c1)

         SEND c1 THE MESSAGE hire(e2)
         SEND e2 THE MESSAGE hiredBy(c1)

         SEND c1 THE MESSAGE hire(e3)
         SEND e3 THE MESSAGE hiredBy(c1)
         //
         //    Gib das Durchschnittsalter der Angestellten aus
         //    Achtung: "\n" stammt aus C++ und bewirkt, daß der
         //    Cursor in einer neuen Zeile erscheint.
      //
         SEND theScreen THE MESSAGE insert("Durchschnittsalter der Angestellten: ")
         SEND theScreen THE MESSAGE
         insert(SEND c1 THE MESSAGE averageAge?)
         SEND theScreen THE MESSAGE insert("\n")
```

```
                //
                // Zeige die Details jedes Angestellten an.
                //
                SEND c1 THE MESSAGE displayEmployees?

                //
                // Gib den Namen des Arbeitgebers für den Angestellten e2 aus.
                //
                SEND theScreen THE MESSAGE insert("Name des Arbeitgebers: ")
                SEND theScreen THE MESSAGE
                                insert(SEND e2 THE MESSAGE companyName?)
                SEND theScreen THE MESSAGE insert("\n")

                //
                // Entlasse einen Angestellten und betrachte das Ergebnis.
                //
                SEND e3 THE MESSAGE fired
                SEND c1 THE MESSAGE fire(e3)
                SEND c1 THE MESSAGE displayEmployees?
            ENDMETHOD run

ENDCLASS Application
```

3.8 Informelle Argumentation mit Hilfe von LOOM

LOOM läßt eine Diskussion des geplanten Entwurfs ohne die Einschränkungen der Details zu, die eine Programmiersprache für die Implementation mit sich brächte. Das ist ein entscheidender Vorteil, dessen Bedeutung nicht unterschätzt werden sollte. Im LOOM-Skript des vorigen Beispiels sendet z.B. ein Application-Objekt Nachrichten an die Company- und Employee-Objekte, wenn Angestellte eingestellt oder entlassen werden. Eine alternative und vielleicht bessere Lösung wäre es, einem Company-Objekt die Verantwortung dafür zu übertragen, daß ein Employee-Objekt informiert wird, wenn es eingestellt oder entlassen wird. Dadurch wird das Application-Objekt vereinfacht und die Verantwortung dorthin verlagert, wo sie liegen sollte, nämlich beim Arbeitgeber.

In der Klasse Company müssen dafür nur die Methoden hire und fire geändert werden, damit die Nachrichten an das entsprechende Employee-Objekt gesendet werden. Wie in Abschnitt 3.6 haben wir es hier mit einer Situation zu tun, bei der der Empfänger der Nachricht hire eine Zustandsänderung bei dem im Parameter übergebenen Employee-Objekt durchführen möchte. Der richtige Modus für den Parameter ist in diesem Fall INOUT. Der aktuelle Parameter me, der als Teil der Nachricht der Methode hire der Klasse Company geschickt wird, ist eine vordefinierte Eigenschaft, deren Wert ein LINK zu dem sendenden Objekt ist, in diesem Fall zu einem Company-

Objekt. Dadurch kann ein Objekt sich selbst identifizieren. Die Methoden aller Klassen besitzen me als implizite Eigenschaft.

```
// Klasse Company ...
METHOD hire(anEmployee :Employee LINK INOUT)
AS
   SEND anEmployee THE MESSAGE hiredBy(me)
   SEND theEmployees THE MESSAGE add(anEmployee)
ENDMETHOD hire

METHOD fire(anEmployee :Employee LINK INOUT)
AS
   SEND anEmployee THE MESSAGE fired
   SEND theEmployees THE MESSAGE remove(anEmployee)
ENDMETHOD fire
```

In der Klasse Employee sind keine Änderungen erforderlich. Mit dieser Verbesserung vereinfachen sich die Nachrichten des Application-Objekts:

```
SEND c1 THE MESSAGE hire(e1)
SEND e1 THE MESSAGE hiredBy(c1)

SEND c1 THE MESSAGE hire(e2)
SEND e2 THE MESSAGE hiredBy(c1)

SEND c1 THE MESSAGE hire(e3)
SEND e3 THE MESSAGE hiredBy(c1)

SEND c1 THE MESSAGE hire(e4)
SEND e4 THE MESSAGE hiredBy(c1)
```

zu:

```
SEND c1 THE MESSAGE hire(e1)
SEND c1 THE MESSAGE hire(e2)
SEND c1 THE MESSAGE hire(e3)
SEND c1 THE MESSAGE hire(e1)
```

In diesem Beispiel hat ein Company-Objekt eine LINK-Assoziation mit mehreren Employee-Objekten und jedes Employee-Objekt hat eine LINK-Assoziation mit einem einzigen Company-Objekt. Ein Company-Employee-LINK und ein Employee-Company-LINK stehen offensichtlich in einer Relation zueinander. In gewissem Sinne ist das eine die Umkehrung des anderen. Dabei muß man sich der Verantwortung für die Integrität dieser Relation bewußt sein. Wird z.B. der Eigenschaft theEmployer eines Company-Objekts ein Employee-LINK hinzugefügt, dann muß sichergestellt werden, daß die Eigenschaft theEmployer des entsprechenden Employee-Objekts ebenfalls aktualisiert wird. Wir können diese Relation in einem LOOM-Skript durch die Schlüsselwörter INVERSE OF einführen, zum Beispiel für die Klasse Company:

```
theEmployees :POrderedCollection[Employee LINK]
INVERSE OF theEmployer
```

Oder für die Klasse Employee:

```
theEmployer :Company LINK INVERSE OF theEmployees
```

Nach einiger Überlegung können wir auch zu dem Schluß kommen, daß keine Notwendigkeit besteht, die Assoziation in beide Richtungen zu durchlaufen. Vielleicht ist uns der Zeitaufwand zu groß, bis ein Angestellter den Namen des Arbeitgebers erhält. Die Möglichkeit für ein Employee-Objekt, Nachrichten an ein Company-Objekt zu schicken, kann einfach durch Löschen des Attributs LINK in der Deklaration theEmployer der Klasse Employee unterbunden werden.

Dennoch kann es für ein Employee-Objekt weiterhin erforderlich sein, Zugriff auf den Namen des Arbeitgebers zu haben. Dies kann für die Klasse Employee alternativ durch eine STRING-Eigenschaft wie theEmployerName erreicht werden, bei der diese Assoziation nicht benötigt wird, wenn der Client nach dem Namen des Arbeitgebers fragt. Dies ist allerdings speicheraufwendig. Mit dieser neuen Strategie wird die Eigenschaft theEmployerName durch die Methode hire des Employee-Objekts aktualisiert, wobei die Werte von einem Company-Objekt geliefert werden.

Es folgt auszugsweise das dazugehörige LOOM-Skript:

```
CLASS Company WITH
PUBLIC INTERFACE
    // ...
    hire(anEmployee :Employee LINK INOUT)
    fire(anEmployee :Employee LINK INOUT)

PRIVATE IMPLEMENTATION
    REPRESENTATION
        theName :String

    AGGREGATIONS
        // ...

    ASSOCIATIONS
        // Achtung: kein INVERSE, da Beziehung nur in einer Richtung aufgebaut ist
        theEmployees :POrderedCollection[Employee LINK]

    DEFINITIONS
        // ...

        METHOD hire(anEmployee :Employee LINK INOUT) AS
            SEND anEmployee THE MESSAGE hire(theName)
            // Achtung: Es wird eine Zeichenkette verschickt.
            SEND theEmployees THE MESSAGE add(anEmployee)
        ENDMETHOD hire
```

```
        // Diese Methode hat sich nicht geändert, nur zur Klarstellung enthalten
        METHOD fire(anEmployee :Employee LINK INOUT) AS
            SEND theEmployees THE MESSAGE remove(anEmployee)
            SEND anEmployee THE MESSAGE fired
        ENDMETHOD fire

ENDCLASS Company


CLASS Employee WITH
PUBLIC INTERFACE
    //...
    // Achtung: jetzt ist ein String als Parameter erforderlich
        hire (aCompany :String)
        fire

    PRIVATE IMPLEMENTATION
        REPRESENTATION
        // ...
        // Eigenschaft, in der der Name des aktuellen Arbeitgebers gespeichert wird
            theEmployerName :String
        // ...

        METHOD companyName? -> String AS
            // kein Durchlaufen der Assoziation erforderlich
            RETURN theEmployerName
        ENDMETHOD companyName?

        METHOD hire (aCompany :String) AS
            SEND theEmployerName THE MESSAGE assign (aCompany)
        ENDMETHOD hire

ENDCLASS Employee
```

Die Klasse Application bleibt unverändert.

In diesem Fall sollten das Klassen- und das Instanzdiagramm dahingehend geändert werden, daß in der Assoziation auf der Seite der Company die Wertigkeit Null eingetragen wird. Wie in Abbildung 3.8 zu sehen ist, wird dadurch deutlich, daß kein Zugriff von seiten der Klasse Employee möglich ist. Diese Schreibweise kann leider irreführend sein. Es soll deutlich gemacht werden, daß es keinen LINK von der Klasse Employee zur Klasse Company gibt, nicht etwa, daß es keine Company-Objekte gibt.

Kapitel 3   Eine Sprache für die objektorientierte Modellierung

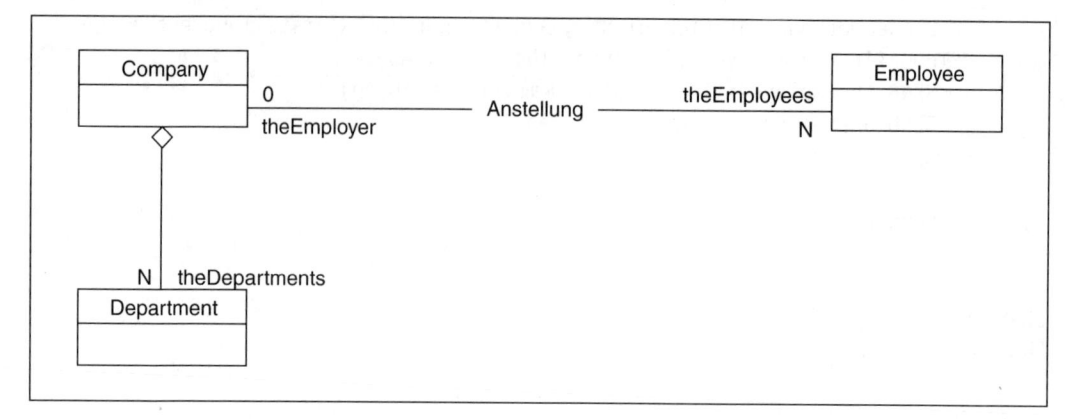

Abbildung 3.8:   Durchlauf einer Assoziation in einer Richtung ohne Umkehrung

3.9   Lebenszyklen einer Entwicklung

Es sind unterschiedliche Modelle für die Lebenszyklen bei der Software-Entwicklung gebräuchlich. Das herkömmliche *Wasserfallmodell* z.B. beginnt mit der Bestimmung der Anforderungen, gefolgt von der Analyse, dem Design, der Implementation und der Testphase. Dabei wird vorausgesetzt, daß jede Phase mehr oder weniger abgeschlossen ist, bevor der Übergang zur nächsten Stufe erfolgt. Die Wiederverwendbarkeit ist ein Hauptkennzeichen dieses Modells. Das *Prototypmodell* als anderes Extrem setzt umfangreiche Bibliotheken von Klassen voraus und ist eine evolutionäre Herangehensweise an die Systementwicklung. Es ist wahrscheinlich richtig, daß für reale Systeme mehrere Modelle gleichzeitig benutzt werden. Es ist durchaus typisch, daß ein Objekt des Systems bereits in einer sehr frühen Phase der Analyse implementiert wird, während andere Objekte gar nicht implementiert, sondern aus einer Bibliothek entnommen werden. Wieder andere Objekte werden erst in einem späteren Zyklus der Entwicklung implementiert.

Welches Modell das beste für die objektorientierte Systementwicklung ist, ist eine Frage des aktuellen Forschungsstands. Aber gleichgültig welches Modell man auch zugrundelegt, eine fundamentale Tatsache ändert sich nicht, nämlich, daß die bei der Analyse erkannten Objekte die Hauptkomponenten des Designs sind. Es können weitere Einzelheiten hinzugefügt werden, aber keine der zuvor bestimmten Eigenschaften, Aggregationen oder Assoziationen sollte ohne stichhaltige Gründe verändert werden, wie z.B. die Optimierung des Designs durch die Umgestaltung einer zweiseitigen zu einer einseitigen Assoziation. Desgleichen müssen die im Design vorhandenen Objekte in der Implementation klar erkenntlich sein. Besondere Einzelheiten dürfen hinzugefügt, aber nicht entfernt werden. Objekte, die beim ursprünglichen Systementwurf nicht vorgesehen waren, können dem Design oder der Implementation hinzugefügt werden.

Die während der Analyse erkannten Objekte sind grundlegende Bestandteile, die sich aus der Problemstellung ableiten. Daher sind die während des Designs oder der Implementation eingeführten Objekte nur in geringem Maße Bestandteil der Problemstellung. Sie dienen mehr dazu, eine Designstrategie möglich zu machen. Typische Beispiele dafür sind mehrfach verwendbare Behälter wie POrderedCollection oder die Basisklassen String, Integer und Boolean.

LOOM ist sehr flexibel und kann daher für jedes Lebenszyklenmodell benutzt werden. Der folgende Auszug aus einem LOOM-Skript ist ein Beispiel für das Wasserfallmodell:

```
CLASS Company
WITH
    //...
ENDCLASS Company
```

Im Beispiel gibt es eine Klasse Company, die in der frühen Phase der Analyse benutzt werden kann. Spätere Überlegungen können zu dem folgenden Skript führen:

```
CLASS Company
WITH
PUBLIC INTERFACE
    // noch zu vervollständigen

PRIVATE IMPLEMENTATION
    REPRESENTATION
        // noch zu vervollständigen
    AGGREGATIONS
        theDepartments :DOrderedCollection[Department]

    ASSOCIATIONS
        theEmployees :POrderedCollection[Employee LINK] INVERSE OF theEmployer

    DEFINITIONS
        // noch zu vervollständigen

ENDCLASS Company
```

Dieses Skript definiert die Relationen zwischen den Klassen für den strukturellen Aufbau des Designs.

Im weiteren Verlauf des Entwurfsprozesses werden die Operationen und Eigenschaften der Klasse definiert:

```
CLASS Company
WITH
PUBLIC INTERFACE
    Company(aName :String)
    changeName(aName :String)
    hire(anEmployee :Employee LINK )
    fire(anEmployee :Employee LINK )
    name? -> String
    averageAge? -> Integer
```

```
     displayEmployees?

  PRIVATE IMPLEMENTATION
     REPRESENTATION
        theName :String

     AGGREGATIONS
        theDepartments :DOrderedCollection[Department]

     ASSOCIATIONS
        theEmployees :DOrderedCollection[Employee LINK] INVERSE OF theEmployer

     DEFINITIONS
        // noch zu vervollständigen

ENDCLASS Company
```

Dieses LOOM-Skript ist sicher ein Ergebnis grundlegender Entwicklungsaktivitäten. Werden die entsprechenden Methoden hinzugefügt, dann erhalten wir ein detailliertes Design und eine Implementation.

Im Gegensatz hierzu kann der folgende Auszug aus einem LOOM-Skript dazu dienen, die Schnittstelle einer Klasse Library zu definieren. Dadurch wird eine Herangehensweise begünstigt, die von Grund auf wiederverwendbare Komponenten einsetzt:

```
CLASS Company
WITH
PUBLIC INTERFACE
   Company(aName :String)
   changeName(aName :String)
   hire(anEmployee :Employee LINK )
   fire(anEmployee :Employee LINK )
   name? -> String
   averageAge? -> Integer
   displayEmployees?

ENDCLASS Company
```

Alternativ hierzu, können Prototypklassen durch die Definition von Dummy-Methoden und einer begrenzten Anzahl von Operationen und Eigenschaften geschaffen werden. So ist z.B. die unten aufgeführte Methode averageAge? zwar nicht voll implementiert, sie liefert aber dennoch einen sinnvollen Rückgabewert:

```
METHOD averageAge?->IntegerAS
   // Details sind später noch hinzuzufügen
   RETURN 42
ENDMETHOD averageAge?
```

Eine andere Implementationsstrategie wäre es, auf einen zu verwendenden Standardalgorithmus hinzuweisen, indem man bei der Methodendefinition einen passenden Kommentar einfügt. Im folgenden Beispiel ist der Parametermodus `INOUT`, da das Sortieren die Liste verändert.

```
METHOD sort(aList :POrderedCollection
[Employee LINK] INOUT)AS
    // Standardsortieralgorithmus, Sortieren durch Vertauschen (Bubble sort)
    // Siehe...
ENDMETHOD sort
```

Es ist auch möglich, die Einzelheiten der Methode in der Programmiersprache des zu implementierenden Systems zu schreiben. In diesem Fall beginnt der Kommentar in der Methodendefinition mit `//>` anstatt `//`.

```
METHOD displayHeading? AS
    //>cout<<"\n"<<"Object Oriented Design with C++"
    //<<"\n";
    //>cout<<"\n"<<"Barclay and Savage"<<"\n";
ENDMETHOD displayHeading?
```

3.10 Modellierung einer Assoziation als Objekt

Wir haben gesehen, daß man bei einer Assoziation zwischen zwei Klassen in jeder Klasse einen `LINK`-Wert einbetten kann, um eine Kommunikation in beide Richtungen zu erlauben. Als Beispiel möge der Eintrag für die Assoziation in der Klasse `Employee` dienen:

`theEmployer :Company LINK INVERSE OF theEmployees`

Und der Eintrag für die Assoziation in Klasse `Company`:

```
theEmployees :POrderedCollection[EmployeeLINK]
INVERSE OF theEmployer
```

Genauso können wir bei einer Aggregation zwischen zwei Klassen eine komplette Kopie einer Aggregatskomponente einbetten. Als Beispiel der Eintrag für die Aggregation in der Klasse `Company`:

`theDepartments :DOrderedCollection[Department]`

Auf diese Weise kann das Ganze auf die Schnittstelle seiner Teile zugreifen. Beachten Sie dabei, daß das nicht heißt, daß die Teile direkt auf das Ganze oder andere Teile zugreifen können (siehe Abschnitt 2.2).

Im allgemeinen ist die Einrichtung eines `LINK` zu einer verbundenen Schnittstelle oder das Einbetten einer Aggregatskomponente sinnvoll und sehr gebräuchlich. Es macht die strukturellen Relationen zwischen den Klassen einer bestimmten `Application` deutlich. Anstelle des Durchlaufens einer Assoziation werden manchmal einer Klasse auch Eigenschaften hinzugefügt, die Teil einer

Kapitel 3   Eine Sprache für die objektorientierte Modellierung

Assoziation mit anderen Klassen sind. Der Grund dafür kann ein erhöhter Datendurchsatz oder eine gewünschte Reduzierung des Nachrichtenverkehrs sein. Sie haben aber nichts mit der Klasse zu tun. Wie wir im Abschnitt 3.7 dargestellt haben, könnte die Eigenschaft der Klasse Employee anstatt so:

theEmployer :Company LINK

auch so:

theEmployerName :String

aussehen. Hierdurch wird das Durchlaufen der Assoziation mit der Klasse Company vermieden, wenn der Name eines Angestellten ermittelt werden soll, da die entsprechende Information in der Klasse Employee als Eigenschaft vorhanden ist.

Werden im Extremfall zu viele Eigenschaften dieser Art hinzugefügt, dann wird allerdings das angestrebte Ziel verfehlt, die Klasse an erster Stelle zu benutzen. Eine Klasse beschreibt die Merkmale all ihrer Instanzen. Es sollte daher nicht von vornherein davon ausgegangen werden, daß alle Instanzen Teil einer bestimmten Assoziation sind. Außerdem wird es sehr viel schwieriger, Eigenschaften die von Rechts wegen zur einer Klasse gehören von denen zu trennen, die sich aus einer Assoziation mit einer anderen Klasse ableiten.

Eine alternative Strategie ist es, eine Assoziation als Klasse zu modellieren. Auf diese Weise können die Klassen, die Teil einer Assoziation sind, von den detaillierten Informationen, die die Assoziation betreffen, abgekoppelt werden. Ganz unabhängig davon kann eine Assoziation an sich so bedeutend sein, daß sie in jedem Fall als Klasse entworfen werden sollte. Eine als Klasse modellierte Assoziation Employment können Sie in Abbildung 3.9 sehen.

In diesem Fall sind alle Informationen, die zu der Assoziation Employment gehören, in der Klasse Employment enthalten. Dadurch werden die Klassen Company und Employee wesentlich vereinfacht, weil sie jetzt für den Zugriff auf Informationen, die das Anstellungsverhältnis betreffen nur noch eine Relation zur Klasse Employment benötigen. Für eine komplexe Assoziation bedeutet dies eine beachtliche Vereinfachung der betroffenen Klassen.

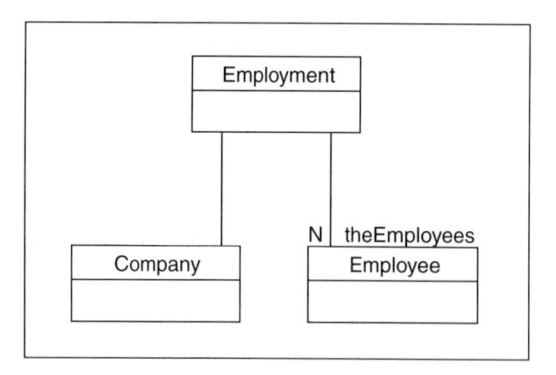

Abbildung 3.9:   Eine als Klasse modellierte Assoziation

```
CLASS Company
WITH
PUBLIC INTERFACE
   addEmployment (anEmployment :Employment LINK )

PRIVATE IMPLEMENTATION
   REPRESENTATION
   // wie zuvor definiert

   AGGREGATIONS
   // wie zuvor definiert

   ASSOCIATIONS
   // alle die Anstellung betreffenden Informationen werden über diesen LINK
   // übergeben, z.B. Details zum Angestellten oder zum Arbeitgeber

      theLink : Employment LINK

   DEFINITIONS
      METHOD addEmployment(anEmployment :Employment LINK )
      AS
         SEND theLink THE MESSAGE assign(anEmployment)
      ENDMETHOD addEmployment

   // weitere geeignete Definitionen

ENDCLASS Company


CLASS Employee
WITH
PUBLIC INTERFACE
   addEmployment (anEmployment :Employment LINK )

PRIVATE IMPLEMENTATION
   REPRESENTATION
      // wie zuvor definiert

   AGGREGATIONS
      // wie zuvor definiert

   ASSOCIATIONS
      // alle die Anstellung betreffenden Informationen werden über diesen LINK
      // übergeben, z.B. Details zum Angestellten oder zum Arbeitgeber

         theLink : Employment LINK
```

```
DEFINITIONS
   METHOD addEmployment (anEmployment :Employment LINK )
   AS
      SEND theLink THE MESSAGE assign(anEmployment)
   ENDMETHOD addEmployment

   // weitere geeignete Definitionen

ENDCLASS   Employee



CLASS   Employment
WITH
PUBLIC INTERFACE
   addCompany (aCompany :Company LINK)
   addEmployee (anEmployee :Employee LINK)
   theEmployerName? -> String
   theEmployeeNames? -> DOrderedCollection[String]
   totalEmployees? -> Integer
   dateHired? (theEmployeeName :String) -> Date
   dateFired ?(theEmployeeName :String) -> Date
   // weitere die Anstellung betreffende Methoden für den Datenzugriff

PRIVATE IMPLEMENTATION
   REPRESENTATION
   // wie zuvor definiert

   AGGREGATIONS NONE
   ASSOCIATIONS
   theEmployer :Company LINK
   theEmployees :POrderedCollection[Employee LINK]

   DEFINITIONS
      // geignete Definitionen

ENDCLASS Employment
```

Die LINK-Werte von theEmployer und theEmployees bestimmen die Konfiguration der Instanzen, die eine tatsächliche Anwendung bilden. Sie kann über die Methoden der Klasse Employment die Assoziationen mit den Klassen Company und Employee durchlaufen, um auf benötigte Information zuzugreifen, oder sie kann sie als Eigenschaft haben. In diesem Fall gibt es keine Konflikte, da die Klasse nur Informationen enthält, die sich auf das Anstellungsverhältnis beziehen, anders als die Klassen `Company` und `Employee`. Diese Vorgehensweise kann sehr wirkungsvoll sein und sie steht im Einklang mit der objektorientierten Philosophie, wonach die Verantwortlichkeit der geeignetsten Klasse des Systems übergeben wird.

Beachten Sie auch den Typ des Rückgabewerts von `theEmployeeNames?`. Es wird hier eine Sammlung von `String`-Werten erzeugt, die die Namen jedes Angestellten enthalten.

3.11 Zusammenfassung

1. Eine LOOM-Anweisung enthält alle notwendigen Einzelheiten einer Klasse sowie die öffentlichen Dienste (`PUBLIC INTERFACE`-Klausel) und die versteckten Implementationen (`REPRESENTATIONS`-, `AGGREGATIONS`-, `ASSOCIATIONS`- und `DEFINITIONS`-Klausel). Die Definitionen der `REPRESENTATIONS`-Klausel werden für die grundlegenden Eigenschaften der Klasseninstanzen benutzt. Die `AGGREGATIONS`- und `ASSOCIATIONS`-Klauseln stellen die strukturellen Relationen einer Klasse zu einer anderen Klasse dar.

2. Die `DEFINITIONS`-Klauseln enthalten die mit Parametern versehenen Methoden für jede Operation der Klasse. Eine Methode besteht aus einem Block mit einer oder mehreren Anweisungen. Die Anweisungen entsprechen den Anweisungsfolgen, Schleifen und Verzweigungen herkömmlicher Kontrollstrukturen. Mit den Anweisungen können Instanzen erzeugt oder Nachrichten an Objekte gesendet werden.

3. LOOM-Anweisungen können Basisklassen wie `String` und `Date` enthalten. Sie sind Teil der grundlegenden Typen, die von LOOM unterstützt werden. Dazu gehören auch die Behälter `POrderedCollection` oder `DOrderedCollection`. Die LOOM-Anweisungen hierfür finden Sie im Anhang B.

4. Die Klasse `Application` wird zur Konstruktion des obersten Objekts eines Systems benutzt. Sie enthält eine öffentliche Operation `run`, die von einer Betriebssystemumgebung aktiviert werden kann. Seine Methode erstellt und versendet Nachrichten an die Hauptklassen des Systems.

5. LOOM gestattet dem Entwickler, eine formlose informelle Argumentation für ein System.

6. LOOM ist unabhängig von den zugrundeliegenden Entwicklungszyklen und unterstützt das herkömmliche Wasserfallmodell genauso, wie Prototypstrategien oder die Verwendung von Bibliotheken.

7. Eine Assoziation kann als Objekt modelliert werden.

3.12 Übungen

Für die folgenden und die Übungen in den übrigen Kapiteln empfehlen wir, die mit dem Buch zur Verfügung gestellte Objektentwicklungsumgebung ROME zu benutzen. Auch wenn ihr Einsatz nicht zwingend erforderlich ist, so macht sie die Entwicklung von LOOM-Skripten doch wesentlich einfacher und angenehmer. Die Abschnitte 10.3 und 10.4 enthalten die hierfür notwendigen Informationen. Sie sollten zuerst gelesen werden.

1. Analysieren Sie die auf der Diskette vorgestellten Lösungen für die Operation addDepartment der Klasse Company in Abschnitt 3.7.

2. Vervollständigen Sie die folgende LOOM-Spezifikationen für die Klasse Car mit den zu den Methoden gehörigen Implementationen.

   ```
   CLASS Car
   WITH
   PUBLIC INTERFACE
      Car(aMake : String, aModel :String, aCapacity :Integer)
      make? -> String
      model? -> String
      capacity? -> Integer
   PRIVATE IMPLEMENTATION
      REPRESENTATION
         theMake :String
         theModel :String
         theCapacity :Integer
      AGGREGATIONS NONE
      ASSOCIATIONS NONE
      DEFINITIONS
         // Methodenrümpfe ...

   ENDCLASS Car
   ```

3. Vervollständigen Sie die folgende LOOM-Spezifikation für die Klasse Student mit den zu den Methoden gehörigen Implementationen.

   ```
   CLASS Student
   WITH
   PUBLIC INTERFACE
      Student(aName :String, anAddress :String, aMatriculationNumber :String)
      name? -> String
      address? -> String
      matriculation? -> String
   PRIVATE IMPLEMENTATION
      REPRESENTATION
         theName :String
   ```

```
        theAddress :String
        theMatriculationNumber :String
    AGGREGATIONS NONE
    ASSOCIATIONS NONE
    DEFINITIONS
        // Methodenrümpfe ...

ENDCLASS Student
```

4. Vervollständigen Sie die folgende LOOM-Spezifikation für die Klasse House mit den zu den Methoden gehörigen Implementationen.

```
CLASS House
WITH
PUBLIC INTERFACE
    House (anAddress :String, aNumberOfRooms :Integer)
    address? -> String
    rooms? -> Integer
    extend (aNumberOfRooms :Integer)     // neue Räume hinzufügen
PRIVATE IMPLEMENTATION
    REPRESENTATION
        theAddress :String
        theNumberOfRooms :Integer
    AGGREGATIONS NONE
    ASSOCIATIONS NONE
    DEFINITIONS
        // Methodenrümpfe ...

ENDCLASS House
```

Würde eine neu erzeugte Instanz der Klasse House hinterher ihre Adresse ändern? Wenn nicht, unter welchen Umständen könnten wir erwägen, die Eigenschaft theAddress in die öffentliche Schnittstelle zu legen?

5. Vervollständigen Sie die folgende LOOM-Spezifikation für die Klasse Point, die einen Punkt im kartesischen Koordinatensystem darstellt, indem Sie Implementationen für die Methodenrümpfe angeben. In einem zweidimensionalen Koordinatensystem kann ein Punkt durch seine X- und Y-Koordinaten dargestellt werden.

```
CLASS Point
WITH
PUBLIC INTERFACE
    Point (anX : Decimal, aY :Decimal)
    xCoordinate? -> Decimal// x-Koordinate bestimmen
    yCoordinate? -> Decimal// y-Koordinate bestimmen
    translate (xDistance :Decimal, yDistance :Decimal)// verschieben
PRIVATE IMPLEMENTATION
```

```
    REPRESENTATION
       theXCoordinate :Decimal
       theYCoordinate :Decimal
    AGGREGATIONS NONE
    ASSOCIATIONS NONE
    DEFINITIONS
       // Methodenrümpfe ...

ENDCLASS Point
```

Entwickeln Sie die Klasse Application, die ein einzelnes Point-Objekt erstellt, das dann um einen beliebigen Wert verschoben und dessen neue Position anschließend ausgegeben wird.

6. Vervollständigen Sie die folgende LOOM-Spezifikation für die Klasse Line unter Verwendung der Klasse Point, indem Sie Implementationen für die Methodenrümpfe angeben. In einem zweidimensionalen Koordinatensystem wird eine Linie durch den Anfangs- und den Endpunkt dargestellt.

```
CLASS Line
WITH
PUBLIC INTERFACE
    Line (aStart :Point, anEnd :Point)
    length? -> Decimal          // Länge der Linie (Pythagoras)
    slope?  -> Decimal          // Steigung der Linie (y-Abstand zu
                                //    x-Abstand)
    translate (xDistance :Decimal, yDistance :Decimal)
                                // verschieben
PRIVATE IMPLEMENTATION
    REPRESENTATION
       theStart :Point
       theEnd :Point
    AGGREGATIONS NONE
    ASSOCIATIONS NONE
    DEFINITIONS
       // Methodenrümpfe ...

ENDCLASS Line
```

Entwickeln Sie die Klasse Application, die eine Linie mit zwei Point-Werten aufbaut und um einen bestimmten Wert verschiebt. Danach sollen die Länge und die Neigung der Linie ausgegeben werden.

7. Mit der Klasse Point kann ein Rechteck durch die Punkte der linken unteren und der rechten oberen Ecke dargestellt werden. Vervollständigen Sie die folgende LOOM-Spezifikation für die Klasse Line unter Verwendung der Klasse Rectangle, indem Sie Implementationen für die Methodenrümpfe angeben.

```
CLASS Rectangle
WITH
PUBLIC INTERFACE
    Rectangle (aLowerLeft :Point, anUpperRight :Point)
    area? -> Decimal
    perimeter? -> Decimal
    height? -> Decimal
    width? -> Decimal
    translate (xDistance :Decimal, yDistance :Decimal)
    isPointInRectangle? (aPoint :Point) -> Boolean
PRIVATE IMPLEMENTATION
    REPRESENTATION
        theLowerLeft :Point
        theUpperRight :Point
    AGGREGATIONS NONE
    ASSOCIATIONS NONE
    DEFINITIONS
        // Methodenrümpfe ...

ENDCLASS Rectangle
```

Erzeugen Sie mit einer Anwendung ein Rechteck und testen Sie das Verhalten der Operationen.

8. Entwerfen Sie eine LOOM-Spezifikation für eine Klasse Store. Store stellt eine Speichereinheit dar, die einen einzelnen Integer-Wert enthält. Der Store-Konstruktor hat ein einzelnes Integer-Argument für die Initialisierung der Darstellung. Es wird ein einzelner Integer-Parameter für die Operation write benutzt, um den Wert der Darstellung zu aktualisieren. Die Operation read? liefert eine Kopie des Werts der Darstellung. Die Operationen up und down erhöhen bzw. erniedrigen den Wert eines Store-Objekts um den Wert 1.

9. Erstellen Sie ein komplettes LOOM-Skript für jede Klasse der Übungen 1, 2, 3 und 7 in Kapitel 2. Entwerfen Sie eine passende Methode run für ein Application-Objekt, um das System zu testen. Setzen Sie die Klassen-, Instanz- und Nachrichtenflußdiagramme vollständig um.

10. In Abschnitt 3.2 wurde definiert, daß die LOOM-Spezifikation einer Klasse aus der PUBLIC-INTERFACE-Klausel, welche die Operationen enthält, die für Clients zur Verfügung stehen, und der PRIVATE-IMPLEMENTATION-Klausel besteht. Diese setzt sich aus der REPRESENTATION-Klausel mit den nicht für Clients zur Verfügung stehenden Eigenschaften und der DEFINITIONS-Klausel zusammen, die eine Methode für jede in der PUBLIC-INTERFACE-Klausel ausgewiesene Operation enthält. Erstellen Sie ein passendes Klassendiagramm, um die LOOM-Spezifikation für eine Klasse zu beschreiben.

Kapitel 4

Fallstudie: ein einfaches Bibliothekssystem

Ziel dieser Fallstudie ist es, die grundlegenden Elemente einer objektorientierten Analyse und des Designs, unter Berücksichtigung der in den vorhergehenden Kapiteln vorgestellten Konzepte, zu verdeutlichen. Wegen der größeren Klarheit ist die Beschreibung des Systems vereinfacht worden, interessierte Leser können sie aber vielseitig variieren, wie dies auch in den Übungen am Ende des Kapitels aufgezeigt wird. Eine realistischere Beschreibung der Anwendung finden Sie in der Fallstudie in Kapitel 8.

In dieser Fallstudie wären die grundlegenden Objekte normalerweise Library und Book. Wir haben trotzdem zusätzlich die Klasse User eingeführt, auch wenn das außerhalb einer Anwendung für eine Bibliothek liegt. Seine Einführung erlaubt es uns, ein vollständig funktionierendes Modell zu entwickeln.

4.1 Spezifikation

Eine Bibliothek ist eine Büchersammlung und jedes Buch hat einen Titel, einen Autor und eine Buchnummer. Die Bibliothek hat einen Namen. Es gibt mehrere Benutzer der Bibliothek, die alle einen eindeutigen Namen und eine Adresse haben. Ein Benutzer kann:

- die Ausgabe einer aktuellen Liste verfügbarer Bücher der Bibliothek anfordern
- ein Buch der Bibliothek ausleihen
- der Bibliothek ein Buch zurückgeben

Die Bibliothek kann:

- jeden Benutzer dazu auffordern, eine Aufstellung der derzeit von ihm ausgeliehenen Bücher zu liefern

Die von den Benutzern ausgeliehenen Bücher sind sortiert. Das am längsten ausgeliehene Buch steht an erster, das zuletzt ausgeliehene Buch an letzter Stelle. In ähnlicher Weise sind die Bücher in der Bibliothek sortiert. Das zuletzt zurückgegebene oder hinzugefügte Buch steht an erster und das als erstes zurückgegebene Buch an letzter Stelle.

4.2 Strategie

Das eigentliche Ergebnis von objektorientierter Analyse und Design ist ein LOOM-Skript für die Klassen, die jedes Objekt beschreiben. In dieser Fallstudie basiert ihre Entwicklung auf der in Abschnitt 3.9 beschriebenen Wasserfallmethode.

Die erste Aufgabe ist eine Analyse, die die wichtigsten Objekte und die dazugehörigen Klassen bestimmt. Im darauffolgenden strukturellen Entwurf werden die Relationen zwischen den Klassen gebildet. Der zentrale Entwurf definiert dann die öffentlichen Dienste und die privaten Eigenschaften für jede Klasse. In dieser Phase werden auch die Parameterprofile für die Operationen entwickelt. Zuletzt werden detailliert die Methoden für jede Operation einer jeden Klasse definiert.

Das LOOM-Skript enthält alle notwendigen Entscheidungen für jede Klasse aus jeder Entwicklungsphase. Szenarien, Klassen- und Instanzdiagramme dienen der Verdeutlichung und als Dokumentationshilfen.

4.3 Analyse

Der wichtigste Teil beim Aufbau eines Software-Systems ist die Analyse. Wenn diese schlecht ist, dann ist es schwer oder gar unmöglich, ein qualitativ hochwertiges Endprodukt zu liefern. Die Analyse muß die wichtigsten Objekte des Problemfelds bestimmen. Glücklicherweise ist es relativ leicht drei Hauptobjekte für unser System zu bestimmen, denn die Alltagserfahrung sagt uns, daß dies die Bibliothek, die Benutzer und die Bücher sind. Das ist nicht ungewöhnlich und eine Stärke der Objektorientierung. Hin und wieder merken wir, daß wir unsere Erfahrungen aus der realen Welt und unsere Intuition einsetzten können, um die wichtigsten Komponenten unseres Software-Systems zu kennzeichnen. Mit etwas Erfahrung bringt uns das überraschend weit voran.

Wir können aber auch die in den vorangegangenen Kapiteln vorgestellten Strategien für die Bestimmung der Objekte einsetzen. So würde z.B. ein Blick auf die Daten ein Buch als Objekt identifizieren. Eine funktionale Sichtweise würde die Bibliothek als Objekt identifizieren, welches die Bücher enthält, ihre Liste ausgibt und zuläßt, daß Bücher entliehen und zurückgegeben werden. Genauso würde sie den Benutzer als Objekt identifizieren, welches geliehene Bücher hat, eine Liste der Bücher anzeigt, Bücher von der Bibliothek leiht und Bücher an die Bibliothek zurückgibt.

Es ist hinreichend deutlich, daß die Klassen Library, User und Book eingerichtet werden müssen. Diese Entscheidung schlägt sich in folgenden unvollständigen LOOM-Skripten nieder:

```
CLASS Library
   // noch zu vervollständigen
ENDCLASS Library
```

```
CLASS User
   // noch zu vervollständigen
ENDCLASS User

CLASS Book
   // noch zu vervollständigen
ENDCLASS Book
```

4.4 Strukturelles Design

Die Beschreibung des Problems macht deutlich

- ein Library-Objekt hat viele Book-Objekte
- viele User-Objekte kommunizieren mit einem Library-Objekt
- ein Library-Objekt kommuniziert mit vielen User-Objekten
- das User-Objekt agiert als Ausleihender
- das Library-Objekt agiert als Leihender
- ein User-Objekt kann Book-Objekte ausleihen

Wie in Abbildung 4.1 zu sehen ist, können wir diese Relationen als Aggregationen und Assoziation modellieren. Wir gehen davon aus, daß die Assoziation zwischen den Klassen User und Library in beiden Richtungen durchlaufen werden kann.

Bedenken Sie, daß Klassendiagramme sehr knapp gehalten sind und für den Neuling verwirrend sein können. Abbildung 4.1 zeigt im einzelnen, daß ein User eine Sammlung von Books hat, genauso wie eine Library eine Sammlung von Books hat. Entsprechend der Rollen, die sie spielen, haben sie die gleichen Namen. Der springende Punkt dabei ist, daß daraus nicht folgen muß, daß sie eine **gleiche** Sammlung teilen. Nur ein Instanzdiagramm könnte diese Information liefern.

An dieser Stelle ist es hilfreich, sich die Art der Behälter näher anzuschauen, die die Sammlungen der Objekte des Systems darstellen. Um mit der ursprünglichen Beschreibung übereinzugehen, wonach Book-Objekte der Library und der User sortiert werden, können sie in eine Art sortiertem Behälter (der Reihe nach, entsprechend der Sortierkriterien, nach denen sie im Behälter plaziert werden) gesammelt werden. Das am weitesten zurückliegende ist das erste, das nächste ist das letzte Element des Behälters. Weiter vorausgesetzt, daß wir eine komplette Kopie der Book-Objekte benötigen, können wir DOrderedCollection für diesen Zweck einsetzen (siehe Anhang B). Neue Elemente können in diesen Behälter mit der Operation addFirst eingefügt werden, die die Klasse DOrderedCollection anbietet, und die die Sortierkriterien der Beschreibung erfüllt. Mit der Operation removeLast können die Elemente entsprechend herausgenommen werden.

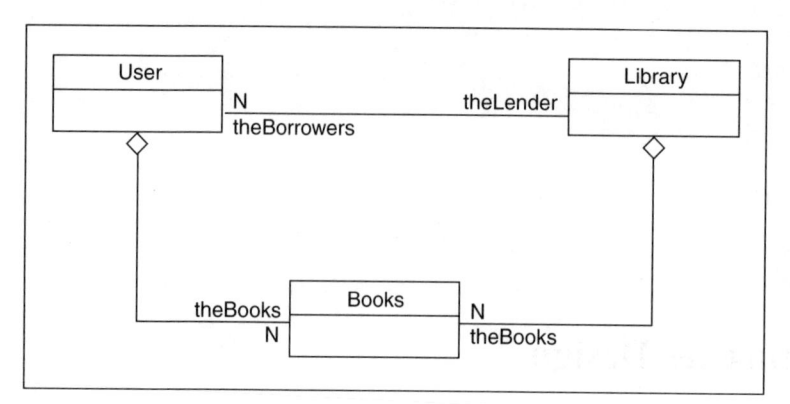

Kapitel 4   Fallstudie: ein einfaches Bibliothekssystem

```
┌─────────────────────────────────────────────────────────┐
│   ┌──────────┐                         ┌──────────┐     │
│   │  User    │         N    theLender  │ Library  │     │
│   │          │─────────────────────────│          │     │
│   │          │    theBorrowers         │          │     │
│   └──────────┘                         └──────────┘     │
│        ◇                                     ◇          │
│        │                                     │          │
│        │                  ┌──────────┐       │          │
│        │     theBooks     │  Books   │   N   │          │
│        └──────────────────│          │───────┘          │
│                   N       └──────────┘  theBooks        │
│                                                         │
└─────────────────────────────────────────────────────────┘
```

Abbildung 4.1:   Objektmodell des Bibliothekssystems

Da es keine weiteren Hinweise für die Art der Sammlung der User-Objekte eines Library-Objekts gibt, können wir hier einfach POrderedCollection einsetzen. Da mit jedem User-Objekt ein Library-Objekt verbunden ist, ist für die Implementation der Assoziation nur ein einwertiges Objekt im User-Objekt erforderlich. In Abschnitt 3.4 wurde deutlich gemacht, daß wir immer einen LINK zu dem Assoziierten unterhalten und daher keine Möglichkeit besteht, irgendeinen der Behälter zu benutzen, der komplette Kopien der Objekte enthält.

Es ist auch zu beachten, daß wir zu einem bestimmten Zeitpunkt passende lessThen?-Operationen für die Klassen bereitstellen müssen, deren Instanzen enthalten sein sollen (siehe Abschnitt 3.4). An dieser Stelle wäre das noch verfrüht und daher verschieben wir dies bis zum detaillierten Design.

Dies sind die LOOM-Skripte für die Klassen mit den kompletten AGGREGATIONS- und ASSOCIATIONS-Klauseln:

```
CLASS Book
WITH
PUBLIC INTERFACE
   // noch zu vervollständigen
PRIVATE IMPLEMENTATION
   REPRESENTATION
   // noch zu vervollständigen
   AGGREGATIONS NONE
   ASSOCIATIONS NONE
   DEFINITIONS
   // noch zu vervollständigen
ENDCLASS Book

CLASS Library
WITH
PUBLIC INTERFACE
   // noch zu vervollständigen
```

```
PRIVATE IMPLEMENTATION
   REPRESENTATION
   // noch zu vervollständigen
   AGGREGATIONS
   theBooks :DOrderedCollection [Book]
   ASSOCIATIONS
   theBorrowers :POrderedCollection [User LINK] INVERSE OF theLender
   DEFINITIONS
   // noch zu vervollständigen
ENDCLASS Library

CLASS User
WITH
PUBLIC INTERFACE
   // noch zu vervollständigen
PRIVATE IMPLEMENTATION
   REPRESENTATION
   // noch zu vervollständigen
   AGGREGATIONS
   theBooks :DOrderedCollection [Book]
   ASSOCIATIONS
   theLender :Library LINK INVERSE OF theBorrowers
   DEFINITIONS
   // noch zu vervollständigen
ENDCLASS User
```

Die Verwendung von NONE macht deutlich, daß für den entsprechenden Abschnitt des LOOM-Skripts kein Eintrag vorliegt. Das heißt nicht, daß der Eintrag ausgelassen wurde und später ergänzt wird. Wir haben entschieden, daß kein Eintrag notwendig ist und dokumentieren das durch das reservierte Wort. Beachten Sie auch die beiden INVERSE-OF-Ausdrücke für die Assoziationen, womit wir explizit aussagen, daß die beiden LINKs sauber gepflegt werden müssen. Mit LOOM können wir das nicht erzwingen.

4.5 Zentrales Design

Bis hierher haben wir die Hauptklassen und ihre Relationen bestimmt. Wir können unsere Aufmerksamkeit nun den wichtigsten Operationen zuwenden, die von jeder Klasse exportiert werden. Dies sollte uns ein Gefühl für das Laufzeitverhalten des Systems geben, so daß wir unsere früheren Entscheidungen überprüfen und mit dem Design fortfahren können.

Alle Operationen tun etwas. Wenn man daher die gewünschte Funktionalität eines Systems betrachtet, sollte sich daraus eine Liste möglicher Operationen und der dazugehörigen Klassen ableiten lassen. Logischerweise muß ein User-Objekt in der Lage sein, ein Book-Objekt auszuleihen und zurückzugeben. Da das Library-Objekt verantwortlich für die Book-Objekte ist, ist es sinnvoll, sie mit diesem zu verbinden und nicht mit User-Objekten.

Die beiden Objekte Library und User müssen in der Lage sein, ihre Book-Objekte anzuzeigen. Ihnen sollte daher eine Operation displayBooks? öffentlich zur Verfügung stehen. Aus diesen Überlegungen heraus entstehen die folgenden LOOM-Skripte:

```
CLASS Library
WITH
PUBLIC INTERFACE
   borrowOneBook
   returnOneBook
   displayBooks?
PRIVATE IMPLEMENTATION
   // ...
ENDCLASS Library

CLASS User
WITH
PUBLIC INTERFACE
   displayBooks?
PRIVATE IMPLEMENTATION
   // ...
ENDCLASS User
```

Als nächstes wenden wir uns den internen Darstellungen jeder Klasse zu. Auch hierbei ist die Berücksichtigung der Systembeschreibung hilfreich. Ein Book-Objekt erhält drei Eigenschaften in seiner Darstellung: einen Titel, einen Autor und eine Buchnummer. Sie können in zwei Fällen als String-Objekt und einmal als Integer-Objekt dargestellt werden. Auch ein User-Objekt hat einen Namen und eine Adresse als Eigenschaften, die als String-Objekt dargestellt werden können. Ebenso kann der Name des Library-Objekts als String-Objekt dargestellt werden.

Beachten Sie, daß wir im Kontext dieser Problemstellung den Titel, den Autor, die Buchnummer, den Namen und die Adresse als Eigenschaften der Objekte definiert haben. Dies muß in einem anderen Kontext nicht unbedingt zutreffen. Die allgemeine Regel lautet, daß eine Einheit einer Problembeschreibung dann ein Objekt ist, wenn sie für sich allein stehen kann. Wenn sie hingegen Teil von etwas Signifikanterem ist und keine unabhängige Existenz hat, dann ist es eine Eigenschaft. Die Einführung dieser Eigenschaften zu jeder Klasse führt zu folgendem LOOM-Skript:

```
// Klasse Book
   REPRESENTATION
      theAuthor :String
      theTitle :String
      theReferenceNumber :Integer
```

```
// Klasse Library
   REPRESENTATION
      theName: String

// Klasse User
   REPRESENTATION
       theName :String
       theAddress :String
```

Zum Schluß können wir die öffentlichen Operationen vervollständigen, indem wir Parameter und Rückgabewerte hinzufügen. Der Einfachheit halber können wir folgendes annehmen:

- ein User entleiht das letzte Book in der Library
- ein Book wird der Library zurückgegeben und ist das erste Element in der Sammlung der Bücher
- ein vom User ausgeliehenes Book bekommt ist das erste Element in der Liste des Users
- ein User gibt das Book an eine Library zurück, welches in seiner Sammlung der geliehen Bücher an letzter Stelle steht

Die Operation borrowOneBook? liefert ein Book-Objekt aus seinem aktuellen Bestand an den Client. Diese Operation gehört zur Klasse Library. Logischerweise sollte die Operation ein Objekt der Klasse Book zurückliefern. Im Gegensatz dazu erlaubt die Operation returnOneBook? einem Client ein Book-Objekt an das Library-Objekt zurückzugeben. Es ist eine Umwandlungsoperation mit einem Parameter der Klasse Book. Die Operation displayBooks? der Klassen User und Library gibt alle Books aus, die die Klassen enthalten. Sie benötigen keinen Parameter. Das LOOM-Skript sieht nun wie folgt aus:

```
CLASS Library
WITH
PUBLIC INTERFACE
   borrowOneBook? -> Book
   returnOneBook (aBook :Book)
   displayBooks?
PRIVATE IMPLEMENTATION
    // ...
ENDCLASS Library

CLASS User
WITH
PUBLIC INTERFACE
   displayBooks?
PRIVATE IMPLEMENTATION
    // ...
ENDCLASS User
```

4.6 Szenarien

Zu diesem Zeitpunkt ist es sinnvoll, ein Diagramm für das Szenario zu erstellen, damit wir festlegen können, welche Nachrichten während der Laufzeit des Systems zwischen den Objekten gesendet werden müssen. So können wir feststellen, ob die bisher bestimmten Operationen brauchbar sind. Außerdem können weitere Operationen bestimmt werden, die in der ursprünglichen Beschreibung nicht unmittelbar ersichtlich waren.

Wenn wir ein *Was wäre, wenn*-Experiment durchführen, dann wird deutlich, daß wir für die Ausgabe eines Book-Objekts durch das Library-Objekt, oder eines von einem User ausgeliehenen Objekts, eine mit der Klasse Book assoziierte Operation display? benötigen:

```
CLASS Book
WITH
PUBLIC INTERFACE
   display?
PRIVATE IMPLEMENTATION
   // ...
ENDCLASS Book
```

Es ist auch wichtig, Operationen zu berücksichtigen, mit denen die Application Schlüsselobjekte anregen kann, eine Kette von Nachrichten zu initialisieren. Durch ihr Vorhandensein können wir eine Simulation des kompletten Systems aufbauen, wobei das Application-Objekt die entsprechenden Objekte durch versenden von Nachrichten stimuliert. Die Klasse User sollte z.B. über die Operationen borrowOneBook und returnOneBook verfügen. Ihre Wirkung auf ein Objekt von User wäre es, die Nachrichten zu initialisieren, die ein Book-Objekt in der Library ausleihen oder es an sie zurückgeben.

Die Klasse Library sollte über eine Operation displayUserBooks? verfügen. Sie würde bei Empfang durch ein Library-Objekt die Nachrichten initialisieren, die die Book-Objekte eines assoziierten User-Objekts ausgeben würden.

Für die Steueroperationen borrowOneBook, returnOneBook und displayUserBooks? der Objekte Library und User gibt es mindestens zwei Alternativen. Die erste wäre, alle notwendigen Steueranweisungen zum Ausleihen, zur Rückgabe und zur Ausgabe der Bücher in der Application unterzubringen. Das ist aber nicht akzeptabel, weil es gegen das Grundprinzip der objektorientierten Programmierung verstößt, wonach Objekte für ihr Verhalten selbst verantwortlich sind. Die zweite Alternative wäre es, das System so aufzubauen, daß Objekte wie Application, Book und Library unabhängige Steuerstrukturen erhalten. Wie aber bereits im Kapitel 5 dargestellt wurde, ist das nicht praktikabel.

Die Klassen Library und User mit den Operationen displayUserBooks?, borrowOneBook und returnOneBook sehen nun so aus:

```
CLASS Library
WITH
PUBLIC INTERFACE
```

```
    borrowOneBook? -> Book
    returnOneBook (aBook : Book)
    displayBooks?
    displayUserBooks?
PRIVATE IMPLEMENTATION
    // ...
ENDCLASS Library
    // ...
CLASS User
WITH
PUBLIC INTERFACE
    displayBooks?
    borrowOneBook
    returnOneBook
PRIVATE IMPLEMENTATION
    // ...
ENDCLASS User
```

Die Abbildungen 4.2(a), 4.2(b) und 4.2(c) sind Diagramme der Szenarien, die die wichtigsten Operationen des Systems darstellen. Beachten Sie, daß im Gegensatz zu den vorhergehenden Diagrammen für die Szenarien, hier Nachrichten von jedem Objekt und nicht nur von Application stammen können. Die Diagramme zeigen die Nachrichtenfolge, wie sie zwischen den Objekten vorkommen:

(a) ein User leiht ein Book

(b) die Library fordert die Ausgabe der Books eines Users

(c) ein User gibt ein Book an die Library zurück

Die Bezeichnungen b1, b2 und b3 in den drei Abbildungen verweisen auf drei mögliche Book-Objekte. Dementsprechend verweisen u1 und u2 auf zwei mögliche User-Objekte.

Beachten Sie, daß die Nachricht run zur Anregung des Application-Objekts (Abbildung 4.2(a)) keinen Sender hat. Es wird vorausgesetzt, daß sie von der Betriebssystemumgebung oder etwas Gleichwertigem kommt.

Wir können jetzt sicher sein, daß wir das Design unter Kontrolle haben, da wir die erforderliche Funktionalität des Systems allein über Operationen in der PUBLIC INTERFACE-Klausel einer jeden Klasse erreichen.

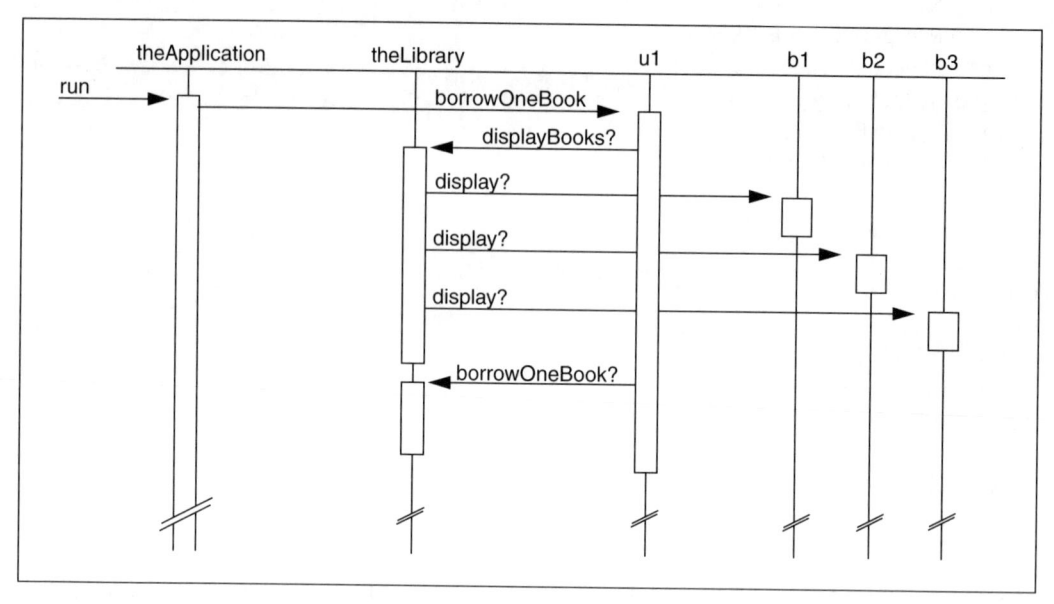

Kapitel 4   Fallstudie: ein einfaches Bibliothekssystem

Abbildung 4.2(a):   *Szenario einer Operation: ein* User *leiht ein* Book

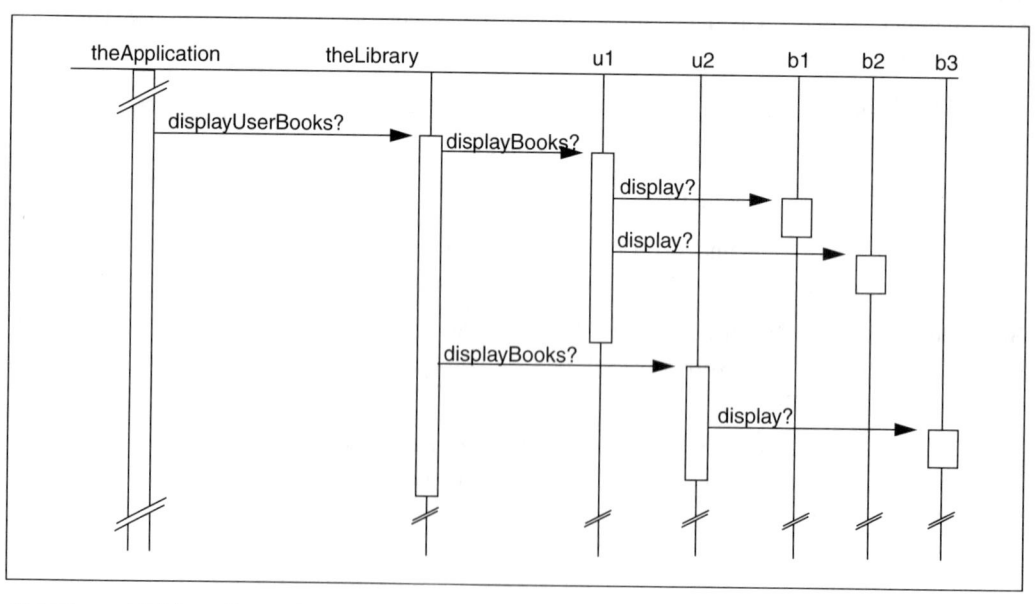

Abbildung 4.2(b):   *Szenario einer Operation: die* Library *forderte die Ausgabe der* Books *eines* Users

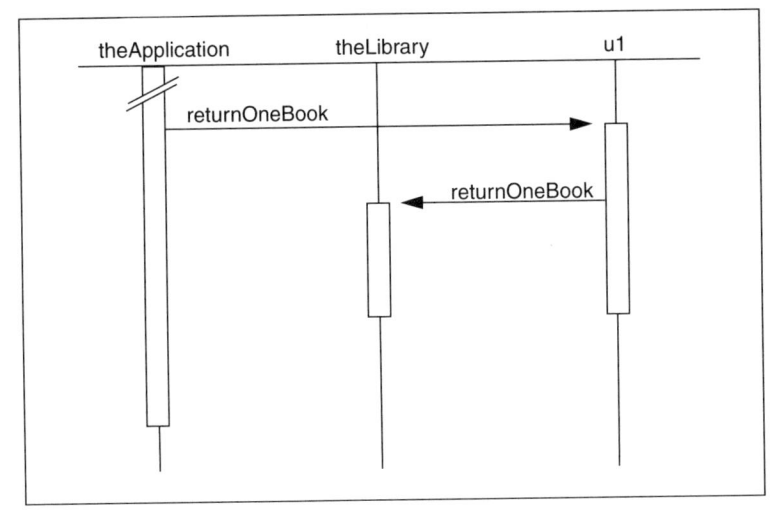

Abbildung 4.2(c):   *Szenario einer Operation: ein* User *gibt der* Library *ein* Book *zurück*

4.7   Detailliertes Design

Zum Abschluß müssen wir die LOOM-Skripte für die einzelnen Klassen mit den formalisierten Methodendefinitionen für jede Operation vervollständigen. Das bedeutet für die Klasse Book:

- Die Methode der Operation display? sendet insert-Nachrichten mit seinen Eigenschaften als Parameter an das OutputStream-Objekt theScreen.

Diese Methode sieht wie folgt aus:

```
// Klasse Book
METHOD display? AS
    SEND theScreen THE MESSAGE insert (theAuthor)
    SEND theScreen THE MESSAGE insert (theTitle)
    SEND theScreen THE MESSAGE insert (theReferenceNumber)
ENDMETHOD display?
```

Für die Klasse Library gilt:

- Die Methode der Operation borrowOneBook? erzeugt lokal ein Book-Objekt, weist ihm den letzten Eintrag in seiner Sammlung der Book-Objekte zu, löscht es aus der Sammlung und liefert dann eine Kopie des lokalen Book-Objekts an den Client zurück.

- Die Methode der Operation returnOneBook fügt das als Parameter von den Clients übergebene Book-Objekt in die Liste der Book-Objekte ein.

- Die Methode der Operation displayBooks? sendet die Nachricht display? an jedes Book-Objekt in der Sammlung der Book-Objekte.

- Die Methode der Operation displayUserBooks? sendet eine Nachricht displayBooks? an jedes User-Objekt.

Die Methodendefinitionen lauten nun:

```
// Klasse Library
    METHOD borrowOneBook -> Book
    AS
        INSTANCE borrowedBook :Book
        SEND borrowedBook THE MESSAGE
    assign(SEND theBooks THE MESSAGE last?)
        SEND theBooks THE MESSAGE removeLast
        RETURN borrowedBook
    ENDMETHOD borrowOneBook

METHOD returnOneBook (aBook :Book)
    AS
        SEND theBooks THE MESSAGE addFirst(aBook)
    ENDMETHOD returnOneBook

    METHOD displayBooks?
    AS
        SEND theScreen THE MESSAGE insert("Current loan stock")
        FOREACH aBook :Book IN theBooks DO
            SEND aBook THE MESSAGE display?
        ENDFOREACH
    ENDMETHOD displayBooks?

    METHOD displayUserBooks?
    AS
        SEND theScreen THE MESSAGE insert("Library user's borrowed stock")
        FOREACH user :User LINK IN theBorrowers DO
            SEND user THE MESSAGE displayBooks?
        ENDFOREACH
    ENDMETHOD displayUserBooks?
```

Die Methode displayBooks? verwendet den Ausdruck FOREACH, um jedes Book-Objekt in der Sammlung theBooks anzusprechen. Bei jedem Durchlauf der Schleife bezieht sich dementsprechend aBook auf jedes Book in der Sammlung, wie z.B. die drei Book-Objekte b1, b2 und b3 in den Abbildungen 4.2(a), 4.2(b) und 4.2(c). Die Methode für displayUserBooks funktioniert genauso.

Für die Klasse User gilt:

- Die Methode für die Operation displayBooks? sendet Nachrichten an theScreen, um seine Eigenschaften theName und theAddress in den Ausgabestrom einzufügen (insert). Dann wird für jedes Book-Objekt in der Sammlung der geliehenen Bücher die Nachricht display? gesendet.
- Die Methode der Operation borrowOneBook sendet eine Nachricht an Library, um ein Buch zu erhalten, welches das User-Objekt in seine Sammlung der ausgeliehenen Bücher einfügt.
- Die Methode der Operation returnOneBook erzeugt ein lokales Book-Objekt, weist ihm den letzten Eintrag in der Liste der ausgeliehenen Bücher zu, löscht es in der Sammlung und sendet dann die Kopie als aktuellen Parameter der Nachricht returnOneBook an Library.

```
// Klasse User
    METHOD displayBooks?
    AS
        SEND theScreen THE MESSAGE insert(theName)
        SEND theScreen THE MESSAGE insert(theAddress)
        FOREACH aBook :Book IN theBooks DO
            SEND aBook THE MESSAGE display?
        ENDFOREACH
    ENDMETHOD displayBooks?

    METHOD borrowOneBook
    AS
        SEND theBooks THE MESSAGE
                addFirst(SEND theLender THE MESSAGE borrowOneBook)
    ENDMETHOD borrowOneBook

    METHOD returnOneBook
    AS
        INSTANCE borrowedBook :Book
        SEND borrowedBook THE MESSAGE
    assign(SEND theBooks THE MESSAGE last?)
        SEND theBooks THE MESSAGE removeLast
        SEND theLender THE MESSAGE returnOneBook(borrowedBook)
    ENDMETHOD returnOneBook
```

Die Klasse Book benötigt einen Konstruktor, der Autor, Titel und Signatur als Parameter übernimmt und damit die privaten Eigenschaften initialisiert. Für die Klasse Library wäre ein Konstruktor mit jedem Book als Parameter ungeeignet. Das zeigt die Notwendigkeit einer Operation addBook, die ein Book-Objekt als Parameter hat.

Die Klasse Library benötigt einen Konstruktor, der einen Namen als Parameter übernimmt, um eine private Eigenschaft zu initialisieren. Die Klasse Library hat ebenfalls die Aggregation theBooks und die Assoziation theBorrowers, die initialisiert werden müssen, so wie es im vorhergehenden Kapitel diskutiert wurde. Aus Anhang B geht hervor, daß das `POrderedCollection`-Objekt `theBorrowers` mit ihrer Anfangsgröße und der Managementmethode und das `DOrderedCollection`-Objekt `theBooks` mit seiner Größe initialisiert werden muß.

```
METHOD Library
AS
   SEND theBorrowers THE MESSAGE
   initialise(DEFAULTSIZE, UNMANAGED)
   SEND theBooks THE MESSAGE initialise(DEFAULTSIZE)
ENDMETHOD Library
```

Für die Klasse `User` wird ein Konstruktor benötigt, der Name und Adresse als Parameter übernimmt. Genauso wie bei der Klasse `Library` müssen der Behälter `theBooks` und die Assoziation `theLender` initialisiert werden.

Im allgemeinen ist es sinnvoll, für jede Klasse einen Standardkonstruktor bereitzustellen. Dadurch können Doppeldeutigkeiten bei der späteren Systemimplementation vermieden werden (siehe Kapitel 6).

Zum Schluß können wir den Klassen `Book` und `User` die Operation `lessThan?` hinzufügen, damit ihre Behälter richtig funktionieren (siehe die Abschnitte 3.4 und 4.4). Um die Methode dieser Operation zu unterstützen, müssen wir die Zugriffsoperationen `title?` und `name?` für die Klassen `Book` und `User` hinzufügen.

Die vollständigen LOOM-Skripte für die Klassen `Book`, `User` und `Library` finden Sie in Anhang E.

4.8 Aufbau des Systems

Nachdem wir nun die drei Klassen eingerichtet haben, sind wir in der Lage, ein `Application`-Objekt zu entwerfen, um das fertige System ausführen zu können. Wie bereits in den vorhergehenden Kapiteln beschrieben, erzeugt die Methode für die Operation `run`-Top-Level-Objekte und initialisiert die Nachrichten, die ihre Ausführung steuern.

Als erstes müssen die Konstruktoren eingesetzt werden, um ein Objekt `theLibrary` für `Library` und die zwei `User`-Objekte `u1` und `u2` zu erzeugen. Als nächstes werden die Assoziationen zwischen `Library` und den beiden `User`-Objekten und umgekehrt eingerichtet, um dadurch den Aufbau in Abbildung 4.3 zu erzeugen.

Die darauffolgenden Anweisungen basieren auf dem Szenario in Abschnitt 4.6. Sie ermöglichen das Hinzufügen von Büchern zur Bibliothek, die Ausleihe und Rückgabe von Büchern, sowie die Ausgabe der vom Benutzer entliehenen Bücher.

Es folgt in Auszügen ein LOOM-Skript für die Methode `run` der Klasse `Application`:

```
// Klasse Application
    METHOD run
    AS
    // Erzeuge eine Bibliothek mit dynamischer Lebensdauer.
        INSTANCE theLibrary : Library LINK("University")

    // Erzeuge zwei Benutzer mit dynamischer Lebensdauer.
        INSTANCE u1 :User LINK("John", "21 High Street")
        // ...

    // Konfiguriere das System.
        SEND theLibrary THE MESSAGE addUser(u1)
        SEND u1 THE MESSAGE addLibrary(theLibrary)
        // ...

    // Füge einige Bücher zum Bestand der Bibliothek hinzu.
        SEND theLibrary THE MESSAGE addBook(Book("Barclay",
        "C++: Problem Solving and Programming", 1))
        // ...

    // Der Benutzer u1 entleiht zwei Bücher.
        SEND u1 THE MESSAGE borrowOneBook
        SEND u1 THE MESSAGE borrowOneBook
    // ...

    // Die Bibliothek zeigt die vom Benutzer entliehenen Bücher an.
        SEND theLibrary THE MESSAGE displayUserBooks?

    // Der Benutzer u1 gibt ein Buch zurück.
        SEND u1 THE MESSAGE returnOneBook

    // Die Bibliothek zeigt entliehene und entleihbare Bücher an.
        SEND theLibrary THE MESSAGE displayUserBooks?
        SEND theLibrary THE MESSAGE displayBooks?

    ENDMETHOD run
```

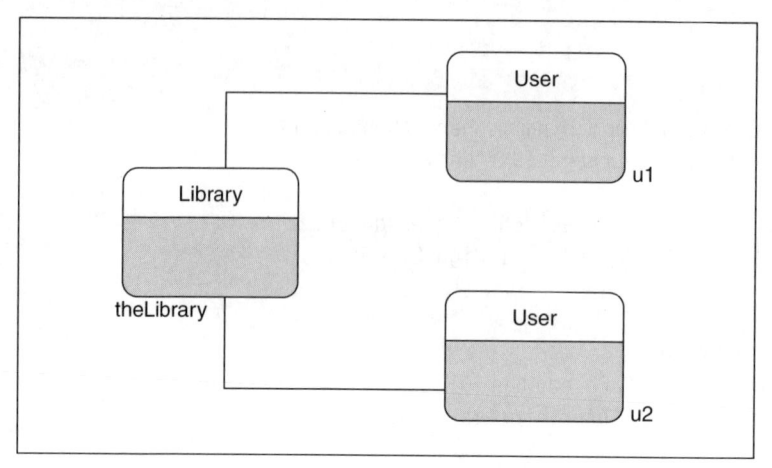

Abbildung 4.3: Das Instanzdiagramm für den Objektaufbau

4.9 Lebensdauer von Objekten, LINKS und Kopien

Bevor wir diese Fallstudie abschließen, muß noch ein wichtiger Punkt erläutert werden. Er betrifft den Aufbau, die Zugehörigkeit, die Kopien und die Aufhebung der Book-Objekte im System. Erinnern wir uns an Kapitel 3, wo ausgeführt wurde, daß jedes Objekt, welches Parameter einer Operation ist, entweder als vollständiges Objekt oder als LINK an ein Objekt übergeben werden kann. Die Begründung für die Wahl des LINK anstelle einer kompletten Kopie war, daß die Einrichtung der Relation als Assoziation nur eine lockere Form der Kopplung erfordert. Es gibt aber noch weitere Gründe, einen LINK zu Objekten einzusetzen. Wenn ein Objekt z.B. einen beachtlichen Speicherplatz benötigt, dann können komplette Kopien zu einem Speicherüberlauf oder zu einer inakzeptablen Verlangsamung bei der Ausführung führen. Noch bedeutender ist die Tatsache, daß es sehr gefährlich ist, mehrere vollständige Kopien von Objekten in einem System zu haben, da es möglich ist, daß Veränderungen für Duplikate nicht berücksichtigt werden. Das Ergebnis wäre katastrophal.

Betrachten wir folgende run-Methode für das vorhergehende Application-Objekt mit dem Konstruktor:

```
Book(anAuthor :String, aTitle :String, aReferenceNumber :Integer)
```

um ein Book-Objekt zu erstellen, welches als Teil der Nachricht addBook an das Library-Objekt gesendet wird:

```
SEND theLibrary THE MESSAGE addBook(Book("Barclay","C++: Problem Solving and Programming",1))
```

4.9 Lebensdauer von Objekten, LINKS und Kopien

Nach Ausführung dieser Nachricht existiert das geschaffene Book-Objekt nicht mehr im Bereich des Application-Objekts. Eine komplette Kopie wurde an das Objekt theLibrary übergeben und alles scheint soweit in Ordnung zu sein.

Ein mögliches Problem entsteht dann, wenn ein Book-Objekt von einem User-Objekt ausgeliehen oder zurückgegeben wird, da diese Transaktionen komplette Kopien der betroffenen Book-Objekte erfordert. Vielleicht war das vom Designer beabsichtigt, um dadurch die tatsächlichen Vorgänge der realen Welt widerzuspiegeln. Natürlich ist der Entwickler dafür verantwortlich, daß die Book-Objekte bei der Ausleihe aus Library und bei der Rückgabe aus dem User-Objekt entnommen werden. Wird diese Verantwortung nicht wahrgenommen, dann käme es unweigerlich zu Verletzungen der Systemintegrität. Das könnte z.B. dazu führen, daß ein an das Library-Objekt zurückgegebenes Buch weiterhin im User-Objekt eingetragen bleibt.

Betrachten wir den folgenden LOOM-Skriptauszug für die Methode run eines Application-Objekt:

```
// Erzeuge eine Bibliothek.
INSTANCE theLibrary :Library LINK("University")

    // Erzeuge einen Benutzer.
INSTANCE u1 :User LINK("John", "21 High Street")

    // Die Lebensdauer dieser Instanz entspricht der Methode run, d.h. dem System.
INSTANCE b1 :Book("Barclay", "C++: Problem Solving and Programming", 1)

    // Füge eine vollständige Kopie eines Buchs zur Bibliothek hinzu.
    // Eine vollständige Kopie existiert im Application- und im Library-Objekt!!!!
SEND theLibrary THE MESSAGE addBook (b1)
```

Im Unterschied zum vorhergehenden Skript erzeugt dieser Quelltext eine Instanz der Klasse Book, bevor er sie als Parameter an das Library-Objekt weiterreicht. Das bedeutet, daß nach Ablauf der Methode für die Nachricht addBook zwei Kopien des Book-Objekts zur gleichen Zeit existieren. Eines befindet sich in der Application, das andere in der Library. Außerdem gibt es keinen expliziten Mechanismus, um eines der beiden zu löschen. Eine solche Situation darf nicht entstehen. Sie ist zu gefährlich und führt unweigerlich zu schweren Problemen.

Bevor wir eine Lösung vorschlagen, sei darauf hingewiesen, daß es in LOOM zwei unterschiedliche Möglichkeiten gibt, um ein Objekt zu erzeugen. Bei der ersten wird für die Objekterzeugung Speicher mit lokaler Dauer reserviert. Das heißt, daß der zugeordnete Speicher nach Beendigung der Methode für die er angefordert wurde, wieder freigegeben wird. Im zweiten Fall wird der Speicher mit einem LINK von lokaler Dauer dynamisch zugeordnet. Das heißt, daß das dynamische Objekt solange existiert, bis der Speicher durch eine explizite Anweisung wieder freigegeben wird. Dabei ist es wichtig zu beachten, daß diese beiden Mechanismen grundverschieden sind und die Entscheidung für die eine oder andere Möglichkeit weitreichende Konsequenzen hat.

Wenn wir ein Book-Objekt in der Methode run des Application-Objekts mit der Anweisung:

```
INSTANCE b1 :Book("Barclay","C++: Problem Solving and Programming",1)
```

erzeugen, dann ist es von lokaler Dauer. Das heißt, daß b1 für die Methode run, von der es erzeugt wurde, lokal ist und nur während der Dauer der Laufzeit der Methode existiert. Da Methoden mehrfach ausgeführt werden können, können die lokalen Objekte logischerweise auch mehrfach erzeugt und gelöscht werden. Nach Beendigung der Methode, die die Objekte geschaffen hat, wird der ihnen zugewiesene Speicherplatz für die Erzeugung anderer lokaler Objekte verwendet. Durch diese Zuweisung und die Rücknahme der Zuweisung mit der Ausführung von Methoden, wird eine effektive Speicherausnutzung erreicht.

Wenn wir hingegen folgende LOOM-Anweisung betrachten:

INSTANCE b1 :Book LINK("Barclay","C++: Problem Solving and Programming",1)

dann hat sich die Situation insofern verändert, als b1 jetzt einen LINK zu einem Book-Objekt zugewiesen bekommt. Das Objekt b1 ist von lokaler Dauer. Es wird genauso erzeugt und gelöscht, wie andere lokale Objekte auch. Der entscheidende Unterschied liegt darin, daß es auf ein anonymes Book-Objekt verweist, d.h. auf eine dynamisch erzeugtes ohne Bezeichnung (siehe Abbildung 4.4). Solche Objekte sind von *dynamischer Dauer*.

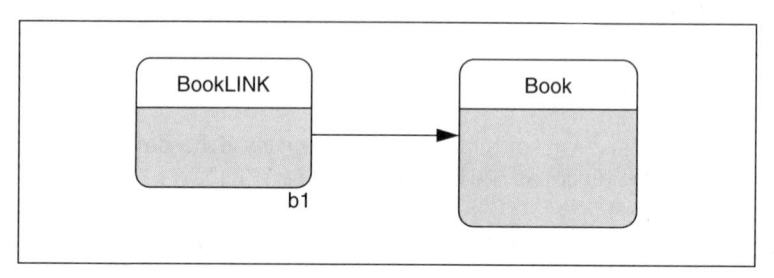

Abbildung 4.4:   Ein LINK *für ein* Book-*Objekt*

Der entscheidende Punkt hierbei ist, daß das anonyme dynamische Objekt nicht mit b1 gelöscht wird. Es können sich ein oder mehrere Objekte anderer Methoden darauf beziehen, solange sie mit einem LINK zu Book definiert sind. Tatsächlich kann die Lebensdauer des Book-Objekts mit der Lebensdauer des Systems übereinstimmen, egal wann es geschaffen wurde.

Die Erzeugung eines dynamischen Objekts ist das Ergebnis einer von einem Konstruktor ausgeführten Nachricht, was sich in dem dazugehörigen Szenariodiagramm niederschlagen sollte. Abbildung 4.5 zeigt z.B. das Application-Objekt, welches ein Objekt Book von dynamischer Dauer erzeugt. Wie in den Abbildungen 4.2(a), 4.2(b) und 4.2(c) wird die Bezeichnung b1 benutzt, um den Bezug des dynamischen Objekts anzuzeigen.

Nachdem wir nun von der Möglichkeit zur Erzeugung dynamischer Objekte wissen, können wir uns dafür entscheiden, daß das Application-Objekt unserer Fallstudie anonyme Book-Objekte dynamisch erzeugt und gegebenenfalls einen Book-LINK-Wert an Library übergibt, d.h., wenn Bücher der Bibliothek hinzugefügt werden. Abbildung 4.6(a) zeigt die Auswirkung dieser bedeutenden Veränderung im Szenariodiagramm.

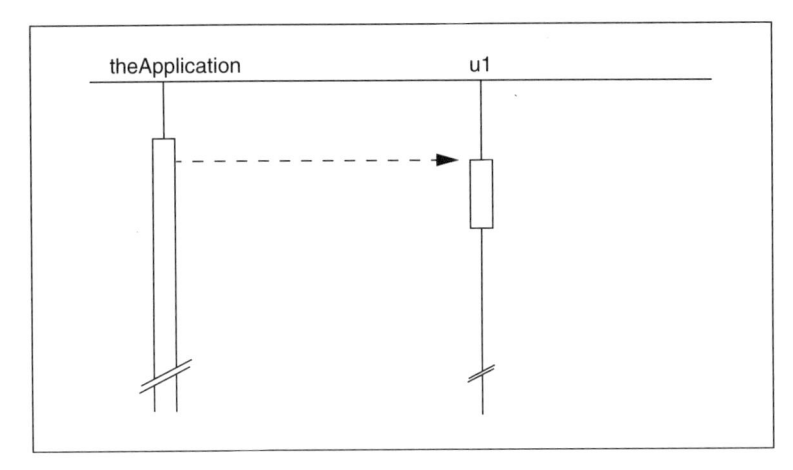

Abbildung 4.5: Die Erzeugung eines dynamischen Objekts, dargestellt im Diagramm eines Szenarios

Transaktionen zwischen Library und Users benutzen den Book-LINK, etwa um die Ausleihe oder Rückgabe eines Buches durchzuführen. Sie unterhalten interne Book-LINKS zu ihren jeweiligen Behältern. An der Klasse Book sind keine Änderungen erforderlich. Für die Klassen Application, Library und User sind Ersetzungen von Books durch Book-LINKS erforderlich, so wie sie in Anhang E beschrieben sind. Der Einfachheit halber haben wir angenommen, daß ein Buch beliebig oft ausgeliehen werden kann und der Benutzer einen Titel für die Ausleihe angeben muß.

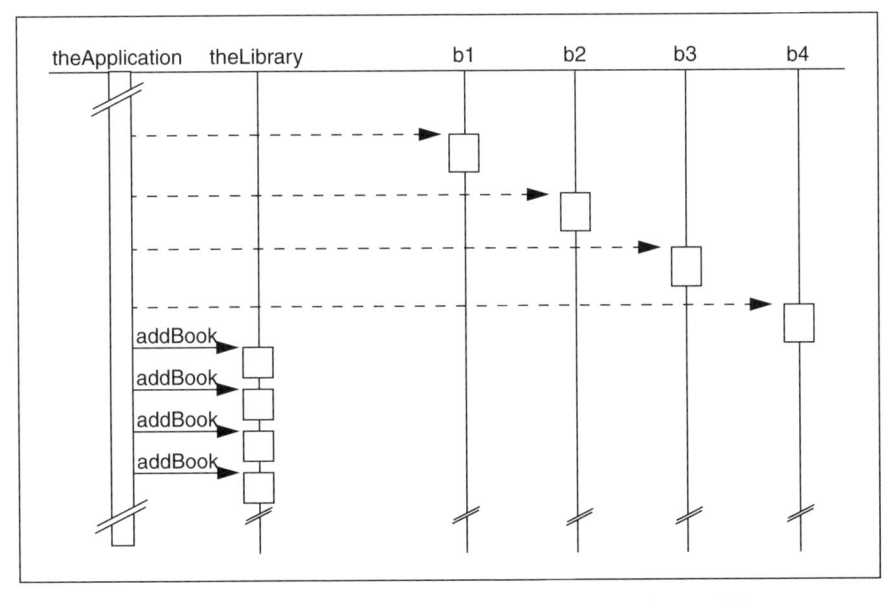

Abbildung 4.6(a): Die Erzeugung dynamischer Book-Objekte und ihre Einfügung in Library

Auch wenn wir in Kapitel 8 noch genauer auf die vielen Fragen im Zusammenhang mit der dynamischen Speicherverwaltung eingehen werden, so sei hier doch darauf verwiesen, daß große Vorsicht bei Behältern mit LINKS zu Objekten angeraten ist. Ein Behälter kann als MANAGED oder UNMANAGED initialisiert werden. Wird aus einem Behälter vom Typ MANAGED ein LINK entfernt, dann werden der LINK-Wert **und** das anonyme Objekt gelöscht, auf das er sich bezieht. Wird bei einem Behälter vom Typ UNMANAGED ein LINK-Wert entfernt, dann wird nur der LINK gelöscht.

Normalerweise treten zwei Probleme im Zusammenhang mit der dynamischen Speicherverwaltung auf. Das erste entsteht beim Versuch, einen Verweis zu einem dynamischen Objekt herzustellen, welches nicht mehr existiert. Wenn wir z.B. die Book-LINKS-Behälter theBooks der Klasse User und den Behälter theBooks der Klasse Library als MANAGED definieren, dann aber im ersten einen Book-LINK löschen, dann enthält Library einen LINK zu einem Buch, das nicht mehr existiert. Jeder Versuch sich auf ein Buch über diesen LINK zu beziehen, führt zu einem Laufzeitfehler. Der LINK ist sozusagen verwaist.

Die zweite Schwierigkeit tritt auf, wenn wir die Fähigkeit verlieren ein dynamisch geschaffenes Objekt anzusprechen. Das Ergebnis ist ein *Speicherloch*. Das kann im Extremfall zu einem Speicherüberlauf während der Laufzeit führen. Wenn wir z.B. den Behälter theBooks der Klasse User und den theBooks-Behälter der Klasse Library als UNMANAGED definieren, dann wird durch Löschen der LINKS keines der Book-Objekte entfernt, auf die die LINKS verweisen. Das heißt, die Methode run des Application-Objekts hat keine Möglichkeit ein Book-Objekt zu löschen, sie kann lediglich die LINKS entfernen.

In Abbildung 4.6(b) sehen Sie ein Instanzdiagramm zu diesem Problem.

In der Methode run der Klasse Application wird das Library-Objekt mit folgender Anweisung dynamisch erzeugt:

INSTANCE theLibrary : Library LINK("Dunning Library")

Wir weisen nochmals darauf hin, daß das Library-Objekt dynamisch erzeugt wird, aber der Library-LINK theLibrary nur von lokaler Dauer ist und daher mit Beendigung der Methode run gelöscht wird. Die gleichen Zusammenhänge gelten für die Objekte User und Book.

Beachten Sie, wie im Instanzdiagramm die drei Bücher in Library eingeführt werden. Da die Aggregation theBooks der Klasse Library als Behälter vom Typ MANAGED initialisiert wird, wird das Library-Objekt den dynamisch zugewiesenen Speicher der Book-Objekte, für die es die Verantwortung trägt, freigeben, wenn es selber gelöscht wird. Das Instanzdiagramm zeigt auch, daß das erste Book-Objekt über die Aggregation mit theBooks vom User-Objekt geteilt wird. Diesmal wird der Behälter als UNMANAGED initialisiert, wodurch lediglich ein LINK zu einem Book-Objekt hergestellt wird, welches sonst zu Library gehört.

Aus dieser Diskussion läßt sich eine klare Regel ableiten. Sie besagt, daß wir nur einen einzigen Behälter BookLINKs vom Typ MANAGED haben dürfen, wenn wir verwaiste Bezüge und Speicherlöcher vermeiden wollen. Wir kommen auf diesen Punkt noch einmal zurück, wenn wir die Fallstudie in Kapitel 8 wieder aufgreifen.

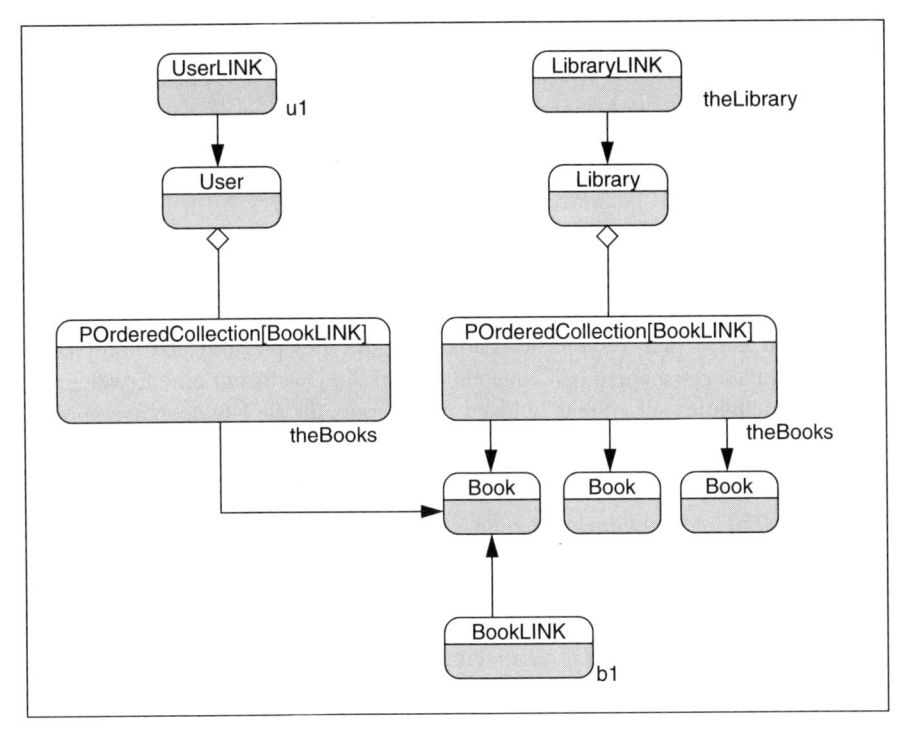

Abbildung 4.6(b): Instanzdiagramm

4.10 Zusammenfassung

1. Mit Hilfe unserer Alltagserfahrung können wir oft Objekte und die dazugehörigen Klassen bestimmen. Dieser intuitive Ansatz kann durch andere, gründlichere Herangehensweisen erweitert werden. So kann z.B. die Analyse einer sprachlichen Beschreibung des Systems aus Sicht der anfallenden Daten oder aus funktionaler Sicht, sowie die Entwicklung eines Szenarios sehr hilfreich sein.

2. Aus der Problemstellung ergeben sich die Klassen Book, User und Library.

3. Es besteht eine Assoziation zwischen einem Library-Objekt, welches als Verleiher agiert, und vielen User-Objekten, die als Ausleihende agieren. Beide Klassen haben viele Book-Objekte als Aggregatskomponenten.

4. Nach der Vervollständigung der PUBLIC-INTERFACE- und der REPRESENTATIONS-Klausel für die Klassen, zeigt ein Szenariodiagramm, daß die erwünschte Funktionalität des Systems erreicht werden kann.

5. Die Formalisierung der Methoden für die einzelnen Operationen und der Aufbau einer angemessenen Klasse Application erfolgen am Schluß.

Kapitel 4   Fallstudie: ein einfaches Bibliothekssystem

6. Die Duplikate vollständiger Kopien der Book-Objekte ist zu ineffizient und führt zu Fehlern. Eine sinnvolle Alternative ist der Einsatz von LINKS zu einzelnen Kopien.

7. Um verwaiste Bezüge und Speicherlöcher zu vermeiden, sollte nur ein Behälter BookLINKS vom Typ MANAGED eingerichtet werden.

4.11   Übungen

Verändern Sie das System der ersten Version der Fallstudie (das Beispiel mit den kompletten Kopien der Book-Objekte in Library) wie unten angeben. Fügen Sie jeweils nur eine Erweiterung hinzu und versuchen Sie nicht alles auf einmal zu lösen. Wie bereits für die Übungen in Kapitel 3 erwähnt, empfehlen wir die Verwendung der objektorientierten Entwicklungsumgebung, die dem Buch beigefügt ist und in Kapitel 10 beschrieben wird.

1. Die Methode run des Application-Objekts erzeugt die Book-Objekte zur Zeit der Kompilierung und fügt sie dem Library-Objekt hinzu. Nehmen sie die entsprechenden Änderungen vor, so daß dies während der Laufzeit interaktiv über Tastatur und Bildschirm geschieht. Bevor die Einzelheiten für die der Library hinzuzufügenden Bücher eingegeben werden können, muß über die Tastatur das Paßwort *Librarian* eingegeben werden. Im ersten Schritt sollen für Library vier Bücher erzeugt und hinzugefügt werden.

   Hinweis: Berücksichtigen Sie für die Methode run des Application-Objekts folgende Steueranweisungen:

```
// ...
// Anmeldung des Bibliothekars.
//
INSTANCE thePassword :String("")

WHILE thePassword != "Librarian" DO
   SEND theScreen THE MESSAGE insert("Paßwort >>>>> ")
   SEND theKeyboard THE MESSAGE extract(thePassword)
ENDWHILE

//
// Der Bibiliothekar erzeugt interaktiv vier Bücher und
   fügt sie zur Bibliothek hinzu.
//
INSTANCE theTitle :String("")
INSTANCE theAuthor :String("")
INSTANCE theReferenceNumber :Integer(0)

INSTANCE theCount :Integer(1)
```

```
WHILE theCount <= 4 DO
   SEND theScreen THE MESSAGE insert("\n Titel >>> ")
   SEND theKeyboard THE MESSAGE extract(theTitle)

   SEND theScreen THE MESSAGE insert("\n Autor >>> ")
   SEND theKeyboard THE MESSAGE extract(theAuthor)

   SEND theScreen THE MESSAGE insert("\n Buchnummer>>> ")
   SEND theKeyboard THE MESSAGE extract(theReferenceNumber)

   SEND theLibrary THE MESSAGE addBook(Book(theTitle,
   theAuthor, theReferenceNumber))

   SEND theCount THE MESSAGE assign(theCount + 1)
ENDWHILE

// ...
```

2. Ändern Sie die Software so, daß der Bibliothekar die Anzahl der hinzuzufügenden Bücher eingeben kann. Was passiert, wenn weniger als drei Bücher erzeugt oder hinzugefügt werden? Verfolgen Sie den Ablauf des Systems, und versuchen Sie die Ursachen für das Problem zu finden.

   Hinweis: Für die Fallstudie wird implizit vorausgesetzt, daß Bücher in Library vorhanden sind, wenn ein User welche ausleihen möchte. Ebenfalls wird vorausgesetzt, daß Bücher vorhanden sind, wenn ein User ein Buch zurückgeben möchte. Als letztes wird noch vorausgesetzt, daß Bücher auch dann vorhanden sein müssen, wenn sie für den Benutzer oder für Library angezeigt werden sollen.

   Nehmen Sie folgende Steueranweisungen für die Methode run des Application-Objekts an:

```
// ...
// Anmeldung des Bibliothekars.
// ...

// Bestimme die Anzahl der zu erzeugenden
// und zur Bibliothek hinzuzufügenden Bücher.
INSTANCE theNumberOfBooks :Integer(0)

SEND theScreen THE MESSAGE insert("\n Anzahl der Bücher? >>> ")

// Es wird angenommen, daß eine positive Zahl eingegeben wurde.
SEND theKeyboard THE MESSAGE extract(theNumberOfBooks)
// ...

WHILE theCount <= theNumberOfBooks DO
```

```
    // ...
ENDWHILE
    // ...
```

3. Vermeiden Sie die katastrophalen Laufzeitfehler aus Übung 2(A), indem Sie dafür sorgen, daß die Objekte `Library` und `Book` ein Buch enthalten, bevor die Anfragen `borrowOneBook` und `returnOneBook` erfolgen. Das System sollte auch entsprechend antworten, wenn es Book-Objekte zum Anzeigen gibt.

   Hinweis: Stellen Sie eine Operation `booksAvailable?->Boolean` zur Verfügung, die von der Klasse `Library` unterstützt wird. Die dazugehörige Methode sollte den Behälter `theBooks` mit der Nachricht `isEmpty?` auf seinen Inhalt hin überprüfen (siehe Anhang B).

```
// Klasse Library
METHOD booksAvailable?->Boolean
AS
    RETURN NOT(SEND theBooks THE MESSAGE isEmpty?)
ENDMETHOD booksAailable?
```

Genauso sollte die Aufforderung, die `Book`-Objekte der `Library` auszugeben, überprüfen, ob Bücher zum Ausgeben vorhanden sind.

```
// Klasse Library
METHOD displayBooks?
AS
    SEND theScreen THE MESSAGE insert("Aktueller Bestand: \n")
    IF (SEND theBooks THE MESSAGE isEmpty?) == FALSE THEN
        FOREACH aBook :Book IN theBooks DO
            SEND aBook THE MESSAGE display?
        ENDFOREACH
    ELSE
        SEND theScreen THE MESSAGE insert("Keine Bücher vorhanden.\n")
    ENDIF
ENDMETHOD displayBooks?
```

Bevor ein Benutzer eine Aufforderung zur Ausleihe bewirken kann, soll überprüft werden, ob ein Buch in der Bibliothek vorhanden ist.

```
// Klasse User
METHOD borrowOneBook
AS
    IF (SEND theLender THE MESSAGE booksAvailable?) == TRUE THEN
        SEND theBooks THE MESSAGE
        addFirst(SEND theLender THE MESSAGE borrowOneBook)
    ELSE
        SEND theScreen THE MESSAGE insert("\nFehler von Benutzer ")
        SEND theScreen THE MESSAGE insert(theName)
        SEND theScreen THE MESSAGE insert (" : kann keine Bücher entleihen.\n ")
```

```
   ENDIF
ENDMETHOD borrowOneBook
```

Genauso werden die Operationen `displayBooks?` und `returnOneBook` der Klasse `User` behandelt.

4. Erweitern Sie die Klasse `Book` dahingehend, daß sie eine ISBN-Nummer als Attribut erhält.

   Hinweis: Verändern Sie die `REPRESENTATION`-Klausel, den Konstruktor und die Operation `display?` der Klasse `Book`. Auch die Erzeugung der Bücher in der Methode `run` des `Application`-Objekts muß erweitert werden.

5. Beschränken Sie die Anzahl der zur gleichen Zeit ausleihbaren Bücher für einen Benutzer auf fünf, und machen Sie die Ausleihe interaktiv.

   Hinweis: Geben Sie dem `User`-Objekt die `Integer`-Eigenschaft `theNumberOfBooks`, die die Anzahl der ausgeliehenen Bücher enthält, sowie die Eigenschaft `theMaximumBooks`, die die maximale Anzahl ausleihbarer Bücher angibt. Binden Sie ihre Verwendung in die Methoden des Konstruktors und die Operationen `borrowOneBook` und `returnOneBook` ein.

```
// Klasse User
METHOD User (aName :String, anAddress :String)
AS
    SEND theName THE MESSAGE initialise(aName)
    SEND theAddress THE MESSAGE initialise(anAddress)
    SEND theMaximumBooks THE MESSAGE initialise(5)
    SEND theNumberOfBooks THE MESSAGE initialise(0)
    // Beachten Sie den aktuellen Parameter für diese Initialisierung
    SEND theBooks THE MESSAGE initialise(theMaximumBooks)
    SEND theLender THE MESSAGE initialise(NIL)
ENDMETHOD User

// Klasse User
METHOD borrowOneBook
AS
    IF (SEND theLender THE MESSAGE booksAvailable?) == TRUE THEN
       IF theNumberOfBooks < theMaximumBooks THEN
          SEND theBooks THE MESSAGE
             addFirst(SEND theLender THE MESSAGE borrowOneBook)
          SEND theNumberOfBooks THE MESSAGE assign(theNumberOfBooks + 1)
       ELSE
          SEND theScreen THE MESSAGE insert("\nFehler von Benutzer ")
          SEND theScreen THE MESSAGE insert(theName)
          SEND theScreen THE MESSAGE
             insert(" : kann kein Buch entleihen... maximale
             Anzahl entleihbarer Bücher erreicht.\n")
       ENDIF
```

```
    ELSE
       SEND theScreen THE MESSAGE insert("\nFehler von Benutzer ")
       SEND theScreen THE MESSAGE insert(theName)
       SEND theScreen THE MESSAGE insert(" : kann keine Bücher entleihen\n")
    ENDIF
ENDMETHOD borrowOneBook
```

Verwenden Sie die gleichen Strategien wie in Übung 1, um während der Laufzeit vom Benutzer eine Antwort zu erhalten. Berücksichtigen Sie dabei den folgenden Quelltext für die Methode run des Application-Objekts.

```
// ...
// Benutzer u1 entleiht mindestens ein Buch.
//
INSTANCE theResponse :String("JA")

WHILE theResponse == "JA" DO
   SEND u1 THE MESSAGE borrowOneBook
   SEND theScreen THE MESSAGE
      insert("\nMöchte John weitere Bücher entleihen? (JA/NEIN) >>>> ")
   SEND theKeyboard THE MESSAGE extract(theResponse)
ENDWHILE
//
// Benutzer u2 entleiht mindestens ein Buch.
//
SEND theResponse THE MESSAGE assign("YES")

WHILE theResponse == "JA" DO
   SEND u2 THE MESSAGE borrowOneBook
   SEND theScreen THE MESSAGE
      insert("\nMöchte Ken weitere Bücher entleihen? (JA/NEIN) >>>> ")
   SEND theKeyboard THE MESSAGE extract(theResponse)
ENDWHILE
// ...
```

6. Gestatten Sie einem Benutzer, ein Buch interaktiv zurückzugeben.

Hinweis: Berücksichtigen Sie dabei den folgenden Quelltext für die Methode run des Application-Objekts.

```
// ...
// Benutzer u1 gibt einige Bücher zurück.
//
SEND theScreen THE MESSAGE
   insert("\nMöchte John ein Buch zurückgeben? (JA/NEIN) >>>> ")
SEND theKeyboard THE MESSAGE extract(theResponse)
WHILE theResponse == "JA" DO
```

```
    SEND u1 THE MESSAGE returnOneBook
    SEND theScreen THE MESSAGE
      insert("\nMöchte John weitere Bücher zurückgeben? (JA/NEIN) >>> ")
    SEND theKeyboard THE MESSAGE extract(theResponse)
ENDWHILE
// ...
```

7. Gestatten Sie die dreimalige Fehleingabe des Paßworts Librarian, bevor der Programmlauf vorzeitig beendet wird.

   Hinweis: Benutzen Sie eine RETURN-Anweisung ohne Parameter, wenn die Anzahl der Versuche gezählt wird. Berücksichtigen Sie dabei den folgenden Quelltext für die Methode run des Application-Objekts.

```
// ...
// Anmeldung des Bibliothekars.
//
INSTANCE thePassword :String("")
INSTANCE theAttempts :Integer(0)

WHILE thePassword != "Librarian"  DO

SEND theScreen THE MESSAGE insert("Paßwort >>>> ")
SEND theKeyboard THE MESSAGE extract(thePassword)
SEND theAttempts THE MESSAGE assign(theAttempts + 1)
IF theAttempts > 3 THEN
   SEND theScreen THE MESSAGE
      insert("\nFehler :zu viele Anmeldeversuche... Programm beendet.\n")
   RETURN
ENDIF

ENDWHILE
```

8. Ändern Sie Ihre Lösungen so, daß das Library-Objekt LINKS zu Book-Objekten unterhält.

Kapitel 5

Dynamische Modellierung

Bevor wir uns der Konstruktion dynamischer Modelle widmen, müssen wir einige Merkmale der Rechner verstehen, auf denen Software ausgeführt wird. In der Regel verfügt ein Computer über einen Prozessor, um die Ausführung eines Programms zu unterstützen. Das bei weitem üblichste Verfahren besteht darin, Software als sequentielles Programm zu realisieren, in dem die Möglichkeit zur Ausführung durch Senden und Empfangen von Nachrichten von einem Objekt zu einem anderen übergeben wird. Es wird implizit vorausgesetzt, daß ein Objekt bei der Ausführung einer seiner Methoden auf den einzigen Prozessor exklusiven Zugriff hat. Kein anderes Objekt kann eine seiner Methoden gleichzeitig ausführen.

Ein guter Vergleich ist ein Fußballspiel, in dem die Spieler die Objekte und der Ball die Möglichkeit zur Ausführung (die üblicherweise als *Kontroll-Thread* bezeichnet wird) darstellen. Bei dieser Analogie entspricht das Senden einer Nachricht zwischen zwei Objekten dem Abspielen des Balls von einem Spieler zum anderen. Wenn die zugehörige Methode von dem Empfänger abgeschlossen wurde, wird der Ball automatisch an den Sender zurückgegeben. Nur wenn ein Spieler im Ballbesitz ist, kann er sinnvolle Arbeiten verrichten, d.h. eine Nachricht senden. Ansonsten muß der Spieler warten, bis ihm der Ball zugespielt wird. Theoretisch könnte das Warten ewig andauern.

Allerdings sollte man auch zur Kenntnis nehmen, daß einige Computer mehrere Prozessoren unterstützen, die Objekte zur Ausführung verwenden können. In diesem Fall sind *parallele Abläufe* möglich. Doch auch mit nur einem einzigen Prozessor kann durch Zuweisen von *Zeitintervallen* für die Ausführung paralleles Verhalten simuliert werden.

Leider müssen wir unsere Ausführungen auf die dynamische Modellierung sequentieller Programme beschränken. Systeme mit mehreren Kontroll-Threads bilden ein spezielles Fachgebiet, das den Rahmen dieses Buchs sprengen würde.

5.1 Ereignisgesteuerte Systeme

Ein objektorientiertes System besteht aus einer Sammlung von Objekten, die über den Austausch von Nachrichten zusammenarbeiten. Auf diese Weise wird das von dem Gesamtsystem erwartete Verhalten erreicht. In den von uns bisher betrachteten Beispielen stellt die für das `Application`-Objekt definierte Methode für die Operation `run` den Ursprung der Nachrichten dar, die das Gesamtsystem steuern. Dies bedeutet, daß sie die höchste Ausführungsebene kontrolliert und somit das gesamte Systemverhalten bestimmt. Beispielsweise gibt die folgende Sequenz von LOOM-Anweisungen in der Methode für die Operation `run` das Ausführungsverhalten des `Application`-Objekts in der Fallstudie von Kapitel 4 vor:

```
SEND u2 THE MESSAGE borrowOneBook
SEND theLibrary THE MESSAGE displayUserBooks?
SEND u1 THE MESSAGE returnOneBook
```

Diese Anweisungen erzwingen eine vorgegebene Abfolge von Anfragen des `Application`-Objekts an die `User`- und `Library`-Objekte.

Man muß unbedingt einsehen, daß es in einem sequentiellen System nur einen Kontroll-Thread gibt, obwohl eine beliebig große Anzahl von Nachrichten gesendet oder empfangen werden kann. Ziehen wir erneut den Vergleich mit einem Fußballspiel, befindet sich der Ball zunächst im Besitz des `Application`-Objekts und wird mit Ausführung der folgenden LOOM-Zeile an das `User`-Objekt u2 übergeben:

```
SEND u2 THE MESSAGE borrowOneBook
```

Jetzt besitzt das Objekt u2 den Kontroll-Thread (den Ball) und kann dementsprechend seine Methode für die Operation `borrowOneBook` ausführen. Mit Beendigung dieser Methode wird der Kontroll-Thread wieder an das `Application`-Objekt zurückgegeben, das nun die folgende Nachricht senden kann:

```
SEND theLibrary THE MESSAGE displayUserBooks?
```

Diese Zeile übergibt den Kontroll-Thread an das `Library`-Objekt `theLibrary`. Nach Beendigung der Methode für die Operation `displayUserBooks?` wird die Kontrolle erneut an das `Application`-Objekt zurückgegeben und die folgende Nachricht an das `User`-Objekt u1 gesendet:

```
SEND u1 THE MESSAGE returnOneBook
```

Nach Abschluß der Methode für die Operation `returnOneBook` erhält abermals das `Application`-Objekt den Kontroll-Thread zurück.

In diesem Beispiel gibt es keine Eingriffsmöglichkeiten für einen Anwender, so daß das Verhalten des Systems vollständig durch die Abfolge der Nachrichten in der Methode für die Operation `run` des Objekts `Application` definiert wird. Einmal gestartet, erfolgt die Ausführung ohne externe Eingriffe. Anders ausgedrückt liegt der Ursprung aller Nachrichten in den im System definierten Objekten. Die LOOM-Anweisungen für die Nacheinanderausführung, Verzweigungen und Schleifen (siehe Abschnitte 3.3.1 bis 3.3.3) in den Methoden für ihre Operationen sind alles, was für die Beschreibung ihres *dynamischen* Verhaltens benötigt wird.

Allerdings besitzen manche Systeme ein komplexeres dynamisches Verhalten. Beispielsweise könnten sie während der Ausführung mit einem Anwender kommunizieren. Als Konsequenz daraus müssen sie in der Lage sein, auf Anfragen zu antworten, die aus der wirklichen Welt kommen. Diese externen Anfragen werden üblicherweise als *Ereignisse* und die Systeme, deren Verhalten durch sie bestimmt wird, als *ereignisgesteuerte Systeme* bezeichnet. Die Modellierung ihres dynamischen Verhaltens stellt einen wichtigen Bestandteil von OOAD dar.

Wir können einige der verwendeten Techniken mit der folgenden nicht ganz vollständigen Systemspezifikation verdeutlichen.

Ein Mail-System stellt Hilfsprogramme für das Bearbeiten, Speichern und Betrachten von Einträgen in einer Mailbox bereit. Außerdem werden Accounts verwaltet, welche zur Benutzung des Systems gehören. Zu Beginn wird nur ein durch eine eindeutige Zeichenfolge gekennzeichneter Benutzer registriert, der als Super-User bezeichnet wird. Der Super-User kann andere Benutzer hinzufügen, die ebenfalls durch eine eindeutige Zeichenfolge gekennzeichnet sind. Allerdings wird stets nur ein einziger Benutzer mit dem System verbunden.

Nachdem eine Verbindung zu dem System erfolgreich hergestellt wurde, kann ein Benutzer folgende Tätigkeiten ausführen:

- einen neuen Mail-Eintrag bearbeiten oder abspeichern
- aktuelle, für ihn bestimmte Einträge anzeigen lassen
- seinen Account anzeigen lassen
- die registrierten Benutzer auflisten

Im Verlauf von objektorientierter Analyse und Entwurf können wir die folgenden Klassen erkennen:

UserID	Eine Folge von Zeichen, die für die eindeutige Bezeichnung eines Benutzers verwendet wird.
Account	Der Account, der für jeden Benutzer geführt wird.
UserIDList	Eine alphabetisch sortierte Liste der registrierten Benutzer.
AccountManager	Der Verwalter der Benutzer-Accounts.
Mail	Ein Mail-Eintrag, der bearbeitet und gespeichert und/oder empfangen werden kann.
MailBox	Die Mailbox, über welche die Mail-Einträge gesendet werden.
Editor	Das Bearbeitungsprogramm für einen Mail-Eintrag.

Die Struktur des Systems wird durch das Klassendiagramm in Abbildung 5.1(a) und das Instanzdiagramm in Abbildung 5.1(b) illustriert.

Es wird gezeigt, daß das Application-Objekt aus den Objekten der Klassen Editor, Mailbox, AccountManager, Mail, Account und UserIdList zusammengesetzt ist. Das Mailbox-Objekt besitzt viele Mail-Objekte, während das Editor-Objekt nur über ein einziges verfügt. Das AccountManager-Objekt weist ein UserIdList-Objekt und mehrere Account-Objekte auf. Außerdem liegt zwischen den Objekten Mailbox und AccountManager eine Assoziation vor.

Das Modell ist soweit ausreichend, doch wir benötigen immer noch ein Mittel, das es dem Application-Objekt erlaubt, in Dialog mit einem User-Objekt zu treten. Wir müssen verdeutlichen, wie das System es dem Benutzer ermöglicht, die Funktion des Mail-Systems zu steuern. Wir benötigen also ein Objekt, das für die Interaktion zwischen Mensch und Computer (HCI) verantwortlich ist.

Kapitel 5   Dynamische Modellierung

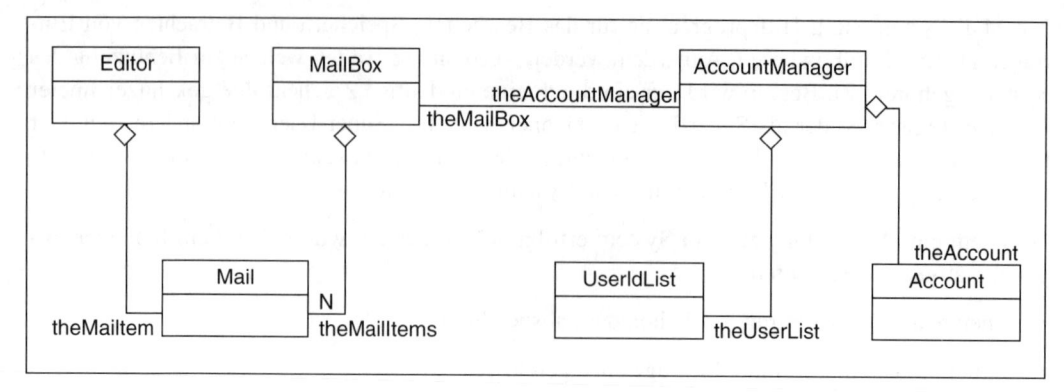

Abbildung 5.1(a):   Klassendiagramm für das Mail-System

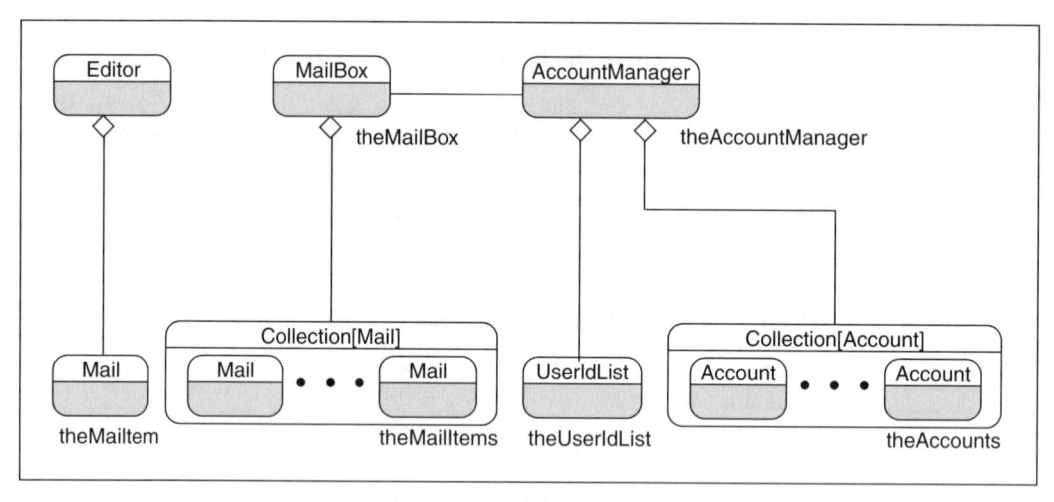

Abbildung 5.1(b):   Instanzdiagramm für das Mail-System

Eine einfache, aber effektive Lösung besteht darin, ein Hci-Objekt dem Benutzer ein Menü mit den folgenden Optionen anzeigen zu lassen:

1: einen Mail-Eintrag bearbeiten

2: einen Mail-Eintrag senden

3: Mail-Einträge anzeigen

4: einen Account anzeigen

5: Benutzer anzeigen

6: einen Benutzer hinzufügen

7: Verbindung beenden

Jede Zahl ruft bei Eingabe eine andere Reaktion des Systems hervor. Offensichtlich sind in Abhängigkeit von der Abfolge der Integer-Eingaben des Benutzers viele verschiedene Ausführungen möglich. Beispielsweise könnte der Benutzer durch Eingabe der Zahlenfolge 1, 2, 3, 7 der Reihe nach folgende Tätigkeiten ausführen:

- Einen Mail-Eintrag bearbeiten,
- einen Mail-Eintrag speichern,
- wartende Mail-Einträge anzeigen lassen und dann
- die Verbindung beenden.

Abbildung 5.2 veranschaulicht die Beziehung zwischen den Klassen Hci und Menu. Das Hci-Objekt unterstützt die gesamte Kommunikation mit dem Benutzer und besitzt außerdem als Aggregatskomponente ein Menu-Objekt für den persönlichen Gebrauch bei der Beantwortung von Anfragen.

Es folgt ein geeignetes LOOM-Skript für die Klasse Menu. Beachten Sie, daß ihr ausschließlich die Verantwortlichkeiten eines Menüs übertragen wurden, was bedeutet, daß ein Client die in dem Menü gespeicherten Einzelheiten (den Zustand des Objekts) lediglich abfragen kann. Die Klasse hat nicht die Aufgabe, Eingaben eines Client zu akzeptieren oder gar auf den Empfang einer Eingabe zu reagieren.

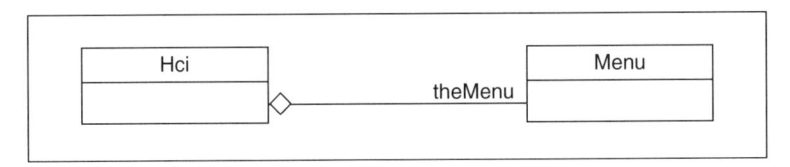

Abbildung 5.2:   Die Rolle der Klasse Hci

```
CLASS Menu
WITH
PUBLIC INTERFACE
   display?
PRIVATE IMPLEMENTATION
   REPRESENTATION NONE
   AGGREGATIONS NONE
   ASSOCIATIONS NONE
   DEFINITIONS
      METHOD display?
      AS
         SEND theScreen THE MESSAGE insert ("1: Nachrichteneintrag bearbeiten")
         SEND theScreen THE MESSAGE insert ("2: Nachrichteneintrag versenden")
         SEND theScreen THE MESSAGE insert ("3: Nachrichteneinträge anzeigen")
         SEND theScreen THE MESSAGE insert ("4: Benutzernummer anzeigen")
```

```
            SEND theScreen THE MESSAGE insert ("5: Benutzer anzeigen")
            SEND theScreen THE MESSAGE insert ("6: Benutzer hinzufügen")
            SEND theScreen THE MESSAGE insert ("7: Verbindung schließen")
        ENDMETHOD display
ENDCLASS Menu
```

Im folgenden sehen Sie das vollständige LOOM-Skript für die Klasse Hci. Beachten Sie, daß die Klasse Hci wie die Klasse Menu nur die für sie bestimmten Verantwortlichkeiten übertragen bekommt. Sie kann lediglich ein Menu-Objekt anzeigen und liefert die von einem Benutzer eingegebene Integer-Auswahl. Sie ist nicht dafür verantwortlich, irgendwelche Aktionen auszuführen, die infolge einer Eingabe das Verhalten des Systems betreffen. Diese Verantwortlichkeit liegt bei dem Application-Objekt.

```
CLASS HCI
WITH
PUBLIC INTERFACE
   displayMenu?
   display? (aMessage :String)
   userID? -> String
   newUserID? -> String
   choice? -> Integer
PRIVATE IMPLEMENTATION
   REPRESENTATION NONE
   AGGREGATIONS
      theMenu :Menu
   ASSOCIATIONS NONE
   DEFINITIONS
      METHOD displayMenu?
      AS
         SEND theMenu THE MESSAGE display?
      ENDMETHOD displayMenu

      METHOD display ?(aMessage :String)
      AS
         SEND theScreen THE MESSAGE insert(aMessage)
      ENDMETHOD display?

      METHOD userID? -> String
      AS
         INSTANCE ID :String("")
         SEND theKeyboard THE MESSAGE extract(ID)
         RETURN ID
      ENDMETHOD userID?

      METHOD newUserID? -> String
      AS
```

```
        INSTANCE newID :String("")
        SEND theKeyboard THE MESSAGE extract(newID)
        RETURN newID
    ENDMETHOD newUserID?

    METHOD choice? -> Integer
    AS
        INSTANCE theChoice :Integer(0)
        SEND theKeyboard THE MESSAGE extract(theChoice)
        RETURN theChoice
    ENDMETHOD choice?

ENDCLASS HCI
```

Gehen wir einmal von der Bildung der folgenden Instanzen in dem `Application`-Objekt aus:

```
INSTANCE theHci :Hci
INSTANCE theUserID :String("")
INSTANCE theChoice :Integer(0)
```

Dann sehen LOOM-Anweisungen, die das `Hci`-Objekt betreffen, üblicherweise wie folgt aus:

```
//Die Benutzer-ID abrufen.
SEND theHci THE MESSAGE display("Geben Sie die Benutzer-ID ein")
SEND theUserID THE MESSAGE assign(SEND theHci THE MESSAGE userId?)
```

Und:

```
//Die Menüauswahl des Benutzers abfragen.
SEND theHci THE MESSAGE displayMenu?
SEND theChoice THE MESSAGE assign(SEND theHci THE MESSAGE choice?)
```

5.2 Zustandsdiagramme

Klassen- und Instanzdiagramme sind für die Modellierung des dynamischen Verhaltens von ereignisgesteuerten Objekten nicht wirklich geeignet. Traditionell wird für diesen Zweck ein *Zustandsdiagramm* (STD) verwendet. Leider ist der Gebrauch des Wortes *Zustand* nicht ganz eindeutig. Es wird nicht in demselben Sinne verwendet wie bei objektorientierten Technologien, sondern soll klarmachen, daß das Objekt ein *modales* Verhalten zeigt. Wenn es in einem bestimmten Modus (oder Zustand) arbeitet, weist es ein bestimmtes Verhalten auf. Ändert sich sein Modus (oder Zustand) als Reaktion auf ein Ereignis, dann ist auch sein Verhalten ein anderes.

Beispielsweise könnte die Methode run für das `Application`-Objekt, das das Mail-System darstellt, auf die Eingabe einer ganzen Zahl durch den Benutzer warten oder ein `Mail`-Objekt bearbeiten. Im ersten Fall muß sie darauf warten, daß der Benutzer eine ganze Zahl eingibt und kann auch nichts anderes tun, bis eine entsprechende Eingabe erfolgt ist. Im zweiten Fall muß sie einen `Mail`-Eintrag bearbeiten und kann auch zu diesem Zeitpunkt der Ausführung keine anderen Tätigkeiten übernehmen.

In einem STD werden die Zustände normalerweise durch abgerundete Vierecke dargestellt, die mit einer passenden Beschreibung des Zustands versehen sind, wie es in Abbildung 5.3 gezeigt wird.

```
┌─────────────────────────────────────────┐
│        ( Warten auf Eingabe )           │
│                                         │
│        ( Mail-Eintrag bearbeiten )      │
└─────────────────────────────────────────┘
```

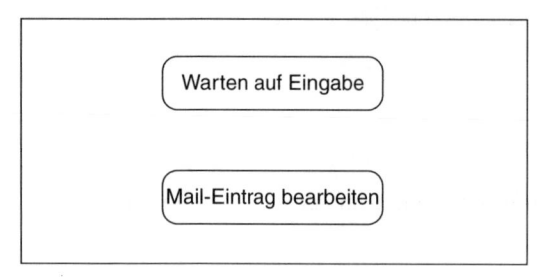

Abbildung 5.3: Zustände in einem STD

Offenbar kann sich ein Objekt nur in einem Zustand in einem gegebenen Zeitpunkt befinden, doch es ist auch möglich, daß es von einem Zustand in einen anderen wechselt, üblicherweise als Reaktion auf ein Ereignis. In das STD wird zwischen den zwei Zuständen ein Verbindungspfeil mit dem Ereignis eingezeichnet (falls es ein solches gibt), das den Übergang verursacht (oder auslöst). Die Richtung des Pfeils stellt die Richtung des Übergangs dar. Abbildung 5.4 zeigt den Übergang von dem Zustand `Warten auf Eingabe` in den Zustand `Mail-Eintrag bearbeiten`, der eintritt, wenn von einem Benutzer die ganze Zahl 1 eingegeben wird.

Auf die gleiche Weise werden Übergänge in die Zustände

> `Mail-Eintrag senden`
>
> `Mail-Einträge anzeigen`
>
> `Account anzeigen`
>
> `User anzeigen`
>
> `User hinzufügen`

und

> `Verbindung beenden`

durch Eingabe der Zahlen 2, 3, 4, 5, 6 und 7 ausgelöst, wenn sich das System im Zustand `Warten auf Eingabe` befindet, was in Abbildung 5.5 angedeutet wird.

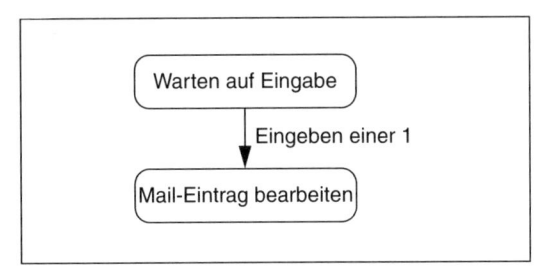

Abbildung 5.4:   Ein einzelner Zustandsübergang

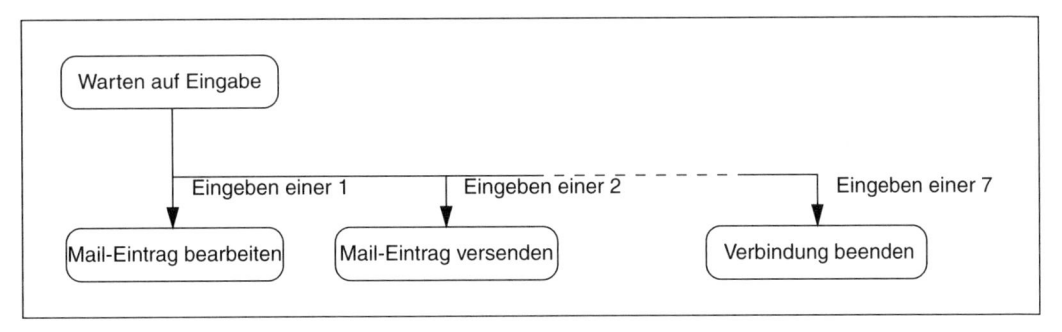

Abbildung 5.5:   Zustandsübergänge für das Menu-*Objekt*

Man kann außerdem mit Hilfe des Wortes DO: gefolgt von der Aktivität selbst die *Aktivitäten* andeuten, die ausgeführt werden, wenn sich ein Objekt in einem bestimmten Zustand befindet. Abbildung 5.6 zeigt zum Beispiel, daß ein Editor-Objekt die Nachricht edit an eine Aggregatskomponente theMailItem sendet, wenn es sich in dem Zustand Mail-Eintrag bearbeiten befindet.

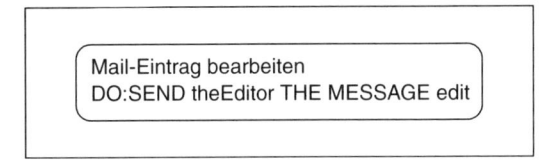

Abbildung 5.6:   Erweitertes Zustandsdiagramm

In diesem einfachen Fall ist es nicht unbedingt notwendig, diese Einzelheiten hinzuzufügen, und Beschreibungen der Aktivitäten werden weggelassen, damit das Diagramm nicht in Unordnung gerät. Die vorrangige Aufgabe des STD besteht darin, das gesamte dynamische Verhalten des Objekts in einer überschaubaren Weise darzustellen. Zu viele Einzelheiten könnten vom Erreichen dieses Ziels ablenken. Offensichtlich sollte der Designer seine Entscheidungsfähigkeit in dieser Frage ausbilden.

141

Wenn die mit jedem Zustand verbundenen Aktivitäten abgeschlossen worden sind, wechselt das `Application`-Objekt seinen Zustand automatisch, was bedeutet, daß kein Ereignis erforderlich ist. Wie zuvor kennzeichnet ein Pfeil den neuen von dem System angenommenen Zustand, was in Abbildung 5.7 dargestellt wird.

Außerdem ist in dieser Abbildung der Anfangszustand des Objekts durch einen ausgefüllten Kreis angedeutet. Beachten Sie, daß das System bei Eingabe einer ungültigen ID in seinen ursprünglichen Zustand `Warten auf Eingabe` zurückkehrt. Obwohl das Mailbox-System für eine endlose Ausführung entworfen wurde, kann es auch so entworfen werden, daß es durch Eingabe der ganzen Zahl 8 beendet wird. Das Symbol einer Zielscheibe weist auf diesen Endzustand des Objekts hin. In diesem Zustand angekommen, hat das Objekt seine Ausführung effektiv beendet und kann nicht länger Instanzen erzeugen oder auf Nachrichten antworten.

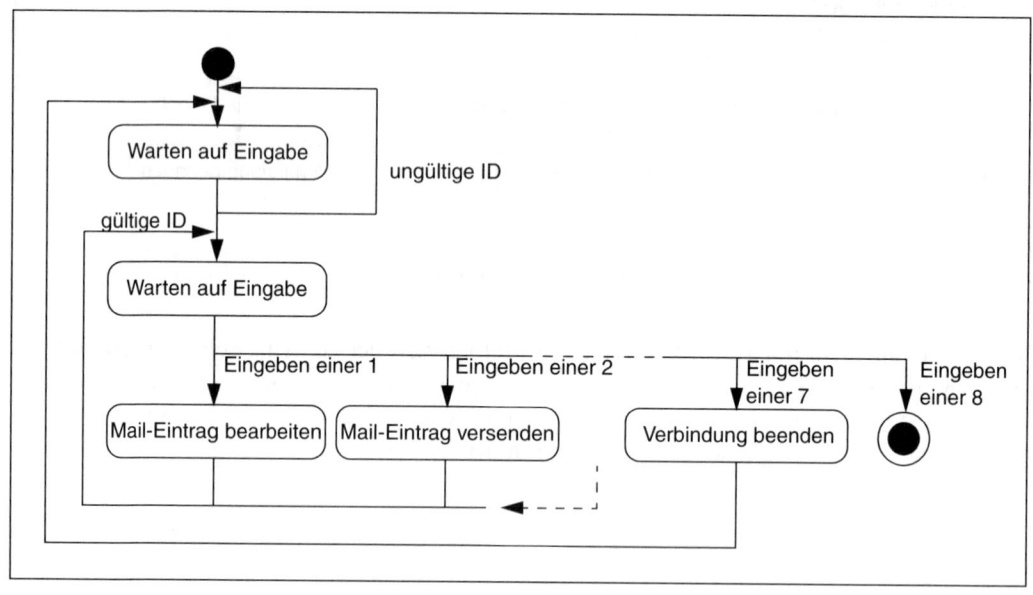

Abbildung 5.7: Zustandsübergänge für das `Application`-Objekt

5.3 Zustandsdiagramme und LOOM

Die Aufgabe eines LOOM-Skripts besteht darin, die Entscheidungen aufzuzeichnen, die bezüglich jeder Klasse in OOAD getroffen wurden. Dazu gehört auch das dynamische Verhalten eines Objekts. Glücklicherweise können wir das STD, welches das dynamische Verhalten ereignisgesteuerter Objekte beschreibt, sehr einfach in LOOM-Anweisungen übersetzen (Rumbaugh et al., 1991). Die Regeln dafür lauten wie folgt:

5.3 Zustandsdiagramme und LOOM

Regel 1

Bestimmen Sie den grundlegenden Ablauf, indem Sie bei dem Anfangszustand beginnen und dann die Zustände in einer Abfolge aufschreiben, die der normalen Ausführung des Systems entspricht. Diese Reihe von Zuständen wird direkt in aufeinanderfolgende LOOM-Anweisungen übersetzt.

Regel 2

Übersetzen Sie rückwärtsgerichtete Alternativpfade, die von dem grundlegenden Ablauf abzweigen, aber an einer früheren Stelle wieder zu ihm stoßen, in Schleifen aus LOOM-Anweisungen. Mehrere rückwärtsgerichtete Pfade, die sich nicht überschneiden, werden zu verschachtelten Schleifen.

Regel 3

Übersetzen Sie vorwärtsgerichtete Alternativpfade, die von dem grundlegenden Ablauf abzweigen, aber an einer späteren Stelle wieder zu ihm stoßen, in Verzweigungen aus LOOM-Anweisungen. Mehrere vorwärtsgerichtete Pfade, die sich nicht überschneiden, werden zu verschachtelten Verzweigungen.

Regel 4

Sich überschneidende Pfade sollten neu überdacht und durch sich nicht kreuzende ersetzt werden. Sie liefern ein Anzeichen dafür, daß beim Entwurf des STD etwas schiefgelaufen ist und weisen auf eine besonders gefährliche Anweisung hin, die mit *GOTO* bezeichnet wird. Wir betrachten das *GOTO* (oder seine Entsprechung) als überflüssig und implementieren es deshalb in LOOM nicht.

Als ein erstes Beispiel betrachten wir einen Teil der Fallstudie des Bibliothekssystems aus Kapitel 4, in dem der Bibliothek vier Bücher hinzugefügt werden. Ein geeignetes STD für die Beschreibung des dynamischen Verhaltens des Application-Objekts wird in Abbildung 5.8 gezeigt.

Offensichtlich gibt es weder Ereignisse, die das System antreiben, noch Zweige, die von der einfachen Zustandsfolge abweichen. Das Application-Objekt sendet in allen Zuständen eine Nachricht an das Library-Objekt, um ein bestimmtes Buch hinzuzufügen. Die in dem STD aufeinanderfolgenden Zustände werden wie folgt direkt in eine Reihe von LOOM-Anweisungen übersetzt:

```
// b1 hinzufügen
SEND theLibrary THE MESSAGE
    addBook(Book("Barclay", "C++: Problem Solving and Programming", 1))

// b2 hinzufügen
SEND theLibrary THE MESSAGE
    addBook(Book("Rumbaugh", "Object Oriented Modelling and Design", 2))
```

```
// b3 hinzufügen
SEND theLibrary THE MESSAGE
   addBook(Book("Booch", "Object Oriented Design", 3))

// b4 hinzufügen
SEND theLibrary THE MESSAGE
addBook(Book("Yourdon", "Object Oriented System Design", 4))
```

Wenn wir das komplexere Beispiel der Methode run für das Application-Objekt betrachten, die das Mail-System steuert, erkennen wir schnell die wirkliche Leistungsstärke dieses Ansatzes. Indem wir unsere einfachen Übersetzungsregeln verwenden, können wir die in Abbildung 5.7 beschriebenen Steuerinformationen in einer unkomplizierten Art und Weise in LOOM umwandeln.

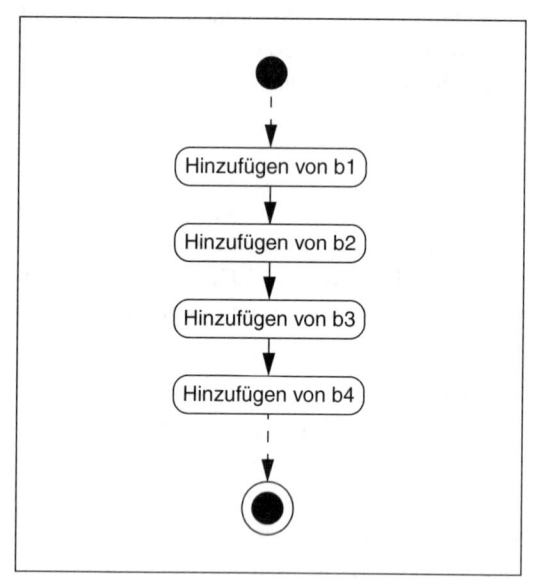

Abbildung 5.8: Zustandsübergänge für das Application-Objekt

Die verschachtelten rückwärtsgerichteten Pfeile weisen auf verschachtelte Schleifen hin (Regel 2). Der äußerste Pfeil entspricht der Schleife für die Gesamtausführung, der nächst innere der Schleife für die Eingabe der Benutzernummer und der letzte der Schleife für die Verbindung mit dem Mail-System:

```
// Äußerste Schleife
INSTANCE terminate : Boolean(FALSE)
WHILE terminate == FALSE DO

   // Schleife für Benutzeridentität
```

```
    INSTANCE validId : Boolean(FALSE)
    WHILE validId == FALSE DO
        // ...
    ENDWHILE      // Schleife für Benutzeridentität

    // Schleife für Verbindung zum Mail-System
    INSTANCE disconnect : Boolean(FALSE)
    WHILE disconnect == FALSE DO
        // ...
    ENDWHILE   // Schleife für Verbindung zum Mail-System

ENDWHILE      // Äußerste Schleife
```

Beachten Sie den Gebrauch der Boolean-Objekte terminate, validId und disconnect.

Die vorwärtsgerichteten Verzweigungen zeigen Alternativen an (Regel 3) und entsprechen dem folgenden Auswahlverfahren:

```
    // Auswahl der Aktivität
IF theChoice == 1 THEN
    // ...
ELSEIF theChoice == 2 THEN
    // ...
ELSEIF theChoice == 3 THEN
    // ...
ELSEIF theChoice == 4 THEN
    // ...
ELSEIF theChoice == 5 THEN
    //
ELSEIF theChoice == 6 THEN
    // ...
ELSEIF theChoice == 7 THEN
    // ...
ELSE
    // ...
ENDIF// Auswahl der Aktivität
```

Die letzte ELSE-Klausel setzt voraus, daß die Zahl 8 der einzige andere mögliche Wert für die Auswahl ist.

Um die Folge der LOOM-Anweisungen zu vervollständigen, müssen wir jetzt nur noch folgendes machen:

- Die Einzelheiten der Nachrichten hinzufügen, welche die Boolean-Objekte terminate, validId und disconnect betreffen und
- die Nachrichten hinzufügen, die an die Objekte gesendet werden müssen, damit eine Reaktion von dem System hervorgerufen wird.

Kapitel 5   Dynamische Modellierung

Einen Teil des LOOM-Skripts für die Operation run des Application-Objekts sieht wie folgt aus:

```
// Klasse Application
METHOD run
AS
INSTANCE theHCI :HCI
INSTANCE theEditor :Editor
INSTANCE theMailBox :MailBox LINK("Royal Mail")
INSTANCE theAccountManager :AccountManager("Accounts")

// Äußerste Schleife
INSTANCE terminate :Boolean(FALSE)
WHILE terminate == FALSE DO

// Schleife für Benutzeridentität
   INSTANCE validId :Boolean(FALSE)
   WHILE validId == FALSE DO
      INSTANCE theUserId   :String("")
      SEND theHCI THE MESSAGE display("Benutzeridentität eingeben: ")
      SEND theUserId THE MESSAGE
         assign(SEND theHCI THE MESSAGE userId?)
      IF (SEND theAccountManager THE MESSAGE validUser?(theUserId)) THEN
         SEND validId THE MESSAGE assign(TRUE)
      ENDIF
   ENDWHILE      // Benutzeridentität

   // Schleife für Verbindung zum Mail-System
   INSTANCE disconnect :Boolean(FALSE)
   WHILE disconnect == FALSE DO

   // Bereite eine Benutzerauswahl vor
   SEND theHCI THE MESSAGE displayMenu?
   INSTANCE theChoice :Integer(0)
   SEND theChoice THE MESSAGE
   assign(SEND theHCI THE MESSAGE choice?)

   // Auswahl der Aktivität
   IF theChoice == 1 THEN
      SEND theEditor THE MESSAGE edit
   ELSEIF theChoice == 2 THEN
      SEND theMailBox THE MESSAGE post
   ELSEIF theChoice == 3 THEN
      SEND theMailBox THE MESSAGE displayMail?
   ELSEIF theChoice == 4 THEN
      SEND theAccountManager THE MESSAGE displayAccount?
```

```
    ELSEIF theChoice == 5 THEN
        SEND theAccountManager THE MESSAGE displayUsers?
    ELSEIF theChoice == 6 THEN
        SEND theAccountManager THE MESSAGE addUser
    ELSEIF theChoice == 7 THEN
        SEND theHCI THE MESSAGE display("Mail-System: Schleißen der Verbindung")
        SEND disconnect THE MESSAGE assign(TRUE)
    ELSE
        SEND theHCI THE MESSAGE display("Mail-System: Herunterfahren des Systems")
        SEND disconnect THE MESSAGE assign(TRUE)
        SEND terminate THE MESSAGE assign(TRUE)
    ENDIF

    ENDWHILE   // Schleife für Verbindung zum Mail-System

ENDWHILE       // Äußerste Schleife

ENDMETHOD run
```

5.4 Zusammenfassung

1. Ein sequentielles System besitzt nur einen Kontroll-Thread.
2. Ein Objekt kann keine Methoden ausführen, ohne den Kontroll-Thread zu besitzen.
3. Die Übergabe von Nachrichten impliziert eine Weitergabe des Kontroll-Threads.
4. Ein Objekt, das mit seiner Umgebung kommuniziert, erfordert ein dynamisches Modell.
5. Zustandsdiagramme sind für den Aufbau dynamischer Modelle sehr nützlich.
6. Bei ereignisgesteuerten Systemen bestimmen Ereignisse das gesamte dynamische Verhalten.
7. LOOM-Anweisungen passen unmittelbar zu einem Zustandsdiagramm.
8. Eine Folge von Zuständen paßt zu einer Folge von LOOM-Anweisungen.
9. Alternative rückwärtsgerichtete Pfade passen zu LOOM-Schleifen.
10. Alternative vorwärtsgerichtete Pfade passen zu LOOM-Verzweigungen.

5.5 Übungen

1. Das Rechenzentrum einer Universität bietet seinen Benutzern eine Vielzahl von Möglichkeiten an, die in einer Reihe verschachtelter Menüs dargestellt werden. Das erste Menü, mit dem ein Benutzer konfrontiert wird, sieht folgendermaßen aus:

   A. Allgemeines Menü für Anwendungen

   B. Menü für Hilfsprogramme zur Diskettenpflege

   C. Menü für Referenzwerke in der Universitätsbibliothek

   Indem der Benutzer eine der Tasten A, B oder C drückt, kann er das zugehörige Menü auswählen.

   Beispielsweise wird das allgemeine Menü für Anwendungen durch Eingabe des Buchstabens A ausgewählt. Daraufhin erscheint das folgende Untermenü:

   A. Textverarbeitungen

   B. Datenbanken und Tabellenkalkulationen

   C. Programmiersprachen

   D. Zurück zum vorherigen Menü

   Eine Eingabe des Buchstabens A lädt den Benutzer ein, aus dem nächsten Untermenü auszuwählen:

   A. WordPerfect 5.1

   B. WordPerfect 6.0 Text

   C. WordPerfect 6.0 Grafik

   D. WordPerfect Tutor

   E. Zurück zum vorherigen Menü

   Die Eingabe von A, B, C oder D stellt das angegebene Programm zur Verfügung. Beendet der Benutzer das ausgewählte Programm, kehrt er automatisch in das Untermenü zurück, in dem er die Auswahl getroffen hat. Gibt er ein E ein, kehrt der Benutzer direkt in das vorherige Menü zurück.

   Bei Eingabe eines B in dem Untermenü *Anwendungen* kann der Benutzer aus den folgenden Optionen auswählen:

   A. DBase 3.0

   B. Paradox v3.0

   C. Paradox v4.0

   D. Lotus123 v2.01

E. Zurück zum vorherigen Menü

Wie zuvor macht die Eingabe eines der Buchstaben A, B, C oder D die Option verfügbar, und durch Eingeben eines E kehrt der Benutzer in die nächst höhere Menüebene zurück.

Durch Drücken der Taste C im Untermenü Anwendungen gelangt der Benutzer zu folgender Auswahl:

A. Turbo C v2.0

B. Turbo Pascal v5.5

C. Turbo Pascal v6.01

D. Borland C++ v3.1

E. Zurück zum vorherigen Menü

Wie zuvor macht die Eingabe eines der Buchstaben A, B, C oder D die Option verfügbar, und durch Eingeben eines E kehrt der Benutzer in die nächst höhere Menüebene zurück.

Schließlich erreicht der Benutzer durch Drücken der Taste D im Untermenü *Anwendungen* wieder die höchste Menüebene.

Im Hauptmenü führt die Eingabe von B oder C den Benutzer zu der Software, welche die Bereitstellung von Hilfsprogrammen für die Diskettenpflege sowie die Bibliotheksdienste steuert. Die erste Option bietet den Benutzern Programme für die Formatierung sowie für die Überprüfung auf Viren, während die letztere den Zugriff auf eine Vielzahl von Bibliotheksdiensten bereitstellt, wie zum Beispiel die Suche nach Schlüsselbegriffen und Zusammenfassungen von Forschungsarbeiten.

Entwickeln Sie aus dem gegebenen Szenario ein passendes dynamisches Modell, das durch ein STD für das System beschrieben wird.

Kapitel 6

Objektorientierte Programmiersprachen

In diesem Buch benutzen wir für die Realisierung unserer Programme ausschließlich die Programmiersprache C++. Viele der von uns gemachten Anregungen können aber natürlich auch auf andere Programmiersprachen angewendet werden. Wir geben keine vollständige Beschreibung von C++ an, sondern konzentrieren uns auf die Eigenschaften der Sprache, welche die Abstraktion der Daten und die objektorientierte Programmierung unterstützen. Anhang C stellt eine kurze Übersicht über die Funktionen der Sprache C++ dar. Eine ausführlichere Einführung in C++ finden Sie unter anderem bei Barclay (1994), Stroustrup (1991) und Lippman (1991).

6.1   LOOM-Spezifikationen

Eine LOOM-Spezifikation stellt die Einzelheiten des Verhaltens von Objekten für eine beliebige benutzerdefinierte Klasse dar. Die Spezifikation besteht aus einer Reihe von Primärklauseln, die zwischen den Schlüsselwörtern CLASS und ENDCLASS stehen. Die Klauseln werden mit den Schlüsselwörtern PUBLIC INTERFACE, PROTECTED INTERFACE (siehe Kapitel 7) und PRIVATE IMPLEMENTATION eingeführt. Letztere unterteilt sich in die Unterklauseln REPRESENTATION (Operationen und Eigenschaften), AGGREGATIONS und ASSOCIATIONS sowie DEFINITIONS (Definitionen der Methoden). Eine LOOM-Spezifikation hat die folgende Form:

```
CLASS className
WITH
PUBLIC INTERFACE
   // ...
PRIVATE IMPLEMENTATION
   REPRESENTATION
       // ...
     AGGREGATIONS
       // ...
     ASSOCIATIONS
       // ...
     DEFINITIONS
       // ...
ENDCLASS className
```

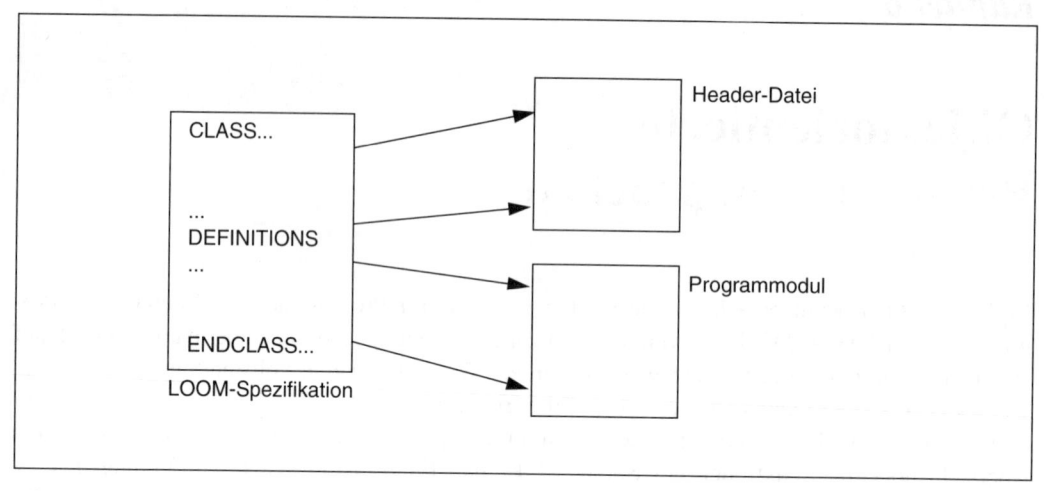

Abbildung 6.1: Zusammenhänge zwischen LOOM und C++

Eine LOOM-Spezifikation für eine Klasse erzeugt zwei C++-Programmdateien, nämlich eine *Header-Datei* und eine *Programmodul-Datei* (Abbildung 6.1). Bei der Header-Datei handelt es sich vorrangig um eine Umgestaltung der Klausel PUBLIC INTERFACE und der Subklauseln der Klausel PRIVATE IMPLEMENTATION (REPRESENTATION, AGGREGATION und ASSOCIATION) aus der LOOM-Spezifikation. Das Programmodul definiert die den unter DEFINITIONS angegebenen Methoden entsprechenden C++-*Funktionen*.

6.2 Klassendeklarationen in C++

Die Programmiersprache C++ unterstützt einen Aggregatstyp, der als eine *Klasse* bekannt ist. Die Klasse ist eine Zusammensetzung aus verschiedenen Komponenten. Die Komponenten eines Aggregats-Klassentyps können sowohl Datenelemente als auch Funktionen sein.

C++-Klassen ermöglichen Objektgruppen, die dasselbe Verhalten aufweisen. Wir erreichen dies, indem wir für die Erstellung von Objekten in der Anwendung Klassendefinitionen angeben. Die Klasse ist eine Definition für die Operationen (Funktionen) auf den Objekten einer Klasse und für die Darstellung (Daten). Im allgemeinen wird die Darstellung vor dem Benutzer von Objekten der Klasse verborgen. Der Zugriff auf ein Objekt wird über die externe Schnittstelle gesteuert, die aus Funktionen aufgebaut ist.

Betrachten Sie die in Kapitel 3 eingeführte Klasse Employee. Jede Instanz von Employee besitzt einen Namen und einen Geburtstag, der in die REPRESENTATION-Klausel der LOOM-Spezifikation aufgenommen wird. Neben dem Konstruktor für die Klasse Employee gibt es eine Reihe öffentlicher Operationen. Die Operationen name? und age? stellen Zugriffsoperationen dar, die zur Bestimmung des Zustands von Instanzen verwendet werden, während es sich bei der Operation changeName um eine Umwandlungsoperation handelt, mittels der einer Instanz ein neuer Name zugewiesen wird. Ein Auszug aus der LOOM-Spezifikation sähe so aus:

```
CLASS Employee
WITH
PUBLIC INTERFACE
    Employee (aName :String, aDateOfBirth :Date)
    name? -> String
    age? -> Integer
    changeName (aName :String)
PRIVATE IMPLEMENTATION
    REPRESENTATION
        theName          :String
        theDateOfBirth :Date

        // .....

ENDCLASS Employee
```

Es folgt die C++-*Klassendeklaration* für die Klasse Employee, die in der Header-Datei employee.h zu finden wäre:

```
class Employee {
public: // PUBLIC INTERFACE
    Employee(const CString& aName, const CDate& aDateOfBirth);// Konstruktor
    CStringname(void) const                                    // Abfrage
    int age(void) const;
    voidchangeName(const CString& aName);                      // Umwandlung

private://  REPRESENTATION
    CStringtheName;
         CDatetheDateOfBirth;
};
```

Das reservierte Schlüsselwort class führt eine C++-Klassendeklaration ein, die aus dem Klassenkopf und dem Klassenrumpf besteht. Der *Klassenkopf* setzt sich aus dem Schlüsselwort class und dem *Klassennamen* zusammen. Der Name dient als Typangabe für die benutzerdefinierte Klasse. In diesem Fall ist der Name Employee eingeführt worden. Der *Klassenrumpf* wird von einem Paar zusammengehöriger Klammern eingeschlossen, dem ein Semikolon folgt. Er führt die Elemente der Klasse ein und legt außerdem die unterschiedlichen Zugriffsebenen fest. Das Schlüsselwort public: deklariert die nachfolgenden Elemente für den *öffentlichen Zugriff*. Das Schlüsselwort private: deklariert die nachfolgenden Elemente hingegen als bezüglich dieser Klasse privat und somit als für Benutzer dieser Klasse unzugänglich. Die Elemente der Klasse können entweder *Datenelemente*, d.h. die Darstellung der Klasse, oder *Elementfunktionen* sein, d.h. die Menge von Operationen, die auf Objekte dieser Klasse angewendet werden können.

6.2.1 Datenelemente

Die REPRESENTATION-Klausel einer LOOM-Klassenspezifikation führt die grundlegenden Eigenschaften der Klasse ein, wobei hierfür eine Liste von Eigenschaftsnamen und entsprechenden Eigenschaftstypen verwendet wird. In C++ werden diese Eigenschaften als *Datenelemente der Klasse* angegeben. Wie ihre LOOM-Entsprechungen führen sie die Datenelemente und ihre Typen auf. In C++ steht der Typenname jedoch vor dem Namen des Datenelements, und jede Deklaration eines Datenelements wird durch ein Semikolon abgeschlossen. Für die Klasse Employee sieht dies dementsprechend folgendermaßen aus:

```
#include "ccstring.h"
#include "ccdate.h"

class Employee {
   // ...
private:// REPRESENTATION
  CStringtheName;
        CDatetheDateOfBirth;
};
```

Die LOOM-KLassen String, Date, Integer usw. sind als Basisklassen von LOOM eingeführt worden. Die LOOM-Klasse Integer läßt sich beispielsweise unmittelbar in den entsprechenden Basistyp von C++ übersetzen (siehe unten). Die Klassen String, Date und Time besitzen keine direkte C++-Entsprechung, können aber als benutzerdefinierte C++-Klassen bereitgestellt werden. In diesem Beispiel sind die Typennamen CString und CDate selbst benutzerdefinierte C++-Klassen, die in ihre eigenen Header-Dateien ausgelagert wurden. Folglich muß die Header-Datei für die Klasse Employee diese Informationen mittels der Präprozessoranweisung #include "ccstring.h" bei dem C++-Compiler bekannt machen. Auf diese Weise ersetzt der Compiler die Anweisung durch den Inhalt der Header-Datei ccstring.h, in der die Klassendeklaration enthalten ist. Für die Klasse CString liegt eine Header-Datei mit dem folgenden Inhalt vor:

```
class CString{
//...
};
```

Wir haben uns entschieden, für diese C++-Klassen andere Namen zu verwenden als für ihre LOOM-Entsprechungen, so daß wir unterscheiden können, auf welche wir uns beziehen. Außerdem vermeiden wir so Konflikte mit den Namen von Klassen, die von zukünftigen Versionen der Sprache C++, oder Variationen der Compiler-Hersteller, bereitgestellt werden.

Die einfachen Klassen, wie zum Beispiel Integer und Decimal, werden den entsprechenden C++-Typen int und double direkt zugeordnet, so daß sie wahlweise verwendet werden können. Diese Entsprechungen werden in C++ durch typedef-Anweisungen erreicht:

```
typedef int     Integer;
typedef double Decimal;
```

Bei den LOOM-Klassen String, Date und Time handelt es sich in dieser Reihenfolge um die C++-Klassentypen CString, CDate und CTime. Die Klassendeklarationen befinden sich in den zugehörigen Header-Dateien (siehe Anhang D). Die Klasse Boolean, der in LOOM die Werte TRUE und FALSE zugewiesen sind, wird als C++-Aufzählungstyp ausgedrückt und deklariert:

enum Logical {LFALSE, LTRUE};

Der Typenname Logical und die Werte LFALSE und LTRUE werden eingeführt, damit Konflikte mit compilerspezifischen Benennungen, wie zum Beispiel TRUE und FALSE vermieden werden. Der aufkommende ANSI-Standard für C++ wird für diesen Zweck einen echten Datentyp bereitstellen.

6.2.2 Elementfunktionen

Der öffentliche Abschnitt der Klassendeklaration für Employee führt die Operationen aus der Klasse in Form von C++-*Funktionsprototypen* ein. Ein Funktionsprototyp gibt die *Signatur* für die Funktion an, welche die *Typen der formalen Parameter* und den *Rückgabetyp* festlegt. In dem folgenden Beispiel erwartet die Funktion changeName einen Parameter des Typs CString und gibt keinen Wert zurück:

```
class Employee{
public:
    void    changeName(const CString& aName);
    CString name(void) const;
    //...
};
```

Der formale Parameter der Funktion trägt die Bezeichnung aName. Der Rückgabetyp wird durch das Schlüsselwort void eingeführt und gibt an, daß die Funktion keinen Rückgabewert besitzt. In gleicher Weise erwartet die Abfragefunktion name keine Argumente und gibt einen CString-Wert zurück. Da diese Funktion sowie die Funktion age einfach nur den Zustand eines Employee-Objekts abfragen, es aber nicht verändern, werden die Funktionen mit dem Schlüsselwort const ausgezeichnet. Das Schlüsselwort stellt sicher, daß die Funktionsdefinition keines der Datenelemente der Klasse verändern wird.

Funktionsnamen müssen in C++ die Form eines *Bezeichners* haben, d.h. aus einer Buchstaben-Zahlen-Kombination bestehen, die mit einem Buchstaben anfängt. Der Unterstrich '_' wird dabei als ein Buchstabe angesehen. Allerdings kann ein Bezeichner kein Fragezeichen enthalten, so daß das Fragezeichen in der LOOM-Operation name? bei der Übersetzung in C++ entfernt wurde.

Wie in LOOM wird die C++-*Konstruktorfunktion* verwendet, um ein Klassenobjekt bei seiner Erzeugung geeignet zu initialisieren. Die Konstruktorfunktion zeichnet sich dadurch aus, daß sie denselben Namen wie die Klasse hat. In der Klasse Employee erfordert der Konstruktor für die korrekte Initialisierung des Objekts zwei Parameter, nämlich einen CString für den Namen des Arbeitnehmers und ein CDate für das Geburtsdatum.

Wenn eine Klassenfunktion aufgerufen wird, ersetzen die aktuellen die entsprechenden formalen Parameter. Nehmen wir zum Beispiel das `Employee`-Objekt, das mit dem folgenden Aufruf erstellt wird:

```
Employee("John Savage",...) //unvollständig
```

Hier stellt *John Savage* den aktuellen `CString`-Parameter dar, der zur Initialisierung des zugehörigen formalen Parameters `aName` verwendet wird. C++ unterstützt drei Mechanismen zur Parameterübergabe, die wir an die LOOM-Parameterspezifikation anpassen müssen.

Betrachten Sie die Konstruktoroperation sowie die Operation `changeName` aus der LOOM-Klasse `Employee`:

```
Employee(aName :String, aDateOfBirth :Date)
changeName(aName :String)
```

Wir könnten bei jedem Parameter den C++-Übergabemechanismus anwenden, der als Wertübergabe bekannt ist. Es wird der Wert des aktuellen Parameters verwendet, um den entsprechenden formalen Parameter zu initialisieren. Danach arbeitet die C++-Funktion mit diesem Wert für den formalen Parameter. Eine solche Vereinbarung würde mit den folgenden C++-Funktionsprototypen dargestellt werden:

```
Employee(CString aName, CDate aDateOfBirth)
  //Konstruktor
void changeName(CString aName);
  //Umwandlung
```

Für einfache C++-Typen, wie zum Beispiel `int`, ist diese Methode der Parameterübergabe durchaus geeignet. Für Klassentypen hingegen, wie beispielsweise `CString`, könnte es notwendig werden, größere Speicherbereiche zu kopieren, so daß hier ein anderes Verfahren erforderlich wird.

C++ unterstützt auch die Semantik der Referenzübergabe, bei der der formale Parameter als Referenzvariable für den aktuellen Parameter fungiert. Diese Benutzung einer Referenzvariable bedeutet, daß sich jedes Vorkommen des formalen Arguments im Rumpf der Funktion auf das zugehörige aktuelle Argument bezieht. Das Verfahren der Referenzübergabe erlaubt dem formalen Parameter, auf den Wert des aktuellen Parameters zuzugreifen, ohne daß dabei die Kosten einer Kopie getragen werden müssen, wie es bei der Wertübergabe der Fall ist. Allerdings ermöglicht die Referenzübergabe dem formalen Parameter auch, den Wert des aktuellen Parameters zu verändern, und da wir diese Eigenschaft normalerweise nicht benötigen, zeichnen wir den formalen Referenzparameter mit dem Attribut `const` aus. Folglich werden die formalen Parameter `aName` und `aDateOfBirth` des Klassenkonstruktors als konstante Referenzparametertypen dargestellt. Ähnliches gilt für den formalen Parameter der Funktion `changeName`:

```
Employee(const CString& aName, const CDate&
  aDateOfBirth)
  //Konstruktor
void changeName(const CString& aName);
  //Umwandlung
```

6.2 Klassendeklarationen in C++

In LOOM können formale Parameter mit den modalen Schlüsselwörtern IN, OUT und INOUT gekennzeichnet werden. Dabei bedeuten OUT und INOUT, daß der aktuelle Parameter bei der Rückkehr aus der Operation verändert wird. Ohne Angabe eines Modus wird IN vorausgesetzt. Die Modi OUT und INOUT verursachen in C++ Referenzparameter, während IN zu konstanten Referenzen führt.

In LOOM enthalten die Operationssignaturen den Operationsnamen, den Rückgabewert (falls vorhanden) sowie alle Parametertypen. Eine C++-Funktion wird in ähnlicher Weise mit einem *Funktionsprototyp* beschrieben. An erster Stelle steht die Benennung des Rückgabetyps. Wenn die Funktion keinen Rückgabewert besitzt, wird das Schlüsselwort void verwendet. Die Parameter werden ähnlich wie in LOOM dargestellt, wobei die Reihenfolge von Name und Typ allerdings umgekehrt ist. Werden keine Parameter angegeben, wird () oder (void) als Liste der formalen Parameter benutzt. Die LOOM-Operationssignatur

```
changeName(aName :String)
```

wird in C++ dementsprechend in der Klassendeklaration als folgender Funktionsprototyp angegeben:

```
void changeName(const CString& aName);
```

Beachten Sie einmal mehr den Gebrauch der Referenzübergabe und des Attributs const. Offensichtlich handelt es sich bei changeName um eine Umwandlungsoperation, die den Zustand des empfangenden Employee-Objekts verändert. Andererseits sind name? und age? beides Zugriffsoperationen, die wir in LOOM durch das Fragezeichen als Teil ihres Namens kennzeichnen. Diese Betonung wird in den C++-Funktionsprototypen durch das Suffix const ebenfalls aufgegriffen. Dieses Schlüsselwort gibt an, daß die Operationen das empfangende Objekt unverändert lassen. Die Notation sieht dementsprechend wie folgt aus:

```
CString name(void) const;
int age(void) const;
```

LOOM-Parameter können auch als LINK-Parameter spezifiziert werden. Ein LINK-Parameter läßt sich in einen C++-Zeigerparameter übersetzen. In C++ ist ein Zeiger eine Variable, welche die Adresse eines anderen Objekts enthält. Betrachten Sie die Klasse Company, die über LINKs Beziehungen zu mehreren Employee-Objekten unterhält. Die Klasse Company besitzt die Operation hire, durch die ein neues Employee-Objekt mit der Organisation verbunden wird:

```
CLASS Company
WITH
PUBLIC INTERFACE
   hire (anEmployee : Employee LINK)
   // ...
   ASSOCIATION
      theEmployees : POrderedCollection[ Employee LINK ]
ENDCLASS Company
```

Der C++-Funktionsprototyp für `hire` würde wie folgt aussehen, wobei der Zeiger durch `Employee*` gekennzeichnet wird:

```
void     hire(Employee* anEmployee);
```

Beim Funktionsaufruf wird der formale Parameter `anEmployee` auf den Wert des aktuellen Parameters gesetzt (der eine Adresse ist).

6.3 Objektdeklarationen

In LOOM werden Instanzen einer Klasse mit `INSTANCE`-Anweisungen der folgenden Form dargestellt:

```
INSTANCE name :String("John Savage")
INSTANCE dob  :Date(1, 1, 1973)
INSTANCE emp  :Employee(name, dob)
INSTANCE pEmp :Employee LINK(name, dob)
```

Die mit den Bezeichnern `name` und `dob` eingeführten Instanzen sind einfache Objekte der Klassen `String` und `Date`. Die zwei Objekte werden beim Aufruf des zugehörigen Konstruktors mit geeigneten Werten initialisiert. Diese beiden Werte werden wiederum zur Initialisierung zweier `Employee`-Objekte verwendet. Der Unterschied zu den beiden letzten INSTANCE-Anweisungen besteht darin, daß die dritte mit `emp` eine Instanz von `Employee` einführt, für die das Sprachsystem den notwendigen Speicher reserviert. In dem letzten Beispiel verweist der Bezeichner `pEmp` auf einen Speicherbereich, der während der Laufzeit dynamisch belegt wird (siehe Abschnitt 4.9). Die geeignete Initialisierung des Speichers als Objekt der Klasse `Employee` erfolgt hier beim Aufruf des Konstruktors.

Die entsprechenden C++-Anweisungen sehen wie folgt aus:

```
CString     name("John Savage");
CDate       dob(1, 1, 1973);
Employee    emp(name, dob);
Employee*   pEmp = new Employee(name, dob);
```

Die Anweisungen werden als *Deklarationsanweisungen* bezeichnet. Das Verwenden einer Deklarationsanweisung, die eine Instanz eines Objekts einführt, kann mit der Definition einer Variablen in einer herkömmlichen Programmiersprache verglichen werden. Hier bezieht sich die Variable `dob` auf ein Objekt des Typs `CDate`, wobei der Klassenname als Typenname fungiert. Bei der Erstellung des Objekts wird von dem Compiler der Programmiersprache ein Speicherbereich reserviert, der ausreicht, um die Werte seiner Datenelemente aufzunehmen. Dasselbe gilt für die Variablen `name` und `emp`.

In der letzten Deklarationsanweisung wird die Variable `pEmp` als *Zeiger* auf ein Objekt der Klasse `Employee` eingeführt. Eine Zeigervariable speichert nicht das Objekt an sich, sondern die Adresse des Objekts im Speicher. Diese Objektadresse wird von der Allokatorfunktion `new` bereitgestellt.

Die Anwendung der Operation new erfolgt über einen Klassennamen mit dem entsprechenden Konstruktor als aktuellem Parameter. Der von new gelieferte Zeigertyp entspricht dem gegebenen Instanztyp. Beispielsweise reserviert new Employee(...) den Speicherplatz für ein Employee-Objekt. Als Typ wird ein Employee-Zeiger zurückgegeben, der in C++ die Form Employee* hat. Auf die gleiche Weise reserviert new CDate(...) den Speicherplatz für ein Objekt der Klasse CDate und gibt die Adresse als CDate*-Wert zurück.

Variablen existieren während der Laufzeit. Die Lebensdauer dieser Objekte wird durch den Zeitraum definiert, für den ihnen Speicherplatz zugewiesen wird. Variablen, wie zum Beispiel name, dob und emp sind als *lokale Variablen* bekannt (werden aber manchmal auch als *automatische Variablen* bezeichnet), was bedeutet, daß ihre Definition innerhalb eines bestimmten *Gültigkeitsbereichs* erfolgt (zum Beispiel in einem Funktionsrumpf). Die Lebenszeit der Variablen entspricht dem Zeitraum, in dem der sie umgebende Gültigkeitsbereich aktiv ist. Beim Verlassen des Gültigkeitsbereichs wird der Speicherplatz für die Objekte automatisch freigegeben (daher die Bezeichnung automatisch), und die Variablen stehen nicht länger zur Verfügung.

Die Variable pEmp unterliegt hinsichtlich des Gültigkeitsbereichs und der Lebensdauer denselben Regeln. Allerdings gibt hier die Lebensdauer des von der Allokatorfunktion new reservierten Speicherbereichs den Ausschlag. Solche dynamisch erstellten Objekte existieren solange, bis sie explizit von einer Anweisung im Programm gelöscht werden oder das Programm beendet ist. Der Delete-Operator gibt, angewendet auf eine Zeigervariable, den reservierten Speicher für eine nachfolgende Wiederaufbereitung an die Speicherverwaltung zurück. Die Anweisung hat folgende Form:

```
delete pEmp;
```

Wenn ein Speicherbereich erst einmal freigegeben wurde, sollte er von dem Programm nicht mehr verwendet werden. Die Speicherverwaltung bereitet den Speicher für die Benutzung bei späteren Aufrufen von new wieder auf.

6.4 Vorgeschriebene Profile

Die C++-Klassendeklaration für Employee enthält ein Konstruktorelement für die korrekte Initialisierung von Objekten dieses Typs:

```
class Employee {
public: // PUBLIC INTERFACE
  Employee(const CString& aName, const CDate& aDateOfBirth);     // Konstruktor
  // .....
};
```

Wir müssen diesem Konstruktor bei der Erstellung von Objekten dieses Typs natürlich zwei aktuelle Parameter liefern. Manchmal ist es sinnvoll, ein solches Objekt zu erstellen und danach eine oder mehrere seiner Eigenschaften zu aktualisieren. Das Erzeugen von Objekten ohne eine geeignete Initialisierung führt normalerweise zu schwerwiegenden Programmierproblemen. Um sicherzustellen, daß ein Objekt korrekt initialisiert wird, können wir einen *Standardkonstruktor* bereitstellen, der aufgerufen wird, wenn von dem Benutzer keine initialisierenden aktuellen Parameter angegeben werden.

Es gibt zwei Möglichkeiten, um dies in C++ zu realisieren. Entweder wird ein Konstruktor ohne Argumente in die Klassendeklaration eingeführt, oder es wird ein Konstruktor festgelegt, dessen Parameter alle Standardwerte erhalten. Letzteren könnte man wie folgt in die oben angeführte Klasse Employee einbauen:

```
class Employee {
public: // PUBLIC INTERFACE
  Employee(const CString& aName = "",
       const CDate& aDateOfBirth = CDate(1, 1, 1900)); // Konstruktor
  // .....
};
```

In diesem Fall wird bei der Erstellung einer Instanz des Typs Employee ohne Angabe von Parametern der Name automatisch als leere Zeichenkette angenommen und der Geburtstag auf den Anfang des Jahrhunderts gesetzt. Wir haben also folgende Situationen:

```
Employee john("John Savage", CDate(1, 1, 1973));
                    // auf dem Stack basierend
Employee* pKen = new Employee;
                    // auf dem Heap basierend ..
                    // .. Standardwerte
```

Alternativ dazu könnte man die ursprüngliche Klassendeklaration auch um einen zweiten (überladenen) Klassenkonstruktor ohne Parameter vergrößern, um die Deklaration für pKen vorzunehmen:

```
class Employee {
public: // PUBLIC INTERFACE
  Employee(void);     // Standardkonstruktor
  Employee(const CString& aName, const CDate& aDateOfBirth);   // Konstruktor
  // .....
};
```

Der Standardkonstruktor für diese Klasse setzt ein entsprechendes Verhalten voraus. Für dieses Beispiel können wir es für richtig erachten, den Namen des Employee-Objekts mit der leeren Zeichenkette und den Geburtstag mit dem Anfang des Jahrhunderts zu initialisieren. Wie auch immer das Standardverhalten aussieht, es muß für Benutzer der Klasse definiert werden. In ähnlicher Weise besitzt auch die vordefinierte Klasse CString einen Standardkonstruktor. Dessen Verhalten besteht darin, das neue Objekt mit einer leeren Zeichenkette zu initialisieren. In gleicher Weise verwendet der Standardkonstruktor von CDate das Systemdatum des Computers.

Unabhängig davon, welche Möglichkeit wir wählen, können wir nun sicher sein, daß ein Konstruktor ausgeführt wird, der seinerseits garantiert, daß die Datenelemente des Objekts korrekt initialisiert werden. Die entsprechenden LOOM-Konstrukte sehen folgendermaßen aus:

```
CLASS Employee
  WITH
    PUBLIC INTERFACE
      Employee
      Employee (aName : String, aDateOfBirth : Date)
      // ...
ENDCLASS Employee
```

Wir bemerkten in dem vorherigen Abschnitt, daß wir zur Wiedergewinnung des von einem dynamischen Objekt belegten Speichers explizit den Operator `delete` anwenden müssen. Wenn nun der Gültigkeitsbereich eines Objekts mit lokaler Lebensdauer verlassen oder ein dynamisches Objekt explizit gelöscht wird, wird vor dem Entfernen des Speicherplatzes in Wirklichkeit eine Elementfunktion der Klasse ausgeführt, die als *Destruktor* bezeichnet wird. Der Destruktor ist in seiner Rolle insofern komplementär zum Konstruktor, als er alle Säuberungsarbeiten durchführt, bevor der Speicherbereich für das Objekt freigegeben wird.

Wenn der Autor der C++-Klasse `Employee` keine Destruktorfunktion angibt, stellt der Compiler automatisch eine bereit. Der so erzeugte Destruktor führt keine zusätzlichen Tätigkeiten aus. Für einfache benutzerdefinierte Typen, wie zum Beispiel `Employee`, reicht dieses Verhalten auch völlig aus, so daß wir den vom Compiler bereitgestellten Destruktor akzeptieren können. Wenn unsere Klassen allerdings komplexer werden, sollten wir für den Destruktor schließlich doch einige Aufräumarbeiten haben.

Um sicherzustellen, daß es keine Unklarheiten zwischen dem Entwickler und dem Client bezüglich irgendeiner Klasse gibt, werden wir in unsere Klassendeklaration in jedem Fall einen benutzerdefinierten Destruktor einbauen, auch wenn er den des Compilers nur imitiert. Ein Destruktor wird als Funktion ohne Parameter eingeführt und, wie der Konstruktor auch, ohne Rückgabetyp spezifiziert. Es kann für jede Klasse nur ein Destruktor angegeben werden, der als seinen Namen den Klassennamen mit dem Tildensymbol (~) als Präfix hat. Diese ungewöhnliche Benennung verwendet man, um die Zugehörigkeit des Destruktors zum Konstruktor zu bezeichnen.

```
class Employee {
public: // PUBLIC INTERFACE
    Employee(void);                                 // Standardkonstruktor
    Employee(const CString& aName, const CDate&
        aDateOfBirth);                              // Konstructor
    ~Employee(void);                                // Destruktor
    // .....
};
```

Konstruktoren, Standardkonstruktoren und Destruktoren bilden fortan obligatorische Bestandteile unserer Klassendeklaration. Auf diese Weise können die Benutzer der Klassen sicher sein, daß es keine versteckten Spezialfälle gibt, die zu beachten wären. Dieses Trio macht einen Teil dessen aus, was wir als *vorgeschriebenes Profil* der Klasse bezeichnen wollen.

Wenn wir ein neues Objekt erstellen und es mit den Werten eines bereits vorhandenen Objekts initialisieren wollen, verwenden wir einen *Copy-Konstruktor*. Ist für eine Klasse kein solcher

Konstruktor definiert, erzeugt der Compiler automatisch einen. Sein Standardverhalten besteht darin, die Datenelemente des bestehenden Objekts in die entsprechenden Datenelemente des neuen Objekts zu kopieren. Entsprechend benutzen wir den Zuweisungsoperator, wenn wir die Werte eines Objekts einem anderen Objekt derselben Klasse zuweisen wollen. Auch hier kopiert die vom Compiler bereitgestellte Version elementweise. Da alle unsere Klassen, wie zum Beispiel `Company` und `Employee`, nur einfache Datenelemente enthalten, reicht dieser schlichte Kopiermechanismus für unsere Zwecke völlig aus (siehe Abschnitt 8.8).

6.5 Versenden von Nachrichten

Im Mittelpunkt der objektorientierten Systeme steht das Konzept des Versendens von Nachrichten. In einer Welt von Objekten bittet ein Sender um eine Dienstleistung von einem anderen Objekt, indem er diesem eine Nachricht sendet. Das die Anfrage initiierende Objekt wird als der Sender und das die Nachricht empfangende Objekt als der Empfänger bezeichnet. Das Abschikken einer Nachricht erfolgt durch Angeben des Empfängerobjekts und der eingesetzten Nachricht. Natürlich kann sich ein Objekt nur dann an der Nachrichtenübergabe beteiligen, wenn die gesendete Nachricht aus der Liste der öffentlichen Operationen stammt. In LOOM wird für das Versenden einer Nachricht die folgende Anweisung verwendet, wobei `Empfänger` der Name des die `Nachricht` empfangenden Objekts ist:

```
SEND Empfänger THE MESSAGE Nachricht (Ausdruck, ...)
```

Die Liste der Ausdrücke sowie die zugehörigen Klammern entfallen, wenn es keine Nachrichtenparameter gibt. Um dem `Employee`-Objekt `emp` die Nachricht zu senden, die nach seinem Alter fragt, schreiben wir in LOOM folgendes:

```
Send emp THE MESSAGE age?
```

Um den Namen des `Employee`-Objekts zu verändern, schreiben wir:

```
SEND emp THE MESSAGE changeName("Joe Bloggs")
```

Die Übertragung dieser LOOM-Anweisungen in C++ wird durch Abbildung 6.2 beschrieben, wobei der kursiv geschriebene *Ausdruck* die C++-Übersetzung für den entsprechenden LOOM-Text sein soll. Das Empfängerobjekt und die Nachricht werden durch einen Punkt getrennt, der auch als *Auswahloperator des Klassenelements* bezeichnet wird.

```
SEND Objekt-Name THE MESSAGE Nachricht-Name (Ausdruck,...)

Objekt-Name.Nachricht-Name (expression,...)
```

Abbildung 6.2: Umschreiben der Nachrichtenübergabe

6.5 Versenden von Nachrichten

Um zum Beispiel den Namen des Employee-Objekts emp zu verändern und das Alter zu erfragen, verwenden wir folgende C++-Anweisungen:

```
emp.changeName("Joe Bloggs")
emp.age()
```

Beachten Sie, daß wir in C++ auch dann noch die Klammern mitschreiben müssen, wenn wie in der Nachricht age? keine Parameter erforderlich sind. Letztere Nachricht gibt einen Wert zurück, der von dem Sender weiterverwendet werden kann. So könnten wir den Wert beispielsweise für die Initialisierung eines INTEGER-Objekts einsetzen:

```
INSTANCE empAge :Integer(SEND emp THE MESSAGE age?)
```

In C++ hätten wir in diesem Fall den folgenden Quelltext:

```
int empAge(emp.age())
```

Wenn das in einer SEND-Anweisung angesprochene LOOM-Objekt ein LINK-Objekt ist, liegt, wie wir gesehen haben, ein C++-Zeiger vor. In den folgenden zwei SEND-Anweisungen wird das empfangende Objekt letzten Endes auf eine C++-Zeigervariable abgebildet.

```
INSTANCE pEmp :Employee Link("Ken", Date(1, 1, 1970))
// ...
SEND pEmp THE MESSAGE age?
SEND pEMP THE MESSAGE changeName("Joe Bloggs")
```

Dort, wo das Empfängerobjekt eine Zeigervariable ist, ersetzen wir den Auswahloperator des Klassenelements durch den *Zeiger auf den Auswahloperator des Klassenelements* (->):

```
pEmp->age()
pEmp->changeName("Joe Bloggs")
```

Wenn wir die Nachricht assign senden, wird erwartet, daß dem empfangenden Objekt der einzige Ausdruck der Nachricht zugewiesen wird. Beispielsweise wird die Variable count nach Ausführung der folgenden Anweisungen den Wert 1 annehmen:

```
INSTANCE count :Integer(0)
SEND count THE MESSAGE assign(1 + count)
```

In C++ sehen diese Zeilen wie folgt aus:

```
int count(0);
count = 1 + count;
```

Dabei wird die Zuweisung durch den *Zuweisungsoperator* = ausgedrückt. In C++ wird der Ausdruck auf der rechten Seite des Zuweisungsoperators ausgewertet und das Ergebnis der Variablen auf der linken Seite zugewiesen. In diesem Fall liefert der Ausdruck 1 + count den Wert 1, der dann der Variablen count zugewiesen wird und dabei ihren ursprünglichen Wert überschreibt. Wenn zwei Zeiger zugewiesen werden, verweisen beide auf dasselbe Objekt. In der folgenden Programmzeile verweist die Zeigervariable qEmp auf den gleichen Speicherbereich wie pEmp:

```
qEmp = pEmp;
```

163

Dementsprechend führen die folgenden Nachrichten zu demselben Ergebnis:

```
pEmp->changeName("Jim Murray")
qEmp->changeName("Jim Murray")
```

Wenn es sich bei den zugewiesenen Objekten um Instanzen von Klassen handelt, wie in den folgenden Zeilen, wird die Zuweisung durch *elementweises Kopieren* der Datenelemente des Quellobjekts in die entsprechenden Datenelemente des Zielobjekts erreicht:

```
INSTANCE e1 :Employee("John Savage", CDate(1, 1, 1973))
INSTANCE e2 :Employee("Ken Barclay", CDate(2, 2, 1973))
SEND e2 THE MESSAGE assign(e1)
```

Wenn wir nun die folgende Nachricht versenden, erhalten wir als Ergebnis die Zeichenkette "John Savage":

```
SEND e2 THE MESSAGE name?
```

Die Nachrichten für die Anzeige von Werten auf einem Ausgabegerät und für das Empfangen von Daten über ein Eingabegerät sehen so aus:

```
SEND theScreen THE MESSAGE insert(Ausdruck)
SEND theKeyboard THE MESSAGE extract(einObjekt)
```

Gemäß den schon gemachten Ausführungen würden die entsprechenden C++-Anweisungen wie folgt aussehen:

```
theScreen.insert(Ausdruck)
theKeyboard.extract(einObjekt)
```

Ein C++-Programm, in das die Header-Datei `iostream.h` eingebunden wird, kann für die Ein- und Ausgabe auf die beiden vordefinierten Stream-Objekte `cout` und `cin` zugreifen. Diese Stream-Objekte unterstützen die Operatoren `extract` und `insert` in Form der Methoden `operator<<` und `operator>>`. Mit diesen beiden überladenen Operatorsymbolen werden unsere LOOM-Anweisungen in folgende Anweisungen umgewandelt:

```
cout.operator<<(Ausdruck)
cin.operator>>(einObjekt)
```

Der Bequemlichkeit halber lassen sich die Anweisungen aber auch wie folgt darstellen:

```
cout << Ausdruck
cin >> einObjekt
```

Diese Form wird erheblich häufiger verwendet.

6.6 Suche nach der richtigen Methode

Betrachten Sie die folgende in LOOM beschriebene Klasse Company sowie die Klasse Employee aus Abschnitt 6.2:

```
CLASS Company
WITH
  PUBLIC INTERFACE
  Company(aName :String)
  name? -> String
  // ...
```

Angenommen, wir bilden die folgenden Instanzen:

```
INSTANCE c1 :Company("Napier")
INSTANCE e1 :Employee("John Savage",
  CDate(1, 1, 1973))
```

Anschließend senden wir diese Nachrichten:

```
SEND c1 THE MESSAGE name?
SEND e1 THE MESSAGE name?
```

Dann weiß das Empfängerobjekt, zu welcher Klasse es gehört und folglich auch, welche Methode auszuführen ist. Da e1 eine Instanz der Klasse Employee ist, wird die für diese Klasse definierte Methode name? ausgeführt. Dasselbe gilt für das Company-Objekt c1 sowie die Methode name? dieser Klasse. Ein Objekt, das auf eine Nachricht zu antworten hat, muß nach der richtigen Methode suchen. In den herkömmlichen Programmiersprachen geschieht dies, indem der Compiler einen Funktionsaufruf an den Funktionsrumpf bindet. Da dieser Prozeß von dem Compiler durchgeführt wird, sprechen wir auch von einer *statischen Bindung*.

Betrachten wir beispielsweise die Nachricht name?, die an das Company-Objekt c1 gesendet wird. Der Compiler erkennt, daß es eine Operation name? aus der Klasse Company gibt, und erzeugt das entsprechende Programm zur Ausführung des Codes für diese Methode.

6.7 Methodenrümpfe

Ein Methodenrumpf beschreibt die in der Methode enthaltenen Rechenabläufe. Die Verarbeitung kann beliebige lokale Objekte, die formalen Parameter der Methode sowie die anderen in der PUBLIC INTERFACE- und der PRIVATE IMPLEMENTATION-Klausel festgelegten Operationen umfassen. Die lokalen Objekte der Methode werden durch INSTANCE-Anweisungen eingeführt. Die Namen der formalen Parameter findet man in der Liste der formalen Parameter innerhalb der Methodendefinition. Wie lokale Objekte besitzen auch die formalen Parameter einen lokalen Gültigkeitsbereich. Da der Methodenrumpf Teil der Klassendeklaration ist, kann durch die in ihm angegebenen Anweisungen auf die in der PUBLIC-INTERFACE- und der PRIVATE-IMPLEMENTATION-Klausel aufgeführten Klassenattribute zugegriffen werden.

Eine Methode in LOOM wird in eine C++-*Funktionsdefinition* umgewandelt, die aus einem Funktionskopf und einem Funktionsrumpf besteht. Ein Funktionsrumpf erscheint in C++ als Programmblock, der von dem Klammernpaar { und } eingeschlossen wird. Vor dem Block steht der bereits beschriebene Funktionsprototyp, der als Funktionskopf dient. Dementsprechend sieht ein Gerüst für die Methode changeName der Klasse Employee wie folgt aus:

```
void Employee::changeName(const CString& aName)
{
  // ...
}
```

Achten Sie darauf, wie dem Funktionsnamen Employee:: vorangestellt wird. Das Symbol :: ist als *scope-resolution-Operator* bekannt und legt in diesem Fall fest, daß die Funktion zu der Klasse Employee gehört. Diese Schreibweise ist notwendig, weil es in einer anderen Klasse (zum Beispiel in Company) eine weitere Funktion mit demselben Namen geben könnte.

Wenn es in verschiedenen Klassen eine Funktion mit demselben Namen gibt, wird dies als *Überladen* bezeichnet. Auf diese Weise ist es möglich, einen Namen wiederzuverwenden, anstatt verschiedene Bezeichnungen für etwas erfinden zu müssen, das eigentlich die gleiche Tätigkeit ist. Folglich könnten wir die Nachricht changeName sowohl an eine Instanz der Klasse Employee als auch an eine Instanz der Klasse Company senden. Das Überladen läßt sich unter der Voraussetzung, daß ihre Signaturen verschieden sind, auch auf Elementfunktionen derselben Klasse anwenden. So könnte es in der Klasse Employee eine zweite Version der Konstruktorfunktion geben, sofern sich die Anzahl oder die Typen der formalen Argumente von den bereits gegebenen unterscheiden, zum Beispiel von den an früherer Stelle eingeführten parametrisierten Konstruktoren und Standardkonstruktoren.

Ein Methodenrumpf besteht aus einer Reihe von Anweisungen. Diese werden in ihre C++-Entsprechungen übersetzt. Als Beispiel betrachten wir die im folgenden angegebene Methode zur Bestimmung des Alters eines Objekts der Klasse Employee. Um die Erläuterungen zu vereinfachen, haben wir den Algorithmus so knapp wie möglich gehalten.

```
METHOD age? -> Integer AS
  INSTANCE today :Date
  INSTANCE todayYear :Integer (SEND today THE MESSAGE year?)
  INSTANCE dobYear :Integer(SEND theDateOfBirth THE MESSAGE year?)
  RETURN todayYear - dobYear
ENDMETHOD age?
```

Die Umformung der INSTANCE-Anweisungen und der RETURN-Anweisung in ihre C++-Entsprechungen ergibt:

```
intEmployee::age(void) const
{
  CDatetoday;
```

```
    int todayYear(today.year());
    int dobYear(theDateOfBirth.year());
    return (todayYear - dobYear);
}
```

Bei der Erstellung eines Objekts sollte man die Werte der Datenelemente initialisieren. In LOOM und C++ erreichen wir dies über einen Konstruktor. In C++ wird bei der Erstellung eines Objekts die Konstruktorfunktion für eine Klasse aufgerufen, damit die notwendigen Initialisierungen vorgenommen werden. Alle Konstruktorfunktionen einer Klasse sind dadurch gekennzeichnet, daß sie den Klassennamen als Namen besitzen. Der Methodenrumpf für den LOOM-Konstruktor könnte die Parameterwerte (fälschlicherweise) über die Nachricht assign in die entsprechenden REPRESENTATION-Werte hineinkopieren:

```
METHOD Employee(aName :String, aDateOfBirth :Date)
AS
    SEND theName THE MESSAGE assign(aName)
    SEND theDateOfBirth THE MESSAGE
        assign(aDateOfBirth)
ENDMETHOD Employee
```

Der aus dieser Spezifikation abgeleitete C++-Konstruktor sieht wie folgt aus:

```
Employee::Employee(const CString& aName,
    const CDate& aDateOfBirth)
{
    theName         =aName;
    theDateOfBirth  =aDateOfBirth;
}
```

In C++ spielt eine Konstruktorfunktion eine bestimmte Rolle als Klassenelementfunktion. Sie ist syntaktisch dadurch gekennzeichnet, daß sie den Klassennamen als Namen trägt und keinen Rückgabewert besitzt. Außerdem erkennen wir bei ihrer Ausführung, daß es die Datenelemente theName und theDateOfBirth zuerst geben muß, bevor ihnen Werte zugewiesen werden können. Tatsächlich sind zunächst INSTANCE-Anweisungen sowohl für theName als auch für theDateOfBirth erstellt und mit beliebigen Anfangswerten versehen worden. Diese Anfangswerte werden dann mit den zugewiesenen Werten überschrieben. Wir können einen Teil dieses Ablaufs umgehen, indem wir festlegen, daß die Anfangswerte durch Parameterwerte gegeben werden. Dies wird anhand einer *Elementinitialisierungsliste* erreicht, für die es eine spezielle C++-Konstruktorfunktion gibt. Die Liste führt die Datenelemente und ihre Anfangswerte (in Klammern) auf und wird von dem Funktionskopf durch einen Doppelpunkt getrennt. Der Funktionsrumpf ist dann leer, weil die gesamte Arbeit von der Initialisierungsphase verrichtet wird.

```
Employee::Employee(const CString& aName,
    const CDate& aDateOfBirth)
    :theName(aName),
    theDateOfBirth(aDateOfBirth)
{}
```

Um dieses spezielle Vorgehen in LOOM zu spezifizieren, benutzen wir anstelle von `assign` die Standardnachricht `initialise`. Diese Nachricht ist nur für Konstruktormethoden geeignet und wird ausschließlich an Klasseneigenschaften gesendet.

```
METHOD Employee(aName :String, aDateOfBirth :Date)
AS
   SEND theName THE MESSAGE initialise(aName)
   SEND theDateOfBirth THE MESSAGE
       initialise(aDateOfBirth)
ENDMETHOD Employee
```

In Abschnitt 6.4 haben wir erkannt, daß das vorgeschriebene Profil einer C++-Klasse einen Standardkonstruktor enthalten sollte. Dieser muß sicherstellen, daß die Datenelemente gültige Werte aufweisen. Beispielsweise könnten wir uns dafür entscheiden, die Datenelemente für den Namen mit der leeren Zeichenkette und für das Geburtsdatum mit dem Systemdatum zu initialisieren:

```
Employee::Employee(void)
   :theName(""),
   theDateOfBirth()     // Beachten Sie den impliziten
      // Aufruf des Standardkonstruktors für das Datum
   {}
```

Dieser Quelltext wird aus dem folgenden LOOM-Skript abgeleitet:

```
METHOD Employee
   SEND theName THE MESSAGE initialise("")
   SEND theDateOfBirth THE MESSAGE initialise
ENDMETHOD Employee
```

Der Destruktor muß keine Tätigkeiten ausführen. Im allgemeinen gibt es für den Destruktor nur dann benutzerdefinierte Aufgaben, wenn eines der Datenelemente ein Zeiger ist.

```
Employee::~Employee(void)
{}
```

Programm 6.1 vereint alle diese Konzepte. Die Header-Datei `employee.h` stellt die Spezifikation für die Klasse `Employee` dar. Da diese Klasse die ebenfalls als C++-Klassen definierten Typen `CString` und `CDate` verwendet, werden diese Header-Dateien durch den #include-Mechanismus der Sprache in die Programmdateien eingefügt. Der Compiler liest die genannten Dateien und setzt sie für die #include-Anweisung ein.

Das zugehörige Programmodul `employee.cpp` stellt die Quelltextdatei dar, welche die Methodenrümpfe als C++-Funktionen enthält. Da sich diese Funktionen im Gültigkeitsbereich der zu ihnen gehörenden Klassen befinden, muß auch in diese Datei die eigene Header-Datei eingebunden werden.

Das Programm erstellt die beiden `Employee`-Objekte e1 und e2. Dem als e2 benannten Objekt wird die Nachricht zugesendet, seinen Namen zu ändern. Danach werden der Name und das Alter beider Objekte angezeigt. Die Einrichtung der Objekte erfolgt in der Methode `run` der Klasse

6.7 Methodenrümpfe

Application. Bei dem Employee-Objekt e2 handelt es sich um eine lokale Instanz, die das Laufzeitsystem am Ende der Methode (der C++-Funktion) implizit aus dem Speicher entfernt. Zu Anschauungszwecken wird der Speicher für das zweite Objekt e1 dynamisch reserviert, und die Funktion übernimmt die Verantwortung für seine Löschung. Der Programmablauf erzeugt die folgende Ausgabe:

```
Kenneth Barclay, 22
John Savage, 23
```

Die LOOM-Spezifikation für diese Klasse Application folgt später. Die Listings für sie und den C++-Quelltext wurden mit dem Entwurfswerkzeug ROME erzeugt, das in Kapitel 10 eingeführt wird. Beachten Sie insbesondere den Methodenrumpf für run:

```
METHOD run
AS
   //
   // Erzeuge eine lokale und eine dynamische Instanz
   //
   INSTANCE e1 : Employee LINK("John Savage", Date(2, 2, 1972))
   INSTANCE e2 : Employee("Ken Barclay", Date(1, 1, 1973))
   //
   // Ändere einen Namen
   //
   SEND e2 THE MESSAGE changeName("Kenneth Barclay")
   //
   //  .. und betrachte das Ergebnis
   //
   SEND theScreen THE MESSAGE insert(SEND e2 THE MESSAGE name?)
   SEND theScreen THE MESSAGE insert(", ")
   SEND theScreen THE MESSAGE insert(SEND e2 THE MESSAGE age?)
   SEND theScreen THE MESSAGE insert("\n")
   SEND theScreen THE MESSAGE insert(SEND e1 THE MESSAGE name?)
   SEND theScreen THE MESSAGE insert(", ")
   SEND theScreen THE MESSAGE insert(SEND e1 THE MESSAGE age?)
   SEND theScreen THE MESSAGE insert("\n")
   //
   // Speicherbereinigung mit Hilfe einer eingefügten C++-Methode
   //
   //>delete e1;
ENDMETHOD run
```

Die letzte LOOM-Anweisung in dieser Methode stellt einen hervorgehobenen Kommentar dar. Jeder mit einem einleitenden //> gekennzeichnete Kommentar wird von ROME so interpretiert, daß er in C++ zu übersetzen ist. Da ROME keine Anweisungen für die Entfernung eines dynamisch im Speicher reservierten Objekts aus demselben bietet, verlassen wir uns auf den entsprechenden C++-Quelltext.

Kapitel 6 Objektorientierte Programmiersprachen

```
#include "application.h"

int main()
{
   Application app;
   app.run();

   return 0;
}
```

Programm 6.1

Für die Klasse `Application` gibt es die folgenden beiden Listings. In der Header-Datei wird die Klassendeklaration in den Text eingebunden:

```
#ifndef APPLICATION
   #define APPLICATION

#endif
```

Diese Anweisungen sind als *Präprozessoranweisungen* bekannt. Sie geben an, daß der Compiler, wenn er eine Quelltextdatei compiliert und dabei angewiesen wird, diese Header-Datei `application.h` das erste Mal zu lesen, erkennen soll, daß der symbolische Name `APPLICATION` definiert worden ist (durch die Anweisung `#define`). Falls der Compiler während der Kompilierung der gleichen Quelltextdatei aufgefordert wird, die Header-Datei ein zweites Mal zu lesen, sollte er aufgrund dieser bedingten Kompilierungslogik und der Tatsache, daß `APPLICATION` bereits definiert wurde, die Klassendeklaration überspringen. Alle weiteren Header-Dateien werden in derselben Weise behandelt.

Die Präprozessoranweisungen `#include "loom.h"` und `#include "ccstring.h"` legen fest, daß der Inhalt der angegebenen Header-Dateien (in diesem Fall `loom.h` und `ccstring.h`) gelesen werden soll. Die Datei `loom.h` enthält die `typedefs` für die Klassen `Integer` und `Decimal` (siehe Abschnitt 6.2.1). Die Header-Datei `ccstring.h` enthält die C++-Klassendeklaration für die Klasse `CString`.

```
//////////////////////////////////////////////////////////////
//
//   application.h
// ROME Copyright (c) Richard McMahon. 1993, 1994.
// ROME Copyright (c) Ken Barclay 1995.
// Generated On December 28, 1995 At 6:23:31.52 pm
//
//////////////////////////////////////////////////////////////

#ifndef APPLICATION
   #define APPLICATION
```

```cpp
#include "loom.h"
#include "ccstring.h"



class Application {
public://     PUBLIC INTERFACE
                          Application(void);
    void                  run(void);

  };

#endif

//-- End Specification -----------------------------------------


/////////////////////////////////////////////////////////////////
//
//  application.cpp
// ROME Copyright (c) Richard McMahon. 1993, 1994.
// ROME Copyright (c) Ken Barclay 1995.
// Generated On December 28, 1995 At 6:23:31.52 pm
//
/////////////////////////////////////////////////////////////////

#include "Employee.h"
#include "Employee.h"
#include "Application.h"

Application::Application(void)
{
}

void
Application::run(void)
{
    //
    // Erzeuge eine lokale und eine dynamische Instanz
    //
    Employee* e1 = new Employee("John Savage", CDate(2, 2, 1972));
    Employee e2("Ken Barclay", CDate(1, 1, 1973));
    //
    // Ändere einen Namen
    //
```

```
    e2.changeName("Kenneth Barclay");
    //
    //    .. und betrachte das Ergebnis.
    //
    cout << e2.name();
    cout << ", ";
    cout << e2.age();
    cout << "\n";
    cout << e1->name();
    cout << ", ";
    cout << e1->age();
    cout << "\n";
    //
    // Speicherbereinigung
    //
    delete e1;
}

//-- End Implementation ------------------------------------------
```

Die Quelltextdatei für die Klasse Application verwendet den Präprozessor, um den Inhalt der beiden Header-Dateien application.h und employee.h einzubinden. Die erste Datei ist erforderlich, weil sie die Funktionsdefinitionen der Klasse Application enthält, und letztere wird benötigt, da die Methode run zwei Instanzen der Klasse Employee einführt.

```
////////////////////////////////////////////////////////////////
//
//   employee.h
// ROME Copyright (c) Richard McMahon. 1993, 1994.
// ROME Copyright (c) Ken Barclay 1995.
// Generated On December 28, 1995 At 6:23:31.58 pm
//
////////////////////////////////////////////////////////////////

#ifndef EMPLOYEE
    #define EMPLOYEE

#include "loom.h"
#include "ccstring.h"
#include "ccdate.h"


class Employee {
public:         // PUBLIC INTERFACE
    Employee(const CString& aName, const CDate& aDateOfBirth);
    Employee(void);
```

```cpp
      CString name(void) const;
      Integer age(void) const;
      void changeName(const CString& aName);

private:          // REPRESENTATION
      CString theName;
      CDate theDateOfBirth;

};

#endif

//-- End Specification ------------------------------------------

////////////////////////////////////////////////////////////////////
//
//   employee.cpp
// ROME Copyright (c) Richard McMahon. 1993, 1994.
// ROME Copyright (c) Ken Barclay 1995.
// Generated On December 28, 1995 At 6:23:31.58 pm
//
////////////////////////////////////////////////////////////////////

#include "Employee.h"

Employee::Employee(const CString& aName, const CDate& aDateOfBirth)
   : theName(aName),
      theDateOfBirth(aDateOfBirth)
{

}

Employee::Employee(void)
   : theName(""),
      theDateOfBirth()
{

}

CString
Employee::name(void) const
{
   return theName;
}
```

```
Integer
Employee::age(void) const
{
    CDate today;
    Integer todayYear = today.year();
    Integer dobYear = theDateOfBirth.year();
    return todayYear-dobYear;
}

void
Employee::changeName(const CString& aName)
{
    theName = aName;
}

//-- End Implementation ---------------------------------------
```

Die Header-Datei der Klasse Employee verwendet den Präprozessor, um die Klassendeklarationen für CString und CDate einzubinden. Diese Header sind notwendig, da die Klasse Employee jeweils ein Datenelement der Typen CString und CDate enthält. Die Quelltextdatei muß auch hier ihre eigene Header-Datei einbinden.

Beachten Sie erneut die C++-Anweisung delete in der Funktion run der Klasse Application. delete bildet das Gegenteil zur Operation new und verwendet einen Zeiger als Parameter. Das durch den Zeiger angegebene Objekt wird aus dem Speicher entfernt, und der freigewordene Speicherbereich kann durch die Allokatorfunktion erneut reserviert werden. Beim Löschen des Objekts wird der Destruktor ausgeführt. Ein Programm, das mittels der Operation new Speicher reserviert, muß sicherstellen, daß dieser Speicher schließlich wieder freigegeben wird. Darüber hinaus sollte der Speicherbereich dann freigegeben werden, wenn er von dem Programm nicht mehr benötigt wird, da sich sonst Datenabfälle in diversen Speicherabschnitten anhäufen und Speicher belegen, der von der Speicherverwaltung anderweitig zugewiesen werden könnte.

6.7.1 Kontrollfluß

In den Abschnitten 3.3.1 bis 3.3.3 wurden die Grundlagen des Kontrollflusses in LOOM eingeführt (Anweisungsfolge, Verzweigung und Schleife). Die Verzweigung ist durch die IF-Anweisung und die Schleife durch die WHILE-Anweisung gegeben.

Wie wir bereits gezeigt haben, lassen sich LOOM-Anweisungen in C++-Anweisungen übersetzen. Aufeinanderfolgende LOOM-Anweisungen passen direkt zu aufeinanderfolgenden C++-Anweisungen. C++ erfordert ein explizites Anweisungsende, das durch ein Semikolon „;" gekennzeichnet wird.

Die IF-Anweisung hat in LOOM eine Grundform, zu der mehrere Erweiterungen existieren. Die einfachste Version sieht wie folgt aus:

```
IF Bedingung THEN
    Anweisung1
    Anweisung2
  ...
ENDIF
```

Der entsprechende C++-Quelltext hat das folgende Format,

```
if (Bedingung) {
    Anweisung1;
    Anweisung2;
  ...
}
```

wobei `Bedingung`, `Anweisung1` und `Anweisung2` für die C++-Entsprechungen des zugehörigen LOOM-Quelltexts stehen.

Beachten Sie, daß das C++-Schlüsselwort `if` klein geschrieben, die Bedingung in Klammern "(" und ")" eingeschlossen und die Gruppe von Anweisungen in geschweiften Klammern "{" und "}" angegeben ist. Beachten Sie insbesondere, daß der letzten geschweiften Klammer kein Semikolon folgt.

Wenn in LOOM zwischen `IF` und `ENDIF` nur eine Anweisung vorkommt, sieht der entsprechende C++-Quelltext folgendermaßen aus:

```
if (Bedingung) {
    Anweisung1;
}
```

Allerdings ist in C++ auch diese Vereinfachung zugelassen:

```
if (Bedingung)
    Anweisung1;
```

Die `ELSE`-Klausel wird in einer IF-Anweisung eingeführt, damit ein alternativer logischer Pfad möglich ist:

```
IF condition THEN
    sentence1a
    sentence1b
    ...
ELSE
    sentence2a
    sentence2b
    ...
ENDIF
```

Der hieraus hervorgehende C++-Quelltext entspricht unseren Erwartungen:

```
if(condition) {
   statement1a;
   statement1b;
   ...
}else {
   statement2a;
   statement2b;
   ...
}
```

Die `ELSEIF`-Klausel stellt die letzte Erweiterung der `IF`-Anweisung in LOOM dar und kann viele Male wiederholt werden. In C++ sieht dies so aus:

```
IF condition1 THEN              if(condition1) {
   sentence1a                      statement1a;
   sentence1b                      statement1b;
   ...                             ...
ELSEIF condition2 THEN          }else if(condition2) {
   sentence2a                      statement2a;
   sentence2b                      statement2b;
   ...                             ...
ELSEIF condition3 THEN          }else if(condition3) {
   sentence3a                      statement3a;
   sentence3b                      statement3b;
   ...                             ...
ELSE                            } else {
   sentence9a                      statement9a;
   sentence9b                      statement9b;
   ...                             ...
ENDIF                           }
```

Als vollständiges Beispiel können wir die Auswahllogik heranziehen, die in der Methode run der Klasse `Application` am Ende von Abschnitt 5.3 erscheint:

```
// Auswahl der Aktivität
IF theChoice == 1 THEN
   SEND theEditor THE MESSAGE edit
ELSEIF theChoice == 2 THEN
   SEND theMailBox THE MESSAGE post
ELSEIF theChoice == 3 THEN
   SEND theMailBox THE MESSAGE displayMail?
ELSEIF theChoice == 4 THEN
   SEND theAccountManager THE MESSAGE displayAccount?
ELSEIF theChoice == 5 THEN
   SEND theAccountManager THE MESSAGE displayUsers?
```

```
ELSEIF theChoice == 6 THEN
   SEND theAccountManager THE MESSAGE addUser
ELSEIF theChoice == 7 THEN
   SEND theHCI THE MESSAGE display("Mail system: disconnecting")
   SEND disconnect THE MESSAGE assign(TRUE)
ELSE
   SEND theHCI THE MESSAGE display("Mail system: closing down the system")
   SEND disconnect THE MESSAGE assign(TRUE)
   SEND terminate THE MESSAGE assign(TRUE)
ENDIF
```

Daraus ergibt sich folgender C++-Quelltext:

```
if (theChoice == 1) {
   theEditor.edit();
} else if(theChoice == 2) {
   theMailBox.post();
} else if(theChoice == 3) {
   theMailBox.displayMail();
} else if(theChoice == 4) {
   theAccountManager.displayAccount();
} else if(theChoice == 5) {
   theAccountManager.displayUsers();
} else if(theChoice == 6) {
   theAccountManager.addUser();
} else if(theChoice == 7) {
   theHCI.display("Mail system: disconnecting");
   disconnect = LTRUE;
} else {
   theHCI.display("Mail system: closing down the system");
   disconnect = LTRUE;
   terminate = LTRUE;
}
```

Durch die WHILE-Anweisung wird in LOOM das Kontrollflußelement für Schleifen realisiert. Ihre Struktur und die C++-Entsprechung sehen folgendermaßen aus:

```
WHILE Bedingung DO          while (Bedingung) {
   Anweisung1                  Anweisung1;
   Anweisung2                  Anweisung2;
   ...                         ...
ENDWHILE                    }
```

Leihen wir uns erneut die Steuerlogik aus Abschnitt 5.3 aus:

```
// Schleife für Benutzeridentität
INSTANCE validId :Boolean(FALSE)
WHILE validId == FALSE DO
```

```
INSTANCE theUserId   :String("")
   SEND theHCI THE MESSAGE display("Benutzeridentität eingeben: ")
   SEND theUserId THE MESSAGE
   assign(SEND theHCI THE MESSAGE userId?)
   IF (SEND theAccountManager THE MESSAGE validUser?(theUserId)) THEN
      SEND validId THE MESSAGE assign(TRUE)
   ENDIF
ENDWHILE       // Schleife für Benutzeridentität
```

In C++ entspricht dies folgendem:

```
LogicalvalidId(LFALSE);
while(validId == LFALSE) {
   CStringtheUserId("");
   theHCI.display("Benutzeridentität eingeben ");
   theUserId = theHCI.userId();
   if(theAccountManager.validUser())
      validId = LTRUE;
}
```

6.8 Assoziationen

Wir haben bereits erkannt (in Kapitel 2), daß Objekte nicht isoliert, sondern in Beziehung zueinander existieren, und daß sie mittels der Übergabe von Nachrichten zusammenarbeiten. Beispielsweise würde der Besitz eines Autos zwischen einem Objekt der Klasse Person und einem Objekt der Klasse Car durch das Klassendiagramm in Abbildung 6.3 dargestellt.

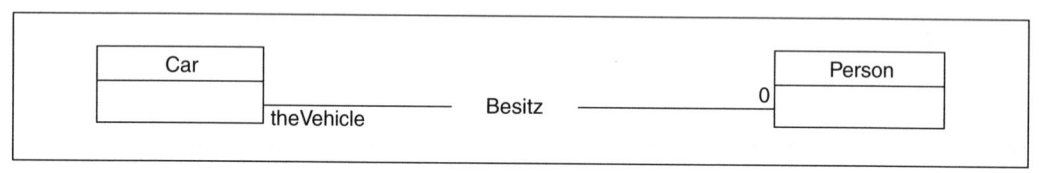

Abbildung 6.3: Assoziation Person/Auto

Falls die Ausführungsszenarien bestimmen, daß die Richtung der Beziehung immer von dem Person-Objekt zu dem Car-Objekt verläuft, fügen wir in die Klasse Person einen LINK auf das zugehörige Car-Objekt ein. Die LOOM-Spezifikation könnte folgendermaßen aussehen:

```
CLASS Car
WITH
PUBLIC INTERFACE
   Car (aMake : String, aModel : String)
   make? -> String
```

```
      model? -> String
PRIVATE IMPLEMENTATION
   REPRESENTATION
      theMake : String
      theModel : String
   AGGREGATIONS
      NONE
   ASSOCIATIONS
      NONE
   DEFINITIONS
      METHOD Car(aMake : String, aModel : String)
      AS
         SEND theMake THE MESSAGE initialise(aMake)
         SEND theModel THE MESSAGE initialise(aModel)
      ENDMETHOD Car

      METHOD make? -> String AS
         RETURN theMake
      ENDMETHOD make?

      METHOD model? -> String AS
         RETURN theModel
      ENDMETHOD make?
ENDCLASS Car

CLASS Person
WITH
PUBLIC INTERFACE
   Person (aName : String)
   name? -> String
   carMake? -> String
   setVehicleLink (aCar : Car LINK )
PRIVATE IMPLEMENTATION
   REPRESENTATION
      theName : String
   AGGREGATIONS
      NONE
   ASSOCIATION
      theVehicle : Car LINK
   DEFINITIONS
      METHOD Person(aName : String)
      AS
         SEND theName THE MESSAGE initialise(aName)
         SEND theVehicle THE MESSAGE initialise(NIL)
      ENDMETHOD Person
```

```
    METHOD name? -> String AS
       RETURN theName
    ENDMETHOD name?

    METHOD carMake? -> String AS
       RETURN SEND theVehicle THE MESSAGE make?
    ENDMETHOD carMake?

    METHOD setVehicleLink(aCar : Car LINK ) AS
       SEND theVehicle THE MESSAGE assign(aCar)
    ENDMETHOD setVehicleLink

ENDCLASS Person
```

In der Klasse `Person` liefert das `ASSOCIATION`-Feld `theVehicle` den `LINK` auf das einzelne Objekt der Klasse `Car`, welches das von der `Person` besessene Fahrzeug darstellt. Der benutzte Feldname entspricht dem Rollennamen an der Assoziation in dem Klassendiagramm. Da jedes `Person`-Objekt eine solche Verknüpfung haben wird, können alle durch die Klasse `Car` unterstützten Operationen über diese Verknüpfung versendet werden. Dementsprechend ist die Operation `carMake?` der Klasse `Person`, die ein Objekt dieser Klasse fragt, welche Automarke es besitzt, auch bereits durch das Senden der entsprechenden Nachricht an das `Car`-Objekt implementiert worden.

Ein LOOM-LINK wird als ein C++-Zeiger realisiert. Ein `Car`-Zeiger erscheint in C++ als `Car*`. Eine Variable, die als `Car*` definiert ist, speichert die Adresse des `Car`-Objekts. Dieses kann jede vorhandene Instanz sein, die entweder auf dem Laufzeitstack oder auf dem Heap erstellt wurde:

```
Car c1("Renault", "Safrane");
 // aktuelles Fahrzeug
Car* c2 = new Car("Daimler", "Sovereign");
// Heap-Objekt
Car* c3 = &c1;   // Adresse eines anderen Objekts
```

Beachten Sie, wie in der letzten Definition dem Zeiger `c3` die Adresse eines vorhandenen `Car`-Objekts übergeben wird, und daß seine Beschreibung in C++ durch Voranstellen des *Adreßoperators* & vor das Objekt `c1` erfolgt. Unsere Entwürfe erlauben diese Konstruktion nicht, damit unsere Programme stabiler werden.

Um eine Nachricht an das in einem Programm über einen Zeiger adressierte Objekt zu senden, muß das Objekt mittels der in dem Zeiger gespeicherten Adresse gefunden und dann der Elementzugriffsoperator angewendet werden. Dies wird wie folgt ausgedrückt:

```
(*c3).make()
```

Der Klassenzeigeroperator -> vereinfacht die Syntax dieser Nachrichtenübermittlung und wird folgendermaßen verwendet:

```
c3->make()
```

Beachten Sie schließlich auch noch, daß die LOOM-Signatur für die Operation `setVehicle LINK` die Form `setVehicle LINK(aCar :Car LINK)` hat. Bei dem Parameter `aCar` handelt es sich um einen IN-Parameter, der darauf hindeutet, daß das durch ihn angesprochene Objekt nicht verändert wird. Wenn wir diese Operation in C++ übersetzen, erhalten wir folgende Elementfunktion:

```
void Person::setVehicle LINK(Car* aCar)
{
  theVehicle = aCar;
}
```

Bisher haben wir den Parametertyp `Car LINK` als Entsprechung für den C++-Parameter `const Car*` verwendet, woraufhin der C++-Compiler allerdings beanstanden würde, daß wir einem konstanten Objektzeiger (`aCar`) einen nicht konstanten Objektzeiger (`theVehicle`) zugewiesen hätten, was die von dem Attribut `const` gebotene Sicherheit aufhebt. Nehmen wir an, daß in einer Anwendung die folgenden Deklarationen vorkommen:

```
Car c4 = new Car("Renault", "Safrane");
Person p1 = new Person("Ken Barclay");
```

Dann könnten wir diese Verknüpfung einrichten:

```
p1->setVehicle(c4);
```

Wir verwenden diese Lösung in Programm 6.2. Hier werden ein Objekt der Klasse `Person` und ein Objekt der Klasse `Car` erstellt, wobei das zweite mit dem ersten durch Einrichten einer Verknüpfung mittels der Nachricht `setVehicleLink` verbunden wird. Das Programm erzeugt die folgende Ausgabe:

```
Ken Barclay owns: Renault
```

Die Listings für dieses und andere Programme aus diesem Kapitel finden Sie in Anhang F.

Die Klasse `Person` enthält ein Datenelement, in dem die Adresse eines `Car`-Objekts steht. Um diesen Klassennamen bei der Einführung des Zeigers verwenden zu können, müssen wir entweder die diese Klasse deklarierende Header-Datei einbinden oder eine entsprechende Vorwärtsreferenz angeben. Wir entscheiden uns für die zweite Lösung, um zu vermeiden, daß das Lesen dieser Datei bei jedem Vorkommen des Klassennamens erforderlich wird. Eine Vorwärtsreferenz erlaubt aber nicht, daß Objekte der Klasse eingeführt werden. Dennoch haben wir die Möglichkeit, für die angegebenen Klassen sowohl Zeiger als auch Referenztypen zu verwenden. Ein Teil der Header-Datei für die Klasse `Person` sieht wie folgt aus:

```
#ifndef PERSON
  #define PERSON

  #include "loom.h"
  #include "ccstring.h"

  class Car;        // Vorwärtsverweise
```

```
class Person {
public:                  // PUBLIC INTERFACE
//  ...
private:                 // REPRESENTATION
    CString theName;

private:                 // ASSOCIATION
    Car* theVehicle;

};

#endif

//-- End Specification -------------------------------------
```

Die Klasse `Person` enthält ein Zeigerelement, das die vollständige Definition eines vorgeschriebenen Profils erforderlich macht, um sicherzustellen, daß der Zeiger korrekt initialisiert wird. An dieser Stelle müssen wir entscheiden, was die Konstruktoren, der Destruktor und der Zuweisungsoperator mit diesem Wert anfangen sollen. Da es in der Klasse `Person` eine Methode `setVehicleLink` gibt, die diesem Zeiger einen Wert zuweist, veranlassen wir die Konstruktoren, diesem Element einen geeigneten Standardwert zuzuordnen, der in LOOM als `NIL` und in C++ als Nullzeiger `NULL` bezeichnet wird. Aufgrund der Tatsache, daß die Konstruktoren nicht für die Erstellung des `Car`-Objekts verantwortlich sind, auf welches das Datenelement `theVehicle` nach unserer Vorgabe zeigt, gehört es auch nicht zu den Aufgaben des Destruktors, das Objekt zu löschen. Tatsächlich erfolgt sowohl das Erstellen als auch das Löschen des `Car`-Objekts in der Methode `run` der Klasse `Application`.

6.9 Assoziationen und Aggregationen

Betrachten Sie nun die in Kapitel 2 vorgestellte Beziehung `Company-Employee`. Bei ihr handelt es sich um eine 1:N-Beziehung zwischen einem Objekt der Klasse `Company` und vielen Objekten der Klasse `Employee`. Abbildung 6.4 veranschaulicht diesen Zusammenhang. Ein `Company`-Objekt kann nach einem Namen gefragt werden, eine Nachricht empfangen, daß ein `Employee`-Objekt eingestellt werden soll, und beantworten, ob ein `Employee` mit einem bestimmten Namen bei der Firma angestellt ist.

| Employee | N theEmployees | Company |

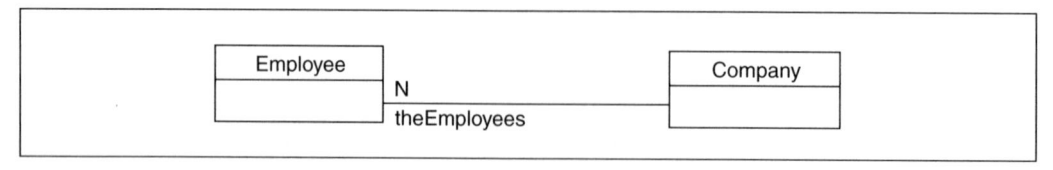

Abbildung 6.4:   Assoziation

Die folgende LOOM-Spezifikation für die Klasse Company enthält die nötigen Einzelheiten.

```
CLASS Company
WITH
PUBLIC INTERFACE
   Company (aName :String)
   hire (anEmployee :Employee LINK INOUT)
   fire (anEmployee :Employee LINK INOUT)
   displayEmployees?
   changeName (aName :String)
   name? -> String
   averageAge? -> Integer
PRIVATE IMPLEMENTATION
   REPRESENTATION
      theName : String
   AGGREGATIONS NONE
   ASSOCIATIONS
      theEmployees :POrderedCollection[Employee LINK] INVERSE OF theEmployer
   DEFINITIONS
      METHOD Company (aName :String)
      AS
         SEND theName THE MESSAGE initialise(aName)
         SEND theEmployees THE MESSAGE initialise(DEFAULTSIZE, UNMANAGED)
      ENDMETHOD Company

      METHOD hire (anEmployee :Employee LINK INOUT)
      AS
         SEND anEmployee THE MESSAGE hiredBy(me)
         SEND theEmployees THE MESSAGE add(anEmployee)
      ENDMETHOD hire

      METHOD fire (anEmployee : Employee LINK INOUT)
      AS
         SEND anEmployee THE MESSAGE fired
         SEND theEmployees THE MESSAGE remove(anEmployee)
      ENDMETHOD fire

      METHOD displayEmployees?
      AS
         SEND theScreen THE MESSAGE insert("Company: ")
         SEND theScreen THE MESSAGE insert(theName)
         SEND theScreen THE MESSAGE insert("\n")
         FOREACH emp :Employee LINK IN theEmployees DO
            SEND emp THE MESSAGE display?
         ENDFOREACH
```

```
    ENDMETHOD displayEmployees?

    METHOD changeName (aName :String)
    AS
        SEND theName THE MESSAGE assign(aName)
    ENDMETHOD changeName

    METHOD name? -> String
    AS
        RETURN theName
    ENDMETHOD name?

    METHOD averageAge? -> Integer
    AS
        INSTANCE totalAge :Integer(0)
        FOREACH anEmployee :Employee LINK IN theEmployees DO
          INSTANCE employeeAge :Integer(SEND anEmployee THE MESSAGE age?)
          SEND totalAge THE MESSAGE assign(totalAge + employeeAge)
        ENDFOREACH
         INSTANCE avAge :Integer(totalAge /
    SEND theEmployees THE MESSAGE cardinality?)
        RETURN avAge
    ENDMETHOD averageAge?

ENDCLASS Company
```

Die ASSOCIATION-Klausel ist für die Verwaltung der 1:N-Beziehung mit der Klasse Employee verantwortlich. Diese Beziehung besteht aus einer Sammlung von Employee LINKs, welche das Objekt der Klasse Company mit den vielen Objekten der Klasse Employee verknüpfen. Diese Sammlung eignet sich auch als Behälter. Wenn die Employee-Objekte beispielsweise in alphabetisch sortierter Reihenfolge vorliegen müssen, kann eine Klasse PSortedList verwendet werden. In diesem Fall benötigen wir jedoch keine bestimmte Reihenfolge, sondern nur die, in der die Eingabe der Elemente in den Behälter erfolgt, so daß sich die Benutzung einer Behälterklasse POrderedCollection anbietet (das Präfix P erinnert uns daran, daß wir es mit C++-Zeigern zu tun haben).

Wir können den Behälter POrderedCollection (siehe Anhang B) als eine LOOM-Spezifikation der folgenden Form ansehen:

```
CLASS POrderedCollection[TYPE]
WITH
OPERATIONS
  POrderedCollection (anInitialSize :Integer, aManagementScheme :Integer)
  add (anElement : TYPE)
  // .....
ENDCLASS POrderedCollection
```

6.9 Assoziationen und Aggregationen

Mit POrderedCollection [TYPE] führen wir eine Klassenspezifikation für die Klasse POrderedCollection ein, die so allgemein ist, daß sie mit jedem Elementtyp funktioniert. Anstatt zum Beispiel je eine Sammlung von Employee-, Company- und Integer-Objekten zu beschreiben, beschränken wir uns auf eine Sammlung mit dem etwas willkürlichen Typennamen TYPE. Die Klasse POrderedCollection dient als Vorlage für eine Familie von Sammlungsbehältern. Die Spezifikation ist *allgemein gültig*, da sie nicht über einen bestimmten Elementtyp in der Sammlung definiert wird. Die Anwendung auf die verschiedenen Klassen sieht folgendermaßen aus:

POrderedCollection [Employee LINK]
POrderedCollection [Company LINK]
POrderedCollection [Integer LINK]

Der Behälter POrderedCollection unterstützt eine Operation add, die ein neues Element in die Sammlung einfügt. Die Signatur dieser Operation legt fest, daß ein TYPE-Wert erforderlich ist. Wenn wir beispielsweise mit POrderedCollection [Employee LINK] eine *Instanz* des Behälters POrderedCollection *bilden*, wobei TYPE durch Employee LINK ersetzt wird, dann hat die Version von add nach der Instanzbildung folgende Form:

add(anElement :Employee LINK)

Der Konstruktor für die Klasse POrderedCollection macht die Angabe zweier Integer-Parameter notwendig, wobei der erste die Anfangsgröße des Behälters festlegt. Wenn wir ein Element mehr als diese Größe hinzufügen, verändert der Behälter seine Größe selbständig, um Platz für das neu erzeugte Element bereitzustellen. Auf diese Weise müssen wir uns nicht selbst um die Speicherverwaltung des Behälters kümmern. Wie bei jeder guten Klassenspezifikation sind unsere Objekte für ihr Verhalten vollkommen selbständig verantwortlich. Der zweite Integer-Parameter stellt einen der symbolischen Werte MANAGED und UNMANAGED dar. Der Wert MANAGED legt fest, daß beim Entfernen des Behälters POrderedCollection aus dem Speicher auch die von diesem Behälter verwalteten Elemente gelöscht werden müssen. Der Wert UNMANAGED bestimmt, daß der Behälter für die unter seiner Obhut stehenden Elemente keine Sorge tragen muß (siehe Anhang B).

Die Wahl von UNMANAGED für den zweiten Konstruktorparameter der Klasse POrderedCollection resultiert aus der 1:N-Assoziation zwischen dem Company-Objekt und den vielen Employee-Objekten. Bei einer Assoziation werden zwei unabhängige Objekte in Verbindung gebracht, die aber nicht für die Erstellung oder Löschung des jeweils anderen verantwortlich sind. In diesem Fall braucht der Behälter POrderedCollection nicht sicherzustellen, daß die unter seiner Verwaltung stehenden Employee-Objekte bei seiner eigenen Löschung mit entfernt werden.

In C++ hat die entsprechende Klassendeklaration für den allgemeinen Behälter POrderedCollection folgende Form, wobei der Typenname TYPE in der *template*-Klausel eingeführt wird:

```
template <class TYPE>
class POrderedCollection {
public:
  POrderedCollection(int, int);
  voidadd(TYPE anElement);
  // .....
};
```

Die aus der Spezifikation der Klasse Company hervorgehende Header-Datei sieht folgendermaßen aus:

```
class Company {
public:  // PUBLIC INTERFACE
   Company(const CString& aName);
   void hire(Employee* anEmployee);
   void fire(Employee* anEmployee);
   void displayEmployees(void) const;
   void changeName(const String& aName);
   CString name(void) const;
   Integer averageAge(void) const;

private: // REPRESENTATION
   CString theName;

private: // ASSOCIATIONS
   POrderedCollection<Employee*> theEmployees;

// ...

};
```

Der Konstruktor für die Klasse Company muß sowohl die Eigenschaft theName als auch die Aggregation theEmployees initialisieren. In LOOM beschreiben wir dies durch den Quelltext, den wir zu Anfang dieses Abschnitts angegeben haben. In C++ erhalten wir daraus:

```
Company::Company(const CString& aName)
  : theName(aName),
    theEmployees(DEFAULTSIZE, UNMANAGED)
{}
```

Die LOOM-Spezifikation für die Methode displayEmployees? haben wir bereits vorgestellt. In gewisser Weise stellt die FOREACH-Anweisung eine weitere Abstraktion dar, die wir als *Iteratorabstraktion* oder einfach als *Iterator* bezeichnen. Ein Iterator erlaubt es uns, alle Elemente eines Behälters anzusprechen, ohne dessen Darstellung kennen zu müssen. Solche Iteratoren sind notwendig, weil die Behälter durch ihre nicht öffentliche Implementierung ebenfalls Informationen verbergen. Die FOREACH-Klausel stellt im Endeffekt eine Abkürzung des folgenden dar (wobei die FOREACH-Anweisung in der Methode displayEmployees? verwendet wird):

```
INSTANCE empIterator : PIterator[Employee LINK](theEmployees)
WHILE (SEND empIterator THE MESSAGE isExhausted?) == FALSE DO
   INSTANCE emp : Employee LINK(SEND empIterator THE MESSAGE selection?)
   SEND emp THE MESSAGE display?
   SEND empIterator THE MESSAGE advance
ENDWHILE
```

Die erste Anweisung erzeugt eine Instanz des Typs PIterator [Employee LINK], die als Iterator für die Abfrage aller Employee LINKs in einem Behälter fungiert. Der Iterator wird mit dem Namen empIterator eingeführt und durchläuft die Elemente in dem Behälter theEmployees. Die WHILE-Anweisung terminiert, wenn dem Iteratorobjekt empIterator die Nachricht isExhausted? gesendet wird und es den Wert TRUE annimmt. Während isExhausted? den Wert FALSE zurückgibt, sind weitere Elemente zu verarbeiten. Am Ende der WHILE-Schleife wird der Iterator empIterator aufgefordert, zum nächsten Element in dem Behälter vorzurücken. Am Anfang der Schleife führen wir ein Objekt Employee LINK ein, das mit dem Wert initialisiert wird, der aus dem Senden der Nachricht selection? an empIterator resultiert.

Die Übersetzung in C++ sieht wie folgt aus:

```
void Company::displayEmployees(void) const
{
   cout << "Company: ";
   cout << theName;
   cout << "\n";
   PIterator< Employee* > empIterator(theEmployees);
   while( empIterator.isExhausted() == LFALSE ) {
      Employee* emp = empIterator.selection();
      emp->display();
      empIterator.advance();
   }
}
```

Diese Ideen werden in Programm 6.3 aufgegriffen (siehe Anhang F). Hier erstellen wir eine Instanz der Klasse Company und stellen dann eine Reihe von Employees an. Anschließend wird das Company-Objekt aufgefordert, seinen Namen und seinen Gesamtumsatz darzustellen. Wenn wir das Programm mit der folgenden Datenmenge ausführen:

```
Barclay 2500
Beddie 3000
Savage 2200
Kennedy 2400
ZZZ 0
```

resultiert daraus die folgende Ein- und Ausgabe:

```
Enter staff list:
Barclay   2500
Beddie    3000
Savage    2200
Kennedy   2400
ZZZ       0
Staff bill for Napier is 10100
```

Beachten Sie, wie in der Klasse Employee eine Funktion eingeführt wird, mit der die Verwendung des Behälters POrderedCollection unterstützt werden soll. Die Funktion lessThan vergleicht die

Namen zweier Employee-Objekte. Der Behälter stellt – zur Veranschaulichung – die Operation isMember bereit, die bestimmt, ob das Parameterobjekt ein Element der Sammlung ist. Diese Operation führt offensichtlich Vergleiche zwischen Objekten durch (in diesem Fall zwischen Employee-Objekten) und wird mit der Funktion lessThan ausgedrückt.

Verwendet man eine Art unsortierbare Sammlung, wie zum Beispiel PSet, wird in der Objektklasse (in diesem Fall Employee) eine zweite Funktion benötigt. Der von dem unsortierten PSet-Behälter eingesetzte Speichermechanismus erfordert, daß jedes Objekt einen Zufallswert liefern muß, der bestimmt, wo es in der verwendeten internen Speicherstruktur abgelegt wird. Die Funktion hashValue ermittelt einen Zufallswert von einem Employee-Objekt und könnte ihrerseits die Funktion hashValue zum Beispiel auf den Namen des Employees (ein CString-Datenelement) anwenden, der bereits für die Klasse CString definiert wurde (siehe Anhang D).

```
int Employee::hashValue(void) const
{
  return theName.hashValue();
}
```

6.10 Durchquerung in zwei Richtungen

Assoziationen zwischen Objekten können in beiden Richtungen durchlaufen werden. Beispielsweise wäre es möglich, in Abbildung 6.4 ein Employee-Objekt nach dem Namen seines Arbeitgeberobjekts zu befragen. Außerdem könnte nicht nur ein Arbeitgeber seinem Arbeitnehmer sondern auch ein Arbeitnehmer seinem Arbeitgeber die Nachricht name? senden. Damit dies erreicht werden kann, muß von jedem Employee-Objekt eine Verknüpfung zu seinem Company-Objekt ausgehen, das den Arbeitgeber der Person darstellt. Aus Kapitel 3 wissen wir, daß Paare zusammengehörender LINKs geeignet gewartet werden müssen, was wir mit der INVERSE-OF-Klausel ausdrücken.

```
CLASS Employee
WITH
PUBLIC INTERFACE
   setCompanyLink(aCompany :Company LINK )
     // .....
   ASSOCIATIONS
      theEmployer :Company LINK INVERSE OF theEmployees
     // ....
ENDCLASS Employer


CLASS Company
WITH
PUBLIC INTERFACE
```

```
     hire(anEmployee :Employee LINK INOUT)
     // .....
  ASSOCIATIONS
     theEmployees :POrderedCollection[Employee LINK] INVERSE OF theEmployer
  DEFINITIONS
     METHOD hire(anEmployee :Employee LINK INOUT) AS
        SEND anEmployee THE MESSAGE setCompanyLink(me)
        SEND theEmployees THE MESSAGE add(anEmployee)
     ENDMETHOD hire
     // ...
ENDCLASS Company
```

Achten Sie darauf, wie wir die Integrität der Verknüpfungen zwischen dem Arbeitnehmer und der Organisation dadurch sicherstellen, daß wir sie gleichzeitig aufbauen. Beide Verknüpfungen werden von der Methode hire der Klasse Company eingerichtet. Die Umkehrungen müssen in dieser Weise hergestellt werden, weil andernfalls durch Trennung der Operationen, z.B. mit Hilfe von Funktionen in den Klassen Company und Employee, der Möglichkeit Tür und Tor geöffnet wäre, eine von ihnen zu vergessen, was katastrophale Konsequenzen hätte.

Der zugehörige C++-Quelltext sieht wie folgt aus:

```
class Employee {
public:       // PUBLIC INTERFACE
   void setCompanyLink(Company* aCompany);
   // .....
private:      // ASSOCIATION
   Company* theEmployer;
};

class Company {
public:       // PUBLIC INTERFACE
   void hire(Employee* anEmployee);
   // .....
private:      // ASSOCIATION
   POrderedCollection<Employee*> theEmployees;
};

   void Company::hire(Employee* anEmployee)
   {
   anEmployee->setCompanyLink(this);
   theEmployees.add(anEmployee);
   }
```

Beachten Sie die erste Anweisung in der Funktion hire:

`anEmployee->setCompanyLink(this);`

Da es sich bei dem Parameter anEmployee um einen Zeiger auf ein Employee-Objekt handelt, versenden wir eine seiner Nachrichten, indem wir die Schreibweise anEmployee-> verwenden. Die von uns gesendete Nachricht lautet setCompanyLink und erfordert einen Zeiger auf das Company-Objekt, mit dem dieses Employee-Objekt verknüpft ist. Wenn wir die Methode hire ausführen, wird in jedem Fall eine Beziehung zu irgendeinem Company-Objekt hergestellt. In C++ bezieht sich das Schlüsselwort this auf den Empfänger der Nachricht. Dementsprechend wird das LOOM-Objekt me in die C++-Elementfunktion this übersetzt.

6.11 Rekursive Assoziationen

Wir haben in Kapitel 2 festgestellt, daß rekursive Beziehungen nur zwischen Objekten derselben Klasse bestehen können. Dieser Zusammenhang wird in Abbildung 6.5 gezeigt.

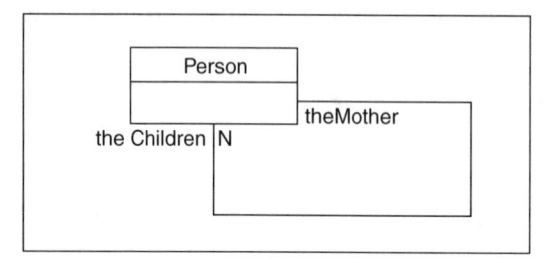

Abbildung 6.5:   Eine rekursive Beziehung

Es ist wichtig, hier die Rollennamen zu beachten. Es werden eindeutige Namen verwendet, damit erkennbar ist, welches Objekt der Klasse Person betrachtet wird. Die Rollennamen zeigen außerdem an, daß in unserer ASSOCIATION-Klausel in LOOM zwei Einträge vorhanden sind. Als erstes erscheint eine Einzelverknüpfung mit dem Person-Objekt, das als die Mutter auftritt. Der zweite Eintrag erzeugt eine Sammlung solcher Verknüpfungen, die für die Kinder des Person-Objekts steht.

```
CLASS Person
WITH
PUBLIC INTERFACE
   NONE
PRIVATE IMPLEMENTATION
   REPRESENTATION
      theName : String
   AGGREGATIONS NONE
   ASSOCIATIONS
      theMother : Person LINK INVERSE OF theChildren
      theChildren : POrderedCollection[Person LINK] INVERSE OF theMother
```

```
  DEFINITIONS NONE
ENDCLASS Person
```

Aus dieser Spezifikation leiten sich die folgenden uns vertrauten C++-Zeilen ab:

```
class Person {
public:
  // ...
private:
  CString    theName;
  Person*    theMother;
  POrderedCollection< Person* >theChildren;
};
```

6.12 N:M-Assoziationen

Bei den bisher erläuterten Assoziationen handelte es sich entweder um 1:1- oder um 1:N-Relationen. So besitzt eine Person ein Auto, und eine Firma beschäftigt viele Angestellte. Allerdings begegnen uns in Anwendungen auch häufig N:M-Assoziationen. Beispielsweise können viele Studenten von vielen Lehrkräften unterrichtet werden.

Es werden zwei Strategien für die Implementierung einer solchen Relation betrachtet. Die erste besteht darin, daß an beiden Enden der Assoziation LINKs eingefügt werden, während bei der zweiten eine Modellierung der Relation als Objekt erfolgt.

Tutor			Student
	N	theStudents	
	theTutors	N	

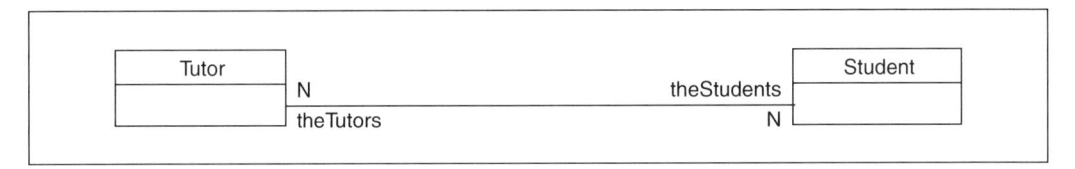

Abbildung 6.6:   Eine N:M-Assoziation

Wenn wir von einer Durchquerung der Assoziation in zwei Richtungen ausgehen, sollten wir auf jeder ihrer Seiten eine Sammlung von Verknüpfungen einbetten. Bei einem einseitigen Durchlaufen reduziert sich das Problem auf das Einbetten einer Sammlung von Verknüpfungen an der entsprechenden Seite der Relation. Wie wir bei unserer Betrachtung der 1:N-Assoziationen gesehen haben, brauchen wir diesem Fall keine weitere Aufmerksamkeit zu schenken.

Betrachten Sie das durch Abbildung 6.6 beschriebene Beispiel Tutor − Student. Lassen Sie uns annehmen, daß jedes Student-Objekt und jedes Tutor-Objekt eine Eigenschaft name besitzt. Ein Tutor sollte als Antwort auf eine Anfrage die Namen der von ihm unterrichteten Studenten anzeigen, und ein Student sollte beantworten können, von welchen Dozenten er unterrichtet wird. Ein Auszug aus den LOOM-Skripts:

```
CLASS Tutor
WITH
PUBLIC INTERFACE
   name? -> String
   displayStudents?
   // ...
PRIVATE IMPLEMENTATION
   REPRESENTATION
      theName : String
   AGGREGATIONS NONE
   ASSOCIATIONS
      theStudents :POrderedCollection[Student LINK] INVERSE OF theTutors
   DEFINITIONS
      // ...
      METHOD displayStudents?
      AS
         FOREACH student :Student LINK IN theStudents DO
            SEND theScreen THE MESSAGE insert(SEND student THE MESSAGE name?)
         ENDFOREACH
      ENDMETHOD displayStudents?

ENDCLASS Tutor


CLASS Student
WITH
PUBLIC INTERFACE
   name? -> String
   displayTutors?
   // ...
PRIVATE IMPLEMENTATION
   REPRESENTATION
      theName : String
   AGGREGATIONS NONE
   ASSOCIATIONS
      theTutors : POrderedCollection[Tutor LINK] INVERSE OF theStudents
   DEFINITIONS
      // ...
      METHOD displayTutors?
      AS
         FOREACH tutor :Tutor LINK IN theTutors DO
            SEND theScreen THE MESSAGE insert(SEND tutor THE MESSAGE name?)
```

```
        ENDFOREACH
    ENDMETHOD displayTutors?

ENDCLASS Student
```

Der sich aus diesen Ausführungen ergebende C++-Quelltext sollte uns jetzt nicht mehr überraschen. Gemäß bereits gemachter Überlegungen wird er aus den bereitgestellten Zuordnungen zwischen LOOM und C++ abgeleitet.

Gewöhnlich kommen bei diesen N:M-Assoziationen Eigenschaften vor, die sich keiner der Klassen an den Enden der Assoziation eindeutig zuordnen lassen. Betrachten Sie das Modell in Abbildung 6.7, in dem ein Company-Objekt eine Vielzahl von Employee-Objekten beschäftigt und eine Einzelperson für mehrere Organisationen arbeiten oder zwei Aufgaben für dasselbe Unternehmen verrichten kann. Wenn eine Person bei zwei Arbeitgebern angestellt ist oder bei demselben Unternehmen zwei Tätigkeiten versieht, besitzt sie zwei verschiedene Tätigkeitsbezeichnungen und Einkünfte. In diesem Fall gehören die Eigenschaften für die Tätigkeit und das Einkommen eher zu der Beschäftigungsbeziehung als beispielsweise zu dem Employee-Objekt.

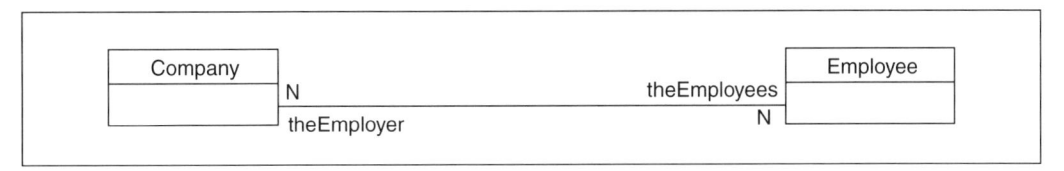

Abbildung 6.7:   Eine N:M-Assoziation Company — Employee

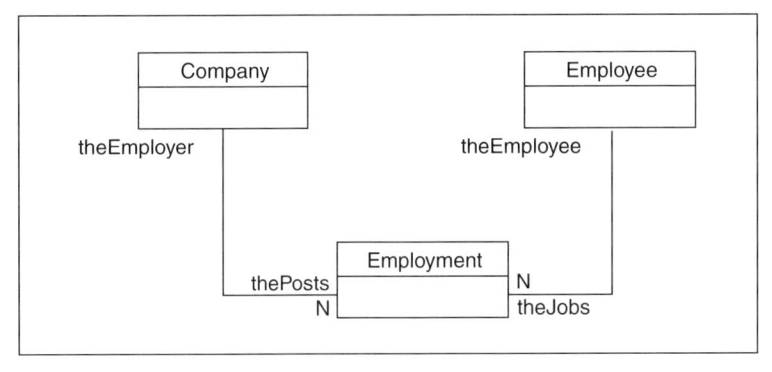

Abbildung 6.8:   Aufteilung einer N:M-Assoziation

Eigentlich gehören die Eigenschaften für die Tätigkeit und das Einkommen zu der Assoziation. Wenn es wie hier mehrere Eigenschaften gibt, ist es üblich, für diesen Zweck eine neue Klasse zu erstellen. Das neue Modell wird in Abbildung 6.8 dargestellt. Beachten Sie, daß die N:M-Assoziation in zwei einfachere N:1-Assoziationen aufgelöst worden ist.

Im folgenden sehen Sie eine Klasse Application, die ein solches System ausführt. Das zugehörige Listing finden Sie bei Programm 6.4 (siehe Anhang F). Die LOOM-Spezifikation und die Ausgabe des Programms sind:

```
CLASS Application
WITH
PUBLIC INTERFACE
   run
PRIVATE IMPLEMENTATION
   REPRESENTATION NONE
   AGGREGATIONS NONE
   ASSOCIATIONS NONE
   DEFINITIONS
      METHOD run
     AS
        //
        // Erzeuge zunächst eine Firma als Arbeitgeber
        //
        INSTANCE napier : Company LINK("Napier")

        //
        // Erzeuge dann einige Personen, die für diese Firma arbeiten
        //
        INSTANCE john : Employee LINK("John Savage")
        INSTANCE ken : Employee LINK("Ken Barclay")
        INSTANCE jessie : Employee LINK("Jessie Kennedy")

        //
        // Gib nun Ken und John einen Job bei Napier
        //
        INSTANCE johnsJob : Employment LINK("Lecturer", 1000, napier, john)
        INSTANCE kensJob : Employment LINK("Systems Manager", 800, napier, ken)
        SEND napier THE MESSAGE addEmployment(johnsJob)
        SEND john THE MESSAGE addEmployment(johnsJob)
        SEND napier THE MESSAGE addEmployment(kensJob)
        SEND ken THE MESSAGE addEmployment(kensJob)

        //
        // Und betrachte das Ergebnis
        //
        SEND napier THE MESSAGE displayEmployees?

        //
        // Gib Jessie zwei Jobs bei Napier
        //
```

```
            INSTANCE jessiesFirstJob :
    Employment LINK("Part Time Lecturer", 500, napier, jessie)
            INSTANCE jessiesSecondJob :
    Employment LINK("Part Time Research Assistant", 300, napier, jessie)
        SEND napier THE MESSAGE addEmployment(jessiesFirstJob)
        SEND napier THE MESSAGE addEmployment(jessiesSecondJob)
        SEND jessie THE MESSAGE addEmployment(jessiesFirstJob)
        SEND jessie THE MESSAGE addEmployment(jessiesSecondJob)

        SEND napier THE MESSAGE displayEmployees?
    ENDMETHOD run

ENDCLASS Application
```

Ausgabe des Programms:

```
Napier
---------

John Savage: Lecturer, 1000
Ken Barclay: Systems Manager, 800


Napier
---------

John Savage: Lecturer, 1000
Ken Barclay: Systems Manager, 800
Jessie Kennedy: Part Time Lecturer, 500
Jessie Kennedy: Part Time Research Assistant, 300
```

6.13 Nochmals Parameterübergabe

Wir haben die Parameterübergabe von Funktionen bereits in Abschnitt 6.2.2 kurz umrissen. In diesem Abschnitt wollen wir auf die Mechanismen genauer eingehen. Betrachten Sie die folgende Definition:

```
int x = 27;
```

Wir interpretieren sie so, daß ein Speicherbereich reserviert wird, der ausreicht, um eine Ganzzahl unterzubringen. Dieser Speicherbereich wird in dem Programm über den Bezeichner x angesprochen. Auf Maschinenebene besitzt dieser Teil des Speichers eine Adresse (zum Beispiel 5678), und er wird mit dem Binärmuster der Dezimalzahl 27 initialisiert. Die Veranschaulichung dieser Situation sehen Sie in Abbildung 6.9.

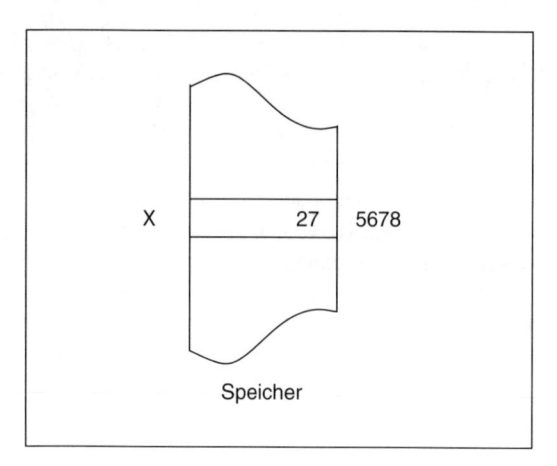

Kapitel 6   Objektorientierte Programmiersprachen

Abbildung 6.9:   Speicherreservierung und Variablendefinition

Wir können diese Beziehung aber mittels der Schreibweise von Barclay (1994) auch wie in Abbildung 6.10 darstellen. Eine Programmvariable besitzt eine interne Speicheradresse und wird in dem Diagramm durch eine Linie von dem Variablenbezeichner zu der Adresse (als ein Sechseck dargestellt) veranschaulicht. Die Beziehung *verweist auf* verbindet die Adresse mit dem Wert an dieser Adresse. Dies wird mit einem Pfeil auf die Speicherzelle veranschaulicht, welche den Wert der Variablen enthält. Die Beziehung *verweist auf* besteht ausschließlich zwischen den beiden *internen Objekten Speicheradresse* und *Wert*. Die internen Objekte befinden sich *im Besitz* eines *externen Objekts* – dem Bezeichner in dem Programm. Die von uns zu ermittelnde interne Adresse (die manchmal auch als *Name* bezeichnet wird) ist ein Objekt eines anderen Typs, den wir in unseren Programmen ebenfalls bearbeiten können.

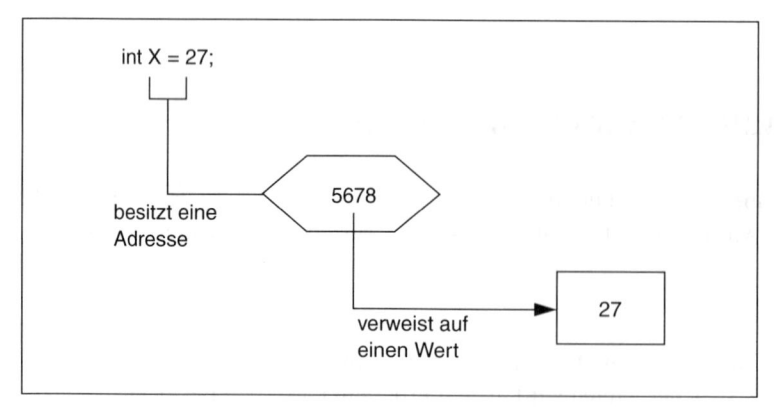

Abbildung 6.10:   Adressen und Werte

Unter einer *Referenz* versteht man einen Alternativnamen, oder auch *Alias*, für ein Objekt, das sich in dem aktuellen Gültigkeitsbereich befindet. Grundsätzlich läßt sich ein Referenztyp als Argument oder Rückgabetyp einer Funktion verwenden, insbesondere wenn er mit benutzerdefinierten Klassentypen eingesetzt wird. Betrachten Sie nun die folgende Definition:

```
int& b = k;
```

Das Ergebnis der Deklarationen besteht darin, daß die beiden Bezeichner b und k auf dasselbe ganzzahlige Objekt verweisen. Das Zuweisen an b oder an k hat die gleiche Wirkung. Man hat zwar andere Bezeichner, aber denselben Wert. In manchen Programmiersprachen wird dieses Phänomen auch als *Äquivalenzbildung* bezeichnet.

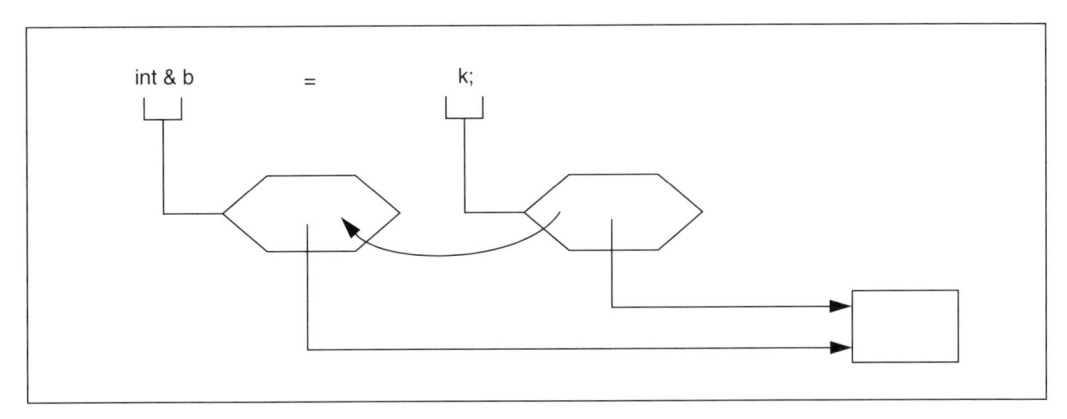

Abbildung 6.11:   Wirkung einer Zuweisung

Abbildung 6.11 beschreibt die Wirkung der gerade angegebenen Definition. Beachten Sie insbesondere, daß der initialisierende Wert für die Äquivalenz eine andere Variable sein muß.

Durch Voranstellen des Attributs const vor einen Referenztyp kann man außerdem betonen, daß eine Veränderung des Objekts durch die Referenz nicht möglich ist. So kann in dem folgenden Beispiel über b kein Wert zugewiesen werden, weil die Referenz als konstant gekennzeichnet wurde:

```
int k = 5
const int& b = k;
k = 10;         // ok, k ist eine Variable
b = 12;         // Fehler, b ist eine Konstante
```

Abbildung 6.12 veranschaulicht die folgende Definition mit Initialisierung:

```
int* pVar = &var;
```

Wie immer besitzt die Variable pVar ein Adresse. Allerdings handelt es sich bei dem durch die Adresse bestimmten Wert dieses Mal selbst um eine Adresse (die Adresse von var). Der Wert des Ausdrucks pVar ist die Adresse, auf die er verweist, während der Wert des Ausdrucks *pVar das Objekt ist, auf das pVar zeigt.

Kapitel 6 Objektorientierte Programmiersprachen

Verwendet man beim Aufruf einer Funktion Ausdrücke als Parameter, wird der Wert jedes aktuellen Ausdrucks berechnet. Danach werden die berechneten Werte mit den formalen Parametern in Übereinstimmung gebracht. Die in dem Funktionsrumpf benutzten formalen Parameter verhalten sich wie (mit dem Wert des aktuellen Parameters) initialisierte lokale Variablen. Danach können sie wie lokale Variablen behandelt und entsprechend modifiziert werden. Die Änderungen betreffen nur die lokale Kopie, nicht aber den aktuellen Parameter selbst. Diese Art der Parameterübergabe wird als *Wertübergabe* bezeichnet.

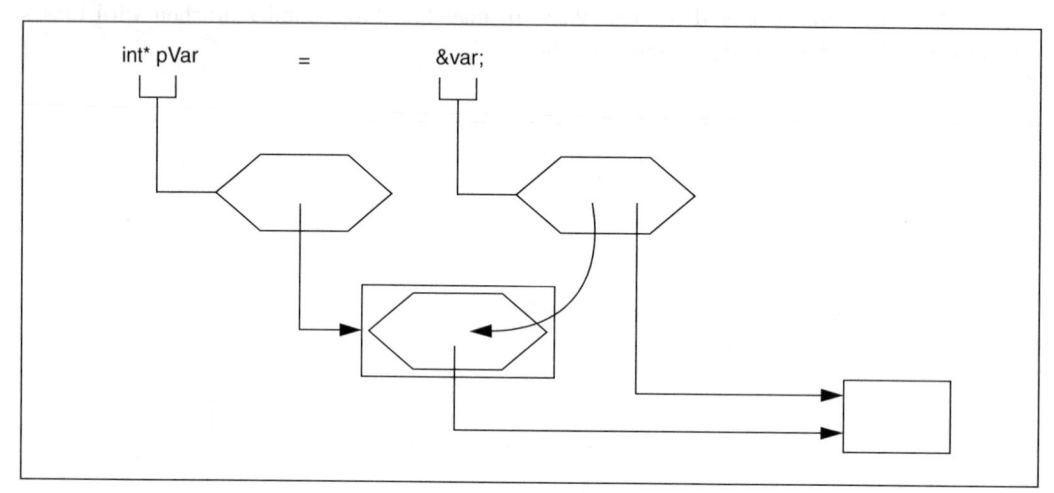

Abbildung 6.12:   Zeigervariablen

Dies wird durch den folgenden Quelltext demonstriert:

```
class Employee {
public:
  Employee(CString aName);
  void changeName(CString aName);
  // ...
};

Employee e1("John Savage");
CString s2("Kenneth Barclay");
e1.changeName(s2);
```

Um diesen Parameterübergabemechanismus richtig verstehen zu können, rufen wir uns noch einmal die in Abbildung 6.10 beschriebene Variablendefinition in Erinnerung. Das obige Listing ruft die Funktion changeName auf und übergibt ihr den Wert der Variablen s2. Dies wird durch Abbildung 6.13 illustriert. Darin erscheint der Quelltext für die Funktion changeName als Kreis, an den der Wert des aktuellen Parameters übergeben wird.

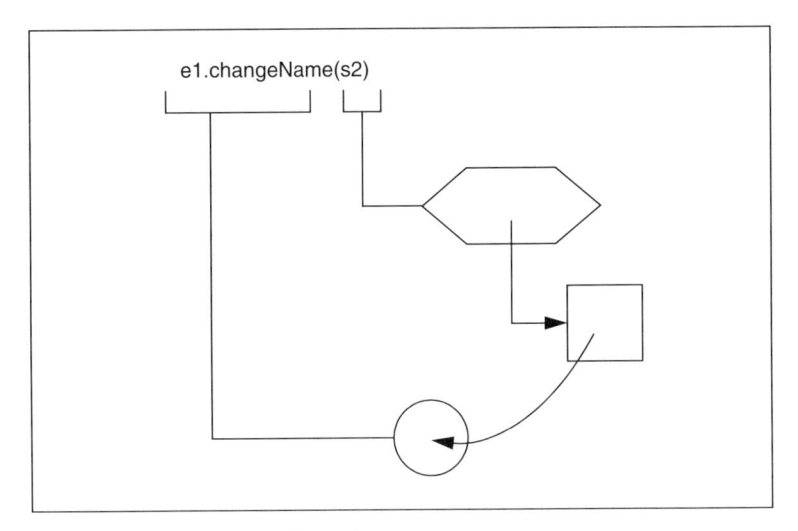

Abbildung 6.13:   *Wertübergabe*

Die Bereitstellung des aktuellen Parameters für die C++-Funktion changeName erfolgt über den Mechanismus der Wertübergabe. Unser Verständnis dieses Verfahrens sieht so aus, daß der formale Parameter als mit dem Wert des Ausdrucks für den aktuellen Parameter initialisierte lokale Variable für die aufgerufene Funktion behandelt wird. Abbildung 6.14 zeigt, auf welche Weise dies für den Parameter der Funktion changeName geschieht. Der formale Parameter aName wird mit dem aktuellen Parameter initialisiert. Danach fungiert der formale Parameter als eine Variable mit der Funktion changeName als Gültigkeitsbereich, und alle an aName vorgenommenen Änderungen betreffen die Kopie, nicht aber den aktuellen Parameter selbst.

Betrachten Sie nun die für die Verwendung der Referenzübergabe veränderte Deklaration für die Klasse Employee:

```
class Employee {
public:
  Employee(CString& aName);
  void changeName(CString& aName);
  // ...
};

Employee e1("John Savage");
CString s2("Kenneth Barclay");
e1.changeName(s2);
```

Abbildung 6.15 veranschaulicht den Aufruf der Funktion changeName, wobei vor allem die Behandlung des aktuellen Parameters im Mittelpunkt steht. Beachten Sie, wie der Funktion, der vorangegangenen Beschreibung entsprechend, die Variable s2 durch Einsetzen des Alias aName als formaler Parameter zur Verfügung gestellt wird. Diese Funktion kann dann auf den Wert unter dieser Referenz zugreifen oder an dieser Stelle einen berechneten Wert einfügen und dadurch eine Änderung an dem aktuellen Parameter durchführen.

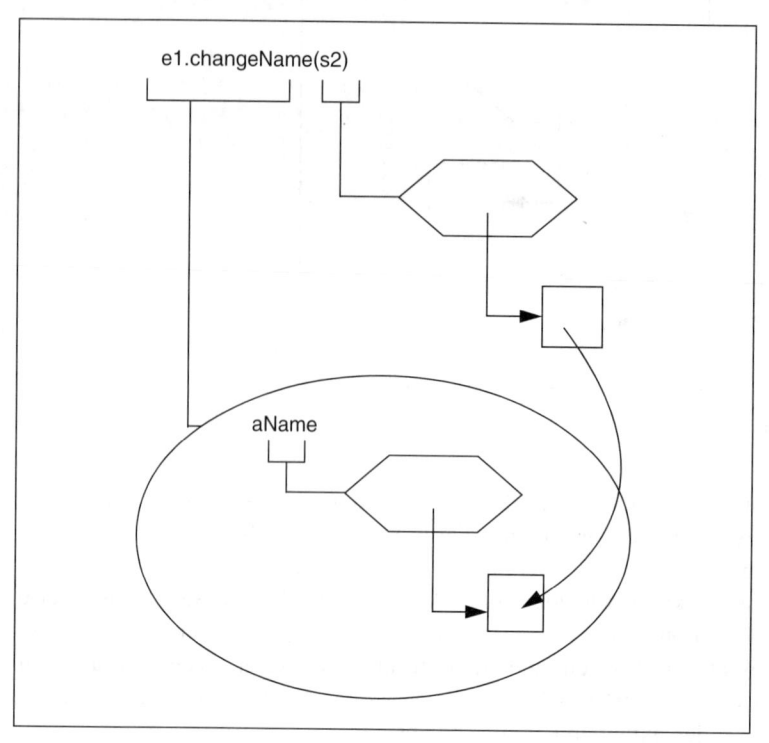

Abbildung 6.14:   Implementierung der Wertübergabe

Da für den formalen Parameter der aktuelle Parameter als Alias verwendet wird, kann dem aktuellen Parameter über den Namen des formalen Arguments ein neuer Wert zugewiesen werden. Um uns vor dieser Möglichkeit zu schützen, spezifizieren wir den formalen Parameter als konstante Referenz, wobei wir uns immer noch an der Effizienz der Referenzübergabe erfreuen können:

```
class Employee {
public:
  Employee(const CString& aName);
  void changeName(const CString& aName);
  //...
};
```

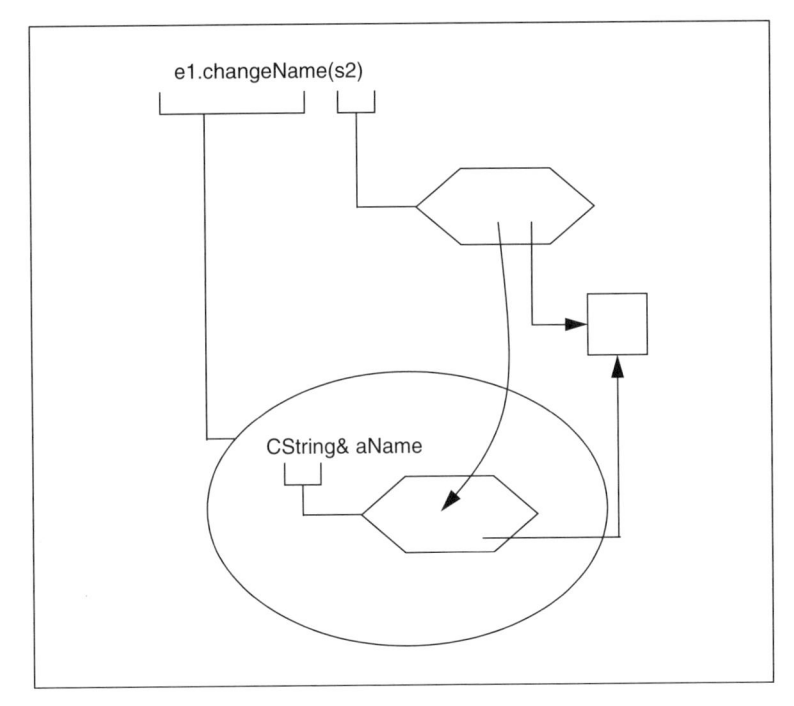

Abbildung 6.15: Referenzübergabe

Um einer aufgerufenen Funktion zu ermöglichen, auf den Wert einer Variablen in der aufrufenden Funktion zuzugreifen, kann letztere die Adresse einer seiner *automatischen* (lokalen) Variablen bereitstellen. Besitzt die aufgerufene Funktion dann die Adresse einer Variablen in der aufrufenden Funktion, hat sie die Möglichkeit, dieser Adresse einen neuen Wert zuzuweisen.

Betrachten Sie nun die folgenden Klassen:

```
class Company;// Vorwärtsverweis

class Employee {
public:
  void hiredBy(Company* aCompany);
  // ...
};

class Company {
public
  void hire(Employee* anEmployee);
  // ...
};

void Company::hire(Employee* anEmployee)
```

Kapitel 6 Objektorientierte Programmiersprachen

```
{
  anEmployee->hiredBy(this);
  // ...
}

Company* c1 = new Company("Napier");
Employee* e2 = new Employee("John Savage");

c1->hire(e2);
```

Beachten Sie die Implementierung der Funktion `hire`. Der Parameter `anEmployee` empfängt die Nachricht `hiredBy`, so daß über den `Company`-Zeiger `this` eine Beziehung mit dem `Company`-Objekt aufgebaut wird, das dann als Arbeitgeber fungiert.

Abbildung 6.16 zeigt die Bedeutung des Aufrufs der Funktion `hire` und dabei insbesondere die Benutzung des aktuellen Parameters. Beachten Sie, wie der Funktion unserer Beschreibung entsprechend die durch die Variable `e2` bestimmte Adresse des `Employee`-Objekts zur Verfügung gestellt wird. Die Funktion kann dann an dieser Adresse einen berechneten Wert einfügen und so den aktuellen Parameter effektiv verändern.

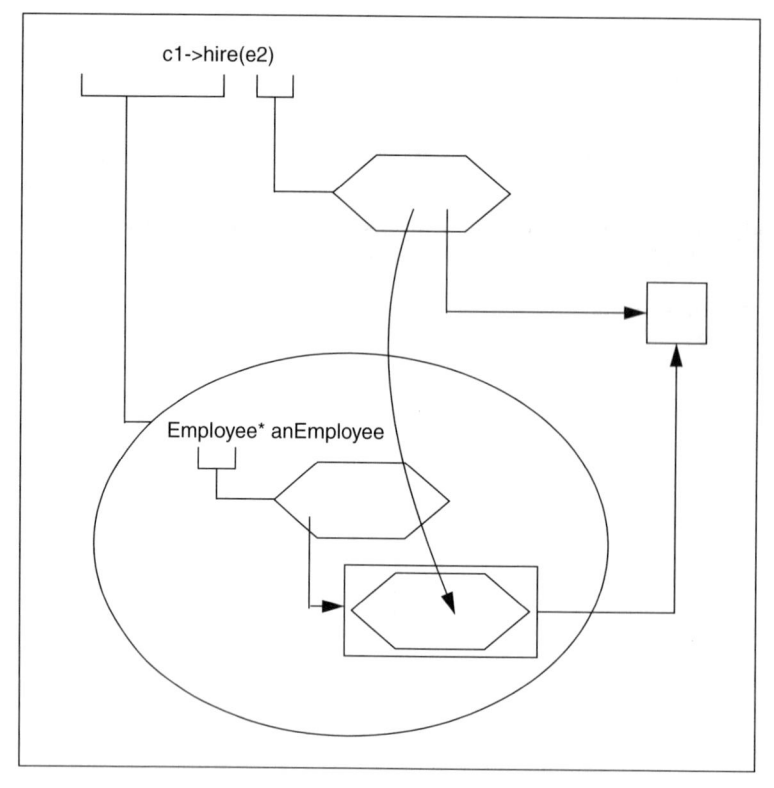

Abbildung 6.16: Zeigerübergabe

6.14 Zusammenfassung

1. Eine einzige LOOM-Klassenspezifikation ergibt zwei C++-Programmdateien: eine Header-Datei mit der Klassendeklaration sowie ein Programmodul, das den Quelltext für die Elementfunktionen der Klasse enthält.

2. Eine C++-Klassendeklaration besitzt einen öffentlichen Abschnitt, der vorrangig die den LOOM-Operationen entsprechenden Elementfunktionen der Klasse enthält, sowie einen privaten Abschnitt für die Datenelemente (Eigenschaften und Strukturelemente).

3. Eine C++-Klassendeklaration führt die Elementfunktionen mittels Prototypen ein, welche die Funktionen benennen und die Rückgabetypen sowie die Typen der formalen Parameter spezifizieren. Die formalen Parameter dokumentieren auch die Funktionsweise der Parameterübergabe. In C++ gibt es drei Parameterübergabeverfahren: die Wertübergabe, die Referenzübergabe und die Zeigerübergabe.

4. Methodenrümpfe werden in C++-Programmodulen als Funktionsdefinitionen angegeben. Alle Definitionen von Elementfunktionen enthalten den Scope-resolution-Operator, der die zugehörige Klasse angibt.

5. Aggregationen und Assoziationen werden als C++-Zeiger realisiert. Eine 1:N-Aggregation oder eine 1:N-Assoziation verwendet einen Behälter von Zeigern, wie zum Beispiel die Behälterklasse POrderedCollection. Letztere bildet eine Template-Klasse, in welcher durch Bilden einer Instanz einer speziellen Version in der Anwendung der eigentliche Typ des Zeigers spezifiziert wird.

6.15 Übungen

1. Geben Sie die beiden für jede LOOM-Klassenspezifikation erforderlichen C++-Programmdateien an. Geben Sie kurz deren Inhalt wieder.

2. Eine LOOM-Spezifikation enthält den Abschnitt PUBLIC INTERFACE sowie den privaten Teil REPRESENTATION. In ihnen werden die *Operationssignaturen* bzw. die *Klasseneigenschaften* dokumentiert. Wie heißen die entsprechenden C++-Elemente in einer Klassendeklaration, und wie werden sie dargestellt?

3. Betrachten Sie die folgende C++-Klassendeklaration in einer Header-Datei book.h, in der die Datenelemente von den Klassentypen CString und CDate sind:

```
class Book {
public:
  // ...
private:
  CString theAuthor;
  CString theTitle;
```

```
    CDate thePublication;
};
```

Welche zusätzlichen Informationen werden von dieser Header-Datei benötigt, und wie erhält man diese? Welche Eigenschaften der Sprache verwenden wir, um dieses zu erreichen?

4. Das folgende LOOM-Fragment führt zu der entsprechenden C++-Klassendeklaration:

```
CLASS Employee WITH              class Employee {
PUBLIC INTERFACE                 public:
  name? -> string                   CString name(void) const;
  changeName(aName :String)         void changeName(CString aName);
// ...
ENDCLASS Employee                };
```

Geben Sie ein Zuordnungsschema für die Umwandlung von LOOM-Operationssignaturen in C++-Funktionsprototypen an.

Bestimmen Sie, welche LOOM-Operation und welche entsprechende C++-Elementfunktion bei diesem Verfahren eine spezielle Behandlung erfordern.

5. Charakterisieren Sie die Parameterübergabemechanismen von C++: Wertübergabe, Referenzübergabe und Zeigerübergabe. Geben Sie anhand von Beispielen ihre geeignete Anwendung wieder.

6. Für das Versenden von Nachrichten gibt es in C++ die folgenden beiden Konstrukte:

```
Empfänger.Nachricht(aktuelle Parameter)
Empfänger->Nachricht(aktuelle Parameter)
```

Unterscheiden Sie diese beiden Formen sorgfältig, und geben Sie die Eigenschaften und den Typ des Empfängerobjekts an.

7. LOOM-Methodenrümpfe führen zu C++-Funktionsdefinitionen. Jedem Funktionsnamen wird in einem Konstrukt der folgenden Form sein Klassenname als Präfix vorangestellt:

```
CString Employee::name(void) const
{
  // ...
}
```

Erläutern Sie, warum der Klassenname als Präfix erforderlich ist. Welche Vorteile hat dies für uns? Wie nennen wir das Symbol ::?

8. Ein C++-Funktionsrumpf stellt, wie in der vorigen Übung gezeigt, durch eine oder mehrere C++-Anweisungen die Ausführungslogik dar. Bestimmen und erläutern Sie die für C++-Konstruktorfunktionsdefinitionen eindeutige erweiterte Syntax.

9. Betrachten Sie die folgende C++-Klassendeklaration in einer Header-Datei employee.h:

```
#include "ccstring.h"
```

```
class Company;// Vorwärtsverweis

class Employee {
public:
  // ...
private:
  CStringtheName;
  Company*theEmployer;
};
```

Erklären Sie die Notwendigkeit der Präprozessoranweisung `#include "ccstring.h"`. Erläutern Sie dann, warum die Vorwärtsreferenz `class Company` erforderlich und hinreichend ist, d.h. warum die Verwendung von `#include "company.h"` hier nicht benötigt wird.

10. Untersuchen Sie die in der LOOM-Bibliothek enthaltene Klasse `POrderedCollection`. Die zwei Dateien haben die Namen `pordcol.h` und `xpordcol.h`. Die erste führt die Klassendeklaration ein, während letztere die Funktionsdefinitionen enthält.

    Beachten Sie, daß sich die Funktionsdefinitionen ebenfalls in einer Header-Datei befinden und wie die Datei `pordcol.h` die Präprozessoranweisung `#include "xpordcol.h"` verwendet. Stellen Sie anhand eines C++-Referenztextes (zu finden im Literaturverzeichnis) fest, warum dies so ist.

    Sehen Sie sich in der Datei `xpordcol.h` sorgfältig die Form der Definitionen der *Template-Funktion* an. Manchen wird das C++-Schlüsselwort `inline` als Präfix vorangestellt. Schlagen Sie erneut in einer Sprachreferenz nach, um seine Bedeutung und Anwendung herauszufinden.

11. Stellen Sie die Klassen `Car`, `Student` und `House` aus den Übungen 2, 3 und 4 von Kapitel 3 in C++ dar. Erstellen Sie für jede dieser Klassen eine zugehörige Klasse `Application` mit einer Methode `run`, welche Instanzen erzeugt und geeignete Nachrichten versendet.

12. Bereiten Sie für die Klassen `Point`, `Line` und `Rectangle` aus den Übungen 5, 6 und 7 von Kapitel 3 eine Klasse `Application` vor, die das Verhalten der Methoden korrekt realisiert. Konvertieren Sie die Klassen in C++, und führen Sie das daraus hervorgehende C++-Programm aus.

13. Stellen Sie die Klasse `Store` aus Übung 8 von Kapitel 3 in C++ dar. Entwickeln Sie eine Anwendung, die zwei Instanzen von `Store` bildet und den Wert der ersten in die zweite kopiert.

    Erweitern Sie die Klasse `Store` um die Operationen `up` und `down`, die den gespeicherten Wert erhöhen und verringern. Testen Sie sie mit einer geeigneten Anwendung.

14. Implementieren Sie das in Übung 2 von Kapitel 2 angegebene `Country-City`-Szenario.

15. Entwickeln Sie anhand des LOOM-Skripts aus Übung 9 von Kapitel 3 ein ausführbares Programm zum Testen eines `Beetle`-Objekts.

Erweitern Sie Ihr Programm um die Klassen Player und Game, und erstellen Sie ein funktionsfähiges Programm. Verwenden Sie einen DOrderedCollection-Behälter, der die Player-Objekte aufnimmt. Beachten Sie, daß Sie auf einen Zufallszahlengenerator zugreifen können müssen. Dies erreichen Sie ganz einfach dadurch, daß Sie die Funktion rand() in der C-Standardbibliothek verwenden. Diese erzeugt eine Pseudozufallszahl zwischen 1 und 99. Ersetzen Sie dafür die LOOM-Anweisung

```
SEND theRandomNumberGenerator THE MESSAGE randomise(theDie)
```

durch

```
theDie = (rand() % 6) + 1;
```

und binden Sie die Datei <stdlib.h> ein.

16. Untersuchen Sie eingehend die Spezifikation der Bibliothek in der Fallstudie aus Kapitel 4, und bereiten Sie dann den entsprechende C++-Quelltext für die zweite Version vor. Erstellen Sie ein ausführbares Programm.

Kapitel 7

Spezialisierung

In Kapitel 2 untersuchten wir die zwischen Klassen möglichen Assoziationen und Aggregationen. Es gibt aber noch eine weitere Art von Beziehung, die als Spezialisierung bezeichnet und ebenfalls häufig bei OOAD verwendet wird. Betrachten Sie das Klassendiagramm in Abbildung 7.1.

Das entsprechende LOOM-Skript für die Klasse Employee definiert seine öffentliche Schnittstelle und die private Implementierung.

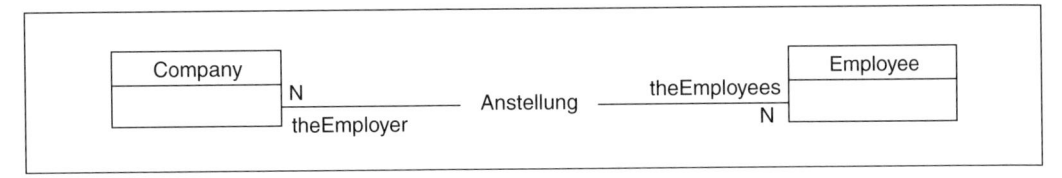

```
┌─────────────────────────────────────────────────────────────────────┐
│   ┌──────────┐                                       ┌──────────┐   │
│   │ Company  │ N                          theEmployees│ Employee │   │
│   │          │───────── Anstellung ─────────          │          │   │
│   │          │  theEmployer                         N │          │   │
│   └──────────┘                                       └──────────┘   │
└─────────────────────────────────────────────────────────────────────┘
```

Abbildung 7.1:   Klassendiagramm

```
CLASS Employee
WITH
PUBLIC INTERFACE
    Employee(aName :String, aDateOfBirth :Date,
         aSalary :Integer, aReferenceNumber :Integer)
    name? -> String
    age? -> Integer
    changeName (aName :String)
    display?
    companyName? -> String
    salary? -> Integer
    referenceNumber? -> Integer
    hiredBy(anEmployer :Company LINK )
    fired
PRIVATE IMPLEMENTATION
    REPRESENTATION
        theName :String
        theDateOfBirth :Date
        theSalary :Integer
        theReferenceNumber :Integer
    AGGREGATIONS NONE
    ASSOCIATIONS
```

```
    theEmployer :Company LINK INVERSE OF theEmployees
DEFINITIONS
    // Geeignete Methodendefinitionen...

ENDCLASS Employee
```

Allerdings scheint es nach sorgfältiger Untersuchung dieses LOOM-Skripts klar zu sein, daß einige Operationen einen speziellen Bezug zu den Employee-Objekten haben und nicht nur Personen im allgemeinen beschreiben. Dieses sind:

```
companyName?
referenceNumber?
salary?
hiredBy
```

und

```
fired
```

In der gleichen Weise handelt es sich bei

```
theReferenceNumber
```

und

```
theSalary
```

um Eigenschaften für die Darstellung, die ganz speziell zu Employee-Objekten gehören. Die anderen Operationen und Eigenschaften beschreiben eine Person und haben keinen direkten Bezug zur Beschäftigung.

Angesichts der Tatsache, daß eine Assoziation von der Anwendung abhängt, kommt es nicht überraschend, daß theEmployer in dieser Struktur vorhanden ist. Wir wissen intuitiv, daß diese Assoziation bei einer anderen Struktur nicht existent sein muß. Diese Überlegungen bringen uns dazu, wie in Abbildung 7.2 dargestellt, eine Beziehung zwischen einer Klasse Person und einer Klasse Employee einzurichten.

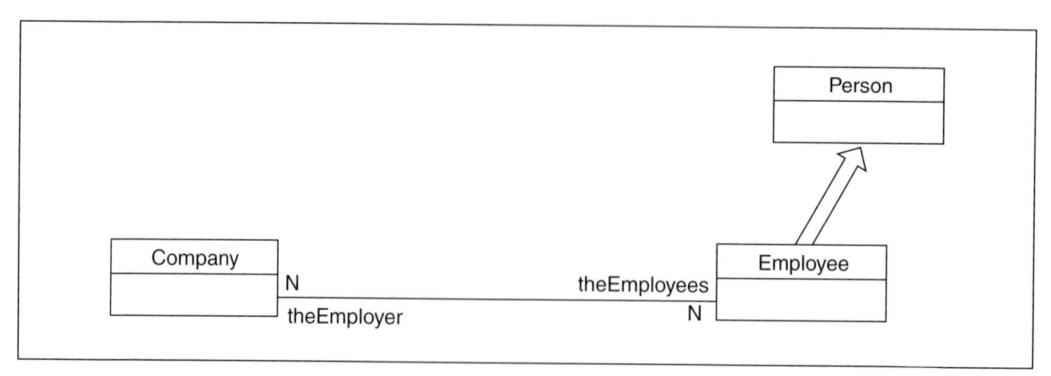

Abbildung 7.2: Eine Spezialisierung

Die Abbildung zeigt, daß die Klasse Employee durch Spezialisierung einen Bezug zur Klasse Person besitzt. Es geht indirekt daraus hervor, daß beide Klassen über dieselbe öffentliche Schnittstelle verfügen. Allerdings können der öffentlichen Schnittstelle der Klasse Employee durchaus auch zusätzliche Operationen hinzugefügt worden sein. Man sollte unbedingt beachten, daß ein Entfernen einer Operation nicht möglich ist. Die Klasse Person wird üblicherweise als *Vaterklasse* (Superklasse) und die Klasse Employee als der *Nachfahre* (die Sub- oder Tochterklasse) bezeichnet.

Folglich kann ein Objekt der Klasse Employee auf die gleichen Nachrichten antworten wie ein Objekt der Klasse Person. Mit anderen Worten gilt ein Employee-Objekt *ist ein* Person-Objekt, während die Umkehrung nicht gilt. Ein Person-Objekt ist kein Employee-Objekt.

Mit Hilfe des reservierten LOOM-Ausdrucks SPECIALISATION OF können wir die Spezialisierung wie folgt erfassen:

```
CLASS Person
WITH
PUBLIC INTERFACE
   Person(aName :String, aDateOfBirth :Date)
   name? -> String
   age? -> Integer
   changeName(aName :String)
   display?
PRIVATE IMPLEMENTATION
   REPRESENTATION
      theName :String
      theDateOfBirth :Date
   AGGREGATIONS NONE
   ASSOCIATIONS NONE
   DEFINITIONS
      // ...

ENDCLASS Person


CLASS Employee
   SPECIALISATION OF Person
WITH
PUBLIC INTERFACE
   Employee(aName :String, aDateOfBirth :Date,
         aSalary :Integer, aReferenceNumber :Integer)
   companyName? -> String
   salary? -> Integer
   referenceNumber? -> Integer
   hiredBy(anEmployer :Company LINK )
   fired
```

```
PRIVATE IMPLEMENTATION
   REPRESENTATION
      theSalary :Integer
      theReferenceNumber :Integer
   AGGREGATIONS NONE
   ASSOCIATIONS
      theEmployer :Company LINK INVERSE OF theEmployees
   DEFINITIONS
      // ...

ENDCLASS Employee
```

Die Klasse `Employee` besitzt in ihrer öffentlichen Schnittstelle jetzt nur noch die für sie speziellen Operationen, wohingegen in der Klasse `Person` alle Funktionen festgehalten sind, die für Personen im allgemeinen gelten. Diese Form vereinfacht die Entwicklung und das Verständnis von LOOM-Skripten.

Man sollte ferner erkennen, daß die Klasse `Person` durch eine andere Art von Spezialisierung in weiteren Anwendungen wiederverwendet werden kann. Beispielsweise wäre es möglich, die im folgenden definierte Klasse `Student` als Teil eines Studentenverzeichnisses zu benutzen.

```
CLASS  Student
   SPECIALISATION OF Person
WITH
PUBLIC INTERFACE
   Student(aName :String, aDateOfBirth :Date, aMatriculationNumber :Integer,
              aYearOfStudy :Integer, aCourse :String )
   matriculationNumber? -> Integer
   yearOfStudy? -> Integer
   course? -> String
   taughtAt(aUniversity :University LINK )
PRIVATE IMPLEMENTATION
   REPRESENTATION
      theMatriculationNumber :Integer
      theYearOfStudy :Integer
      theCourse :String

   AGGREGATIONS NONE
   ASSOCIATIONS
      theUniversity :University LINK

   DEFINITIONS
      // Geeignete Methodendefinitionen

ENDCLASS Student
```

7.1 Vererbte Methoden

Bisher haben wir noch nicht die Methoden betrachtet, die das Verhalten der Operationen definieren. In LOOM werden die in der Vaterklasse definierten Methoden einer Operation, solange nicht ausdrücklich anders vermerkt, von der abgeleiteten Klasse geerbt. Mit anderen Worten, sie sind *invariant gegenüber Spezialisierung*. Dies bedeutet, daß die Spezifikation **und** die Implementierung einer Operation durch eine von der Vaterklasse abgeleitete Klasse geerbt werden. Beachten Sie, daß die in der Vaterklasse definierten Methoden für diese immer noch privat sind und von keiner anderen Klasse einschließlich der abgeleiteten Klasse verwendet werden können (diese Regel trifft übrigens auch auf die Darstellung zu). In der abgeleiteten Klasse werden nur die Methoden für die der abgeleiteten Klasse zusätzlich zur Verfügung stehenden Operationen definiert. LOOM-Skripte für die Klassen Employee und Person verdeutlichen diese Situation:

```
CLASS Person
WITH
PUBLIC INTERFACE
   Person(aName :String, aDateOfBirth :Date)
   name? -> String
   age? -> Integer
   changeName(aName :String)
   display?
PRIVATE IMPLEMENTATION
   REPRESENTATION
      theName :String
      theDateOfBirth :Date
   AGGREGATIONS NONE
   ASSOCIATIONS NONE
   DEFINITIONS
      METHOD Person(aName :String, aDateOfBirth :Date)
      AS
         // Detaillierte Logik.
      ENDMETHOD Person

      METHOD name? -> String
      AS
         // Detaillierte Logik.
      ENDMETHOD name?

      METHOD age? -> Integer
      AS
         // Detaillierte Logik.
      ENDMETHOD age?

      METHOD changeName(aName :String)
```

```
            AS
                // Detaillierte Logik.
            ENDMETHOD changeName

            METHOD display?
            AS
                // Detaillierte Logik.
            ENDMETHOD display?

ENDCLASS Person


CLASS Employee
    SPECIALISATION OF Person
WITH
PUBLIC INTERFACE
    Employee (aName :String, aDateOfBirth :Date,
                 aSalary :Integer, aReferenceNumber :Integer)
    companyName? -> String
    salary? -> Integer
    referenceNumber? -> Integer
    hiredBy(anEmployer :Company LINK )
    fired
PRIVATE IMPLEMENTATION
    REPRESENTATION
        theSalary :Integer
        theReferenceNumber :Integer
    AGGREGATIONS NONE
    ASSOCIATIONS
        theEmployer :Company LINK INVERSE OF theEmployees
    DEFINITIONS
        // Für name?, age?, changeName und display? sind keine Methodendefinitionen
        // erforderlich; sie werden alle in der Vaterklasse Person definiert.

        METHOD Employee(aName :String, aDateOfBirth :Date, aSalary :Integer,
                                    aReferenceNumber :Integer)
        AS
            //  Detaillierte Logik.
        ENDMETHOD Employee

        METHOD companyName? -> String
        AS
            //  Detaillierte Logik.
        ENDMETHOD companyName?
```

```
    METHOD salary? -> Integer
    AS
        // Detaillierte Logik.
    ENDMETHOD salary?

    METHOD referenceNumber? -> Integer
    AS
        // Detaillierte Logik.
    ENDMETHOD referenceNumber?

    METHOD hiredBy(anEmployer :Company LINK )
    AS
        // Detaillierte Logik.
    ENDMETHOD hiredBy

    METHOD fired
    AS
        // Detaillierte Logik.
    ENDMETHOD fired

ENDCLASS Employee
```

Typische Instanzbildungen und Nachrichten sind:

```
INSTANCE thePerson :Person ("Ken", Date(12,5,1948))
INSTANCE theEmployee :Employee ("John", Date(19,2,1949), 14500, 6701)

SEND thePerson THE MESSAGE age?

    // Ein Employee-Objekt ist eine Sonderform eines Person-Objekts,
    // so daß diese Operation von der Klasse Person geerbt wird.
SEND theEmployee THE MESSAGE age?

    // Diese Operation wird nur für Employee-Objekte definiert.
SEND theEmployee THE MESSAGE salary?
```

Die Nachricht

```
SEND thePerson THE MESSAGE salary?
```

ist nicht zulässig, da das Person-Objekt kein spezielles Employee-Objekt darstellt.

Bevor wir diesen Abschnitt abschließen, sollten wir betrachten, wie eine Instanz einer abgeleiteten Klasse gebildet wird. Man würde, angesichts der Tatsache, daß es sich bei der Klasse Employee um eine Spezialisierung der Klasse Person handelt, annehmen, daß wir für die Bildung der Employee-Instanz den Konstruktor aus der Klasse Person verwenden könnten, und tatsächlich ist dies auch der Fall. Wenn also die Methode für einen Person-Konstruktor wie folgt aussieht:

```
METHOD Person (aName :String, aDateOfBirth :Date)
AS
   SEND theName THE MESSAGE initialise(aName)
   SEND theDateOfBirth THE MESSAGE
      initialise(aDateOfBirth)
ENDMETHOD Person
```

dann erhalten wir für ein Employee-Objekt diesen Konstruktor:

```
METHOD Employee(aName :String, aDateOfBirth :Date, aSalary :Integer,
                   aReferenceNumber : Integer)
AS
   SEND SUPERCLASS Person THE MESSAGE initialise(aName, aDateOfBirth)
   SEND theSalary THE MESSAGE initialise(aSalary)
   SEND theReferenceNumber THE MESSAGE initialise(aReferenceNumber)
ENDMETHOD Employee
```

Beachten Sie die Benutzung der folgenden Syntax:

```
SEND SUPERCLASS Person THE MESSAGE
   initialise(aName, aDateOfBirth)
```

Durch diese Anweisung wird klargestellt, daß bei der Initialisierung eines Employee-Objekts schließlich auch die Initialisierung des Person-Subobjekts erfolgt.

7.2 Redefinierte Methoden

Obwohl Operationen und die zugehörigen Methoden standardmäßig vererbt werden, gibt es Situationen, in denen es notwendig wird, die Methode für eine vererbte Operation in einer abgeleiteten Klasse neu zu definieren. Beispielsweise müßte die Methode für die Operation display? in der Employee-Klasse nicht nur die Informationen über ein Person-Objekt, sondern auch die über ein Employee-Objekt anzeigen können. Offenbar werden für beide Klassen zwei unterschiedliche Verhaltensweisen benötigt. Anders ausgedrückt, bleibt die Operation display? von der Spezialisierung nicht unbeeinflußt, sondern wird in der abgeleiteten Klasse verändert. Ein Person-Objekt führt die in seiner Klasse definierte Methode für display? aus, während ein Employee-Objekt die in der Klasse Employee deklarierte Methode benutzt. Offensichtlich bietet es sich an, in der Klasse Employee zwar die von der Klasse Person geerbte Methode für die Operation display? zu verwenden, sie aber zugleich mit einer zusätzlichen Logik als Teil ihrer Neudefinition zu versehen. LOOM verwendet ein Operationsattribut REDEFINED, um dem Umstand Rechnung zu tragen, daß eine vererbte Methode in einer abgeleiteten Klasse verändert wurde.

```
CLASS Employee
   SPECIALISATION OF Person
WITH
PUBLIC INTERFACE
```

```
    Employee(aName :String, aDateOfBirth :Date,
        aSalary :Integer, aReferenceNumber :Integer)
    companyName? -> String
    salary? -> Integer
    referenceNumber? -> Integer
    hiredBy(anEmployer :Company LINK )
    fired
    display?      REDEFINED
PRIVATE IMPLEMENTATION
    REPRESENTATION
        theSalary :Integer
        theReferenceNumber :Integer
    AGGREGATIONS NONE
    ASSOCIATIONS
        theEmployer :Company LINK INVERSE OF theEmployees
    DEFINITIONS
        // wie zuvor definiert

        METHOD display?
        AS
            SEND me THE MESSAGE display? FROM Person
            SEND theScreen THE MESSAGE insert(theReferenceNumber)
            SEND theScreen THE MESSAGE insert(theSalary)
        ENDMETHOD display?

ENDCLASS Employee
```

Wie man sieht, besitzt die ursprünglich in der Klasse Person definierte Methode für die Operation display? nicht nur die in der Vaterklasse definierte Logik, sondern auch einen für Employee klassenspezifischen Teil. Beachten Sie, daß die redefinierte Methode dieselbe Signatur wie das Original haben muß. Mittels der Nachricht

SEND me THE MESSAGE display? FROM Person

fordert LOOM die Ausführung der in der Vaterklasse definierten Operation display? an. Das me-Objekt bezeichnet dabei das die Nachricht sendende Objekt und wird implizit für alle LOOM-Klassen definiert (siehe Abschnitt 3.8).

7.3 Die geschützte Schnittstelle

Offenbar besteht zwischen einer abgeleiteten Klasse und ihrem Vater eine sehr enge Beziehung, und in manchen Situationen sind beide sogar identisch. Dies ist die charakteristische Eigenschaft der Spezialisierung. Deshalb ist es in objektorientierten Systemen auch allgemein üblich, einer abgeleiteten Klasse unbeschränkten Zugriff auf die private Implementierung ihrer Vaterklasse zu geben. Mit anderen Worten, sie muß nicht die Schnittstelle ihres Vaters verwenden, sondern kann dessen Darstellung direkt abfragen oder verändern. In LOOM lassen wir dies nicht zu, da dadurch die Grundregel verletzt wird, daß ein Objekt seine eigene Darstellung einzukapseln hat. Private Informationen sind nicht öffentlich und sollten deshalb für keine anderen Objekte zugänglich sein, auch nicht die einer abgeleiteten Klasse.

Da es sich bei einem Angestellten auch um eine Person handelt, erwarten wir, daß sich die Redefinition der Operation display? nicht nur wie bei einem Person-Objekt verhält, sondern daß sie auch ein zusätzliches Verhalten für Employee-Objekte zeigt. Dementsprechend sollte in der redefinierten Operation operationName der abgeleiteten Klasse normalerweise eine Nachricht der folgenden Form zu finden sein:

```
SEND me THE MESSAGE
   operationName(Parameter) FROM Parent
```

Allerdings benötigt eine abgeleitete Klasse häufig eine privilegierte Zugriffsmöglichkeit auf ihren Vater, die in einer normalen Beziehung nicht möglich wäre. Um dies möglich zu machen, sieht LOOM sowohl einen PROTECTED-INTERFACE- als auch einen PUBLIC-INTERFACE-Abschnitt vor. Nachfahren können auf beide Abschnitte zugreifen, während den über Assoziationen verknüpften Objekten nur die öffentliche Schnittstelle bleibt.

Beispielsweise läßt die öffentliche Schnittstelle der Klasse Person keinen Zugriff auf das Geburtsdatum einer Person zu. Dennoch können wir der Klasse Employee oder jeder anderen abgeleiteten Klasse den Zugriff ermöglichen, indem wir innerhalb einer geschützten Schnittstelle eine Zugriffsoperation angeben. Auf diese Weise wird mit einer in der geschützten Schnittstelle implementierten Umwandlungsoperation changeDateOfBirth erreicht, daß abgeleitete Klassen die Änderung der privaten Eigenschaft theDateOfBirth veranlassen können.

```
CLASS Person
WITH
PUBLIC INTERFACE
   Person(aName :String, aDateOfBirth :Date)
   name? -> String
   age? -> Integer
   changeName(aName :String)
   display?POLYMORPHIC
PROTECTED INTERFACE
   dateOfBirth? -> Date
   changeDateOfBirth(aDate :Date)
PRIVATE IMPLEMENTATION
   REPRESENTATION
      theName :String
      theDateOfBirth :Date
   AGGREGATIONS NONE
   ASSOCIATIONS NONE
   DEFINITIONS
      // ...
```

```
    METHOD dateOfBirth? -> Date
    AS
        RETURN theDateOfBirth
    ENDMETHOD dateOfBirth?

    METHOD changeDateOfBirth (aDate :Date)
    AS
        SEND theDateOfBirth THE MESSAGE assign(aDate)
    ENDMETHOD changeDateOfBirth

ENDCLASS Person
```

7.4 Polymorphie

Der in objektorientierten Systemen mögliche polymorphe Effekt erweist sich als äußerst nützlich und unterscheidet diese Systeme von anderen. Durch ihn kann nicht nur ein Objekt einer bestimmten Klasse, sondern gleichzeitig auch ein Objekt einer abgeleiteten Klasse eine Nachricht empfangen. Dieser Programmierstil mag einem zwar auf den ersten Blick seltsam vorkommen, doch bei geeigneter Verwendung kann er zu scheinbar einfachen Implementierungen führen, die dennoch ein komplexes Ausführungsverhalten zeigen. Es gibt ihn ausschließlich in der Objektorientierung.

Um die Verwendung der Polymorphie zu veranschaulichen, betrachten Sie die Angestellten als Verkäufer, zu denen für mehrere Verkäufer verantwortliche Manager gehören. Dieses Szenario wird in Abbildung 7.3 dargestellt.

Das Klassendiagramm zeigt, daß es sich bei der Klasse SalesPerson um eine Spezialisierung der Klasse Person handelt, und daß die Klasse Manager ihrerseits eine Spezialisierung der Klasse SalesPerson darstellt. Außerdem sieht man, daß Assoziationen zwischen der Klasse Company und den Klassen SalesPerson und Manager bestehen. Dies bedeutet, daß von einem Company-Objekt Nachrichten sowohl an ein SalesPerson-Objekt als auch an ein Manager-Objekt gesendet werden können. Allerdings ist es für den Entwickler ziemlich mühevoll, in der Klasse Company zwei Behälterobjekte zu unterhalten, in denen die notwendigen LINK-Werte gespeichert werden, wie zum Beispiel:

theEmployees :POrderedCollection[SalesPerson LINK]

und

theManagers :POrderedCollection[Manager LINK]

Dieser Ansatz kann sich insbesondere dann als etwas ungeschickt erweisen, wenn mehrere Klassen existieren und identische Nachrichten an Objekte jeder dieser Klassen gesendet werden.

Kapitel 7   Spezialisierung

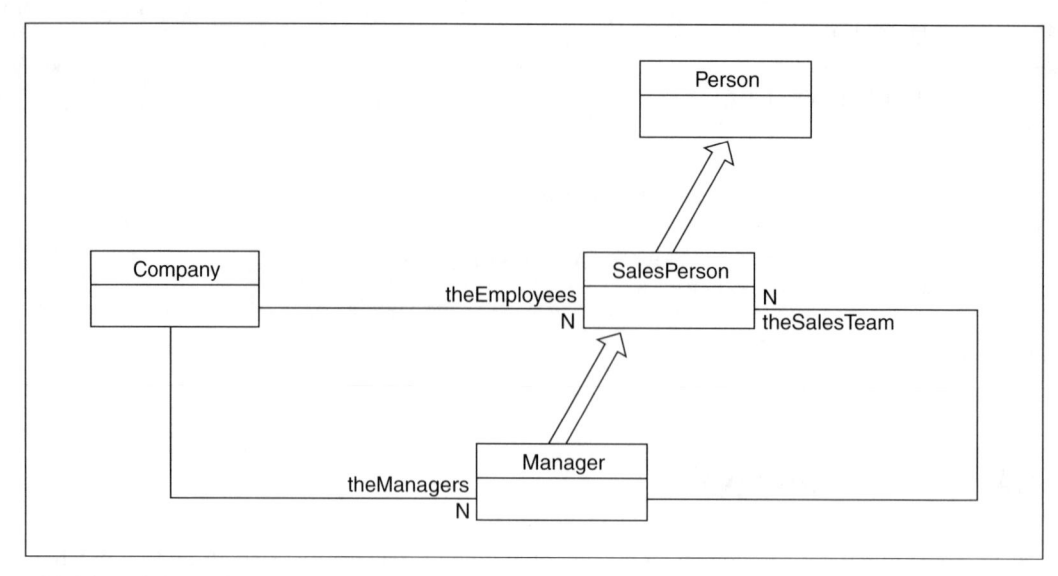

Abbildung 7.3:   Klassendiagramm mit Spezialisierung

Die Verwendung der Polymorphie stellt einen anderen Ansatz dar. Bevor wir die Polymorphie aber in der Praxis einsetzen können, müssen wir zunächst zwei grundlegende Punkte verstehen. Zum einen kann ein Objekt einer abgeleiteten Klasse anstelle eines Objekts einer Vaterklasse verwendet werden, da wenigstens die Schnittstellen dieser beiden Klassen identisch sein müssen. Anders ausgedrückt, eine Tochterklasse kann für ihren Vater eingesetzt werden. In unserem Beispiel bedeutet dies, daß ein Behälter von SalesPerson-LINK-Werten auch Manager-LINK-Werte enthalten kann, weil es sich bei der Klasse Manager um einen Nachfahren der Klasse SalesPerson handelt.

Außerdem kann die Bindung einer Nachricht an eine entsprechende Methode sowohl vor als auch während der Ausführung des Systems erfolgen. Erstere wird normalerweise als *statische* oder *frühe* Bindung bezeichnet, während man letztere *dynamische*, *späte* oder *virtuelle* Bindung nennt. In LOOM gehen wir standardmäßig von der frühen Bindung aus.

Wenn wir die Einsetzung abgeleiteter Klassen mit dem Verfahren der späten Bindung kombinieren, erhalten wir den polymorphen Effekt. Eine von einem Company-Objekt über einen LINK-Wert an ein SalesPerson-Objekt gesendete Nachricht kann in diesem Fall von einem SalesPerson- **oder** einem Manager-Objekt empfangen werden. Beachten Sie, daß der polymorphe Effekt nur mit Nachrichten funktioniert, die über einen LINK gesendet werden. Die so vereinfachte Situation wird in Abbildung 7.4 dargestellt.

Eine explizite Assoziation zwischen den Klassen Company und Manager ist somit nicht mehr erforderlich, sondern es reicht eine Assoziation mit der Vaterklasse aus. Wir benötigen jetzt anstelle von zwei nur noch einen Behälter für SalesPerson LINKs, und es gibt keine weitere Notwendigkeit für die Duplizierung der Nachrichten an SalesPerson- und Manager-Objekte in den Methoden der Klasse Company.

7.4 Polymorphie

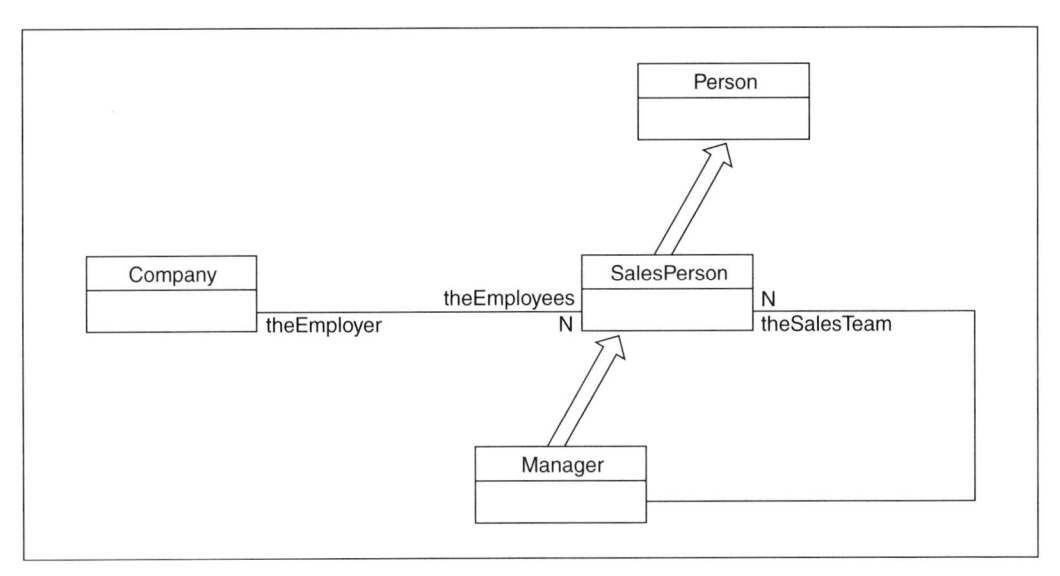

Abbildung 7.4: Erweitertes Klassendiagramm mit Spezialisierung

Um diesen Punkt weiter zu veranschaulichen, wollen wir davon ausgehen, daß die Klassen SalesPerson und Manager die Operationen salary? und display? enthalten und daß die folgende Zeile Bestandteil der ASSOCIATION-Klausel in der Klasse Company ist:

theEmployees :POrderedCollection[SalesPerson LINK]

Dann könnte ein Company-Objekt folgende Aktionen ausführen:

```
FOREACH anEmployee :SalesPerson LINK IN
   theEmployees DO
   SEND theScreen THE MESSAGE
      insert(SEND anEmployee THE MESSAGE salary?)
   SEND anEmployee THE MESSAGE display?
ENDFOREACH
```

Die an anEmployee gesendeten Nachrichten können jetzt in Abhängigkeit von den Werten der LINKs in dem theEmployees-Behälter von SalesPerson- oder Manager-Objekten empfangen werden. Offenbar stellt dies eine sehr effektive Möglichkeit der Software-Entwicklung dar.

Bevor wir die LOOM-Skripte für diese Klassen genauer untersuchen, müssen wir ihre Beschreibungen wie folgt erweitern:

- Neben den zuvor aufgeführten Eigenschaften von Employee-Objekten (siehe Abschnitt 7.1) besitzt jedes SalesPerson-Objekt eine eigene Umsatzzahl, die den Wert der Verkäufe für einen bestimmten Zeitraum aufnimmt.
- Manager-Objekte sind insofern spezialisiert, als sie eine Assoziation zu einem aus mehreren SalesPerson-Objekten bestehenden Verkäuferteam aufweisen. Die zusammengefaßten Ver-

219

käufe eines Teams bilden zusammen mit seiner eigenen Umsatzzahl die Gesamtumsatzzahl des Manager-Objekts.

Die Klasse Person wird wie folgt beschrieben:

```
CLASS Person
WITH
PUBLIC INTERFACE
   display?POLYMORPHIC
   name? -> String
   // ...
ENDCLASS Person
```

Die Klasse SalesPerson hat in LOOM folgendes Aussehen:

```
CLASS SalesPerson
   SPECIALISATION OF Person
WITH
PUBLIC INTERFACE
   SalesPerson(aName :String, aDateOfBirth :Date,
         aSalary :Integer, aReferenceNumber :Integer,
                     aSalesFigure :Integer)
   companyName? -> String
   salary? -> Integer
   referenceNumber? -> Integer
   hiredBy(anEmployer :Company LINK )
   fired
   display?        REDEFINED
   salesFigure? -> Integer
PROTECTED INTERFACE
   NONE
PRIVATE IMPLEMENTATION
   REPRESENTATION
      theSalary :Integer
      theReferenceNumber :Integer
      theSalesFigure :Integer
   AGGREGATIONS NONE
   ASSOCIATIONS
      theEmployer :Company LINK INVERSE OF theEmployees
   DEFINITIONS
         // Weitere Methoden für in der Schnittstelle definierte Operationen.

      METHOD display?
      AS
         SEND me THE MESSAGE display? FROM Person
         SEND theScreen THE MESSAGE insert(theSalesFigure)
      ENDMETHOD display?
```

```
METHOD salesFigure? -> Integer
AS
    RETURN theSalesFigure
ENDMETHOD salesFigure?
// ...
```

ENDCLASS SalesPerson

Die Operationen in der öffentlichen Schnittstelle der Klasse SalesPerson sind klassenspezifisch. Die einzige Ausnahme bildet die Operation display?, die sowohl in dieser Klasse als auch in der Superklasse Person gegeben ist. Die Methode display? in der Superklasse Person wurde als POLYMORPHIC spezifiziert, was bedeutet, daß sie polymorph verwendet werden kann. In der Subklasse SalesPerson wird die Operation display? mit einer weiteren Definition neu eingeführt, was das Attribut REDEFINED erklärt. Das in der Superklasse eingeführte Attribut POLYMORPHIC gilt weiterhin.

Beachten Sie, wie die Redefinition der Methode display? für die Klasse SalesPerson als eine REDEFINED-Version einer POLYMORPHIC-Superklassenoperation ausgezeichnet wird, ihre Implementierung jedoch durch Verwendung der folgenden Anweisung eine statisch gebundene Ausführung der Operation display? aus der Superklasse bedingt:

SEND me THE MESSAGE display? FROM Person

Mit dem Operationsattribut POLYMORPHIC wird die Tatsache festgehalten, daß eine Operation seine Methode als Reaktion auf eine Nachricht ausführen kann, die an ein Objekt aus einer abgeleiteten Klasse gesendet wurde. Man muß verstehen, daß die Bindung der Methode an ihre Klasse während der Ausführung des Systems automatisch erfolgt. Mit anderen Worten, das Operationsattribut POLYMORPHIC erzwingt die späte Bindung einer Methode an einen Operationsaufruf.

Einfach ausgedrückt, lautet die Regel, daß eine als POLYMORPHIC ausgezeichnete Operation anschließend in Subklassen redefiniert werden kann. Wir sollten nicht erwarten, eine Redefinition ohne das Attribut REDEFINED vorzufinden. Wenn dies der Fall wäre, würde dies eine Vermischung der statischen und dynamischen Bindung der gleichen Operation bedeuten und somit ein irreführendes Verhalten nach sich ziehen (siehe Abschnitt 7.11).

In der gleichen Weise definiert die Klasse Manager die Methode für die POLYMORPHIC-Operation display? neu. Deren LOOM-Skript sieht wie folgt aus:

```
CLASS Manager
   SPECIALISATION OF SalesPerson
WITH
PUBLIC INTERFACE
   Manager(aName :String, aDateOfBirth :Date,
       aSalary :Integer, aReferenceNumber :Integer,
       aSalesFigure :Integer, aSalesTarget :Integer)
       display?    REDEFINED
PROTECTED INTERFACE
   NONE
```

```
PRIVATE IMPLEMENTATION
   REPRESENTATION
      theSalesTarget : Integer
   AGGREGATIONS NONE
   ASSOCIATIONS
      theSalesTeam :POrderedCollection[SalesPerson LINK]
   DEFINITIONS
      // ...

      METHOD display?
      AS
         // Reimplementierung, zeigt Verkaufszahlen, Verkaufsziele usw. an.
      ENDMETHOD display?

ENDCLASS Manager
```

Beachten Sie, daß das Attribut POLYMORPHIC weder die Vererbung der Methode einer Operation noch deren Redefinition in einer Tochterklasse beeinflußt. Es führt lediglich die späte Bindung der Methode an die aufgerufene Operation ein.

7.5 Abstrakte Basisklassen

Oftmals erweist es sich als nützlich, eine Klasse definieren zu können, die als Grundlage für die Einrichtung anderer Klassen dient. Man beabsichtigt nicht, eine Instanz dieser Klasse zu bilden, sondern verwendet sie ausschließlich als Basis für andere Klassen. Auf diese Weise kann sichergestellt werden, daß alle Nachfahren auf eine gemeinsame Menge von Operationen in ihrer öffentlichen Schnittstelle zugreifen können. Diese Art von Klasse wird als eine *abstrakte Basisklasse* (ABC) bezeichnet.

Beispielsweise können wir festlegen, daß es niemals eine Instanz der Klasse Employee geben wird, da es sich bei ihr vielleicht um eine zu allgemeine Beschreibung handelt. Arbeitnehmer sind immer Verkäufer oder Manager, niemals aber nur Arbeitnehmer. Allerdings müssen wir sicher sein, daß alle Employee-Objekte auf gemeinsame Operationen, wie zum Beispiel companyName?, referenceNumber? und salary? zugreifen können. Mit anderen Worten, die Klasse Employee sollte eine ABC sein. Im folgenden sehen Sie ein LOOM-Skript für diese Klasse. Der Sprachausdruck ABSTRACT signalisiert den Umstand, daß es sich um eine ABC handelt.

```
ABSTRACT CLASS Employee
   SPECIALISATION OF Person
WITH
PUBLIC INTERFACE
   Employee (aName :String, aDateOfBirth :Date,
      aSalary :Integer, aReferenceNumber :Integer)
   companyName? -> String
```

7.5 Abstrakte Basisklassen

```
   salary? -> Integer// Folgt später.
   referenceNumber? -> Integer
   hiredBy (anEmployer : Company LINK )
   fired
   display?        REDEFINED
PROTECTED INTERFACE
   NONE
PRIVATE IMPLEMENTATION
   REPRESENTATION
      theReferenceNumber :Integer
   AGGREGATIONS NONE
   ASSOCIATIONS
      theEmployer :Company LINK INVERSE OF theEmployees
   DEFINITIONS
      // Wie zuvor definiert.

ENDCLASS Employee
```

Die Tatsache, daß die Klasse `Employee` eine ABC darstellt, bedeutet auch, daß die folgende Instanzbildung nicht gestattet ist:

`anEmployee :Employee`

Allerdings ist die Verwendung des polymorphen Effekts etwa durch:

`anEmployee :Employee LINK`

oder

`theEmployees :POrderedCollection[Employee LINK]`

gestattet, da keine Instanz, sondern ein `LINK` gebildet wird. Die Spezialisierung der Klasse und die Auszeichnung ihrer Operationen als `POLYMORPHIC` oder `REDEFINED` bleiben hiervon unberührt.

Offenbar trägt die Operation `salary?` in der abstrakten Basisklasse `Employee` dem Umstand Rechnung, daß ein Client in der Lage sein muß, auf die Gehälter aller Arbeitnehmer zuzugreifen. Allerdings ist es ebenso offensichtlich, daß wir für diese Operation in der Klasse `Employee` keine Methode definieren können, da diese von den Eigenschaften der abgeleiteten Klasse abhängt. Um die Tatsache festzuhalten, daß es für die Operation `salary?` keine Methode gibt, wird diese mit dem reservierten Wort `DEFERRED` ausgezeichnet:

```
ABSTRACT CLASS Employee
   SPECIALISATION OF Person
WITH
PUBLIC INTERFACE
   // wie zuvor ...

   salary? -> Integer DEFERRED
```

```
// ...

ENDCLASS Employee
```

Jede der konkreten abgeleiteten Klassen `SalesPerson` und `Manager` muß dann eine geeignete Methode für die Operation `salary?` definieren. Erneut wird diese mit dem Attribut `REDEFINED` als redefiniert ausgezeichnet. Definitionsgemäß handelt es sich bei einer Klasse, in der eine Methode als `DEFERRED` ausgezeichnet ist, um eine ABC. Wir deuten die Abstraktion an, indem wir in einem Klassendiagramm, wie in Abbildung 7.5 gezeigt, gepunktete Linien verwenden.

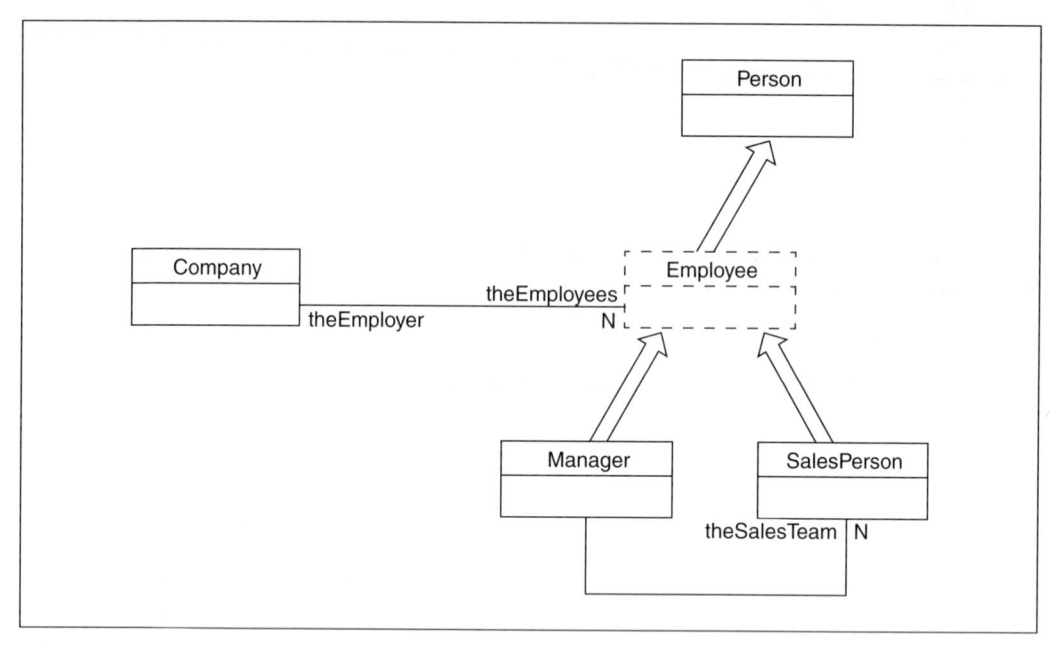

Abbildung 7.5: Klassendiagramm mit einer abstrakten Basisklasse

Kennzeichnen wir die Operation `salary?` in der abstrakten Basisklasse als `DEFERRED`, bedeutet dies automatisch, daß sie auch polymorph ist. Auf diese Weise wird die dynamische Bindung angewendet, so daß jede der über einen `Employee LINK` gesendeten Nachrichten in Abhängigkeit davon, ob es sich bei der speziellen, die Nachricht empfangenden Instanz um ein `Manager`- oder ein `SalesPerson`-Objekt handelt, an die zu dieser Methode zugehörige Implementierung gebunden wird.

Beachten Sie außerdem, wie die in der abstrakten Basisklasse `Employee` eingeführte Operation `referenceNumber?` für diese Klasse so definiert werden kann, daß sie eine Kopie der Eigenschaft `theReferenceNumber` zurückgibt. In diesem Fall sehen wir, daß auch bei ABCs immer noch statische Bindungen für Operationen möglich sind, die ohne Änderungen von den Subklassen geerbt werden können.

7.6 Öffentliche und geschützte Eigenschaften

Bisher sind wir davon ausgegangen, daß über Assoziation verknüpften Objekte und Nachfahren nur die in einer Klasse definierten Operationen zur Verfügung stehen. Manchmal gibt es aber Situationen, in denen diese Einschränkung zu strikt ist. Beispielsweise unterliegt das Alter einer Person einer stetigen Änderung, so daß vernünftigerweise eine Operation age? verfügbar sein sollte. Allerdings ändert sich die Blutgruppe einer Person unter keinen Umständen, weshalb es keinen Grund gibt, warum ein Client nicht direkt auf sie zugreifen können sollte.

Zur Lösung dieses Problems bietet LOOM die Möglichkeit, eine ausgewählte Eigenschaft direkt über die öffentliche oder geschützte Schnittstelle zugänglich zu machen. Allerdings gibt es auch hier eine Einschränkung. Der Wert der Eigenschaft kann von Clients oder der Instanz zu der sie gehört nicht verändert werden. Außerdem ist die Zuweisung des Werts beim Bilden dieser Instanz vorzunehmen. Anders ausgedrückt, für die Eigenschaft muß beim Bilden der zugehörigen Instanz ein konstanter Wert zugewiesen worden sein.

LOOM macht eine Eigenschaft direkt verfügbar, indem die ?-Benennungsvereinbarung für Zugriffsoperationen auf Eigenschaften erweitert wird. Im folgenden sehen Sie ein Beispielskript mit einer öffentlichen Eigenschaft. Geschützte Eigenschaften werden ähnlich behandelt.

```
CLASS Person
WITH
PUBLIC INTERFACE
    Person(aName :String, aDateOfBirth :Date, aBloodGroup :BloodGroup)
    name? -> String
    age? -> Integer
    theBloodGroup? : String// Hinweis: öffentliche Eigenschaft.
    changeName(aName :String)
    display? POLYMORPHIC
PROTECTED INTERFACE
    dateOfBirth? -> Date
    changeDateOfBirth(aDateOfBirth :Date)
PRIVATE IMPLEMENTATION
    REPRESENTATION
        theName :String
        theDateOfBirth :Date
            // Achtung: Die öffentliche Eigenschaft theBloodGroup? ist eigentlich
            // Teil der Darstellung, wird aber in der Schnittstelle definiert.

    // wie zuvor definiert

ENDCLASS  Person
```

Kapitel 7 Spezialisierung

Typische Anwendungen sind:

```
INSTANCE p1 :Person("Ken", Date(21, 8, 1972), "ABNeg")

SEND theScreen THE MESSAGE
   insert(SEND p1 THE MESSAGE theBloodGroup?)
```

Eine weitere interessante Möglichkeit für die Verwendung öffentlicher Eigenschaften besteht darin, den zu einer Instanz gehörenden Klassennamen verfügbar zu machen. Aufgrund der in Abschnitt 7.11 angestellten Überlegungen stellt LOOM allerdings eine implizite polymorphe Zugriffsoperation className? bereit. Ein Beispiel sieht folgendermaßen aus:

```
CLASS Person
WITH
PUBLIC INTERFACE
   Person(aName :String, aDateOfBirth :Date, aBloodGroup :BloodGroup)
           className? -> String POLYMORPHIC
              // öffentliche Eigenschaft, implizit für alle Klassen definiert
   name? -> String
   age? -> Integer
   theBloodGroup? :BloodGroup
           // Öffentliche Eigenschaft.
   changeName(aName :String)
   display? POLYMORPHIC
PROTECTED INTERFACE
   dateOfBirth? -> Date
   changeDateOfBirth(aDateOfBirth :Date)
PRIVATE IMPLEMENTATION
   REPRESENTATION
      theName :String
      theDateOfBirth :Date

   METHOD className? -> String AS
      RETURN "Person"
   ENDMETHOD className?

   // ...

ENDCLASS Person
```

7.7 Private Operationen

Die von uns bisher ausgesuchten Beispiele sind relativ einfach und führen zu Methodendefinitionen, die nur aus wenigen LOOM-Anweisungen bestehen. Dies ist allerdings nicht immer der Fall. Um die Komplexität von LOOM-Skripten zu verringern, können wir eine Operation für die private Implementierung bestimmen. Als solche steht diese assoziierten und abgeleiteten Klassen jedoch nicht zur Verfügung.

Betrachten Sie zu Anschauungszwecken die von uns zuvor beschriebene Methode display? für die Klasse Manager. Sie zeigt sowohl die Einzelheiten des empfangenden Manager-Objekts als auch die des unter der Verantwortung dieses Objekts stehenden Verkäuferteams an. Für dieses Beispiel gehen wir von der erweiterten Anforderung aus, daß die Details des Verkäuferteams in der aufsteigenden Reihenfolge ihrer Umsatzzahlen angezeigt werden sollen.

Zur Vereinfachung des LOOM-Skripts führen wir eine private Operation displaySalesTeam? ein. Vor der Anzeige bildet diese eine lokale Instanz einer sortierten Sammlung von SalesPerson LINK-Objekten. Beachten Sie, daß die Methode von der privaten Operation dadurch Gebrauch macht, daß sie eine Nachricht an sich selbst sendet. Dieses Verfahren ähnelt der Verwendung einer in einer Vaterklasse definierten Operation beim Redefinieren einer Methode in einer abgeleiteten Klasse.

```
CLASS  Manager
    SPECIALISATION OF  Employee
WITH
PUBLIC INTERFACE
    Manager(aName :String, aDateOfBirth :Date,
        aReferenceNumber :Integer, aSalary :Integer)
    display?  REDEFINED
        // Wie zuvor definiert.
PROTECTED INTERFACE
    NONE
PRIVATE IMPLEMENTATION
    REPRESENTATION
        // Wie zuvor definiert.

    displaySalesTeam? // private Operation
AGGREGATIONS NONE
ASSOCIATIONS
    theSalesTeam :POrderedCollection [SalesPerson LINK]

DEFINITIONS
// Methoden für andere Operationen.

METHOD displaySalesTeam?
AS
```

```
          INSTANCE salesForce :Integer(SEND theSalesTeam THE MESSAGE cardinality?)
          INSTANCE theOrderedSalesTeam :
             POrderedList[SalesPerson LINK] (salesForce, UNMANAGED)
             // Füge die Verkäufer in der Reihenfolge ihrer Verkaufszahlen hinzu.
          FOREACH  theTeamMember :SalesPerson LINK IN theSalesTeam DO
             SEND  theOrderedSalesTeam THE MESSAGE add(theTeamMember)
          ENDFOREACH

             // Zeige die Verkäufer in der Reihenfolge ihrer Verkaufszahlen an.
          FOREACH  aTeamMember :SalesPerson LINK IN theOrderedSalesTeam DO
             SEND  aTeamMember THE MESSAGE display?
          ENDFOREACH

       ENDMETHOD displaySalesTeam?

       METHOD display?
       AS
             //  Die Grundeigenschaften eines Managers werden angezeigt.
          SEND me THE MESSAGE display? FROM Person

             // Die Verkaufszahlen und das Verkaufsziel eines Managers selbst.
          SEND theScreen THE MESSAGE insert(theSalesFigure)
          SEND theScreen THE MESSAGE insert(theSalesTarget)

             // Grundeigenschaften, Verkaufszahlen und Verkaufsziele des
             // Verkaufsteams als private Operation.
          SEND me THE MESSAGE  displaySalesTeam?

       ENDMETHOD display?

       ENDCLASS Manager
```

7.8 Vererbung bei Implementierung

Unter den Benutzern der objektorientierten Technologien setzt sich immer mehr die Erkenntnis durch, daß die Verwendung der Vererbung kontrolliert werden sollte. Zwar stellt sie in den Händen eines Entwicklers, der ihre Anwendung beherrscht, ein leistungsfähiges und effektives Werkzeug dar, doch ist es leider auch sehr einfach, sie zu mißbrauchen und mit ihr minderwertige Systeme zu erzeugen. Bei unseren Erläuterungen unterscheiden wir zwischen den Begriffen Spezialisierung und Vererbung, wobei die Spezialisierung durch die Verwendung des Vererbungsmechanismus realisiert wird.

Man kann eine Parallele zwischen dem Einsatz der Vererbung in der objektorientierten Systementwicklung und dem Gebrauch der *Goto*-Anweisung in der herkömmlichen, strukturierten Programmierung ziehen. Bei *Goto* handelt es sich ganz offensichtlich um ein Implementierungsmittel, das in Analyse und Design keinen Platz einnehmen sollte. Die Erfahrung lehrt, daß die unbedachte Verwendung dieser Anweisung unausweichlich zu *Spaghetti-Code* führt. Aus diesem Grund wurde sie auch fast vollständig durch explizite Kontrollstrukturen für Anweisungsfolgen, Verzweigungen und Schleifen ersetzt.

In ähnlicher Weise sollte die Vererbung als ein Implementierungsmittel angesehen und deshalb bei OOAD nicht verwendet werden. Zweifellos kann man aber komplexere Strukturen finden, bei denen eine Implementierung anhand des Mechanismus der Vererbung möglich wäre.

Ein LOOM-Skript trägt der Spezialisierung (bzw. der *isA*-Beziehung) zwischen einer abgeleiteten Klasse und ihrem Vater durch die beiden reservierten Wörter SPECIALISATION OF Rechnung. Obwohl es nicht unbedingt notwendig ist, gibt es dabei eine implizite Voraussetzung, daß diese Art von Beziehung tatsächlich durch den Vererbungsmechanismus implementiert wird. Auf diese Weise stehen der abgeleiteten Klasse die in der öffentlichen und der geschützten Schnittstelle der Vaterklasse definierten Operationen und Eigenschaften zur Verfügung. Aufgrund der Tatsache, daß eine *isA*-Beziehung modelliert wird, kann eine Instanz der abgeleiteten Klasse für eine Instanz des Vaters eingesetzt werden, was schließlich die Verwendung des Polymorphieeffekts ermöglicht.

Zum Beispiel haben wir die Beziehung zwischen den Klassen Person und Employee als eine Spezialisierung modelliert und dadurch eindeutig ausgedrückt, daß ein Employee-Objekt zugleich auch ein Person-Objekt ist. Allerdings haben wir vorausgesetzt, daß für den Fall, daß eine Klasse eine (oder mehrere) andere Klasse(n) für ihre Implementierung benötigt, ausschließlich die Möglichkeiten der Aggregation oder der Assoziation in Frage kommen. In beiden Fällen kann die Klasse auf die öffentlichen Operationen und Eigenschaften der mit ihr assoziierten Klasse oder der Aggregatskomponente zugreifen.

Für den mit Abstand größten Teil der Fälle reichen die Assoziation und die Aggregation für die Implementierung von Klassen völlig aus. Allerdings gibt es einige Situationen, in denen eine Klasse für ihre Implementierung eine andere Klasse benötigt und deshalb zusätzlich Vererbung verwenden muß. Dies bedeutet aber noch nicht, daß eine *isA*-Beziehung besteht. Beispielsweise könnte die für die Implementierung verwendete Klasse abstrakt sein. Dann wäre zwar möglicherweise der Zugriff auf ihre geschützte Schnittstelle erforderlich, doch es gibt keinen Rückschluß auf eine *isA*-Beziehung zwischen den Klassen. Mit anderen Worten, die Vererbung wird ausschließlich für Implementierungszwecke verwendet.

Nehmen wir an, wir erweitern das Beispiel aus Abschnitt 7.5 um eine Klasse Consultant. Nach einigen Überlegungen könnten wir die Entscheidung treffen, daß wir keine *isA*-Beziehung zwischen den Klassen Consultant und Employee wünschen, obwohl es zwischen den Instanzen dieser Klassen viele Ähnlichkeiten gibt. Wir wollen die Employee- und Consultant-Objekte im wesentlichen getrennt voneinander behandeln, doch da zwischen ihnen viele Ähnlichkeiten bestehen, scheint es offenbar unklug zu sein, den für die Definition der Klasse Employee aufgebrachten Aufwand nicht auszunutzen. Als Lösung des Problems können wir Vererbung bei Implementierung einsetzen.

LOOM trägt der Notwendigkeit der Vererbung bei der Implementierung durch die beiden reservierten Wörter `INHERITS FROM` in dem `PRIVATE-IMPLEMENTATION`-Abschnitt eines LOOM-Skripts Rechnung. Eine Klasse `Consultant` könnte zum Beispiel wie folgt beschrieben werden:

```
CLASS Consultant
WITH
PUBLIC INTERFACE
   Consultant (aName :String, aDateOfBirth :Date, aFee :Integer )
   name? -> String
   companyName? -> String
   fee? -> Integer
   hiredBy(anEmployer :Company LINK )
PROTECTED INTERFACE
   NONE
PRIVATE IMPLEMENTATION
   INHERITS FROM Employee
   REPRESENTATION
      theFee :Integer
   AGGREGATIONS NONE
   ASSOCIATIONS
      theEmployer  :Company LINK

   DEFINITIONS
      METHOD name? -> String AS
         RETURN SEND me THE MESSAGE name? FROM Employee
      ENDMETHD name?
      // Andere geeignete Definitionen.

ENDCLASS Consultant
```

Eine Klasse `Consultant` kann demnach von den Operationen und Eigenschaften der Klasse `Employee` in derselben Weise Gebrauch machen wie bei Verwendung der Spezialisierung.

Eine *isA*-Beziehung besteht zwischen den Klassen `Consultant` und `Employee` jedoch nicht. Ein `Consultant`-Objekt ist kein `Employee`-Objekt, so daß die Verwendung eines Polymorphieeffekts nicht in Frage kommt. Außerdem können die für die Klasse `Employee` definierten Operationen nicht automatisch durch die Klasse `Consultant` an andere Klassen weitergegeben werden. In dem vorangegangenen Beispiel steht der Name eines `Employee`-Objekts dem Client aufgrund des Designs zur Verfügung. Von der Klasse `Employee` geerbte Operationen sind in Wirklichkeit privat. In Diagrammen wird die Vererbung bei Implementierung, wie in Abbildung 7.6 gezeigt, durch einen gestrichelten Pfeil dargestellt.

Offenbar darf die Vererbung bei Implementierung nicht mit der Vererbung verwechselt werden, die bei der Modellierung einer *isA*-Beziehung verwendet wird. Aus diesem Grund verbietet

LOOM bei der ausschließlichen Verwendung der Vererbung bei Implementierung die Benutzung jeglicher die Spezialisierung charakterisierender Eigenschaften. Anders ausgedrückt, kann weder von dem Polymorphieeffekt noch von der Möglichkeit des automatischen Exports aus der Schnittstelle der Vaterklasse in die abgeleitete Klasse Gebrauch gemacht werden.

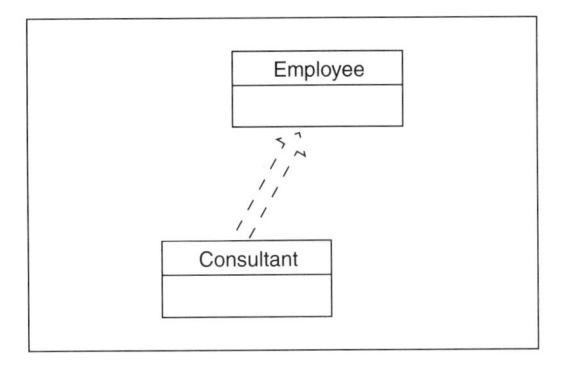

Abbildung 7.6:   Vererbung bei Implementierung

Es muß noch einmal betont werden, daß die Benutzung der Vererbung bei Implementierung möglichst vermieden werden sollte. Solange sie nicht wohldokumentiert wird und zudem gerechtfertigt ist, kann sie zu Verwirrungen führen.

7.9 Vererbungsauflösung

Manchmal bemerkt ein Entwickler beim Modellieren einer *isA*-Beziehung, daß die Vererbung bei einigen der Operationen einer Vaterklasse aufgelöst werden muß. Um einige der mit der Vererbungsauflösung verbundenen Schwierigkeiten zu veranschaulichen, wird oftmals das Beispiel einer Klasse Penguin zitiert, die Operationen von einer Klasse Bird erbt. Wie in Abbildung 7.7 dargestellt, handelt es sich bei Penguin um eine Spezialisierung der Klasse Bird.

Das Problem besteht darin, daß ein Vogel ganz im Gegensatz zu einem Pinguin im wirklichen Leben fliegen kann. Ist es aber für ein Penguin-Objekt nicht möglich, auf die Operation fly zu reagieren, können wir es nicht als ein Bird-Objekt einsetzen. Dies widerspricht der Regel, daß eine Tochter beim Bestehen einer *isA*-Beziehung für einen Vater eingesetzt werden kann. Obwohl wir hier eine ungewöhnliche Situation beschreiben, konfrontiert sie uns doch mit einem Problem, das wir zu lösen haben.

Wenngleich das Vogel-Pinguin-Beispiel eher lustig sein soll, enthält es die wesentlichen Elemente einer möglichen Software-Katastrophe. Es ist eine unumstößliche Tatsache, daß bei einer Modellierung der Beziehung zwischen der Klasse Penguin und der Klasse Bird als Spezialisierung ein Pinguin tatsächlich ein Vogel *ist*. Eine Vererbungsauflösung kann daher definitiv nicht

231

durchgeführt werden. Eventuelle Zugeständnisse hinsichtlich der Bedeutung der Spezialisierung kommen nicht in Frage.

Wir müssen das Problem lösen, wie eine Beziehung zwischen den Klassen Bird und Penguin eingerichtet werden kann, bei der es sich nicht um eine Spezialisierung handelt. Lassen Sie uns die folgenden Möglichkeiten betrachten:

- Einrichten einer neuen Relation KIND OF, bei der die Vererbungsauflösung möglich ist
- Modellieren der Situation als Assoziation
- Modellieren der Situation als normale Spezialisierung, allerdings mit einer Redefinition der Operation fly
- Verwenden von Vererbung bei Implementierung

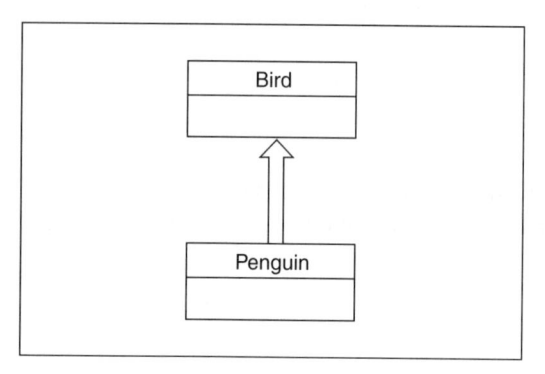

Abbildung 7.7: Die Klasse Penguin *als eine Spezialisierung der Klasse* Bird

- Einrichten von Klassen für fliegende und flugunfähige Vögel als Spezialisierungen der Klasse Bird, und anschließendes Spezialisieren der Klasse Penguin aus der Klasse NonFlyingBird

Die Einrichtung einer neuen KIND-OF-Relation können wir schnell verwerfen, da sie nicht notwendig ist und leicht zu Verwirrungen führen kann. Zudem stellt sich das grundlegende Problem, wann mit der Vererbungsauflösung aufzuhören ist. Handelt es sich beispielsweise bei einem Pinguin um eine Art von Ziegelstein ohne die Operationen eines Ziegelsteins? (Armstrong und Mitchell, 1994).

Die zweite Möglichkeit, die Situation als eine Assoziation zwischen den Klassen Penguin und Bird zu modellieren, stellt ebenfalls eine sehr schwache Lösung dar. Bei diesem Ansatz wollen wir, daß an ein Penguin-Objekt gesendete Nachrichten tatsächlich an das zugehörige Bird-Objekt weitergeleitet werden. Natürlich würden wir die Operation fly nicht in die Schnittstelle der Klasse Penguin aufnehmen, so daß sich das Problem der Vererbungsauflösung nicht stellt. Allerdings ist diese Möglichkeit nicht im Sinne der Objektorientierung, erlaubt nicht die Verwendung des Polymorphieeffekts und stellt einen Mißbrauch der Assoziation dar.

Die dritte Möglichkeit sollte verworfen werden, weil der Designer mit Aufnahme der Operation fly in die öffentliche Schnittstelle der Klasse Penguin festlegt, daß die Objekte fliegen können. Die Tatsache, daß die Operation in Wirklichkeit nichts oder etwas anderes macht, wie zum Beispiel schwimmen, ist einfach zu verwirrend. Obwohl dieser Ansatz anfänglich verlockend wirkt und zudem harmlos erscheint, sollte er nicht verwendet werden. Tatsächlich ist er auch alles andere als harmlos und stellt ein sicheres Zeichen für ein fehlerhaftes Design dar. Denken Sie dabei an die Aussagen von Abschnitt 7.2, daß die Redefinition einer Methode normalerweise die Benutzung der Methoden des Vaters beinhalten sollte.

Die von uns als viertes in Betracht gezogene Vererbung bei Implementierung erscheint schon eher als vernünftige Möglichkeit, da sie es der Klasse Penguin ermöglicht, ausgewählte aus der Klasse Bird geerbte Teile der Schnittstelle zu exportieren, was durch den folgenden Auszug aus einem LOOM-Skript beschrieben wird. Allerdings erlaubt auch diese Methode keine Verwendung des Polymorphieeffekts, und es scheint widersprüchlich, davon auszugehen, daß ein Pinguin kein Vogel ist, wenn wir wissen, daß das Gegenteil zutrifft.

```
CLASS Bird
WITH
PUBLIC INTERFACE
   fly
   hop
   peck
   // ...

PROTECTED INTERFACE
   // ...
PRIVATE IMPLEMENTATION
   // ...
   DEFINITIONS
   // Geeignete Definitionen der Operationen, die das
   // Verhalten eines Vogels implementieren.

ENDCLASS Bird


CLASS Penguin
WITH
PUBLIC INTERFACE
   hop
   peck
   // ...

PROTECTED INTERFACE
   // ...
PRIVATE IMPLEMENTATION
```

```
   INHERITS FROM Bird
   // ...
   DEFINITIONS
      METHOD hop
      AS
         SEND me  THE MESSAGE hop FROM Bird
      ENDMETHOD hop

      METHOD peck
      AS
         SEND me THE MESSAGE peck FROM Bird
      ENDMETHOD peck
      // ...

   ENDCLASS Penguin
```

Bei der letzten Alternative richten wir entsprechend Abbildung 7.8 unterschiedliche Klassen für fliegende und nicht fliegende Vögel ein. Dieser Ansatz erweist sich als sehr vernünftig, da eine klare Aussage getroffen wird, daß fliegende und nicht fliegende Vögel verschieden sind und Instanzen von ihnen deshalb nicht für einander eingesetzt werden können. Während die Klasse FlyingBird die Definition einer Operation fly enthält, trifft dies auf die andere Klasse nicht zu. Offenbar handelt es sich dann bei der Klasse Penguin um eine Spezialisierung der Klasse NonFlyingBird. Obwohl dieser Ansatz eine gute Lösung für das Problem der Vererbungsauflösung darstellt, birgt er im Extremfall doch die Gefahr, daß ein Designer überflüssige oder schlicht zu viele Klassen entwerfen muß. Wenn wir beispielsweise die Vererbung einer weiteren Operation auflösen wollten, würde dies die Einrichtung zweier neuer unabhängiger Klassenhierarchien erforderlich machen.

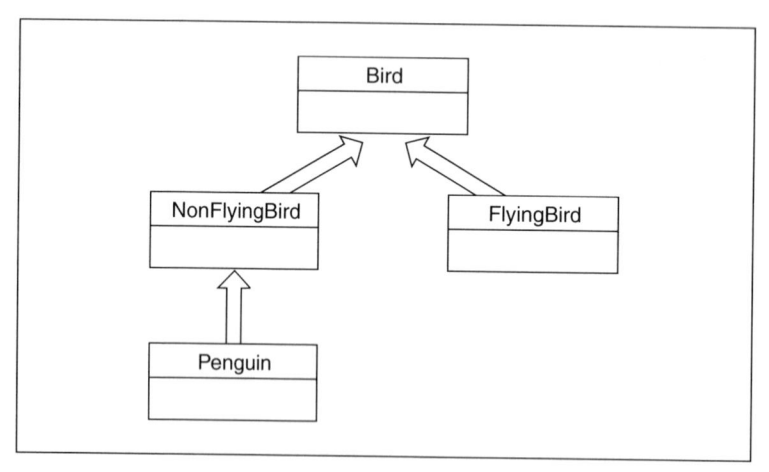

Abbildung 7.8:   Verschiedene Klassenhierarchien für fliegende und nicht fliegende Vögel

Alles in allem sollte man für die Lösung des Problems der Vererbungsauflösung einer Operation auf die letzte Möglichkeit zurückgreifen und eine neue Klassenhierarchie so definieren, daß es eine Klasse für fliegende und eine andere für nicht fliegende Vögel gibt. Allerdings gibt es andere Situationen, in denen die Vererbung bei Implementierung besser geeignet ist. Als allerletzte Alternative könnte auch die Redefininition der Operation `fly` verwendet werden, wobei die Methoden allerdings geeignet zu kommentieren wären, so daß ein Entwickler über die getroffenen Maßnahmen informiert sein würde.

7.10 Mehrfachvererbung

Bisher haben wir für die Modellierung der *isA*-Beziehung nur die einfache Vererbung betrachtet. Eine abgeleitete Klasse besitzt dabei stets nur einen Vater. Allerdings muß man gelegentlich auch solche Situationen modellieren, in denen eine abgeleitete Klasse Funktionen von zwei oder mehr Vätern besitzt. Ein sehr oft zitiertes Beispiel wird in Abbildung 7.9 gezeigt.

Ein Amphibienfahrzeug vereint Eigenschaften eines Land- und eines Wasserfahrzeugs, so daß es sinnvollerweise als eine Spezialisierung der Klassen `LandVehicle` und `WaterVehicle` modelliert wird. Das LOOM-Skript für die Klasse `AmphibiousVehicle` erfaßt diesen Sachverhalt dementsprechend wie folgt:

```
CLASS AmphibiousVehicle
    SPECIALISATION OF LandVehicle, WaterVehicle
WITH
    // Wie immer.
ENDCLASS AmphibiousVehicle
```

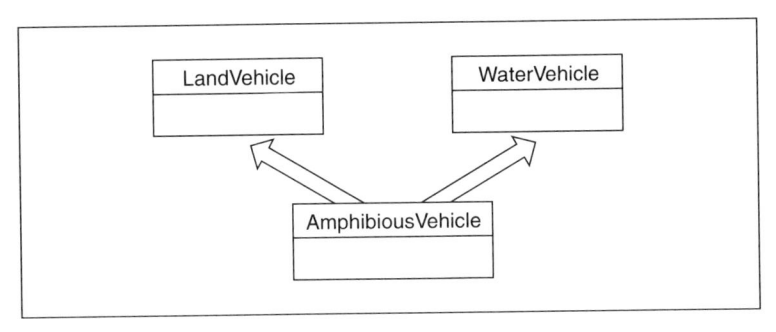

Abbildung 7.9: Mehrfachvererbung

Offenbar handelt es sich hier nicht um eine einfache *isA*-Beziehung, so wie wir sie definiert haben, da ein Amphibienfahrzeug nicht nur ein Wasser- oder Landfahrzeug, sondern eine Kombination aus beidem ist. Obwohl es an der Mehrfachvererbung im eigentlichen Sinne nichts auszusetzen gibt und sie in LOOM auch korrekt ausgedrückt werden kann, stellt sie dennoch eine erweiterte Funktion der Objektorientierung dar, welche den Rahmen dieses Buchs sprengt.

Dennoch sollten wir, bevor wir dieses Thema abschließen, bemerken, daß alternativ zur Verwendung der Mehrfachvererbung mit einem der Väter (der der Tochter am ähnlichsten ist) eine *isA*-Beziehung (Spezialisierung) festlegt und mit dem anderen Vererbung bei Implementierung benutzt werden kann, was in Abbildung 7.10 dargestellt wird.

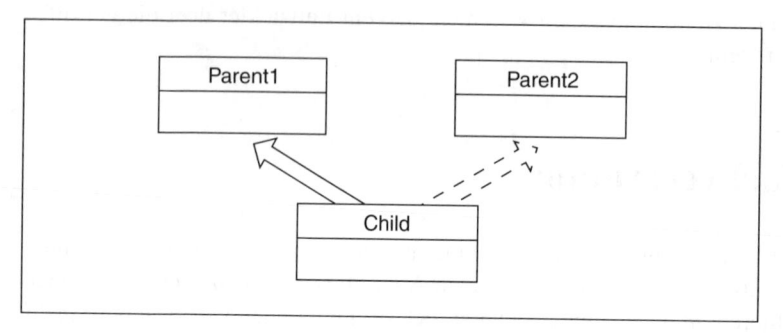

Abbildung 7.10: Einfache Vererbung und Vererbung bei Implementierung

Im Fall des amphibischen Wasserfahrzeugs können wir beispielsweise auf die Mehrfachvererbung verzichten, wenn wir bestimmen, daß ein Amphibienfahrzeug in Wirklichkeit eine Spezialisierung eines Landfahrzeugs darstellt, in die lediglich einige zusätzliche Eigenschaften eines Wasserfahrzeugs hineinimplementiert werden.

7.11 Redefinition von Methoden

Es ist allgemein anerkannt, daß nur solche Methoden für eine vererbte Operation redefiniert werden sollten, die in dem Vater mit dem Attribut POLYMORPHIC versehen sind (Meyers, 1992). Warum dies so ist, sieht man am besten anhand eines Beispiels. Verwenden wir die Definitionen der Klassen SalesPerson und Manager aus Abschnitt 7.4 mit den folgenden Instanzen:

```
// Erstellen initialisierter LINKs
INSTANCE theEmployee :SalesPerson LINK
INSTANCE theSalesPerson :SalesPerson LINK(...)
INSTANCE theManager :Manager LINK(...)
```

dann zeigen die Nachrichten

```
SEND theSalesPerson THE MESSAGE display?
```

und

```
SEND theManager THE MESSAGE display?
```

das erwartete Verhalten, da die Bindung der entsprechenden Methode an die Operation `display?` normalerweise vor Programmausführung erfolgt, d.h. eine statische Bindung verwendet wird. Aus ähnlichem Grunde werden die folgenden Nachrichten korrekt interpretiert:

```
SEND theEmployee THE MESSAGE
   assign(theSalesPerson)
SEND theEmployee THE MESSAGE display?

SEND theEmployee THE MESSAGE
   assign(theManager)
SEND theEmployee THE MESSAGE display?
```

Dies liegt daran, daß die Operation `display?` in der Klasse `SalesPerson` mit dem Attribut POLYMORPHIC versehen ist und die Methode deshalb bei der Systemausführung dynamisch gebunden wird. Zunächst erfolgt eine Bindung an die Methode für ein `SalesPerson`-Objekt und eine an die Methode für ein `Manager`-Objekt.

Allerdings erhält man ein anderes Verhalten, wenn die Methode `display?` in der Klasse `SalesPerson` nicht als POLYMORPHIC ausgezeichnet ist. Die Nachrichten:

```
SEND theSalesPerson THE MESSAGE display?
```

und

```
SEND theManager THE MESSAGE display?
```

werden wie vorher korrekt ausgeführt. Das Problem tritt bei dem Beispiel auf, in dem die Nachricht `display?` über das Objekt `theEmployee` gesendet wird. Wenngleich auch die Nachricht:

```
SEND theEmployee THE MESSAGE display?
```

von dem Objekt `theSalesPerson` und dem Objekt `theManager` empfangen wird, führen beide die für ein Objekt der Klasse `SalesPerson` definierte Methode aus. Dies hat den Grund, daß die dynamische Bindung nur dann auftritt, wenn in der Operationssignatur das Attribut POLYMORPHIC eingeführt wird, und das Objekt nur auf solche Methoden Bezug nehmen kann, die für die Klasse `SalesPerson` und nicht, wie von uns vorgesehen, für die Klassen `SalesPerson` **und** `Manager` definiert wurden. Offensichtlich liegt hier ein ernsthaftes Problem vor, und wir sollten die Regel, daß eine nicht mit dem Attribut POLYMORPHIC eingeführte Methode für eine Operation nicht redefiniert werden darf, unbedingt befolgen.

7.12 Zusammenfassung

1. Eine Klasse stellt eine Spezialisierung einer Vaterklasse dar, wenn sie als ein Beispiel für den Vater angesehen werden kann. Die abgeleitete Klasse besitzt zwar in aller Regel zusätzliche, bei dem Vater nicht vorhandene Verhaltensweisen, muß aber dennoch auf dieselben Nachrichten antworten wie der Vater.

2. Eine abgeleitete Klasse kann über die geschützte Schnittstelle privilegiert auf die Operationen und Eigenschaften des Vaters zugreifen.

3. Der Polymorphieeffekt erlaubt den Empfang einer über einen LINK an ein Objekt der Vaterklasse gesendeten Nachricht durch ein Objekt einer abgeleiteten Klasse.

4. Eine abstrakte Basisklasse dient ausschließlich der Definition der Schnittstelle ihrer abgeleiteten Klassen und kann keine Instanzen besitzen.

5. Unter der Voraussetzung, daß sie als Konstante spezifiziert wurde, kann eine Eigenschaft einer Klasse öffentlich sein.

6. Eine Operation kann bezüglich einer Klasse privat sein.

7. Die Vererbung kann dann für die Implementierung anstelle der Spezialisierung verwendet werden, wenn zwischen der Vaterklasse und der abgeleiteten Klasse keine *isA*-Beziehung besteht.

8. Die Vererbungsauflösung einer von einer Vaterklasse eingeführten Operation durch eine abgeleitete Klasse ist nicht zulässig.

9. Die Mehrfachvererbung sollte nur verwendet werden, wenn sie unbedingt erforderlich ist.

10. Wenn mehrdeutiges Verhalten vermieden werden muß, sollten nur polymorph definierte Methoden redefiniert werden.

7.13 Übungen

1. Die unsere Erde bevölkernden Tiere können gemäß dem Klassendiagramm in Abbildung 7.11 in Klassen eingeteilt werden.

    (a) Erweitern Sie dieses Diagramm um weitere Tierklassen, wie zum Beispiel Affen, Schlangen, Vögel und Hunde.

    (b) Überlegen Sie sich, welche Klassen als ABSTRACT deklariert werden sollten.

    (c) Überlegen Sie sich eine Operation move, die in der öffentlichen Schnittstelle der Klasse Animal zum Beispiel mit einem der Attribute POLYMORPHIC, DEFERRED oder REDEFINED eingeführt wird.

2. Eine Universität unterhält eine Datenbank zum Speichern und Anfordern von Informationen über ihre Angestellten und Studenten. Normalerweise werden Datensätze hinzugefügt und betrachtet. Angestellte besitzen einen Namen, eine Adresse, eine Angestelltennummer und gehören zu einer Abteilung, während für die Studenten deren Name, Adresse, Immatrikulationsnummer und Studienfach erfaßt werden.

    (a) Konstruieren Sie für die Datenbank ein Klassendiagramm.

```
                    ┌─────────┐
                    │ Animal  │
                    ├─────────┤
                    │         │
                    └─────────┘
                      △     △
                     ╱        ╲
        ┌─────────┐              ┌─────────┐
        │ Reptile │              │ Mammal  │
        ├─────────┤              ├─────────┤
        │         │              │         │
        └─────────┘              └─────────┘
                                      △
                                      │
                                ┌───────────┐
                                │  Primate  │
                                ├───────────┤
                                │           │
                                └───────────┘
                                      △
                                      │
                                ┌──────────────┐
                                │ HomoSapiens  │
                                ├──────────────┤
                                │              │
                                └──────────────┘
```

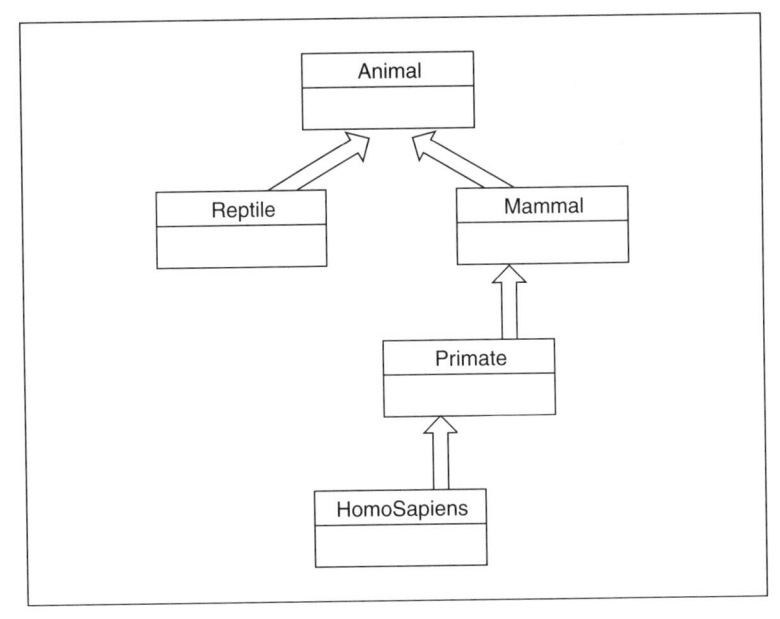

Abbildung 7.11:   Ein Klassendiagramm für Tiere

   (b) Entwickeln Sie für jede Klasse ein LOOM-Skript sowie eine geeignete Klasse `Application` zu deren Test.

   (c) Erweitern Sie die Datensätze für die Angestellten und die Studenten um weitere Einzelheiten.

3. Eine Bank bietet ihren Kunden zwei Arten von Konten an, die ihnen für Ein- und Auszahlungen zur Verfügung stehen und die sie hinsichtlich des aktuellen Kontostands abfragen können. Bei dem ersten handelt es sich um ein normales und bei dem zweiten um ein Girokonto. Beide besitzen eine Kontonummer und enthalten den aktuellen Kontostand. Allerdings bietet das Girokonto einen Dispositionskredit, der normalerweise bei der Einrichtung des Kontos mit dem Bankdirektor abgestimmt wird. Abhebungen können bis zur Höhe des Dispositionskredits vorgenommen werden. Für das normale Konto steht ein solcher Kreditrahmen allerdings nicht zur Verfügung. Natürlich gibt es für Einzahlungen in beiden Fällen keine Einschränkungen.

   (a) Entwerfen Sie ein Klassendiagramm für die Bankkonten.

   (b) Entwickeln Sie für jede der Klassen ein LOOM-Skript.

   (c) Konstruieren Sie das LOOM-Skript für ein `Application`-Objekt zur Erprobung des Systems.

4. Im Lehrkörper einer Universität befinden sich wissenschaftliche Assistenten und Dozenten. Beide unterrichten Studenten, doch ein wissenschaftlicher Assistent verrichtet nur eine geringe Forschungsarbeit, während ein Dozent in diesem Bereich mehr leistet.

   (a) Konstruieren Sie ein Klassendiagramm für den Lehrkörper.

   (b) Definieren Sie LOOM-Skripte für die Klassen und verwenden Sie dabei soweit wie möglich den Polymorphieeffekt. Die Methodenrümpfe sollten aus einfachen insert-Nachrichten für die Ausgabe auf dem Bildschirm bestehen, wie zum Beispiel:

   ```
   SEND theScreen THE MESSAGE
       insert("Unterrichtet"),
   SEND theScreen THE MESSAGE
       insert("Forscht etwas"),
   ```

   und

   ```
   SEND theScreen THE MESSAGE
       insert("Forscht zusätzlich")
   ```

   (c) Welche Änderungen wären notwendig, wenn die Dozenten, nicht aber die wissenschaftlichen Assistenten Verwaltungsaufgaben übernehmen würden?

5. Ein Klassendiagramm ist aus mehreren Symbolen aufgebaut. Diese können entweder ein Klassen- oder ein Relationssymbol sein. Im ersten Fall beschreibt das Symbol eine konkrete oder eine abstrakte Klasse. In letzterem hingegen kann es für eine Assoziation, eine Aggregation oder eine Spezialisierung stehen. Ein Relationssymbol verbindet stets zwei Klassensymbole, wohingegen ein Klassensymbol mit beliebig vielen Relationssymbolen verbunden sein kann.

   (a) Entwerfen Sie ein Klassendiagramm, das ein Klassendiagramm beschreibt.

   (b) Entwickeln Sie für jeder der Klassen ein LOOM-Skript. Konzentrieren Sie sich dabei vor allem auf eine Operation draw, die auf einem Computerbildschirm ein vollständiges Klassendiagramm zeichnet.

6. Objektorientierte Software wird für gewöhnlich in aufeinanderfolgenden Versionsstufen entwickelt. Die erste Version enthält in aller Regel nur einen Grundriß, während die letzten Stufen zunehmend ausgefeilter werden. Obwohl sich dieser Ansatz als sehr nützlich erwiesen hat, wirft er dennoch das Problem der Versionskontrolle auf. Wir müssen immer sicher sein, daß eine spätere Version anstelle einer früheren verwendet werden kann. Anders ausgedrückt, eine neuere Version muß zu den älteren kompatibel sein. Nehmen wir an, die Versionen seien in der Reihenfolge 1.1, 1.2, 1.3, ..., 2.1, 2.2, 2.3, ... numeriert. Objekte der Version 1 sollten dieselbe Schnittstelle aufweisen wie auch die der zweiten Generation.

   (a) Entwerfen Sie ein Klassendiagramm und die entsprechenden LOOM-Skripte, und stellen Sie mit diesen sicher, daß das Application-Objekt jeder Version dieser Anforderung genügt.

(b) Entwickeln Sie ein Application-Objekt, das einen einfachen Mechanismus zur Versionskontrolle implementiert.

7. Wenn wir zu Übung 4 zurückkehren, stellen wir fest, daß das Personal einer Universität nicht nur aus wissenschaftlichen Assistenten und Dozenten, sondern auch aus Privatgelehrten und Professoren besteht. Sie alle unterrichten Studenten, doch sie üben auch noch weitere Tätigkeiten aus:

   - Ein wissenschaftlicher Assistent forscht nur in geringem Maße.
   - Ein Dozent verrichtet schon etwas mehr Forschungsarbeit sowie einige Verwaltungsaufgaben.
   - Ein Privatgelehrter forscht sehr viel, verrichtet aber überhaupt keine Tätigkeiten in der Verwaltung.
   - Ein Professor forscht ebenfalls sehr viel, ist aber auch in der Verwaltung tätig.

   (a) Entwerfen Sie ein Klassendiagramm für das akademische Lehrpersonal.

   (b) Definieren Sie für jede Klasse ein LOOM-Skript.

8. Manchmal wird eine Aggregatskomponente aus anderen Aggregatskomponenten zusammengesetzt. In diesem Fall bezeichnen wir sie als *zusammengesetztes* Objekt. Beispielsweise könnte ein Bild aus Text, Linien, Vierecken und einem anderen Bild bestehen. Dasselbe gilt natürlich auch für das Bild in dem Bild. Mit anderen Worten, eine Komponente eines zusammengesetzten Objekts kann einfach nur ein Einzelobjekt (ein Blatt), wie zum Beispiel ein Text, eine Linie oder ein Viereck, sein oder aber ein anderes zusammengesetztes Objekt, wie zum Beispiel ein weiteres Bild.

   Wir müssen beim Aufbau eines zusammengesetzten Objekts unbedingt beachten, daß wir die Blätter und die zusammengesetzten Objekte in derselben, möglichst einfachen Weise behandeln. Das Klassendiagramm aus Abbildung 7.12 löst dieses Problem.

   Die Klasse Component dient als gemeinsame Schnittstelle für die Leaf- und die Composite-Objekte. Clients verwenden für den Bezug auf Component-Objekte LINKs, und wir können den Polymorphieeffekt benutzen, um Operationen zu implementieren, die durch sie in den Klassen Leaf und Composite entsprechend eingeführt wurden. Typische Operation erlauben es den Clients, Component-Objekte hinzuzufügen, zu entfernen und anzeigen zu lassen. Die ersten beiden dieser Operationen dienen dem Aufbau einer passenden Struktur, während die letztere deren Betrachtung ermöglicht. Ein Leaf-Objekt implementiert Operationen vollständig, wohingegen ein Composite-Objekt jeder seiner Komponenten eine geeignete Nachricht sendet.

   (a) Entwerfen Sie ein Instanzdiagramm, das ein aus mehreren Leaf- und Composite-Objekten zusammengesetztes Component-Objekt zeigt.

   (b) Entwickeln Sie Szenarien, die verdeutlichen, auf welche Weise ein Component-Objekt die Operationen add und display? implementieren kann.

Kapitel 7   Spezialisierung

Da diese komplexe Situation sehr häufig auftritt, bietet sich die Möglichkeit, sie als ein *Designmuster* anzusehen (Gamm et al., 1995), dem wir die Bezeichnung *Das Composite-Designmuster* geben können. Um den Ansatz in unserem Beispiel umzusetzen, spezialisieren wir die Klasse Leaf in die Klassen Text, Line und Rectangle und die Klasse Composite in die Klasse Picture. In diesen neuen Klassen werden die für sie eindeutig bestimmten Operationen implementiert, wie zum Beispiel display?. Die Implementierung von Operationen, die zu keiner dieser Klassen gehören, erfolgt in geeigneter Weise in den Klassen Component, Leaf und Composite.

(c) Entwickeln Sie eine LOOM-Spezifikation für das Composite-Designmuster.

(d) Zeigen Sie anhand des Bildbeispiels, wie es verwendet werden kann.

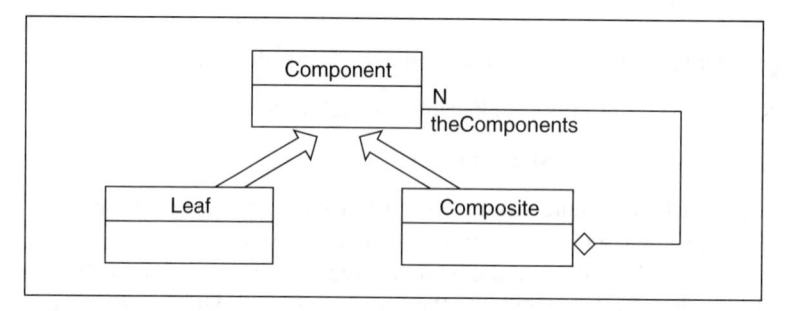

Abbildung 7.12:   Klassendiagramm für ein zusammengesetztes Objekt

Kapitel 8

Fallstudie: Überarbeitung des Bibliothekssystems

Diese Fallstudie beschäftigt sich mit derselben Problemstellung wie die von Kapitel 4, ist aber mehr darauf ausgerichtet, die erweiterten Elemente eines objektorientierten Analyse- und Designverfahrens hervorzuheben. Wie vorher wird ein vereinfachtes System entwickelt, das der interessierte Leser aber auf unterschiedlichste Weise verändern kann. In den Übungen am Ende des Kapitels werden gleich eine ganze Reihe von Möglichkeiten vorgestellt. Wie in Kapitel 4 wird in das Design eine Klasse User eingeführt, mit der die Entwicklung eines funktionierenden Modells möglich ist.

8.1 Systemspezifikation

In Kapitel 4 enthielt die Bibliothek ausschließlich Bücher. In dieser Fallstudie kommen auch noch andere Einträge hinzu, nämlich Landkarten und Zeitschriften. Die Systemspezifikation sieht folgendermaßen aus:

> Eine Bibliothek hat einen Namen und enthält eine Sammlung von Veröffentlichungen, die Zeitschriften, Bücher oder Landkarten sein können. Alle Veröffentlichungen besitzen einen Titel, ein Erscheinungsdatum, einen Verleger sowie eine Nummer. Allerdings gehören zu den Zeitschriften auch noch ein Herausgeber sowie eine Liste von Artikeln, denen ihrerseits ein Titel und ein Autor zugeordnet sind. Bücher verfügen über einen Autor und eine ISBN. Landkarten besitzen einen Seriennamen sowie eine zu ihnen gehörende Blattnummer.

Es gibt mehrere Benutzer der Bibliothek, von denen aber jeder einen eindeutigen Namen und eine Adresse besitzt. Ein Benutzer kann:

- sich eine Liste der in der Bibliothek momentan zum Entleihen verfügbaren Veröffentlichungen anzeigen lassen,
- eine Zeitschrift, ein Buch oder eine Landkarte aus der Bibliothek ausleihen, indem er dessen Signatur angibt,
- eine Zeitschrift, ein Buch oder eine Landkarte zurückgeben.

Die Bibliothek kann:

- sich für jeden Benutzer die gerade entliehenen Veröffentlichungen anzeigen lassen.

Die in der Bibliothek enthaltenen Werke sind in der Reihenfolge ihrer Signaturen geordnet. Die aktuell von Benutzern ausgeliehenen Veröffentlichungen werden in der Reihenfolge ihrer Entleihung gespeichert, wobei die zuletzt ausgeliehene Publikation an letzter und die erste an erster Stelle steht. Der Einfachheit halber wird immer die an letzter Stelle erscheinende Veröffentlichung von einem Benutzer zurückgegeben. Allerdings können Benutzer bei der Bibliothek einen Antrag stellen, um eine Veröffentlichung mit einer bestimmten Signatur auszuleihen.

8.2 Strategie

In der vorangegangenen Fallstudie verwendeten wir einen wasserfallartigen Lebenszyklus, der aus einer Analyse, einem anschließenden strukturellen Design, einem darauffolgenden zentralen Design und schließlich einem detaillierten Design bestand. In dieser Fallstudie setzen wir eine modifizierte Form dieses Verfahrens ein, indem wir das komplette System über eine Reihe von *Versionen* aufbauen. Aufeinanderfolgende Versionen stellen eine bessere Annäherung an das Zielsystem dar. Allerdings müssen wir davon ausgehen, daß wir einige der während der Konstruktion vorhergehende Versionen getroffenen Entscheidungen zu überarbeiten haben werden. Dieser schrittweise Ansatz für die Software-Entwicklung bietet uns alle Vorteile der Verwendung eines wasserfallartigen Verfahrens, erweitert aber unsere Flexibilität und stärkt zudem das Vertrauen in unsere Entscheidungen.

Dennoch muß betont werden, daß dieser Ansatz auch eine gewisse Vorsicht gebietet, da die Software-Entwicklung bei seiner Verwendung schnell aus dem Ruder läuft. Allzu schnell geht die Übersicht verloren, und man verfällt in ein unkontrolliertes *Hacken*. Aus diesem Grund bestehen wir darauf, daß jede Version einem bestimmten Zweck gewidmet sein muß.

8.3 Version 1

Diese Version verfolgt zwei wesentliche Ziele. Das erste besteht darin, daß das anfänglich entwickelte Objektmodell die Problemstellung gut widerspiegeln soll. Ist das Objektmodell fehlerhaft, wird der Rest der Entwicklung zu einem Hassardspiel. Das zweite Ziel beschäftigt sich mehr mit der Implementierung des endgültigen Systems und soll das Risiko minimieren, daß die Ausführung nicht wie beabsichtigt verläuft. Dieses Ziel wird zeigen, daß wir den Polymorphieeffekt erfolgreich einsetzen können.

8.3.1 Analyse

Aus der Systemspezifikation geht hervor, daß ein Benutzer in der Lage sein muß, eine Zeitschrift, ein Buch oder eine Landkarte aus der Bibliothek auszuleihen, es an diese zurückzugeben und die Liste der verfügbaren Publikationen einzusehen. Aus unserer alltäglichen Erfahrung können wir bereits Benutzer- und Bibliotheksobjekte angeben. Daraus gehen dann die Klasse `User` und `Library` hervor. Allerdings müssen wir entscheiden, ob sich die Zeitschriften, Bücher und Landkarten hinlänglich voneinander unterscheiden, um die Festlegung als eigenständiges Objekt zu rechtfertigen. Eine weitere Möglichkeit besteht darin, sie zu Eigenschaften einer anderen Klasse, wie zum Beispiel einer Klasse `Publication`, zu machen. Dieser Entscheidung kommt in der Analyse eine entscheidende Bedeutung zu, da sie die Grundstruktur des fertigen Systems bestimmt. Man sollte sie auf keinen Fall auf die leichte Schulter nehmen.

Offenbar bestehen zwischen den Zeitschriften, Büchern und Landkarten einige Ähnlichkeiten, die daher kommen, daß es sich jeweils um Veröffentlichungen handelt. Dennoch sind sie in einigen Punkten auch sehr unterschiedlich, wie zum Beispiel in folgenden:

- Eine Zeitschrift besitzt einen Herausgeber sowie mehrere unabhängige Artikel
- Ein Buch hat einen Autor und erscheint in unterschiedlichen Auflagen
- Eine Landkarte verfügt über einen Seriennamen und eine Blattnummer
- Die Benutzer einer Bibliothek begreifen Zeitschriften, Bücher und Landkarten als etwas prinzipiell Verschiedenes

Also ziehen wir den Schluß, daß sich diese verschiedenen Publikationen hinreichend voneinander unterscheiden, um ihre Bestimmung als Objekte zu rechtfertigen. Dementsprechend können wir die Klassen `Periodical`, `Book` und `Map` benennen, von denen sie Instanzen bilden. Teile der LOOM-Skripte für die Klassen sehen wie folgt aus:

```
CLASS Library
WITH
    // noch zu vervollständigen
ENDCLASS Libary


CLASS User
WITH
    // noch zu vervollständigen
ENDCLASS User


CLASS Periodical
WITH
    // noch zu vervollständigen
ENDCLASS Periodical


CLASS Book
WITH
    // noch zu vervollständigen
ENDCLASS Book
```

```
CLASS Map
WITH
   // noch zu vervollständigen
ENDCLASS Map
```

8.3.2 Strukturelles Design

Man sollte unbedingt verstehen, daß während dieser Designphase zwei verschiedene Hierarchien entwickelt werden. Die erste beruht auf Spezialisierungen und informiert über die Beziehungen zwischen einer Klasse und ihren Vorfahren. Die zweite besteht aus Assoziationen oder Aggregationen und beschreibt die Gültigkeitsbereiche sowie die Sichtbarkeit von Klassen. Normalerweise werden beide Hierarchien in demselben Klassenstrukturdiagramm dargestellt.

Wenn wir die erste Hierarchie betrachten und davon ausgehen, daß wir den Polymorphieeffekt verwenden möchten, sehen wir die Periodical-, Book- und Map-Objekte vernünftigerweise als Beispiele einer allgemeineren Klasse Publication an. Unsere Absicht besteht darin, über einen LINK Nachrichten an Publication-Objekte zu versenden, die dann während der Ausführung jedoch in Wirklichkeit von einem Periodical-, Book- oder Map-Objekt empfangen und interpretiert werden. Offenbar ist diese Entscheidung von größter Bedeutung.

Abbildung 8.1 beschreibt diese Hierarchie. Beachten Sie, daß es sich bei der Klasse Publication um eine abstrakte Klasse handelt, von der keine Instanzen gebildet werden können. Dennoch haben wir die Möglichkeit, einen LINK zu einem Publication-Objekt einzurichten (siehe Abschnitt 7.5).

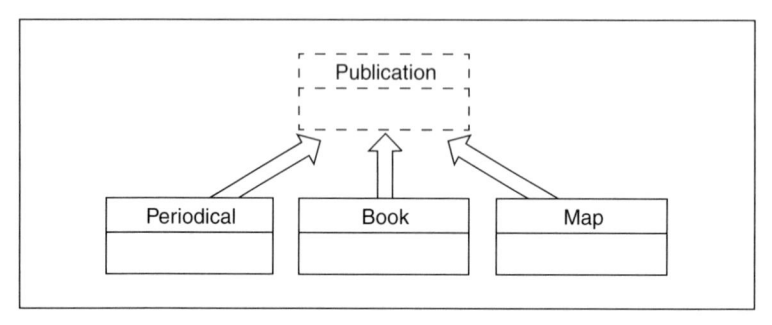

Abbildung 8.1: Hierarchie der Spezialisierungen

Beim Betrachten der zweiten Hierarchie fällt uns sofort auf, daß es eine Assoziation zwischen vielen als Entleiher auftretenden User-Objekten und einem als Verleiher fungierenden Library-Objekt gibt. Damit die Assoziation auch in umgekehrter Richtung funktioniert, enthält die Klasse Library eine private Eigenschaft theBorrowers, die ein Behälter von User LINK-Objekten ist, und die Klasse User eine private Eigenschaft theLender, die als LINK auf ein Library-Objekt zeigt. In dieser Fallstudie werden die User-Objekte in theBorrowers nach ihren Namen sortiert gespeichert, so daß sich die Verwendung einer PSortedCollection anbietet (siehe Anhang B).

8.3 Version 1

Es ist ebenfalls offensichtlich, daß sowohl jedes User- als auch jedes Library-Objekt viele Publication-Objekte als Aggregatskomponenten enthält. Allerdings können wir die Art des zu verwendenden Behälters auswählen. Es bietet sich entweder ein Behälter mit vollständigen Publication-Objekten oder ein Behälter mit Publication LINKs an. Im ersten Fall erhalten wir eine lokale Speicherreservierung, während bei der zweiten Möglichkeit eine dynamische Speicherreservierung zum Einsatz kommt (siehe Abschnitt 4.9). Da wir von dem Polymorphieeffekt Gebrauch machen möchten, der auf dem Senden von Nachrichten über einen LINK aufbaut, haben wir in Wirklichkeit allerdings keine Wahl und müssen uns für die zweite Behälterart entscheiden, d.h. für einen Behälter von Publication LINKs.

Da die von einem User-Objekt entliehenen Publication-Objekte in der Reihenfolge ihrer Entleihung erfaßt werden, eignet sich für die User-Objekte eine POrderedCollection. Ähnliches gilt für die von dem Library-Objekt verwalteten Publication-Objekte, da diese nach ihrer Signatur sortiert sein sollen. Also bietet sich hier eine PSortedCollection als Behälter an (siehe Anhang B).

Die Abbildungen 8.2(a) und 8.2(b) fassen die derzeitige Situation zusammen. Beachten Sie, daß es keine Notwendigkeit gibt, für die Sammlung von Publication-LINK-Objekten in jeder Klasse verschiedene Namen zu verwenden, da diese Behälter in den betreffenden Klassen privat sind.

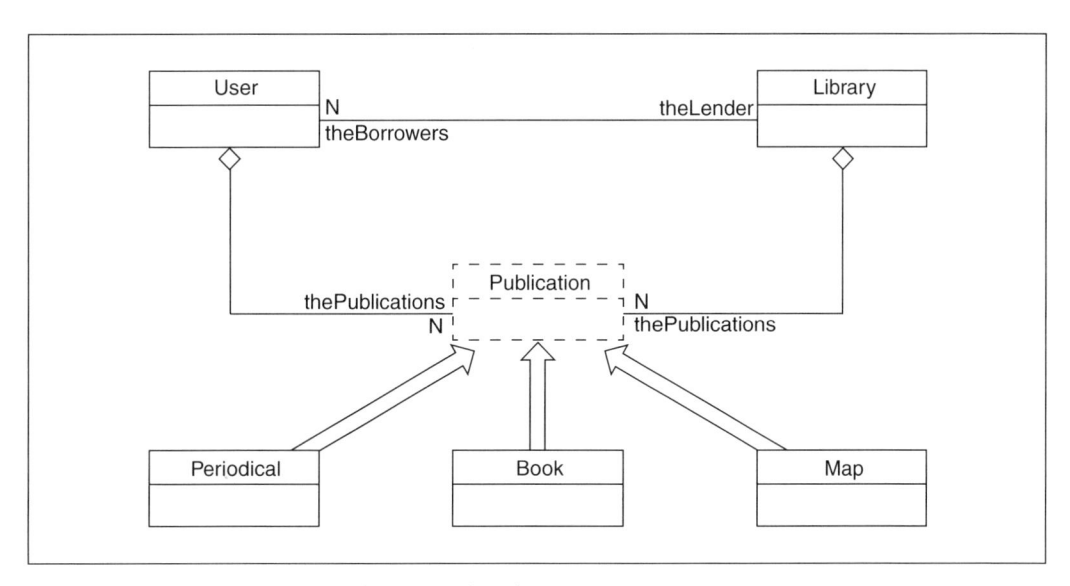

Abbildung 8.2(a)   Ein erstes Klassenstrukturdiagramm

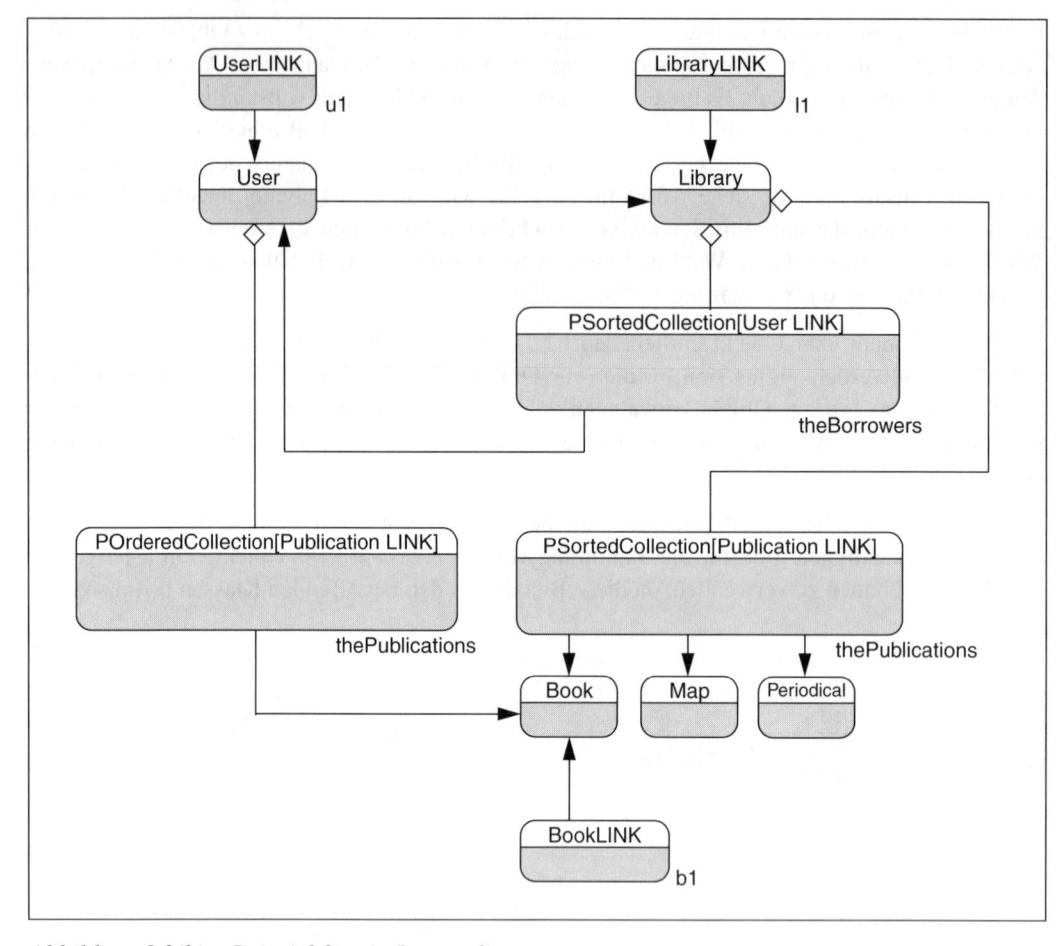

Kapitel 8 Fallstudie: Überarbeitung des Bibliothekssystems

Abbildung 8.2(b)   Beispiel für ein Instanzdiagramm

Wie bei der Fallstudie von Kapitel 4 sollten wir in diesem Stadium beachten, daß wir später in der Entwicklung des Systems eine Operation lessThan? für die Klassen User und Publication angeben müssen, da die Objekte dieser Klassen in Behältern enthalten sind, welche die Operation lessThan? für Vergleiche verwenden. Die entsprechenden LOOM-Skripte sehen folgendermaßen aus:

```
ABSTRACT CLASS  Publication
WITH
PUBLIC INTERFACE
   // noch zu vervollständigen
PROTECTED INTERFACE
   // noch zu vervollständigen
PRIVATE IMPLEMENTATION
   REPRESENTATION
```

```
    // noch zu vervollständigen
    AGGREGATIONS NONE
    ASSOCIATIONS NONE
    DEFINITIONS
    // noch zu vervollständigen
ENDCLASS Publication


CLASS Periodical
    SPECIALISATION OF Publication
WITH
    // noch zu vervollständigen
ENDCLASS Periodical


CLASS Book
    SPECIALISATION OF Publication
WITH
    // noch zu vervollständigen
ENDCLASS Book


CLASS Map
    SPECIALISATION OF Publication
WITH
    // noch zu vervollständigen
ENDCLASS Map


CLASS Library
WITH
PUBLIC INTERFACE
    // noch zu vervollständigen
PROTECTED INTERFACE
    NONE
PRIVATE IMPLEMENTATION
    REPRESENTATION
        // noch zu vervollständigen
    AGGREGATIONS
        thePublications :PSortedCollection[Publication LINK]
    ASSOCIATIONS
        theBorrowers :PSortedCollection[User LINK] INVERSE OF theLender
    DEFINITIONS
        // noch zu vervollständigen
ENDCLASS Library
```

```
CLASS User
WITH
PUBLIC INTERFACE
   // noch zu vervollständigen
PROTECTED INTERFACE
   NONE
PRIVATE IMPLEMENTATION
   REPRESENTATION
      // noch zu vervollständigen
   AGGREGATIONS NONE
   ASSOCIATIONS
      theLender :Library LINK INVERSE OF theBorrowers
      thePublications :POrderedCollection[Publication LINK]
   DEFINITIONS
      // noch zu vervollständigen
ENDCLASS User
```

Beachten Sie, daß der Eintrag NONE in dem Abschnitt PROTECTED INTERFACE einer Klasse bedeutet, daß von ihr keine abgeleiteten Klassen existieren. In ähnlicher Weise steht ein Eintrag NONE in einem der Abschnitte AGGREGATIONS oder ASSOCIATIONS dafür, daß die Klasse weder Aggregatskomponenten noch Assoziationen besitzt. Wenn in der Struktur einer Klasse eine Assoziation enthalten ist, sollte diese natürlich unter dem Eintrag PUBLIC INTERFACE aufgeführt sein. Bei Vorhandensein einer abgeleiteten Klasse erscheint diese wiederum gewöhnlich in dem Abschnitt PROTECTED INTERFACE.

8.3.3 Design

Dieser Teil der Entwicklung ist relativ unkompliziert, da wir die in dem ersten Teil der Fallstudie von Kapitel 4 geleistete Arbeit ausnutzen können. Allerdings besteht ein wesentlicher Unterschied zu dieser Fallstudie darin, daß sich die User- und Library-Objekte nicht mehr auf ganze Book-Objekte, sondern statt dessen auf zu Publication-Objekten führende LINKs beziehen. Dies führt zu den potentiellen Problemen hängender Referenzen oder des Speicherverlusts (siehe Abschnitt 4.9). Hierbei handelt es sich um sehr ernsthafte Schwierigkeiten, die am besten bereits zu einem möglichst frühen Zeitpunkt des Systemdesigns vermieden und nicht der Implementierung überlassen werden. Widmet man sich ihnen nicht ausreichend, könnten sie zu katastrophalen Schäden in der Systemintegrität führen. Deshalb sollten diese Fragen zu einem Hauptelement des Designs gemacht werden.

Es eröffnen sich uns mindestens vier Möglichkeiten, um das mit LINKs verbundene Risiko zu minimieren:

- Stellen Sie sicher, daß der Behälter thePublications in der Bibliothek der alleinige Verwalter von Publication-Objekten ist. Dies bedeutet, daß zwar auch ein anderes Objekt, wie zum Beispiel ein Application-Objekt, ein Publication-Objekt erstellen kann, aber nur ein Library-Objekt in der Lage ist, ein solches zu löschen.

- Sorgen Sie dafür, daß jedes andere Objekt, das auf ein Publication-Objekt verweist, wie zum Beispiel ein User-Objekt, wenigstens dieselbe Lebenszeit (oder eine kürzere) wie das Library-Objekt besitzt. Dies bedeutet, daß das zugehörige Publication-Objekt bei Löschen des Library-Objekts nicht mit gelöscht wird.

- Achten Sie verstärkt auf das Ausleihen, Hinzufügen und Zurückgeben von Publication-Objekten aus und in das Library-Objekt sowie auf das Entleihen und Zurückgeben von Publication-Objekten durch User-Objekte. Obwohl wir eine Klasse von Publication-Objekten einführen könnten, die zum Entleihen zur Verfügung stehen, sowie eine Klasse für die Objekte, die nicht mehr verfügbar sind, scheint diese Lösung für die aktuelle Situation zu kompliziert zu sein. Eine einfachere Alternative bestände darin, in der Klasse Publication eine Boolean-Eigenschaft, wie zum Beispiel onLoan, zu definieren. Bevor ein Benutzer dann eine Veröffentlichung aus der Bibliothek ausleihen kann, sollte als Vorbedingung die Eigenschaft onLoan den Wert FALSE haben. Nach dem Ausleihen erhält sie als Nachbedingung den Wert TRUE. In ähnlicher Weise besteht eine Nachbedingung, daß die Eigenschaft onLoan beim Zurückgeben oder Hinzufügen einer Veröffentlichung in bzw. zu der Bibliothek auf FALSE gesetzt wird.

- Verwenden Sie in den Methoden das reservierte Wort NIL, um vor dem Senden einer Nachricht über den LINK oder vor dem Hinzufügen eines LINK zu dem Behälter das tatsächliche Vorhandensein des LINK auf ein Publication-Objekt zu überprüfen.

Wir nehmen uns in dieser Fallstudie jede dieser vier Möglichkeiten vor.

Das detaillierte Design der Klassen User und Library stimmt im wesentlichen mit dem in der vorangegangenen Fallstudie überein, wobei die Klasse Book allerdings zu einer Spezialisierung der Klasse Publication verändert und die Klasse Map neu hinzugefügt wurde.

Die Klasse Publication soll die Eigenschaften ihrer Nachfahren erfassen, die einem Library-Objekt zugehörig sind. Da von ihr keine Instanzen benötigt werden, wird sie als ABSTRACT deklariert. In ihrer öffentlichen Schnittstelle befinden sich ein Default-Konstruktor und ein parametrisierter Konstruktor sowie eine als DEFERRED gekennzeichnete Operation display?. Wir benutzen das Attribut DEFERRED anstelle der Alternative POLYMORPHIC, damit wir die Verwendung der geschützten Operation displayPublicationPart? veranschaulichen können. Beachten Sie, daß eine als DEFERRED gekennzeichnete Operation die Polymorphie impliziert (siehe Abschnitt 7.5). Die Operationen isOnLoan? und setOnLoan unterstützen unsere Strategie für das Entleihen und Zurückgeben von Publication-Objekten, die Operationen lessThan? und ReferenceNumber? die Verwendung der sortierten Behälter. Die privaten Eigenschaften der Klasse Publication sind diejenigen, die für alle Publication-Objekte gelten.

Die konkrete Klasse Book verhält sich genauso wie ein Publication-Objekt. Allerdings besitzt sie zusätzlich einige private Eigenschaften, einen Default-Konstruktor und einen parametrisierten Konstruktor sowie eine Methode für die Operation display?. Beachten Sie, wie in dieser Methode die geschützte Operation displayPublicationPart? verwendet wird. Die Klasse Map stimmt im wesentlichen mit der Klasse Book überein.

Entsprechende LOOM-Skripte für die Klassen Publication, Book, Map und Library finden Sie in aller Ausführlichkeit in Anhang E.

8.3.4 Aufbau der Klasse Application

Bei dieser ersten Version müssen wir noch nicht das vollständige System aufbauen. Was wir zuerst zeigen möchten, ist, daß unser Objektmodell die Problemstellung gut widerspiegelt. Dies wurde aber bereits größtenteils in der Analyse erreicht. Unser zweites Ziel besteht darin, erfolgreich von dem Polymorphieeffekt Gebrauch zu machen. Daß wir auch diese Vorgabe erfüllen können, können wir zeigen, indem wir dem Library-Objekt einige Publication-Objekte hinzufügen und diese dann anzeigen. Für den Moment werden wir Publication-Objekte ausschließlich als Book- oder Map-Objekte ansehen. Objekte der Klasse Periodical und die verbleibenden Teile des Systemverhaltens können für spätere Versionen aufgespart werden. Im allgemeinen sollte man darauf aus sein, das Ziel einer Version in einer möglichst einfachen Weise zu erreichen. Einzelheiten können später hinzugefügt werden.

Wie bei der Fallstudie von Kapitel 4 liegt auch hier ein sehr unkomplizierter Ablauf vor, so daß für die Klasse Application kein dynamisches Modell benötigt wird. Um den Zielen der Version zu genügen, müssen wir lediglich:

- ein Library-Objekt erstellen

- Book- und Map-Objekte erstellen

- dem Library-Objekt die Book- und Map-Objekte hinzufügen

- den Inhalt des Library-Objekts anzeigen

Beachten Sie, daß die für den Aufbau unserer Software erforderliche Steuerlogik durch den Gebrauch objektorientierter Konzepte, insbesondere den der Polymorphie, oftmals vereinfacht oder sogar überflüssig gemacht wird. Dies ist ein wesentlicher Vorteil, der nicht unterschätzt werden sollte. Er wirkt sich auf nahezu jeden Bereich im Lebenszyklus einer Software aus, von der anfänglichen Entwicklung bis hin zur langfristigen Pflege.

Die vollständigen Listings aus dem LOOM-Skript für die Methode run der Klasse Application finden Sie in Anhang E. Hier sehen Sie einen Auszug:

```
// Application class
METHOD run
AS
  // Erzeuge eine Bibliothek mit dynamischer Lebensdauer.
  INSTANCE theLibrary :Library LINK("University")

  // Erzeuge einige Book- und Map-Objekte mit dynamischer Lebensdauer.
  INSTANCE b1 :Book LINK ("C++ Problem Solving and Programming",
    "Prentice Hall", Date(1,1,1994), "AA1", "Barclay",1)
  // ...
  INSTANCE m1 :Map LINK ("Burgundy",
    "Michelin", Date(5,5,1994), "EE5", "Michelin", 5)

  // Füge LINKs zu den Büchern und Karten in die Bibliothek ein.
```

```
SEND theLibrary THE MESSAGE addOnePublication(b1)
    // ...
SEND theLibrary THE MESSAGE addOnePublication(m1)

    // Wie sieht der Bestand jetzt aus?
SEND theLibrary THE MESSAGE displayLoanStock?
ENDMETHOD run
```

Beachten Sie, daß die `Book`- und `Map`-Objekte dynamisch von der Klasse `Application` erstellt und dann dem `Library`-Objekt hinzugefügt werden. Dieses verwaltet sie bis zum Verlassen des Systems.

8.4 Version 2

Da wir jetzt die erste Version abgeschlossen haben, können wir uns damit beschäftigen, sie zu verfeinern. Es scheint vernünftig zu sein, daß wir uns dabei auf die Klasse `Library` konzentrieren, um deren Funktionalität so auszubauen, daß sie das Ausleihen und Zurückgeben von `Publication`-Objekten durch `User` ermöglicht. Dementsprechend lautet das Ziel dieser Version, die Klasse `Library` so zu verfeinern, daß das Hinzufügen, Ausleihen und Zurückgeben von Veröffentlichungen durch die Benutzer unterstützt wird.

8.4.1 Analyse

Der von uns angenommene Lebenszyklus verlangt, daß wir unsere vorangegangene Analyse als Teil der Entwicklung der aktuellen Version neu überdenken. Obwohl wir in diesem Fall bei der Analyse keinen zusätzlichen Aufwand betreiben müssen, sollten wir einsehen, daß es sich hierbei nicht um eine unwesentliche Entscheidung handelt. Die angestellten Überlegungen stellen in keinem Fall eine Zeitverschwendung dar, da sie uns die immer vorhandene Gefahr vermeiden helfen, eine Version ohne eine korrekte Analyse aufzubauen. Ein unkontrolliertes Programmieren muß unter allen Umständen vermieden werden. Ferner ist es sinnvoll zu überprüfen, ob alles in Ordnung und nicht das Revidieren früherer Entscheidungen notwendig ist.

8.4.2 Strukturelles Design

Wie bei der Analyse sind in dieser Version auch keine zusätzlichen Maßnahmen im strukturellen Entwurf erforderlich, jedoch ist es aus denselben Gründen wichtig, sich diese Entscheidung bewußt zu machen.

8.4.3 Design

Wie beim Design der vorigen Version können wir auch hier die Erfahrungen aus der Fallstudie von Kapitel 4 verwenden, um die Entwicklung zu beschleunigen. Für die Klassen Book und Map werden keine Änderungen erforderlich. Ähnliches gilt für die Klassen Library und User, wenngleich sich diese, wie bereits erläutert, jetzt auf LINKs zu Publication-Objekten und nicht mehr direkt auf Book-Objekte beziehen. Vollständige Listings sind in Anhang E zu finden.

8.4.4 Aufbau der Klasse Application

Eine Gefahr bei dieser schrittweise aufeinander aufbauenden Art von Entwicklung besteht darin, daß eine Änderung unvorhergesehene Auswirkungen nach sich ziehen kann. Offenbar sollte man Probleme am besten so früh wie möglich erkennen, so daß sie noch korrigierbar sind. Unter anderem läßt sich dies erreichen, indem man sicherstellt, daß die vorangegangenen Versionen durch die Änderungen in der aktuellen Version nicht ungültig gemacht wurden. Dementsprechend sieht ein sinnvolles Verfahren für die Erstellung der zweiten Version so aus, daß die notwendigen LOOM-Anweisungen einfach an die Methode run der vorigen Klasse Application angehängt werden. Leider führt dies aber manchmal zu einer viel zu langen und komplexen Methode run. Eine mögliche Lösung dieses Problems besteht in der Verwendung privater Operationen (in Übung 6 von Abschnitt 7.13 können Sie sich über ein ausgeklügelteres Vorgehen informieren).

Obwohl man von übermäßig umfangreichen Tests normalerweise absehen sollte, müssen für jede Version die wichtigsten Testfälle betrachtet werden. Auf diese Weise läßt sich der Aufwand für das Testen des Endsystems beträchtlich minimieren oder sogar ganz vermeiden.

In dieser Version dürfen die Änderungen an den Klassen keine Auswirkungen auf die erste Version zeigen, und wir sollten außerdem folgendes tun können:

- der Struktur User-Objekte hinzufügen
- ein User-Objekt veranlassen, aus dem Library-Objekt ein Book- oder ein Map-Objekt auszuleihen
- ein User-Objekt veranlassen, ein Book- oder ein Map-Objekt an das Library-Objekt zurückzugeben

Diese Möglichkeiten bilden die Grundlage für den Entwurf des LOOM-Skripts für die Methode run des Application-Objekts der zweiten Version. Die vollständigen Listings können Sie in Anhang E finden.

```
// Application class
METHOD run
AS
    // Erzeuge eine Bibliothek mit dynamischer Lebensdauer.
    INSTANCE theLibrary : Library LINK("University")
```

```
   // Initialisiere die Bibliothek mit Hilfe einer privaten Operation.
   SEND me THE MESSAGE initialiseLibrary(theLibrary)

   // Erzeuge und initialisiere zwei Benutzer mit dynamischer Lebensdauer.
   INSTANCE u1 :User LINK("Ken", "21 High Street")
   INSTANCE u2 :User LINK("John", "42 Croft Square")

   // Konfiguriere das System.
   SEND theLibrary THE MESSAGE addUser(u1)
   SEND theLibrary THE MESSAGE addUser(u2)
   SEND u1 THE MESSAGE addLibrary(theLibrary)
   SEND u2 THE MESSAGE addLibrary(theLibrary)

   // Zeige die Benutzer an.
   SEND theLibrary THE MESSAGE displayUsers?

   // Entleihe einige Veröffentlichungen.
   SEND theLibrary THE MESSAGE displayLoanStock?
   SEND u1 THE MESSAGE borrowOnePublication("AA1")
   // ...

   // Zeige das Ergebnis an.
   SEND theLibrary THE MESSAGE displayLoanStock?
   SEND theLibrary THE MESSAGE displayBorrowedStock?

   // Gib einige Veröffentlichungen zurück.
   SEND u1 THE MESSAGE returnOnePublication
   SEND u2 THE MESSAGE returnOnePublication

   // Zeige das Ergebnis an.
   SEND theLibrary THE MESSAGE displayLoanStock?
   SEND theLibrary THE MESSAGE displayBorrowedStock?
ENDMETHOD run

METHOD initialiseLibrary(aLibrary : Library INOUT)
AS
   // Erzeuge einige Book- und Map-Objekte mit dynamischer Lebensdauer.
   INSTANCE b1 :Book LINK ("C++ Problem Solving and Programming",
      "Prentice Hall", Date(1, 1, 1994), "AA1", "Barclay", 1)
   // ...
   INSTANCE m1 :Map LINK ("Burgundy",
      "Michelin", Date(5,5,1994), "EE5","Michelin", 5)

   // Füge LINKs zu den Büchern und Karten in der Bibliothek ein.
   SEND aLibrary THE MESSAGE addOnePublication(b1)
```

Kapitel 8 Fallstudie: Überarbeitung des Bibliothekssystems

```
// ...
    SEND aLibrary THE MESSAGE addOnePublication(m1)

ENDMETHOD initialiseLibrary
```

Zur Vereinfachung der Methode `run` verwenden wir die private Operation `initialiseLibrary`. Ferner sollte Sie erkennen, daß unsere Strategie für das Ausleihen und Zurückgeben von `Publication`-Objekten bedeutet, daß der von jedem `User`-Objekt unterhaltene Behälter `thePublications` mit dem Attribut `UNMANAGED` versehen sein muß. Dies hat zur Folge, daß der mit dem `Book`- oder `Map`-Objekt verbundene Speicherplatz beim Löschen eines `Publication Link` nicht freigegeben wird. In gewisser Hinsicht verbleiben die `Book`- und `Map`-Objekte damit für immer in dem `Library`-Objekt. An die `User`-Objekte wird lediglich ein `LINK` übergeben.

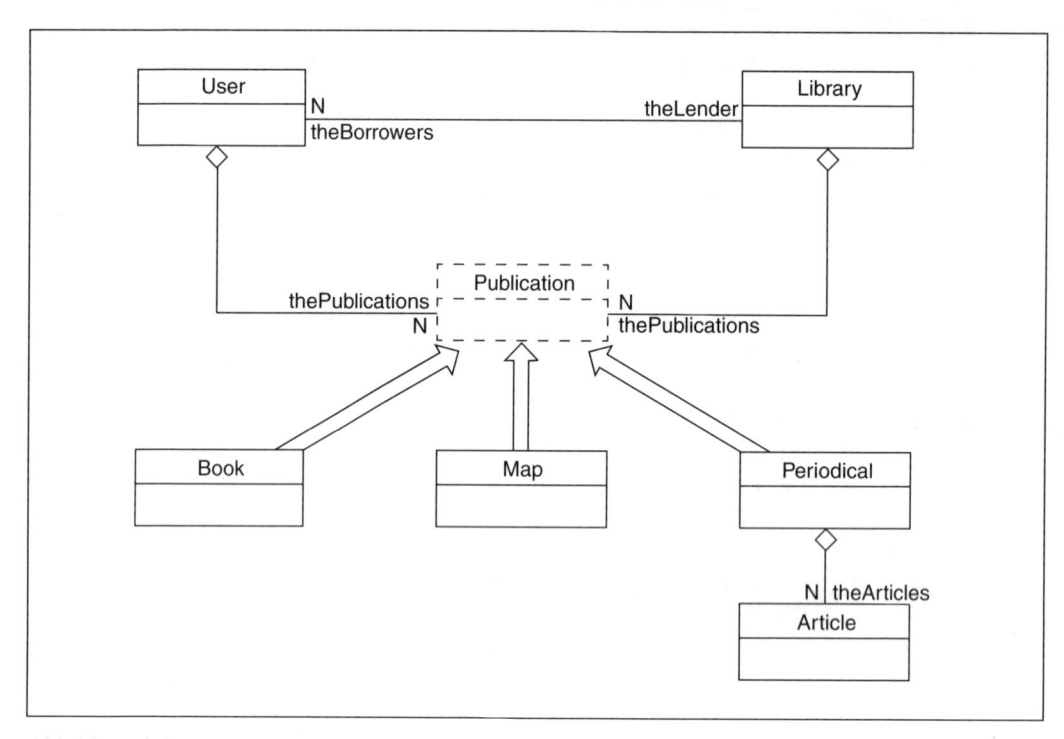

Abbildung 8.3(a): Klassendiagramm für Version 3

8.5 Version 3

8.5.1 Analyse

Bei dieser Art von Systementwicklung fallen für die Erstellung neuer Versionen für gewöhnlich immer weniger Arbeiten an. In unserem Fall müssen wir nur noch die Klasse `Periodical` einführen. Die Klassen `User`, `Library`, `Publication`, `Book` und `Map` bedürfen keiner Veränderung.

8.5.2 Strukturelles Design

Wenn wir uns wieder unserer anfänglichen Systemspezifikation zuwenden, wird uns klar, daß ein `Periodical`-Objekt aus mehreren Aggregatskomponenten der Klasse `Article` zusammengesetzt ist. Wie immer könnten wir ein `Article`-Objekt auch als Eigenschaft darstellen. Das Klassendiagramm von Abbildung 8.3(a) und das Instanzdiagramm von Abbildung 8.3(b) beschreiben die Beziehungen zwischen den Klassen und den Objekten.

8.5.3 Design

Die Klasse `Article` ähnelt der Klasse `Publication` (siehe Übung 6 in Abschnitt 8.10) insofern, als sie einen Autor und einen Titel als private Eigenschaft besitzt. Außerdem sind die bekannten Operationen `display?`, `lessThan?` sowie die beiden Konstruktorfunktionen enthalten. Da wir möchten, daß ein `Periodical`-Objekt über eine nach Titeln sortierte Sammlung von `Article`-Objekten verfügt, müssen wir der Klasse `Article` die Operationen `lessThan?` und `title?` liefern. Vollständige Listings finden Sie in Angang E.

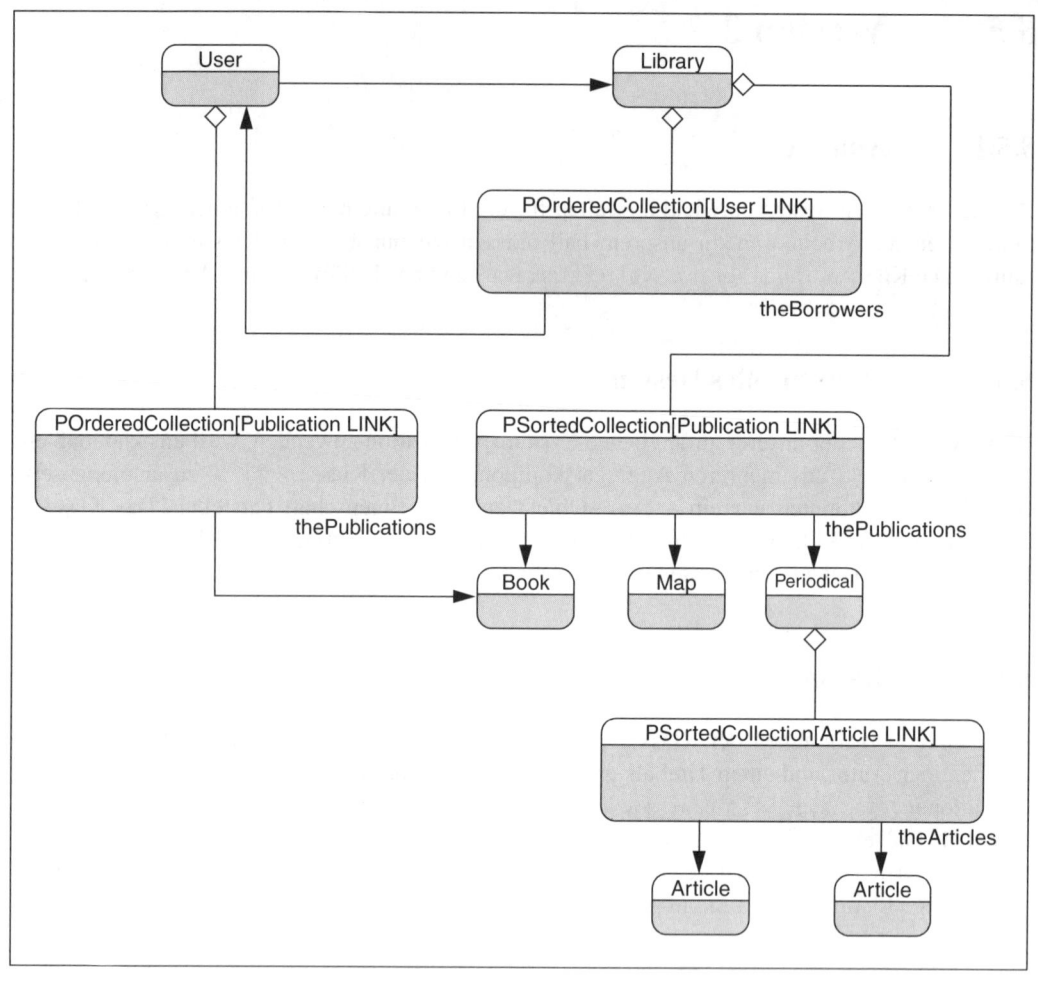

Abbildung 8.3(b): Instanzdiagramm für Version 3

8.5.4 Aufbau der Klasse Application

Wie die zweite Version darf auch die dritte keine Änderungen einführen, die im Widerspruch zu einer der Vorgängerversionen stehen. Außerdem sollten wir in der Lage sein:

- der Struktur Periodical-Objekte hinzuzufügen

Aus dieser Anforderung leiten wir den Entwurf des LOOM-Skripts für die Methode initialise-Library der dritten Version des Application-Objekts ab. Vollständige Listings finden Sie in Angang E.

```
// Application class
```

```
METHOD initialiseLibrary(aLibrary :Library INOUT)
AS
    // ...
    // Erzeuge einige Periodical-Objekte mit dynamischer Lebensdauer.
    INSTANCE per1 :Periodical LINK ("Journal of Object Oriented Programming",
        "SIGS Publications Inc", Date(1,3,1994), "FF6", "R Weiner")
    //...

    // Erzeuge einige Article-Objekte mit dynamischer Lebensdauer.
    INSTANCE a1 :Article LINK ("Guide to OO Training and Mentoring Services",
        "H Newling")
    // ...

    // Ergänze die Periodical-Objekte um einige Article-Objekte.
    SEND per1 THE MESSAGE addOneArticle(a1)
        // ...

    // Füge die Periodical-Objekte zur Bibliothek hinzu.
    SEND aLibrary THE MESSAGE addOnePublication(per1)
    //...
ENDMETHOD initialiseLibrary
```

Beachten Sie, daß die Klasse Periodical beim Aufbau und bei der Initialisierung genauso behandelt wird wie die Klasse Library. Dies macht deswegen Sinn, weil beide Klassen dieselbe Form aufweisen und wir so am ehesten einen einheitlichen Ansatz erreichen. Wir sollten von diesem Verfahren nur dann abweichen, wenn es dafür einen triftigen Grund gibt.

8.6 Überlegungen zum Polymorphieeffekt

Während der Entwicklung der dritten Version haben wir gezeigt, wie die auf der Klasse Publication basierende Hierarchie um die Klasse Periodical erweitert werden kann. In ähnlicher Weise läßt sich die Hierarchie durch das Einführen neuer Klassen als Spezialisierungen anderer Klassen auch vertiefen. Beispielsweise könnten wir während der Analyse entscheiden, daß die Klasse Book abstrakt und die Klassen Fiction und NonFiction Spezialisierungen von ihr sein sollen. Abbildung 8.4 zeigt die entsprechend angepaßte Klassenhierarchie.

Beachten Sie unsere zur Veranschaulichung getroffene Annahme, daß Romane und Sachbücher so verschieden sind, daß sie zu unterschiedlichen Klassen gehören sollten. Alternativ dazu könnten wir auch entscheiden, daß sie sich nicht wirklich voneinander unterscheiden und deshalb in der Klasse Book nur durch eine Eigenschaft, wie zum Beispiel theClassification, berücksichtigt werden, die die Werte Fiction und NonFiction annehmen kann. Welche Entscheidung getroffen wird, hängt ganz vom Designer und von der Beschaffenheit der Situation ab. Die Verwendung der ersten Methode führt möglicherweise zu einer übergroßen Anzahl von ziemlich willkürlichen

Klassen, während die zweite eine Klasse mit zu vielen Eigenschaften und das Verwischen von im Problembereich eigentlich vorhandenen Unterschieden zur Folge haben kann. Wie immer sollten wir für das Treffen dieser Entscheidungen unsere Erfahrungen und unseren gesunden Menschenverstand einsetzen.

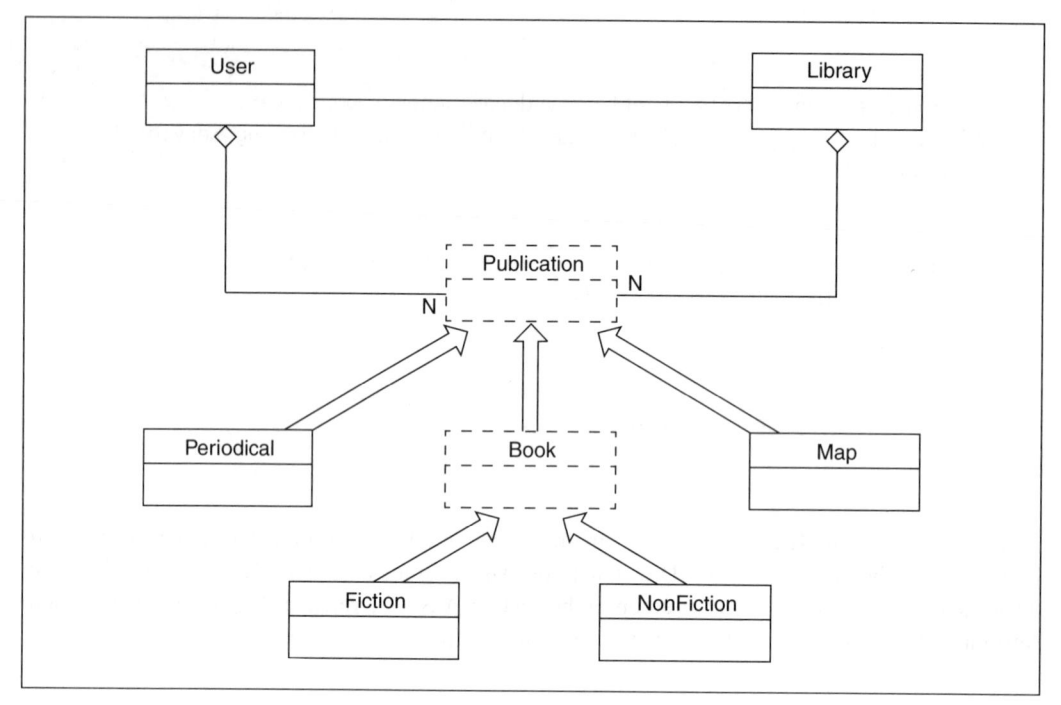

Abbildung 8.4: Die veränderte Klassenhierarchie

Wenn wir die Struktur von Abbildung 8.4 übernehmen, wirkt sich dies auf den Rest des Systems kaum aus. Nachrichten können nach wie vor an Publication-Objekte versendet, aber außerdem von Periodical-, Fiction-, NonFiction- und Map-Objekten empfangen und geeignet interpretiert werden. Dies ist ein wesentlicher Vorteil bei der Verwendung von Polymorphie.

Allerdings müssen wir darauf achten, daß wir eine Klasse nur dann einer Hierarchie hinzufügen, wenn sie wirklich zu ihr gehört. Beispielsweise könnte die Bibliothek auch Schallplatten in ihr Angebot aufnehmen. In diesem Fall wären wir versucht, die Schallplatten als Publication-Objekte anzusehen und die Hierarchie wie vorher zu erweitern. Dies würde sich aber bald als Fehler herausstellen. Wir sprechen von Schallplatten und nicht von Veröffentlichungen, so daß sie ihre eigene Klasse besitzen sollten. Behandeln wir sie als Publication-Objekte hat dies eine willkürliche Hierarchie zur Folge, die dem Hauptziel der Problemmodellierung widerspricht.

Wie des öfteren beim Design eines Systems, müssen wir nach dem Fällen einer ersten Entscheidung gleich eine weitere treffen. Wir könnten in der Bibliothek eine allgemeine Klasse Items einführen, die Publication-, Recording- oder auch noch andere Objekte dieser Art enthalten kann. Abbildung 8.5 beschreibt diese Struktur.

Offenbar können wir in diesem Fall voll und ganz von dem Polymorphieeffekt Gebrauch machen, doch wir müssen dafür alle unsere LOOM-Skripte so bearbeiten, daß sie Item LINKs anstelle von Publication LINKs verwenden und außerdem die Klassen Publication und Recording als Spezialisierungen der Klasse Item definieren. Dies stellt eine bedeutende Veränderung sowie ein Eingeständnis dar, daß uns bei der Analyse und dem Design der früheren Version Fehler unterlaufen sind.

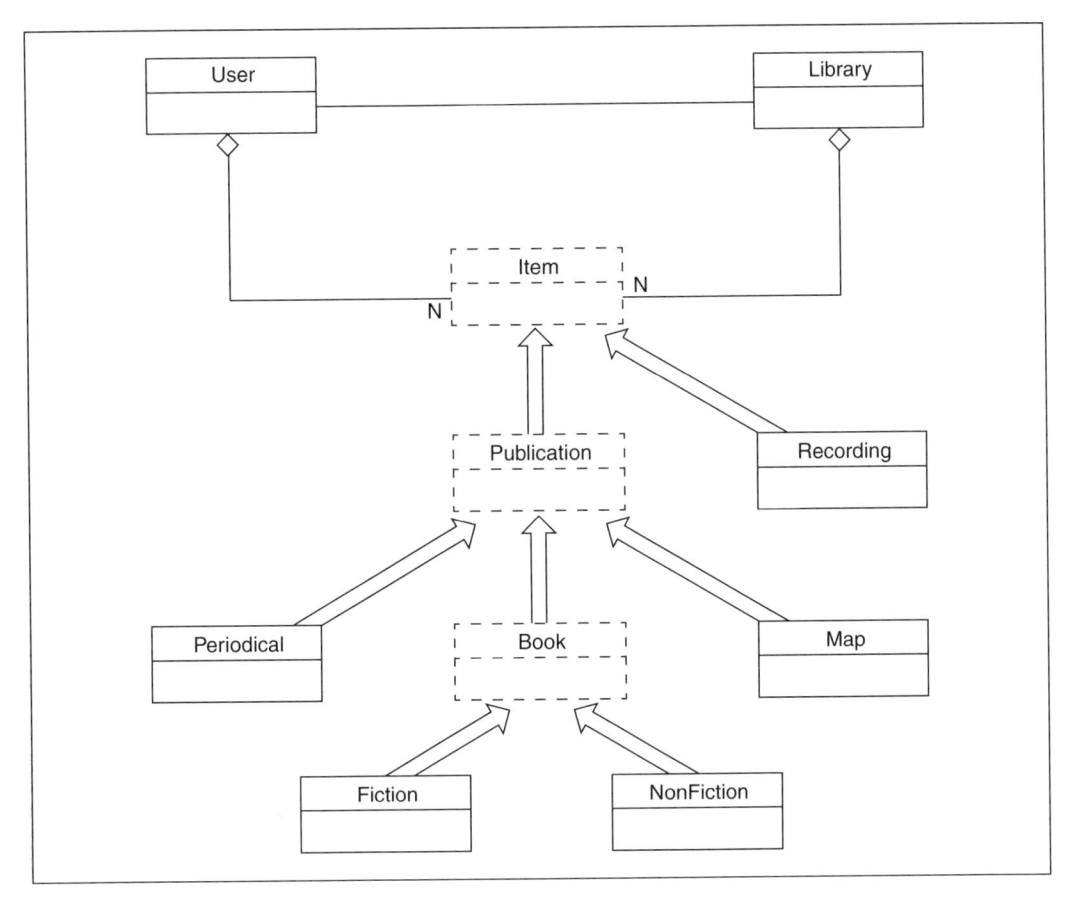

Abbildung 8.5: Die Hierarchie mit Recording-Objekten

Alternativ zu dieser Lösung kann die Bibliothek allerdings auch eine Hierarchie von Publications und eine unabhängige Hierarchie von Recordings enthalten. Diese Struktur wird in Abbildung 8.6 beschrieben.

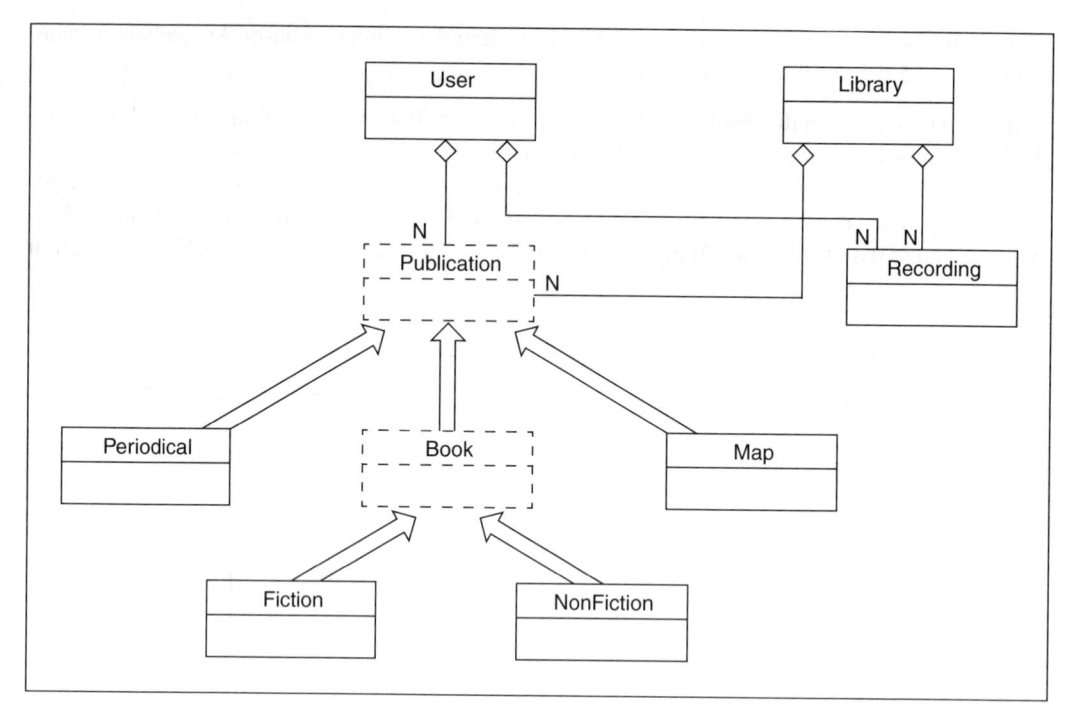

Abbildung 8.6: Die getrennte Verwaltung von Recording- *und* Publication-*Objekten*

Obwohl der Polymorphieeffekt hier etwas eingeschränkt ist, bleiben die Auswirkungen auf den Rest des Systems minimal. Außerdem können wir gegebenenfalls leicht zwischen Recording- und Publication-Objekten unterscheiden und Operationen, wie zum Beispiel displayRecordings, hinzufügen. Allerdings müssen wir bei dieser Lösung die Klassen Library und User so aktualisieren, daß sie neben einem Publication- auch einen Recording-Behälter aufweisen.

Bevor wir diesen Abschnitt verlassen, sollten wir uns mit einer Situation auseinandersetzen, die bei Verwendung der Polymorphie häufiger auftritt. Wenn wir die Struktur von Abbildung 8.2 betrachten, treffen wir als Designer die explizite Aussage, daß die Klassen Library und User in einer Aggregationsbeziehung zu den Publication-Objekten stehen, die ihrerseits Periodicals, Books oder Maps sein können. Der entscheidende Punkt besteht nun darin, daß die von uns an diese Objekte gesendeten Nachrichten den Polymorphieeffekt verwenden. Dies bedeutet, daß sie mit den Operationen in der öffentlichen Schnittstelle der Klasse Publication übereinstimmen müssen. Eigentlich sagen wir aber nur aus, daß sich Periodical-, Book- und Map-Objekte insofern gleichen, als daß sie alle Publication-Objekte sind.

Dies stellt uns jedoch vor ein Problem, wenn wir zwischen ihnen zu unterscheiden haben. Beispielsweise kann es sein, daß uns in der öffentlichen Schnittstelle des Library-Objekts Operationen, wie zum Beispiel displayPeriodicals?, displayBooks? und displayMaps?, zur Verfügung stehen müssen. Die Lösung des Problems ist unkompliziert, wenn auch etwas umständlich. Wir führen eine Iteration über die Sammlung der Publication LINKs durch und entscheiden für jeden

Einzelfall, ob der `LINK` zu einem `Periodical`-, `Book`- oder `Map`-Objekt gehört (in Übung 5 in Abschnitt 8.10 finden Sie eine andere Möglichkeit). Die implizite Zugriffsoperation `className?` wird von LOOM für jede Klasse definiert. Ihre Signatur sieht wie folgt aus:

`className? -> String POLYMORPHIC`

Zurückgegeben wird eine Zeichenkette mit dem Namen der Klasse, zu der eine Instanz eines Objekts gehört. Im folgenden finden Sie ein LOOM-Skript mit der Definition der Methode für die vorgeschlagene Operation `displayBooks?` in der Klasse `Library`. Die anderen Operationen lassen sich ähnlich definieren.

```
// Klasse Library
    METHOD displayBooks?
      AS
         FOREACH aPublication :Publication LINK  IN thePublications DO
            IF SEND aPublication THE MESSAGE className? == "Book" THEN
               SEND aPublication THE MESSAGE display?
            ENDIF
         ENDFOREACH
    ENDMETHOD displayBooks?
```

8.7 Übergabe unzulässiger Werte

Obwohl wir uns in diesem Buch nicht mit der Behandlung von Ausnahmen beschäftigen wollen, sollten wir uns dennoch mit der Möglichkeit der Übergabe unzulässiger Werte auseinandersetzen. Wir möchten uns nicht in einer Situation wiederfinden, in der ein Objekt nicht in der Lage ist, vernünftig auf eine zulässige Nachricht zu antworten. Ein potentielles Problem offenbart sich, wenn ein `User` versucht, ein `Publication`-Objekt mit einer bestimmten Signatur auszuleihen. Dabei besteht die Voraussetzung, daß das entsprechende `Publication`-Objekt in der Bibliothek wirklich vorhanden ist. Dies muß aber nicht der Fall sein, so daß wir das Risiko eines Laufzeitfehlers dadurch minimieren können, daß vor dem Senden einer Nachricht zum Ausleihen überprüft wird, ob sich das Objekt tatsächlich dort befindet.

Damit wir diese Strategie umsetzen können, benötigen wir in der öffentlichen Schnittstelle der Klasse `Library` die folgende Operation:

`exists?(aReferenceNumber :Integer) -> Boolean`

Jeder Client, der ein `Publication`-Objekt aus der `Library` ausleihen möchte, überprüft anhand dieser Operation, ob es dort vorhanden ist. Die folgenden LOOM-Fragmente für die Klassen `Library` und `User` verdeutlichen die Situation:

```
CLASS Libary
WITH
PUBLIC INTERFACE
```

```
      exists?(aReferenceNumber :String) -> Boolean
      // ...

DEFINITIONS
      METHOD  exists?(aReferenceNumber :String) -> Boolean
      AS
            FOREACH aPublication :Publication LINK IN thePublications DO
         IF (SEND aPublication THE MESSAGE referenceNumber?) ==   aReferenceNumber THEN
                  RETURN TRUE
            ENDFOREACH
            RETURN FALSE
            ENDMETHOD  exists?

ENDCLASS Library

CLASS User
WITH
PUBLIC INTERFACE
   borrowOnePublication(aReferenceNumber :String)
   // ...

DEFINITIONS
      METHOD borrowOnePublication(aReferenceNumber :String)
      AS
            IF SEND theLender THE MESSAGE exists?(aReferenceNumber) THEN
               SEND thePublications THE MESSAGE
         addFirst(SEND theLender THE MESSAGE borrowOnePublication(aReferenceNumber))
            ENDIF
      ENDMETHOD borrowOnePublication

ENDCLASS User
```

Eine weitere Möglichkeit besteht darin, den für alle LINKs definierten Wert NIL zu verwenden, in der Kenntnis, daß eine Überprüfung stattfindet, bevor NIL zu einem Behälter hinzugefügt wird. Wir haben diese Strategie in die LOOM-Skripte von Anhang E aufgenommen.

```
METHOD borrowOnePublication(aReferenceNumber :String) ->Publication LINK
AS
   // Gib eine Veröffentlichung mit einer bestimmten
   // Signatur an einen Client zurück.
   FOREACH aPublication :Publication LINK IN thePublications DO
     IF (SEND aPublication THE MESSAGE referenceNumber?) == aReferenceNumber AND
     (SEND aPublication THE MESSAGE isOnLoan?) == FALSE  THEN
       SEND aPublication THE MESSAGE setOnLoan(TRUE)
       RETURN aPublication
     ENDIF
```

```
    ENDFOREACH

    RETURN NIL
ENDMETHOD borrowOnePublication
```

8.8 Kopieren eines Objekts

In Abschnitt 4.9 haben wir den Unterschied zwischen einer vollständigen Kopie eines Objekts und einem LINK auf ein solches erläutert. Der Einfachheit halber setzten wir voraus, daß beim Erzeugen einer vollständigen Kopie eines Objekts jeder Teil seiner REPRESENTATION-Klausel kopiert wird. Wenn zum Beispiel ein Book-Objekt den REPRESENTATION-Abschnitt

```
theAuthor :String
theTitle :String
theReferenceNumber :Integer
```

besitzt und b1 sowie b2 Objekte dieser Klasse sind, dann kopiert die LOOM-Anweisung

```
SEND b2 THE MESSAGE assign(b1)
```

in b1 enthaltene Werte der Eigenschaften theAuthor, theTitle und theReferenceNumber in die entsprechenden Eigenschaften von b2.

Allerdings ist die Situation nicht so eindeutig, wie es zunächst scheint. Falls wir in die Klasse Book beispielsweise die folgende Eigenschaft theLibrarian einführen, die einen für den Fachbereich, zu dem der Inhalt dieses Buchs paßt, verantwortlichen Mitarbeiter der Bibliothek darstellt, ändert sich die Lage schlagartig:

```
// Klasse Book.
    theLibrarian :Librarian LINK("...")
```

Eine Kopie der von uns beschriebenen Art führt dazu, daß ein LINK und nicht das durch diesen LINK bestimmte Objekt kopiert wird. Mit anderen Worten, in diesem Fall teilen sich b1 und b2 einen LINK auf ein einziges Objekt theLibrarian, was in Abbildung 8.7 gezeigt wird. Vielleicht wollen wir aber eigentlich lieber eine Kopie des mit theLibrarian verbundenen Objekts erzeugen, was wir in Abbildung 8.8 sehen können. Das erste dieser beiden Verfahren wird als *flache Kopie* bezeichnet, während letzteres eine sogenannte *tiefe Kopie* darstellt. Natürlich sind diese Methoden grundlegend verschieden und besitzen jeweils Vor- und Nachteile. Beispielsweise birgt eine flache Kopie die Gefahr, das Referenzen verlorengehen, wohingegen eine tiefe Kopie mehr Speicher verbraucht.

Eine ähnliche Situation tritt auf, wenn das Kopieren eines Objekts auch die AGGREGATIONS- und ASSOCIATIONS-Klauseln betreffen soll. Leider würde eine vollständige Erläuterung den Rahmen dieses Buchs sprengen, doch unsere Erfahrung lehrt uns, daß wir tiefes Kopieren möglichst vermeiden sollten. Deshalb gehen wir davon aus, daß in unseren Programmen ausschließlich flaches Kopieren verwendet wird.

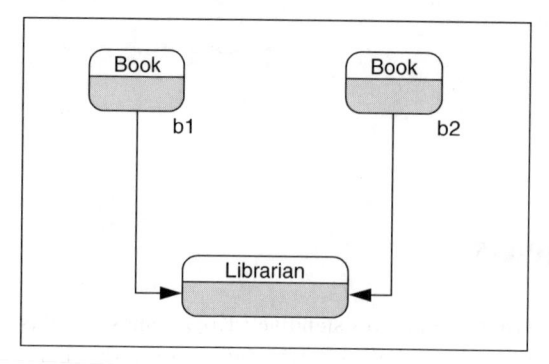

Abbildung 8.7: Flaches Kopieren

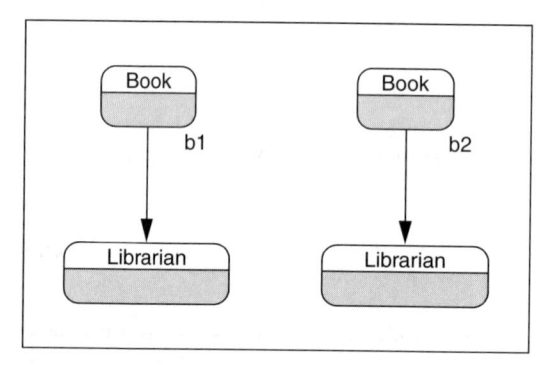

Abbildung 8.8: Tiefes Kopieren

8.9 Zusammenfassung

1. Bei OOAD kann für die Software-Entwicklung ein inkrementeller Ansatz verwendet werden.
2. Der Gebrauch des Polymorphieeffekts kann die Steuerlogik eines Programms in vielen Fällen vereinfachen.
3. LINKs sollten mit größter Sorgfalt behandelt und jede Vorsichtsmaßnahme beim Design so früh wie möglich getroffen werden.
4. Das Hinzufügen einer neuen Klasse am unteren Ende einer Hierarchie ist relativ einfach, es kann dagegen einen größeren Aufwand bedeuten, wenn im Zuge einer Neuentwicklung eine neue Klasse an der Spitze eingeführt wird.
5. Durch Benutzen der impliziten Operation className? kann ein Objekt die Klasse herausfinden, zu der es gehört.
6. Standardmäßig wird das flache Kopieren von Objekten verwendet.

8.10 Übungen

Wir wollen in diesen Übungen die Version 3 der in Anhang E in allen Einzelheiten erläuterten Fallstudie weiterentwickeln. Sie sollten mit der ersten Übung beginnen und dann bis zur letzten Übung weiterarbeiten. Wie bei den vorherigen Übungen möchten wir Ihnen den Gebrauch der in Kapitel 10 vorgestellten Modellierungsumgebung nahelegen. Versuchen Sie nicht, alles auf einmal zu machen.

1. Entwerfen Sie ein dynamisches Modell für das System, indem Sie die Richtlinien von Kapitel 5 und die Erläuterungen in den Übungen von Kapitel 4 für das Erstellen eines menügesteuerten Systems befolgen. Sie sollten, wie in der Version 3 dieser Fallstudie, in der Methode run für das Application-Objekt ein Library-Objekt und zwei User-Objekte erzeugen und mehr oder weniger dieselbe Funktionalität erreichen.

   Da das System interaktiv sein soll, können wir es bei dieser Gelegenheit gleich stabiler machen. Stellen Sie zum Beispiel sicher, daß bei folgenden Situationen eine Fehlermeldung ausgegeben wird:

   - wenn ein User versucht, ein nicht in der Library vorhandenes Publication-Objekt auszuleihen
   - wenn ein User versucht, ein nicht ausgeliehenes Publication-Objekt zurückzugeben
   - wenn ein User versucht, ein Publication-Objekt zurückzugeben, das nicht von ihm ausgeliehen worden ist
   - wenn ein User versucht, etwas aus der Library auszuleihen, wenn keine Publication-Objekte verfügbar sind
   - wenn versucht wird, einen nicht existierenden User mit der Library zu verbinden
   - wenn versucht wird, eine nicht existierende Library mit einem User zu verbinden

   Sie sollten unbedingt bemüht sein, Ihren Entwurf so logisch wie möglich aufzubauen. Stellen Sie hierfür sicher, daß Sie identische Situationen in Ihrer Software absolut gleich behandeln. Beispielsweise sollte die Ausgabe von Fehlermeldungen, das Verbinden von Objekten miteinander sowie das Hinzufügen von Aggregatskomponenten auf das gesamte Design gesehen in allen Aspekten einheitlich sein. Dies vermindert das Risiko, daß Objekte vergessen werden und Mißverständnisse auftreten.

   Erläuterung

   Offenbar sollten wir für die Verwendung der Methode run im Application-Objekt ein Menu-Objekt bereitstellen. Neben einem Default-Konstruktor benötigen wir dann als öffentliche Operation nur noch die Methode display?. Die in dem Menü aufgeführten Einträge bestimmen die Funktionalität des Systems.

Betrachten Sie das folgende LOOM-Skript für eine Klasse Menu:

```
CLASS Menu
WITH
PUBLIC INTERFACE
  Menu
  display?
PROTECTED INTERFACE
  NONE
PRIVATE IMPLEMENTATION
  REPRESENTATION NONE
  AGGREGATIONS NONE
  ASSOCIATIONS NONE
  DEFINITIONS
    METHOD Menu
    AS
      // Obwohl nichts zu tun ist, gilt es als sauberes Verfahren, einen
      // Default-Konstruktor bereit zu stellen.
    ENDMETHOD Menu

    METHOD display?
    AS
    SEND theScreen THE MESSAGE insert("\n\t\tMENÜ\n")
    SEND theScreen THE MESSAGE insert("\t\t=====\n")

    SEND theScreen THE MESSAGE insert("\n\t1: \tBuch hinzufügen")
    SEND theScreen THE MESSAGE insert("\n\t2: \tKarte hinzufügen")
    SEND theScreen THE MESSAGE insert("\n\t3: \tZeitschrift hinzufügen")
    SEND theScreen THE MESSAGE insert("\n\t4: \tAnzeige entleihbarer Posten")
    SEND theScreen THE MESSAGE insert("\n\t5: \tAnzeige entliehener Posten")
    SEND theScreen THE MESSAGE insert("\n\t6: \tAnzeige von Benutzerdetails")
    SEND theScreen THE MESSAGE insert("\n\t7: \tEntleihe")
    SEND theScreen THE MESSAGE insert("\n\t8: \tRückgabe")
    SEND theScreen THE MESSAGE insert("\n\t99: \tSystem beenden\n")
    SEND theScreen THE MESSAGE insert("\n\t\tBitte Auswahl eingeben: >>> ")
    ENDMETHOD display?

ENDCLASS Menu
```

Unsere Fehlerbehandlung ist sehr einfach, da sie nur aus einer auf dem Bildschirm angezeigten Nachricht besteht, die einen Systembenutzer über das Auftreten eines Problems informiert. Ein typischer Teil des LOOM-Skripts für die Klasse Library, in dem eine Fehlerbedingung abgehandelt wird, sieht wie folgt aus:

```
METHOD returnOnePublication(aReferenceNumber :String)
AS
```

```
    FOREACH aPublication :Publication LINK IN thePublications DO

    IF (SEND aPublication THE MESSAGE referenceNumber?) == aReferenceNumber
       AND (SEND aPublication THE MESSAGE onLoan?) == TRUE
    THEN
       SEND aPublication THE MESSAGE setOnLoan(FALSE)
       RETURN
    ENDIF

    ENDFOREACH

    // Ausführung erfolgt nur, wenn die Veröffentlichung nicht an einen
    // Benutzer ausgeliehen war.
    SEND theScreen THE MESSAGE
       insert("\n\nFehler in der Bibliothek gefunden:\nZurückzugebende
       Veröffentlichung war nicht verliehen\n\n")
ENDMETHOD returnOnePublication
```

Wir müssen einen beträchtlichen Aufwand betreiben, damit die Methode run für das Application-Objekt das neue Systemverhalten widerspiegelt. Insbesondere muß sie in der Lage sein, eine getroffene Auswahl zu erkennen und in einer geeigneten Weise auf sie zu reagieren. Dies macht einen umfangreichen Auswahlmechanismus notwendig, der aus ziemlich vielen umständlichen Tastatur- und Bildschirmoperationen besteht. Wir können letztere zwar durch die Verwendung privater Operationen minimieren (siehe Übung 3), doch wenigstens für den Moment müssen wir uns mit dem Aufbau einer eher ausführlichen Methode run beschäftigen. Betrachten Sie den folgenden Auszug aus dem LOOM-Skript für die Methode run:

```
METHOD run
AS
    // Erzeuge Objekte der obersten Ebene auf dem Stack.
    INSTANCE theLibrary :Library LINK("University")
    INSTANCE u1 :User LINK("Ken", "21 High Street")
    INSTANCE u2 :User LINK("John", "42 Croft Square")
    INSTANCE theMenu : Menu

    // Konfiguriere das System.
    SEND theLibrary THE MESSAGE addUser(u1)
    SEND theLibrary THE MESSAGE addUser(u2)
    SEND u1 THE MESSAGE addLibrary(theLibrary)
    SEND u2 THE MESSAGE addLibrary(theLibrary)

    // Für eine Interaktion über die Tastatur erforderliche Objekte
    // Veröffentlichungen.
    INSTANCE theTitle :String("")
    INSTANCE thePublisher :String("")
```

```
            INSTANCE theDate :Date
            INSTANCE theReferenceNumber :String("")

            // Bücher.
            INSTANCE theAuthor :String("")
            INSTANCE theEdition :Integer(1)

            // Karten.
            INSTANCE theSeriesName :String("")
            INSTANCE theSheetNumber :Integer(1)

            // Zeitschriften.
            INSTANCE theEditor :String("")

            // Ersatz für einen Benutzer.
            INSTANCE theUserId :Integer(0)
            INSTANCE theResponse :String("")

            SEND theScreen THE MESSAGE insert("\tBEGINN DER PROGRAMMAUSFÜHRUNG\n")
            SEND theScreen THE MESSAGE insert("\t==============================\n")

  // Beginn der Schleife für die Benutzerinteraktion.
     WHILE theResponse != "99" DO

            SEND theScreen THE MESSAGE insert("\n\tEingabetaste drücken\t >>> ")
            SEND theKeyboard THE MESSAGE extractLine(theResponse)

            SEND theMenu THE MESSAGE display?
            SEND theKeyboard THE MESSAGE extractLine(theResponse )

            // Beginn der Ereignisbehandlung.

            // Füge ein Buch hinzu.
            IF theResponse == "1" THEN

               SEND me THE MESSAGE getBookDetail(theTitle, thePublisher, theDate,
                  theReferenceNumber, theAuthor, theEdition)

               INSTANCE theBook : Book LINK(theTitle, thePublisher, theDate,
                  theReferenceNumber, theAuthor, theEdition)
               SEND theLibrary THE MESSAGE addOnePublication(theBook)

               // Füge eine Karte hinzu.
            ELSEIF theResponse == "2" THEN
```

```
    SEND me THE MESSAGE getMapDetail(theTitle, thePublisher, theDate,
      theReferenceNumber, theSeriesName, theSheetNumber)

    INSTANCE theMap : Map LINK(theTitle,
      thePublisher, theDate, theReferenceNumber,
      theSeriesName, theSheetNumber)
    SEND theLibrary THE MESSAGE addOnePublication(theMap)

    // Füge eine Zeitschrift hinzu.
ELSEIF theResponse == "3" THEN

    SEND me THE MESSAGE
      getPeriodicalDetail(theTitle, thePublisher, theDate,
      theReferenceNumber, theEditor)

    INSTANCE thePeriodical :Periodical LINK(theTitle, thePublisher,
      theDate,
      theReferenceNumber, theEditor)

    SEND theScreen THE MESSAGE insert("\n\t\tArtikel hinzufügen?
      (JA/NEIN)  >>> ")
    SEND theKeyboard THE MESSAGE extract(theResponse )
    SEND  theResponse THE MESSAGE toUpper// Umwandlung aller Zeichen
      in Großbuchstaben

    // Hinzufügen von Artikeln, wenn zuvor erwünscht.
    WHILE theResponse == "JA" DO

        SEND me THE MESSAGE getArticleDetail(theTitle, theAuthor)

        INSTANCE theArticle :Article LINK(theTitle, theAuthor)
        SEND thePeriodical THE MESSAGE addOneArticle(theArticle)

        SEND theScreen THE MESSAGE
        insert("\n\t\tWeiteren Artikel hinzufügen?(JA/NEIN) >>> ")
        SEND theKeyboard THE MESSAGE   extract(theResponse)
        SEND  theResponse THE MESSAGE toUpper

    ENDWHILE
    SEND theLibrary THE MESSAGE addOnePublication(thePeriodical)

// Zeige entleihbare Veröffentlichungen an, die in
// der Bibliothek vorhanden sind.
ELSEIF theResponse == "4" THEN
    SEND theLibrary THE MESSAGE displayLoanStock?
```

```
            // Zeige Veröffentlichungen der Bibliothek an, die entliehen sind.
            ELSEIF theResponse == "5" THEN
               SEND theLibrary THE MESSAGE displayBorrowedStock?

            // Zeige Benutzerdetails an.
            ELSEIF theResponse == "6" THEN
               SEND theLibrary THE MESSAGE displayUsers?

            // Weise einen Benutzer an, eine Veröffentlichung zu entleihen.
            ELSEIF theResponse == "7" THEN
               SEND me THE MESSAGE getUserId(theUserId)
               SEND me THE MESSAGE getReferenceNumber(theReferenceNumber)

               IF theUserId == 1 THEN
                  SEND u1 THE MESSAGE borrowOnePublication(theReferenceNumber)
               ELSE
                  SEND u2 THE MESSAGE borrowOnePublication(theReferenceNumber)
               ENDIF

            // Weise einen Benutzer an, eine Veröffentlichung zurückzugeben.
            ELSEIF theResponse == "8" THEN
               SEND me THE MESSAGE  getUserId(theUserId)

               IF theUserId == 1 THEN
                  SEND u1 THE MESSAGE returnOnePublication
               ELSE
                  SEND u2 THE MESSAGE returnOnePublication
               ENDIF

            // Beende den Programmlauf.
            ELSEIF theResponse == "99" THEN
               SEND theScreen   THE MESSAGE
                  insert("\n\n\t\tSYSTEM WIRD HERUNTERGEFAHREN\n")

            // Report error.
            ELSE
               SEND theScreen THE MESSAGE
                  insert("\n\nFehler in der Anwendung :\n\tUnzulässige Eingabe\n\n")
            ENDIF

      ENDWHILE

   ENDMETHOD run
```

Eine typische private Operation für die Ausführung von Interaktionen mit dem Systembenutzer sieht folgendermaßen aus:

```
METHOD getBookDetail(aTitle :String OUT,
    aPublisher :String OUT, aDate :Date OUT,
    aReferenceNumber :String OUT, anAuthor :String OUT,
    anEdition :Integer OUT)
AS
    SEND me THE MESSAGE
        getPublicationDetail(aTitle, aPublisher, aDate, aReferenceNumber)

    SEND theScreen THE MESSAGE insert("\n\tAuthor\t\t\t >>> ")
    SEND theKeyboard THE MESSAGE extractLine(anAuthor)

    SEND theScreen THE MESSAGE insert("\n\tEdition\t\t\t >>> ")
    SEND theKeyboard THE MESSAGE extract(anEdition)
ENDMETHOD getBookDetail
```

2. Verändern Sie das System so, daß die User der Library interaktiv erstellt und gelöscht werden können.

Erläuterung

Bisher haben wir in diesem Kapitel die Anzahl der User der Library als fest betrachtet. Dies spiegelt aber nicht das wider, was wir von dem System in der Praxis verlangen müssen. Eine Alternative besteht darin, User interaktiv zu erzeugen, sie in die Struktur einzubauen und dann entsprechende Nachrichten an sie zu versenden.

Wenn wir uns an die in Abschnitt 8.3.2 gemachten Erläuterungen zur Heap-basierenden Speicherung erinnern, wird uns klar, daß wir unseren Behälter für die User LINKs mit dem Attribut MANAGED versehen müssen. Anstatt die Verantwortung für die Verwaltung dieses Behälters an das Library- oder Application-Objekt zu übergeben, verwenden wir für diesen Zweck ein spezielles Objekt der Klasse UserManager, deren LOOM-Spezifikation wie folgt aussieht:

```
CLASS UserManager
WITH
PUBLIC INTERFACE
    UserManager
    addUser(aUser :User LINK )
    deleteUser(aName :String)
    targetUser?(aName :String) -> User LINK
PROTECTED INTERFACE
    NONE
PRIVATE IMPLEMENTATION
    REPRESENTATION NONE
    AGGREGATIONS NONE
    ASSOCIATIONS
```

```
         theUsers :POrderedCollection[User LINK]
    DEFINITIONS
      METHOD UserManager
      AS
         SEND theUsers THE MESSAGE initialise(DEFAULTSIZE, MANAGED)
      ENDMETHOD UserManager

      METHOD addUser(aUser :User LINK )
      AS
        IF aUser != NIL THEN
           SEND theUsers THE MESSAGE add(aUser)

        ELSE
           SEND theScreen THE MESSAGE
             insert("\n\nFehler in der Benutzerverwaltung:\n\tVersuch,
             einen nicht zugelassenen Benutzer hinzuzufügen\n\n")

        ENDIF
      ENDMETHOD addUser

      METHOD deleteUser(aName :String)
      AS
         FOREACH aUser :User LINK IN theUsers DO

            IF (SEND aUser THE MESSAGE name?) == aName THEN

            WHILE (SEND aUser THE MESSAGE numberOfPublications?)  > 0 DO
               SEND aUser THE MESSAGE returnOnePublication
            ENDWHILE
            SEND theUsers THE MESSAGE remove(aUser)

            RETURN

            ENDIF

         ENDFOREACH

         // Ausführung erfolgt nur, wenn kein Benutzer gefunden wird
         SEND theScreen THE MESSAGE
            insert("\n\nFehler in der Benutzerverwaltung: \n\tVersuch,
            einen nicht vorhandenen Benutzer zu löschen\n\n")

      ENDMETHOD deleteUser

      METHOD targetUser?(aName :String) -> User LINK
```

```
    AS
       FOREACH aUser :User LINK IN  theUsers DO

         IF (SEND aUser THE MESSAGE name?) == aName   THEN
            RETURN aUser
         ENDIF

       ENDFOREACH

       // Ausführung erfolgt nur, wenn Benutzer mit Namen aName gefunden wird
       RETURN NIL
       ENDMETHOD targetUser?

ENDCLASS UserManager
```

Beachten Sie, wie die Operation `deleteUser(aName :String)` sicherstellt, daß ein User alle seine Publications an die Library zurückgegeben hat, bevor er aus dem System gelöscht wird. Beachten Sie außerdem, wie die Operation `targetUser?(aName :String) -> User LINK` einen LINK auf den angegebenen User liefert, so daß ihm in der herkömmlichen Weise eine Nachricht gesendet werden kann.

Die Klasse Menu erfordert leichte Anpassungen, mit denen wir nicht nur das Ausleihen und Zurückgeben einer Publication durch den User steuern, sondern auch das Hinzufügen und Löschen eines Users durchführen können.

Die Methode run in der Klasse Application sieht jetzt folgendermaßen aus:

```
METHOD run
AS
   // Erzeuge Objekte der obersten Ebene mit dynamischer Lebensdauer
       INSTANCE theLibrary :Library LINK("University")
       INSTANCE theMenu :Menu
       INSTANCE theUserManager :UserManager LINK("Manager")

       //...

       // Beginn der äußersten Programmschleife.
         WHILE theResponse != "99" DO

            // ...

            // Füge einen neuen Benutzer zum System hinzu.
            IF theResponse == "1" THEN
               SEND me THE MESSAGE   getUserDetail(theName, theAddress)
               INSTANCE theNewUser :User LINK(theName, theAddress)

               SEND theLibrary THE MESSAGE addUser(theNewUser)
```

```
            SEND theNewUser THE MESSAGE addLibrary(theLibrary)
            SEND theUserManager THE MESSAGE addUser(theNewUser)

        // Weise einen Benutzer an, eine Veröffentlichung auszuleihen.
        ELSEIF theResponse == "8" THEN
            SEND me THE MESSAGE getUserName(theName)
            SEND theUser THE MESSAGE
             assign(SEND theUserManager THE MESSAGE targetUser?(theName))
            IF theUser != NIL THEN
                SEND me THE MESSAGE getReferenceNumber(theReferenceNumber)
                SEND theUser THE MESSAGE
                    borrowOnePublication(theReferenceNumber)
            ELSE
                SEND theScreen THE MESSAGE
                    insert("\n\nFehler in der Anwendung: \n\tVersuch,
                    eine Nachricht an einen nicht vorhandenen
                    Benutzer zu senden\n\n")
            ENDIF

        // Weise einen Benutzer an, eine Veröffentlichung zurückzugeben.
        ELSEIF theResponse == "9" THEN
          SEND me THE MESSAGE  getUserName(theName)
          SEND theUser THE MESSAGE
            assign(SEND theUserManager THE MESSAGE targetUser?(theName))

          IF theUser != NIL THEN
              SEND theUser THE MESSAGE returnOnePublication
          ELSE
            SEND theScreen THE MESSAGE insert("\n\nFehler in der Anwendung:
                \n\tVersuch, eine Nachricht an einen nicht
                vorhandenen Benutzer zu senden\n\n")
          ENDIF

        // Lösche einen Benutzer aus dem System.
        ELSEIF theResponse == "10" THEN
           SEND me THE MESSAGE   getUserName(theName)
           SEND theLibrary THE MESSAGE deleteUser(theName)
           SEND theUserManager THE MESSAGE  deleteUser(theName)

        // ...

        ENDIF

    ENDWHILE

ENDMETHOD run
```

3. Offensichtlich ist die Methode run in dem Application-Objekt von Übung 2 etwas unübersichtlich geworden. Bei objektorientierten Systemen erwarten wir eigentlich, daß die Methoden eher klein sind, doch es ist klar, daß sich dieses Problem mit der Erweiterung des Systems nur noch verschlimmern kann. Aus diesem Grund bleibt uns nichts anderes übrig, als nach einer Lösung zu suchen und sie in LOOM zu realisieren.

Erläuterung

Die Methode run des Application-Objekts ist nur deswegen so umfangreich geworden, weil von ihr zu viele Tätigkeiten verrichtet werden. Sie muß Ereignisse erkennen und behandeln. Eine gute objektorientierte Lösung besteht darin, diese Verantwortlichkeiten auf ein anderes Objekt zu übertragen.

Wir können dem Application-Objekt die Verantwortung für das Erkennen von Ereignissen überlassen, aber dafür ein neues Objekt der Klasse Controller einführen, das die Ereignisbehandlung übernimmt. Es steuert den größten Teil des Systemverhaltens. Wir müssen lediglich sicherstellen, daß die obersten Objekte der Hierarchie aus der vorangegangenen Übung Aggregatskomponenten des Controller-Objekts sind, und schon besitzen wir eine funktionsfähige Lösung.

Abbildung 8.9 beschreibt den Aufbau der neuen Systemstruktur.

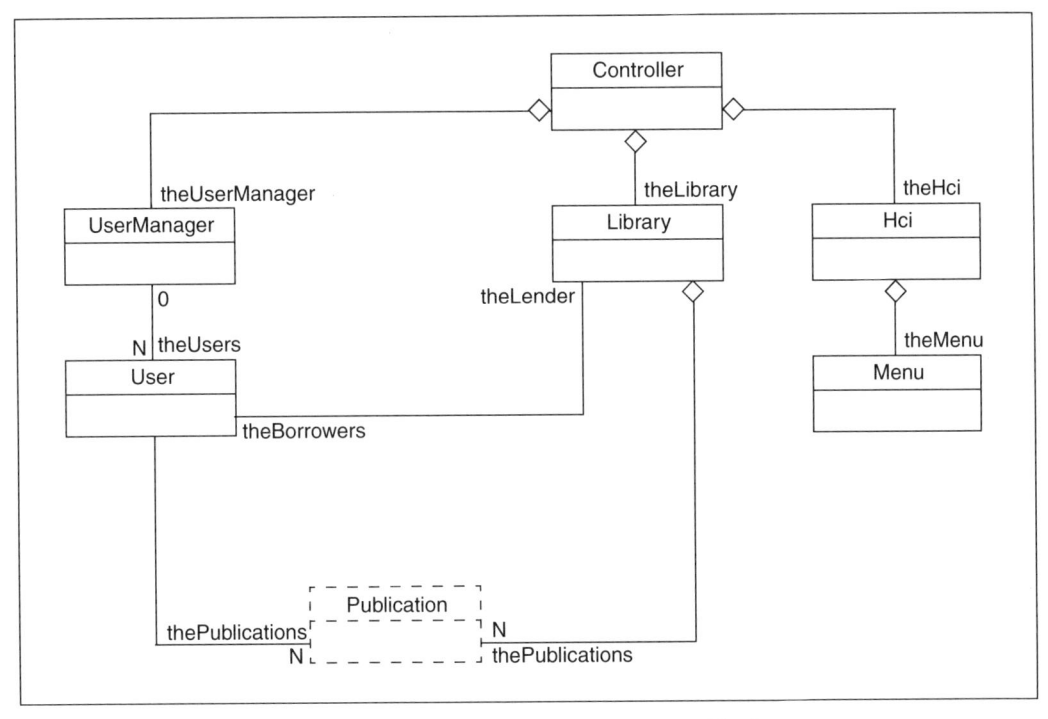

Abbildung 8.9: Die neue Systemstruktur mit einem Controller-*Objekt*

Das LOOM-Skript für die Methode run des Application-Objekts sieht nun einfacher aus:

```
METHOD run
AS
        // Erzeuge Objekte der obersten Ebene mit lokaler Lebensdauer.
        INSTANCE theController :Controller

        INSTANCE theResponse :String("")

        SEND theScreen THE MESSAGE insert("\tBEGINN DER PROGRAMMAUSFÜHRUNG\n")
        SEND theScreen THE MESSAGE insert("\t===========================\n")

        // Äußerste Programmschleife (eigentlich Ereignisbehandlungsroutine)
        WHILE theResponse != "99" DO

                SEND theScreen THE MESSAGE insert("\nEingabetaste drücken\t >>> ")
                SEND theKeyboard THE MESSAGE extractLine(theResponse)
                SEND theResponse THE MESSAGE toUpper

                SEND theController THE MESSAGE displayMenu?
                SEND theKeyboard THE MESSAGE extract(theResponse )

                // Füge einen neuen Benutzer zum System hinzu.
                IF theResponse == "1" THEN
                   SEND theController THE MESSAGE  addUser

                // Füge ein neues Buch zum System hinzu.
                ELSEIF theResponse == "2" THEN
                   SEND theController THE MESSAGE addBook

                // Füge eine neue Karte zum System hinzu.
                ELSEIF theResponse == "3" THEN
                 SEND theController THE MESSAGE addMap

                // Füge eine neue Zeitschrift zum System hinzu.
                ELSEIF theResponse == "4" THEN
                   SEND theController THE MESSAGE addPeriodical

                // Zeige den entleihbaren Bestand der Bibliothek an.
                ELSEIF theResponse == "5" THEN
                   SEND theController THE MESSAGE displayLoanStock?

                // Zeige vom Benutzer entliehene Objekte der Bibliothek an.
                ELSEIF theResponse == "6" THEN
                   SEND theController THE MESSAGE displayBorrowedStock?
```

```
                // Zeige die Details der Bibliotheksbenutzer an.
                ELSEIF theResponse == "7" THEN
                   SEND theController THE MESSAGE displayUsers?

                // Weise eine Benutzer an, eine Veröffentlichung zu entleihen.
                ELSEIF theResponse == "8" THEN
                  SEND theController THE MESSAGE borrowOnePublication

                // Weise eine Benutzer an, eine Veröffentlichung zurückzugeben.
                ELSEIF theResponse == "9" THEN
                   SEND theController THE MESSAGE  returnOnePublication

                // Lösche einen Benutzer aus dem System.
                ELSEIF theResponse == "10" THEN
                   SEND theController THE MESSAGE deleteUser

                // Beende die Sitzung.
                ELSEIF theResponse == "99" THEN
                   SEND theScreen  THE MESSAGE insert("\n\n\t\tSYSTEM
                   WIRD HERUNTERGEFAHREN\n")

                ELSE
                   SEND theScreen THE MESSAGE  insert("\n\nFehler in der Anwendung
                   :\n\tunzulässige Eingabe\n\n")

                ENDIF

            ENDWHILE

ENDMETHOD run
```

Die Klasse Controller **besitzt folgendes LOOM-Skript:**

```
CLASS Controller
WITH
PUBLIC INTERFACE
   Controller
   addUser
   deleteUser
   addBook
   addMap
   addPeriodical
   borrowOnePublication
   returnOnePublication
   displayLoanStock?
```

```
      displayBorrowedStock?
      displayUsers?
      displayMenu?
   PROTECTED INTERFACE
      NONE
   PRIVATE IMPLEMENTATION
      REPRESENTATION
         theTitle :String
         thePublisher :String
         theDate :Date
         theReferenceNumber :String
         theAuthor :String
         theEdition :Integer
         theSeriesName :String
         theSheetNumber :Integer
         theEditor :String
         theName :String
         theAddress :String
         theResponse :String
         theUser :User LINK
      AGGREGATIONS
         theHci : Hci
         theLibrary : Library LINK
         theUserManager : UserManager LINK
      ASSOCIATIONS NONE
      DEFINITIONS
         METHOD Controller
         AS
            // Obwohl nichts zu tun ist, gilt es als sauberes Verfahren, einen
            // Default-Konstruktor bereit zu stellen.
         ENDMETHOD Controller

         METHOD addUser
         AS
            SEND theHci THE MESSAGE getUserDetail(theName, theAddress)
            INSTANCE theNewUser :User LINK(theName, theAddress)

            SEND theLibrary THE MESSAGE addUser(theNewUser)

            SEND theNewUser THE MESSAGE addLibrary(theLibrary)

            SEND theUserManager THE MESSAGE addUser(theNewUser)
         ENDMETHOD addUser

         METHOD deleteUser
```

```
AS
    SEND theHci THE MESSAGE  getUserName(theName)

    SEND theLibrary THE MESSAGE deleteUser(theName)

    SEND theUserManager THE MESSAGE  deleteUser(theName)
ENDMETHOD deleteUser

METHOD addBook
AS
   SEND theHci THE MESSAGE getBookDetail(theTitle, thePublisher, theDate,
    theReferenceNumber, theAuthor, theEdition)
   INSTANCE theBook :
    Book LINK(theTitle, thePublisher, theDate, theReferenceNumber,
    theAuthor, theEdition)

   SEND theLibrary THE MESSAGE addOnePublication(theBook)

ENDMETHOD addBook

METHOD addMap
AS
   SEND theHci THE MESSAGE
    getMapDetail(theTitle, thePublisher, theDate,
    theReferenceNumber, theSeriesName, theSheetNumber)
   INSTANCE theMap :
    Map LINK(theTitle, thePublisher, theDate, theReferenceNumber,
    theSeriesName, theSheetNumber)

   SEND theLibrary THE MESSAGE addOnePublication(theMap)
ENDMETHOD addMap

METHOD addPeriodical
AS
   SEND theHci THE MESSAGE
    getPeriodicalDetail(theTitle, thePublisher, theDate,
    theReferenceNumber, theEditor)
   INSTANCE thePeriodical :
    Periodical LINK(theTitle, thePublisher, theDate,
    theReferenceNumber, theEditor)

   SEND theScreen THE MESSAGE insert("\n\t\tArtikel hinzufügen?
    (JA/NEIN) >>> ")
   SEND theKeyboard THE MESSAGE extract(theResponse )
   SEND theResponse THE MESSAGE toUpper
```

```
            WHILE theResponse == "JA" DO
                SEND theHci THE MESSAGE getArticleDetail(theTitle, theAuthor)
                INSTANCE theArticle : Article LINK(theTitle, theAuthor)

                SEND thePeriodical THE MESSAGE addOneArticle(theArticle)

                SEND theScreen THE MESSAGE
                 insert("\n\t\tWeiteren Artikel hinzufügen?(JA/NEIN) >>> ")
                SEND theKeyboard THE MESSAGE  extract(theResponse)
                SEND theResponse THE MESSAGE toUpper

        METHOD displayLoanStock?
        AS
            SEND theLibrary THE MESSAGE displayLoanStock?
        ENDMETHOD displayLoanStock?

        METHOD displayBorrowedStock?
        AS
            SEND theLibrary THE MESSAGE displayBorrowedStock?
        ENDMETHOD displayBorrowedStock?

        METHOD displayUsers?
        AS
            SEND theLibrary THE MESSAGE displayUsers?
        ENDMETHOD displayUsers?

        METHOD displayMenu?
        AS
            SEND theHci THE MESSAGE displayMenu?
        ENDMETHOD displayMenu?

ENDCLASS Controller
```

Der Rest des Systems bleibt unverändert.

4. Da die Anzahl der in der Library vorhandenen Publications ständig zunimmt, benötigen wir offensichtlich eine Datei, um den Zustand der Library zu speichern und zu initialisieren. Passen Sie das Modell aus der vorangegangenen Übung entsprechend an. Sie können voraussetzen, daß nur nicht verliehene Publications gespeichert werden.

5. Da die Library immer mehr Publications enthält, läßt sich die Verwendung eines einzigen Behälters immer schwerer rechtfertigen. Überlegen Sie sich einen Behälter für jeden der verschiedenen Publication-Typen und bauen Sie das System dann entsprechend um (siehe Abschnitt 8.6).

6. Verändern Sie das Klassendiagramm für das System so, daß ein Article-Objekt eine Spezialisierung eines Publication-Objekts darstellt (siehe Abschnitt 8.6). Bauen Sie das System entsprechend um.

7. Verwenden Sie die in Übung 6 von Abschnitt 7.13 beschriebene Strategie zur Versionskontrolle, um drei Versionen der Klasse Library zu entwickeln. Die erste dieser Versionen sollte das Hinzufügen und Löschen von Publication-Objekten, die zweite das Entleihen und Zurückgeben von Publication-Objekten durch User und die dritte schließlich das Laden und Speichern von Publication-Objekten aus bzw. in eine Datei unterstützen.

Ferner muß sich die zweite Version anstelle der ersten und die dritte Version anstelle der ersten und zweiten verwenden lassen.

Entwickeln Sie eine geeignete Klasse Application für den Test Ihrer Versionskontrolle.

Kapitel 9

Vererbung

Die vorigen Kapitel haben die SPECIALISATION-OF-Klausel in die Spezifikation einer LOOM-Klasse eingeführt. Bezeichnet als Subklasse, erbt so eine Klasse alle PUBLIC- und PROTECTED-Eigenschaften von ihrer durch diese Klausel eingeführten Superklasse. Weiterhin kann diese Subklasse natürlich neue Eigenschaften einführen, die nur für diese Subklasse gelten. An eine Instanz der Subklasse wird jede Nachricht verschickt, die eine Instanz der Superklasse empfangen könnte. Einer Instanz der Subklasse wird auch jede, für diese Klasse neu definierte Nachricht zugesandt. Eine Subklasse kann das Verhalten aller ihrer geerbten Methoden neu definieren. Um den Effekt einer dynamischen Bindung zu erzielen, kann die Superklasse einige ihrer Operationen als POLYMORPH kennzeichnen. Schließlich kann eine Superklasse als ABSTRACT mit DEFERRED-Operationen, die durch die konkrete Spezialisierung definiert werden, markiert worden sein. Wir wenden uns jetzt einer Betrachtung dieser Designmerkmale zu und zeigen, wie sie in C++ realisiert werden.

9.1 Spezialisierung

In C++ wird eine Subklasse als *abgeleitete Klasse* bezeichnet, die Superklasse als *Basisklasse*. Normalerweise können wir diese Begriffe synonym verwenden, hier werden wir jedoch bewußt eine Unterscheidung beibehalten und grenzen damit die Aufgabenstellungen des Designs von denen der Implementierung ab. Betrachten wir die Klasse Person aus Kapitel 7, von der die Klasse Employee eine Spezialisierung darstellt. Die Klasse Person kann in C++ wie folgt aussehen:

```
class Person {
public:
  Person(const CString& aName, const CDate& aDOB);

  CString name(void) const;
  int age(void) const;

  private:
  CString theName;
  CDate theDateOfBirth;
};
```

Die Eigenschaften werden durch die Datenelemente theName und theDateOfBirth dargestellt. Die von dieser Klasse zur Verfügung gestellten Operationen bestehen aus den Abfragen name? und age?, welche durch die in Kapitel 6 beschriebenen Elementfunktionen name und age realisiert werden.

Nehmen wir an, daß wir die neue Klasse Employee einführen wollen. Ein Employee, ein Mitarbeiter, ist auch eine Person, die sich zudem dadurch unterscheidet, daß sie eine Berufsbezeichnung und ein Gehalt besitzt, was mit der Beschäftigung in einem beliebigen Unternehmen verbunden ist. Klassenvererbung ermöglicht die Verwendung von Elementen der Basisklasse, als wären sie Elemente der abgeleiteten Klasse. Die Klasse Employee kann so implementiert werden, daß sie alle public- und protected-Elemente der Basisklasse Person erbt. Das bedeutet, daß alle Operationen, die auf eine Person angewendet werden können, auch auf eine Instanz der Klasse Employee anwendbar sind. So ist folgendes möglich:

```
Employee e1( ... ); //Konstruktor
cout << e1.name(); //Ausdruck von name
```

Außerdem besitzt ein Angestellter die schon erwähnten Eigenschaften theJobTitle und theSalary, durch die er sich von einer gewöhnlichen Person abhebt. Wir können damit die vererbten Fähigkeiten erweitern, indem wir die Subklasse mit zusätzlichen Eigenschaften und Operationen ausstatten, die nur für diese Objektkategorie gelten.

Klassenableitung wird dadurch definiert, daß in den C++ Klassenkopf eine derivation list, eine Ableitungsliste der Klassen, eingefügt wird, von denen Elemente geerbt werden. Die aufgeführten Klassen in dieser Ableitungsliste sind die Basisklassen. Der Kopf der Klasse Employee würde dann so aussehen:

```
class Employee : public Person { ... };
```

Das Schlüsselwort public zeigt an, daß Employee eine öffentlich abgeleitete Klasse der Basisklasse Person ist. Das bedeutet, daß öffentliche Elemente der Basisklasse auch öffentliche Elemente der abgeleiteten Klasse sind. Das ist natürlich unsere Interpretation der SPECIALISATION-OF-Klausel von LOOM, die wie folgt aussieht:

```
CLASS Employee
  SPECIALISATION OF Person
WITH
  // ...
ENDCLASS Employee
```

Aufgrund der Ableitungsliste besteht keine Notwendigkeit, die geerbten Methoden der Basisklasse noch einmal aufzuführen. Sie sind automatisch ein Teil der Methoden der abgeleiteten Klasse. Die Definition für Employee ist:

```
class Employee : public Person {
public:
  Employee(const CString& aName,
  const CDate& aDOB,
  const CString& aTitle, int aSalary);

CString jobTitle(void) const;
```

```
  int salary(void) const;
private:
  CString theJobTitle;
  int theSalary;
};
```

Wie schon erwähnt, besitzt eine abgeleitete Klasse einige zusätzliche Merkmale, welche in der Basisklasse nicht vorhanden sind. Hier enthält die Klasse Employee zwei Datenelemente, durch die eine Berufsbezeichnung und das damit verbundene Gehalt dargestellt werden. Über zwei Elementfunktionen erfolgt der Zugriff auf diese Daten. So könnten wir zum Beispiel schreiben:

```
Employee e2("John Savage", CDate(1, 1, 1973), "Dozent", 20000);
cout << e2.jobTitle(); // Dozent
cout << e2.name(); // John Savage
```

Beachten Sie bitte, daß wir durch die letzte Anweisung die Nachricht name an e2 senden können, eine Instanz der Klasse Employee. Die Nachricht name ist eine in der Basisklasse Person definierte Operation und wird ohne jede weitere Definition an die abgeleitete Klasse Employee vererbt. Im Grunde genommen, müssen nur die Unterschiede zwischen den beiden Klassen implementiert werden.

Es werden nicht alle Elemente der Basisklasse an die abgeleitete Klasse vererbt. Konstruktoren, Destruktoren und der überladene Zuweisungsoperator gelten nur für die Basisklasse und werden nicht automatisch vererbt. Das ist sinnvoll, da wir gesehen haben, daß eine abgeleitete Klasse zusätzliche Datenelemente besitzen kann, die eine geeignete Behandlung zum Beispiel für die Initialisierung erfordern. Der Konstruktor der abgeleiteten Klasse ist zuständig für die Initialisierung seiner eigenen und der vererbten Datenelemente. Generieren wir eine Instanz der Klasse Person, dann werden ihre Datenelemente durch einen Aufruf des Konstruktors initialisiert. Auf gleiche Weise erreicht der Konstruktor der abgeleiteten Klasse Employee mit Hilfe des Konstruktors der Basisklasse eine vorschriftsmäßige Initialisierung seiner geerbten Datenelemente. Das veranlassen wir durch den Aufruf des Konstruktors der Basisklasse in der Initialisierungsliste der Elemente des Konstruktors der abgeleiteten Klasse:

```
Employee::Employee(const CString& aName, const CDate& aDOB, const CString& aTitle,
int Salary)
: Person(aName, aDOB), // Basis-Konstruktor
theJobTitle(aTitle),
theSalary(aSalary)
{}
```

Das ist natürlich eine direkte Übertragung der LOOM-Methode:

```
CLASS Employee
  SPECIALISATION OF Person
WITH
  // ...
    METHOD Employee(aName :String, aDOB :Date, aTitle :String, aSalary :Integer)
    AS
```

287

```
         SEND SUPERCLASS Person THE MESSAGE
            initialise(aName, aDOB)
         SEND theJobTitle THE MESSAGE
            initialise(aTitle)
         SEND theSalary THE MESSAGE
            initialise(aSalary)
ENDMETHOD Employee

ENDCLASS Employee
```

Bei einer abgeleiteten Klasse kann es sinnvoll sein, daß einige der Methoden der Basisklasse redefiniert werden. So kann sich zum Beispiel für ein Unternehmen, welches eine größere Anzahl an Mitarbeitern beschäftigt, für jedes seiner Employee-Objekte das genaue Alter als notwendig erweisen. Hier tritt also ein Fall auf, in der wir die Methode age der Basisklasse Person redefinieren. Die Bezeichnung und die Signatur für die redefinierte Funktion in der abgeleiteten Klasse müssen genau mit dem Funktionsprototyp in der Basisklasse übereinstimmen:

```
class Employee : public Person {
public:
int age(void) const; // Redefinition
};
```

Die Implementierung der Funktion age der abgeleiteten Klasse Employee wird einen komplexeren datenverarbeitenden Algorithmus verwenden, als der bei der Basisklasse verwandte. Natürlich werden das aktuelle Datum und das Geburtsdatum der Person weiterhin benötigt:

```
int Employee:: age(void) const
{
  CDate today;
  int todayYear(today.year());
  int dobYear(theDateOfBirth.year());
        // Referenz zum geerbten Datenelement ...
        // aber betrachten Sie nachfolgende Erläuterung
        // ... Rest des neuen Algorithmus
  return ...
```

Die Schwierigkeit bei dieser Implementierung besteht darin, daß die Elementfunktion der abgeleiteten Klasse auf ein Datenelement der Basisklasse zugreifen muß, in diesem Fall theDateOfBirth. Die Basisklasse hat sein Datenelement theDateOfBirth zu Recht in einem privaten Abschnitt untergebracht. Wäre es zu einem öffentlichen Datenelement gemacht worden, dann würde damit das Prinzip der Datenkapselung unterlaufen werden. Betrachten wir eine Klasse, auf welche die Vererbung angewandt werden soll, wodurch einige ihrer Datenelemente in einer Funktion der abgeleiteten Klasse verwendet werden. Um einen Konflikt zu vermeiden, muß eine Klasse einerseits einen Weg finden, das Prinzip der Datenkapselung zu beachten, anderseits muß sie Zugriff auf ihre sonst verborgenen Elemente gewähren. Erreicht wird das durch Einführung einer zusätzlichen Zugriffsebene, bezeichnet als protected, geschützter Datenelemente. Im Normalfall verhalten sich geschützte Datenelemente genauso wie private Datenelemente; sie ermöglichen Clients, die diese Klasse verwenden, keinen Zugriff. Bei der Vererbung läßt sich jedoch ein geschütztes Datenelement von der abgeleiteten Klasse wie ein privates Datenelement verwenden:

```
class Person {
public:
  // ...
protected:
  CDate dob(void) const; // für die Verwendung in Subklassen

private:
  CString theName;
  CDate theDateOfBirth;
};
```

Die Implementierung der Funktion age in der Version für die abgeleitete Klasse erlangt jetzt Zugriffsrechte auf das Datenelement theDateOfBirth. Das wird mit der Funktion dob realisiert, die ansonsten für Clients der Klasse Person verborgen bleibt:

```
int Employee:: age(void) const
{
  CDate today;
  int todayYear(today.year());
  int dobYear(dob().year());//Beachten Sie bitte die Syntax
  // ... Rest des neuen Algorithmus
  return ...
}
```

Wenden Sie bitte Ihre Aufmerksamkeit noch einmal besonders der Syntax der Anweisung dob().year() zu. Der Teil dob() der Anweisung ruft die vererbte (geschützte) Elementfunktion auf und gibt eine Kopie von dem Objekt CDate zurück, welche das Geburtsdatum der Person darstellt. Auf dieses CDate-Objekt wenden wir jetzt die Abfrageoperation year() an, damit erhalten wir den Jahresanteil von diesem Datum. Genaugenommen rührt dieser kompakte C++-Quelltext von folgenden zwei LOOM-Anweisungen her:

```
INSTANCE myDOB :Date(SEND me THE MESSAGE dob?)
INSTANCE dobYear :Integer(SEND myDOB THE MESSAGE year?)
```

und so ist ersichtlich, daß der Funktionsaufruf dob() eine erlaubte Abkürzung für this->dob() darstellt.

In diesem Zusammenhang ist es sinnvoll, daß wir uns auch anschauen, wie die Objekte der Basisklassen und der abgeleiteten Klassen zu den für sie zuständigen Funktionen finden. Betrachten Sie zum Beispiel folgenden Quelltext:

```
Person p1( ... ); // Konstruktor
int p1sAge = p1.age(); // Elementfunktion
```

Kapitel 9   Vererbung

In diesem Beispiel ruft das Person-Objekt p1 die Elementfunktion age auf, die in der Klasse Person definiert wurde. In Abbildung 9.1 wird das gezeigt, wobei wir die Objekte durch abgerundete Rechtecke darstellen und die Ausführung der Funktionen durch Linien mit Pfeilspitzen.

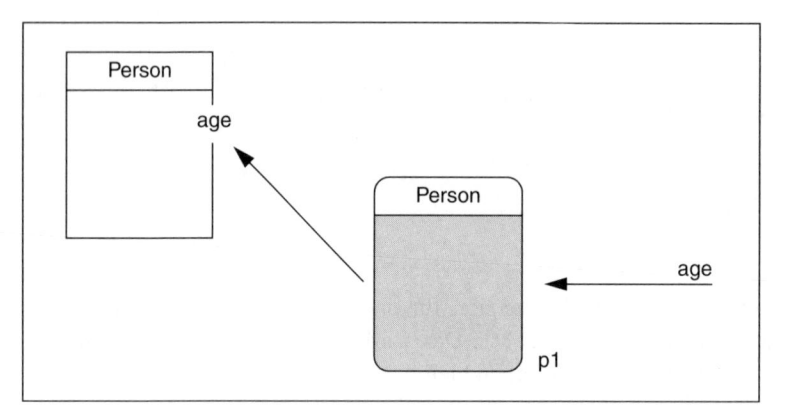

Abbildung 9.1:   Das Finden der zugehörigen Methode

Dasselbe gilt, wenn wir folgenden Abschnitt ausführen:

```
Employee e1( ... ); // Konstruktor
int e1sAge = e1.age(); // Elementfunktion
```

Der Code der Elementfunktion age der Klasse Employee wird ausgeführt, da die Klasse Employee diese Funktion redefiniert (betrachten Sie dazu Abbildung 9.2).

Führen wir jedoch folgenden Abschnitt aus:

```
Employee e2( ... ); // Konstruktor
CString e2sName = e2.name(); // Elementfunktion
```

dann muß der Compiler zuerst in der Klasse Employee nach der Definition der Funktion name suchen. Ist sie dort nicht definiert, dann sucht der Compiler in der unmittelbaren Superklasse und so weiter die gesamte Klassenhierarchie hinauf. In diesem Fall ist die Funktion name in der Basisklasse Person definiert; was das bedeutet, wird in Abbildung 9.3 dargestellt. Hätte überhaupt keine derartige Funktion existiert, dann hätte uns der Compiler während des Übersetzungsvorgangs eine Fehlermeldung angezeigt.

Damit ein Objekt auf den Aufruf einer Elementfunktion reagiert, muß es den Rumpf der Funktion finden und ausführen. In einer herkömmlichen Programmiersprache wird die Verbindung von Funktionsname und -rumpf vom Compiler hergestellt und dieser Vorgang ist bekannt unter dem Begriff Bindung. In objektorientierten Programmiersprachen wird es als statische Bindung bezeichnet, wenn die Bindung während des Kompiliervorgangs vorgenommen wird. Auf diesem Modell sind die Abbildungen 9.1, 9.2 und 9.3 aufgebaut. Bei Abbildung 9.3 bindet der Compiler den Aufruf der Elementfunktion name statisch an den erzeugten Code, der in der Klasse Person definiert wurde. Wird die Bindung zur Laufzeit vollzogen, dann wird von *dynamischer Bindung*

9.1 Spezialisierung

gesprochen (vergleichen Sie dazu Abschnitt 9.3). Dieser Unterschied zwischen Aufruf einer Funktion und der Ausführung dieser Funktion ist ein zentraler Punkt für OOP, und wir werden den Unterschied zwischen statischer und dynamischer Bindung weiter untersuchen.

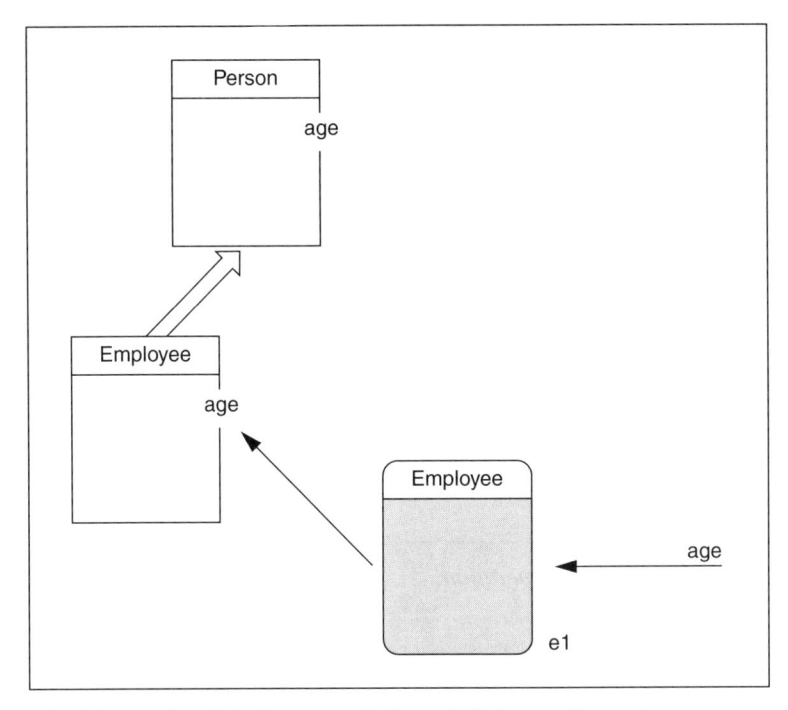

Abbildung 9.2:   Die Suche nach der redefinierten Operation

Durch Spezialisierung wird auch eine eindeutige Anweisung gegeben, die zeigt, daß ein Objekt vom Typ Employee ein Person-Objekt ist, möglicherweise mit zusätzlichen Elementdaten, -funktionen und redefinierten Funktionen. Das bedeutet, daß in jeder Situation, in der ein Objekt vom Typ Person benötigt wird, ein Objekt vom Typ Employee verwendet werden kann. Das ist vollkommen einleuchtend, schließlich besitzt ein Employee-Objekt mindestens alle Datenelemente der Klasse Person und stellt alle Methoden dieser Klasse zur Verfügung. Dieses Merkmal der OOP-Sprachen wird manchmal als *Principle of Substitutability* beschrieben, zu deutsch, Prinzip der Austauschbarkeit. Jede Instanz eines Employee kann eine Instanz einer Person ersetzen. Das wird durch das Programm 9.1 gezeigt. Die Klassenhierarchie, die wir für die Problemstellung aufbauen, wird in Abbildung 9.4(a) dargestellt.

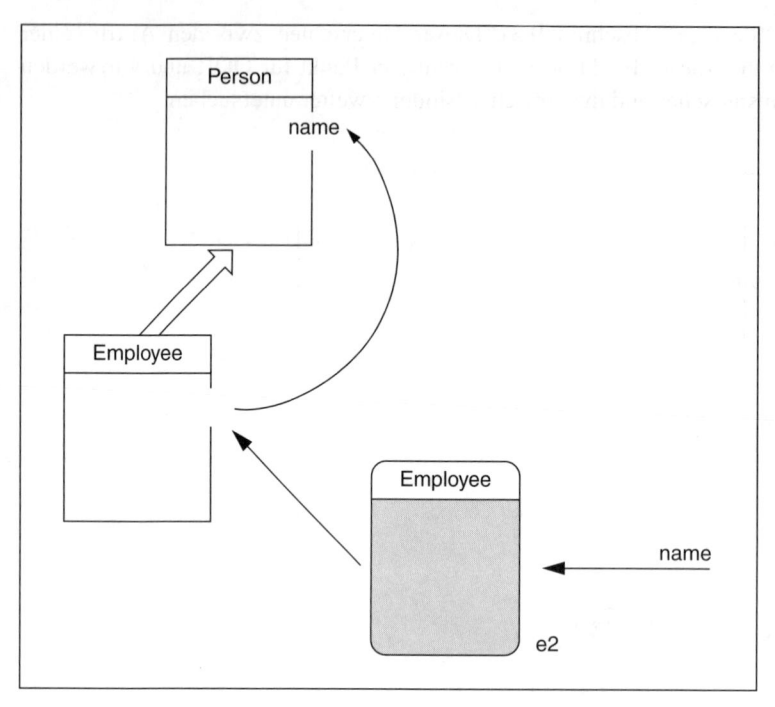

Abbildung 9.3:   Die Suche nach der vererbten Operation

```
//////////////////////////////////////////////////////////////////
//
//      main
// ROME Copyright (c) Richard McMahon. 1993, 1994.
// ROME Copyright (c) Ken Barclay 1995.
// Generated On January 3, 1996 At 6:38:33.51 pm
//
//////////////////////////////////////////////////////////////////

#include "ccstring.h"
#include "application.h"

int main()
{
   Application      app;
   app.run();

   return 0;
}

//-- End Implementation ----------------------------------------
```

//
//
//   application.h
// ROME Copyright (c) Richard McMahon. 1993, 1994.
// ROME Copyright (c) Ken Barclay 1995.
// Generated On January 3, 1996 At 6:38:33.51 pm
//
//

#ifndef APPLICATION
   #define APPLICATION

   #include "loom.h"
   #include "ccstring.h"

   class Application {
   public: // PUBLIC INTERFACE
      Application(void);
      void run(void);

   };

#endif

//-- End Specification --

//
//
//   application.cpp
// ROME Copyright (c) Richard McMahon. 1993, 1994.
// ROME Copyright (c) Ken Barclay 1995.
// Generated On January 3, 1996 At 6:38:33.51 pm
//
//

#include "Employee.h"
#include "Manager.h"
#include "Application.h"

Application::Application(void)
{

Kapitel 9 Vererbung

```cpp
}

void
Application::run(void)
{
   //
   // Demonstriere den Effekt der statischen Bindung.
   //
   Employee* e1 = new Employee("Ken Barclay", CDate(2, 2, 1974),
      "Systems Manager", 1000);
   Manager* m1 = new Manager("John Savage", CDate(1, 1, 1973),
      "Lecturer", 1200, 1000);
   Manager* m2 = new Manager("Jessie Kennedy", CDate(3, 3, 1975),
      "Senior Lecturer", 1600, 1500);
   Employee* e2 = m2;
   cout << e1->name();
   cout << ": ";
   cout << e1->jobTitle();
   cout << "\n";
   cout << m1->name();
   cout << ": ";
   cout << m1->budget();
   cout << "\n";
   cout << e2->name();
   cout << ": ";
   cout << e2->jobTitle();
   cout << "\n";
}

//-- End Implementation ----------------------------------------


////////////////////////////////////////////////////////////////
//
//     person.h
// ROME Copyright (c) Richard McMahon. 1993, 1994.
// ROME Copyright (c) Ken Barclay 1995.
// Generated On January 3, 1996 At 6:38:33.51 pm
//
////////////////////////////////////////////////////////////////

#ifndef PERSON
   #define PERSON

   #include "loom.h"
```

```cpp
#include "ccstring.h"
#include "ccdate.h"


//
// Die Klasse Person dient als Superklasse für reale Klassen,
// wie z.B. Employee, Student oder ClubMember usw. Die
// Klasse Person speichert als hauptsächliche Eigenschaften
// einen Namen und ein Geburtsdatum.
//
//

class Person {
public: // PUBLIC INTERFACE
      Person(const CString& aName, const CDate& aDateOfBirth);
   CString name(void) const;
   Integer age(void) const;

private: // REPRESENTATION
   CString theName;
   CDate theDateOfBirth;

};

#endif

//-- End Specification ---------------------------------------


////////////////////////////////////////////////////////////////
//
//      person.cpp
// ROME Copyright (c) Richard McMahon. 1993, 1994.
// ROME Copyright (c) Ken Barclay 1995.
// Generated On January 3, 1996 At 6:38:33.51 pm
//
////////////////////////////////////////////////////////////////

#include "Person.h"

//
   // Die Klasse Person dient als Superklasse für reale Klassen,
   // wie z.B. Employee, Student oder ClubMember usw. Die
   // Klasse Person speichert als hauptsächliche Eigenschaften
   // einen Namen und ein Geburtsdatum.
```

Kapitel 9   Vererbung

```
//
//

Person::Person(const CString& aName, const CDate& aDateOfBirth)
    : theName(aName),
      theDateOfBirth(aDateOfBirth)
{

}

CString
Person::name(void) const
{
    return theName;
}

Integer
Person::age(void) const
{
    //
    // Einfacher Algorithmus, der Monate oder
    // Tage innerhalb des Monats nicht berücksichtigt.
    //
    CDate today;
    Integer todayYear = today.year();
    Integer dobYear = theDateOfBirth.year();
    return todayYear-dobYear;
}


//-- End Implementation -------------------------------------


////////////////////////////////////////////////////////////////
//
//      employee.h
// ROME Copyright (c) Richard McMahon. 1993, 1994.
// ROME Copyright (c) Ken Barclay 1995.
// Generated On January 3, 1996 At 6:38:33.51 pm
//
////////////////////////////////////////////////////////////////

#ifndef EMPLOYEE
    #define EMPLOYEE
```

```
#include "loom.h"
#include "Person.h"
#include "ccstring.h"
#include "ccdate.h"


//
// Ein Angestellter ist eine besondere Form einer Person mit einer
// Jobbezeichnung und einem Gehalt als zusätzliche Eigenschaften.
//
//

class Employee : public Person {
public: // PUBLIC INTERFACE
    Employee(const CString& aName, const CDate& aDateOfBirth,
        const CString& aJobTitle, const Integer& aSalary);
    CString jobTitle(void) const;
    Integer salary(void) const;

private: // REPRESENTATION
    CString theJobTitle;
    Integer theSalary;

};

#endif

//-- End Specification ----------------------------------------


////////////////////////////////////////////////////////////////
//
//      employee.cpp
// ROME Copyright (c) Richard McMahon. 1993, 1994.
// ROME Copyright (c) Ken Barclay 1995.
// Generated On January 3, 1996 At 6:38:33.51 pm
//
////////////////////////////////////////////////////////////////

#include "Employee.h"

//
    // Ein Angestellter ist eine besondere Form einer Person mit einer
    // Jobbezeichnung und einem Gehalt als zusätzliche Eigenschaften.
//
```

Kapitel 9   Vererbung

```
//


Employee::Employee(const CString& aName, const CDate& aDateOfBirth,
   const CString& aJobTitle, const Integer& aSalary)
   : Person(aName, aDateOfBirth),
      theJobTitle(aJobTitle),
      theSalary(aSalary)
{

}

CString
Employee::jobTitle(void) const
{
   return theJobTitle;
}

Integer
Employee::salary(void) const
{
   return theSalary;
}

//-- End Implementation -------------------------------------------


////////////////////////////////////////////////////////////////////
//
//      manager.h
// ROME Copyright (c) Richard McMahon. 1993, 1994.
// ROME Copyright (c) Ken Barclay 1995.
// Generated On January 3, 1996 At 6:38:33.51 pm
//
////////////////////////////////////////////////////////////////////

#ifndef MANAGER
   #define MANAGER

   #include "loom.h"
   #include "Employee.h"
   #include "ccstring.h"
   #include "ccdate.h"
```

```
   //
   //   Ein Manager ist ein Angestellter, dem zusätzlich
   //   ein Budget zugewiesen ist.
   //
   //

   class Manager : public Employee {
   public: // PUBLIC INTERFACE
      Manager(const CString& aName, const CDate& aDateOfBirth,
         const CString& aJobTitle, const Integer& aSalary, const Integer& aBudget);
      Integer budget(void) const;

   private: // REPRESENTATION
      Integer theBudget;

   };

#endif

//-- End Specification ------------------------------------------


///////////////////////////////////////////////////////////////
//
//    manager.cpp
// ROME Copyright (c) Richard McMahon. 1993, 1994.
// ROME Copyright (c) Ken Barclay 1995.
// Generated On January 3, 1996 At 6:38:33.51 pm
//
///////////////////////////////////////////////////////////////

#include "Manager.h"

//
   //   Ein Manager ist ein Angestellter, dem zusätzlich
   //   ein Budget zugewiesen ist.
//
//


Manager::Manager(const CString& aName, const CDate& aDateOfBirth,
   const CString& aJobTitle, const Integer& aSalary, const Integer& aBudget)
    : Employee(aName, aDateOfBirth, aJobTitle, aSalary),
      theBudget(aBudget)
{
```

```
}

Integer
Manager::budget(void) const
{
   return theBudget;
}

//-- End Implementation -------------------------------------------
```
Programm 9.1

Die Klassen, um die es in diesem Beispiel geht, sind mit Person, Employee und Manager bezeichnet. Person ist die Superklasse von Employee, wohingegen Manager die Subklasse von Employee darstellt. In der Funktion run der Klasse Application werden das Employee-Objekt e1 und das Manager-Objekt m1 wie üblich definiert. Danach wird eine Nachricht an das Employee-Objekt e1 geschickt, um name und jobTitle dieses Objekts zu erhalten. Entsprechend wird eine Nachricht an m1 versandt, um name und budget festzustellen. Die Nachricht name, die bei e1 und m1 eingesetzt wird, ist statisch an die Funktionsdefinition in der Superklasse Person gebunden. Dagegen ist die Nachricht budget an die Definition in der Klasse Manager gebunden.

Die letzte Deklaration führt schließlich einen Zeiger auf ein Employee-Objekt e2 ein, dem die Adresse eines Manager-Objekts zugewiesen wird. Das geht konform mit dem Prinzip der Austauschbarkeit. Ein Manager-Objekt kann an die Stelle von einem Employee treten und somit kann ein Manager-Zeiger implizit einem Employee-Zeiger zugewiesen und eine Referenz auf Manager implizit an eine Employee-Referenz übergeben werden. Dasselbe gilt zwischen Employee und Person. Die isA-Beziehung gilt durchgängig für eine beliebige Anzahl von Ebenen der Spezialisierung, somit können wir einen Manager verwenden, wo eine Person erwartet wird.

Wenn die Nachrichten name und jobTitle an das Objekt verschickt werden, auf das der Employee-Zeiger e2 zeigt, dann hat der Compiler vorher den Typ von e2 als einen Employee* festgelegt. Die Nachricht jobTitle ist statisch an die Methode gebunden, welche in der Employee-Klasse definiert wurde, zu der der Zeiger e2 gehört. Die Nachricht name ist an die Definition in der Superklasse Person gebunden. Was das Programm ausgibt, sehen Sie hier:

```
Ken Barclay: System Manager
John Savage: 1000
Jessie Kennedy: Senior Lecturer
```

Programm 9.2 nutzt diese isA-Beziehung zwischen der Klasse Manager und der Klasse Employee weidlich aus. Das Modell, welches durch dieses Programm realisiert wird, sehen Sie in Abbildung 9.4(a). In diesem Beispiel verwaltet ein einzelnes Company-Objekt einen Behälter mit LINKs, mit Verbindungen zu Employee-Objekten. Da es möglich ist, daß ein Manager-Objekt ein vorhandenes Employee-Objekt ersetzt, ist es vollkommen legal, daß dieser Behälter eine Mischung aus

LINKs zu Employee-Instanzen und LINKs zu Manager-Instanzen enthält, so wie im Instanzdiagramm der Abbildung 9.4(b) gezeigt.

Diese Austauschbarkeit wird natürlich durch die Hierarchie der Klassenvererbung eingeschränkt. Ein Objekt vom Typ Date oder vom Typ Person kann kein Teil dieses Behälters mit LINKs zu Employee-Objekten sein. Die Klasse Date besitzt keine isA-Beziehung mit der Klasse Employee und Person ist die Superklasse von Employee und keine Subklasse. Das Listing von diesem Programm und den folgenden Programmen entnehmen Sie bitte Anhang F.

Beachten Sie in diesem Listing, auf welche Art und Weise die Klasse Company eine Sammlung von Employee-Zeigern verwaltet, welche die Mitarbeiter der Firma darstellen. Die Elementfunktion hire der Klasse fügt die Employee*-Parameter in diese Sammlung ein. In der Funktion run der Klasse Application wird abhängig von den eingegebenen Daten entweder ein Employee-Objekt oder ein Manager-Objekt erzeugt. Dessen Adresse wird an die Operation hire übergeben, wobei der zugrundeliegende POrderedCollection-Behälter vorbereitet wurde, entweder den einen oder den anderen Zeiger aufzunehmen.

Da wir hier eine POrderedCollection-Sammlung von Employee-Objekten verwenden, beachten Sie bitte, daß es notwendig ist, in der Klasse Employee die Funktion lessThan zur Verfügung zu stellen. Diese wird verwendet, um ein Employee-Objekt mit einem anderen zu vergleichen.

Die Operation salaryBill der Klasse Company berechnet die gesamten Lohn- und Gehaltskosten des Unternehmens. Das wird erreicht, indem in einer Schleife über die Anzahl der Angestellten jedem dieser Objekte eine salary-Nachricht geschickt wird. Unabhängig davon, ob das Objekt eine Employee-Instanz oder eine Manager-Instanz ist, wird die Nachricht salary an die Definition in der Klasse Employee gebunden.

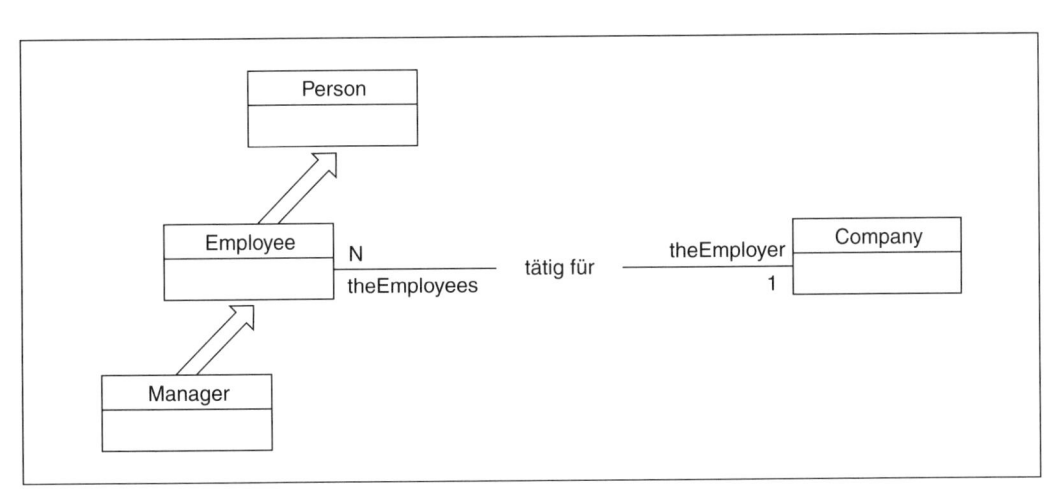

Abbildung 9.4(a): Klassendiagramm von Programm 9.2

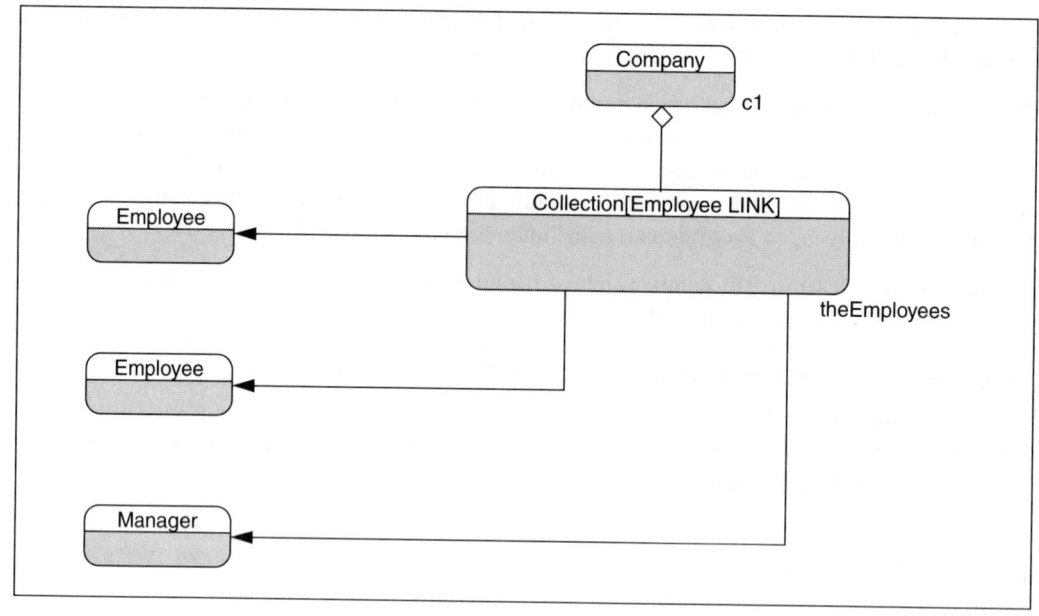

Abbildung 9.4(b): Ein mögliches Instanzdiagramm von Programm 9.2

```
Integer Company::salaryBill(void) const
{
  Integer totalSalary(0);
  PIterator< Employee* >empIterator(theEmployees);
  while(empIterator.isExhausted() == LFALSE) {
    Employee* emp = empIterator.selection();
    Integer empSalary(emp->salary());
    totalSalary = totalSalary+empSalary;
    empIterator.advance();
  }
  return totalSalary;
}
```

9.2 Redefinition von Operationen

Programm 9.3 demonstriert die Auswirkungen, wenn eine Funktion in einer abgeleiteten Klasse redefiniert wird. Die Klasse Employee stellt eine Implementierung der Funktion display bereit, die für die Anzeige des Namens und der Berufsbezeichnung des Mitarbeiters zuständig ist. Die Subklasse Manager verändert die Verhaltensweise ihrer redefinierten Version von display dahingehend, daß der Name des Managers und sein bewilligtes Budget ausgegeben werden. In LOOM wird das explizit mit dem Schlüsselwort REDEFINED dokumentiert:

```
CLASS Manager
  SPECIALISATION OF Employee
WITH
PUBLIC INTERFACE
  // ...
  display? REDEFINED

ENDCLASS Manager
```

Nachfolgend sehen Sie, was dieses Programm ausgibt:

```
Ken Barclay: System Manager
John Savage: 1000
Jessie Kennedy: Senior Lecturer
```

Die erste angezeigte Zeile ist das Ergebnis vom Verschicken der Nachricht display an das Employee-Objekt e1. Die zweite angezeigte Zeile besteht aus dem Namen und dem Budget, welche mit dem Manager-Objekt m1 verknüpft sind. Durch die letzte Zeile wird die Auswirkung der statischen Bindung deutlich. Statische Bindung wird zur Übersetzungszeit des Programms durchgeführt. Der Compiler hat den Typ von e2 als Employee* bestimmt. Die Austauschbarkeitsregel gestattet uns, dieser Variablen einen Manager* zuzuweisen. Der Compiler verwendet jedoch den Typ von e2, um den Nachrichtenaufruf display statisch an die Version zu binden, die in der Employee-Klasse definiert wurde. Infolgedessen kommt es zur Ausgabe vom Namen und der Berufsbezeichnung.

9.3 Dynamische Bindung

In Programm 9.3 wird gezeigt, welche Auswirkung statische Bindung auf das Objekt e2 hat. Die Definition zur Übersetzungszeit besagt für dieses Objekt, daß es ein Zeiger auf einen Employee ist. Zur Laufzeit wird es so gesetzt, daß es nun auf ein dynamisch auf dem Heap erzeugtes Manager-Objekt zeigt. Wird an diese Objektinstanz allerdings eine display-Nachricht gesendet, dann führt sie die Version der display-Funktion in der Klasse Employee aus, mit welcher der Zeiger e2 verknüpft ist. Um auf die display-Funktion der Klasse des Objekts zugreifen zu können, auf die sich e2 bezieht (ein Manager-Objekt), ist ein anderer Vorgang als die statische Bindung notwendig.

Vererbung bedingt auch die Existenz der Begriffe *Polymorphie* und *dynamische Bindung*. Polymorphie wird als die Eigenschaft definiert, verschiedene Formen oder Gestalten zu haben. In einer objektorientierten Programmiersprache bedeutet das, daß ein Objekt sich zur Laufzeit auf Instanzen von verschiedenen Klassen beziehen kann. Polymorphie ist das Mittel, durch daß das Prinzip der Austauschbarkeit letztendlich in die Tat umgesetzt wird.

In C++ wird statische Prüfung oder mit anderen Worten, Prüfung zur Übersetzungszeit angewendet, und diese verträgt sich per Definition nicht mit dem Begriff der vollständigen Polymorphie. Dieser Konflikt wird durch den Vererbungsmechanismus beigelegt, welcher das Ausmaß der erlaubten Polymorphie begrenzt, wie in den vorangehenden Abschnitten dargestellt. Polymorphie stellt eine Maßnahme zur kontrollierten Lockerung des von C++ eingeführten Typensystems dar. Damit wird dem Programmierer ein Ausmaß an Flexibilität geboten, wie sie ansonsten mit stark typbasierten Programmiersprachen nicht erreicht werden kann.

Möchten wir in Programm 9.3, daß die richtige Funktion display von dem Typ des eigentlichen Laufzeit-Objekts festgelegt wird und nicht von dem Typ zur Übersetzungszeit, dann müssen wir dynamische Bindung verwenden. Hierbei erzeugt der Compiler Code mit folgender Wirkung: Erhält das empfangende Objekt die Nachricht display, dann fragt sich das Objekt, »zu welchem Typ gehöre ich?«, und führt die dazugehörige Methode aus. In LOOM wird diese Wirkung durch Verwendung der Qualifikatoren POLYMORPHIC und REDEFINED erreicht:

```
CLASS Employee
  SPECIALISATION OF Person
WITH
PUBLIC INTERFACE
  // ...
  display? POLYMORPHIC

ENDCLASS Employee


CLASS Manager
  SPECIALISATION OF Person
WITH
PUBLIC INTERFACE
  // ...
  display? REDEFINED

ENDCLASS Manager
```

Gezeigt wird das in Programm 9.4. Um die polymorphe Wirkung der dynamischen Bindung zu realisieren, wird der Funktion display in der Klasse Employee das Schlüsselwort virtual vorangestellt. In der Basisklasse Employee gibt diese Funktion den Namen des Mitarbeiters und die Berufsbezeichnung aus. Die redefinierte Version für diese Funktion in der abgeleiteten Klasse Manager zeigt den Namen des Managers und das mit ihm verbundene Budget an. Daher wird von dem Programm folgendes ausgegeben:

```
Ken Barclay: System Manager
John Savage: 1000
Jessie Kennedy: 1500
```

wobei hier das Manager-Objekt, auf das sich das Employee*-Objekt e2 bezieht, seiner Version der display-Funktion gehorcht, das heißt in diesem Fall der in der Manager-Klasse definierten.

```
class Employee : public Person {
public:    // PUBLIC INTERFACE
```

9.3 Dynamische Bindung

```
    // ...
    virtual void    display(void) const;
                                        // POLYMORPHIC
);
class Manager : public Employee {
public:  // PUBLIC INTERFACE
    // ...
    virtual void    display(void) const;
                                        // REDEFINED
);
```

Wird in C++ eine Elementfunktion mit dem Schlüsselwort `virtual` gekennzeichnet, dann behält sie diese Eigenschaft über die Grenzen zu den abgeleiteten Klassen hinweg. Somit wäre es nicht nötig gewesen, die Funktion `display` in der Klasse `Manager` so auszuzeichnen. Allerdings wird es als gute Gewohnheit angesehen, es dennoch zu tun, da dies damit deutlich dokumentiert wird und sich außerdem als hilfreich erweisen kann, wenn wir eine neue Klasse unter Verwendung von `Manager` als Basisklasse abzuleiten gedenken. Das Schlüsselwort `virtual` erscheint nur in der Funktionsbezeichnung in der Klassendeklaration. Es wird nicht in der Definition der Funktion verwendet.

Die Wirkung der dynamischen Bindung können wir sehr gut bei folgender Aufgabenstellung verwenden. Ein Handelsunternehmen beschäftigt sowohl Verkäufer als auch Verkaufsleiter. Ein `SalesEmployee` stellt eine spezielle Form einer `Person` dar mit zusätzlichen Eigenschaften für die Berufsbezeichnung, sein Gehalt und den Umsatz, den dieser Verkäufer erzielt hat. Ein `SalesManager` ist eine speziellere Form des `SalesEmployee`, dessen Managementaufgaben ein zu erreichender Umsatz als Ziel entgegengesetzt wurde. Die grafische Darstellung dieses Modells sehen Sie in den Abbildungen 9.5(a) und 9.5(b). Das zugehörige Programm-Listing finden Sie unter dem Namen Programm 9.5 im Anhang F.

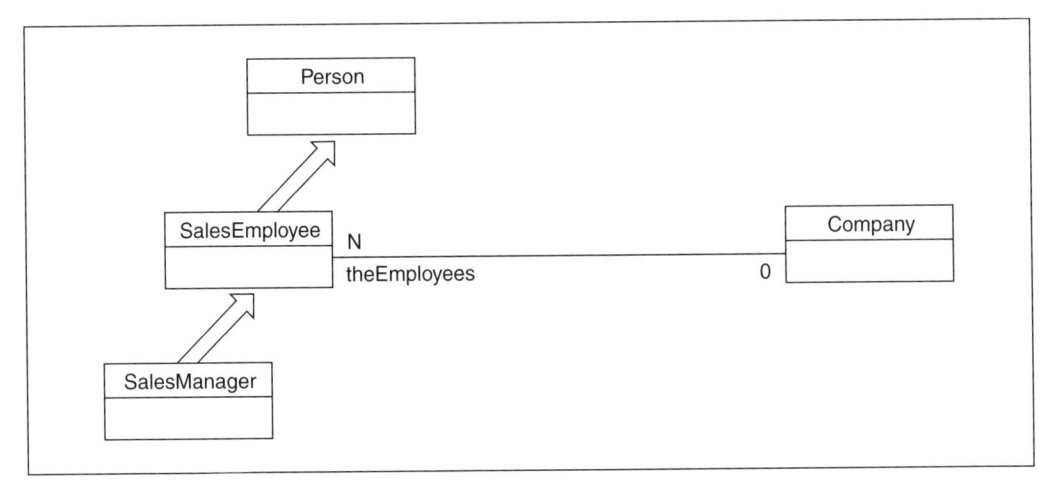

Abbildung 9.5(a):   Klassendiagramm von einem Handelsunternehmen

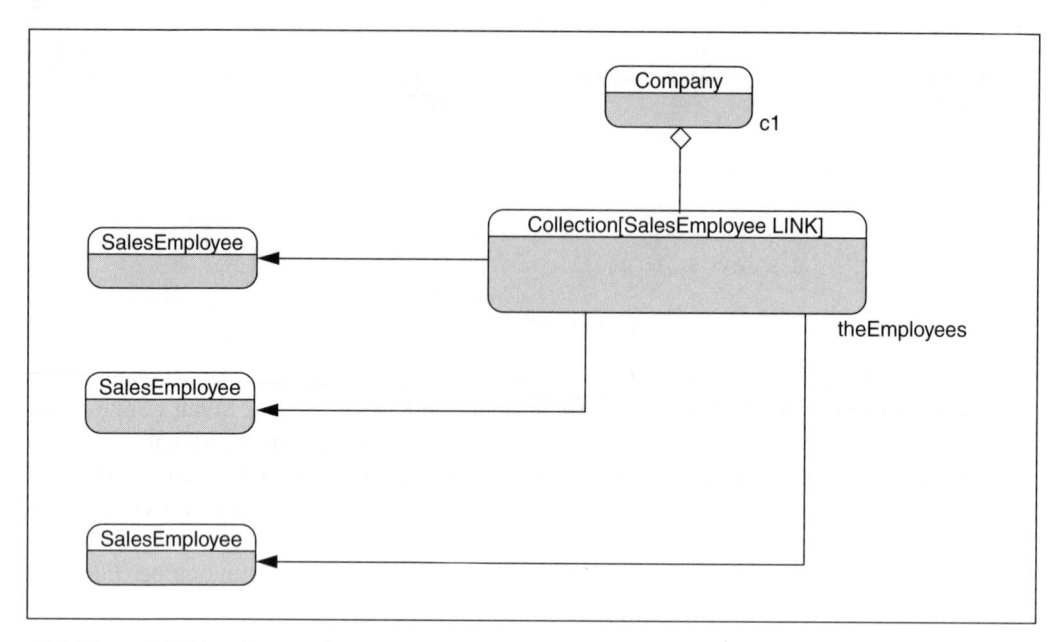

Abbildung 9.5(b): *Instanzdiagramm von einem Handelsunternehmen*

Das Unternehmen hat einen Bericht über die Verkäufe zu erstellen, der den erzielten Umsatz für jeden Mitarbeiter einzeln ausweist. Dieser Bericht wird erstellt, indem einer Company-Instanz die Nachricht salesReport zugesandt wird. Als Folge dieser Operation wird an jeden Employee die Nachricht displaySales versendet. Bei einem SalesEmployee führt dieses zu einer Ausgabe des Namens und des von diesem Mitarbeiter erzielten Umsatzes. Bei einem SalesManager kommt es zur Ausgabe des Namens, des erzielten Umsatzes und des angestrebten Umsatzziels. Damit die Funktion displaySales in der Klasse SalesEmployee in Abhängigkeit von den verschiedenen Arten von Mitarbeitern in dem Unternehmen unterschiedlich funktioniert, ist sie als virtual gekennzeichnet.

Beachten Sie bitte, daß der Quelltext der Funktion salesReport relativ einfach aufgebaut ist. Es ist unkompliziert, die Art eines Mitarbeiters festzustellen, und dann möglicherweise unterschiedliche Nachrichten zu versenden, um die nötigen Ausdrucke zu erhalten. Darüber hinaus ist der Quelltext ohne die Notwendigkeit für Änderungen implizit erweiterbar. Der Klassenhierarchie vom Typ SalesEmployee kann eine weitere Ableitung hinzugefügt werden, ohne die Funktion salesReport der Company-Klasse oder eine ähnliche Funktion zu verändern.

Beachten Sie bitte, daß jede Klasse mit einer Elementfunktion className ausgestattet wurde, die den tatsächlichen Klassennamen zurückgibt. Wir haben Sie in Kapitel 8.6 bei Besprechung der Wirkung von Polymorphie mit der Notwendigkeit für diese Funktion vertraut gemacht. Im derzeitigen Kontext könnte ein Company-Objekt aus seinem Mitarbeiterstab jene filtern, die SalesEmployee sind, und jene, die SalesManager sind.

In diesem Beispiel besitzt das Company-Klassenobjekt einen mit theEmployees bezeichneten Behälter, der eine Reihe von Zeigern auf SalesEmployee-Objekte enthält. Diese Objekte können, wie in Abbildung 9.5(b) angedeutet, entweder SalesEmployee-Objekte oder aber SalesManager-Objekte sein. Sie werden dynamisch in der Methode run der Klasse Application erzeugt und dann von der Company-Objektsammlung verwaltet. Wird der Gültigkeitsbereich eines Company-Objekts verlassen, dann wird sein Destruktor aufgerufen. Da keiner definiert ist, wird angenommen, daß der Default-Destruktor verwendet werden soll, der den Destruktor des zugrundeliegenden Behälters aufruft. Da dieser Behälter als eine MANAGED-Collection generiert wurde, wendet er den Destruktor auf die in ihm enthaltenen Elemente an.

Es ergibt sich die Schwierigkeit, daß der Behälter sowohl SalesEmployee- als auch SalesManager-Objekte enthält und wir den richtigen Destruktor auf das jeweils geeignete Objekt anwenden müssen. Aber gerade diese Schwierigkeit bildet die Problemstellung, die wir mit dynamischer Bindung und virtual-Funktionen gelöst haben. Was wir jetzt benötigen, sind virtual-Destruktoren, die Sie im folgenden sehen:

```
class SalesEmployee : public Person {
public:
  virtual ~SalesEmployee(void);
                    // definiert mit einem leeren Funktionsrumpf
  // ...
};
class SalesManager : public SalesEmployee {
public:
  virtual ~SalesManager(void);
                    // definiert mit einem leeren Funktionsrumpf
  // ...
};
```

9.4 Abstrakte Basisklassen

Die Mitarbeiter im Verkauf aus dem letzten Beispiel bestanden aus der Klasse SalesEmployee an der Wurzel der Klassenhierarchie für das Verkaufspersonal (im Grunde befindet sich die Wurzel bei der Klasse Person). SalesEmployee definiert die Elementdaten und -funktionen für das gesamte Verkaufspersonal. Von SalesEmployee abgeleitete Klassen definieren, was für diese spezielle Klasse von Mitarbeitern einzigartig ist. Weitergehende Ableitungen können dieses weiter fortentwickeln.

Von SalesEmployee abgeleitete Klassen erben entweder unverändert die dort definierten Elementfunktionen oder redefinieren sie als Spezialisierung. Wird in einer Klassenhierarchie in einer Basisklasse eine virtual-Funktion eingeführt, dann wird sie normalerweise in einer abgeleiteten Klasse redefiniert, damit der Effekt der dynamischen Bindung erhalten bleibt. Manchmal ist es sehr nützlich, in einer Basisklasse eine Operation einzubauen, für die es keine sinnvolle Definition gibt. Die Absicht besteht darin, solch einer Operation erst in einer abgeleiteten Klasse einen Sinn zu geben. Die Operation wird durch ihr Vorhandensein in der Basisklasse in die Klassenhierarchie aufgenommen, ihr Verhalten ist allerdings *deferred*, zu deutsch zurückgestellt, bis eine abgeleitete Klasse sie definiert. Dieser Typ von Basisklasse wird als *abstrakte Basisklasse* bezeichnet.

Viel von dem Leistungsvermögen von C++ stammt aus der Anordnung seiner Klassen in Hierarchien. Klassen, die höher in der Hierarchie stehen, haben eher allgemeine Eigenschaften, während Klassen, die weiter unten in der Hierarchie zu finden sind, spezifischere Eigenschaften besitzen. In einer Klassenhierarchie werden allgemeine Lösungsansätze oft unter der Verwendung von abstrakten Basisklassen entwickelt, damit sich danach in den abgeleiteten Klassen eher auf einzelne Anwendungen bezogene gültige Lösungen finden lassen.

In C++ wird eine zurückgestellte Funktion `pure virtual function`, zu deutsch, rein virtuelle Funktion genannt. Das wird mit der Initialisierung "=0" als Zusatz zum Funktionsprototyp kenntlich gemacht. Für die Basisklasse, in der die rein virtuelle Funktion bekannt gemacht wird, wird keine Funktionsdefinition geschrieben. Eine abstrakte Klasse legt eine Schnittstelle auf einer allgemeinen Ebene fest. Damit werden eine *Form* oder ein *Protokoll* angeboten, auf denen andere abgeleitete Klassen aufbauen können. Eine abstrakte Klasse wird niemals für die Deklaration von Objektinstanzen verwendet. Es ist nicht zulässig, eine Variable zu deklarieren, deren Typ schon von einer abstrakten Basisklasse vorgegeben ist. Allerdings ist es möglich, polymorphe Elemente von diesem Typ zu deklarieren.

Wir nutzen die abstrakte Basisklasse für die folgende Aufgabenstellung aus. Ein Handelsunternehmen beschäftigt zwei unterschiedliche Typen von Mitarbeitern: Handelsvertreter und Verkaufsleiter. Ein `SalesEmployee` ist eine Spezialisierung der allgemeinen Form eines `Employee`. Der Verkaufsleiter hingegen ist eine Spezialisierung der Klasse `Person` mit Berufsbezeichnung und Gehalt als zusätzliche Eigenschaften. Die Klasse `Sales` führt eine Aufzeichnung der von diesem Verkaufspersonal erzielten Umsätze ein. Die Klasse `Manager` ist auch eine Spezialisierung der allgemeinen Klasse `Employee`. Einem `Manager` wird ein Umsatzziel vorgegeben, und das Team von Verkaufsmitarbeitern unter seiner Aufsicht wird an diesem Ziel gemessen. Ein `Manager` hat nichts mit dem Verkauf an sich zu tun, deswegen stellt er keine Spezialisierung der Klasse `Sales` dar.

Das Unternehmen hat einen Bericht über die Verkäufe zu erstellen, der den erzielten Umsatz für jeden Mitarbeiter einzeln ausweist. Für einen `Sales`-Mitarbeiter müssen wir dazu den Namen des Mitarbeiters, die Berufsbezeichnung und die erzielten Umsätze tabellarisch erfassen. Für den `Manager` wünschen wir uns eine Ausgabe des Namens des Managers, seine Berufsbezeichnung, das für diesen Manager festgelegte Umsatzziel und die Summe der Umsätze, die von dem Verkaufsteam erzielt wurden, für die der Manager verantwortlich ist. Erstellt wird dieser Bericht, indem jedem `Employee` die Nachricht `displaySales` zugesandt wird. Es ist nicht so sinnvoll, diese Operation in der `Employee`-Klasse zu definieren, da diese für den allgemeinen Begriff eines Mitarbeiters steht. Hier führen wir eine zurückgestellte Version der Operation `displaySales` ein, wodurch die Klasse `Employee` zu einer abstrakten Klasse wird.

Das Modell für diese Aufgabenstellung wird in Abbildung 9.6(a) und 9.6(b) skizziert. Eine `Company` beschäftigt eine beliebige Anzahl von Mitarbeitern, welche entweder dem Typ `Sales` oder

9.4 Abstrakte Basisklassen

dem Typ Manager angehören. Ein Manager hat die Verantwortung für eine Anzahl von Sales-Mitarbeitern. Die Klassen Sales und Manager werden beide von der abstrakten Klasse Employee abgeleitet, die in dem Diagramm mit gestrichelter Linie dargestellt wird. Die Lösung der Aufgabenstellung wird in dem Programm 9.6 in Anhang F gezeigt.

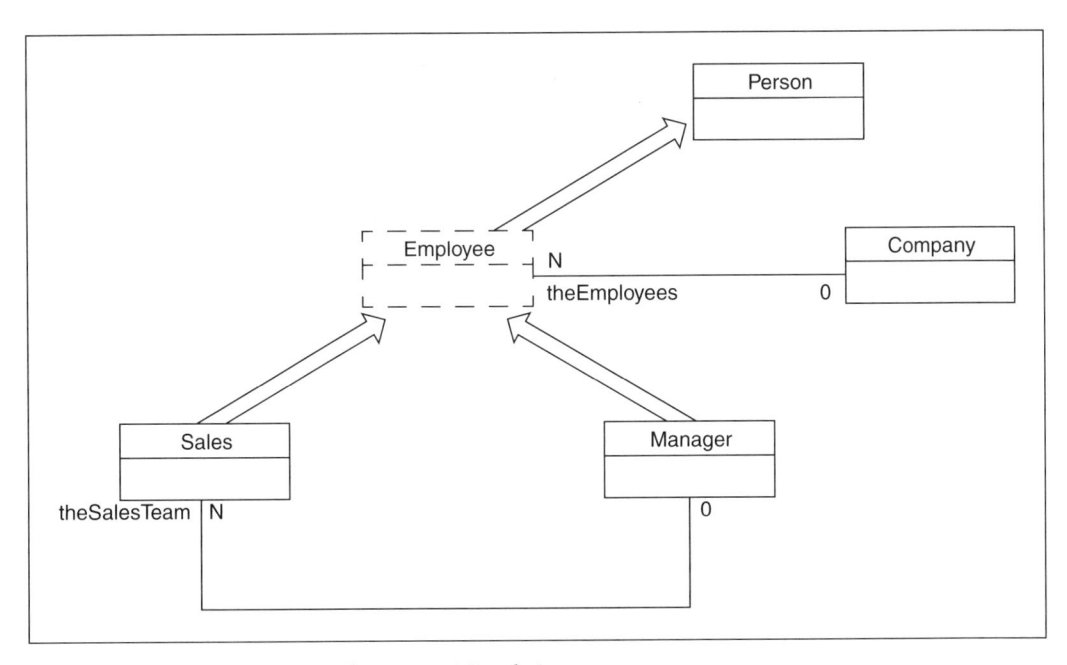

Abbildung 9.6(a): Sales- *und* Manager-*Mitarbeiter*

In dem Programm wird zusätzlich gezeigt, wie wir eine einfache Dateiverwaltung realisieren können. In LOOM enthält die Methode run der Klasse Application Anweisungen der Form:

```
INSTANCE dataFile :InputFileStream("p06.dat")

SEND dataFile THE MESSAGE extract (status)
WHILE status != "ZZZ" DO
  IF status == "SAL" THEN
    SEND dataFile THE MESSAGE extract (name)
    // ...
  ENDIF

  SEND dataFile THE MESSAGE extract (status)
ENDWHILE
```

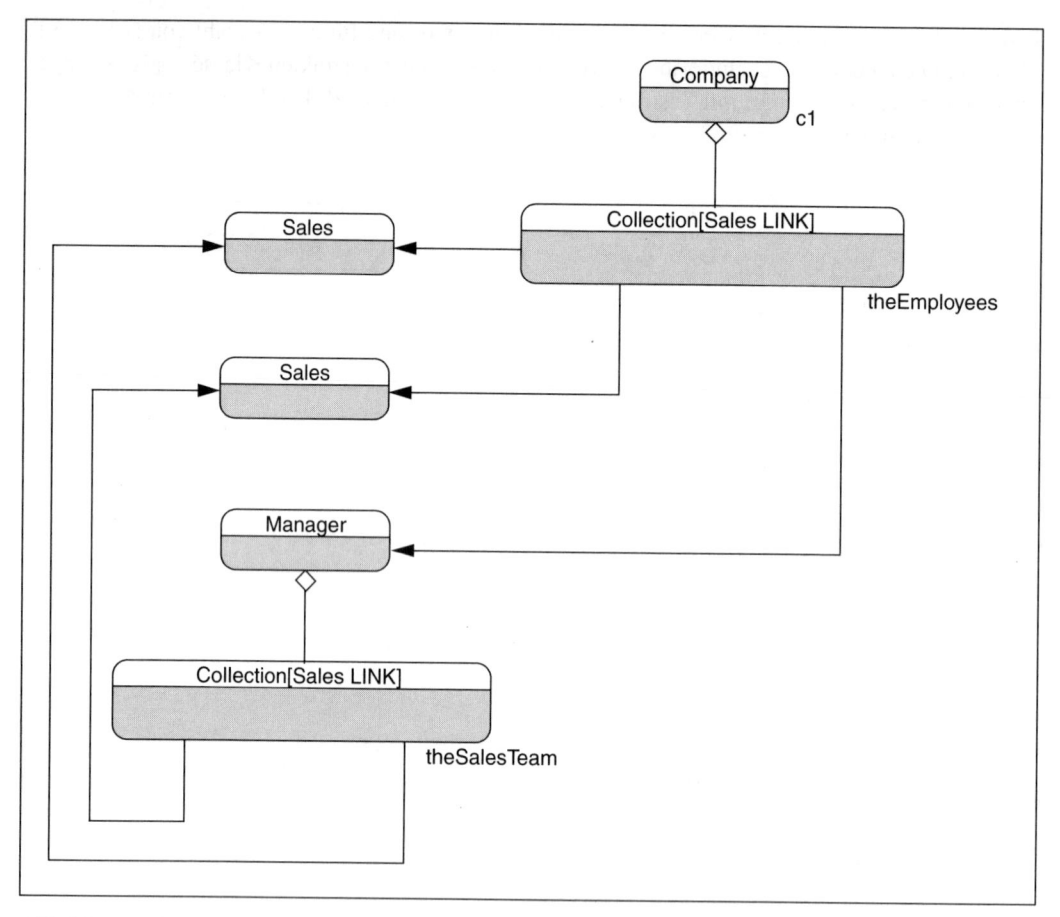

Abbildung 9.6(b): Instanzdiagramm

Die Klasse InputFileStream stellt eine Spezialisierung der Klasse InputStream dar. Das vordefinierte Objekt theKeyboard stammt aus der Klasse InputStream, für die von der öffentlichen Schnittstelle die Operation extract bereitstellt wird. Daher kann jedes Objekt der Klasse InputFileStream dieselbe Operation verwenden. Der Konstruktor von InputFileStream besitzt ein Argument vom Typ String, das den Namen der für die Eingabe zu öffnenden Datei repräsentiert.

In C++ haben wir für die Durchführung entsprechender Eingabeoperationen das Objekt cin der Klasse istream verwendet. Die C++-Klasse ifstream ist öffentlich von istream abgeleitet und hat damit von ihr alle Operationen geerbt. Dem Konstruktor der Klasse ifstream wird eine Zeichenkette für den Namen der Eingabedatei übergeben. Die Deklaration der Klasse ifstream und ihrer Entsprechung ofstream wurde in der System-Header-Datei fstream.h angelegt.

9.5 Private Vererbung

Abschnitt 7.8 führte Vererbung in die Implementierung ein. In unserem Fall werden wie zuvor alle Merkmale der Superklasse an die Subklasse vererbt. Allerdings funktioniert das mit der isA-Beziehung zwischen den Klassen nicht und damit kann der polymorphe Effekt nicht verwendet werden. Dazu kommt noch, daß die Operationen der Superklasse nicht automatisch als Operationen zur Verfügung stehen, welche auf die Instanzen von Subklassen anwendbar sind.

In C++ ist so eine abgeleitete Klasse unter dem Begriff private abgeleitete Klasse bekannt. Die öffentlichen und privaten Elemente der Basisklasse werden private Elemente der abgeleiteten Klasse. Das Schlüsselwort private wird anstelle von public verwendet. Die Klasse Consultant aus Abschnitt 7.8 würde dann folgendermaßen aussehen:

```
class Consultant :private Employee {
public:
  Consultant(const CString& aName, const CDate& aDateOfBirth, Integer aFee);
  CString name(void) const;
  CString companyName(void) const;
  Integer fee(void) const;
  void hiredBy(Company* anEmployer);
  // ...
};
```

Instanzen der abgeleiteten Klasse kann jede Nachricht zugesandt werden, die in der Schnittstelle aufgeführt ist. Damit ist das folgende erlaubt:

```
Consultant c1("John Savage", CDate(2, 2, 1971), 1000);
cout << c1.fee();
```

Allerdings sind Funktionen, die Teil der öffentlichen Schnittstelle der Basisklasse Employee sind, nicht implizit Teil der Schnittstelle von Company. Somit ist folgendes nicht machbar:

```
cout << c1.salary();
```

In der Tat wurden aus öffentlichen Funktionen der Basisklasse private Funktionen der abgeleiteten Klasse und Clients der abgeleiteten Klasse haben auf sie keine Zugriffsrechte. Als private Elementfunktionen der abgeleiteten Klasse können sie jedoch in der Implementierung der öffentlichen Funktionen dieser Klasse verwendet werden. Zum Beispiel, da Company von Employee abgeleitet ist und die Employee-Klasse eine Spezialisierung von Person darstellt, für welche die öffentliche Operation name? zur Verfügung steht, können wir die Operation name? in der Consultant-Klasse durch folgendes implementieren:

```
CLASS Consultant
WITH
  // ...
PRIVATE IMPLEMENTATION
  INHERITS FROM Employee
  REPRESENTATION
```

```
   // ...
   DEFINITIONS
   // ...
     METHOD name?->String
       RETURN (SEND me THE MESSAGE name? FROM Person)
     ENDMETHOD name?

ENDCLASS Consultant
```

Die Subklausel `FROM Person` kennzeichnet die Klasse, in der die Nachricht `name?` definiert ist. Ohne diese Subklausel würde angenommen, daß die Nachricht von der Klasse `Consultant` kommt und die Methode würde sich rekursiv selbst wieder aufrufen. In C++ sieht die entsprechende Funktion folgendermaßen aus:

```
String Company::name(void) const
{
  return this->Person::name();
}
```

wobei der Scope-resolution-Operator die `FROM`-Anweisung ersetzt.

9.6 Zusammenfassung

1. Spezialisierung wird in C++ durch öffentliche Vererbung realisiert, Vererbung bei Implementierung durch private Vererbung. In C++ wird die Superklasse als Basisklasse bezeichnet und die Subklasse mit dem Ausdruck abgeleitete Klasse.

2. Eine vererbte Klasse wird durch eine Ableitungsliste im Kopf einer Klassendeklaration eingeführt. Werden polymorphe Operationen bekannt gemacht, dann kann die Klassendeklaration Funktionsprototypen enthalten, die als Zusatz das Schlüsselwort `virtual` tragen. Eine virtuelle Funktion, die mit dem Zusatz =0 gekennzeichnet ist, stellt eine rein virtuelle Funktion dar und beschreibt in C++ eine zurückgestellte Operation. So eine Funktion in einer Klassendeklaration kennzeichnet diese Klasse als abstrakt.

3. Ein Konstruktor einer abgeleiteten Klasse verwendet den Konstruktor der Basisklasse, um die geerbten Datenelemente zu initialisieren. Eine abgeleitete Klasse besitzt keine besonderen Zugriffsrechte auf die privaten Datenelemente der Basisklasse. Um das dennoch zu ermöglichen, werden in C++ im geschützten Abschnitt der Basisklasse Zugriffselemente eingeführt, die der ganz besonderen Verwendung durch die abgeleitete Klasse dienen.

9.7 Übungen

1. Zeigen Sie anhand eines Beispiels, wie in C++ Klassenspezialisierung angedeutet wird. Welche Erweiterung zu der grundlegenden Klassendeklaration wird dabei verwendet? Welche Ausdrücke werden in C++ jeweils für die Begriffe Superklasse und Subklasse verwendet?

2. Wie wird die LOOM-Nachricht `initialise` in Anwendung mit dem Schlüsselwort `SUPERCLASS` in C++ realisiert?

3. ErkläreLOOM:n Sie die Bedeutung des Begriffs Prinzip der Austauschbarkeit. Welche Beschränkungen gelten, um den Umfang der erlaubten Ersetzung zu begrenzen?

4. C++ unterstützt sowohl statische wie auch dynamische Bindung. Wie werden diese beiden in einer Klassendeklaration auseinandergehalten?

5. Dynamische Bindung wird in C++ angezeigt, indem dem Funktionsprototypen das Schlüsselwort `virtual` vorangestellt wird. Ist dieses Schlüsselwort bei einer redefinierten Version der Funktion in einer abgeleiteten Klasse notwendig? Wenn dem nicht so ist, so erläutern Sie dies.

6. Wie wird eine abstrakte Klasse in C++ bekannt gemacht?

7. Eine abstrakte Basisklasse `AAA` führt die rein virtuelle Funktion `fff` ein. Die öffentlich von `AAA` abgeleitete Klasse `BBB` liefert eine Definition für die Funktion `fff`. Ist die Klasse `BBB` abstrakt oder konkret? Erklären Sie dies.

   Die öffentliche, von `AAA` abgeleitete Klasse `CCC` liefert die Definition für die Funktion `ggg`. Ist die Klasse `CCC` abstrakt oder konkret? Geben Sie dafür eine Erklärung.

8. Implementieren Sie die LOOM-Skripte, welche in Übung 2(a) und 2(b) aus Kapitel 7 für eine Universitätsdatenbank entwickelt worden waren.

9. Implementieren Sie die LOOM-Skripte, welche für die Bank entwickelt worden waren, die in Übung 3 in Kapitel 7 beschrieben wird.

10. Implementieren Sie die LOOM-Skripte, welche in Übung 4(a) und 4(b) aus Kapitel 7 für Hochschullehrer entwickelt worden waren.

11. Implementieren Sie die LOOM-Skripte, welche in Übung 8 aus Kapitel 7 für die Klasse `Picture` entwickelt worden waren, die wir während der Erläuterung von zusammengesetzten Designstrukturen entwickelt hatten.

Kapitel 10

Programmierumgebungen

Viele Software-Entwickler erstellen Systeme mit Hilfe von CASE-Tools, wörtlich computergestützten Software-Entwicklungs-Werkzeugen. Die Verwendung reicht von hochentwickelten und teuren Upper CASE-Tools zu einfachen Lower CASE-Tools. Die Upper CASE-Tools enthalten eine Palette von leistungsfähigen Subsystemen, deren Fähigkeiten den größten Teil des Entwicklungsvorgangs abdecken. Mit diesem Buch liefern wir ein einfaches Lower CASE-Tool, mit dem die in diesem Buch behandelten Methoden unterstützt und automatisiert werden.

10.1 ROME

ROME ist eine Umgebung zur Objektmodellierung, die erschaffen wurde, damit Sie die Übungen und Beispiele in diesem Buch nachvollziehen können. Es ist ein grafisch orientiertes Designwerkzeug, in dem Objektmodelle dargestellt und LOOM-Skripte entwickelt werden können. ROME wurde mit einer Reihe von Sprachanbindungen ausgestattet, durch die C++- und anderer Quelltext automatisch erzeugt werden kann. Der normale Ablauf Editieren-Übersetzen-Ausführen in der Programmentwicklung wird durch den Ablauf Entwerfen – Übersetzen – Ausführen ersetzt. Die Editierphase für einen Programmquelltext wird ersetzt durch eine Phase, in der es um das Editieren eines objektorientierten Designs geht. Zu keiner Zeit wird es dabei notwendig, daß der Anwender direkten Kontakt mit den C++-Quelltexten aufnimmt. Wenn der Ablauf des Programms zur Laufzeit zu einem Fehler führt, dann beginnt der Entwicklungszyklus mit einer Überarbeitung des Modells von vorne. Das ROME-Werkzeug erzeugt dann aus dem abgeänderten Modell den neuen Programmcode.

Das ROME-Werkzeug besteht aus einer grafisch orientierten Entwicklungsumgebung, die unter Microsoft Windows in der Version 3.1 arbeitet. Es wurde unter Verwendung der Object Windows Library, OWL, von Borland entwickelt. Nachdem ein erster Prototyp fertiggestellt war, wurde das Design-Element des Werkzeugs zur Dokumentation der Entwicklung von fast dem gesamten Rest der Software verwendet. Das geschah auf eine Art und Weise, die der in Kapitel 8 beschriebenen ähnlich ist.

10.2 Benutzerschnittstelle

ROME besitzt das Aussehen und die Bedienung, die bei einer Standardanwendung unter Microsoft Windows üblich sind. Nach dem Start des Programms erscheint die ROME-Arbeitsoberfläche, wie in Abbildung 10.1 dargestellt.

Abbildung 10.1: ROME nach erfolgtem Start

Die grundlegenden Elemente der Oberfläche von ROME sind typisch für die Elemente, die in den meisten Produkten für Windows vorkommen. Das Fenster besitzt eine Titelleiste am oberen Rand, welche den Titel ROME in sich trägt. In der oberen linken Ecke des Fensters finden wir wie üblich das Kästchen mit dem Kontrollmenü. In der oberen rechten Ecke sind die Schaltflächen zum Minimieren und Maximieren des Fensters. Unterhalb der Titelleiste ist die Menüleiste zu finden, welche anfänglich die drei Befehle File, Window und Help anbietet. Wenn wir eine der vom Menü angebotenen Möglichkeiten selektieren, dann wählen wir damit einen Befehl aus der Liste aus, der eine Aktion bewirkt. Das Menü File bietet die in Abbildung 10.2 dargestellten Möglichkeiten.

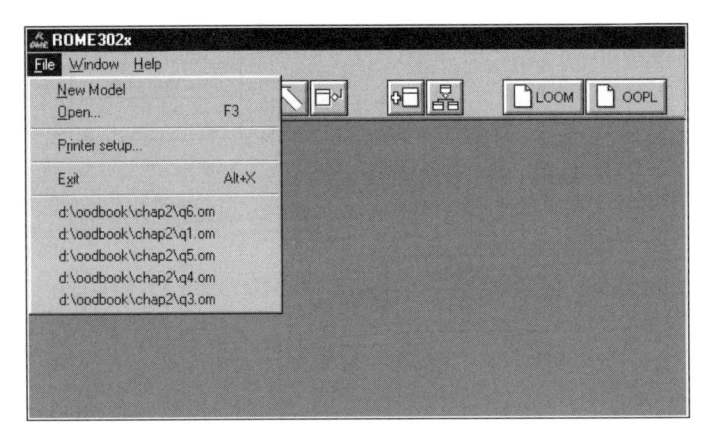

Abbildung 10.2:   Menü File

Unter der Menüleiste gibt es eine Werkzeugleiste, manchmal auch als Schnellstartleiste bezeichnet. Die Werkzeugleiste enthält eine Reihe von mit Symbolen versehenen Schaltflächen, die einen schnellen und bequemen Zugriff auf die häufig verwendeten, von ROME angebotenen Operationen bieten. Zum Beispiel können wir ein neues Design durch die Auswahl des Befehls New-Model aus dem Menü File beginnen. Wir erreichen dasselbe durch einfaches Anklicken der ersten Schalfläche links auf der Werkzeugleiste.

Am unteren Fensterrand existiert eine Statuszeile, durch die ROME den Anwender über seine Aktivitäten informiert. Wenn wir zum Beispiel ein Modell in seinen C++-Quelltext übersetzen, dann wird in der Statuszeile eine Nachricht zu diesem Vorgang angezeigt. In der Mitte des Fensters befindet sich die Arbeitsfläche, auf der die Modelle entwickelt werden.

10.3   Aufbereitung von Modellen

Um die einzelnen Schritte und die Verwendung des ROME-Werkzeugs zu erläutern, betrachten wir am besten noch einmal das erste, in Kapitel 3 gezeigte Modell. Es war das Modell eines Unternehmens, seiner vielen Mitarbeiter und der Abteilungen in dieser Firma. Dieses Modell wird in Abbildung 10.3 gezeigt.

Kapitel 10 Programmierumgebungen

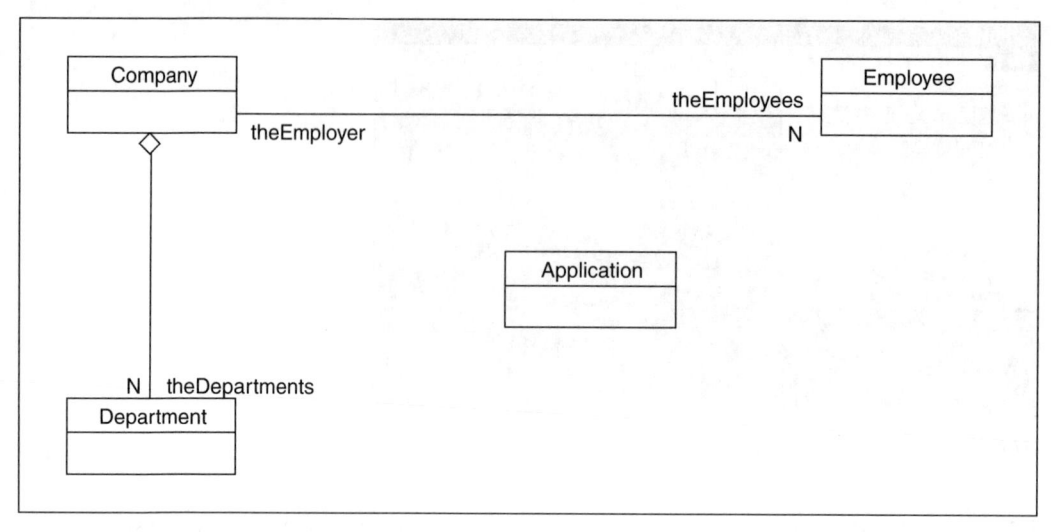

```
                Company                                       Employee
                                             theEmployees
                       theEmployer                      N



                                  Application


        N    theDepartments
         Department
```

Abbildung 10.3:   Vollendetes Modell

Wir haben am Anfang von Kapitel 3 erwähnt, daß eine bewußte Design-Entscheidung getroffen wurde, LOOM sehr wortreich zu machen. Die Absicht war, Mehrdeutigkeiten zu vermeiden und Design-Entscheidungen deutlich zu dokumentieren. Zum Beispiel rührt das LOOM-Skript für die Klasse Department von dem Modell aus Abbildung 10.3 her und ist nachfolgend aufgelistet. Insbesondere sind die Begriffe, welche der Anwender ROME mitteilen muß, fettgedruckt dargestellt. Anhand des Listing können wir sehen, daß der größte Teil des LOOM-Skripts automatisch von ROME erstellt und damit dem Anwender ein Großteil der Arbeit abgenommen wurde.

```
[0010]   CLASS Department
[0011]   WITH
[0012]   PUBLIC INTERFACE
[0013]     Department (aName : String)
[0014]     name? -> String
[0015]     allocateStaff (aName : String)
[0016]     display?
[0017]     Department
[0018]     lessThan? (aDepartment : Department) -> Boolean
[0019]   PROTECTED INTERFACE
[0020]     NONE
[0021]   PRIVATE IMPLEMENTATION
[0022]     REPRESENTATION
[0023]       theName : String
[0024]       theStaffNames : DSortedList[String]
[0025]     AGGREGATIONS NONE
[0026]     ASSOCIATIONS NONE
[0027]     DEFINITIONS
```

```
[0028]        METHOD Department (aName : String)
[0029]        AS
[0030]           SEND theName THE MESSAGE initialise(aName)
[0031]           SEND theStaffNames THE MESSAGE initialise(DEFAULTSIZE, "")
[0032]        ENDMETHOD Department
[0033]
[0034]        METHOD name? -> String
[0035]        AS
[0036]           RETURN theName
[0037]        ENDMETHOD name?
[0038]
[0039]        METHOD allocateStaff (aName : String)
[0040]        AS
[0041]           SEND theStaffNames THE MESSAGE add(aName)
[0042]        ENDMETHOD allocateStaff
[0043]
[0044]        METHOD display?
[0045]        AS
[0046]           SEND theScreen THE MESSAGE insert(theName)
[0047]           FOREACH staff : String IN theStaffNames DO
[0048]              SEND theScreen THE MESSAGE insert(staff)
[0049]           ENDFOREACH
[0050]        ENDMETHOD display?
[0051]
[0052]        METHOD Department
[0053]        AS
[0054]           SEND theName THE MESSAGE initialise("")
[0055]           SEND theStaffNames THE MESSAGE initialise(DEFAULTSIZE, "")
[0056]        ENDMETHOD Department
[0057]
[0058]        METHOD lessThan? (aDepartment : Department) -> Boolean
[0059]        AS
[0060]           INSTANCE departmentName :
        String(SEND aDepartment THE MESSAGE name?)
[0061]           IF theName < departmentName THEN
[0062]              RETURN TRUE
[0063]           ELSE
[0064]              RETURN FALSE
[0065]           ENDIF
[0066]        ENDMETHOD lessThan?
[0067]
[0068]   ENDCLASS Department
```

Listing 10.1:   LOOM-Skript für die Klasse Department

Zur Erläuterung der verschiedenen Aspekte von ROME werden wir betrachten, wie wir das in Abbildung 10.3 gezeigte Design von dem in Abbildung 10.4 gezeigten Ausgangspunkt her erstellt haben. Hier sind die Klasse Department und die Aggregation zwischen ihr und der Klasse Company weggelassen worden. Aus den zu verwendenden Interaktionsdiagrammen werden wir zudem ersehen, wie die Merkmale der Klasse Department Einzug in das Modell gefunden haben.

Zur Vervollständigung des Modells ist es notwendig, daß wir zunächst die Klasse Department wieder in die Abbildung einführen. In ROME gibt es dazu eine Vielzahl von Möglichkeiten. Ist die Maus über dem aktiven Modell positioniert, genügt eine Betätigung der Taste [Einfg] auf der Tastatur. An der Mausposition erscheint ein Rechteck einer neuen Klasse im Modell. Alternativ dazu können wir auf die rechte Maustaste drücken; ein schwebendes Menü erscheint, und wenn wir daraus die erste Möglichkeit Add Class wählen, dann erhalten wir auch ein leeres Klassenrechteck. Dasselbe erhalten wir wiederum auch, wenn wir den Befehl Add Class aus dem Menü Model der Menüleiste wählen. Die letzte Möglichkeit, ein Klassenrechteck einzufügen, besteht im Anklicken der Schaltfläche der Werkzeugleiste, die in Abbildung 10.5 mit einem Kreis versehen dargestellt ist. Wenn wir den Mauszeiger über die Schaltfläche der Werkzeugleiste hin bewegen, dann beachten Sie bitte, daß uns die Statusleiste daran erinnert, daß diese Schaltfläche dazu dient, eine neue Klasse zu einem Modell hinzuzufügen. Klicken wir die Schaltfläche der Werkzeugleiste mit der linken Maustaste an, dann erscheint in der oberen rechten Ecke des Modells ein Klassenrechteck, wie es in Abbildung 10.5 gezeigt wird.

Aus Abbildung 10.5 läßt sich ersehen, daß die neu eingegebene Klasse ein Rechteck einer schon bestehenden Klasse verdeckt. Wenn wir den Mauszeiger über dieses neue Rechteck positionieren und dann die linke Maustaste drücken und gedrückt halten, dann erscheint eine rechteckige Umrahmung für die ausgewählte Klasse. Halten wir weiterhin die linke Maustaste gedrückt, dann können wir das ausgewählte Rechteck zu der von uns gewünschten Stelle hinbewegen. Fällt die neue Stelle zu unserer Zufriedenheit aus, dann lassen wir einfach die linke Maustaste los.

Wir sollten unser Projekt in regelmäßigen Abständen speichern. Die dritte Schaltfläche auf der Werkzeugleiste enthält das Symbol für eine Diskette und steht für eine Operation zum Speichern auf Diskette oder Festplatte. Klicken Sie diese Schaltfläche einmal an, dann ist damit das veränderte Design abgespeichert. Der Dateiname für dieses Modell wird in der Titelleiste angezeigt.

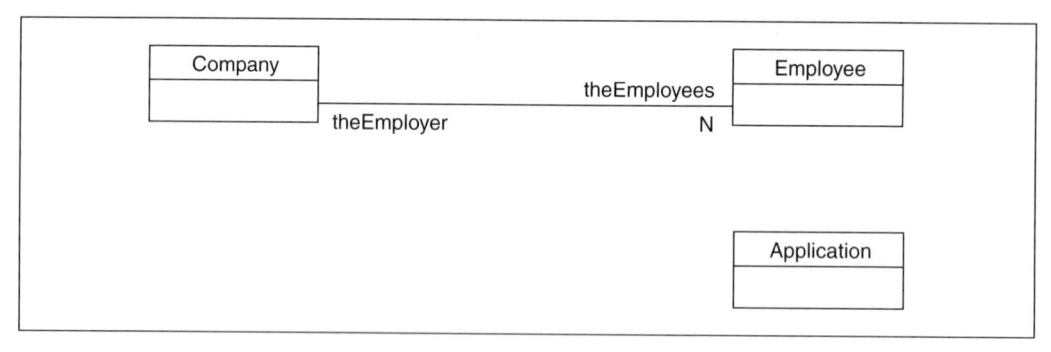

Abbildung 10.4: Unvollständiges Objektmodell

10.3 Aufbereitung von Modellen

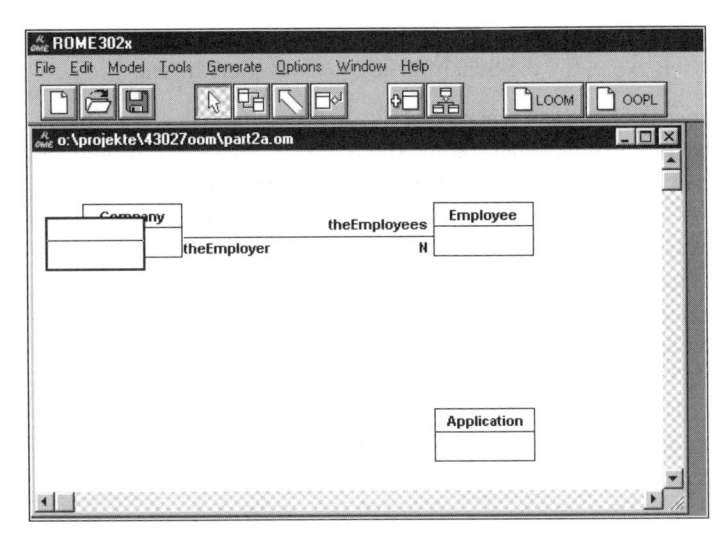

Abbildung 10.5: *Der Effekt des Hinzufügens einer neuen Klasse*

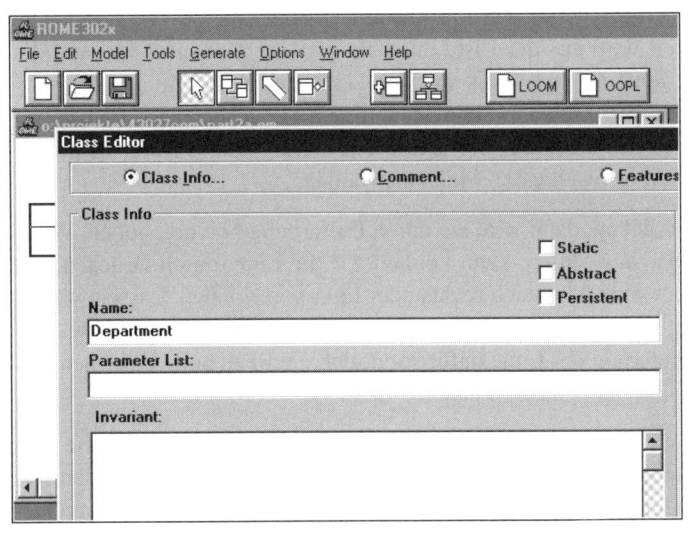

Abbildung 10.6: *Das Dialogfeld* Class Editor

Jetzt bezeichnen wir diese neue Klasse mit Department. Das erreichen wir unter Verwendung des Dialogfelds Class Editor, das Sie in Abbildung 10.6 sehen können. Dieses Dialogfeld erscheint, wenn Sie zuerst den Mauszeiger über der unbenannten Klasse positionieren, die rechte Maustaste drücken und dann aus dem schwebenden Menü den Punkt Edit Class... auswählen. Die wichtigste Information, die wir in diesem Dialogfeld eingeben, besteht aus dem Klassennamen. Dieser wird in das mit Name: bezeichnete Textfeld eingegeben. Andere Merkmale der Klasse können ebenfalls über dieses Dialogfeld zugewiesen werden. Zum Beispiel wird eine Klasse zu einer

321

abstrakten Klasse, wenn Sie das Kontrollkästchen Abstract aktivieren. Weiterhin können Bemerkungen zu der Klasse erzeugt werden, wenn Sie die Schaltfläche Comment... anklicken.

Als nächstes muß die Aggregationsbeziehung zwischen der Company-Klasse und der Department-Klasse hergestellt werden. Dieses erreichen wir über die in Abbildung 10.7 gezeigte Aggregatsschaltfläche auf der Werkzeugleiste. Wählen Sie dieses Werkzeug aus (die Statusleiste zeigt an, daß dieses Werkzeug für *For part-whole relationships* dient, zu deutsch, Beziehungen zwischen Teilen und der Einheit), dann bewegen Sie den Mauszeiger zu der Klasse, die in der Beziehung Teil-Einheit das Teil darstellt, in unserem Beispiel ist das die Klasse Department. Beachten Sie, daß ROME die Gestalt des Mauszeigers verändert hat, um damit die gerade ausgeführte Operation widerzuspiegeln. Drücken Sie über der Klasse die linke Maustaste und ziehen Sie dann den Mauszeiger zu der Klasse, die in der Beziehung Teil-Einheit als Einheit fungiert (Company). Lassen Sie dort die Maustaste los, dann erstellt ROME die Aggregationsbeziehung zwischen diesen Klassen. Den Mauszeiger, der zur Auswahl dient, erhalten Sie wieder, indem Sie die dafür zuständige Schaltfläche auf der Werkzeugleiste anklicken.

Um diese Aggregation fertigzustellen, braucht sie eine Bezeichnung, müssen die Wertigkeiten zugeordnet und muß eine geeignete Implementierung gewählt werden. Die Eingaben dazu werden in dem Dialogfeld Aggregation Editor getätigt, das in Abbildung 10.8 gezeigt wird. Die Rollenbezeichnung für diese Seite der Aggregation wird in das mit Component Role bezeichnete Textfeld eingegeben. Die Wertigkeit wird aus der Liste unter Multiplicity ausgewählt, und die Wahl der Implementierung (hier eine DSortedList) aus der Liste unter der mit Strategy... bezeichneten Schaltfläche. Das Dialogfeld können Sie öffnen, indem Sie die Spitze des Mauszeigers genau über der Aggregationslinie plazieren, die rechte Maustaste drücken und dann den Menüpunkt Edit PartOfLink aus dem schwebenden Menü auswählen.

Wenn wir die Aggregationslinie anklicken, dann wird sie durch Einfärbung hervorgehoben. Wenn wir die Aggregation auf diese Weise auswählen, dann können wir die Linie durch Drücken und Gedrückthalten der linken Maustaste entweder nach rechts oder links verschieben. Lassen wir die Maustaste los, dann kann das Ergebnis wie in Abbildung 10.9 aussehen. Beachten Sie bitte, daß ROME durch entsprechende Verlängerung der Linie dafür sorgt, daß die Beziehung zwischen den beiden Klassen erhalten bleibt.

Der nächste Schritt besteht darin, die Eigenschaften und Operationen der Department-Klasse einzugeben. Von dem vorher gezeigten LOOM-Skript wissen wir, daß die zwei Eigenschaften mit theName und theStaffNames bezeichnet wurden, welche den Namen der Abteilung bzw. das Verzeichnis der Mitarbeiter dieser Abteilung bilden. Für die Eingabe dieser Daten rufen wir das Dialogfeld Class Editor auf, das wir schon aus Abbildung 10.6 kennen und das uns noch einmal in Abbildung 10.10 begegnet. Dieses Mal aktivieren wir das Dialogfeld jedoch, indem wir den Mauszeiger über der Klasse Department positionieren, die rechte Maustaste drücken und dann aus dem schwebenden Menü den Punkt Properties... auswählen. Beachten Sie dieses Mal bitte das zentrale Listenfeld, in dem wir die Eigenschaften der Klasse speichern und auflisten, sowie die Schaltfläche Insert Feature... an der unteren linken Seite des Dialogfelds. Am Anfang ist dieses Listenfeld natürlich leer. Die Schaltfläche wird dazu verwendet, ein zweites Dialogfeld aufzurufen, in dem wir die Eigenschaften von theName eingeben.

10.3 Aufbereitung von Modellen

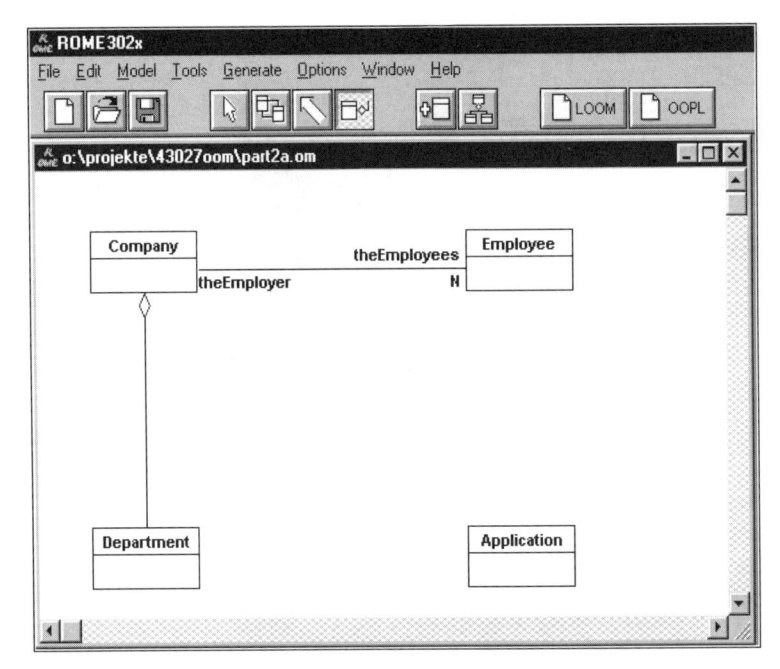

Abbildung 10.7:   Hinzufügen einer Aggregationsbeziehung

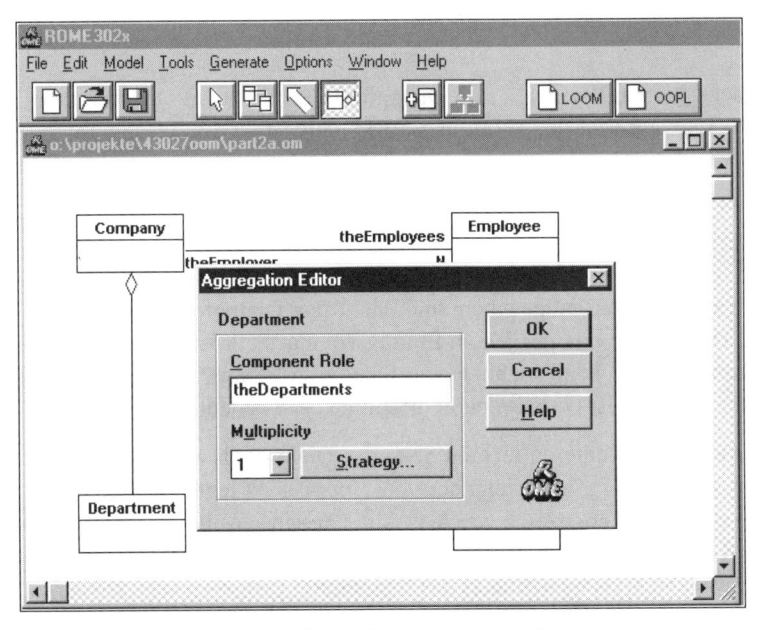

Abbildung 10.8:   Das Dialogfeld Aggregation Editor

323

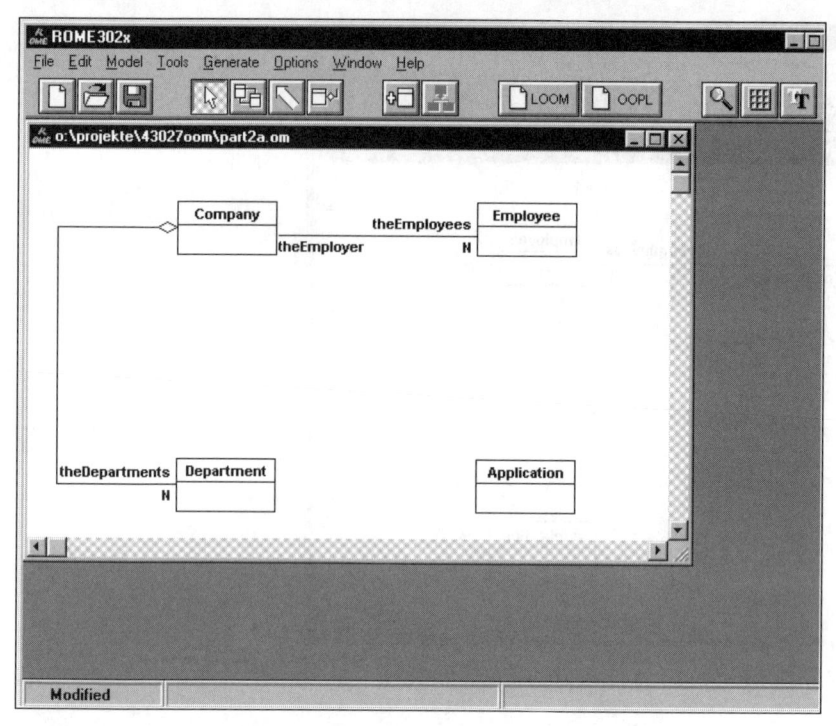

Abbildung 10.9: Hin- und Herschieben der Aggregationsbeziehung

Klicken Sie auf die Schaltfläche Insert Feature... im Dialogfeld Class Editor. Dadurch taucht das Dialogfeld Signature Editor auf, das in Abbildung 10.11 dargestellt ist. In das Textfeld Signature geben wir die Eigenschaft theName und ihren Typ als theName :String ein. Da diese Eigenschaft Teil der privaten Darstellung für die Klasse ist, wählen wir außerdem die Optionsschaltfläche Private Access. Wir wiederholen diese Übung und geben die Eigenschaften von theStaffNames ein.

Sobald beide darstellenden Eigenschaften eingegeben sind, sieht das Dialogfeld Class Editor wie in Abbildung 10.12 aus. Der Zusatz »p«, der jedem Eintrag vorangestellt ist, zeigt an, daß es sich um eine Eigenschaft handelt (»o« kennzeichnet eine Operation). Das Zeichen »-« weist darauf hin, daß diese Eigenschaft privat ist (»+« bedeutet öffentlich, »=« bedeutet geschützt).

Abbildung 10.12 zeigt außerdem an der unteren rechten Seite des Dialogfelds zwei aktive Filter. Sie sind mit All Interfaces und Properties bezeichnet. All Interfaces legt fest, daß öffentliche, geschützte und private Einträge angezeigt werden. Auf ähnliche Weise informiert uns Properties darüber, daß nur Klasseneigenschaften angezeigt werden. Würden wir Operations aus dem Drop-down-Listenfeld auswählen, dann sich leert das Listenfeld Class Features wieder, da wir bis jetzt noch keine Operationen festgelegt haben. Wir werden jetzt die erste Operation eingeben, klicken dazu noch einmal auf die Schaltfläche Insert Feature... und schließen damit das Dialogfeld Signature Editor, wie in Abbildung 10.13 gezeigt. Für alle Klassenoperationen wiederholen wir den gleichen Vorgang.

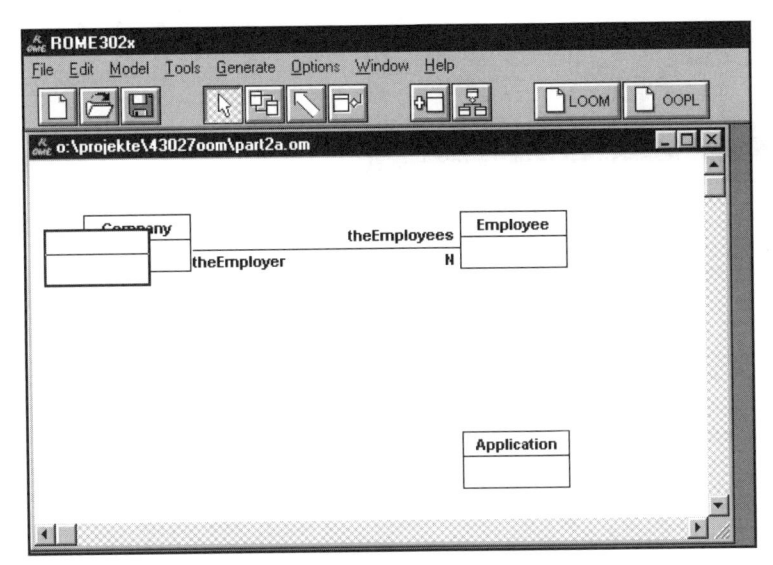

Abbildung 10.10: Das Dialogfeld Class Editor *mit leerer Eigenschaftenliste und der Schaltfläche* Insert Feature...

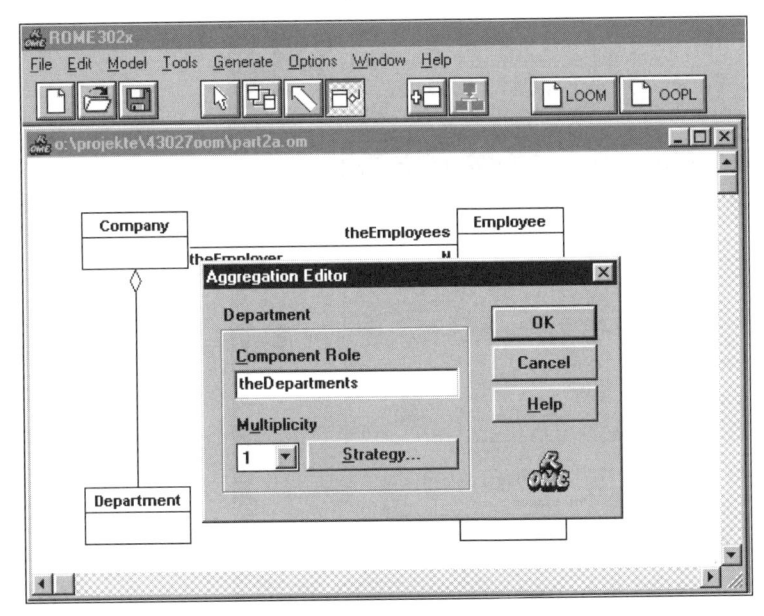

Abbildung 10.11: Das Dialogfeld Signature Editor

Kapitel 10   Programmierumgebungen

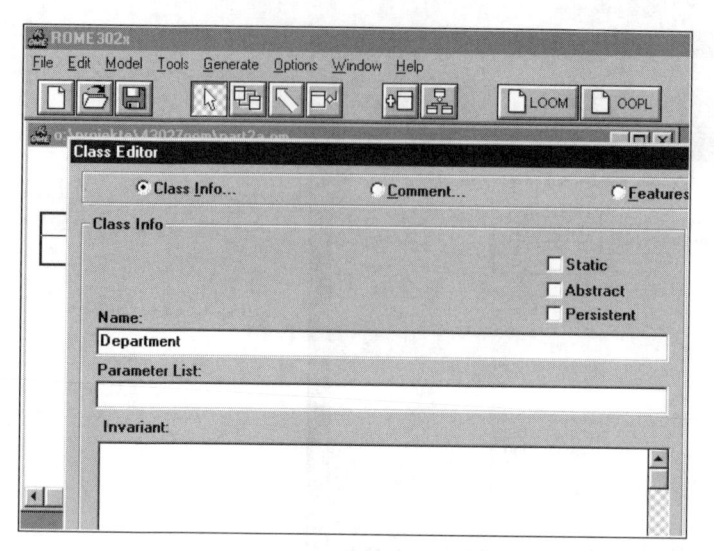

Abbildung 10.12:   *Das Dialogfeld* Class Editor *mit Eigenschaftenliste*

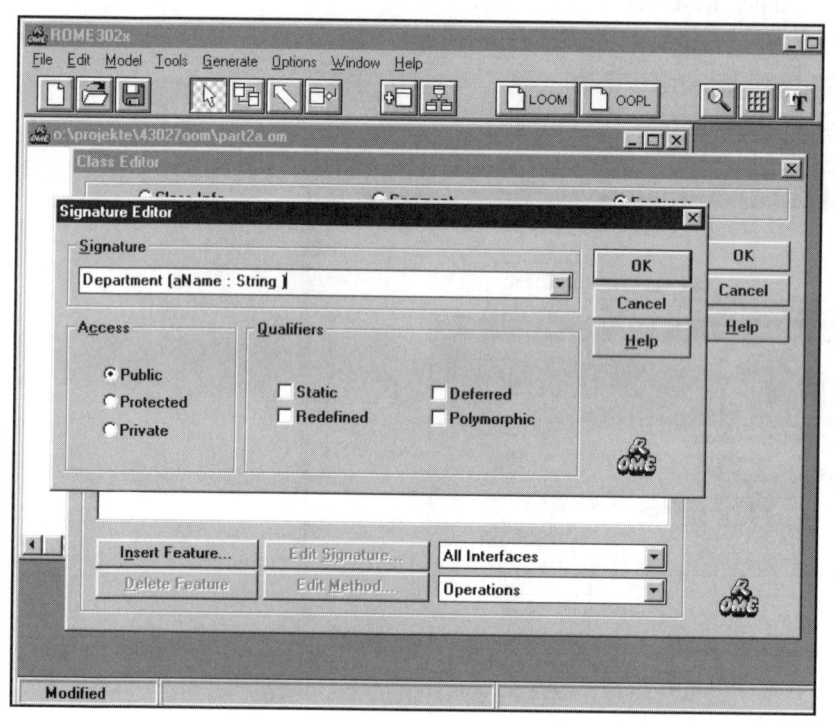

Abbildung 10.13:   *Das Dialogfeld* Signature Editor *und eine Operationssignatur*

10.3 Aufbereitung von Modellen

Mit der Anforderung an die Klasse, die mit ihr zusammenhängenden Merkmale im Modell anzuzeigen, ist es zu jedem Zeitpunkt möglich, diese zu betrachten. Positionieren Sie den Mauszeiger über der Klasse Department, drücken Sie die rechte Maustaste und wählen Sie den Menüpunkt Show Features aus dem schwebenden Menü aus. Die Wirkung ist in Abbildung 10.14 dargestellt. Der Effekt kann auch durch die Auswahl von Hide Features aus demselben Menü wieder rückgängig gemacht werden. Beachten Sie bitte, daß dieser Effekt auf Klassenebene wirkt. Beachten Sie bitte auch, wie das Modell durch das vergrößerte Rechteck ausgefüllt wird und die Anordnung dieses Modells stört. In der Regel wird das Diagramm aus Gründen besserer Lesbarkeit neu ausgerichtet.

Schließlich verbleibt uns jetzt nur noch, die Methodenrümpfe der Operationen, welche wir an die Klasse gebunden haben, auszufüllen. Der erste Konstruktor der Klasse Department initialisiert die zwei darstellenden Eigenschaften theName und theStaffNames. Der ersten wird der Wert des formalen Parameters aName zugewiesen. Die Liste wird auf eine bestimmte Größe initialisiert, und, da es sich um eine DSortedList handelt, wird sie mit leeren String-Werten gefüllt. Der Methodenrumpf wird fertiggestellt, indem die benötigte Operation aus dem Listenfeld Class Features des Dialogfelds Class Editor (siehe Abbildung 10.12) ausgewählt und dann die Schaltfläche Edit Method... angeklickt wird. An dieser Stelle erscheint, wie in Abbildung 10.15 dargestellt, das Dialogfeld Method Editor.

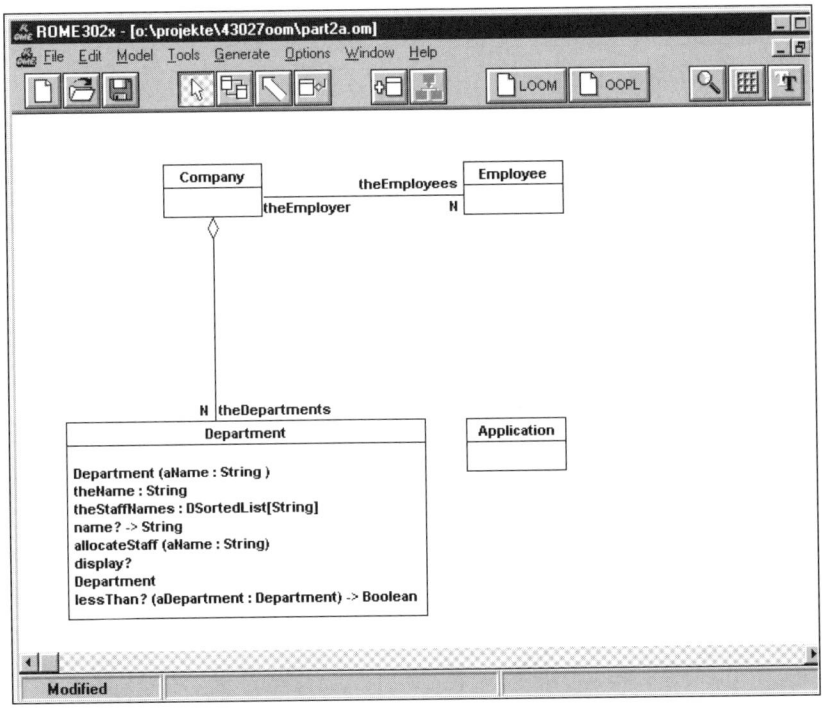

Abbildung 10.14:   Eine Klasse, bei der Show Features *aktiviert ist*

Kapitel 10 Programmierumgebungen

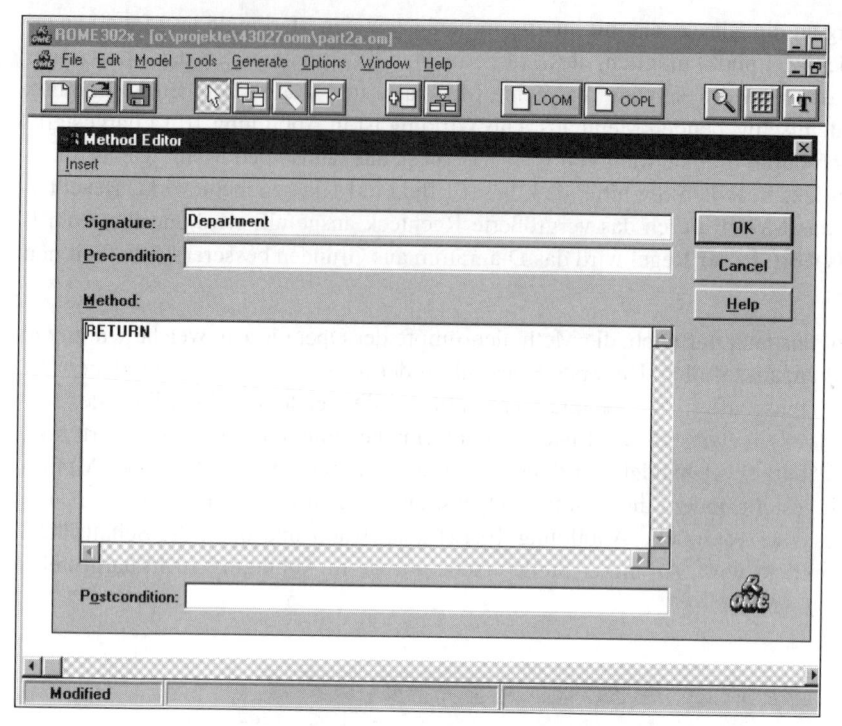

Abbildung 10.15:   Das Dialogfeld Method Editor

Das Dialogfeld Method Editor zeigt die Operationssignatur in einem nicht veränderbaren Textfeld am oberen Rand des Dialogs noch einmal an. Der Cursor wird in einem Textfeld gleich neben dem schon vorhandenen LOOM-Schlüsselwort RETURN positioniert. ROME nimmt an, daß der Methodenrumpf diese Anweisung benötigt. Wir haben jedoch dafür keine Verwendung, so daß wir sie als erstes löschen. Danach geben wir den Funktionsrumpf ein, wie am Anfang dieses Kapitels gezeigt (siehe Listing 10.1), und klicken nach Fertigstellung auf die Schaltfläche OK. Dann wiederholen wir diese Aktion für die anderen Operationen.

Beachten Sie bitte das Menü Insert am oberen Rand des Dialogfelds, bei dessen Wahl die in Abbildung 10.16 gezeigte Liste aufklappt. Wählen Sie zum Beispiel den vierten Eintrag in dieser Liste aus, dann wird das Gerüst einer SEND ... THE MESSAGE-Anweisung im Method Editor eingefügt. Der Cursor wird hinter dem Schlüsselwort SEND plaziert und wartet darauf, daß der Anwender den Objektnamen des Empfängers eingibt. Durch Betätigen der Taste [Ende] auf der Tastatur, springen wir zum Ende der Anweisung und geben den Namen der Nachricht und ihre Argumente ein. Den gleichen Effekt würden wir unter Verwendung der Schnellzugriffstasten erreichen. In diesem Falle wäre das Alt-IS, d. h. bei Gedrückthalten der Taste Alt, Eingabe der Tasten I, dann S.

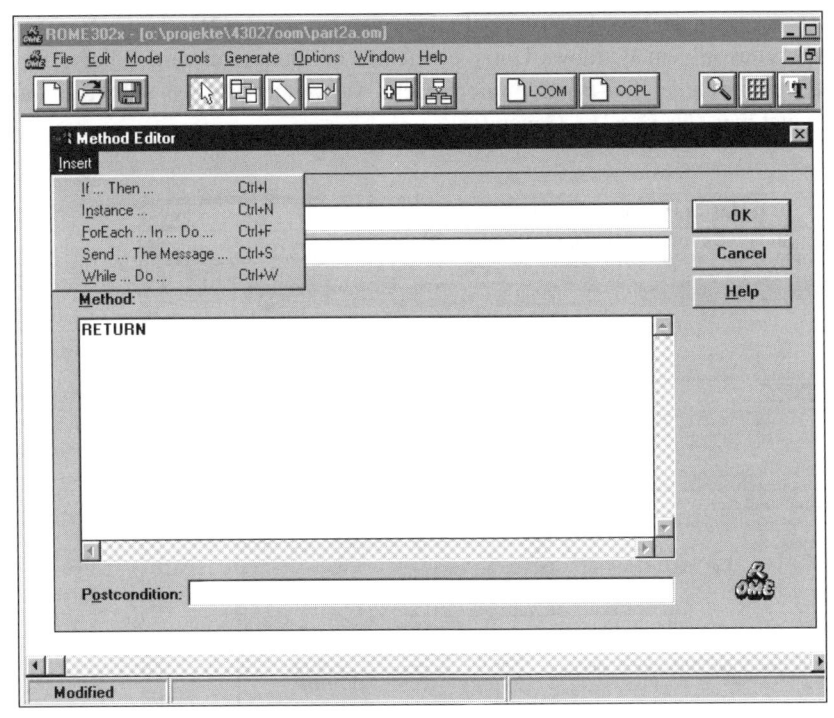

Abbildung 10.16: Die Schnellzugriffstasten im Dialogfeld `Method Editor`

10.4 Codegenerierung

Ist ein Modell fertiggestellt, dann werden uns von ROME zwei Möglichkeiten zur Codegenerierung angeboten. Wir können ROME veranlassen, ein vollständiges LOOM-Skript oder den Quelltext der Ziel-Programmiersprache zu erstellen. Die zwei mit `LOOM` und `OOPL` bezeichneten Schaltflächen auf der Werkzeugleiste aktivieren diese Möglichkeiten. Bei beiden werden eine oder mehrere Textdateien erzeugt, und wir müssen ein Verzeichnis angeben, in dem diese gespeichert werden. Bevor wir eine der beiden Schaltflächen anklicken, müssen wir über den Befehl `Preferences...` aus dem Menü `Options` das Verzeichnis auf das aktuelle Arbeitsverzeichnis einstellen. Als Ergebnis erhalten wir das in Abbildung 10.17 dargestellte Dialogfeld `Preferences`.

`Output Directory`, `Default Viewer` und `OOPL Code Generator` sind die wichtigsten Felder in diesem Dialogfeld. `Output Directory` legt fest, wo die Dateien gespeichert werden. Wir stellen hier dasselbe Verzeichnis ein, in dem das Modell zu finden ist (in unserem Fall ist es das Verzeichnis d:\oodbook\chap9). Wir können den Pfad direkt in das Textfeld eingeben oder wir verwenden die Schaltfläche `Browse...` zur Auswahl des gewünschten Verzeichnisses. Wenn wir die Schaltfläche `LOOM` auf der Werkzeugleiste anklicken, dann werden wir gefragt, ob wir uns das Ergebnis ansehen wollen. Zur Darstellung des LOOM-Skripts wird das Editier-Werkzeug verwendet, wel-

Kapitel 10   Programmierumgebungen

ches unter Default Viewer festgelegt ist. In unserem Fall verwenden wir das Programm Notepad von Microsoft Windows, das in dem Windows-Unterverzeichnis auf dem Laufwerk C liegt. OOPL Code Generator legt fest, welche Ziel-Programmiersprache verwendet werden soll, und der gewünschte Eintrag lautet hier CPPGEN (C++-Generator).

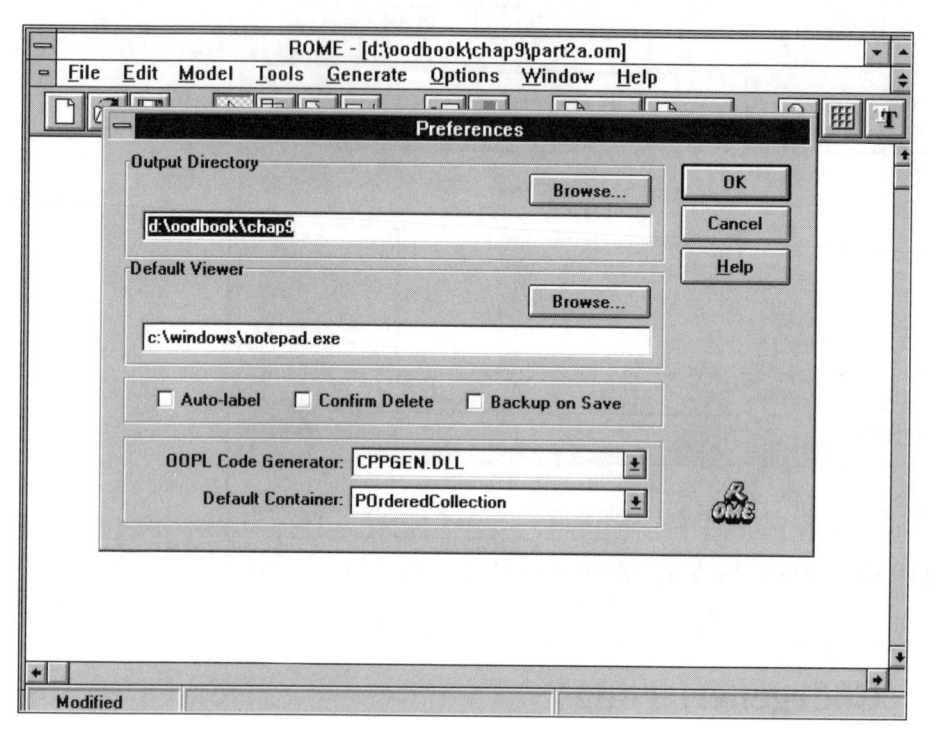

Abbildung 10.17:   Das Dialogfeld Preferences

Haben wir diese Einträge gemacht und auf Richtigkeit geprüft, dann klicken wir jetzt auf die Schaltfläche LOOM auf der Werkzeugleiste. Entscheiden wir uns danach dafür, daß wir uns das Ergebnis anschauen wollen, dann gelangen wir zu dem in Abbildung 10.18 dargestellten Ergebnis. Das LOOM-Skript wird in einer Datei gespeichert, die denselben Namen wie das Modell und die Dateiendung .oom trägt. Beachten Sie bitte, daß in dem LOOM-Skript jeder Zeile Zeilennummern vorangestellt werden, durch welche die einzelnen Abschnitte leicht wiederzufinden sind.

Klicken wir auf die Schaltfläche OOPL auf der Werkzeugleiste, dann erstellt ROME für jede Klasse in dem Modell C++-Header- und Quelltextdateien. Somit würden wir die Dateien department.h und department.cpp usw. erhalten. ROME erzeugt auch eine Quelltextdatei namens main.cpp, welche die C++-Funktion main enthält, die ein Application-Objekt erzeugt und ihm die Methode run zusendet.

Klicken wir auf die Schaltfläche OOPL auf der Werkzeugleiste, dann werden zwei Aktionen gestartet. Die erste erstellt die LOOM-Datei neu. Das ist notwendig, da seit der letzten Betätigung der

Schaltfläche LOOM möglicherweise Veränderungen an dem Modell vorgenommen wurden. Aus dieser Datei wird das LOOM-Skript in die Ziel-Programmiersprache übersetzt. Während dieser Phase prüft ROME das LOOM-Skript und meldet jeden Fehler. Wenn wir uns zum Beispiel bei der Eigenschaft theName der Klasse Department wie folgt vertippt hätten (siehe Abbildung 10.12):

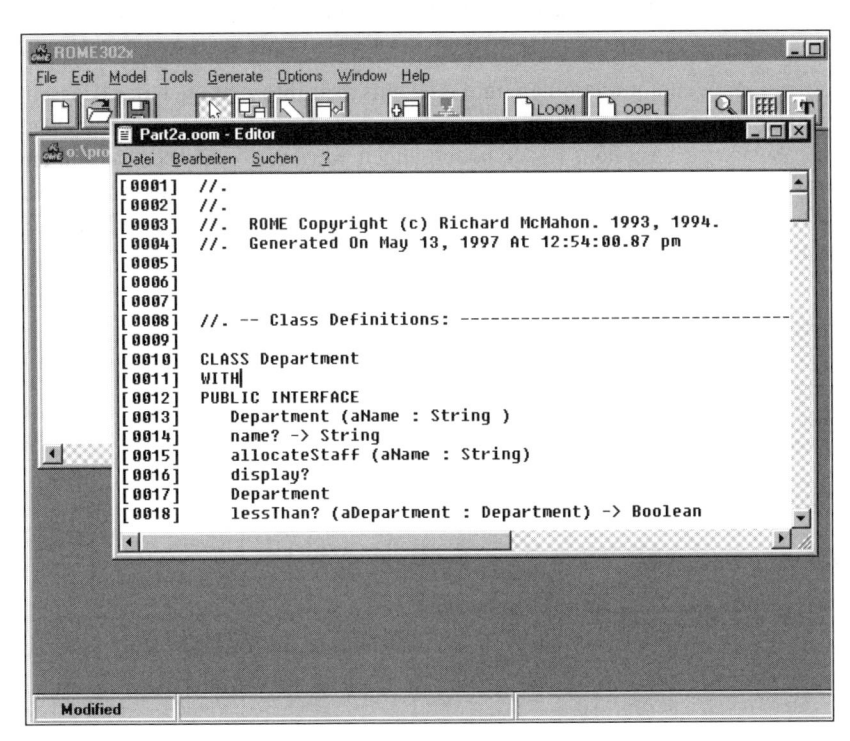

Abbildung 10.18: Ansicht des LOOM-Skripts

```
theName :Strung
```

dann würde bei Anklicken der Schaltfläche OOPL die in Abbildung 10.19 gezeigte Fehlermeldung erzeugt. Der Fehler weist darauf hin, daß in Zeile 23 des LOOM-Skripts in der Spezifikation der Klasse Department die Typenbezeichnung Strung unbekannt ist.

10.5 Zukünftige Entwicklungen

Die in diesem Buch mitgelieferte ROME-Version enthält eine Reihe von Platzhaltern für zukünftige Entwicklungen. Wenn wir zum Beispiel noch einmal zu dem Dialogfeld Preferences zurückkehren, dann sehen wir, daß andere Codegeneratoren installiert wurden. Die meisten davon bestehen einfach aus dem umbenannten C++-Codegenerator. Der Generator ADA9X ist eine experi-

Kapitel 10 Programmierumgebungen

mentelle Version, die auf objektorientiertes Ada 95 abzielt. Es ist anzunehmen, daß in Zukunft weitere Generatoren entwickelt werden.

LOOM-Klassen können als STATIC oder als PERSISTENT gekennzeichnet werden (siehe Abbildung 10.6). Bei PERSISTENT-Klassen wird angenommen, daß sie sich in eine objektorientierte Datenbank eingeklinkt haben, so daß die Instanzen zwischen den einzelnen Programmausführungen erhalten bleiben.

Im Moment werden Anstrengungen unternommen, in die technischen Informationen der Klassen Lizenzbedingungen einzuarbeiten (Meyer, 1988). Lizenzbedingungen können dazu verwendet werden, die Software robuster zu gestalten. Lizenzbedingungen werden als Klassenkonstanten (siehe Abbildung 10.6) und als Vor- und Nachbedingungen der Methoden (siehe Abbildung 10.16) realisiert. Es sei noch einmal erwähnt, daß die aktuelle Version von ROME diese Einträge einfach ignoriert, selbst wenn sie vorhanden sind.

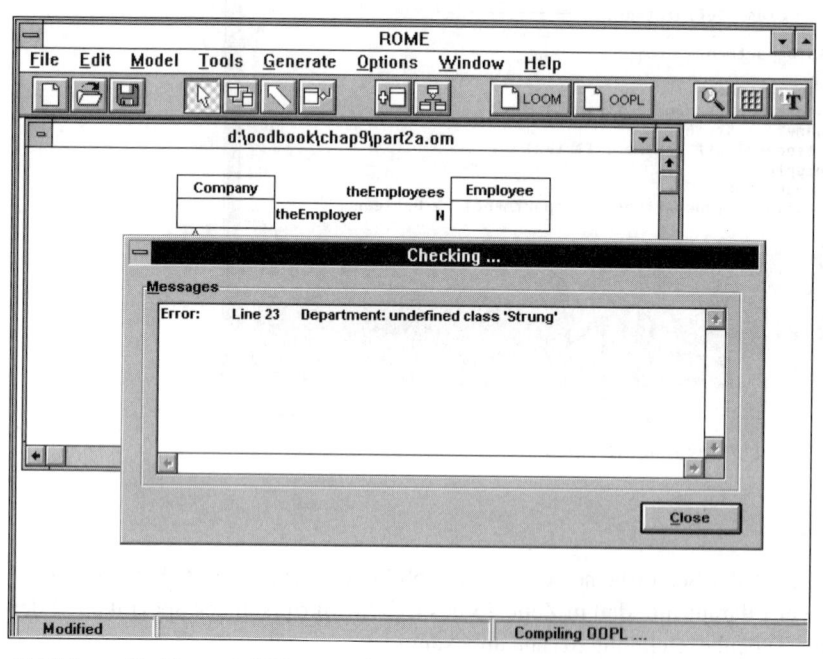

Abbildung 10.19:   OOPL-Mitteilungen über Fehler

In diesem Zusammenhang existiert ein Werkzeug, ein Browser namens NAPLES. Er ermöglicht es, eine oder mehrere Bibliotheken von LOOM-Klassen aufzubauen. Durch den Browser können wir die Klassen in einer Bibliothek anschauen, ihre Vererbungsbeziehungen, die Liste ihrer Eigenschaften und Operationen und die Methodenrümpfe. Klassen können mit der Maus aus ROME herausgezogen, über NAPLES abgelegt und so zu der Bibliothek hinzugefügt werden. Genauso können Klassen aus NAPLES in ein ROME-Modell kopiert werden. Damit können für eine Anwendung brauchbare Klassen entwickelt, diese dann im Archiv von NAPLES gespeichert und in weiteren Anwendungen wieder verwendet werden.

Darüber hinaus ist eine Instrumentalisierung des LOOM-Quelltextes in Arbeit. Damit würde ein Interpreter den LOOM-Quelltext direkt ausführen, und die Notwendigkeit, den Ziel-Programmcode zu erstellen und zu übersetzen, würde entfallen. Während der Interpretation generierte Instanzen werden in einem eigenen Fenster durch Symbole dargestellt. Während der Code Schritt für Schritt abgearbeitet wird, ist es möglich, die Instanzen abzufragen, um die Werte ihrer Eigenschaften zu betrachten.

Mit Version 4 der ROME-Umgebung und der damit verbundenen LOOM-Sprache wird die Unterstützung für diese neuen Merkmale eingeführt. Lizenzbedingungen wurden schon für die Version 302g von ROME entwickelt und werden in die, zum Zeitpunkt der Drucklegung dieses Buchs gültige Programmversion ROME 302x integriert. An dem Animator wird unter Verwendung der aktuellen Version gearbeitet. Es ist auch damit zu rechnen, daß Version 4 eine frühzeitige Unterstützung für den Einsatz von Designmustern bietet (Gamma et al., 1995).

Literaturverzeichnis

Armstrong, J. und Michael, R. (1994) »Users and abusers of inheritance«, *Software Engineering Journal*, Ausgabe Januar

Barclay, K. (1994) *C++ Problem Solving and Programming*, Prentice Hall

Beck, K. und Cunningham, W. (1989) »A laboratory for object-oriented thinking«, OOPSLA Conference

Booch, G. (1991) *Object-Oriented Design with Applications*, Benjamin Cummings

Cattell, R.G.G. (1994) *The Object Database Standard ODMG-93*, Morgan Kaufmann

Coad, P. und Yourdon, E. (1996) *Objektorientierte Analyse,* Prentice Hall

Gamma, E., Helm, R., Johnson, R., Vlissides, J. (1995) *Design Patterns*, Addison-Wesley

Jacobson, I., Christerson, M., Jonsson, P. und Overgaard, G. (1995) *Object- Oriented Software Engineering: A Use Case Driven Approach*, Addison-Wesley

Lippman, S. (1991) *C++ Primer*, Addison-Wesley

Martin, J. und Odell, J. (1992) *Object-Oriented Analysis and Design*, Prentice Hall

Meyer, B. (1988) *Object Oriented Software Construction*, Prentice Hall

Meyers, S. (1992) *Effective C++*, Addison-Wesley

Rumbaugh, J., Blaha, M., Premerlani, W., Eddy, F. und Lorensen, W. (1991) *Object Oriented Modelling and Design*, Prentice Hall

Shlaer, S. und Mellor, S. (1992) *Object Lifecycles: Modelling the World in States*, Yourdon Press

Stroustrup, B. (1991) *Die C++-Programmiersprache*, Addison-Wesley

Yourdon, E. (1994) *Object-Oriented System Design: An Integrated Approach*, Prentice Hall

Anhang A

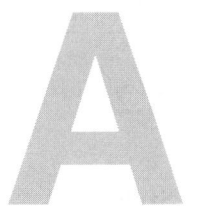

Die Grammatik von LOOM

Die folgende Grammatik definiert die Grundlagen der Sprache in der Revision 3.02x. Die Veröffentlichung von LOOM und des damit verbundenen Design-Werkzeugs ROME erfolgt sowohl in größeren Revisionen wie auch in geringer veränderten Ausgaben, sogenannten Releases. Die momentan gültige Revision ist Revision 3 mit dem aktuellen, einsatzfähigen Release 3.02x.

A.1   Metasymbole

Die Grammatik wird durch eine Reihe von metasyntaktischen Symbolen beschrieben. Dies sind:

    'x'   steht für das Symbol an sich

    XXX   das durch XXX dargestellte Token

    a‖b‖ ...   die Ausdrücke a oder b oder ...

    [[a]]   kein oder einmaliges Vorkommen des Ausdrucks a

    {{b}}   null oder mehrmalige Wiederholung des Ausdrucks b

Somit legt die Grammatikregel:

    class_tail : ENDCLASS NAME

fest, daß das Ende einer Klassenspezifikation aus dem Schlüsselwort ENDCLASS direkt gefolgt von einem Bezeichner NAME besteht. Die Regel:

    operation_qualifier : DEFERRED‖‖POLYMORPHIC‖‖REDEFINED‖‖STATIC

läßt vermuten, daß eines der Schlüsselwörter der Sprache erwartet wird. Die Grammatikregel:

    formal_parameter_list : formal_parameter {{','formal_parameter}}

definiert schließlich eine Liste mit einem oder mehreren formalen Parametern, die durch das Komma getrennt werden.

A.2 Die Klassenspezifikation

Syntax

class_specification
   class_head [[specialisation_clause]] WITH class_body class_tail

class_head
  :[[ABSTRACT||STATIC||PERSISTENT|I
    PERSISTENT ABSTRACT||ABSTRACT PERSISTENT]]
      CLASS NAME[['[template_parameter_name_list']']]

class_tail
   ENDCLASS NAME

Beschreibung

Eine Spezifikation einer Klasse besteht aus einer einzelnen syntaktischen Einheit, welche alle mit der benannten Klasse verbundenen Definitionen einführt. Der im Klassenkopf bekannt gemachte Klassenname muß sich in der abschließenden Einheit ENDCLASS wiederholen. Die schablonenhaften Parameternamen, sofern sie vorhanden sind, kennzeichnen die Klasse als eine generische Klasse, zum Beispiel eine Gruppe von Gegenständen. Ist das Schlüsselwort STATIC vorhanden, dann stellt die Klasse einen abstrakten Automaten dar, in dem alle Operationen und Datenelemente statisch sind und für den es keine Assoziationen oder Aggregationen gibt. Von einem abstrakten Automaten wird nicht erwartet, daß er eine Konstruktor-Operation bereitstellt. Das Schlüsselwort ABSTRACT dokumentiert, daß es sich um eine abstrakte Klasse mit einem oder mehreren zurückgestellten Operationselementen handelt. Das Schlüsselwort PERSISTENT erlaubt das Ablegen der Struktur in einer Datei.

Beispiele

```
CLASS Employee
WITH
   // ... erlaubte Form eines Kommentars ...
   // ... unbearbeiteter Kommentar der Zielsprache ...
ENDCLASS Employee

CLASS Set [TYPE] // generischer Behälter
WITH
   // ...
ENDCLASS Set
```

```
ABSTRACT CLASS Person // hier werden einige zurückgestellte Operationen erwartet
WITH
    // ...
ENDCLASS Person

STATIC CLASS Lexical // alle Elemente sind statisch
WITH
    // ...
ENDCLASS Lexical
```

Hinweis

STATIC und PERSISTENT sind nicht implementiert.

A.3 Die Spezialisierungsklausel

Syntax

specialisation_clause
    SPECIALISATION OF property_type_list

Beschreibung

Die in der Spezialisierungsklausel genannten Superklassen sind diejenigen Klassen, von denen die abgeleitete Klasse ihre Merkmale vererbt bekommt. Die Spezialisierungsklausel dokumentiert die *isA*-Austauschbarkeit von Objekten der Subklasse mit den Objekten der Superklasse.

Beispiele

```
CLASS Employee // gewöhnliches isA
    SPECIALISATION OF Person
WITH
    // ...
ENDCLASS Employee

CLASS SalesManager // Mehrfachvererbung
    SPECIALISATION OF SalesPerson, Manager
WITH
    // ...
ENDCLASS SalesManager
```

```
CLASS DSortedCollection [TYPE] // generische Subklasse
   SPECIALISATION OF
      DSequentialCollection [TYPE]
WITH
   // ...
ENDCLASS DSortedCollection
```

A.4 Der Klassenrumpf

Syntax

class_body
   :public_interface_clause_protected_interface_clause
       private_implementation_clause

Beschreibung

Der Klassenrumpf besteht aus drei größeren Abschnitten: dem für jeden Client verfügbaren öffentlichen Teil; dem für die Klassen und ihre Subklassen verfügbaren geschützten Teil; dem nur für die Implementierung der Klasse wichtigen privaten Teil. Die öffentlichen und geschützten Abschnitte bestehen aus einer Auflistung von Eigenschaften und Operationssignaturen. Der private Teil legt die Daten und Operationen der Implementierung, die strukturellen Einzelheiten (z. B. Aggregationen) und die Methodendefinitionen für alle Operationen fest.

Beispiele

```
CLASS Person
WITH
PUBLIC INTERFACE
   Person(aName :String, aDateOfBirth :Date)
   changeName(aName :String)
   name?->String
   age?->Integer
PROTECTED INTERFACE
   NONE
PRIVATE IMPLEMENTATION
   REPRESENTATION
   theName :String
   theDateOfBirth :Date
AGGREGATIONS NONE
ASSOCIATIONS NONE
DEFINITIONS
```

```
METHOD Person(aName :String, aDateOfBirth :Date)
AS
   SEND theName THE MESSAGE initialise(aName)
   SEND theDateOfBirth THE MESSAGE
      initialise(aDateOfBirth)
ENDMETHOD Person
METHOD changeName(aName :String)
AS
   SEND theName THE MESSAGE assign(aName)
ENDMETHOD changeName
METHOD name?->String
AS
RETURN theName
ENDMETHOD name?
METHOD age?->Integer
AS
   INSTANCE today :Date
   INSTANCE todayYear :
      Integer(SEND today THE MESSAGE year?)
   INSTANCE dobYear :
      Integer(SEND theDateOfBirth THE MESSAGE year?)
   RETURN todayYear - dobYear
ENDMETHOD age?

ENDCLASS Person
```

A.5 Die *public interface*-Klausel

Syntax

public_interface_clause
  :PUBLIC INTERFACE signature {{ signature }}
    ||PUBLIC INTERFACE NONE

signature
  :property_signature||operation_signature

property_signature
  :NAME ':' property_type [[INVERSE OF NAME]]

operation_signature
   :NAME [['('formal_parameter_list')']] [['->' simple_type]]
      [[DEFERRED II POLYMORPHIC II REDEFINED II STATIC]]

formal_parameter_list
   : formal_parameter {{',' formal_parameter }}

formal_parameter
   :NAME ':' property_type [[IN II OUT II INOUT]]

Beschreibung

Die öffentliche Schnittstelle dokumentiert die Menge der für Clients von dieser Klasse zur Verfügung gestellten Dienste. Diese enthält entweder Operationen oder Eigenschaftselemente. Unter letzteren sind konstante Datenelemente zu verstehen, die vom Konstruktor der Klasse initialisiert werden. Die optionalen Operationsattribute sind nur mit den Signaturen der Operationen zu verwenden und dürfen nicht woanders stehen. Gleichermaßen kann die Subklausel INVERSE OF nur in Verbindung mit Datenelementen verwendet werden.

Eine Operationssignatur stellt eine Signatur einer Operation inklusive aller formalen Parameter und des Rückgabetyps dar. Beide Komponenten können auch weggelassen werden; in diesem Fall verkörpert die Operation eine prozedurale Aktion. Die formalen Parameter werden in einer von runden Klammern eingeschlossenen Liste der Namen und Typen dargestellt. Die Parameter können zusätzlich mit ihrem Zugriffsmodus ausgezeichnet werden. Ist kein Modus angegeben, dann wird IN als Modus angenommen.

Beispiele

```
PUBLIC INTERFACE
   changeName(aName :String)
               // Umwandlungsoperation
   age?     ->Integer
               // Abfrageoperation
   bloodGroup? :String
               // konstantes Datenelement
   displaySales? REDEFINED
               // qualifizierte Operation ohne Argumente
```

A.6 Die *protected interface*-Klausel

Syntax

protected_interface_clause
  :PROTECTED INTERFACE signature { { signature } }
  ||PROTECTED INTERFACE NONE

Beschreibung

Die geschützte Schnittstelle dokumentiert die Menge der Dienste, die Subklassen zur Verfügung stehen. Das schließt entweder Operationen oder Datenelemente ein. Unter letzteren sind konstante Datenelemente zu verstehen, die vom Konstruktor der Klasse initialisiert werden.

Beispiele

```
PROTECTED INTERFACE
  dob?->Date // Zugriffsoperation
```

A.7 Der Typ einer Eigenschaft

Syntax

property_type
  :NAME [['[' property_type_list ']']][[LINK]]

property_type_list
  :property_type { { ',' property_type } }

Beschreibung

Der Typ einer Eigenschaft wird durch eine Typennamen oder einen Typennamen, gefolgt von dem Schlüsselwort LINK, oder einem instantiierten Typ dargestellt. Letzterer bildet eine Instanz einer speziellen Version eines generischen Typs.

Beispiele

```
theDateOfBirth        :Date
                      // einfacher Datentyp
```

343

```
theEmployer          :Company LINK
                     // Referenz auf ein anderes Objekt
theEmployees         :PSet[Employee LINK]
                     // instantiierter Typ
age?                 ->Integer
                     // Operation mit Rückgabewert
changeName           (aName :String)
                     // Operation mit Parameter
displaySales?
                     // prozedurale Operation
```

A.8 Die *private implementation*-Klausel

Syntax

private_implementation_clause
    PRIVATE IMPLEMENTATION [[inherits_clause]] representation_clause
       aggregation_clause association_clause
       [[invariant_clause]] definition_clause

Beschreibung

PRIVATE IMPLEMENTATION dokumentiert die Darstellung einer Klasse, jede strukturelle Beziehung mit anderen Klassentypen und die Definitionen der Methoden.

Beispiele

```
PRIVATE IMPLEMENTATION
   INHERITS FROM Person
   REPRESENTATION
      theJobTitle :String
      theSalary :Integer
   AGGREGATION NONE
   ASSOCIATION
      theEmployer :Company LINK
```

A.9 Die Vererbungsklausel

Syntax

inherits_clause
   : INHERITS FROM property_type_list

Beschreibung

Eine Vererbungsklausel führt die Bildung einer Subklasse aus Gründen der Implementierung ein. Die Subklasse hat eine *isA*-Beziehung mit ihrer Superklasse.

Beispiele

```
CLASS DStack [TYPE] // generischer Behälter
WITH
PUBLIC INTERFACE
   // ...
PROTECTED INTERFACE
   NONE
PRIVATE IMPLEMENTATION
   INHERITS FROM DVector [TYPE]
      // Implementierung
      // ...
ENDCLASS DStack
```

A.10 Die *representation*-Klausel

Syntax

representation_clause
   : REPRESENTATION signature {{ signature }}
   | REPRESENTATION NONE

Beschreibung

Die Eigenschaften einer Klasse stellen die grundlegenden Datenelemente dar. Es sind nicht-konstante, nicht-statische Elemente und nur die Operationen der Klasse besitzen Zugriffsrechte. Die Implementierung kann zusätzlich Hilfsoperationen einführen, auf die Clients nicht zugreifen können.

Beispiele

```
REPRESENTATION
   theName:String
   theDateOfBirth:Date
```

A.11 Die Aggregationsklausel

Syntax

aggregation_clause
   :AGGREGATIONS aggregation {{ aggregation }}
   ||AGGREGATIONS NONE
aggregation
   :NAME ':' property_type

Beschreibung

Mit Hilfe von Aggregationen werden Ganzes-Teil-Beziehungen eingeführt. Aggregationen haben eine semantisch starke Beziehung zwischen einem Ganzen und seinen Teilen. Wird z.B. das Ganze gelöscht, geschieht das auch mit den Teilen. Das vorangestellte Schlüsselwort kann unabhängig von der dargestellten Anzahl entweder im Singular oder im Plural verwendet werden.

Beispiele

```
AGGREGATION
   theDepartments:PSet [Department LINK]
```

A.12 Die Assoziierungsklausel

Syntax

association_clause
   :ASSOCIATIONS association {{ association }}
   ||ASSOCIATIONS NONE
association
   :NAME ':' property_type [INVERSE OF NAME]]

Beschreibung

Eine Assoziation ist eine Beziehung zwischen zwei unabhängig voneinander existierenden Objekten. Die Beziehung ist lockerer als die der Aggregation. Es wird vorausgesetzt, daß ein LINK-Typ verwendet wird. Das vorangestellte Schlüsselwort kann unabhängig von der dargestellten Anzahl entweder im Singular oder im Plural verwendet werden. Die Subklausel INVERSE OF dokumentiert den Fall, in dem die Integrität der LINKs sorgsam aufrechterhalten werden muß.

Beispiele

```
ASSOCIATION
    theEmployer:Company LINK INVERSE OF theEmployees
```

A.13 Die *invariant*-Klausel

Syntax

invariant_clause
    :INVARIANT logical_expression

Beschreibung

INVARIANT bestimmt den Zustand eines Objekts einer gegebenen Klasse, der von allen Klassenmethoden beachtet wird. INVARIANT ist im Moment noch nicht implementiert, darf aber schon in einer Klassenspezifikation vorhanden sein.

Beispiele

```
INVARIANT theName != ""  // Das Feld Name ist niemals leer
```

Hinweis

In der aktuellen Version akzeptieren und verarbeiten ROME und LOOM solch eine Klausel, sie hat aber keine Wirkung.

A.14 Die Definitionsklausel

Syntax

```
definition_clause
    :DEFINITIONS definition {{ definition }}
    |DEFINITIONS NONE
definition
    :METHOD operation_signature
        [[ precondition ]]
        [[ postcondition ]]
AS
    paragraph
ENDMETHOD NAME
```

Beschreibung

Durch die Definitionsklausel werden die Methodenrümpfe für jede Operation bereitgestellt. Sowohl Vor- und Nachbedingungen wie auch die Behandlung von Ausnahmen können definiert sein. Der Methodenrumpf wird als Block mit einer Reihe von Anweisungen formuliert. Die PRECONDITION- und die POSTCONDITION-Klauseln sind bis jetzt nicht implementiert.

Beispiele

```
METHOD changeName(aName :String)
AS
    SEND theName THE MESSAGE assign(aName)
ENDMETHOD changeName
```

Hinweis

In der aktuellen Ausgabe akzeptieren und verarbeiten ROME und LOOM die PRECONDITION- und die POSTCONDITION-Klauseln, sie haben aber keine Wirkung.

A.15 Die Vorbedingung

Syntax

```
precondition
    :PRECONDITION logical_expression
```

Beschreibung

PRECONDITION ist eine Anweisung über die Bedingungen, die bei Eintritt in die Methode vorherrschen müssen. Sie dient als Vertrag mit einem Client, der besagt, wenn die Vorbedingungen zutreffen, dann wird das korrekte Verhalten der Methode garantiert.

Beispiele

```
PRECONDITION
   :SEND theEmployees THE MESSAGE isMember?(me) == TRUE
```

A.16 Die Nachbedingung

Syntax

postcondition
   :POSTCONDITION logical_expression

Beschreibung

POSTCONDITION legt die Bedingung fest, welche nach der Ausführung der Methode gilt. Die Anweisung garantiert die Bedingung.

Beispiele

```
POSTCONDITION
   theName != ""
```

A.17 Anweisungsblock

Syntax

paragraph
:{{ sentence }}

sentence
   :instance_sentence
   |||let_sentence

||if_sentence
||while_sentence
||foreach_sentence
||return_sentence
||message_sentence

Beschreibung

Ein Anweisungsblock besteht aus null oder mehreren Anweisungen. Jede Anweisung enthält ein eindeutiges, vorangestelltes Schlüsselwort, welches einfaches Erkennen ermöglicht. Dadurch werden keine Trennzeichen benötigt. Existiert keine Anweisung für einen Anweisungsblock, dann wird damit die Verwendung eines Platzhalters für, zum Beispiel, einen Methodenrumpf ermöglicht. Gleichermaßen kann ein Methodenrumpf einfach nur einen Standardalgorithmus kommentieren.

Ein Anweisungsblock verhält sich konform zu den üblichen, strukturierten Programmierkonzepten, es werden Hintereinanderausführung, Verzweigung und Wiederholung angeboten. Darüber hinaus existieren Blockstrukturen und Regeln für den Gültigkeitsbereich.

Beispiele

```
INSTANCE today :Date
INSTANCE todayYear :Integer(SEND today THE MESSAGE year?)
INSTANCE dobYear :Integer(SEND theDateOfBirth THE MESSAGE year?)
RETURN todayYear - dobYear
```

Die Instanzen `today`, `todayYear` und `dobYear` befinden sich innerhalb des Gültigkeitsbereichs des umschließenden Anweisungsblocks, in dem sie bekannt gemacht wurden.

A.18   Die *instance*-Anweisung

Syntax

instance_sentence
  :INSTANCE NAME ':' simple_type [['(' logical_expression_list ')']]

Beschreibung

Eine `instance`-Anweisung führt ein neues Objekt in den aktuellen Gültigkeitsbereich ein. Die Liste der Ausdrücke wird dem Typkonstruktor zwecks ordnungsgerechter Initialisierung des Objekts übergeben. Ist keine Liste von Ausdrücken vorhanden, dann wird der Default-Konstruktor angenommen.

Beispiele

```
    // Objekte von lokaler Gültigkeit
INSTANCE today :Date
    // Verwendung des Default-Konstruktors
INSTANCE total :Integer(0)
INSTANCE name :String("Ken Barclay")
INSTANCE p1 :Person("John Savage", Date(1, 1, 1972))

    // Objekte von dynamischer Gültigkeit
INSTANCE xmas :Date LINK(25, 12, 1995)
    // Verwendung eines parametrisierten Konstruktors
INSTANCE dp :Date LINK Date
    // Verwendung des Default-Konstruktors
```

A.19 Die *If*-Anweisung

Syntax

if_sentence
   :IF logical_expression THEN paragraph
   {{ ELSEIF logical_expression THEN paragraph }}
   [[ELSE paragraph]]
   ENDIF

Beschreibung

Eine IF-Anweisung ist die wesentlichste Verzweigungsanweisung. Die ELSEIF-Klausel kann sich beliebig oft wiederholen oder auch gar nicht vorkommen. Die ELSE-Klausel ist optional. Die IF-Anweisung bietet den üblichen Auswahlmechanismus und ist hauptsächlich für diesen Zweck reserviert. Diese Anweisung steht im Zusammenhang mit der Verwendung von Verhalten im polymorphen Stil, bei dem der Compiler den notwendigen, selektiven Code erzeugt.

Beispiele

```
IF aName != "" THEN
   SEND theName THE MESSAGE assign(aName)
ENDIF
```

A.20 Die *While*-Anweisung

Syntax

```
while_sentence
  :WHILE logical_expression DO
      paragraph
  ENDWHILE
```

Beschreibung

Die WHILE-Anweisung ist die normale Wiederholungsanweisung. Der Abbruch der Schleife wird durch den logischen Ausdruck bestimmt.

Beispiele

```
INSTANCE theCount :Integer(0)
WHILE theCount < theLimit DO
  // ...
  SEND theCount THE MESSAGE assign(1 + theCount)
ENDWHILE
```

A.21 Die *Foreach*-Anweisung

Syntax

```
foreach_sentence
  :FOREACH NAME ':' property_type IN NAME DO
      paragraph
  ENDFOREACH
```

Beschreibung

Die FOREACH-Klausel ist der iterative Mechanismus zum Besuchen aller Elemente in einem Behälter. Der erste in dieser Anweisung erwähnte NAME enthält für jeden Schleifendurchgang jeweils das nächste Element aus dem Behälter. Der nach dem Schlüsselwort IN folgende NAME bezeichnet den Behälter, der in der Schleife untersucht werden soll.

Beispiele

```
FOREACH emp :Employee LINK IN theEmployees DO
   INSTANCE empName :String(SEND emp THE MESSAGE name?)
   IF empName == aName THEN
      RETURN TRUE
   ENDIF
ENDFOREACH
RETURN FALSE
```

A.22 Die *Return*-Anweisung

Syntax

return_sentence
 :RETURN [[logical_expression]]

Beschreibung

Übergibt die Programmausführung von einer Methode mit oder ohne Rückgabewert zurück an die aufrufende Methode.

Beispiele

```
RETURN // einfache Rückgabe
RETURN theName // Rückgabe mit Wert
```

A.23 Die Nachrichtenanweisung

Syntax

message_sentence
 :message

message
 :SEND NAME THE MESSAGE
    NAME [['(' logical_expression_list ')']] [[FROM NAME]]

Anhang A   Die Grammatik von LOOM

Beschreibung

Die Nachrichtenanweisung ist der einzige Nachrichten übergebende Mechanismus. Der erste NAME ist die Bezeichnung für das adressierte Objekt. Der zweite NAME mit oder ohne Ausdrucksliste bezeichnet die Nachricht. Die Ausdrucksliste enthält die aktuellen Parameter, die mit der Nachricht übergeben werden. Der NAME, der in der Subklausel FROM bekannt gemacht wird, kennzeichnet auf eindeutige Weise die Klasse der gewünschten Nachricht.

Beispiele

```
SEND p1 THE MESSAGE age?
SEND p1 THE MESSAGE changeName("Dr John Savage")
SEND me THE MESSAGE displaySales FROM SalesEmployee
```

A.24   Die *Let*-Anweisung

Syntax

let_sentence
    :LET NAME ':=' logical_expression

Beschreibung

Die Let-Anweisung verkörpert einen einfachen Zuweisungsmechanismus. Der NAME ist die Bezeichnung für das empfangende Objekt. Der Ausdruck auf der rechten Seite wird ausgewertet und der Variablen auf der linken Seite zugewiesen. In Wirklichkeit ist LET als eine Zuweisungsnachricht realisiert.

Beispiele

```
SEND theName THE MESSAGE assign(aName)
LET theName := aName // äquivalent
```

A.25   Ausdrücke

Syntax

logical_expression_list
    : logical_expression {{ ',' logical_expression }}

logical_expression
 :NOT logical_implies_expression
 ||logical_implies_expression

logical_implies_expression
 : logical_or_expression {{ IMPLIES logical_implies_expression }}

logical_or_expression
 :logical_and_expression {{ OR logical_or_expression }}

logical_and_expression
 :relational_expression {{ AND logical_and_expression }}

relational_expression
 :add_expression {{ < || <= || > || >= || == || != relational_expression }}

add_expression
 : mult_expression {{ + || - add_expression }}

mult_expression
 :primary_expression {{ * || / || % mult_expression }}

primary_expression
 :[['-']] factor
factor
 :NIL
 || NAME
 || INTEGER
 || DECIMAL
 || STRING
 || message
 || NAME '(' logical_expression_list ')'
 || NAME '[' logical_expression ']'
 || '(' logical_expression ')'
 || FORALL NAME ':' simple_type IN NAME SUCHTHAT logical_expression
 || THEREEXISTS NAME ':' simple_type IN NAME SUCHTHAT logical_expression

Beschreibung

Das Schlüsselwort NIL stellt einen auf Null gesetzten LINK-Typ dar.

Beispiele

```
NIL // Null-Zeiger
theEmployer // einfacher Bezeichner
123 // einfache Ganzzahl
123.456 // einfache Dezimalzahl
"Ken Barclay" // einfache, konstante Zeichenkette
SEND theEmployer THE MESSAGE name? // eine Nachricht
theEmployees [k] // SEND theEmployees THE MESSAGE at? (k)
theAge <= 21 // relationaler Ausdruck
theAge <= 21 AND theAge > 70 // logischer Ausdruck
theAge + 20 // add_expression
theAge * 20 // mult_expression
```

Anhang B

Elementare Datentypen von LOOM

LOOM-Spezifikationen können sowohl aus anwenderdefinierten Klassentypen als auch aus vordefinierten Klassentypen konstruiert werden. Letztere sind die bei LOOM mitgelieferten Basistypen. Diese vordefinierten Klassentypen sind in zwei Kategorien aufgeteilt, und zwar in die Basisklassen und die Behälterklassen.

Zu den Basisklassen gehören die Klassen Boolean, Integer, Decimal, String, Date und Time. Die letzten drei sind insoweit reale Klassen, als daß wir ihnen LOOM-Spezifikationen zuordnen können, von denen wir ihre entsprechende Implementierung ableiten können. Zum Beispiel wäre folgendes ein Ausschnitt einer LOOM-Spezifikation der Klasse String:

```
CLASS String
WITH
PUBLIC INTERFACE
  String(aText :String)
  length? -> Integer
  lessThan?(aText :String) -> Boolean
  hashValue? -> Integer
  // ...
ENDCLASS String
```

Daraus ergibt sich folgende C++-Klasse (siehe Anhang D):

```
class CString {
public:
  CString (char* aText = "");
  int length(void) const;
  Logical lessThan(const CString& aText) const;
  int hashValue(void) const;
  // ...
};
```

Die Basistypen Boolean, Integer und Decimal sind, genau genommen, keine Klassentypen. Sie bilden ihre vergleichbaren Entsprechungen in der Zielsprache der Implementierung nach. Es wird vorausgesetzt, daß sie die üblichen logischen, arithmetischen und relationalen Operatoren bereitstellen.

Die Typen String, Date und Time werden durch Klassenspezifikationen dargestellt. Der Entwurf sieht folgendermaßen aus:

```
CLASS String
WITH
```

```
PUBLIC INTERFACE
  String(aValue :String)
  hashValue? -> Integer
  lessThan?(aString :String) -> Boolean
  String
  append(aValue :String)
  insert(aValue :String, index :Integer)
  isSubstring?(aValue :String) -> Integer
  length? -> Integer
  prepend(aValue :String)
  remove(position :Integer, length :Integer)
  toLower
  toUpper
  value? -> String // genaugenommen, ein char* in C++
PROTECTED INTERFACE
  NONE
PRIVATE IMPLEMENTATION
  REPRESENTATION NONE
  AGGREGATIONS NONE
  ASSOCIATIONS NONE
  DEFINITIONS
  // ...
ENDCLASS String
```

und:

```
CLASS Date
WITH
PUBLIC INTERFACE
  Date
  Date(aDay :Integer, aMonth :Integer, aYear :Integer)
  day? -> Integer
  month? -> Integer
  year? -> Integer
  hashValue? -> Integer
  lessThan?(aDate :Date) -> Boolean
  dayOfWeek? -> Integer
  daysInMonth? -> Integer
  daysInYear? -> Integer
  dayOfYear? -> Integer
  dayName? -> String
  abbreviatedDayName? -> String
  monthName? -> String
PROTECTED INTERFACE
  NONE
PRIVATE IMPLEMENTATION
```

```
  REPRESENTATION NONE
  AGGREGATIONS NONE
  ASSOCIATIONS NONE
  DEFINITIONS
  // ...
ENDCLASS Date
```

sowie:

```
CLASS Time
WITH
PUBLIC INTERFACE
  Time(anHour :Integer, aMinute :Integer, aSecond :Integer)
  hours? -> Integer
  minutes? -> Integer
  seconds? -> Integer
  hashValue? -> Integer
  lessThan?(aTime : Time) -> Boolean
  Time
PROTECTED INTERFACE
  NONE
PRIVATE IMPLEMENTATION
  REPRESENTATION NONE
  AGGREGATIONS NONE
  ASSOCIATIONS NONE
  DEFINITIONS
  // ...
ENDCLASS Time
```

Die Behälterklassen sind in zwei Untergruppen aufgeteilt: die direkten und die indirekten Behälter. Die direkten Behälter enthalten vollständige Kopien der von ihnen verwalteten Objekte, die indirekten Behälter hingegen verwalten LINK-Werte. Ansonsten bildet jede Klassengruppe jeweils ein Spiegelbild der anderen.

In Abbildung B.1 wird ein Ausschnitt der Hierarchie der Behälterklassen dargestellt.

Die verwendbaren, konkreten Klassen sind DSet, DSortedList, DOrderedList, DSortedCollection und DOrderedCollection. Es sind generische Klassen, die mit einem bestimmten Typ instanziert werden, zum Beispiel:

```
theNames :DSortedCollection [String]
theStaff :DSet [Employee]
```

Alle Behälterklassen besitzen Methoden, um die von ihnen verwalteten Elemente zu vergleichen und erfordern daher, daß der tatsächlich verwendete Typ den Vergleichsoperator lessThan? bereitstellt. Zum Beispiel:

```
CLASS Employee
WITH
PUBLIC INTERFACE
  lessThan?(anEmployee :Employee) -> Boolean
  // ...
ENDCLASS Employee
```

Darüber hinaus verwenden von `DNonIndexedCollection` abgeleitete Klassen eine einfache Hashing-Strategie, um die Elemente in der zugrundeliegenden Struktur der Implementierung zu verteilen. Behälter dieser Art benötigen vom instanzierten Typ zusätzlich die Operation `hashValue?`, z.B.:

```
CLASS Employee
WITH
PUBLIC INTERFACE
  lessThan?(anEmployee :Employee) -> Boolean
  hashValue? -> Integer
  // ...
REPRESENTATION
  theName:String
  // ...
 DEFINITIONS
  METHOD hashValue? -> Integer
  AS
    RETURN SEND theName THE MESSAGE hashValue?
  ENDMETHOD hashValue?
  // ...
ENDCLASS Employee
```

Beachten Sie bitte die Implementierung der Methode. Wir geben einfach den Wert zurück, den wir durch Hashing von dem Namen des Mitarbeiters erhalten. Die Operation `hashValue?` ist für die Basistypen `String`, `Date` und `Time` definiert.

Der Konstruktor des durch Spezialisierung von `DNonIndexedCollection` erhaltenen Behälters benötigt zwei Argumente: ein Argument für die Größe und ein Element zur Unterscheidung. Das Argument für die Größe stellt das anfängliche Fassungsvermögen der Behälter dar. Ist die Struktur gefüllt, dann wachsen die Behälter natürlich dynamisch, wenn Elemente hinzugefügt werden. Sie können auch mittels der Methode `reSize` neu konfiguriert werden. Das zweite Argument des Konstruktors besteht aus einem einmaligen Wert des instanzierten Typs, mit dem leere Einträge im Behälter von besetzten unterschieden werden. Dieser Wert wird wegen des bei diesen Behältern verwendeten Hash-Schemas benötigt. Am Anfang werden die Sammlungen mit diesen ausgezeichneten Werten gefüllt. Werden in Folge Einträge in den Behälter hinzugefügt, dann werden diese unbelegten Markierungen überschrieben. Diese Leermarkierungen sollten so gewählt werden, daß sie von jedem tatsächlichen Eintrag unterschieden werden können. Betrachten wir zum Beispiel die Klasse `Company`:

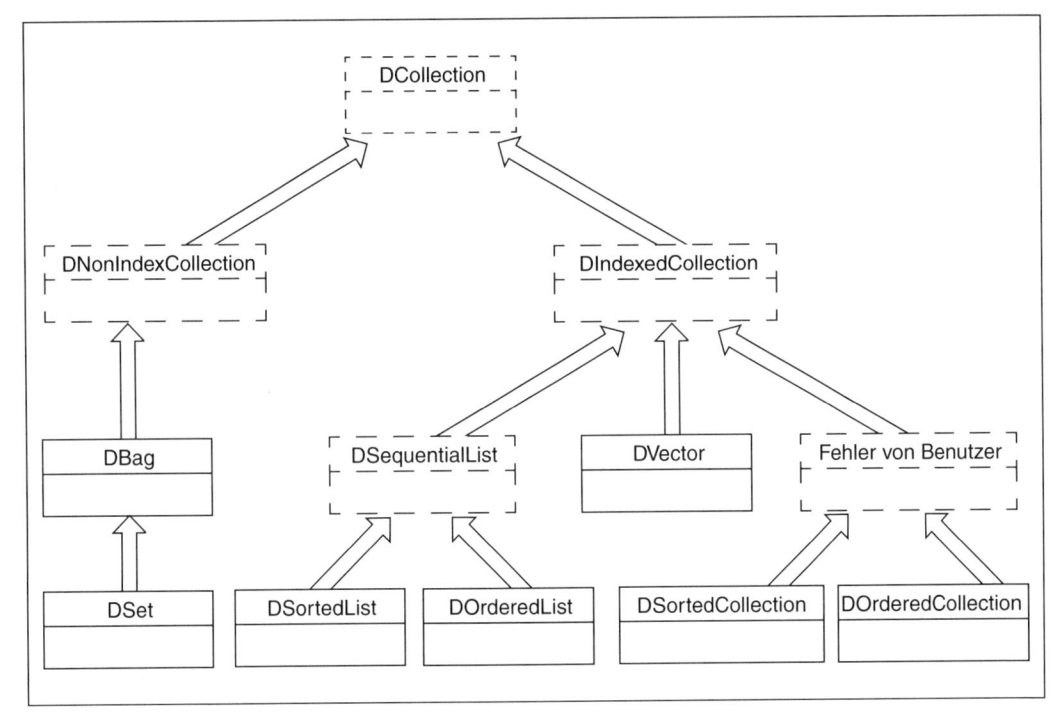

Abbildung B.1: Klassenhierarchie der direkten Behälter

```
CLASS Company
WITH
PUBLIC INTERFACE
  Company (aName :String)
    // ...
PRIVATE IMPLEMENTATION
  REPRESENTATION
    theName :String
    theDepartmentNames :DSet [String]
  AGGREGATIONS
    theEmployees :DSet [Employee]
  // ...
ENDCLASS Company
```

Dann könnte eine Implementierung des Konstruktors von Company folgendermaßen aussehen:

```
METHOD Company (aName :String)
AS
SEND theName THE MESSAGE initialise(aName)
SEND theDepartmentNames THE MESSAGE initialise(30, "")
```

```
SEND theEmployees THE MESSAGE initialise(DEFAULTSIZE, Employee())
ENDMETHOD Company
```

Die Repräsentation theDepartmentNames wird mit der Größe 30 initialisiert und mit leeren Zeichenketten gefüllt. Die Aggregation theEmployees wird auf eine vorher definierte DEFAULTSIZE gesetzt und mit von ihrem Default-Konstruktor erzeugten Employee-Objekten initialisiert. Er kann zum Beispiel Employee-Objekte mit einer leeren Zeichenkette erzeugen oder auch solche mit einer Zeichenkette, die in der Praxis nie vorkommen wird.

Die LOOM-Spezifikation für diese nicht indizierten Behälter wird durch die Klasse DSet verkörpert:

```
CLASS DSet [TYPE]
  SPECIALISATION OF DBag [TYPE]
WITH
PUBLIC INTERFACE
  Set (aSize :Integer, absent :TYPE)
    // ...
ENDCLASS Company
```

Die Konstruktoren der Klassen DSortedCollection und DOrderedCollection benötigen einfach nur einen Parameter für die Größe. Diese Klassen unterscheiden sich dadurch, daß alle ihre Elemente in einer Repräsentationsstruktur benachbart sind. Das ist die Folge davon, daß beide Klassen als Spezialisierungen der Klasse Fehler von Benutzer gebildet wurden. Damit funktioniert eine Operation wie zum Beispiel addFirst des Behälters DOrderedCollection so, daß das hinzukommende Element auf die erste Stelle gesetzt und die vorhandenen Elemente jeweils einen Platz weitergeschoben werden. Ein ähnliches System gilt für Löschoperationen.

Die zwei konkreten Klassen DSortedCollection und DOrderedCollection erhalten den größten Teil ihrer Funktionalität von der Superklasse Fehler von Benutzer. Damit lohnt es sich, die Realisierung dieser Klasse zu untersuchen. Die Implementierung besteht aus einem DVector-Element und einem Integer-Wert. Ersteres speichert die Objekte an indizierten Positionen 0, 1, 2,..., während die Ganzzahl dokumentiert, wie viele Elemente vorhanden sind.

```
ABSTRACT CLASS DSequentialCollection [TYPE]
   SPECIALISATION OF DIndexedCollection[TYPE]
WITH
PUBLIC INTERFACE
   DSequentialCollection (aSize : Integer)
   cardinality? -> Integer
   isMember? (anItem : TYPE) -> Boolean
   removeFirst
   // ...
PROTECTED INTERFACE
   theCardinality : Integer
   theCollection : DVector[TYPE]
PRIVATE IMPLEMENTATION
```

```
REPRESENTATION NONE
AGGREGATIONS NONE
ASSOCIATIONS NONE
DEFINITIONS
   METHOD DSequentialCollection (aSize : Integer)
   AS
      //
      // Erzeuge eine sequentielle Sammlung mit der durch das Argument aSize
      // gegebenen Größe. Die Sammlung wird durch einen zugrundeliegenden Typ
      // DVector repräsentiert.
      //
      SEND theCollection THE MESSAGE initialise(aSize)
      SEND theCardinality THE MESSAGE initialise(0)
   ENDMETHOD DSequentialCollection

   METHOD cardinality? -> Integer
   AS
      RETURN theCardinality
   ENDMETHOD cardinality?

   METHOD isMember? (anItem : TYPE) -> Boolean
   AS
      //
      // Bestimme, ob der Argumentwert in der Sammlung vorhanden ist.
      //
      INSTANCE index : Integer(0)
      WHILE index < theCardinality DO
        IF anItem == SEND theCollection THE MESSAGE at(index) THEN
           RETURN TRUE
        ENDIF
        SEND index THE MESSAGE assign(1 + index)
      ENDWHILE
      RETURN FALSE
   ENDMETHOD isMember?

   METHOD removeFirst
   AS
      //
      // Entferne das vorderste Element aus der Sammlung. Falls die Sammlung
      // leer ist, erfolgt keine Aktion.
      //
      INSTANCE index : Integer(1)
      WHILE index < theCardinality DO
         INSTANCE copy : ITEM(SEND theCollection THE MESSAGE at(index))
         SEND theCollection THE MESSAGE atPut(index -1, copy)
```

```
            SEND index THE MESSAGE assign(1 + index)
         ENDWHILE
         SEND theCardinality THE MESSAGE assign(theCardinality - 1)
      ENDMETHOD removeFirst

      // ...
ENDCLASS DSequentialCollection
```

Die Klassen DSortedList und DOrderedList verwenden für ihre Implementierung die Struktur einer verketteten Liste. Ansonsten besitzen sie eine jeweils mit DSortedCollection bzw. DOrderedCollection vergleichbare Funktionalität. Der Konstruktor von DOrderedList benötigt ein ausgezeichnetes Datenelement von der Art der Klasse DSet, wohingegen DSortedList auch noch einen Wert für die Größe benötigt:

```
CLASS DOrderedList [TYPE]
   SPECIALISATION OF DSequentialList [TYPE]
WITH
PUBLIC INTERFACE
   DOrderedList (absent :TYPE)
   // ...
ENDCLASS DOrderedList

CLASS DSortedList [TYPE]
   SPECIALISATION OF DSequentialList [TYPE]
WITH
PUBLIC INTERFACE
   DSortedList (depth :Integer, absent :TYPE)
   // ...
ENDCLASS DSortedList
```

Das erste Argument des Konstruktors der Klasse DSortedList ist der Integer-Wert depth. Dieser Wert bestimmt das größtmögliche Fassungsvermögen der Struktur und errechnet sich aus der Formel 2^{depth}. Der Wert 6 würde zum Beispiel das Maximum auf 64 festlegen.

Die indirekten Behälter gleichen ihren Entsprechungen in der direkten Kategorie. Die indirekten Behälter enthalten LINKs auf ein Objekt und keine vollständigen Kopien, zum Beispiel:

```
theEmployees :PSet [Employee LINK]
```

Mit Ausnahme des Konstruktors sehen alle Dienste so aus wie in den direkten Behälterklassen. Alle Konstruktoren der PCollection-Klasse benötigen zwei Integer-Werte: einen Wert für die Größe (oder Länge im Fall der Klasse PSortedList), und einen Anzeiger für das Verwaltungsschema. Letzterer informiert den Behälter darüber, ob er die Zuständigkeit für die Objekte besitzt (MANAGED) oder ob die Zuständigkeit bei dem Client liegt (UNMANAGED), der den Behälter verwendet. MANAGED wird in den Fällen angewandt, in denen der Client die Objekte erzeugt, sie dann allerdings dem Behälter hinzufügt und damit die Kontrolle über die Objekte an den Behälter überträgt. UNMANAGED wird angewandt, wenn der Client die Kontrolle über die Objekte behält und den

Behälter nur als Speichermedium benutzt. UNMANAGED kann auch in den Situationen verwandt werden, in denen zwei Behälter sich auf dieselben (gemeinsam benutzte) Objekte beziehen wollen, wobei der eine Behälter dann als der Verwalter agiert, dem der andere untergeordnet ist.

B.1 Die direkten Behälter

Dieser Abschnitt enthält eine Zusammenfassung der Klassenhierarchie der direkten Behälter. Gezeigt werden die Schnittstelle und die Implementierung für einige dieser Klassen. Dieses Listing soll die Implementierung skizzieren, die Schnittstelle der Klasse kennzeichnen und einige vollständige LOOM-Skripte zeigen. Wie vorstehend schon angedeutet, besitzen die indirekten Klassen eine ähnliche Anordnung:

```
//
//   Eine DCollection ist die abstrakte Klasse an der Wurzel der Hierarchie
//   DIREKTER Behälter. In einem direkten Behälter werden vollständige Kopien
//   der Werte gespeichert (vgl. INDIREKTE Behälter). Alle funktionierenden
//   Behälter werden von dieser Wurzel abgeleitet. Die konkreten Klassen in dieser
//   Hierarchie sind generisch und müssen mit einem bestimmten Typ instanziert
//   werden, z.B.:
//
//      theEmployees     : DSortedCollection [ Employee ]
//
//   Der tatsächliche Typparameter muß mit folgendem Profil zwingend .
//   übereinstimmen. Alle tatsächlichen Typen müssen eine Methode lessThan?
//   der folgenden Form bereitstellen:
//
//      CLASS SomeType
//      WITH
//      PUBLIC INTERFACE
//         lessThan? (anItem : SomeType) -> Boolean
//         // ...
//      ENDCLASS SomeType
//
//   Diese Methode wird von den Vergleichsoperationen der Behälterklassen benutzt,
//   wie z.B. von der Operation isMember?.
//
//   Die von DNonIndexedCollection abgeleitete konkrete Klasse muß zusätzlich
//   die Methode hashValue? enthalten:
//
//      CLASS SomeType
//      WITH
//      PUBLIC INTERFACE
//         lessThan? (anItem : SomeType) -> Boolean
```

```
//          hashValue? -> Integer
//           // ...
//        ENDCLASS SomeType
//
//   Diese Operation wird von den Zufallsgeneratoren dieser Art von Behältern
//     benutzt.
//
ABSTRACT CLASS DCollection
WITH
PUBLIC INTERFACE
   capacity? -> Integer              DEFERRED
   reSize (anIncrement : Integer)    DEFERRED
PROTECTED INTERFACE
   NONE
PRIVATE IMPLEMENTATION
   REPRESENTATION NONE
   AGGREGATIONS NONE
   ASSOCIATIONS NONE
   DEFINITIONS NONE
ENDCLASS DCollection

//
//   Eine DIndexedCollection erweitert die DCollection insofern, als eine
//   Indexoperation bereitgestellt wird, mit der ein Zugriff auf ein Element
//   an einer Position mit einem bestimmten ganzzahligen Index möglich ist.
//
ABSTRACT CLASS DIndexedCollection [TYPE]
   SPECIALISATION OF DCollection
WITH
PUBLIC INTERFACE
   at (anIndex : Integer) -> TYPE    DEFERRED
PROTECTED INTERFACE
   NONE
PRIVATE IMPLEMENTATION
   REPRESENTATION NONE
   AGGREGATIONS NONE
   ASSOCIATIONS NONE
   DEFINITIONS NONE
ENDCLASS DIndexedCollection


//
//   Eine DSequentialCollection ist eine spezielle indizierte Sammlung, in der
//   alle Elemente vom Basisindex 0 an sequentiell ohne Lücken gespeichert sind.
//   Alle Hinzufügungen und Löschungen erfolgen mit Hilfe verschiedener
```

```
//    Operationen add... und remove... Es ist keine Aktualisierung durch
//    direkten (indizierten) Zugriff möglich, damit die Integrität des
//    Behälters nicht zerstört wird.
//
//    Eine DSequentialCollection und ihre abgeleiteten Klassen benutzen
//    einen DVector als zugrundeliegende Speicherstruktur. Wenn diese Struktur
//    voll wird, paßt sie ihre Größe selbständig an, um weitere Elemente aufnehmen
//    zu können.
//
ABSTRACT CLASS DSequentialCollection [TYPE]
    SPECIALISATION OF DIndexedCollection[TYPE]
WITH
PUBLIC INTERFACE
    DSequentialCollection (aSize : Integer)
    capacity? -> Integer              REDEFINED
    reSize (anIncrement : Integer)    REDEFINED
    at (anIndex : Integer) -> TYPE    REDEFINED
    isEmpty? -> Boolean
    cardinality? -> Integer
    isMember? (anItem : TYPE) -> Boolean
    occurrencesOf? (anItem : TYPE) -> Integer
    first? -> TYPE
    last? -> TYPE
    remove (anItem : TYPE)
    removeFirst
    removeLast
    removeAt (anIndex : Integer)
    add (anItem : TYPE)               DEFERRED
PROTECTED INTERFACE
    theCardinality :Integer
    theCollection :DVector[TYPE]
PRIVATE IMPLEMENTATION
    REPRESENTATION NONE
    AGGREGATIONS NONE
    ASSOCIATIONS NONE
    DEFINITIONS
        METHOD DSequentialCollection (aSize : Integer)
        AS
            //
            //   Erzeuge eine seqentielle Sammlung mit der durch aSize gegebenen
            //   Größe. Die Sammlung wird durch einen zugrundeliegenden Typ DVector
            //   repräsentiert.
            //
            SEND theCollection THE MESSAGE initialise(aSize)
            SEND theCardinality THE MESSAGE initialise(0)
```

```
ENDMETHOD DSequentialCollection

METHOD capacity? -> Integer
AS
   //
   // Bestimme die maximale Kapazität der Sammlung.
   //
   RETURN (SEND theCollection THE MESSAGE capacity?)
ENDMETHOD capacity?

METHOD reSize (anIncrement :Integer)
AS
   //
   // Erhöhe die maximale Kapazität der Sammlung.
   //
   SEND theCollection THE MESSAGE reSize(anIncrement)
ENDMETHOD reSize

METHOD at (anIndex :Integer) -> TYPE
AS
   //
   // Lies das Element der Sammlung an der gegebenen Indexposition.
   //
   RETURN (SEND theCollection THE MESSAGE at(anIndex))
ENDMETHOD at

METHOD isEmpty? -> Boolean
AS
   IF theCardinality == 0 THEN
     RETURN TRUE
   ELSE
     RETURN FALSE
   ENDIF
ENDMETHOD isEmpty?

METHOD cardinality? -> Integer
AS
   RETURN theCardinality
ENDMETHOD cardinality?

METHOD isMember? (anItem :TYPE) -> Boolean
AS
   //
   // Bestimme, ob der Argumentwert in der Sammlung vorhanden ist.
   //
```

```
   INSTANCE index :Integer(0)
   WHILE index < theCardinality DO
     IF anItem == SEND theCollection THE MESSAGE at(index) THEN
       RETURN TRUE
     ENDIF
     SEND index THE MESSAGE assign(1 + index)
   ENDWHILE
   RETURN FALSE
ENDMETHOD isMember?

METHOD occurrencesOf? (anItem : TYPE) -> Integer
AS
   //
   //  Bestimme, wieviel Kopien des Argumentwerts im Behälter
   //  vorhanden sind.
   //
   INSTANCE index : Integer(0)
   INSTANCE count : Integer(0)
   WHILE index < theCardinality DO
     IF anItem == SEND theCollection THE MESSAGE at(index) THEN
       SEND count THE MESSAGE assign(1 + count)
     ENDIF
     SEND index THE MESSAGE assign(1 + index)
   ENDWHILE
   RETURN count
ENDMETHOD occurrencesOf?

METHOD first? -> TYPE
AS
   //
   //  Lies das erste Element in der Menge.
   //
   RETURN (SEND theCollection THE MESSAGE at(0))
ENDMETHOD first?

METHOD last? -> TYPE
AS
   //
   //  Lies das letzte Element in der Sammlung.
   //
   RETURN (SEND theCollection THE MESSAGE at(theCardinality - 1))
ENDMETHOD last?

METHOD remove (anItem : TYPE)
AS
```

```
//
// Bestimme das erste Vorkommen des Argumentwerts in der Sammlung
// und lösche es. Verschiebe alle nachfolgenden Werte, damit die
// geforderte Semantik des Behälters erhalten bleibt. Gibt es kein
// solches Vorkommen, wird keine Aktion ausgeführt.
//
INSTANCE index : Integer(0)
WHILE index < theCardinality DO
  IF anItem == SEND theCollection THE MESSAGE at(index) THEN
    INSTANCE position : Integer(1 + index)
    WHILE position < theCardinality DO
      INSTANCE copy : TYPE(SEND theCollection THE MESSAGE at(position))
      SEND theCollection THE MESSAGE atPut(position - 1, copy)
      SEND position THE MESSAGE assign(1 + position)
    ENDWHILE
    SEND theCardinality THE MESSAGE assign(theCardinality - 1)
    RETURN
  ENDIF
  SEND index THE MESSAGE assign(1 + index)
ENDWHILE
ENDMETHOD remove

METHOD removeFirst
AS
  //
  // Entferne das erste Element der Sammlung. Falls die Sammlung
  // leer ist, wird keine Aktion ausgeführt.
  //
  INSTANCE index : Integer(1)
  WHILE index < theCardinality DO
    INSTANCE copy : ITEM(SEND theCollection THE MESSAGE at(index))
    SEND theCollection THE MESSAGE atPut(index -1, copy)
    SEND index THE MESSAGE assign(1 + index)
  ENDWHILE
  SEND theCardinality THE MESSAGE assign(theCardinality - 1)
ENDMETHOD removeFirst

METHOD removeLast
AS
  //
  // Entferne das letzte Element aus der Sammlung. Falls die Sammlung
  // leer ist, wird keine Aktion ausgeführt.
  //
  SEND theCardinality THE MESSAGE assign(theCardinality - 1)
ENDMETHOD removeLast
```

```
      METHOD removeAt (anIndex : Integer)
      AS
         //
         // Entferne das Element an der gegebenen Indexposition aus der Sammlung.
         // Falls der Index keiner gültigen Position entspricht, wird keine
         // Aktion ausgeführt.
         //
         INSTANCE position : Integer(1 + anIndex)
         WHILE position < theCardinality DO
            INSTANCE copy : TYPE(SEND theCollection THE MESSAGE at(position))
            SEND theCollection THE MESSAGE atPut(position - 1, copy)
            SEND position THE MESSAGE assign(1 + position)
         ENDWHILE
         SEND theCardinality THE MESSAGE assign(theCardinality - 1)
         RETURN
      ENDMETHOD removeAt

ENDCLASS DSequentialCollection


//
//   Eine DOrderedCollection verhält sich wie eine DSequentialCollection mit
//   zusätzlichen add-Operationen. In allen Fällen verdoppeln die add-Operationen
//   die Größe des Behälters, falls er bereits voll ist. Die DOrderedCollection
//   ist eine konkrete Klasse, von der Instanzen erzeugt werden können:
//
//      theEmployees    : DOrderedCollection [ Employee ]
//
CLASS DOrderedCollection [TYPE]
   SPECIALISATION OF DSequentialCollection [TYPE]
WITH
PUBLIC INTERFACE
   DOrderedCollection (aSize : Integer)
   add (anItem : TYPE)                            REDEFINED
   addAt (anIndex : Integer, anItem : TYPE)
   addFirst (anItem : TYPE)
   addLast (anItem : TYPE)
PROTECTED INTERFACE
   NONE
PRIVATE IMPLEMENTATION
   REPRESENTATION NONE
   AGGREGATIONS NONE
   ASSOCIATIONS NONE
   DEFINITIONS
```

```
METHOD DOrderedCollection (aSize : Integer)
AS
   //
   //   Erzeuge einen Behälter der gegebenen Anfangsgröße
   //
   SEND DSequentialCollection THE MESSAGE initialise(aSize)
ENDMETHOD DOrderedCollection

METHOD add (anItem : TYPE)
AS
   //
   //   Füge das neue Element an der letzten Position ein.
   //
   SEND me THE MESSAGE addLast(anItem)
ENDMETHOD add

METHOD addAt (anIndex : Integer, anItem : TYPE)
AS
   //
   //   Füge das übergebene Element an der gegebenen Indexposition ein.
   //   Verschiebe alle nachfolgenden Elemente der Sammlung um eine Position.
   //
   IF theCardinality == SEND theCollection THE MESSAGE capacity? THEN
     INSTANCE increment : Integer(SEND theCollection THE MESSAGE capacity?)
     SEND theCollection THE MESSAGE reSize(increment)
   ENDIF

   INSTANCE index : Integer(theCardinality - 1)
   WHILE index >= anIndex DO
     INSTANCE copy : TYPE(SEND theCollection THE MESSAGE at(index))
     SEND theCollection THE MESSAGE atPut(index + 1, copy)
     SEND index THE MESSAGE assign(index - 1)
   ENDWHILE

   SEND theCollection THE MESSAGE atPut(anIndex, anItem)
   SEND theCardinality THE MESSAGE assign(1 + theCardinality)
ENDMETHOD addAt

METHOD addFirst (anItem : TYPE)
AS
   //
   //   Füge das übergebene Element an der ersten Position ein. Verschiebe
   //   vorhandene Elemente an die nächste Position. Falls der zugrunde-
   //   liegende Vektor voll ist, dann erhöhe seine Größe.
   //
```

```
      IF theCardinality == SEND theCollection THE MESSAGE capacity? THEN
        INSTANCE increment : Integer(SEND theCollection THE MESSAGE capacity?)
        SEND theCollection THE MESSAGE reSize(increment)
      ENDIF

      INSTANCE index : Integer(theCardinality - 1)
      WHILE index >= 0 DO
        INSTANCE copy : TYPE(SEND theCollection THE MESSAGE at(index))
        SEND theCollection THE MESSAGE atPut(index + 1, copy)
        SEND index THE MESSAGE assign(index - 1)
      ENDWHILE

      SEND theCollection THE MESSAGE atPut(0, anItem)
      SEND theCardinality THE MESSAGE assign(1 + theCardinality)
    ENDMETHOD addFirst

    METHOD addLast (anItem : TYPE)
    AS
      //
      //  Füge das übergebene Element am Ende der Sammlung ein.
      //
      IF theCardinality == SEND theCollection THE MESSAGE capacity? THEN
        INSTANCE increment : Integer(SEND theCollection THE MESSAGE capacity?)
        SEND theCollection THE MESSAGE reSize(increment)
      ENDIF

      SEND theCollection THE MESSAGE atPut(theCardinality, anItem)
      SEND theCardinality THE MESSAGE assign(1 + theCardinality)
    ENDMETHOD addLast

ENDCLASS DOrderedCollection

//
//   Eine DSortedCollection speichert ihre Elemente entsprechend der
//   Sortierreihenfolge des Elementtyps. Wenn Elemente hinzugefügt oder
//   gelöscht werden, bleibt die Reihenfolge erhalten.
//
CLASS DSortedCollection [TYPE]
   SPECIALISATION OF Fehler von Benutzer[TYPE]
WITH
PUBLIC INTERFACE
   DSortedCollection (aSize : Integer)
   add (anItem : TYPE)                    REDEFINED
PROTECTED INTERFACE
   NONE
```

```
PRIVATE IMPLEMENTATION
   REPRESENTATION NONE
   AGGREGATIONS NONE
   ASSOCIATIONS NONE
   DEFINITIONS
      METHOD DSortedCollection (aSize : Integer)
      AS
         //
         //  Erzeuge eine Sammlung der gegebenen Größe.
         //
         SEND theCollection THE MESSAGE initialise(aSize)
         SEND theCardinality THE MESSAGE initialise(0)
      ENDMETHOD DSortedCollection

      METHOD add (anItem : TYPE)
      AS
         //
         //  Füge das neue Element in die Sammlung ein, wobei die Reihenfolge
         //  der Elemente erhalten bleibt.
         //
         IF theCardinality == SEND theCollection THE MESSAGE capacity? THEN
           INSTANCE increment : Integer(SEND theCollection THE MESSAGE capacity?)
           SEND theCollection THE MESSAGE reSize(increment)
         ENDIF

         INSTANCE index : Integer(0)
         WHILE index < theCardinality DO
           INSTANCE copy : TYPE(SEND theCollection THE MESSAGE at(index))
           IF SEND anItem THE MESSAGE lessThan(copy) THEN
             INSTANCE position : Integer(theCardinality - 1)
             WHILE position >= index DO
               INSTANCE posCopy : TYPE(SEND theCollection THE MESSAGE at(position))
               SEND theCollection THE MESSAGE atPut(1 + position, posCopy)
               SEND position THE MESSAGE assign(position - 1)
             ENDWHILE
             SEND theCollection THE MESSAGE atPut(index, anItem)
             SEND theCardinality THE MESSAGE assign(1 + theCardinality)
             RETURN
           ENDIF
           SEND index THE MESSAGE assign(1 + index)
         ENDWHILE

         SEND theCollection THE MESSAGE atPut(theCardinality, anItem)
         SEND theCardinality THE MESSAGE assign(1 + theCardinality)
      ENDMETHOD add
```

ENDCLASS DSortedCollection

//   Eine DSequentialList ist eine spezielle DIndexedCollection, in der
//   alle Elemente vom Basisindex 0 an sequentiell ohne Lücken gespeichert sind.
//   Alle Hinzufügungen und Löschungen erfolgen mit Hilfe verschiedener
//   Operationen add... und remove... Es ist keine Aktualisierung durch
//   direkten (indizierten) Zugriff möglich, damit die Integrität des
//   Behälters nicht zerstört wird.
//
//   Eine Klasse DSequentialList und ihre abgeleiteten Klassen benutzen
//   für ihre Repräsentation verkettete Listenstrukturen. Speicherplatz für
//   neue Elemente wird auf Anforderung bereitgestellt, daher ist im Gegensatz
//   zu DSequentialCollection keine Anpassung der Größe in regelmäßigen Abständen
//   erforderlich.
//
```
ABSTRACT CLASS DSequentialList [TYPE]
    SPECIALISATION OF DIndexedCollection[TYPE]
WITH
PUBLIC INTERFACE
    DSequentialList (depth : Integer, absent : TYPE)
    capacity? -> Integer                    REDEFINED
    reSize (aSize : Integer)                REDEFINED
    at (anIndex : Integer) -> TYPE          REDEFINED
    isEmpty? -> Boolean
    cardinality? -> Integer
    isMember? (anItem : TYPE) -> Boolean    POLYMORPHIC
    occurrencesOf? (anItem : TYPE) -> Integer    POLYMORPHIC
    first? -> TYPE
    last? -> TYPE
    removeFirst
    removeLast
    removeAt (anIndex : Integer)
    add (anItem : TYPE)                     DEFERRED
    remove (anItem : TYPE)                  DEFERRED
PROTECTED INTERFACE
    // ...
PRIVATE IMPLEMENTATION
    REPRESENTATION NONE
    AGGREGATIONS NONE
    ASSOCIATIONS NONE
    DEFINITIONS
        // ...
```

```
ENDCLASS DSequentialList


CLASS DOrderedList [TYPE]
   SPECIALISATION OF DSequentialList[TYPE]
WITH
PUBLIC INTERFACE
   DOrderedList (absent :TYPE)
   add (anItem :TYPE)                          REDEFINED
   addFirst (anItem :TYPE)
   addLast (anItem :TYPE)
   remove (anItem :TYPE)                       REDEFINED
   removeAt (anIndex : Integer)
   isMember? (anItem :TYPE) -> Boolean         REDEFINED
   occurrencesOf? (anItem :TYPE) -> Integer    REDEFINED
PROTECTED INTERFACE
   NONE
PRIVATE IMPLEMENTATION
   REPRESENTATION NONE
   AGGREGATIONS NONE
   ASSOCIATIONS NONE
   DEFINITIONS
      // ...

ENDCLASS DOrderedList


CLASS DSortedList [TYPE]
   SPECIALISATION OF DSequentialList[TYPE]
WITH
PUBLIC INTERFACE
   DSortedList (depth : Integer, absent : TYPE)
   add (anItem : TYPE)                         REDEFINED
   remove (anItem : TYPE)REDEFINED
   isMember? (anItem : TYPE) -> Boolean        REDEFINED
   remove (anItem : TYPE)REDEFINED
PROTECTED INTERFACE
   NONE
PRIVATE IMPLEMENTATION
   REPRESENTATION NONE
   AGGREGATIONS NONE
   ASSOCIATIONS NONE
   DEFINITIONS
      // ...
```

ENDCLASS DSortedList


```
//
//    Eine DNonIndexedCollection repräsentiert eine abstrakte Basisklasse, bei
//    der keine Sortierung der Elemente erforderlich ist. Konkrete Beispiele
//    sind typischerweise DBag und DSet.
//
//    Solche Klassen wenden einen Hash-Algorithmus an, um die Elemente zufällig
//    im zugrundeliegenden Vektor zu verteilen. Wie bei der Klasse DCollection
//    angemerkt, müssen die tatsächlichen Elementtypen die Methode hashValue für
//    diesen Vorgang der zufälligen Verteilung bereitstellen.
//
//    Die Klassenkonstruktoren besitzen zusätzlich zum normalen Argument für die
//    Größe ein zweites Argument, bei dem es sich um einen eindeutig von den
//    später in den Behältern gespeicherten Werten verschiedenen Wert handelt.
//    Dieser Wert wird in alle Zellen des Vektors eingetragen und soll andeuten,
//    daß die jeweilige Zelle unbenutzt ist.
//
ABSTRACT CLASS DNonIndexedCollection [TYPE]
    SPECIALISATION OF DCollection
WITH
PUBLIC INTERFACE
    DNonIndexedCollection (aSize : Integer, absent : TYPE)
    capacity? -> Integer                              REDEFINED
    reSize (anIncrement :Integer)                     REDEFINED
    isEmpty? -> Boolean
    cardinality? -> Integer
    isMember? (anItem :TYPE) -> Boolean
    occurrencesOf? (anItem :TYPE) -> Integer
    remove (anItem :TYPE)
    add (anItem :TYPE)                                DEFERRED
PROTECTED INTERFACE
    theCollection : DVector [ TYPE ]
    theCardinality :Integer
    theAbsent :TYPE
PRIVATE IMPLEMENTATION
    REPRESENTATION NONE
    AGGREGATIONS NONE
    ASSOCIATIONS NONE
    DEFINITIONS
        METHOD DNonIndexedCollection (aSize : Integer, absent : TYPE)
        AS
            //
            //    Erzeuge einen Vektor der geforderten Größe und fülle ihn.
```

```
    //
    SEND theCollection THE MESSAGE initialise(aSize)
    SEND theCardinality THE MESSAGE initialise(0)
    SEND theAbsent THE MESSAGE initialise(absent)

    INSTANCE index : Integer(0)
    WHILE index < theCardinality DO
      SEND theCollection THE MESSAGE atPut(index, theAbsent)
      SEND index THE MESSAGE assign(1 + index)
    ENDWHILE
  ENDMETHOD DNonIndexedCollection

  METHOD capacity? -> Integer
  AS
    //
    //  Bestimme die maximale Kapazität des Vektors
    //
    RETURN (SEND theCollection THE MESSAGE capacity?)
  ENDMETHOD capacity?

  METHOD reSize (anIncrement : Integer)
  AS
    //
    //  Vergrößere den zugrundeliegenden Vektor um den angegebenen
    //  Wert und verteile die Elemente in dieser neuen Struktur neu.
    //
  ENDMETHOD reSize

  METHOD isEmpty? -> Boolean
  AS
     IF theCardinality == 0 THEN
        RETURN TRUE
     ELSE
        RETURN FALSE
     ENDIF
  ENDMETHOD isEmpty?

  METHOD cardinality? -> Integer
  AS
     RETURN theCardinality
  ENDMETHOD cardinality?

  METHOD isMember? (anItem : TYPE) -> Boolean
  AS
     //
```

```
   // Bestimme, ob der gegebene Wert in der Sammlung vorhanden ist.
   // Durchsuche den Behälter mit Hilfe eines einfachen offenen
   // Hash-Verfahrens.
   //
   INSTANCE maxSize : Integer(SEND theCollection THE MESSAGE capacity?)

   INSTANCE hash : Integer(SEND anItem THE MESSAGE hashValue?)
   INSTANCE position : Integer(hash % maxSize)
   INSTANCE element : TYPE(SEND theCollection THE MESSAGE at(position))
   WHILE element != theAbsent DO
     IF anItem == element THEN
       RETURN TRUE
     ENDIF
     SEND position THE MESSAGE assign(1 + position)
     SEND element THE MESSAGE
       assign(SEND theCollection THE MESSAGE at(position))
   ENDWHILE

   RETURN FALSE
ENDMETHOD isMember?

METHOD occurrencesOf? (anItem : TYPE) -> Integer
AS
   //
   // Bestimme, ob der gegebene Wert in der Sammlung vorhanden ist
   // und wie oft. Durchsuche den Behälter mit Hilfe eines einfachen
   // offenen Hash-Verfahrens.
   //
   INSTANCE count : Integer(0)
   INSTANCE maxSize : Integer(SEND theCollection THE MESSAGE capacity?)

   INSTANCE hash : Integer(SEND anItem THE MESSAGE hashValue?)
   INSTANCE position : Integer(hash % maxSize)
   INSTANCE element : TYPE(SEND theCollection THE MESSAGE at(position))
   WHILE element != theAbsent DO
     IF anItem == element THEN
       SEND count THE MESSAGE assign(1 + count)
     ENDIF
     SEND position THE MESSAGE assign(1 + position)
     SEND element THE MESSAGE
       assign(SEND theCollection THE MESSAGE at(position))
   ENDWHILE

   RETURN count
ENDMETHOD occurrencesOf?
```

Anhang B Elementare Datentypen von LOOM

```
      METHOD remove (anItem : TYPE)
      AS
         //
         //   Entferne das gegebene Element aus der Sammlung. Stelle dabei
         //   sicher, daß die Gültigkeit der offenen Hash-Strukturen nicht
         //   verletzt wird.
         //
      ENDMETHOD remove

ENDCLASS DNonIndexedCollection



//
//   Ein DBag ist eine unsortierte Sammlung von Elementen, in der Duplikate
//   erlaubt sind.
//
CLASS DBag [TYPE]
   SPECIALISATION OF DNonIndexedCollection[TYPE]
WITH
PUBLIC INTERFACE
   DBag (aSize : Integer, absent : TYPE)
   add (anItem : TYPE)                              REDEFINED
PROTECTED INTERFACE
   NONE
PRIVATE IMPLEMENTATION
   REPRESENTATION NONE
   AGGREGATIONS NONE
   ASSOCIATIONS NONE
   DEFINITIONS
      METHOD DBag (aSize : Integer, absent : TYPE)
      AS
         //
         //   Erzeuge eine Struktur der geforderten Größe.
         //
         SEND DNonIndexedCollection THE MESSAGE initialise(aSize, absent)
      ENDMETHOD DBag

      METHOD add (anItem : TYPE)
      AS
         //
         //   Füge ein neues Element zu der Sammlung hinzu. Wende dabei für die
         //   Verteilung der Elemente einen einfachen offenen Hash-Algorithmus an.
         //
         INSTANCE maxSize : Integer(SEND theCollection THE MESSAGE capacity?)
```

```
      IF theCardinality >= (3 * maxSize / 4) THEN
        SEND me THE MESSAGE reSize(maxSize)
        SEND maxSize THE MESSAGE assign(maxSize + maxSize)
      ENDIF

      INSTANCE hash : Integer(SEND anItem THE MESSAGE hashValue?)
      INSTANCE position : Integer(hash % maxSize)
      INSTANCE element : TYPE(SEND theCollection THE MESSAGE at(position))
      WHILE element != theAbsent DO
        SEND position THE MESSAGE assign(1 + position)
        SEND element THE MESSAGE
          assign(SEND theCollection THE MESSAGE at(position))
      ENDWHILE

      SEND theCollection THE MESSAGE atPut(position, anItem)
      SEND theCardinality THE MESSAGE assign(1 + theCardinality)
    ENDMETHOD add

ENDCLASS DBag


CLASS DSet [TYPE]
    SPECIALISATION OF DBag[TYPE]
WITH
PUBLIC INTERFACE
    DSet (aSize : Integer, absent : TYPE)
    add (anItem : TYPE)                           REDEFINED
PROTECTED INTERFACE
    NONE
PRIVATE IMPLEMENTATION
    REPRESENTATION NONE
    AGGREGATIONS NONE
    ASSOCIATIONS NONE
    DEFINITIONS
      METHOD DSet (aSize : Integer, absent : TYPE)
      AS
        //
        //  Erzeuge einen Behälter der geforderten Größe.
        //
        SEND DBag THE MESSAGE initialise(aSize, absent)
      ENDMETHOD DSet

      METHOD add (anItem : TYPE)
      AS
        //
```

```
        // Füge ein neues Element ohne Duplikat zu der Sammlung hinzu. Wende
        // dabei für die Verteilung der Elemente einen einfachen offenen
        // Hash-Algorithmus an.
        //
        INSTANCE maxSize : Integer(SEND theCollection THE MESSAGE capacity?)
        IF theCardinality >= (3 * maxSize / 4) THEN
          SEND me THE MESSAGE reSize(maxSize)
          SEND maxSize THE MESSAGE assign(maxSize + maxSize)
        ENDIF

        INSTANCE hash : Integer(SEND anItem THE MESSAGE hashValue?)
        INSTANCE position : Integer(hash % maxSize)
        INSTANCE element : TYPE(SEND theCollection THE MESSAGE at(position))
        WHILE element != theAbsent DO
          IF anItem == element THEN
            RETURN
          ENDIF
          SEND position THE MESSAGE assign(1 + position)
          SEND element THE MESSAGE
            assign(SEND theCollection THE MESSAGE at(position))
        ENDWHILE

        SEND theCollection THE MESSAGE atPut(position, anItem)
        SEND theCardinality THE MESSAGE assign(1 + theCardinality)
     ENDMETHOD add

ENDCLASS DSet
```

Anhang C

C++-Klassen

Dieser Anhang enthält einen kurzen Überblick über die Klassen in der Programmiersprache C++. Hiermit wird keine ins Detail gehende Abhandlung gegeben, sondern wir benennen und beschreiben die wichtigsten Gesichtspunkte, auf die wir uns in diesem Buch konzentriert haben. Dem Literaturverzeichnis können Sie eine Anzahl von wichtigen Veröffentlichungen entnehmen, welche die Sprache detailliert beschreiben.

C.1 Das Wesentliche zu Klassen

Die Programmiersprache C++ bietet einen Aggregattyp, der *Klasse* genannt wird. Sie setzt sich aus unterschiedlichen Bestandteilen zusammen. Diese Bestandteile können aus *Datenelementen* oder aus *Funktionselementen* bestehen. Diesen Klassenelementen werden Zugriffsrechte eingeräumt, die festlegen, welche Bestandteile geschützt sind und welche dem Anwender der Klasse zur Verfügung stehen. Die Ebenen des Zugriffs werden durch die Schlüsselworte public:, protected: und private: eingeleitet. Üblicherweise erscheinen die Datenelemente in dem privaten Abschnitt und Funktionselemente in dem öffentlichen Abschnitt. Das ist jedoch keine Voraussetzung der Sprache. Es kann durchaus sinnvoll sein, daß wir zum Beispiel ein Funktionselement dem privaten Abschnitt zuordnen, welches eine unterstützende Rolle für die Klasse spielt, aber für Clients nicht verfügbar sein muß. Nachfolgend sehen Sie eine Klasse für die Darstellung von Bankkonten:

```
class Account {
public:
  Account (const CString& anAccountNumber, int initialBalance);

CString     accountNumber(void) const;
int         balance(void) const;

void        credit(int money);
void        debit(int money);

private:
  CString     theAccountNumber;
  int         theBalance;
};
```

Der Name der Klasse ist durch die *Kennung* Account gegeben. Die Klasse wird durch eine Kontonummer und den aktuellen Kontostand dargestellt. Diese Werte werden durch die privaten Datenelemente theAccountNumber und theBalance realisiert. Ein Anwender der Klasse verändert diese Werte durch die öffentlichen Elementfunktionen balance, credit, debit und accountNumber. Zum Beispiel ist die Funktion balance eine Abfragefunktion, die den aktuellen Kontostand ermittelt. Die Funktion credit aktualisiert den Kontostand unter Verwendung des Geldbetrags, der durch ihr Argument gegeben ist.

Instanzen von dieser Klasse Account werden durch folgende Definition gebildet:

```
Account           myAccount("ABC123", 100);
```

Hier wird die Programmvariable myAccount deklariert und durch die Zeichenkette "ABC123" und die Ganzzahl 100 initialisiert. Durch die Initialisierung werden den ansonsten privaten Datenelementen jeweils diese Werte zugewiesen. Die Initialisierung wird durch die *Elementfunktion Konstruktor* durchgeführt, das ist diejenige Funktion, die in der Klassendeklaration mit demselben Namen wie die Klasse bezeichnet ist.

Daß so ein Konstruktor vorhanden ist, bedeutet, daß das gezeigte Beispiel die einzige erlaubte Möglichkeit darstellt, ein Account-Objekt zu definieren. Es müssen tatsächlich zwei Argumente übergeben werden, eine Zeichenkette und eine Ganzzahl.

Die Elemente der Klasse werden durch den *Klassenelement-Zugriffsoperator* referenziert. Da wir in dem öffentlichen Abschnitt der Klasse Account nur Elementfunktionen aufgeführt haben, sind diese die einzigen Elemente, auf die mit diesem auswählenden Operator zugegriffen werden kann. Die von uns verwandte Form ist:

```
object-name.member-function-name
  (actual-arguments)
```

Werden von der Elementfunktion keine Argumente benötigt, dann verwenden wir für die Parameterliste die Form (). Die Gutschrift von 10 Geldeinheiten auf myAccount erreichen wir mit der Anweisung:

```
myAccount.credit(10);
```

Den aktuellen Kontostand können wir feststellen mit:

```
if(myAccount.balance() > 1000) ...
```

Die Definition der Elementfunktionen bestimmt deren Verhalten, wenn sie auf eine Instanz der Klasse Account angewandt werden. Zum Beispiel addiert myAccount.credit(10) vermutlich das übergebene Argument 10 zum aktuellen Stand des Kontos hinzu. Dieser Kontostand ist zu diesem Zeitpunkt durch den vorher ausgeführten, initialisierenden Konstruktor auf 100 Geldeinheiten gesetzt. Das Verhalten einer Funktion wird in der *Definition der Elementfunktion* festgelegt. Die Definition einer Funktion besteht aus einer Mischung von Programmanweisungen, durch die Aktionen beschrieben werden, zusammen mit einer beliebigen Anzahl von temporären Datenelementen, welche von der Funktion zur Bewältigung ihrer Aufgaben benötigt werden. Die Definition der Elementfunktion credit könnte folgendermaßen aussehen:

```
void            Account::credit(int monetary)
{
   theBalance + = monetary;
}
```

In diesem Fall besteht die Definition der Funktion aus einem *Funktionskopf und einem Funktionsrumpf*. Der Funktionsrumpf enthält die Anweisungen und die Definitionen von Daten. In unserem Beispiel besteht der Funktionsrumpf aus der einzelnen Anweisung `theBalance += monetary`, welche den Wert des Arguments `monetary` zu dem Wert des Datenelements `theBalance` hinzufügt.

Der Funktionskopf macht den Namen der Funktion, die Argumente der Funktion und deren Typen (falls vorhanden) sowie den Rückgabewert der Funktion bekannt. Der Name der Funktion lautet `credit`. Das hier ist die Funktion `credit` der Klasse `Account`, und weil C++ es erlaubt, daß dieser Funktionsname in einer anderen Klasse ebenfalls eingeführt wird, qualifizieren wir den Funktionsnamen durch den *Scope-resolution-Operator* (::), dem der Klassenname vorangestellt wird. In unserem Fall gibt die Funktion `credit` keinen Wert zurück, was durch das Schlüsselwort `void` angezeigt wird. Und die Funktion erwartet die Übergabe eines einzelnen Arguments, was durch das entsprechende formale `int`-Argument `monetary` erfaßt wird.

Wird wie in der Anweisung `myAccount.credit(10)` die Elementfunktion aufgerufen, dann wird das aktuelle Argument 10 dazu verwendet, den Wert des formalen Arguments `monetary` zu initialisieren. Dieser Vorgang wird als Parameterübergabe bezeichnet, und C++ verwendet drei verschiedene Strategien der Parameterübergabe. Bei der Elementfunktion `credit` wird die Methode *pass by value*, zu deutsch Wertübergabe verwendet. Bei dieser Strategie wird der Wert des aktuellen Arguments bestimmt, welcher danach dazu verwendet wird, das formale Argument `monetary` zu initialisieren. Danach arbeitet der Rumpf der Funktion mit diesem vorinitialisierten, formalen Argument.

Die Konstruktor-Funktion einer Klasse spielt eine spezielle Rolle. Sie ist dazu da, jede Objektinstanz eines Klassentyps ordnungsgemäß zu initialisieren und als solche ist sie nicht mit einem Rückgabewert ausgestattet, da kein Wert zurückgegeben wird. Wenn ein Objekt der Klasse `Account` wie zuvor gezeigt definiert wird, dann wird die Konstruktor-Funktion aufgerufen. Bei dieser Klasse gehen wir davon aus, daß der Konstruktor die Werte der Datenelemente mit den Werten der aktuellen Argumente initialisiert. Der Konstruktor der Klasse `Account` könnte wie folgt aussehen:

```
Account::Account(const CString& anAccountNumber, int initialBalance)
{
   theAccountNumber = anAccountNumber;
   theBalance = initialBalance;
}
```

Wir sehen, daß für die Initialisierung eine einfache Zuweisung der Argumente an die Datenelemente verwendet wird.

Ein C++-Konstruktor besteht aus zwei Phasen, der *Initialisierungsphase* und der *Zuweisungsphase*. Die Zuweisungsphase steht im Zusammenhang mit dem Funktionsrumpf des Konstruktors und wird in dem oben angeführten Beispiel verwendet, um die Werte der Datenelemente festzulegen. Die Initialisierungsphase geht der Zuweisungsphase voraus und wird mit einer *Element-Initialisierungsliste* dargestellt, die nur bei Konstruktor-Funktionen vorkommt. Eine Element-Initialisierungsliste besteht aus einer durch Kommata getrennten Liste der Datenelemente und den ihnen anfänglich zugewiesenen Werten. Dargestellt wird das durch die Datenelemente und ihre in Klammern eingeschlossenen anfänglichen Wertausdrücke. Wie nachfolgend gezeigt, wird die Liste vom Funktionskopf durch einen Doppelpunkt getrennt:

```
Account::Account(const CString& anAccountNumber, int initialBalance)
  : theAccountNumber(anAccountNumber), theBalance(initialBalance)
{
}
```

Hier hat der Konstruktor während der Zuweisungsphase natürlich nichts mehr zu erledigen und so bleibt der Funktionsrumpf leer. Es ist völlig in Ordnung, eine Mischung aus beidem zu verwenden, wie in folgendem Beispiel:

```
Account::Account(const CString& anAccountNumber, int initialBalance)
  : theAccountNumber(anAccountNumber)
{
  theBalance = initialBalance;
}
```

Für das Datenelement `theBalance` ist jede oben aufgeführte Form zulässig. Für das aus einer Zeichenkette bestehende Datenelement `theAccountNumber` ist es allerdings angebrachter, die Initialisierungsphase zu verwenden. Das Datenelement `theAccountNumber` ist vom Typ `CString`, der selber eine anwenderdefinierte Klasse ähnlich der Klasse `Account` darstellt. Wird ein `Account`-Objekt generiert, dann werden zwei Subobjekte, die Datenelemente, erzeugt. Da `CString` eine anwenderdefinierte Klasse ist, ist anzunehmen, daß für die Initialisierung der `CString`-Konstruktor ausgeführt wird. Das gilt selbst dann, wenn keine Initialisierungsphase für unseren Klassen-Konstruktor bereitgestellt wird. Das heißt, daß die Klasse `CString` eine Möglichkeit zur Initialisierung des `CString`-Subobjekts `theAccountNumber` geben muß und bedeutet, daß ein geeigneter Konstruktor in der Klasse `CString` existiert. Wenn dies geschieht, betreten wir zur Ausführung der Zuweisungsphase des Konstruktors der Klasse `Account` den Funktionsrumpf. Wir überschreiben sofort den Vorgabewert, der `theAccountNumber` zugewiesen wurde. Es ist besser, diesen Vorgang in einem Schritt durch das oben beschriebene Schema der Elementinitialisierung zu realisieren.

Wird der Konstruktor der Klasse `Account` aufgerufen, um das Objekt `myAccount` wie folgt zu initialisieren:

```
Account myAccount("ABC123", 100);
```

dann wird die Zeichenkette `"ABC123"` dazu verwendet, das formale Argument `anAccountNumber` zu initialisieren. Möglicherweise kann das eine sehr lange Zeichenkette sein, wodurch es nötig würde, eine große Datenmenge vom aktuellen Argument in das formale Argument zu kopieren, wenn wir die Methode der Wertübergabe verwenden würden. C++ stellt auch eine Parameterübergabe *pass by reference*, zu deutsch Referenzübergabe, zur Verfügung. In diesem Schema agiert ein formales Referenzargument als ein Alias für das aktuelle Argument. In diesem Fall wird das aktuelle Argument nicht kopiert, sondern das aktuelle Argument agiert als ein anderer Name für das formale Argument.

Ein formales Referenzargument sieht aus wie oben gezeigt. Dort sehen Sie den Typnamen CString gefolgt von dem Und-Zeichen, dem Symbol "&". Da jetzt das formale Argument eine Referenz zu dem aktuellen Argument darstellt, resultiert jede Veränderung, die im Rumpf der Funktion an dem formalen Argument vorgenommen wird, in einer Änderung des aktuellen Arguments. Wegen dieser Fähigkeit wollen wir in unserem Beispiel einfach die Argumentübergabe per Referenz verwenden, allerdings wollen wir Veränderungen des formalen und dadurch des aktuellen Arguments ausschließen. Das wird durch Voranstellung des qualifizierenden Schlüsselworts const erreicht. Damit wird sichergestellt, daß wir dem formalen Argument theAccountNumber im Rumpf der Funktion keine veränderten Werte zuweisen können.

Wir hatten schon erwähnt, daß derselbe Funktionsname in einer oder mehreren Klassen erscheinen kann. Das wird als *Überladen von Funktionen* bezeichnet. Das gleiche gilt innerhalb einer Klasse, vorausgesetzt, daß die Funktionen sich entweder in der Anzahl oder aber im Typ ihrer Argumente unterscheiden. Das ist notwendig, damit der Compiler sie auseinanderhalten kann. Dieses Überladen gilt auch für Konstruktoren und wird üblicherweise dazu verwendet, dem Anwender unterschiedliche Möglichkeiten der Initialisierung von Objekten zu eröffnen. Insbesondere ist oft ein *Default-Konstruktor* zusammen mit anderen üblichen Konstruktoren anzutreffen. Der Default-Konstruktor hat keine Argumente:

```
class Account {
public:
  Account(const CString& anAccountNumber, int initialBalance);
  Account(void);
  // ...
};
```

Wie schon zuvor gehen wir davon aus, daß der Konstruktor seine Datenelemente ordnungsgemäß initialisiert. Dieses Mal gibt es natürlich keine formalen Argumente, die wir verwenden können. In dem Fall müssen wir eine sinnvolle Semantik für das Verhalten des Default-Konstruktors definieren. Vielleicht würden wir in diesem Beispiel der Kontonummer eine leere Zeichenkette und dem Kontostand Null zuweisen:

```
Account::Account(void)
  : theAccountNumber("")
{
}
```

Das Schlüsselwort const erscheint auch in der Beschreibung der Abfragefunktionen accountNumber und balance. Hierbei dokumentiert das Schlüsselwort die Tatsache, daß das Verhalten der Funktion auf keinen Fall die Datenelemente der Objekte verändert, auf welche die Funktion angewandt wird. Haben wir überdies diese Funktionen definiert und schreiben danach versehentlich Programmanweisungen, die im Widerspruch dazu stehen, dann erzeugt der C++-Compiler Fehlermeldungen, die uns auf diese Situation aufmerksam machen.

```
CString Account::accountNumber(void) const
{
  return theAccountNumber;
}
```

C.2 Ableitung von Klassen

Statt jedesmal eine Klasse von neuem zu entwickeln, besteht die Möglichkeit, eine neue Klasse als Ableitung einer existierenden Klasse einzuführen. Die bestehende Klasse wird als *Basisklasse* und die neue Klasse als *abgeleitete Klasse* bezeichnet. Ableitung ermöglicht es, daß die Elemente der Basisklasse verwendet werden können, als wären sie Elemente der abgeleiteten Klasse, ohne daß sie dazu neu definiert werden müssen. Zum Beispiel kann die Klasse SavingsAccount als Ableitung der Klasse Account eingeführt werden. Da die Klasse Account die Elementfunktion credit anbietet, können wir diese Funktion auf ein SavingsAccount-Objekt anwenden:

```
SavingsAccount mySavings("XYX789", 10000);
mySavings.credit(1000);
```

Alle Operationen, die mit einem Account-Objekt ausgeführt werden können, lassen sich auch mit einem SavingsAccount-Objekt ausführen. Falls es notwendig wird, läßt sich die Liste der von der Basisklasse geerbten Daten- und Funktionselemente erweitern. Außerdem lassen sich eine oder mehrere von der Basisklasse geerbte Funktionen ersetzen; dieser Vorgang wird als *Redefinition der Funktionsdefinitionen* bezeichnet.

Um Klassenableitung anzuzeigen, enthält eine Klassendeklaration eine *Ableitungsliste* der Klassen, von denen Elemente geerbt werden. Die in dieser Ableitungsliste aufgeführten Namen sind die Basisklassen. Die Klassendeklaration für SavingsAccount würde folgendermaßen aussehen:

```
class SavingsAccount : public Account {
public:
  // ...
};
```

Die Ableitungsliste wird durch einen Doppelpunkt von dem Klassennamen getrennt. Das Schlüsselwort public zeigt an, daß die Klasse SavingsAccount eine öffentlich abgeleitete Klasse der Basisklasse Account darstellt. Jedes öffentliche Element der Basisklasse ist auch ein öffentliches Element der abgeleiteten Klasse. Durch das Vorhandensein der Ableitungsliste besteht keine Notwendigkeit, die geerbten Dienste der Basisklasse zu wiederholen. In der Regel werden zusätzliche Daten- und Funktionselemente in die abgeleitete Klasse aufgenommen. So könnte zum Beispiel unsere Klasse SavingsAccount den Wert für den Zinssatz, der für das Konto gilt, enthalten. Zwei Funktionen, interestRate und setInterestRate, ermöglichen es dem Anwender, den Zinssatz zu bestimmen und zu verändern.

```
class SavingsAccount : public Account {
public:
  // ...
  int interestRate(void) const;
  void setInterestRate(int rate);

private:
  int theInterestRate;
};
```

Somit wäre folgendes vollkommen zulässig:

```
SavingsAccount mySavings( ...);        // siehe unten
mySavings.credit(1000);                // geerbte Funktion
mySavings.setInterestRate(4);          // zusätzliche Funktionen
int presentRate = mySavings.interestRate();
```

Konstruktor-Elementfunktionen werden nicht automatisch an die abgeleitete Klasse vererbt. Das ist verständlich, da die abgeleitete Klasse SavingsAccount, wie wir bereits gezeigt haben, ein zusätzliches Datenelement enthält, welches durch den Konstruktor der Basisklasse nicht initialisiert wird. Somit wird folgendes erforderlich:

```
class SavingsAccount : public Account {
public:
  SavingsAccount(const CString& anAccountNumber, int initialBalance,
    int initialRate);
  // ...
private:
  int theInterestRate;
};
```

Der Konstruktor der abgeleiteten Klasse initialisiert die Datenelemente der Basisklasse durch den Konstruktor der Basisklasse, dargestellt in einer Element-Initialisierungsliste. Es ist nicht möglich, diese Elemente direkt im Konstruktor der abgeleiteten Klasse zu initialisieren, weil diese im privaten Abschnitt der Basisklasse stehen. Privat bedeutet immer privat, selbst nach der Ableitung. Aber wir haben sowieso schon herausgefunden, daß die korrekte Art der Initialisierung der Elemente einer Klasse mit Hilfe des Konstruktors geschieht.

```
SavingsAccount::SavingsAccount(const CString& anAccountNumber, int initialBalance,
    int initialRate)
  :Account(anAccountNumber, initialBalance), theInterestRate(initialRate)
{
}
```

Es ist sinnvoll, die Redefinition einiger der geerbten Funktionen der Basisklasse in Betracht zu ziehen. Zum Beispiel könnte sich die Funktion balance sowohl um den aktuellen Kontostand wie auch um die für diesen Betrag aufgelaufenen Zinsen kümmern. Stellen wir uns vor, daß der Funktion balance in der abgeleiteten Klasse der aktuelle Kontostand und die einfachen Zinsen für diese Summe als Argumente übergeben werden und sie diese dann addiert. Es gibt zwei Voraussetzungen. Zum einen muß die Funktion explizit in der abgeleiteten Klasse eingeführt werden, zum anderen müssen wir eine Definition für sie bereitstellen.

```
class SavingsAccount : public Account {
public:
   int balance(void) const;   // Bekanntmachung der redefinierten Funktion
   // ...
private:
   int theInterestRate;
};

class SavingsAccount::balance(void) const
{
   int interestDue = theBalance() * theInterestRate / 100;
      // aber siehe unten
   return theBalance + interestDue;
}
```

Damit diese Funktion als redefinierte Funktion zulässig ist, muß sie genauso wie die Funktion in der Basisklasse aussehen. Unsere Schwierigkeit besteht darin, daß die Definition der Funktion für diese redefinierte Version auf ein Datenelement theBalance der Basisklasse verweist. Wie wir schon bemerkt haben, steht dieses Element in dem privaten Abschnitt der Basisklasse und erlaubt damit keinen Zugriff. Wir würden das Prinzip der Datenkapselung verletzten, wenn wir dieses Element in den öffentlichen Abschnitt verschieben würden. Damit hat ein Anwender der Klasse direkten Zugriff auf dieses Element. Um diese Schwierigkeit zu vermeiden, verwenden wir die öffentliche Operation balance der Basisklasse:

```
int SavingsAccount::balance(void) const
{
   int interestDue = Account::balance() * theInterestRate / 100;
      // aber siehe unten
   return theBalance + interestDue;
}
```

Die Syntax:

```
class Derived : private Base { ... };
```

führt die Klasse Derived als privat von der Klasse Base abgeleitete Klasse ein. Die öffentlichen Elemente der Klasse Base sind private Elemente der Klasse Derived und damit können Anwender der Klasse Derived nicht darauf zugreifen. Private Ableitung wird verwendet, wenn die interne Darstellung der Klasse Derived durch den von der Klasse Base definierten Datentyp zur Verfügung gestellt wird. Betrachten Sie die Klasse Vector, die ein eindimensionales Array von Ganzzahlen nachbildet:

```
class Vector {
public:
```

```
Vector (int initialSize)

void atPut(int index, int anItem) // Einführung eines neuen Eintrags
int at(int index) const; // Zugriff auf eine bestimmte Position
// ...
};
```

Ein Stack ist eine Sammlung von Ganzzahlen, die einer strikten Last-in-first-out-Speicherstrategie gehorchen (Kellerspeicher). Wir überlegen uns, daß wir für diese Darstellung Stack von Vector ableiten können. Üblicherweise würde das in Fällen gemacht, in denen sich ein bestimmtes Element der Klasse Vector in deren geschützter Schnittstelle befindet und in der Klasse Stack benötigt wird.

```
class Stack : private Vector {
public:
Stack(int initialSize);

void push(int anItem);
void pop(void);
int top(void) const;

private:
    int theStackTop; // Indizierung des Vektors
};

void Stack::push(int anItem)
{
    theStackTop++;
    atPut(theStackTop, anItem);
}
```

Vererbung ist ein Mechanismus, in dem eine Klasse als Weiterentwicklung einer bestehenden Klasse gebildet wird. Das erweist sich als ein besonders wichtiges Konzept und es erlaubt eine Wiederverwendung von vorhandenem Quelltext. Durch Vererbung werden auch die Begriffe *Polymorphie* und *dynamische Bindung* ins Leben gerufen. Diese neuen Konzepte ermöglichen die Anpassung von Software-Systemen an Veränderungen in der Spezifikation.

Polymorphie wird definiert als »eine vielgestaltige Form besitzen«. In einer objektorientierten Programmiersprache bedeutet das, daß ein Objekt zur Laufzeit für Instanzen von verschiedenen Klassen steht. Zum Beispiel deklariert die Klassendefinition von SavingsAccount explizit die Vererbung von der Klasse Account und zeigt, daß ein Sparkonto eine *isA*-Beziehung zu einem Bankkonto hat, mit möglicherweise zusätzlichen Daten- und Funktionselementen sowie redefinierten Funktionen. Das führt zum Begriff der Austauschbarkeit. Jede Instanz eines abgeleiteten Klassenobjekts (oder Referenz oder Zeiger) kann an die Stelle einer Instanz eines Objekts (oder einer Referenz oder eines Zeigers) der Basisklasse treten. Somit ist folgendes machbar:

Anhang C C++-Klassen

```
SavingsAccount mySavings("XYZ789", 10000, 4);
Account& accReference = mySavings;
Account* accPointer = &mySavings; // Vorsicht!
```

Wenn `mySavings` die Funktion `balance` wie in `mySavings.balance()` ausführt, dann wird die redefinierte Version für diese Funktion aufgerufen, da `mySavings` ein Objekt der Klasse `SavingsAccount` darstellt. Werden `accReference` und `accPointer` mit derselbe Funktion ausgeführt:

```
accReference.balance()
accPointer->balance()
```

dann folgen beide der Funktionsdefinition in der Klasse `Account`, weil ihre Objektreferenz mit dem Typ `Account&` bzw. `Account*` festgelegt wurde. Dieser Vorgang wird als *statische Bindung* bezeichnet und ist vergleichbar mit Prozeduraufrufen in herkömmlichen Programmiersprachen. Der Compiler der Sprache weiß, zu welchem Typ die Objektreferenz gehört und verbindet die Aufrufe der Funktionen entsprechend.

Denken Sie an eine Klasse vom Typ `Bank`, die eine Tabelle von Bankkonten enthält. Von dieser Tabelle würden wir erwarten, daß sie sowohl `Account`- als auch `SavingsAccount`-Objekte enthält. Dem folgen wir und repräsentieren die Tabelle als ein Array von `Account`-Zeigern. Wegen des Prinzips der Austauschbarkeit können diese Zeiger sowohl auf `Account`- als auch auf `SavingsAccount`-Objekte verweisen. Die Klasse `Bank` könnte folgendermaßen aussehen:

```
class Bank {
public:
  int bankBalance(void) const;
  // ...
private:
  Account* theAccounts[MAXACCOUNTS]; // Tabelle der Bankkonten
  int theAccountsSize; // verwendete Anzahl
};
```

Will jetzt ein `Bank`-Objekt den Kontostand von jedem Konto herausfinden, dann würden wir erwarten, daß wir den erwünschten Effekt erhalten, wenn die Funktion `balance` an jedes Konto in der Tabelle versandt wird:

```
int Bank::bankBalance(void) const;
  int totalBalance = 0;
  for(int k = 0; k < theAccountsSize; k++)
    totalBalance += theAccounts[k]->balance();
  return totalBalance;
}
```

Auch wenn die programmierte Lösung zulässig ist, erreichen wir damit nicht die beabsichtigte Wirkung. Die Schwierigkeit besteht darin, wie der Compiler die statische Bindung verwendet. Die Tabelle `theAccounts` besteht aus einer Sammlung von `Account`-Zeigern. Statische Bindung bedeutet, daß wir für alle Tabelleneinträge die in der Klasse `Account` definierte Funktion `balance` ausführen, unabhängig davon, ob sie Objekte vom Typ `Account` oder vom Typ `SavingsAccount` sind.

Die gewünschte Lösung wird durch Verwendung der *dynamischen Bindung* erreicht. Versenden wir an jedes Objekt in der Tabelle theAccounts die Nachricht balance, dann möchten wir, daß das empfangende Objekt erkennen kann, zu welchem Typ es gehört, und es zur Laufzeit die entsprechende Version der balance-Funktion an sich binden kann. Dieser polymorphe Effekt wird dadurch erreicht, daß die Funktion balance in der Klasse Account als virtual gekennzeichnet wird. Dieses Schlüsselwort zeigt an, daß wir den Effekt der dynamischen Bindung ausnutzen wollen. Eine in der Basisklasse mit virtual gekennzeichnete Funktion ist Standardmäßig auch in jeder in einer abgeleiteten Klasse erscheinenden Redefinition virtual. Die Verwendung des Schlüsselworts in der abgeleiteten Klasse ist optional, erscheint allerdings häufig, weil dadurch eine gute Dokumentation gewährleistet wird.

```
class Account {
public:
  virtual int balance(void) const;
  // ...
};

class SavingsAccount : public Account {
public:
  virtual int balance(void) const;
      // Redefinition
  // ...
};
```

Die Klassen Account und SavingsAccount sind beides insoweit *konkrete* Klassen, als daß wir von ihrem Typ Instanzen generieren können. Oft besteht eine Klassenhierarchie aus einer Mischung von konkreten und *abstrakten* Klassen. Von einer abstrakten Klasse kann keine Instanz generiert werden. Ihre Nützlichkeit besteht jedoch in der Strukturierung der Klassenhierarchie. Eine abstrakte Klasse kann gemeinsam für alle abgeleiteten Klassen Eigenschaften und Dienste enthalten. Dazu können abstrakte Klassen Funktionen bekanntmachen, die nicht in der abstrakten Klasse definiert werden können, sondern die Implementierung muß in jeder abgeleiteten, konkreten Klasse erfolgen. Solch eine Funktionsimplementierung wird bis zur Implementierung der konkreten Klasse zurückgestellt, aber ihre Einführung in der abstrakten Basisklasse bedeutet, daß sie auf der Ebene der konkreten Klasse enthalten sein muß. Eine auf diese Art und Weise zurückgestellte Funktion wird eine *rein virtuelle Funktion* genannt. Erscheint eine rein virtuelle Funktion in einer Klassendeklaration, dann wird diese Klasse zu einer abstrakten Basisklasse. Damit diese Funktion konkret wird, muß die abgeleitete Klasse eine Implementierung für diese Funktion definieren, sonst wird die abgeleitete Klasse wegen der Vererbung dieser Elementfunktion auch zu einer abstrakten Klasse.

Betrachten wir noch einmal unsere Klasse Account. Dieses Mal nehmen wir an, daß es zwei abgeleitete Klassen namens SavingsAccount und CurrentAccount gibt. Um sicherzustellen, daß beide abgeleiteten Klassen eine Definition einer Funktion balance bereitstellen, können wir eine zurückgestellte Version in der Klasse Account einführen. In dieser neuen Struktur der Klassenhierarchie sind Definitionen der balance-Funktion nur noch in den abgeleiteten Klassen erlaubt.

Es gäbe auf der Stufe der allgemeinen Klasse Account auch keine sinnvolle Definition. Um sicherzustellen, daß beide abgeleiteten Klassen Definitionen bereitstellen, kennzeichnen wir die Funktion balance bei Einführung als rein virtuell:

```
class Account {
public:
   virtual int balance(void) const=0;
     // Beachten Sie die Syntax "=0" für rein virtuell
   // ...
};

class SavingsAccount : public Account {
public:
   virtual int balance(void) const;
     // Definition für diese Klasse
   // ...
};

class CurrentAccount : public Account {
public:
   virtual int balance(void) const;
     // Definition für diese Klasse
   // ...
};
```

C.3 Template-Klassen

Die Klasse Stack aus dem vorangegangenen Abschnitt speicherte Ganzzahlen in einer Vector-Implementierung. Hier wurde vorausgesetzt, daß die Klasse Vector auch Ganzzahlen speicherte. Es liegt auf der Hand, daß ein Stack von doubles oder ein Stack von SavingsAccounts auf gleiche Art und Weise programmiert werden würde. C++ unterstützt *Template-Klassen*, ein Mechanismus, mit dem eine Familie von Stacktypen aus einer einzigen Definition generiert werden kann.

```
template<class TYPE>
class Vector {
public:
   Vector(int initialSize);

   void atPut(int index, int TYPE& anItem)
      // Plazieren eines neuen Eintrags
   int at(int index) const;
      // Zugriff auf eine bestimmte Position
   // ...
```

C.3 Template-Klassen

```
};

template<class TYPE>
class Stack : private Vector<TYPE> {
public:
   Stack(int initialSize);

void push(const TYPE& anItem);
void pop(void);
TYPE top(void) const;

private:
   int theStackTop; // Indizierung des Vektors
};

template<class TYPE>
void Stack<TYPE>::push(const TYPE& anItem)
{
   theStackTop++;
   atPut(theStackTop, anItem);
}
```

Das der Klassendeklaration von Stack vorangestellte template<class TYPE> führt eine generische Klasse mit einem beliebigen Typ ein, der durch den benutzerdefinierten Namen TYPE angezeigt wird. Dieser Typ namens TYPE hat die Klassendeklaration als seinen Gültigkeitsbereich. Damit benötigt die Funktion push innerhalb der Deklaration ein Argument von diesem Typ. Beachten Sie, wie die Funktionselemente definiert sind. Sie sind selber *Funktionstemplates*. Die zusätzliche Bezeichnung enthält dasselbe Präfix, mit als Stack<TYPE> spezifizierter Scope-Resolution, was darauf hinweist, zu welcher Klasse diese Funktion gehört.

Diese Benennungskonvention wird auch bei der *Instanzierung* bestimmter Instanzen verwandt. Wird der Typenparametername TYPE zum Beispiel durch SavingsAccount ersetzt, dann definiert:

Stack<SavingsAccount> myStack; // instanziert

ein Objekt myStack von einer Klasse Stack<SavingsAccount>.

Anhang D

Klassenverzeichnis zu C++

Die Basistypen von LOOM wie `Integer` und `String` sowie die Behältertypen wie zum Beispiel `POrderedCollection` wurden alle in C++-Quelltext umgesetzt. Die einfachen Typen `Integer` und `Decimal` wurden mittels `typedef`-Anweisungen zu einem Alias ihrer entsprechenden C++-Typen gemacht:

```
typedef int      Integer;
typedef double   Decimal;
```

Diese beiden Anweisungen stehen in der Header-Datei `loomlib.h` der Klassenbibliothek. Diese Datei wird automatisch in jeden von ROME erzeugten Code eingebunden. Die Header-Datei enthält auch eine Deklaration für eine Aufzählung des Typs `Logical`, mit welcher der LOOM-Typ `Boolean` nachgebildet wird:

```
enum Logical { LFALSE, LTRUE };
```

Die verbleibenden Typen von LOOM werden mit C++-Klassen dargestellt. Zum Beispiel ist der LOOM-Typ `String` als ein in der Header-Datei `ccstring.h` definierter C++-Klassentyp `CString` implementiert. Einzelheiten sollten Sie den Header-Dateien und zugehörigen Quelltext-Dateien entnehmen. Nachfolgend sehen Sie die Dokumentation der in diesem Buch verwendeten, allgemeinen Klassen.

D.1 CString

Beschreibung

Die Klasse `CString` bietet eine flexible und bequeme Möglichkeit zur Bearbeitung von `CStrings`. Ein `CString` ist eine Datenstrukur von variabler Länge und enthält Buchstabenwerte. `CStrings` können zugewiesen, verglichen, verändert und auf eine Reihe von Eigenschaften abgefragt werden.

`#include "ccstring.h"`

Konstruktor

`CString(char* cs = "");`

Das ist der Standard-Konstruktor für die Konvertierung einer mit Null abgeschlossenen Zeichenkette im C-Stil. Das Zeichenketten-Argument `cs` wird in das `CString`-Objekt kopiert. Wird kein aktuelles Argument bereitgestellt, dann wird eine Zeichenkette mit Länge Null und ohne Buchstaben verwendet.

Konstruktor

```
CString(char c, int rep = 1);
```

Das ist der Standard-Konstruktor zur Generierung eines `CString`-Objekts, das mit einer Zeichenkette initialisiert wird, die sich eigentlich aus einer Anzahl von Kopien des einzelnen Argumentbuchstabens c zusammensetzt. Die Anzahl der Wiederholungen von c wird durch das Argument rep festgelegt.

Konstruktor

```
CString(const CString& str);
```

Standard-Copy-Konstruktor. Kopiert das durch das Argument str repräsentierte `CString`-Objekt in die zu erzeugende Instanz.

Destruktor

```
~CString(void);
```

Löscht eine Instanz der Klasse `CString` und gibt allen vom Heap reservierten Speicher frei.

Zuweisung

```
CString& operator=(const CString& str);
```

Kopiert die durch das Argument str repräsentierte Quelle, ein `CString`-Objekt, in ein vorhandenes Ziel, eine `CString`-Variable, bezeichnet durch das, was links vom Operator steht. Der von `CString`-Variablen belegte Speicher wird freigegeben und neuer Speicher wird entsprechend der Größe der `CString`-Quelle reserviert.

Verkettungsoperator

```
CString operator+ (const CString& str1, const CString& str2);
```

Gibt ein neues `CString`-Objekt zurück, welches die Verkettung der zwei `CString`-Argumente str1 und str2 darstellt.

Input/Output-Operator

```
istream& operator>> (istream& is, CString& str);
ostream& operator<< (ostream& os, const CString& str);
```

Liest (schreibt) den `CString`-Wert str von einem (in einen) Input-Stream (Output-Stream).

Logische Operatoren

```
Logical operator< (const CString& str1, const CString& str2);
Logical operator<= (const CString& str1, const CString& str2);
Logical operator> (const CString& str1, const CString& str2);
Logical operator>= (const CString& str1, const CString& str2);
```

```
Logical  operator== (const CString& str1, const CString& str2);
Logical  operator!= (const CString& str1, const CString& str2);
```

Führt einen lexikographischen Vergleich der zwei CString-Argumente str1 und str2 durch.

Subscript-Operator

```
char      operator[] (int index) const;
```

Gibt den Buchstaben des CString-Objekts in Abhängigkeit von der Position index zurück. Zulässige Werte für index liegen zwischen Null und der Länge der Zeichenketten minus 1.

Substring-Operator

```
CString   operator() (int pos, int len) const;
```

Schneidet ab Position pos einen Teil von Länge len aus dem CString-Objekt aus. Falls die Indexposition pos keine gültige Position darstellt, dann wird eine leere Zeichenkette zurückgegeben.

append

```
void      append(char c);
void      append(const CString& str);
```

Hängt das übergebene Argument, entweder ein Buchstabe oder ein CString, an das CString-Objekt an.

hashValue

```
int       hashValue(void) const;
```

Gibt den mit einer Zufallsfunktion erzeugten Hash-Wert des CString-Objekts zurück.

insert

```
void      insert(char c, int index);
void      insert(const CString& str, int index);
```

Fügt einen Buchstaben ch (oder einen CString& str) an der Position index in das Zielobjekt vom Typ CString ein. Die Buchstaben im ursprünglichen CString werden zum Ende der Zeichenkette hin verschoben, damit Platz für die hinzukommenden Buchstaben entsteht.

isSubstring

```
int       isSubstring(const CString& str) const;
```

Stellt fest, ob das CString-Argument str einem Teil des CString-Objekts genau entspricht.

length

```
int       length(void) const;
```

Gibt die Anzahl der Buchstaben in einem CString-Objekt zurück.

prepend

```
void      prepend(char ch);
void      prepend(const CString& str);
```

Stellt das übergebene Argument, entweder ein Buchstabe oder ein CString, vor das CString-Objekt.

remove

```
void      remove(int pos, int len);
```

Entfernt ab der Position pos einen Teil der Zeichenkette der Länge len. Falls der Positionsindex pos außerhalb der Grenzen der Zeichenkette liegt, dann wird keinerlei Aktion ausgeführt.

toLower, toUpper

```
void      toLower(void);
void      toUpper(void);
```

Konvertiert alle alphabetischen Symbole in dem CString-Objekt zu Kleinbuchstaben bzw. Großbuchstaben.

value

```
const char* value(void) const;
```

Direkter Zugriff auf die der Klasse CString zugrundeliegende Repräsentation. Beachten Sie, daß die Null-terminierte Zeichenkette als const gekennzeichnet ist, wodurch keine direkten Veränderungen zulässig sind.

Klassendeklaration

```
class CString {

friend ostream&        operator<< (ostream&, const CString&);
friend istream&        operator>> (istream&, CString&);
   // Überladen der Standard-Eingabe/Ausgabe-Operatoren, damit eine
   // Manipulation der Eingabe von und Ausgabe an den entsprechenden
   // Stream mit Hilfe dieser Klasse CString möglich wird.

friend CString         operator+  (const CString&, const CString&);
   // Überladen des Additionsoperators, damit Verkettung zweier CStrings
   // zu einem längeren möglich ist.

friend Logical         operator<  (const CString&, const CString&);
friend Logical         operator<= (const CString&, const CString&);
friend Logical         operator== (const CString&, const CString&);
friend Logical         operator!= (const CString&, const CString&);
friend Logical         operator>  (const CString&, const CString&);
friend Logical         operator>= (const CString&, const CString&);
   // Obige Operationen geben als Ergebnis des Vergleichs alle entweder
```

```
        // LTRUE oder LFALSE zurück, d.h. falls CString1 = "Hello " und
        // CString2 = "there", dann folgt CString1 > CString2 == LFALSE,
        // aber CString1 != CString2 == LTRUE


public:
    CString(char* = "");
        // Standard-Konstruktor für C-artige Zeichenkette

    CString(char, Int = 1);
        // Standard-Konstruktor für ein dupliziertes Zeichen

    CString(const CString&);
        // Copy-Konstruktor

    ~CString(void);
        // Destruktor

    CString&   operator= (const CString&);
        // Überladen des Zuweisungsoperators, damit CString einem anderen
        // zugewiesen werden kann.

    Int       length(void) const;
        // Anzahl Zeichen in der Zeichenkette

    const char*    value(void) const;
        // direkter Zugriff auf die Darstellung

    char      operator[] (Int index) const;
        // indizierter Zugriff auf einzelnes Zeichen; Fehler, falls
        // der Wert größer als die Länge der Zeichenkette ist

    void   insert(char, Int);
    void   insert(const CString&, Int);
        // Füge eine Zeichen (eine Zeichenkette) an der gegebenen Indexposition ein,
        // verschiebe dabei das Zeichen an dieser Position und alle nachfolgenden
        // nach rechts; falls der Index größer als die Länge der Zeichenkette ist,
        // wird keine Aktion ausgeführt.

    void   remove(Int, Int);
        // Entferne die Teilzeichenkette der Länge len (zweites Argument)
        // ab Position pos (erstes Argument); falls pos größer ist als die Länge
        // der Zeichenkette, wird keine Aktion ausgeführt.
    void   prepend(const CString&);
```

```
void   append(const CString&);
void   prepend(char);
void   append(char);
    // Setze die gegebene Zeichenkette (char) vor das eigentliche
    // Zeichenkettenobjekt oder hänge sie dort an.

CString  operator() (Int, Int) const;
    // Lies die Teilzeichenkette len (zweites Argument)
    // ab Position pos (erstes Argument) aus; falls pos größer ist als die
    // Länge der Zeichenkette, wird die leere Zeichenkette zurückgegeben.

int    isSubstring(const CString&) const;
    // Ist das Zeichenkettenargument Teil des eigentlichen Objekts?

void   toLower(void);
void   toUpper(void);
    // Wandle alle Buchstaben in der Zeichenkette in Kleinbuchstaben
    // (Großbuchstaben) um und lasse alle anderen Zeichen unverändert.

Int    hashValue(void) const;
    // Gibt den Hash-Wert des betreffenden CStrings zurück.

Logical  lessThan(const CString&) const;
    // entspricht Operator<

private:
    // Darstellung von CString

};
```

D.2   CDate

Beschreibung

Die Klasse CDate repräsentiert ein Datum, welches als Tageszahl im julianischen Kalendersystem gespeichert wird.

#include "ccdate.h"

Konstruktor

CDate(void);

Das ist der Standard-Konstruktor zur Generierung eines CDate-Objekts, das mit den Werten der Systemuhr initialisiert wird.

Konstruktor

`CDate(int day, int month, int year);`

Standard-Konstruktor, durch den ein `CDate`-Objekt generiert wird, das mit den übergebenen, internationalen Datumswerten initialisiert wird. Das dritte Argument muß ein vollständiges Jahresdatum sein, z.B. 1995.

Konstruktor

`CDate(int jul);`

Standard-Konstruktor, durch den ein `CDate`-Objekt generiert wird, das mit der durch das Argument `jul` übergebenen Tageszahl im Format des julianischen Kalenders initialisiert wird.

Konstruktor

`CDate(const CDate& date);`

Standard-Copy-Konstruktor. Kopiert das durch das Argument `date` repräsentierte `CDate`-Objekt in die zu erzeugende Instanz.

Zuweisung

`CDate& operator=(const CDate& date);`

Kopiert die durch das Argument `str` repräsentierte Quelle, ein `CString`-Objekt, in ein vorhandenes Ziel, eine `CString`-Variable, bezeichnet durch das, was links vom Operator steht.

Additionsoperator

`CDate operator+ (const CDate& date, int days);`

Gibt ein neues `CDate`-Objekt zurück, welches die Summe des `CDate`-Arguments `date` und der Anzahl der Tage `days` darstellt.

Subtraktionsoperator

`CDate operator- (const CDate& date, int days);`

Gibt ein neues `CDate`-Objekt zurück, welches die Differenz des `CDate`-Arguments `date` und der Anzahl der Tage `days` darstellt.

Subtraktionsoperator

`int operator- (const CDate& date1, const CDate& date2);`

Bestimmt die Anzahl der Tage, um die sich die zwei `CDate`-Objekte unterscheiden.

Output-Operator

`ostream& operator<< (ostream& os, const CDate& date);`

Schreibt den `CDate`-Wert `date` in einen Output-Stream.

Logische Operatoren

```
Logical operator<  (const CDate& date1, const CDate& date2);
Logical operator<= (const CDate& date1, const CDate& date2);
Logical operator>  (const CDate& date1, const CDate& date2);
Logical operator>= (const CDate& date1, const CDate& date2);
Logical operator== (const CDate& date1, const CDate& date2);
Logical operator!= (const CDate& date1, const CDate& date2);
```

Führt einen Vergleich der zwei CDate-Argumente date1 und date2 durch.

day, month, year

```
int    day(void) const;
int    month(void) const;
int    year(void) const;
```

Selektor-Funktionen, die jeweils den Tages-, Monats- bzw. Jahresanteil eines CDate-Objekts zurückgeben.

dayOfWeek

```
int    dayOfWeek(void) const;
```

daysInMonth

```
int    daysInMonth(void) const;
```

daysInYear

```
int    daysInYear(void) const;
```

daysOfYear

```
int    daysOfYear(void) const;
```

Abfragefunktionen, die eine Reihe von selbsterklärenden Eigenschaften eines CDate-Objekts bestimmen.

dayName

```
const CString& dayName(void) const;
```

abbreviatedDayName

```
const CString& abbreviatedDayName(void) const;
```

monthName

```
const CString& monthName(void) const;
```

abbreviatedMonthName

```
const CString& abbreviatedMonthName(void) const;
```

Abfragefunktionen, die eine Reihe von Namenseigenschaften eines CDate-Objekts bestimmen.

hashValue

`int   hashValue(void) const;`

Gibt den mit einer Zufallsfunktion erzeugten Hash-Wert des `CDate`-Objekts zurück.

Julian

`int   julian(void) const;`

Gibt die Tageszahl für ein `CDate`-Objekts nach dem julianischen System zurück.

Klassendeklaration

```
class CDate {
   friend CDate    operator+ (const CDate&, Int);
      // gibt ein CDate zurück, gebildet aus CDate + 'Anzahl Tage'

   friend CDate    operator- (const CDate&, Int);
      // gibt ein CDate zurück, gebildet aus CDate - 'Anzahl Tage'

   friend long     operator- (const CDate&, const CDate&);
      // gibt eine ganzzahlige Anzahl Tage zurück, gebildet aus CDate - CDate

   friend Logical    operator<  (const CDate&, const CDate&);
   friend Logical    operator<= (const CDate&, const CDate&);
   friend Logical    operator== (const CDate&, const CDate&);
   friend Logical    operator!= (const CDate&, const CDate&);
   friend Logical    operator>  (const CDate&, const CDate&);
   friend Logical    operator>= (const CDate&, const CDate&);
   // Obige Operationen geben als Ergebnis des Vergleichs alle entweder
   // LTRUE oder LFALSE zurück, d.h. falls CDate1 = 24/12/1993 und
   // CDate2 = 05/11/1993, dann folgt CDate1 > CDate2 == FALSE,
   // aber CDate1 != CDate2 == TRUE

   friend ostream&   operator<< (ostream&, const CDate&);
      // Überladen des Standard-Ausgabeoperators, damit die Manipulation der
      // Ausgabe auf dem Bildschirm mit Hilfe dieser Klasse CDate möglich ist.


   public:
   CDate(void);
      // Default-Konstruktor, verwendet die Systemzeit

   CDate(Int, Int, Int);
      // Standard-Konstruktor, d.h. DD/MM/YYYY

   CDate(Int);
```

        // Standard-Konstruktor, verwendet das Datum aus epoch

    ~CDate(void);
        // Destruktor

    Int   day(void) const;
        // Tag, z.B. 31 für 31/12/1992

    Int   month(void) const;
        // Monat, z.B. 12 für 31/12/1992

    Int   year(void) const;
        // Jahr, z.B. 1992 für 31/12/1992

    Int   julian(void) const;
        // julianischer Wert des Datums

    Int   dayOfWeek(void) const;
        // gibt den Wochentag zurück, z.B. Mon = 1

    Int   daysInMonth(void) const;
        // für 31/12/1992 ist daysInMonth z.B. 31

    Int   daysInYear(void) const;
        // für 31/12/1992 ist daysInYear z.B. 366

    Int   dayOfYear(void) const;
        // für 1/2/1992 ist dayOfYear z.B. 32

    const CString& dayName(void) const;
        // für 28/11/1992 ist dayName z.B. Saturday

    const CString& abbreviatedDayName(void) const;
        // für 28/11/1992 ist abbreviatedDayName z.B. Sat

    const CString& monthName(void) const;
        // für 28/11/1992 ist monthName z.B. November

    const CString& abbreviatedMonthName(void) const;
        // für 28/11/1992 ist monthName z.B. Nov

    Logical isLeapYear(void) const;
        // gibt TRUE zurück, falls das Jahr ein Schaltjahr ist, sonst FALSE

    Int   hashValue(void) const;

```
    // gibt den Hash-Wert für das betreffende Jahr zurück

  Logical lessThan(const CDate&) const;
    // entspricht Operator<


  private:
    // Darstellung von CDate
};
```

D.3 POrderedCollection

> PCollection
> |
> PIndexedCollection
> |
> PSequentialCollection
> `|
> **POrderedCollection**

Beschreibung

Eine `POrderedCollection` ist ein generischer Behälter von Objektzeigern, in dem die Elemente der Sammlung der Reihe nach und ohne dazwischenliegende Lücke positioniert sind. Die Ordnung der Elemente wird durch die Abfolge der auf diese Sammlung angewandten `add`- und `remove`-Operationen bestimmt. Die Sammlung ist als ein Vektor von Zeigern realisiert, wodurch einerseits ein effizienteres Durchlaufen als bei einer verketteten Liste möglich ist, andererseits Einfügungen in der Mitte verlangsamt werden. Eine `POrderedCollection` ist eine dynamische Datenstruktur, welche durch Verdoppelung ihrer momentanen Größe anwächst, wenn es für neu hinzukommende Elemente keinen Platz mehr gibt. Eine `POrderedCollection` kann so spezifiziert werden, daß sie die Zuständigkeit für ihre Elemente erhält und dafür sorgt, daß nach Löschen des Behälters ordnungsgemäß aufgeräumt und die Elemente gelöscht werden.

Die `POrderedCollection` wird direkt von der Klasse `PSequentialCollection` abgeleitet, von der sie viel von ihrem Verhalten erbt. Die Klasse `POrderedCollection` ist in erster Linie für Dienste zuständig, mit denen Elemente zur Sammlung hinzugefügt werden.

```
#include "pordcol.h"
```

Anhang D Klassenverzeichnis zu C++

Konstruktor

```
template<class TYPE>
POrderedCollection(int initialSize, int managementScheme);
```

Konstruiert eine `POrderedCollection` von dem angegebenen Typ `TYPE` und von der Größe `initialSize`. Es wird vorausgesetzt, das der tatsächliche Typ `TYPE` aus einem Zeiger besteht, zum Beispiel `POrderedCollection<Employee*>`. Der symbolische Name `DEFAULTSIZE` wird zur Festlegung des anfänglichen Fassungsvermögens angeboten. Das zweite Argument bestimmt, ob der Behälter für die in ihm enthaltenen Objekte zuständig ist. Ist dieser Wert auf `MANAGED` gesetzt, dann löscht die Sammlung ihre Objekte aus dem Speicher, wenn sie selbst gelöscht oder ihr Gültigkeitsbereich verlassen wird. Bei dieser Form der Verwaltung gibt die Sammlung den von einem Objekt belegten Speicher frei, wenn dieses aus der Sammlung entfernt wird. Ist dieser Wert auf `UNMANAGED` gesetzt, dann hat die Sammlung keinerlei Zuständigkeit für die Objekte.

Um diese Sammlungsklasse benutzen zu können, müssen wir in der Klasse, welche die im Behälter enthaltenen Objekttypen repräsentiert, eine Elementfunktion `lessThan` bereitstellen. Wenn wir zum Beispiel eine `POrderedCollection` von `Employee*`-Objekten instanzieren, dann muß die `Employee`-Klasse die Elementfunktion `'Logical lessThan(const Employee &) const'` enthalten. Diese Funktion hat die Aufgabe, ein `Employee`-Objekt mit einem anderen zu vergleichen, wobei sie für den eigentlichen Vergleich möglicherweise deren Namensfelder benutzt.

Konstruktor

```
template<class TYPE>
POrderedCollection(const POrderedCollection<TYPE>& coll);
```

Das ist der Standard-Copy-Konstruktor, mit dem eine neue Instanz einer `POrderedCollection` mit denselben Zeigern wie in dem Argument `coll` generiert wird. Das wird üblicherweise als flacher Kopiervorgang bezeichnet. Das neu erzeugte `POrderedCollection`-Objekt enthält Zeiger auf dieselben Objekte, die auch im Parameter `coll` vorgefunden werden, allerdings wird das Schema der Speicherverwaltung auf `UNMANAGED` gesetzt.

Destruktor

```
template<class TYPE>
~POrderedCollection(void);
```

Löscht die von dem Behälter verwendeten Speicherstrukturen. Hatte bei der Erzeugung des Behälters das zweite Argument des Konstruktors den Wert `MANAGED`, dann werden die von der Sammlung referenzierten Objekte ebenfalls gelöscht.

Zuweisung

```
template<class TYPE>
POrderedCollection& operator= (const POrderedCollection<TYPE>& coll);
```

Kopiert von der Quelle, der Sammlung `coll`, in das Ziel, das `POrderedCollection`-Objekt auf der linken Seite des Zuweisungsoperators. Wurde der vorhandene Behälter mit dem Wert `MANAGED` erzeugt, dann wird die Objektsammlung gelöscht, bevor die Speicherstruktur freigegeben wird. Danach wird eine neue Struktur reserviert und die von der Quelle, der Sammlung `coll`, referenzierten Objekte werden in das Ziel kopiert. Damit der Effekt eines flachen Kopiervorgangs erreicht wird, erhält die Zielsammlung das Attribut UNMANAGED.

Subscript-Operator

```
template<class TYPE>
const TYPE operator[] (int index) const;
```

Gibt einen Zeiger auf das Element der Sammlung an der übergebenen Position index zurück.

add

```
template<class TYPE>
void add(const TYPE object);
```

Fügt den neuen object-Zeiger an der letzten Stelle im Behälter ein.

addAt

```
template<class TYPE>
void addAt(int index, const TYPE object);
```

Fügt den neuen object-Zeiger an der angegebenen Position index in den Behälter ein. Damit Platz für das neu hinzukommende Element geschaffen wird, werden die vorhandenen Objekte ab der Position index in Richtung Ende der Sammlung verschoben. Die Operation schlägt fehl, wenn der Wert index außerhalb der Grenzen der Sammlung liegt.

addFirst

```
template<class TYPE>
void addFirst(const TYPE object);
```

Fügt den neuen object-Zeiger an der ersten Stelle in den Behälter ein. Damit Platz für das neu hinzukommende Element geschaffen wird, werden alle vorhandenen Objekte in Richtung Ende der Sammlung verschoben.

addLast

```
template<class TYPE>
void addLast(const TYPE object);
```

Fügt den neuen object-Zeiger an der letzten Stelle in den Behälter ein.

at

```
template<class TYPE>
const TYPE at(int index) const;
```

Gibt einen Zeiger auf das Element der Sammlung an der übergebenen Position index zurück.

cardinality

```
template<class TYPE>
int cardinality(void) const;
```

Gibt die Anzahl der momentan in der Sammlung enthaltenen Elemente zurück.

capacity

```
template<class TYPE>
int capacity(void) const;
```

Gibt das momentane, allgemeine Fassungsvermögen der Sammlung zurück.

first

```
template<class TYPE>
const TYPE first(void) const;
```

Gibt einen Zeiger auf das erste Element der Sammlung zurück. Dieser Zeiger auf das Objekt wird gemeinsam mit der Sammlung verwendet. Die Konstantheit des Objekts, auf das gezeigt wird, bedeutet, daß es nicht verändert werden kann.

isEmpty

```
template<class TYPE>
Logical isEmpty(void) const;
```

Gibt den Logical-Wert LTRUE zurück, wenn die Sammlung keine Elemente enthält, sonst wird LFALSE zurückgegeben.

isMember

```
template<class TYPE>
Logical isMember(const TYPE object) const;
```

Bestimmt, ob das übergebene Objekt in der Sammlung enthalten ist und gibt LTRUE zurück, wenn das der Fall ist. Die Funktion setzt voraus, daß für den instanzierten Typ TYPE die Funktion less_Than vorhanden ist, mit der die Elemente verglichen werden.

last

```
template<class TYPE>
const TYPE last(void) const;
```

Gibt einen Zeiger auf das letzte Element der Sammlung zurück. Dieser Zeiger auf das Objekt wird gemeinsam mit der Sammlung verwendet. Die Konstantheit des Objekts, auf das gezeigt wird, bedeutet, daß es nicht verändert werden kann.

occurrencesOf

```
template<class TYPE>
int occurrencesOf(const TYPE object) const;
```

Bestimmt, wie oft das übergebene Objekt momentan in der Sammlung enthalten ist.

remove

```
template<class TYPE>
void remove(const TYPE object) const;
```

Löscht das erste Vorkommen des gegebenen objects aus der Sammlung. Gibt es kein solches Element in der Sammlung, dann bleibt der Behälter unverändert. Wird ein übereinstimmendes Objekt gelöscht, dann werden alle dem gelöschten Element nachfolgenden Elemente nach vorne verschoben. Wenn der Behälter das Attribut MANAGED besitzt, dann wird der von dem gelöschten Objekt belegte Speicher freigegeben.

removeAt

```
template<class TYPE>
void removeAt(int index);
```

Löscht das Element an der Position index aus der Sammlung. Alle dem gelöschten Element nachfolgenden Elemente in der Sammlung werden nach vorne verschoben. Wenn der Behälter das Attribut MANAGED besitzt, dann wird der von dem gelöschten Objekt belegte Speicher freigegeben.

removeFirst

```
template<class TYPE>
void removeFirst(void);
```

Löscht das erste Element aus dem Behälter. Alle anderen Elemente in der Sammlung werden nach vorne verschoben. Wenn der Behälter das Attribut MANAGED besitzt, dann wird der von dem gelöschten Objekt belegte Speicher freigegeben.

removeLast

```
template<class TYPE>
void removeLast(void);
```

Löscht das letzte Element aus dem Behälter. Wenn der Behälter das Attribut MANAGED besitzt, dann wird der von dem gelöschten Objekt belegte Speicher freigegeben.

reSize

```
template<class TYPE>
void reSize(int increment);
```

Das allgemeine Fassungsvermögen wird um den Betrag increment aufgestockt.

Klassendeklaration

```
template <class TYPE>
class POrderedCollection : public PSequentialCollection<TYPE> {
public:
   POrderedCollection(Int size, Int manage);
   POrderedCollection(const POrderedCollection<TYPE>&);
   ~POrderedCollection(void);
```

```
        POrderedCollection<TYPE>&
        operator= (const POrderedCollection<TYPE>& anOrderedCollection);

//   virtual const TYPE& operator[] (int index) const;

     void  add(const TYPE object);
     // füge das gegebene Element in den Behälter ein; die genaue Semantik
     // für diese Operation ist die für addLast

     void  addAt(int, const TYPE object);
     // füge das gegebene Element an der gegebenen Indexposition
     // in den Behälter ein; falls die Indexposition die Nachbarschaft
     // der Elemente zerstören würde, schlägt die Operation fehl;
     // Elemente ab dieser Position werden nach rechts verschoben,
     // damit sich Platz für das neue Element ergibt.

     void  addFirst(const TYPE object);
     // füge das neue Element an Indexposition 0 ein,
     // verschiebe alle vorhandenen Elemente um eine Position nach rechts

     void  addLast(const TYPE object);
     // füge das neue Element direkt hinter dem derzeitigen
     // letzten Element ein

//   virtual const TYPE       at(int index) const;
//   virtual int              capacity(void) const;
//   int                      cardinality(void) const;

     virtual const char*      className(void) const;
     virtual ClassType        classType(void) const;

//   const TYPE               first(void) const;
//   Logical                  isEmpty(void) const;
//   Logical                  isMember(const TYPE& object) const;
//   const TYPE               last(void) const;
//   int                      occurrencesOf(const TYPE& object) const;
//   virtual void             remove(const TYPE& object);
//   void                     removeAt(Int index);
//   void                     removeFirst(void);
//   void                     removeLast(void);
//   virtual void             reSize(Int increment);
//   virtual void             iteratorInitialize(void);
//   virtual Logical          iteratorIsExhausted(void) const;
```

```
//  virtual const TYPE     iteratorSelection(void) const;
//  virtual void           iteratorAdvance(void);

  };
```

D.4 PIterator

Beschreibung

Eine PIterator ist ein generischer Iterator für den Zugriff auf alle Elemente in der Sammlung. Mit diesem Iterator kann jeder Behältertyp bearbeitet werden, der von der Basisbehälterklasse PCollection abgeleitet worden ist.

#include "pcol.h"

Konstruktor

```
template<class TYPE>
PIterator(const PCollection<TYPE>& coll);
```

Konstruiert ein initialisiertes Iterator-Objekt so, daß alle Elemente des Behälters besucht werden.

advance

```
template<class TYPE>
void  advance(void);
```

Verschiebt den Iterator so, daß der nächste Aufruf von selection das nächste zur Verfügung stehende Element referenziert.

isExhausted

```
template<class TYPE>
Logical  isExhausted(void) const;
```

Sind alle Elemente der Sammlung bearbeitet worden, dann wird der Logical-Wert LTRUE zurückgegeben, sonst LFALSE.

selection

```
template<class TYPE>
const TYPEselection(void) const;
```

Gibt einen Zeiger auf das nächste zur Verfügung stehende Element zurück.

Klassendeklaration

```
template<class TYPE>
class PIterator {
```

```
public:

PIterator (const PCollection<TYPE>& aCollection);

Logical      isExhausted(void) const;
const TYPE   selection(void) const;
void         advance(void);

private:
  // Darstellung von PIterator
};
```

Anhang E

LOOM-Skripte zur Fallstudie

Folgende Listings gehören zu den Modellen, die auf der Diskette zu diesem Buch enthalten sind. Die Leser seien darauf hingewiesen, daß eine voranstehende Zeilennummer eine einzelne Textzeile symbolisiert.

E.1 Kapitel 4, Version 1 des Bibliothekssystems

```
[0001]  //.
[0002]  //.
[0003]  //.  ROME Copyright (c) Richard McMahon. 1993, 1994.
[0004]  //.  Generated On January 5, 1996 At 5:58:08.17 pm
[0005]
[0006]
[0007]
[0008]  //. -- Class Definitions: -------------------------------------
[0009]
[0010]  //
[0011]  //    CLASS User
[0012]  //
[0013]  //    REVISION HISTORY
[0014]  //
[0015]  //           VERSION NUMBER 1.0
[0016]  //
[0017]  //           DATE 1 September 1995
[0018]  //
[0019]  //           AUTHOR K Barclay / J Savage
[0020]  //
[0021]  //           PURPOSE First release.
[0022]  //
[0023]  //
[0024]  //           VERSION NUMBER 1.1
[0025]  //
[0026]  //           DATE 6 September 1995
[0027]  //
[0028]  //           AUTHOR K Barclay / J Savage
```

```
[0029]   //
[0030]   //              PURPOSE Addition of lessThan? and name? to support
                         containment.
[0031]   //
[0032]   //      DESCRIPTION
[0033]   //
[0034]   //              Eine Instanz dieser Klasse dient als Benutzer, der Bücher
                         ausleihen und an die Bibliothek
[0035]   //              zurückgeben kann. Außerdem kann sich ein Benutzer
                         entliehene Bücher anzeigen lassen.
[0036]   //
[0037]   //
[0038]   CLASS User
[0039]   WITH
[0040]   PUBLIC INTERFACE
[0041]      User
[0042]      User(aName :String, anAddress :String)
[0043]      displayBooks?
[0044]      borrowOneBook
[0045]      returnOneBook
[0046]      addLibrary (aLibrary :Library LINK )
[0047]      lessThan?(aUser :User) -> Boolean
[0048]      name? -> String
[0049]   PROTECTED INTERFACE
[0050]      NONE
[0051]   PRIVATE IMPLEMENTATION
[0052]      REPRESENTATION
[0053]         theName :String
[0054]         theAddress :String
[0055]      AGGREGATIONS
[0056]         theBooks : DOrderedCollection[Book]
[0057]      ASSOCIATIONS
[0058]         theLender : Library LINK INVERSE OF theBorrowers
[0059]      DEFINITIONS
[0060]         METHOD User
[0061]         AS
[0062]            // Default-Konstruktor.
[0063]
[0064]            // Setze die Eigenschaften auf vernünftige Werte.
[0065]            SEND theName THE MESSAGE initialise("")
[0066]            SEND theAddress THE MESSAGE initialise("")
[0067]
[0068]            // Setze den Behälter theBooks für die Aggregatskomponenten
[0069]            // und die Assoziation theLender auf vernünftige Werte.
[0070]            SEND theBooks THE MESSAGE initialise(DEFAULTSIZE)
```

```
[0071]              SEND theLender THE MESSAGE initialise(NIL)
[0072]          ENDMETHOD User
[0073]
[0074]          METHOD User(aName :String, anAddress :String)
[0075]          AS
[0076]              // Parametrisierter Konstruktor.
[0077]
[0078]              // Initialisiere die Eigenschaften mit den
[0079]              // entsprechenden Parametern des Konstruktors.
[0080]              SEND theName THE MESSAGE   initialise(aName)
[0081]              SEND theAddress THE MESSAGE initialise(anAddress)
[0082]
[0083]              // Setze den Behälter theBooks für die Aggregatskomponenten
[0084]              // und die Assoziation theLender auf vernünftige Werte.
[0085]              SEND theBooks THE MESSAGE initialise(DEFAULTSIZE)
[0086]              SEND theLender THE MESSAGE initialise(NIL)
[0087]          ENDMETHOD User
[0088]
[0089]          METHOD displayBooks?
[0090]          AS
[0091]              // Bildschirmausgabe von Details zu einem verliehenen Buch
[0092]              // zusammen mit dem Namen und der Adresse des Benutzers
[0093]
[0094]              SEND theScreen THE MESSAGE insert(theName)
[0095]              SEND theScreen THE MESSAGE insert(" [")
[0096]              SEND theScreen THE MESSAGE insert(theAddress)
[0097]              SEND theScreen THE MESSAGE insert("] Entliehene Bücher:\n")
[0098]
[0099]              // Achtung: aBook steht nacheinander für jedes Buch in theBooks.
[0100]              FOREACH aBook : Book IN theBooks DO
[0101]                SEND aBook THE MESSAGE display?
[0102]              ENDFOREACH
[0103]
[0104]              // Falls erforderlich kann die Ausgabe auf dem Bildschirm mit
[0104]              //    folgenden Anweisungen angehalten werden.
[0105]              // INSTANCE theResponse :String("")
[0106]              // SEND theScreen THE MESSAGE insert("\n\tBeliebige Taste
[0106]              //    drücken > ")
[0107]              // SEND theKeyboard THE MESSAGE extract(theResponse)
[0108]              //
[0109]              // Entsprechend kann die Ausgabe angehalten werden, wenn diese
[0109]              //    Anweisungen direkt hinter der Nachricht display? in die
[0110]              // FOREACH-Anweisung eingefügt werden.
[0111]          ENDMETHOD displayBooks?
[0112]
```

```
[0113]        METHOD borrowOneBook
[0114]            AS
[0115]               // Übernimm die Kontrolle über eine vollständige Kopie
                         eines Buchs aus der Bibliothek.
[0116]
[0117]               SEND theBooks THE MESSAGE addFirst
[0118]                              (SEND theLender THE MESSAGE borrowOneBook)
[0119]            ENDMETHOD borrowOneBook
[0120]
[0121]        METHOD returnOneBook
[0122]            AS
[0123]               // Gib eine vollständige Kopie eines Buchs an die
                         Bibliothek zurück.
[0124]
[0125]               SEND theLender THE MESSAGE returnOneBook
[0126]                              (SEND theBooks THE MESSAGE last?)
[0127]               SEND theBooks THE MESSAGE removeLast
[0128]            ENDMETHOD returnOneBook
[0129]
[0130]        METHOD addLibrary (aLibrary :Library LINK )
[0131]            AS
[0132]               // Erstelle einen LINK zur Bibliothek.
[0133]
[0134]               SEND theLender THE MESSAGE assign(aLibrary)
[0135]            ENDMETHOD addLibrary
[0136]
[0137]        METHOD lessThan?(aUser :User) -> Boolean
[0138]            AS
[0139]               // Vergleiche zwei Benutzer mit Hilfe des <-Operators
                         für Zeichenketten über ihren Namen.
[0140]
[0141]               IF theName < (SEND aUser THE MESSAGE name?) THEN
[0142]                  RETURN TRUE
[0143]               ELSE
[0144]                  RETURN FALSE
[0145]               ENDIF
[0146]            ENDMETHOD lessThan?
[0147]
[0148]        METHOD name? -> String
[0149]            AS
[0150]               // Gib die private Eigenschaft theName an einen Client zurück.
[0151]
[0152]               RETURN theName
[0153]            ENDMETHOD name?
[0154]
```

```
[0155]   ENDCLASS User
[0156]
[0157]
[0158]   //
[0159]   //     CLASS Book
[0160]   //
[0161]   //     REVISION HISTORY
[0162]   //
[0163]   //             VERSION NUMBER 1.0
[0164]   //
[0165]   //             DATE 1 September 1995
[0166]   //
[0167]   //             AUTHOR  K Barclay / J Savage
[0168]   //
[0169]   //             PURPOSE First release.
[0170]   //
[0171]   //             VERSION NUMBER 1.1
[0172]   //
[0173]   //             DATE 6 September 1995
[0174]   //
[0175]   //             AUTHOR K Barclay / J Savage
[0176]   //
[0177]   //             PURPOSE Addition of lessThan? and title? public operations
[0178]   //                     to support containment.
[0179]   //
[0180]   //     DESCRIPTION
[0181]   //
[0182]   //             Eine Instanz dieser Klasse dient als zum Bestand einer
[0183]   //             gehöriges Buch, das von einem Benutzer entliehen und
                        Bibliothek
                        zurückgegeben werden kann.
[0184]   //             Details jedes Buchs werden auf Anfrage angezeigt.
[0185]   //
[0186]   CLASS Book
[0187]   WITH
[0188]   PUBLIC INTERFACE
[0189]       Book
[0190]       Book(anAuthor :String, aTitle :String, aReferenceNumber :Integer)
[0191]       display?
[0192]       lessThan?(aBook :Book) -> Boolean
[0193]       title? -> String
[0194]   PROTECTED INTERFACE
[0195]       NONE
[0196]   PRIVATE IMPLEMENTATION
[0197]       REPRESENTATION
```

```
[0198]            theAuthor :String
[0199]            theTitle :String
[0200]            theReferenceNumber :Integer
[0201]         AGGREGATIONS NONE
[0202]         ASSOCIATIONS NONE
[0203]         DEFINITIONS
[0204]            METHOD Book
[0205]            AS
[0206]               // Default-Konstruktor
[0207]
[0208]               // Initialisiere die Eigenschaften mit vernünftigen Werten.
[0209]               SEND theAuthor THE MESSAGE initialise("")
[0210]               SEND theTitle THE MESSAGE initialise("")
[0211]               SEND theReferenceNumber THE MESSAGE initialise(0)
[0212]            ENDMETHOD Book
[0213]
[0214]            METHOD Book(anAuthor :String, aTitle :String,
                   aReferenceNumber :Integer)
[0215]            AS
[0216]               // Parametrisierter Konstruktor.
[0217]
[0218]               // Initialisiere die Eigenschaften mit den
[0219]               // entsprechenden Parametern des Konstruktors.
[0220]               SEND theAuthor THE MESSAGE initialise(anAuthor)
[0221]               SEND theTitle THE MESSAGE initialise(aTitle)
[0222]               SEND theReferenceNumber THE MESSAGE initialise(aReferenceNumber)
[0223]            ENDMETHOD Book
[0224]
[0225]            METHOD display?
[0226]            AS
[0227]               // Ausgabe von Details zu einem Buch auf dem Bildschirm.
[0228]               // Achtung: "\n" sorgt für eine neue Zeile und "\t" bewegt
                      den Cursor zur nächsten Tabulatorposition.
[0229]
[0230]               SEND theScreen THE MESSAGE insert(theAuthor)
[0231]               SEND theScreen THE MESSAGE insert("\n\t")
[0232]               SEND theScreen THE MESSAGE insert(theTitle)
[0233]               SEND theScreen THE MESSAGE insert(":\t")
[0234]               SEND theScreen THE MESSAGE insert(theReferenceNumber)
[0235]               SEND theScreen THE MESSAGE insert("\n")
[0236]            ENDMETHOD display?
[0237]
[0238]            METHOD lessThan?(aBook :Book) -> Boolean
[0239]            AS
[0240]               // Vergleiche zwei Bücher mit Hilfe des für Zeichenketten
```

```
                       definierten <-Operators anhand der Titel.
[0241]
[0242]          IF theTitle < (SEND aBook THE MESSAGE title?) THEN
[0243]              RETURN TRUE
[0244]          ELSE
[0245]              RETURN FALSE
[0246]          ENDIF
[0247]       ENDMETHOD lessThan?
[0248]
[0249]       METHOD title? -> String
[0250]       AS
[0251]          // Gib die private Eigenschaft theTitle an einen Client zurück.
[0252]
[0253]          RETURN theTitle
[0254]       ENDMETHOD title?
[0255]
[0256] ENDCLASS Book
[0257]
[0258]
[0259] //
[0260] //    CLASS Library
[0261] //
[0262] //    REVISION HISTORY
[0263] //
[0264] //          VERSION NUMBER 1.0
[0265] //
[0266] //          DATE 1 September 1995
[0267] //
[0268] //          AUTHOR K Barclay / J Savage
[0269] //
[0270] //          PURPOSE First release
[0271] //
[0272] //    DESCRIPTION
[0273] //
[0274] //          Eine Instanz dieser Klasse dient als Bibliotheksobjekt,
                  zu dessen Bestand Bücher gehören,
[0275] //          die sich ein Benutzer anzeigen lassen, ausleihen oder
                  zurückgeben kann.
[0276] //
[0277] CLASS Library
[0278] WITH
[0279] PUBLIC INTERFACE
[0280]    Library
[0281]    Library(aName :String)
[0282]    borrowOneBook -> Book
```

```
[0283]      returnOneBook(aBook :Book)
[0284]      displayBooks?
[0285]      displayUserBooks?
[0286]      addUser(aUser :User LINK )
[0287]      addBook(aBook :Book)
[0288]   PROTECTED INTERFACE
[0289]      NONE
[0290]   PRIVATE IMPLEMENTATION
[0291]      REPRESENTATION
[0292]         theName :String
[0293]      AGGREGATIONS
[0294]         theBooks : DOrderedCollection[Book]
[0295]      ASSOCIATIONS
[0296]         theBorrowers : POrderedCollection[User LINK] INVERSE OF theLender
[0297]      DEFINITIONS
[0298]         METHOD Library
[0299]            AS
[0300]               // Default-Konstruktor.
[0301]
[0302]               // Initialisiere die private Eigenschaft theName mit einer leeren
                        Zeichenkette.
[0303]               SEND theName THE MESSAGE initialise("")
[0304]
[0305]               // Initialisiere den Behälter theBorrowers für die Assoziationen
[0306]               // und den Behälter theBooks für die Aggregatskomponenten mit
                        vernünftigen Werten.
[0307]               SEND theBorrowers THE MESSAGE initialise(DEFAULTSIZE, UNMANAGED)
[0308]               SEND theBooks THE MESSAGE initialise(DEFAULTSIZE)
[0309]
[0310]         ENDMETHOD Library
[0311]
[0312]         METHOD Library(aName :String)
[0313]            AS
[0314]               // Parametrisierter Konstruktor.
[0315]
[0316]               // Initialisiere die private Eigenschaft theName mit dem Wert
                        des formalen Parameters.
[0317]               SEND theName THE MESSAGE initialise(aName)
[0318]
[0319]               // Initialisiere den Behälter theBorrowers für die Assoziationen
[0320]               // und den Behälter theBooks für die Aggregatskomponenten mit
                        vernünftigen Werten.
[0321]               SEND theBorrowers THE MESSAGE initialise(DEFAULTSIZE, UNMANAGED)
[0322]               SEND theBooks THE MESSAGE initialise(DEFAULTSIZE)
[0323]         ENDMETHOD Library
```

```
[0324]
[0325]         METHOD borrowOneBook -> Book
[0326]         AS
[0327]           // Gib eine vollständige Kopie eines Buchs an einen Client zurück.
[0328]
[0329]           INSTANCE borrowedBook :Book
[0330]
[0331]           SEND borrowedBook THE MESSAGE  assign
[0332]                              (SEND theBooks THE MESSAGE last?)
[0333]           SEND theBooks THE MESSAGE removeLast
[0334]
[0335]           RETURN borrowedBook
[0336]         ENDMETHOD borrowOneBook
[0337]
[0338]         METHOD returnOneBook(aBook :Book)
[0339]         AS
[0340]           // Übernimm die Kontrolle über die von einem Client
                    zurückgegebene vollständige Kopie eines Buchs.
[0341]
[0342]           SEND theBooks THE MESSAGE addFirst(aBook)
[0343]         ENDMETHOD returnOneBook
[0344]
[0345]         METHOD displayBooks?
[0346]         AS
[0347]           // Ausgabe der Details jedes entleihbaren Buchs auf dem
                    Bildschirm.
[0348]           // Achtung: "\n" führt zu einer neuen Zeile und "\t" bewegt den
                    Cursor zur nächsten Tabulatorposition.
[0349]
[0350]           SEND theScreen THE MESSAGE insert("Aktueller Bestand:\t")
[0351]           SEND theScreen THE MESSAGE insert(theName)
[0352]           SEND theScreen THE MESSAGE insert("\n")
[0353]
[0354]           // Achtung: aBook steht nacheinander für jedes Buch aus theBooks.
[0355]           FOREACH aBook :Book IN theBooks DO
[0356]             SEND aBook THE MESSAGE display?
[0357]           ENDFOREACH
[0358]
[0359]           // Falls erforderlich, kann die Ausgabe mit folgenden Anweisungen
                    angehalten werden.
[0360]           // INSTANCE theResponse :String("")
[0361]           // SEND theScreen THE MESSAGE insert("\n\tBeliebige Taste drücken
                    > ")
[0362]           // SEND theKeyboard THE MESSAGE extract(theResponse)
[0363]           //
```

423

[0364]	// Entsprechend kann die Ausgabe angehalten werden, wenn diese
[0365]	// Anweisungen direkt hinter der Nachricht display? in die FOREACH-Anweisung eingefügt wird.
[0366]	ENDMETHOD displayBooks?
[0367]	
[0368]	METHOD displayUserBooks?
[0369]	AS
[0370]	// Ausgabe der Details aller an Benutzer verliehenen Bücher auf dem Bildschirm.
[0371]	// Achtung: "\n" sorgt für eine neue Zeile und "\t" bewegt den Cursor zur nächsten Tabulatorposition.
[0372]	
[0373]	SEND theScreen THE MESSAGE insert("Entliehene Bücher:\t")
[0374]	SEND theScreen THE MESSAGE insert(theName)
[0375]	SEND theScreen THE MESSAGE insert("\n")
[0376]	
[0377]	// Achtung: aUser steht der Reihe nach für jeden Benutzer in the Borrowers.
[0378]	FOREACH aUser :User LINK IN theBorrowers DO
[0379]	SEND aUser THE MESSAGE displayBooks?
[0380]	ENDFOREACH
[0381]	
[0382]	SEND theScreen THE MESSAGE insert("\n")
[0383]	
[0384]	// Falls erforderlich, kann die Ausgabe mit folgenden Anweisungen angehalten werden.
[0385]	// INSTANCE theResponse :String("")
[0386]	// SEND theScreen THE MESSAGE insert("\n\tBeliebige Taste drücken > ")
[0387]	// SEND theKeyboard THE MESSAGE extract(theResponse)
[0388]	ENDMETHOD displayUserBooks?
[0389]	
[0390]	METHOD addUser(aUser :User LINK)
[0391]	AS
[0392]	// Erstelle einen LINK zu einem Benutzer.
[0393]	
[0394]	SEND theBorrowers THE MESSAGE add(aUser)
[0395]	ENDMETHOD addUser
[0396]	
[0397]	METHOD addBook(aBook :Book)
[0398]	AS
[0399]	// Füge eine vollständige Kopie eines Buchs zur Bibiliothek hinzu.
[0400]	
[0401]	SEND theBooks THE MESSAGE add(aBook)
[0402]	ENDMETHOD addBook

```
[0403]
[0404]  ENDCLASS Library
[0405]
[0406]
[0407]  //
[0408]  //   CLASS Application
[0409]  //
[0410]  //   REVISION HISTORY
[0411]  //
[0412]  //           VERSION NUMBER 1.0
[0413]  //
[0414]  //           DATE 1 September 1995
[0415]  //
[0416]  //           AUTHOR K Barclay / J Savage
[0417]  //
[0418]  //           PURPOSE First release.
[0419]  //
[0420]  //   DESCRIPTION
[0421]  //
[0422]  //       Eine Instanz dieser Klasse dient als oberste Steuerungsebene.
[0423]  //       Sie ist außerdem für die Erzeugung aller Objekte im System
[0424]  //       zuständig.
[0424]  //       Achtung: Ein Objekt, das eine Assoziation, d.h. ein LINK, zu
[0425]  //       solch einem Objekt ist, wird mit dynamischer Lebensdauer
[0425]  //       generiert.
[0426]  //
[0427]  CLASS Application
[0428]  WITH
[0429]    PUBLIC INTERFACE
[0430]      Application
[0431]      run
[0432]    PROTECTED INTERFACE
[0433]      NONE
[0434]    PRIVATE IMPLEMENTATION
[0435]      REPRESENTATION NONE
[0436]      AGGREGATIONS NONE
[0437]      ASSOCIATIONS NONE
[0438]      DEFINITIONS
[0439]        METHOD Application
[0440]        AS
[0441]        // Default-Konstruktor.
[0442]
[0443]        // Obwohl nichts zu tun ist, gilt es als sauberes Verfahren, einen
[0444]        // Default-Konstruktor bereit zu stellen. Alternativ dazu kann man
[0445]        // auch annehmen, daß die Implementationssprache einen liefert.
```

```
[0446]
[0447]          ENDMETHOD Application
[0448]
[0449]          METHOD run
[0450]          AS
[0451]            // Steuernachrichten auf oberster Ebene des Systems.
[0452]
[0453]            // Erzeuge eine Bibliothek mit dynamischer Lebensdauer.
[0454]            INSTANCE theLibrary :Library LINK ("Dunning Library")
[0455]
[0456]            // Erzeuge zwei Benutzer mit dynamischer Lebensdauer.
[0457]            INSTANCE u1 :User LINK ("John", "21 High Street")
[0458]            INSTANCE u2 :User LINK ("Ken", "100 Black Road")
[0459]
[0460]            // Konfiguriere die Objektstruktur.
[0461]            SEND theLibrary THE MESSAGE addUser(u1)
[0462]            SEND theLibrary THE MESSAGE addUser(u2)
[0463]            SEND u1 THE MESSAGE addLibrary(theLibrary)
[0464]            SEND u2 THE MESSAGE addLibrary(theLibrary)
[0465]
[0466]            // Füge die vollständigen Kopien von vier verschiedenen Büchern
                      zum Bestand der Bibliothek hinzu.
[0467]            SEND theLibrary THE MESSAGE addBook(Book("Barclay",
[0468]                  "C++: Problem Solving and Programming", 1))
[0469]            SEND theLibrary THE MESSAGE addBook(Book("Rumbaugh",
[0470]                  "Object Oriented Modelling and Design", 2))
[0471]            SEND theLibrary THE MESSAGE addBook(Book("Booch",
[0472]                  "Object Oriented Design", 3))
[0473]            SEND theLibrary THE MESSAGE addBook(Book("Yourdon",
[0474]                  "Object Oriented System Design", 4))
[0475]
[0476]            // Benutzer u1 entleiht zwei Bücher.
[0477]            SEND u1 THE MESSAGE borrowOneBook
[0478]            SEND u1 THE MESSAGE borrowOneBook
[0479]
[0480]            // Benutzer u2 entleiht ein Buch.
[0481]            SEND u2 THE MESSAGE borrowOneBook
[0482]
[0483]            // Die Bibliothek zeigt die von ihren Benutzern entliehenen
                      Bücher an.
[0484]            SEND theLibrary THE MESSAGE displayUserBooks?
[0485]
[0486]            // Benutzer u1 gibt ein Buch zurück.
[0487]            SEND u1 THE MESSAGE returnOneBook
[0488]
```

```
[0489]            // Der Effekt auf die Benutzer und die Bibliothek.
[0490]               SEND theLibrary THE MESSAGE displayUserBooks?
[0491]               SEND theLibrary THE MESSAGE displayBooks?
[0492]            ENDMETHOD run
[0493]
[0494]   ENDCLASS Application
[0495]
[0496]
[0497]
```

E.2 Kapitel 4, Version 2 des Bibliothekssytems

```
[0001]   //.
[0002]   //.
[0003]   //.  ROME Copyright (c) Richard McMahon. 1993, 1994.
[0004]   //.  Generated On January 5, 1996 At 6:01:48.80 pm
[0005]
[0006]
[0007]
[0008]   //. -- Class Definitions: -------------------------------------
[0009]
[0010]   //
[0011]   //    CLASS User
[0012]   //
[0013]   //    REVISION HISTORY
[0014]   //
[0015]   //             VERSION NUMBER 1.0
[0016]   //
[0017]   //             DATE 1 September 1995
[0018]   //
[0019]   //             AUTHOR K Barclay / J Savage
[0020]   //
[0021]   //             PURPOSE First release
[0022]   //
[0023]   //             VERSION NUMBER 1.1
[0024]   //
[0025]   //             DATE 6 September 1995
[0026]   //
[0027]   //             AUTHOR K Barclay / J Savage
[0028]   //
[0029]   //             PURPOSE addition of lessThan? and name? to support
                                containment
```

```
[0030]  //
[0031]  //                VERSION NUMBER 2.
[0032]  //
[0033]  //                DATE 8 September 1995
[0034]  //
[0035]  //                AUTHOR K Barclay / J Savage
[0036]  //
[0037]  //                PURPOSE Demonstration of the use of LINKs to Books
[0038]  //
[0039]  //     DESCRIPTION
[0040]  //
[0041]  //                Eine Instanz dieser Klasse dient als Benutzer, der Bücher
                          ausleihen und an die Bibliothek
[0042]  //                zurückgeben kann. Außerdem kann sich ein Benutzer
                          entliehene Bücher anzeigen lassen.
[0043]  //
[0044]  //                In dieser Demonstration werden LINKs zu Büchern benutzt.
[0045]  //                Dies dient jedoch nur zur Veranschaulichung und besitzt
                          mehrere Schwachpunkte.
[0046]  //
[0047]  //                Einen realistischeren Ansatz finden Sie in Kapitel 8.
[0048]  //
[0049]  //
[0050]  CLASS User
[0051]  WITH
[0052]  PUBLIC INTERFACE
[0053]     User
[0054]     User(aName :String, anAddress :String)
[0055]     displayBooks?
[0056]     borrowOneBook(aTitle :String)
[0057]     returnOneBook
[0058]     addLibrary (aLibrary :Library LINK )
[0059]     lessThan?(aUser :User) -> Boolean
[0060]     name? -> String
[0061]  PROTECTED INTERFACE
[0062]     NONE
[0063]  PRIVATE IMPLEMENTATION
[0064]     REPRESENTATION
[0065]        theName : String
[0066]        theAddress : String
[0067]     AGGREGATIONS
[0068]        theBooks : POrderedCollection[Book LINK]
[0069]     ASSOCIATIONS
[0070]        theLender : Library LINK INVERSE OF theBorrowers
```

```
[0071]   DEFINITIONS
[0072]     METHOD User
[0073]       AS
[0074]         // Default-Konstruktor.
[0075]
[0076]         // Setze die Eigenschaften auf vernünftige Werte.
[0077]         SEND theName THE MESSAGE initialise("")
[0078]         SEND theAddress THE MESSAGE initialise("")
[0079]
[0080]         // Setze den Behälter theBooks für die Aggregatskomponenten
[0081]         // und die Assoziation theLender auf vernünftige Werte.
[0082]         SEND theBooks THE MESSAGE initialise(DEFAULTSIZE, UNMANAGED)
[0083]         SEND theLender THE MESSAGE initialise(NIL)
[0084]     ENDMETHOD User
[0085]
[0086]     METHOD User(aName :String, anAddress :String)
[0087]       AS
[0088]         // Parametrisierter Konstruktor.
[0089]
[0090]         // Initialisiere die Eigenschaften mit den
[0091]         // entsprechenden Parametern des Konstruktors.
[0092]         SEND theName THE MESSAGE initialise(aName)
[0093]         SEND theAddress THE MESSAGE initialise(anAddress)
[0094]
[0095]         // Setze den Behälter theBooks für die Aggregatskomponenten
[0096]         // und die Assoziation theLender auf vernünftige Werte.
[0097]         SEND theBooks THE MESSAGE initialise(DEFAULTSIZE, UNMANAGED)
[0098]         SEND theLender THE MESSAGE initialise(NIL)
[0099]     ENDMETHOD User
[0100]
[0101]     METHOD displayBooks?
[0102]       AS
[0103]         // Bildschirmausgabe von Details zu einem verliehenen Buch
[0104]         // zusammen mit dem Namen und der Adresse des Benutzers
[0105]
[0106]         SEND theScreen THE MESSAGE insert(theName)
[0107]         SEND theScreen THE MESSAGE insert(" [")
[0108]         SEND theScreen THE MESSAGE insert(theAddress)
[0109]         SEND theScreen THE MESSAGE insert("] Borrowed books:\n")
[0110]
[0111]         FOREACH aBook : Book LINK IN theBooks DO
[0112]            SEND aBook THE MESSAGE display?
[0113]         ENDFOREACH
[0114]
[0115]         // Falls erforderlich kann die Ausgabe auf dem Bildschirm mit
```

```
[0116]                     folgenden Anweisungen angehalten werden
[0116]              // INSTANCE theResponse :String("")
[0117]              // SEND theScreen THE MESSAGE insert("\n\tBeliebige Taste drücken>
")
[0118]              // SEND theKeyboard THE MESSAGE extract(theResponse)
[0119]              //
[0120]              // Entsprechend kann die Ausgabe angehalten werden, wenn diese
                        Anweisungen direkt hinter der Nachricht display? in die
[0121]              // FOREACH-Anweisung eingefügt wird.
[0122]           ENDMETHOD displayBooks?
[0123]
[0124]           METHOD borrowOneBook(aTitle :String)
[0125]           AS
[0126]              // Entleihe ein Buch mit einem bestimmten Titel aus der Bibliothek.
[0127]
[0128]              SEND theBooks THE MESSAGE addFirst
[0129]              (SEND theLender THE MESSAGE
                        borrowOneBook(aTitle))
[0130]           ENDMETHOD borrowOneBook
[0131]
[0132]           METHOD returnOneBook
[0133]           AS
[0134]              // Gib ein Buch an die Bibliothek zurück
[0135]
[0136]              SEND theLender THE MESSAGE returnOneBook
[0137]                              (SEND theBooks THE MESSAGE last?)
[0138]              SEND theBooks THE MESSAGE removeLast
[0139]           ENDMETHOD returnOneBook
[0140]
[0141]           METHOD addLibrary (aLibrary :Library LINK )
[0142]           AS
[0143]              // Erzeuge einen LINK zu einer Bibliothek
[0144]
[0145]              SEND theLender THE MESSAGE assign(aLibrary)
[0146]           ENDMETHOD addLibrary
[0147]
[0148]           METHOD lessThan?(aUser :User) -> Boolean
[0149]           AS
[0150]              // Vergleiche zwei Benutzer mit Hilfe des definierten
                        <-Operators für Zeichenketten
[0151]
[0152]              IF  theName < (SEND aUser THE MESSAGE name?) THEN
[0153]                  RETURN TRUE
[0154]              ELSE
[0155]                  RETURN FALSE
```

```
[0156]            ENDIF
[0157]         ENDMETHOD lessThan?
[0158]
[0159]         METHOD name? -> String
[0160]         AS
[0161]            // Gib die private Eigenschaft theName an einen Client zurück.
[0162]
[0163]            RETURN theName
[0164]         ENDMETHOD name?
[0165]
[0166]  ENDCLASS User
[0167]
[0168]
[0169]  //
[0170]  //   CLASS Book
[0171]  //
[0172]  //   REVISION HISTORY
[0173]  //
[0174]  //             VERSION NUMBER 1.0
[0175]  //
[0176]  //             DATE 1 September 1995
[0177]  //
[0178]  //             AUTHOR K Barclay /J Savage
[0179]  //
[0180]  //             PURPOSE First release.
[0181]  //
[0182]  //             VERSION NUMBER 1.1
[0183]  //
[0184]  //             DATE 6 September 1995
[0185]  //
[0186]  //             AUTHOR K Barclay / J Savage
[0187]  //
[0188]  //             PURPOSE Addition of lessThan? and title? to support
                              containment.
[0189]  //
[0190]  //
[0191]  //   DESCRIPTION
[0192]  //
[0193]  //             Eine Instanz dieser Klasse dient als zum Bestand einer
                       Bibliothek
[0194]  //             gehöriges Buch, das von einem Benutzer entliehen und
                       zurückgegeben werden kann.
[0195]  //             Details des Buchs lassen sich anzeigen.
[0196]  //
[0197]  CLASS Book
```

```
[0198]  WITH
[0199]  PUBLIC INTERFACE
[0200]     Book
[0201]     Book(anAuthor :String, aTitle :String, aReferenceNumber :Integer)
[0202]     display?
[0203]     lessThan?(aBook :Book) -> Boolean
[0204]     title? -> String
[0205]  PROTECTED INTERFACE
[0206]     NONE
[0207]  PRIVATE IMPLEMENTATION
[0208]     REPRESENTATION
[0209]        theAuthor :String
[0210]        theTitle :String
[0211]        theReferenceNumber :Integer
[0212]     AGGREGATIONS NONE
[0213]     ASSOCIATIONS NONE
[0214]     DEFINITIONS
[0215]        METHOD Book
[0216]           AS
[0217]              // Default-Konstruktor.
[0218]
[0219]              // Initialisiere die Eigenschaften mit vernünftigen Werten.
[0220]              SEND theAuthor THE MESSAGE initialise("")
[0221]              SEND theTitle THE MESSAGE initialise("")
[0222]              SEND theReferenceNumber THE MESSAGE initialise(0)
[0223]        ENDMETHOD Book
[0224]
[0225]        METHOD Book(anAuthor :String, aTitle :String, aReferenceNumber
                :Integer)
[0226]           AS
[0227]              // Parametrisierter Konstruktor.
[0228]
[0229]              // Initialisiere die Eigenschaften mit den
[0230]              // entsprechenden Parametern des Konstruktors.
[0231]              SEND theAuthor THE MESSAGE initialise(anAuthor)
[0232]              SEND theTitle THE MESSAGE initialise(aTitle)
[0233]              SEND theReferenceNumber THE MESSAGE initialise(aReferenceNumber)
[0234]        ENDMETHOD Book
[0235]
[0236]        METHOD display?
[0237]           AS
[0238]              // Gib die Darstellung auf dem Bildschirm aus.
[0239]              // Achtung: "\n" führt zu einer neuen Zeile und "\t" bewegt
                      den Cursor zur nächsten Tabulatorposition.
[0240]
```

```
[0241]            SEND theScreen THE MESSAGE insert(theAuthor)
[0242]            SEND theScreen THE MESSAGE insert("\n\t")
[0243]            SEND theScreen THE MESSAGE insert(theTitle)
[0244]            SEND theScreen THE MESSAGE insert(":\t")
[0245]            SEND theScreen THE MESSAGE insert(theReferenceNumber)
[0246]            SEND theScreen THE MESSAGE insert("\n")
[0247]         ENDMETHOD display?
[0248]
[0249]         METHOD lessThan?(aBook :Book) -> Boolean
[0250]            AS
[0251]            // Vergleiche zwei Bücher mit Hilfe des für Zeichenketten
                     definierten <-Operators anhand der Titel.
[0252]
[0253]            IF  theTitle < (SEND aBook THE MESSAGE title?) THEN
[0254]                RETURN TRUE
[0255]            ELSE
[0256]                RETURN FALSE
[0257]            ENDIF
[0258]         ENDMETHOD lessThan?
[0259]
[0260]         METHOD title? -> String
[0261]            AS
[0262]            // Gib die private Eigenschaft theTitle an einen Client zurück.
[0263]
[0264]            RETURN theTitle
[0265]         ENDMETHOD title?
[0266]
[0267] ENDCLASS Book
[0268]
[0269]
[0270] //
[0271] //    CLASS Library
[0272] //
[0273] //    REVISION HISTORY
[0274] //
[0275] //             VERSION NUMBER 1.0
[0276] //
[0277] //             DATE 1 September 1995
[0278] //
[0279] //             AUTHOR K Barclay / J Savage
[0280] //
[0281] //             PURPOSE First release
[0282] //
[0283] //
[0284] //             VERSION NUMBER 2.
```

```
[0285]  //
[0286]  //              DATE 8 September 1995
[0287]  //
[0288]  //              AUTHOR K Barclay / J Savage
[0289]  //
[0290]  //              PURPOSE Simple demonstration of LINKs to Books
[0291]  //
[0292]  //
[0293]  //      DESCRIPTION
[0294]  //
[0295]  //              Eine Instanz dieser Klasse dient als Bibliotheksobjekt,
//              zu dessen Bestand Bücher gehören,
[0296]  //              die sich ein Benutzer anzeigen lassen, ausleihen oder
//              zurückgeben kann.
[0297]  //
[0298]  //              Der Einfachheit halber nehmen wir an, daß ein Benutzer ein
[0299]  //              Buch beliebig oft ausleihen kann und daß nicht erfaßt wird,
[0300]  //              ob ein Buch entliehen oder zurückgegeben wird.
[0301]  //
[0302]  //              Es gibt keine Fehlerüberprüfungen. Insbesondere wird
[0303]  //              angenommen, daß ein Buch vorhanden ist, wenn jemand es
[0304]  //              entleihen möchte, und dem Entfernen des Buchs
[0305]  //              aus der Bibliothek keine Beachtung geschenkt wird.
[0306]  //              Einen realistischeren Ansatz finden Sie in Kapitel 8.
[0307]  //
[0308]  CLASS Library
[0309]  WITH
[0310]  PUBLIC INTERFACE
[0311]     Library
[0312]     Library(aName :String)
[0313]     borrowOneBook(aTitle :String) -> Book LINK
[0314]     returnOneBook(aBook :Book LINK )
[0315]     displayBooks?
[0316]     displayUserBooks?
[0317]     addUser(aUser :User LINK )
[0318]     addBook(aBook :Book LINK )
[0319]  PROTECTED INTERFACE
[0320]     NONE
[0321]  PRIVATE IMPLEMENTATION
[0322]     REPRESENTATION
[0323]        theName :String
[0324]     AGGREGATIONS
[0325]        theBooks : POrderedCollection[Book LINK]
[0326]     ASSOCIATIONS
[0327]        theBorrowers : POrderedCollection[User LINK] INVERSE OF theLender
```

```
[0328]     DEFINITIONS
[0329]        METHOD Library
[0330]           AS
[0331]              // Default-Konstruktor.
[0332]
[0333]              // Initialisiere die private Eigenschaft theName mit einer leeren
                        Zeichenkette.
[0334]              SEND theName THE MESSAGE initialise("")
[0335]
[0336]              // Initialisiere den Behälter theBorrowers für die Assoziationen
[0337]              // und den Behälter theBooks für die Aggregatskomponenten mit
                        vernünftigen Werten.
[0338]              SEND theBorrowers THE MESSAGE initialise(DEFAULTSIZE, UNMANAGED)
[0339]              SEND theBooks THE MESSAGE initialise(DEFAULTSIZE, MANAGED)
[0340]        ENDMETHOD Library
[0341]
[0342]        METHOD Library(aName :String)
[0343]           AS
[0344]              // Parametrisierter Konstruktor.
[0345]
[0346]              // Initialisiere die private Eigenschaft theName mit dem Wert
                        des formalen Parameters.
[0347]              SEND theName THE MESSAGE initialise(aName)
[0348]
[0349]              // Initialisiere den Behälter theBorrowers für die Assoziationen
[0350]              // und den Behälter theBooks für die Aggregatskomponenten mit
                        vernünftigen Werten.
[0351]              SEND theBorrowers THE MESSAGE initialise(DEFAULTSIZE, UNMANAGED)
[0352]              SEND theBooks THE MESSAGE initialise(DEFAULTSIZE, MANAGED)
[0353]        ENDMETHOD Library
[0354]
[0355]        METHOD borrowOneBook(aTitle :String) -> Book LINK
[0356]           AS
[0357]              // Gib einen LINK zu einem Buch mit einem bestimmten Titel an
                        einen Client zurück.
[0358]              // Es wird angenommen, daß ein Client ein Buch beliebig oft
                        ausleihen kann.
[0359]
[0360]              FOREACH aBook : Book LINK IN theBooks DO
[0361]
[0362]                 IF (SEND aBook THE MESSAGE title? == aTitle) THEN
[0363]                    RETURN aBook
[0364]                 ENDIF
[0365]
[0366]              ENDFOREACH
```

```
[0367]
[0368]            ENDMETHOD borrowOneBook
[0369]
[0370]            METHOD returnOneBook(aBook :Book LINK )
[0371]               AS
[0372]                  // Akzeptiere einen LINK zu einem Buch von einem Client.
[0373]
[0374]                  // Es ist keine Aktion erforderlich. Man beachte jedoch Kapitel 8.
[0375]            ENDMETHOD returnOneBook
[0376]
[0377]            METHOD displayBooks?
[0378]               AS
[0379]                // Ausgabe der Details von entleihbaren Büchern auf dem Bildschirm.
[0380]                // Achtung: "\n" führt zu einer neuen Zeile und "\t" bewegt den
                       Cursor zur nächsten Tabulatorposition.
[0381]
[0382]               SEND theScreen THE MESSAGE insert("Aktueller Bestand:\t")
[0383]               SEND theScreen THE MESSAGE insert(theName)
[0384]               SEND theScreen THE MESSAGE insert("\n")
[0385]
[0386]               FOREACH aBook :Book LINK IN theBooks DO
[0387]                  SEND aBook THE MESSAGE display?
[0388]               ENDFOREACH
[0389]
[0390]                // Falls erforderlich, kann die Ausgabe mit folgenden Anweisungen
                       angehalten werden.
[0391]                // INSTANCE theResponse :String("")
[0392]                // SEND theScreen THE MESSAGE insert("\n\tBeliebige Taste
                       drücken> ")
[0393]                // SEND theKeyboard THE MESSAGE extract(theResponse)
[0394]                //
[0395]                // Entsprechend kann die Ausgabe angehalten werden, wenn diese
[0396]                // Anweisungen direkt hinter der Nachricht display? in die
                       FOREACH-Anweisung eingefügt wird.
[0397]            ENDMETHOD displayBooks?
[0398]
[0399]            METHOD displayUserBooks?
[0400]               AS
[0401]                // Ausgabe der Details von Benutzern und der von ihnen entliehenen
                       Bücher auf dem Bildschirm.
[0402]                // Achtung: "\n" führt zu einer neuen Zeile und "\t" bewegt den
                       Cursor zur nächsten Tabulatorposition.
[0403]
[0404]               SEND theScreen THE MESSAGE insert("Aktuell entliehene Bücher:\t")
[0405]               SEND theScreen THE MESSAGE insert(theName)
```

```
[0406]            SEND theScreen THE MESSAGE insert("\n")
[0407]
[0408]            FOREACH aUser :User LINK IN theBorrowers DO
[0409]              SEND aUser THE MESSAGE displayBooks?
[0410]            ENDFOREACH
[0411]
[0412]            SEND theScreen THE MESSAGE insert("\n")
[0413]
[0414]            // Falls erforderlich, kann die Ausgabe mit folgenden Anweisungen
                     angehalten werden.
[0415]            // INSTANCE theResponse :String("")
[0416]            // SEND theScreen THE MESSAGE insert("\n\tBeliebige Taste drücken
                     > ")
[0417]            // SEND theKeyboard THE MESSAGE extract(theResponse)
[0418]         ENDMETHOD displayUserBooks?
[0419]
[0420]         METHOD addUser(aUser :User LINK )
[0421]         AS
[0422]            // Füge einen Benutzer zur Bibliothek hinzu.
[0423]
[0424]            SEND theBorrowers THE MESSAGE add(aUser)
[0425]         ENDMETHOD addUser
[0426]
[0427]         METHOD addBook(aBook :Book LINK )
[0428]         AS
[0429]            // Füge ein Buch zur Bibliothek hinzu.
[0430]
[0431]            SEND theBooks THE MESSAGE add(aBook)
[0432]         ENDMETHOD addBook
[0433]
[0434] ENDCLASS Library
[0435]
[0436]
[0437] //
[0438] //     CLASS Application
[0439] //
[0440] //     REVISION HISTORY
[0441] //
[0442] //            VERSION NUMBER 1.0
[0443] //
[0444] //            DATE 1 September 1995
[0445] //
[0446] //            AUTHOR K Barclay / J Savage
[0447] //
[0448] //            PURPOSE First release
```

```
[0449]   //
[0450]   //
[0451]   //              VERSION NUMBER 2.0
[0452]   //
[0453]   //              DATE 6 September 1995
[0454]   //
[0455]   //              AUTHOR K Barclay / J Savage
[0456]   //
[0457]   //              PURPOSE Use of LINKs to Book objects rather than full copies
[0458]   //
[0459]   //   DESCRIPTION
[0460]   //
[0461]   //              Eine Instanz dieser Klasse dient als oberste Steuerungsebene.
[0462]   //              Sie ist außerdem für die Erzeugung aller Objekte im System
                         zuständig.
[0463]   //              Achtung: Ein Objekt, das eine Assoziation, d.h. ein LINK, zu
[0464]   //              solch einem Objekt ist, wird mit dynamischer Lebensdauer
                         generiert.
[0465]   //
[0466]   //              Diese Version ist sehr einfach und dient nur der
                         Veranschaulichung.
[0467]   //
[0468]   //              Einen realsitischeren Ansatz finden Sie in Kapitel 8.
[0469]   //
[0470]   CLASS Application
[0471]   WITH
[0472]   PUBLIC INTERFACE
[0473]      Application
[0474]      run
[0475]   PROTECTED INTERFACE
[0476]      NONE
[0477]   PRIVATE IMPLEMENTATION
[0478]      REPRESENTATION NONE
[0479]      AGGREGATIONS NONE
[0480]      ASSOCIATIONS NONE
[0481]      DEFINITIONS
[0482]         METHOD Application
[0483]            AS
[0484]               // Default constructor.
[0485]
[0486]               // Obwohl nichts zu tun ist, gilt es als sauberes Verfahren, einen
[0487]               // Default-Konstruktor bereitzustellen. Alternativ dazu kann man
[0488]               // auch annehmen, daß die Implementationssprache einen liefert.
[0489]         ENDMETHOD Application
[0490]
```

E.2 Kapitel 4, Version 2 des Bibliothekssytems

```
[0491]        METHOD run
[0492]        AS
[0493]           // Oberste Steuerungsebene.
[0494]
[0495]           // Erzeuge eine Bibliothek mit dynamischer Lebensdauer.
[0496]           INSTANCE theLibrary :Library LINK ("Dunning Library")
[0497]
[0498]           // Erzeuge zwei Benutzer mit dynamischer Lebensdauer.
[0499]           INSTANCE u1 :User LINK ("John", "21 High Street")
[0500]           INSTANCE u2 :User LINK ("Ken", "100 Black Road")
[0501]
[0502]           // Konfiguriere die Struktur.
[0503]           SEND theLibrary THE MESSAGE addUser(u1)
[0504]           SEND theLibrary THE MESSAGE addUser(u2)
[0505]           SEND u1 THE MESSAGE addLibrary(theLibrary)
[0506]           SEND u2 THE MESSAGE addLibrary(theLibrary)
[0507]
[0508]           // Erzeuge einige Instanzen von Book mit dynamischer Lebensdauer.
[0509]           INSTANCE b1 : Book LINK ("Barclay",
[0510]              "C++: Problem Solving and Programming", 1)
[0511]           INSTANCE b2 : Book LINK ("Rumbaugh",
[0512]              "Object Oriented Modelling and Design", 2)
[0513]           INSTANCE b3 : Book LINK ("Booch",
[0514]              "Object Oriented Design", 3)
[0515]           INSTANCE b4 : Book LINK ("Yourdon",
[0516]              "Object Oriented System Design", 4)
[0517]
[0518]           // Übergib die Verweise auf die Bücher an die Bibliothek.
[0519]           SEND theLibrary THE MESSAGE addBook(b1)
[0520]           SEND theLibrary THE MESSAGE addBook(b2)
[0521]           SEND theLibrary THE MESSAGE addBook(b3)
[0522]           SEND theLibrary THE MESSAGE addBook(b4)
[0523]
[0524]           // Der Benutzer u1 entleiht zwei Bücher.
[0525]           SEND u1 THE MESSAGE borrowOneBook("Object Oriented System Design")
[0526]           SEND u1 THE MESSAGE borrowOneBook("Object Oriented Modelling
                     and Design")
[0527]
[0528]           // Der Benutzer u2 entleiht ein Buch.
[0529]           SEND u2 THE MESSAGE borrowOneBook("C++: Problem Solving and
                     Programming")
[0530]
[0531]           // Die Bibliothek zeigt die von ihren Benutzern entliehenen
                     Bücher an.
[0532]           SEND theLibrary THE MESSAGE displayUserBooks?
```

```
[0533]
[0534]                    //  Der Benutzer u1 gibt ein Buch an die Bibliothek zurück,
                              und wir betrachten anschließend das Ergebnis.
[0535]           SEND u1 THE MESSAGE returnOneBook
[0536]           SEND theLibrary THE MESSAGE displayUserBooks?
[0537]
[0538]                    //  Zeige den aktuellen Bestand der Bibliothek an.
[0539]           SEND theLibrary THE MESSAGE displayBooks?
[0540]
[0541]       ENDMETHOD run
[0542]
[0543]   ENDCLASS Application
[0544]
[0545]
[0546]
```

E.3 Kapitel 8, Version 1 des Bibliothekssystems

```
[0001]  //.
[0002]  //.
[0003]  //.  ROME Copyright (c) Richard McMahon. 1993, 1994.
[0004]  //.  Generated On January 6, 1996 At 3:21:44.91 pm
[0005]
[0006]
[0007]
[0008]  //. -- Class Definitions: -----------------------------------------
[0009]
[0010]  //
[0011]  //   CLASS Publication
[0012]  //
[0013]  //   REVISION HISTORY
[0014]  //
[0015]  //            VERSION NUMBER 1.0
[0016]  //
[0017]  //            DATE 8 September 1995
[0018]  //
[0019]  //            AUTHOR K Barclay / J Savage
[0020]  //
[0021]  //            PURPOSE First release
[0022]  //
[0023]  //   DESCRIPTION
[0024]  //
[0025]  //            Diese Klasse dient als Basis für die Erzeugung aller
[0026]  //            Veröffentlichungen.
         //            Als solche garantiert sie für eine gemeinsame Schnittstelle.
[0027]  //
[0028]  ABSTRACT CLASS Publication
[0029]  WITH
[0030]  PUBLIC INTERFACE
[0031]    Publication
[0032]    Publication(aTitle :String, aPublisher :String, aPublicationDate :Date,
          aReferenceNumber :String)
[0033]    display?                                         DEFERRED
[0034]    referenceNumber? ->String
[0035]    lessThan?(aPublication :Publication) ->Boolean
[0036]    isOnLoan? ->Boolean
[0037]    setOnLoan(aValue :Boolean)
[0038]  PROTECTED INTERFACE
[0039]    displayPublicationPart?
[0040]  PRIVATE IMPLEMENTATION
```

```
[0041]      REPRESENTATION
[0042]          theTitle :String
[0043]          thePublisher :String
[0044]          thePublicationDate :Date
[0045]          theReferenceNumber :String
[0046]          onLoan :Boolean
[0047]      AGGREGATIONS NONE
[0048]      ASSOCIATIONS NONE
[0049]      DEFINITIONS
[0050]          METHOD Publication
[0051]          AS
[0052]              // Default-Konstruktor.
[0053]
[0054]              // Initialisiere die Eigenschaften mit vernünftigen Werten.
[0055]              SEND theTitle THE MESSAGE initialise("")
[0056]              SEND thePublisher THE MESSAGE initialise("")
[0057]              SEND thePublicationDate THE MESSAGE initialise( Date(1,1,1900) )
[0058]              SEND theReferenceNumber THE MESSAGE initialise("000")
[0059]              SEND onLoan THE MESSAGE initialise(FALSE)
[0060]          ENDMETHOD Publication
[0061]
[0062]          METHOD Publication(aTitle :String, aPublisher :String,
                    aPublicationDate :Date, aReferenceNumber :String)
[0063]          AS
[0064]              // Parametrisierter Konstruktor.
[0065]
[0066]              // Setze die Eigenschaften auf die entsprechenden Parameter
[0067]              // des Konstruktors.
[0068]              SEND theTitle THE MESSAGE initialise(aTitle)
[0069]              SEND thePublisher THE MESSAGE initialise(aPublisher)
[0070]              SEND thePublicationDate THE MESSAGE initialise(aPublicationDate)
[0071]              SEND theReferenceNumber THE MESSAGE initialise(aReferenceNumber)
[0072]
[0073]              SEND onLoan THE MESSAGE initialise(FALSE)
[0074]          ENDMETHOD Publication
[0075]
[0076]          METHOD displayPublicationPart?
[0077]          AS
[0078]              // Ausgabe relevanter Details einer Veröffentlichung auf dem
                        Bildschirm.
[0079]
[0080]              SEND theScreen THE MESSAGE insert(theTitle)
[0081]              SEND theScreen THE MESSAGE insert(", ")
[0082]              SEND theScreen THE MESSAGE insert(theReferenceNumber)
[0083]              SEND theScreen THE MESSAGE insert(", ")
```

```
[0084]        ENDMETHOD displayPublicationPart?
[0085]
[0086]        METHOD referenceNumber? ->String
[0087]        AS
[0088]           // Gib die private Eigenschaft theReferenceNumber an einen Client
                     zurück.
[0089]
[0090]           RETURN theReferenceNumber
[0091]        ENDMETHOD referenceNumber?
[0092]
[0093]        METHOD lessThan?(aPublication :Publication) ->Boolean
[0094]        AS
[0095]           // Vergleiche zwei Veröffentlichungen mit Hilfe des für
                     Zeichenketten
[0096]           // definierten <-Operators anhand ihrer Signatur.
[0097]
[0098]           IF theReferenceNumber < (SEND aPublication THE MESSAGE
                     referenceNumber?) THEN
[0099]              RETURN TRUE
[0100]           ELSE
[0101]              RETURN FALSE
[0102]           ENDIF
[0103]        ENDMETHOD lessThan?
[0104]
[0105]        METHOD isOnLoan? ->Boolean
[0106]        AS
[0107]           // Gib die private Eigenschaft onLoan an einen Client zurück.
[0108]
[0109]           RETURN onLoan
[0110]        ENDMETHOD isOnLoan?
[0111]
[0112]        METHOD setOnLoan(aValue :Boolean)
[0113]        AS
[0114]           // Setze die private Eigenschaft onLoan auf den Parameter der
                     Operation.
[0115]
[0116]           SEND onLoan THE MESSAGE assign(aValue)
[0117]        ENDMETHOD setOnLoan
[0118]
[0119] ENDCLASS Publication
[0120]
[0121]
[0122] //
[0123] //   CLASS Library
[0124] //
```

```
[0125]   //    REVISION HISTORY
[0126]   //
[0127]   //              VERSION NUMBER 1.0
[0128]   //
[0129]   //              DATE 8 September 1995
[0130]   //
[0131]   //              AUTHOR K Barclay / J Savage
[0132]   //
[0133]   //              PURPOSE First release.
[0134]   //
[0135]   //    DESCRIPTION
[0136]   //
[0137]   //              Eine Instanz dieser Klasse dient als Bibliotheksobjekt, zu
[0138]   //              dem Veröffentlichungen hinzugefügt werden können, die man
                         sich auch anzeigen lassen kann.
[0139]   //
[0140]   CLASS Library
[0141]   WITH
[0142]   PUBLIC INTERFACE
[0143]      Library
[0144]      Library(aName :String)
[0145]      addOnePublication(aPublication :Publication LINK )
[0146]      displayLoanStock?
[0147]   PROTECTED INTERFACE
[0148]      NONE
[0149]   PRIVATE IMPLEMENTATION
[0150]      REPRESENTATION
[0151]         theName :String
[0152]      AGGREGATIONS
[0153]         thePublications : POrderedCollection[Publication LINK]
[0154]      ASSOCIATIONS NONE
[0155]      DEFINITIONS
[0156]         METHOD Library
[0157]         AS
[0158]            // Default-Konstruktor.
[0159]
[0160]            // Initialisiere die private Eigenschaft theName mit einer leeren
                     Zeichenkette.
[0161]            SEND theName THE MESSAGE initialise("")
[0162]
[0163]            // Setze den Behälter thePublications für Aggregatskomponenten
[0164]            // auf einen vernünftigen Wert.
[0165]            SEND thePublications THE MESSAGE initialise(DEFAULTSIZE, MANAGED)
[0166]         ENDMETHOD Library
[0167]
```

E.3 Kapitel 8, Version 1 des Bibliothekssystems

```
[0168]        METHOD Library(aName :String)
[0169]        AS
[0170]           // Parametrisierter Konstruktor.
[0171]
[0172]           // Initialisiere die private Eigenschaft theName mit dem Wert des
                     aktuellen Parameters.
[0173]           SEND theName THE MESSAGE initialise(aName)
[0174]
[0175]           // Setze den Behälter thePublications für Aggregatskomponenten
[0176]           // auf einen vernünftigen Wert.
[0177]           SEND thePublications THE MESSAGE initialise(DEFAULTSIZE, MANAGED)
[0178]        ENDMETHOD Library
[0179]
[0180]        METHOD addOnePublication(aPublication :Publication LINK )
[0181]        AS
[0182]           // Füge eine Veröffentlichung zur Bibliothek hinzu.
[0183]
[0184]           IF aPublication != NIL THEN
[0185]              SEND aPublication THE MESSAGE setOnLoan(FALSE)
[0186]              SEND thePublications THE MESSAGE add(aPublication)
[0187]           ENDIF
[0188]        ENDMETHOD addOnePublication
[0189]
[0190]        METHOD displayLoanStock?
[0191]        AS
[0192]           // Ausgabe von Details der entleihbaren Veröffentlichungen auf dem
                     Bildschirm.
[0193]
[0194]           SEND theScreen THE MESSAGE insert("\nAktueller Bestand:\t")
[0195]           SEND theScreen THE MESSAGE insert(theName)
[0196]           SEND theScreen THE MESSAGE insert("\n")
[0197]
[0198]           FOREACH aPublication :Publication LINK IN thePublications DO
[0199]              IF (SEND aPublication THE MESSAGE isOnLoan?) == FALSE THEN
[0200]                 SEND aPublication THE MESSAGE display?
[0201]              ENDIF
[0202]           ENDFOREACH
[0203]           SEND theScreen THE MESSAGE insert("\n")
[0204]
[0205]           // Falls erforderlich, kann die Ausgabe mit folgenden Anweisungen
                     angehalten werden.
[0206]           // INSTANCE theResponse :String("")
[0207]           // SEND theScreen THE MESSAGE insert("\n\tBeliebige Taste
                     drücken > ")
[0208]           // SEND theKeyboard THE MESSAGE extract(theResponse)
```

```
[0209]            //
[0210]            //   Entsprechend kann die Ausgabe angehalten werden, wenn diese
[0211]            //   Anweisungen direkt hinter der Nachricht display? in die
                       FOREACH-Anweisung eingefügt wird
[0212]         ENDMETHOD displayLoanStock?
[0213]
[0214] ENDCLASS Library
[0215]
[0216]
[0217] //
[0218] //    CLASS Application
[0219] //
[0220] //    REVISION HISTORY
[0221] //
[0222] //           VERSION NUMBER 1.0
[0223] //
[0224] //           DATE 8 September 1995
[0225] //
[0226] //           AUTHOR J Savage / K Barclay
[0227] //
[0228] //           PURPOSE First release
[0229] //
[0230] //    DESCRIPTION
[0231] //
[0232] //           Eine Instanz dieser Klasse dient als oberste Steuerungsebene
                   des Systems.
[0233] //
[0234] //           Ein Objekt mit Polymorphieeffekt, wie z.B. ein Book-Objekt
[0235] //           wird mit dynamischer Lebensdauer erzeugt.
[0236] //
[0237] //
[0238] CLASS Application
[0239] WITH
[0240] PUBLIC INTERFACE
[0241]    Application
[0242]    run
[0243] PROTECTED INTERFACE
[0244]    NONE
[0245] PRIVATE IMPLEMENTATION
[0246]    REPRESENTATION NONE
[0247]    AGGREGATIONS NONE
[0248]    ASSOCIATIONS NONE
[0249]    DEFINITIONS
[0250]       METHOD Application
[0251]       AS
```

E.3 Kapitel 8, Version 1 des Bibliothekssystems

```
[0252]              // Default-Konstruktor.
[0253]
[0254]              // Obwohl nichts zu tun ist, gilt es als sauberes Verfahren, einen
[0255]              // Default-Konstruktor bereitzustellen. Alternativ dazu kann man
[0256]              // auch annehmen, daß die Implementationssprache einen liefert.
[0257]          ENDMETHOD Application
[0258]
[0259]          METHOD run
[0260]          AS
[0261]              // Nachrichten der obersten Steuerungsebene.
[0262]
[0263]              // Erzeuge eine Bibliothek mit dynamischer Lebensdauer, da sie in
                       dieser Version keine Assoziationen besitzt.
[0264]              INSTANCE theLibrary :Library("Dunning Library")
[0265]
[0266]              // Erzeuge einige Book- und Map-Objekte mit dynamischer
                       Lebensdauer, da wir beabsichtigen den Polymorphieeffekt
[0267]              // zu benutzen, d.h. sie werden als Veröffentlichungen
                       behandelt.
[0268]              INSTANCE b1 :Book LINK ("C++ Problem Solving and Programming",
[0269]                              "Prentice Hall", Date(1,1,1994), "AA1",
                                    "Barclay",1)
[0270]              INSTANCE b2 :Book LINK ("Object Oriented Modelling and Design",
[0271]                              "Prentice Hall", Date(2,2,1994), "BB2",
                                    "Rumbaugh et al", 2)
[0272]              INSTANCE b3 :Book LINK ("Object Oriented Design",
[0273]                              "Benjamin Cummings", Date(3,3,1994),"CC3",
                                    "Booch", 1)
[0274]              INSTANCE b4 :Book LINK ("Object Oriented System Design",
[0275]                              "Prentice Hall", Date(4,4,1994), "DD4",
                                    "Yourdon", 1)
[0276]
[0277]              INSTANCE m1 :Map LINK ("Burgundy", "Michelin", Date(5,5,1994),
                                    "EE5",
[0278]                                              "Michelin", 5)
[0279]
[0280]              // Füge LINKS zu Büchern und Karten in die Bibliothek ein.
[0281]              SEND theLibrary THE MESSAGE addOnePublication(b1)
[0282]              SEND theLibrary THE MESSAGE addOnePublication(b2)
[0283]              SEND theLibrary THE MESSAGE addOnePublication(b3)
[0284]              SEND theLibrary THE MESSAGE addOnePublication(b4)
[0285]              SEND theLibrary THE MESSAGE addOnePublication(m1)
[0286]
[0287]              // Nun betrachten wir den Bestand der Bibliothek.
[0288]              SEND theLibrary THE MESSAGE displayLoanStock?
```

```
[0289]          ENDMETHOD run
[0290]
[0291] ENDCLASS Application
[0292]
[0293]
[0294]  //
[0295]  //     CLASS Book
[0296]  //
[0297]  //     REVISION HISTORY
[0298]  //
[0299]  //            VERSION NUMBER 1.0
[0300]  //
[0301]  //            DATE 8 September 1995
[0302]  //
[0303]  //            AUTHOR K Barclay / J Savage
[0304]  //
[0305]  //            PURPOSE First release
[0306]  //
[0307]  //     DESCRIPTION
[0308]  //
[0309]  //            Eine Instanz dieser Klasse dient als Buch, das zum Bestand
                     der Bibliothek gehört.
[0310]  //
[0311] CLASS Book
[0312]     SPECIALISATION OF Publication
[0313] WITH
[0314] PUBLIC INTERFACE
[0315]     Book
[0316]     Book(aTitle :String, aPublisher :String, aDate :Date, aReferenceNumber
           :String, anAuthor :String, anEdition :Integer)
[0317]     display?                                          REDEFINED
[0318] PROTECTED INTERFACE
[0319]     NONE
[0320] PRIVATE IMPLEMENTATION
[0321]     REPRESENTATION
[0322]        theAuthor :String
[0323]        theEdition :Integer
[0324]     AGGREGATIONS NONE
[0325]     ASSOCIATIONS NONE
[0326]     DEFINITIONS
[0327]        METHOD Book
[0328]           AS
[0329]              // Default-Konstruktor.
[0330]
[0331]              // Initialisiere die Eigenschaften eines Publication-Objekts.
```

```
[0332]              SEND SUPERCLASS Publication THE MESSAGE initialise
[0333]
[0334]              // Setze die nur zu Book-Objekten gehörenden Eigenschaften auf
                       vernünftige Werte.
[0335]              SEND theAuthor THE MESSAGE initialise("")
[0336]              SEND theEdition THE MESSAGE initialise(1)
[0337]          ENDMETHOD Book
[0338]
[0339]          METHOD Book(aTitle :String, aPublisher :String, aDate :Date,
                    aReferenceNumber :String, anAuthor :String, anEdition :Integer)
[0340]              AS
[0341]              // Parametrisierter Konstruktor.
[0342]
[0343]              // Initialisiere die Eigenschaften eines Publication-Objekts mit
[0344]              // den entsprechenden Parametern des Konstruktors.
[0345]              SEND SUPERCLASS Publication THE MESSAGE initialise
[0346]                                        (aTitle, aPublisher, aDate,
                                                 aReferenceNumber)
[0347]
[0348]              // Initialisiere die nur zu Book-Objekten gehörenden Eigenschaften
[0349]              // mit den entsprechenden Parametern des Konstruktors.
[0350]              SEND theAuthor THE MESSAGE initialise(anAuthor)
[0351]              SEND theEdition THE MESSAGE initialise(anEdition)
[0352]          ENDMETHOD Book
[0353]
[0354]          METHOD display?
[0355]              AS
[0356]              // Ausgabe der Details von Büchern auf dem Bildschirm.
[0357]
[0358]              SEND theScreen THE MESSAGE insert("Book[")
[0359]              SEND me THE MESSAGE displayPublicationPart?
[0360]              SEND theScreen THE MESSAGE insert(theAuthor)
[0361]              SEND theScreen THE MESSAGE insert(", ")
[0362]              SEND theScreen THE MESSAGE insert(theEdition)
[0363]              SEND theScreen THE MESSAGE insert("]\n")
[0364]          ENDMETHOD display?
[0365]
[0366]      ENDCLASS Book
[0367]
[0368]
[0369]      //
[0370]      //    CLASS Map
[0371]      //
[0372]      //    REVISION HISTORY
[0373]      //
```

```
[0374]   //              VERSION NUMBER 1.0
[0375]   //
[0376]   //              DATE 8 September 1995
[0377]   //
[0378]   //              AUTHOR K Barclay / J Savage
[0379]   //
[0380]   //              PURPOSE First release
[0381]   //
[0382]   //     DESCRIPTION
[0383]   //
[0384]   //              Eine Instanz dieser Klasse dient als Karte, die zum Bestand
                        einer Bibliothek gehört.
[0385]   //
[0386]   CLASS Map
[0387]      SPECIALISATION OF Publication
[0388]   WITH
[0389]   PUBLIC INTERFACE
[0390]      Map
[0391]      Map(aTitle :String, aPublisher :String, aDate :Date, aReferenceNumber
              :String, aSeriesName :String, aSheetNumber :Integer)
[0392]      display?                                          REDEFINED
[0393]   PROTECTED INTERFACE
[0394]      NONE
[0395]   PRIVATE IMPLEMENTATION
[0396]      REPRESENTATION
[0397]         theSeriesName :String
[0398]         theSheetNumber :Integer
[0399]      AGGREGATIONS NONE
[0400]      ASSOCIATIONS NONE
[0401]      DEFINITIONS
[0402]         METHOD Map
[0403]         AS
[0404]            // Default-Konstruktor.
[0405]
[0406]            // Initialisiere die Eigenschaften eines Publication-Objekts.
[0407]            SEND SUPERCLASS Publication THE MESSAGE initialise
[0408]
[0409]            // Setze die nur zu Map-Objekten gehörenden Eigenschaften auf
                     vernünftige Werte.
[0410]            SEND theSeriesName THE MESSAGE initialise("")
[0411]            SEND theSheetNumber THE MESSAGE initialise(0)
[0412]         ENDMETHOD Map
[0413]
[0414]         METHOD Map(aTitle :String, aPublisher :String, aDate :Date,
              aReferenceNumber :String, aSeriesName :String, aSheetNumber :Integer)
```

```
[0415]        AS
[0416]           // Parametrisierter Konstruktor.
[0417]
[0418]           // Initialisiere die Eigenschaften eines Publication-Objekts
[0419]           // mit den entsprechenden Parametern des Konstruktors.
[0420]
[0421]           SEND SUPERCLASS Publication THE MESSAGE initialise(aTitle,
              aPublisher,
[0422]                                          aDate, aReferenceNumber)
[0423]
[0424]           // Initialisiere die nur zu Map-Objekten gehörenden Eigenschaften
[0425]           // mit den entsprechenden Parametern des Konstruktors.
[0426]           SEND theSeriesName THE MESSAGE initialise(aSeriesName)
[0427]           SEND theSheetNumber THE MESSAGE initialise(aSheetNumber)
[0428]        ENDMETHOD Map
[0429]
[0430]        METHOD display?
[0431]        AS
[0432]           // Ausgabe der Details einer Karte auf dem Bildschirm.
[0433]
[0434]           SEND theScreen THE MESSAGE insert("Map[")
[0435]           SEND me THE MESSAGE displayPublicationPart?
[0436]           SEND theScreen THE MESSAGE insert(theSeriesName)
[0437]           SEND theScreen THE MESSAGE insert(", ")
[0438]           SEND theScreen THE MESSAGE insert(theSheetNumber)
[0439]           SEND theScreen THE MESSAGE insert("]\n")
[0440]        ENDMETHOD display?
[0441]
[0442]     ENDCLASS Map
[0443]
[0444]
[0445]
```

E.4   Kapitel 8, Version 2 des Bibliothekssystems

```
[0001]  //.
[0002]  //.
[0003]  //. ROME Copyright (c) Richard McMahon. 1993, 1994.
[0004]  //. Generated On January 6, 1996 At 3:29:07.83 pm
[0005]
[0006]
[0007]
```

```
[0008]  //. -- Class Definitions: -----------------------------------------
[0009]
[0010]  //
[0011]  //    CLASS User
[0012]  //
[0013]  //    REVISION HISTORY
[0014]  //
[0015]  //           VERSION NUMBER 1.0
[0016]  //
[0017]  //           DATE 8 September 1995
[0018]  //
[0019]  //           AUTHOR K Barclay / J Savage
[0020]  //
[0021]  //           PURPOSE First release
[0022]  //
[0023]  //
[0024]  //    DESCRIPTION
[0025]  //
[0026]  //         Eine Instanz dieser Klasse dient als Benutzer, der
[0027]  //         Veröffentlichungen
[0027]  //         im Bestand einer Bibliothek entleihen und diese zurückgeben
[0027]  //         kann.
[0028]  //         Ein Benutzer kann sich außerdem entliehene Veröffentlichungen
[0028]  //         anzeigen lassen.
[0029]  //
[0030]  //
[0031]  CLASS User
[0032]  WITH
[0033]  PUBLIC INTERFACE
[0034]     User
[0035]     User(aName :String, anAddress :String)
[0036]     addLibrary(aLibrary :Library LINK )
[0037]     borrowOnePublication(aReferenceNumber :String)
[0038]     returnOnePublication
[0039]     name?  ->String
[0040]     lessThan(aUser :User) ->Boolean
[0041]     displayPublications?
[0042]  PROTECTED INTERFACE
[0043]     NONE
[0044]  PRIVATE IMPLEMENTATION
[0045]     REPRESENTATION
[0046]        theName :String
[0047]        theAddress :String
[0048]     AGGREGATIONS
```

```
[0049]            thePublications : POrderedCollection[Publication LINK]
[0050]         ASSOCIATIONS
[0051]            theLender : Library LINK INVERSE OF theBorrowers
[0052]         DEFINITIONS
[0053]            METHOD User
[0054]            AS
[0055]               // Default-Konstruktor.
[0056]
[0057]               // Initialisiere die Eigenschaften mit vernünftigen Werten.
[0058]               SEND theName THE MESSAGE initialise ("")
[0059]               SEND theAddress THE MESSAGE initialise("")
[0060]
[0061]               // Setze die Assoziation theLender und den Behälter
[0062]               // thePublications für die Aggregatskomponenten auf
                        vernünftige Werte.
[0063]               SEND theLender THE MESSAGE initialise(NIL)
[0064]               SEND thePublications THE MESSAGE initialise(DEFAULTSIZE,
                        UNMANAGED)
[0065]            ENDMETHOD User
[0066]
[0067]            METHOD User(aName :String, anAddress :String)
[0068]            AS
[0069]               // Parametrisierter Konstruktor.
[0070]
[0071]               // Initialisiere die Eigenschaften mit den entsprechenden
[0072]               // Parametern des Konstruktors.
[0073]               SEND theName THE MESSAGE initialise(aName)
[0074]               SEND theAddress THE MESSAGE initialise(anAddress)
[0075]
[0076]              // Setze die Assoziation theLender und den Behälter thePublications
[0077]              // für die Aggregatskomponenten auf vernünftige Werte.
[0078]               SEND theLender THE MESSAGE initialise(NIL)
[0079]               SEND thePublications THE MESSAGE initialise(DEFAULTSIZE,
                        UNMANAGED)
[0080]            ENDMETHOD User
[0081]
[0082]            METHOD addLibrary(aLibrary :Library LINK )
[0083]            AS
[0084]               // Erzeuge einen LINK zu einer Bibliothek.
[0085]
[0086]               SEND theLender THE MESSAGE assign(aLibrary)
[0087]            ENDMETHOD addLibrary
[0088]
[0089]            METHOD borrowOnePublication(aReferenceNumber :String)
[0090]            AS
```

```
[0091]              // Entleihe eine Veröffentlichung mit einer bestimmten Signatur.
[0092]
[0093]              INSTANCE thePublication :Publication LINK(SEND theLender THE
                        MESSAGE borrowOnePublication(aReferenceNumber))
[0094]
[0095]              IF thePublication != NIL THEN
[0096]                 SEND thePublications THE MESSAGE addLast(thePublication)
[0097]              ENDIF
[0098]          ENDMETHOD borrowOnePublication
[0099]
[0100]          METHOD returnOnePublication
[0101]          AS
[0102]              // Gib eine Veröffentlichung an die Bibliothek zurück.
[0103]
[0104]              INSTANCE thePublication :Publication LINK(SEND thePublications
                        THE MESSAGE first?)
[0105]              SEND theLender THE MESSAGE returnOnePublication(SEND
                        thePublication THE MESSAGE referenceNumber?)
[0106]              SEND thePublications THE MESSAGE removeFirst
[0107]          ENDMETHOD returnOnePublication
[0108]
[0109]          METHOD name?  ->String
[0110]          AS
[0111]              // Gib die private Eigenschaft theName an einen Client zurück.
[0112]
[0113]              RETURN theName
[0114]          ENDMETHOD name?
[0115]
[0116]          METHOD lessThan(aUser :User) ->Boolean
[0117]          AS
[0118]              // Vergleiche zwei Benutzer mit Hilfe des für Zeichenketten
                        definierten <-Operators anhand ihres Namens.
[0119]
[0120]              IF (SEND aUser THE MESSAGE name?) < theName THEN
[0121]                 RETURN TRUE
[0122]              ELSE
[0123]                 RETURN FALSE
[0124]              ENDIF
[0125]          ENDMETHOD lessThan
[0126]
[0127]          METHOD displayPublications?
[0128]          AS
[0129]              // Bildschirmausgabe der Details von entliehenen
[0130]              // Veröffentlichungen zusammen mit dem Namen des Benutzers.
[0131]
```

E.4 Kapitel 8, Version 2 des Bibliothekssystems

```
[0132]           SEND theScreen THE MESSAGE insert("\nVeröffentlichungen entliehen
                 von ")
[0133]           SEND theScreen THE MESSAGE insert(theName)
[0134]           SEND theScreen THE MESSAGE insert("\n")
[0135]
[0136]           IF (SEND thePublications THE MESSAGE isEmpty?) == FALSE THEN
[0137]              FOREACH aPublication :Publication LINK IN thePublications DO
[0138]                 SEND aPublication THE MESSAGE display?
[0139]              ENDFOREACH
[0140]           ELSE
[0141]              SEND theScreen THE MESSAGE insert("\tEs sind keine
                    Veröffentlichungen ausgeliehen.\n")
[0142]           ENDIF
[0143]
[0144]           // Falls erforderlich, kann die Ausgabe auf dem Bildschirm mit
                    folgenden Anweisungen angehalten werden.
[0145]           // INSTANCE theResponse :String("")
[0146]           // SEND theScreen THE MESSAGE insert("\n\tBeliebige Taste drücken
                    > ")
[0147]           // SEND theKeyboard THE MESSAGE extract(theResponse)
[0148]           //
[0149]           // Entsprechend kann die Ausgabe angehalten werden, wenn diese
[0150]           // Anweisungen direkt hinter der Nachricht display? in die
                    FOREACH-Anweisung eingefügt wird
[0151]         ENDMETHOD displayPublications?
[0152]
[0153] ENDCLASS User
[0154]
[0155]
[0156] //
[0157] //    CLASS Publication
[0158] //
[0159] //    REVISION HISTORY
[0160] //
[0161] //          VERSION NUMBER 1.0
[0162] //
[0163] //          DATE 8 September 1995
[0164] //
[0165] //          AUTHOR K Barclay / J Savage
[0166] //
[0167] //          PURPOSE First release
[0168] //
[0169] //    DESCRIPTION
[0170] //
[0171] //          Diese Klasse dient als Basis für die Erzeugung aller
```

```
[0172]   //              Veröffentlichungen.
[0172]   //              Als solche garantiert sie eine gemeinsame Schnittstelle.
[0173]   //
[0174]   ABSTRACT CLASS Publication
[0175]   WITH
[0176]   PUBLIC INTERFACE
[0177]      Publication
[0178]      Publication(aTitle :String, aPublisher :String, aPublicationDate :Date,
            aReferenceNumber :String)
[0179]      display?                                        DEFERRED
[0180]      referenceNumber? ->String
[0181]      lessThan?(aPublication :Publication) ->Boolean
[0182]      isOnLoan? ->Boolean
[0183]      setOnLoan(aValue :Boolean)
[0184]   PROTECTED INTERFACE
[0185]      displayPublicationPart?
[0186]   PRIVATE IMPLEMENTATION
[0187]      REPRESENTATION
[0188]         theTitle :String
[0189]         thePublisher :String
[0190]         thePublicationDate :Date
[0191]         theReferenceNumber :String
[0192]         onLoan :Boolean
[0193]      AGGREGATIONS NONE
[0194]      ASSOCIATIONS NONE
[0195]      DEFINITIONS
[0196]         METHOD Publication
[0197]            AS
[0198]               // Default-Konstruktor.
[0199]
[0200]               // Initialisiere die Eigenschaften mit vernünftigen Werten.
[0201]               SEND theTitle THE MESSAGE initialise("")
[0202]               SEND thePublisher THE MESSAGE initialise("")
[0203]               SEND thePublicationDate THE MESSAGE initialise( Date(1,1,1900) )
[0204]               SEND theReferenceNumber THE MESSAGE initialise("000")
[0205]               SEND onLoan THE MESSAGE initialise(FALSE)
[0206]         ENDMETHOD Publication
[0207]
[0208]         METHOD Publication(aTitle :String, aPublisher :String,
                  aPublicationDate :Date, aReferenceNumber :String)
[0209]            AS
[0210]               // Parametrisierter Konstruktor.
[0211]
[0212]               // Initialisiere die Eigenschaften mit den entsprechenden
[0213]               //   Parametern des Konstruktors.
```

```
[0214]            SEND theTitle THE MESSAGE initialise(aTitle)
[0215]            SEND thePublisher THE MESSAGE initialise(aPublisher)
[0216]            SEND thePublicationDate THE MESSAGE initialise(aPublicationDate)
[0217]            SEND theReferenceNumber THE MESSAGE initialise(aReferenceNumber)
[0218]            SEND onLoan THE MESSAGE initialise(FALSE)
[0219]        ENDMETHOD Publication
[0220]
[0221]        METHOD displayPublicationPart?
[0222]        AS
[0223]            // Ausgabe aller relevanten Details einer Veröffentlichung auf
                     dem Bildschirm.
[0224]
[0225]            SEND theScreen THE MESSAGE insert(theTitle)
[0226]            SEND theScreen THE MESSAGE insert(", ")
[0227]            SEND theScreen THE MESSAGE insert(theReferenceNumber)
[0228]            SEND theScreen THE MESSAGE insert(", ")
[0229]        ENDMETHOD displayPublicationPart?
[0230]
[0231]        METHOD referenceNumber? ->String
[0232]        AS
[0233]            // Gib die private Eigenschaft theReferenceNumber an einen Client
                     zurück.
[0234]
[0235]            RETURN theReferenceNumber
[0236]        ENDMETHOD referenceNumber?
[0237]
[0238]        METHOD lessThan?(aPublication :Publication) ->Boolean
[0239]        AS
[0240]            // Vergleiche zwei Veröffentlichungen mit Hilfe des für
                     Zeichenketten
[0241]            // definierten <-Operators anhand ihrer Signatur.
[0242]
[0243]            IF theReferenceNumber < (SEND aPublication THE MESSAGE
                     referenceNumber?) THEN
[0244]                RETURN TRUE
[0245]            ELSE
[0246]                RETURN FALSE
[0247]            ENDIF
[0248]        ENDMETHOD lessThan?
[0249]
[0250]        METHOD isOnLoan? ->Boolean
[0251]        AS
[0252]            // Gib die private Eigenschaft onLoan an einen Client zurück.
[0253]
[0254]            RETURN onLoan
```

```
[0255]          ENDMETHOD isOnLoan?
[0256]
[0257]          METHOD setOnLoan(aValue :Boolean)
[0258]          AS
[0259]              // Setze die private Eigenschaft onLoan auf den Parameter der
                        Operation.
[0260]
[0261]              SEND onLoan THE MESSAGE assign(aValue)
[0262]          ENDMETHOD setOnLoan
[0263]
[0264]     ENDCLASS Publication
[0265]
[0266]
[0267]  //
[0268]  //    CLASS Library
[0269]  //
[0270]  //    REVISION HISTORY
[0271]  //
[0272]  //            VERSION NUMBER 1.0
[0273]  //
[0274]  //            DATE 8 September 1995
[0275]  //
[0276]  //            AUTHOR K Barclay / J Savage
[0277]  //
[0278]  //            PURPOSE First release
[0279]  //
[0280]  //
[0281]  //            VERSION NUMBER 1.1
[0282]  //
[0283]  //            DATE 9 September 1995
[0284]  //
[0285]  //            AUTHOR K Barclay / J Savage
[0286]  //
[0287]  //            PURPOSE Support for Users.
[0288]  //
[0289]  //    DESCRIPTION
[0290]  //
[0291]  //            Eine Instanz dieser Klasse dient als Bibliotheksobjekt, zu
[0292]  //            der Veröffentlichungen hinzugefügt werden können, die man
                      sich auch anzeigen lassen kann.
[0293]  //            Benutzer können Veröffentlichungen aus der Bibliothek
                      ausleihen und an diese zurückgeben.
[0294]  //
[0295]  //
[0296]    CLASS Library
```

```
[0297]  WITH
[0298]  PUBLIC INTERFACE
[0299]     Library
[0300]     Library(aName :String)
[0301]     addUser(aUser :User LINK )
[0302]     addOnePublication(aPublication :Publication LINK )
[0303]     returnOnePublication(aReferenceNumber :String)
[0304]     borrowOnePublication(aReferenceNumber :String) ->Publication LINK
[0305]     displayLoanStock?
[0306]     displayBorrowedStock?
[0307]     displayUsers?
[0308]  PROTECTED INTERFACE
[0309]     NONE
[0310]  PRIVATE IMPLEMENTATION
[0311]     REPRESENTATION
[0312]        theName :String
[0313]     AGGREGATIONS
[0314]        thePublications : POrderedCollection[Publication LINK]
[0315]     ASSOCIATIONS
[0316]        theBorrowers : POrderedCollection[User LINK] INVERSE OF theLender
[0317]     DEFINITIONS
[0318]       METHOD Library
[0319]          AS
[0320]             // Default-Konstruktor.
[0321]
[0322]             // Setze die private Eigenschaft theName auf den Wert einer
                   leeren Zeichenkette.
[0323]             SEND theName THE MESSAGE initialise("")
[0324]
[0325]             // Setze den Behälter thePublications für die Aggregatskomponenten
[0326]             // und den Behälter the Borrowers für die Assoziationen auf
                   vernünftige Werte.
[0327]             SEND thePublications THE MESSAGE initialise(DEFAULTSIZE, MANAGED)
[0328]             SEND theBorrowers THE MESSAGE initialise(DEFAULTSIZE, UNMANAGED)
[0329]       ENDMETHOD Library
[0330]
[0331]       METHOD Library(aName :String)
[0332]          AS
[0333]             // Parametrisierter Konstruktor.
[0334]
[0335]             // Setze die private Eigenschaft theName auf den Wert des
                   aktuellen Parameters.
[0336]             SEND theName THE MESSAGE initialise(aName)
[0337]
[0338]             // Setze den Behälter thePublications für die Aggregatskomponenten
```

```
[0339]              // und den Behälter the Borrowers für die Assoziationen auf
                       vernünftige Werte.
[0340]              SEND thePublications THE MESSAGE initialise(DEFAULTSIZE, MANAGED)
[0341]              SEND theBorrowers THE MESSAGE initialise(DEFAULTSIZE, UNMANAGED)
[0342]           ENDMETHOD Library
[0343]
[0344]           METHOD addUser(aUser :User LINK )
[0345]           AS
[0346]              // Füge einen Benutzer zur Bibliothek hinzu.
[0347]
[0348]              IF aUser != NIL THEN
[0349]                SEND theBorrowers THE MESSAGE add(aUser)
[0350]              ENDIF
[0351]           ENDMETHOD addUser
[0352]
[0353]           METHOD addOnePublication(aPublication :Publication LINK )
[0354]           AS
[0355]              // Füge eine Veröffentlichung zur Bibliothek hinzu.
[0356]
[0357]              IF aPublication != NIL THEN
[0358]                SEND aPublication THE MESSAGE setOnLoan(FALSE)
[0359]                SEND thePublications THE MESSAGE add(aPublication)
[0360]              ENDIF
[0361]           ENDMETHOD addOnePublication
[0362]
[0363]           METHOD returnOnePublication(aReferenceNumber :String)
[0364]           AS
[0365]              // Übernimm die Kontrolle über eine von einem Benutzer
                       zurückgegebene Veröffentlichung.
[0366]
[0367]              FOREACH aPublication :Publication LINK IN thePublications DO
[0368]                IF (SEND aPublication THE MESSAGE referenceNumber?) ==
                         aReferenceNumber THEN
[0369]                  SEND aPublication THE MESSAGE setOnLoan(FALSE)
[0370]                  RETURN
[0371]                ENDIF
[0372]              ENDFOREACH
[0373]           ENDMETHOD returnOnePublication
[0374]
[0375]           METHOD borrowOnePublication(aReferenceNumber :String) ->Publication
                   LINK
[0376]           AS
[0377]              // Gib eine Veröffentlichung mit einer bestimmten Signatur an einen
                       Client zurück.
[0378]
```

```
[0379]           FOREACH aPublication :Publication LINK IN thePublications DO
[0380]             IF (SEND aPublication THE MESSAGE referenceNumber?) ==
                      aReferenceNumber
[0381]                AND (SEND aPublication THE MESSAGE isOnLoan?) == FALSE
                      THEN
[0382]               SEND aPublication THE MESSAGE setOnLoan(TRUE)
[0383]               RETURN aPublication
[0384]             ENDIF
[0385]           ENDFOREACH
[0386]
[0387]           RETURN NIL
[0388]         ENDMETHOD borrowOnePublication
[0389]
[0390]         METHOD displayLoanStock?
[0391]         AS
[0392]           // Bildschirmausgabe der Details von Veröffentlichungen, die
                    entliehen werden können.
[0393]
[0394]           SEND theScreen THE MESSAGE insert("\nAktueller Bestand:\t")
[0395]           SEND theScreen THE MESSAGE insert(theName)
[0396]           SEND theScreen THE MESSAGE insert("\n")
[0397]
[0398]           FOREACH aPublication :Publication LINK IN thePublications DO
[0399]             IF (SEND aPublication THE MESSAGE isOnLoan?) == FALSE THEN
[0400]               SEND aPublication THE MESSAGE display?
[0401]             ENDIF
[0402]           ENDFOREACH
[0403]           SEND theScreen THE MESSAGE insert("\n")
[0404]
[0405]           // Falls erforderlich kann die Ausgabe auf dem Bildschirm mit
                    folgenden Anweisungen angehalten werden.
[0406]           // INSTANCE theResponse :String("")
[0407]           // SEND theScreen THE MESSAGE insert("\n\tBeliebige Taste
                    drücken> ")
[0408]           // SEND theKeyboard THE MESSAGE extract(theResponse)
[0409]           //
[0410]           // Entsprechend kann die Ausgabe angehalten werden, wenn diese
                    Anweisungen direkt
[0411]           // hinter der Nachricht display? in die FOREACH-Anweisung
                    eingefügt werden.
[0412]         ENDMETHOD displayLoanStock?
[0413]
[0414]         METHOD displayBorrowedStock?
[0415]         AS
[0416]           // Bildschirmausgabe der Details entliehener Veröffentlichungen.
```

```
[0417]
[0418]            SEND theScreen THE MESSAGE insert("\nEntliehen:\t")
[0419]            SEND theScreen THE MESSAGE insert(theName)
[0420]            SEND theScreen THE MESSAGE insert("\n")
[0421]
[0422]            FOREACH aPublication :Publication LINK IN thePublications DO
[0423]              IF ( SEND aPublication THE MESSAGE isOnLoan?) == TRUE THEN
[0424]                SEND aPublication THE MESSAGE display?
[0425]              ENDIF
[0426]            ENDFOREACH
[0427]            SEND theScreen THE MESSAGE insert("\n")
[0428]
[0429]            // Falls erforderlich kann die Ausgabe auf dem Bildschirm mit
                      folgenden Anweisungen angehalten werden.
[0430]            // INSTANCE theResponse :String("")
[0431]            // SEND theScreen THE MESSAGE insert("\n\tBeliebige Taste
                      drücken> ")
[0432]            // SEND theKeyboard THE MESSAGE extract(theResponse)
[0433]            //
[0434]            // Entsprechend kann die Ausgabe angehalten werden, wenn diese
                      Anweisungen direkt
[0435]            // hinter der Nachricht display? in die FOREACH-Anweisung
                      eingefügt werden.
[0436]         ENDMETHOD displayBorrowedStock?
[0437]
[0438]         METHOD displayUsers?
[0439]         AS
[0440]            // Ausgabe der Details von Benutzern und von Veröffentlichungen,
[0441]            // die sie entliehen haben, auf dem Bildschirm.
[0442]
[0443]            SEND theScreen THE MESSAGE insert("\nBenutzer:\n")
[0444]            FOREACH aUser :User LINK IN theBorrowers DO
[0445]              SEND theScreen THE MESSAGE insert(SEND aUser THE MESSAGE name?)
[0446]              SEND theScreen THE MESSAGE insert("\n")
[0447]              SEND aUser THE MESSAGE displayPublications?
[0448]            ENDFOREACH
[0449]            SEND theScreen THE MESSAGE insert("\n")
[0450]
[0451]            // Falls erforderlich kann die Ausgabe auf dem Bildschirm mit
                      folgenden Anweisungen angehalten werden.
[0452]            // INSTANCE theResponse :String("")
[0453]            // SEND theScreen THE MESSAGE insert("\n\tBeliebige Taste drücken
                      > ")
[0454]            // SEND theKeyboard THE MESSAGE extract(theResponse)
[0455]            //
```

```
[0456]          ENDMETHOD displayUsers?
[0457]
[0458]  ENDCLASS Library
[0459]
[0460]
[0461]  //
[0462]  //    CLASS Application
[0463]  //
[0464]  //    REVISION HISTORY
[0465]  //
[0466]  //          VERSION NUMBER 1.0
[0467]  //
[0468]  //          DATE 8 September 1995
[0469]  //
[0470]  //          AUTHOR K Barclay / J Savage
[0471]  //
[0472]  //          PURPOSE First release
[0473]  //
[0474]  //
[0475]  //          VERSION NUMBER 2.0
[0476]  //
[0477]  //          DATE 9 September 1995
[0478]  //
[0479]  //          AUTHOR K Barclay / J Savage
[0480]  //
[0481]  //          PURPOSE Support for Users of the Library and the use of a
                    private
[0482]  //          operation for initialisation.
[0483]  //
[0484]  //
[0485]  //    DESCRIPTION
[0486]  //
[0487]  //          Eine Instanz dieser Klasse bildet die oberste
                    Steuerungsebene des Systems.
[0488]  //
[0489]  //          Es werden eine Bibliothek und mehrere Benutzer mit
                    dynamischer
[0490]  //          Lebensdauer erzeugt, da sie eine Assoziation bilden.
[0491]  //
[0492]  //          Veröffentlichungen werden mit dynamischer Lebensdauer
                    erzeugt,
[0493]  //          da wir beabsichtigen, den Polymorphieeffekt zu benutzen.
[0494]  //
[0495]  CLASS Application
[0496]  WITH
```

```
[0497]    PUBLIC INTERFACE
[0498]        Application
[0499]        run
[0500]    PROTECTED INTERFACE
[0501]        NONE
[0502]    PRIVATE IMPLEMENTATION
[0503]        REPRESENTATION
[0504]            initialiseLibrary(aLibrary :Library LINK INOUT)
[0505]        AGGREGATIONS NONE
[0506]        ASSOCIATIONS NONE
[0507]        DEFINITIONS
[0508]          METHOD Application
[0509]            AS
[0510]                // Default-Konstruktor.
[0511]
[0512]                // Obwohl nichts zu tun ist, gilt es als sauberes Verfahren,
[0513]                // einen Default-Konstruktor bereitzustellen.
[0514]          ENDMETHOD Application
[0515]
[0516]          METHOD run
[0517]            AS
[0518]                // Nachrichten der obersten Steuerungsebene.
[0519]
[0520]                // Erzeuge eine Bibliothek mit dynamischer Lebensdauer.
[0521]                INSTANCE theLibrary :Library LINK ("Dunning Library")
[0522]
[0523]                // Initialisiere die Bibliothek.
[0524]                SEND me THE MESSAGE initialiseLibrary(theLibrary)
[0525]
[0526]                // Erzeuge zwei Benutzer mit dynamischer Lebensdauer.
[0527]                INSTANCE u1 :User LINK ("Ken", "21 High Street")
[0528]                INSTANCE u2 :User LINK ("John", "42 Croft Square")
[0529]
[0530]                // Konfiguriere die Struktur.
[0531]                SEND theLibrary THE MESSAGE addUser(u1)
[0532]                SEND theLibrary THE MESSAGE addUser(u2)
[0533]                SEND u1 THE MESSAGE addLibrary(theLibrary)
[0534]                SEND u2 THE MESSAGE addLibrary(theLibrary)
[0535]
[0536]                // Zeige die Benutzer an.
[0537]                SEND theLibrary THE MESSAGE displayUsers?
[0538]
[0539]                // Entleihe vier Veröffentlichungen.
[0540]                SEND theLibrary THE MESSAGE displayLoanStock?
```

```
[0541]         SEND u1 THE MESSAGE borrowOnePublication("AA1")
[0542]         SEND u1 THE MESSAGE borrowOnePublication("BB2")
[0543]         SEND u2 THE MESSAGE borrowOnePublication("CC3")
[0544]         SEND u2 THE MESSAGE borrowOnePublication("EE5")
[0545]
[0546]         // Zeige die Ergebnisse an.
[0547]         SEND theLibrary THE MESSAGE displayLoanStock?
[0548]         SEND theLibrary THE MESSAGE displayBorrowedStock?
[0549]         SEND theLibrary THE MESSAGE displayUsers?
[0550]
[0551]         // Gib zwei Veröffentlichungen zurück.
[0552]         SEND u1 THE MESSAGE returnOnePublication
[0553]         SEND u2 THE MESSAGE returnOnePublication
[0554]
[0555]         // Zeige die Ergebnisse an.
[0556]         SEND theLibrary THE MESSAGE displayLoanStock?
[0557]         SEND theLibrary THE MESSAGE displayBorrowedStock?
[0558]         SEND theLibrary THE MESSAGE displayUsers?
[0559]     ENDMETHOD run
[0560]
[0561]     METHOD initialiseLibrary(aLibrary :Library LINK INOUT)
[0562]     AS
[0563]         // Private Operation, die bei der Initialisierung der Bibliothek
                   hilft.
[0564]
[0565]         // Erzeuge drei Book- und ein Map-Objekt mit dynamischer
                   Lebensdauer.
[0566]         INSTANCE b1 :Book LINK ("C++ Problem Solving and Programming",
[0567]                  "Prentice Hall", Date(1,1,1994), "AA1", "Barclay",1)
[0568]         INSTANCE b2 :Book LINK ("Object Oriented Modelling and Design",
[0569]                  "Prentice Hall", Date(2,2,1994), "BB2", "Rumbaugh et
                   al", 2)
[0570]         INSTANCE b3 :Book LINK ("Object Oriented Design",
[0571]                  "Benjamin Cummings", Date(3,3,1994),"CC3", "Booch", 1)
[0572]         INSTANCE b4 :Book LINK ("Object Oriented System Design",
[0573]                  "Prentice Hall", Date(4,4,1994), "DD4", "Yourdon", 1)
[0574]
[0575]         INSTANCE m1 :Map LINK ("Burgundy", "Michelin",
[0576]                                     Date(5,5,1994),
                                        "EE5","Michelin", 5)
[0577]
[0578]         // Füge LINKs zu Büchern und Karten zur Bibliothek hinzu.
[0579]         SEND aLibrary THE MESSAGE addOnePublication(b1)
[0580]         SEND aLibrary THE MESSAGE addOnePublication(b2)
```

```
[0581]                 SEND aLibrary THE MESSAGE addOnePublication(b3)
[0582]                 SEND aLibrary THE MESSAGE addOnePublication(b4)
[0583]                 SEND aLibrary THE MESSAGE addOnePublication(m1)
[0584]
[0585]          ENDMETHOD initialiseLibrary
[0586]
[0587] ENDCLASS Application
[0588]
[0589]
[0590] //
[0591] //    CLASS Book
[0592] //
[0593] //    REVISION HISTORY
[0594] //
[0595] //             VERSION NUMBER 1.0
[0596] //
[0597] //             DATE 8 September 1995
[0598] //
[0599] //             AUTHOR K Barclay / J Savage
[0600] //
[0601] //             PURPOSE First release
[0602] //
[0603] //    DESCRIPTION
[0604] //
[0605] //             Eine Instanz dieser Klasse dient als Buch, das sich im
[0606] //             Besitz einer Bibliothek und von Benutzern befinden kann.
[0607] //
[0608] CLASS Book
[0609]    SPECIALISATION OF Publication
[0610] WITH
[0611] PUBLIC INTERFACE
[0612]    Book
[0613]    Book(aTitle :String, aPublisher :String, aDate :Date, aReferenceNumber
          :String, anAuthor :String, anEdition :Integer)
[0614]    display?                                         REDEFINED
[0615] PROTECTED INTERFACE
[0616]    NONE
[0617] PRIVATE IMPLEMENTATION
[0618]    REPRESENTATION
[0619]       theAuthor :String
[0620]       theEdition :Integer
[0621]    AGGREGATIONS NONE
[0622]    ASSOCIATIONS NONE
[0623]    DEFINITIONS
```

```
[0624]      METHOD Book
[0625]         AS
[0626]            // Default-Konstruktor.
[0627]
[0628]            // Initialisiere die Eigenschaften der Veröffentlichung.
[0629]            SEND SUPERCLASS Publication THE MESSAGE initialise
[0630]
[0631]            // Setze die nur bei Büchern vorhandenen Eigenschaften auf
                     vernünftige Werte.
[0632]            SEND theAuthor THE MESSAGE initialise("")
[0633]            SEND theEdition THE MESSAGE initialise(1)
[0634]      ENDMETHOD Book
[0635]
[0636]      METHOD Book(aTitle :String, aPublisher :String, aDate :Date,
               aReferenceNumber :String, anAuthor :String, anEdition :Integer)
[0637]         AS
[0638]            // Parametrisierter Konstruktor.
[0639]
[0640]            // Initialisiere die Eigenschaften der Veröffentlichung mit den
[0641]            // entsprechenden Parametern des Konstruktors.
[0642]            SEND SUPERCLASS Publication THE MESSAGE initialise(aTitle,
                     aPublisher,
[0643]               aDate, aReferenceNumber)
[0644]
[0645]            // Initialisiere die nur bei Büchern vorhandenen Eigenschaften mit
[0646]            // den entsprechenden Parametern des Konstruktors.
[0647]            SEND theAuthor THE MESSAGE initialise(anAuthor)
[0648]            SEND theEdition THE MESSAGE initialise(anEdition)
[0649]      ENDMETHOD Book
[0650]
[0651]      METHOD display?
[0652]         AS
[0653]            // Ausgabe relevanter Details eines Buchs auf dem Bildschirm.
[0654]
[0655]            SEND theScreen THE MESSAGE insert("Buch[")
[0656]            SEND me THE MESSAGE displayPublicationPart?
[0657]            SEND theScreen THE MESSAGE insert(theAuthor)
[0658]            SEND theScreen THE MESSAGE insert(", ")
[0659]            SEND theScreen THE MESSAGE insert(theEdition)
[0660]            SEND theScreen THE MESSAGE insert("]\n")
[0661]      ENDMETHOD display?
[0662]
[0663]   ENDCLASS Book
[0664]
```

```
[0665]
[0666]   //
[0667]   //     CLASS Map
[0668]   //
[0669]   //     REVISION HISTORY
[0670]   //
[0671]   //             VERSION NUMBER 1.0
[0672]   //
[0673]   //             DATE 8 September 1995
[0674]   //
[0675]   //             AUTHOR K Barclay / J Savage
[0676]   //
[0677]   //             PURPOSE First release
[0678]   //
[0679]   //     DESCRIPTION
[0680]   //
[0681]   //             Eine Instanz dieser Klasse dient als Karte, die sich im Besitz
[0682]   //             einer Bibliothek und von Benutzern befinden kann.
[0683]   //
[0684]   CLASS Map
[0685]      SPECIALISATION OF Publication
[0686]   WITH
[0687]   PUBLIC INTERFACE
[0688]      Map
[0689]      Map(aTitle :String, aPublisher :String, aDate :Date, aReferenceNumber :String, aSeriesName :String, aSheetNumber :Integer)
[0690]      display?                                              REDEFINED
[0691]   PROTECTED INTERFACE
[0692]      NONE
[0693]   PRIVATE IMPLEMENTATION
[0694]      REPRESENTATION
[0695]         theSeriesName :String
[0696]         theSheetNumber :Integer
[0697]      AGGREGATIONS NONE
[0698]      ASSOCIATIONS NONE
[0699]      DEFINITIONS
[0700]         METHOD Map
[0701]            AS
[0702]               // Default-Konstruktor.
[0703]
[0704]               // Initialisiere die Eigenschaften der Veröffentlichung.
[0705]               SEND SUPERCLASS Publication THE MESSAGE initialise
[0706]
```

[0707]	// Setze die nur bei Büchern vorhandenen Eigenschaften auf
	vernünftige Werte.
[0708]	SEND theSeriesName THE MESSAGE initialise("")
[0709]	SEND theSheetNumber THE MESSAGE initialise(0)
[0710]	ENDMETHOD Map
[0711]	
[0712]	METHOD Map(aTitle :String, aPublisher :String, aDate :Date,
	aReferenceNumber :String, aSeriesName :String, aSheetNumber :Integer)
[0713]	AS
[0714]	// Parametrisierter Konstruktor.
[0715]	
[0716]	// Initialisiere die Eigenschaften der Veröffentlichung mit den
[0717]	// entsprechenden Parametern des Konstruktors.
[0718]	SEND SUPERCLASS Publication THE MESSAGE initialise(aTitle,
	aPublisher,
[0719]	aDate, aReferenceNumber)
[0720]	
[0721]	// Initialisiere die nur bei Büchern vorhandenen Eigenschaften mit
[0722]	// entsprechenden Parametern des Konstruktors.
[0723]	SEND theSeriesName THE MESSAGE initialise(aSeriesName)
[0724]	SEND theSheetNumber THE MESSAGE initialise(aSheetNumber)
[0725]	ENDMETHOD Map
[0726]	
[0727]	METHOD display?
[0728]	AS
[0729]	// Ausgabe von relevanten Details einer Karte auf dem Bildschirm.
[0730]	
[0731]	SEND theScreen THE MESSAGE insert("Karte[")
[0732]	SEND me THE MESSAGE displayPublicationPart?
[0733]	SEND theScreen THE MESSAGE insert(theSeriesName)
[0734]	SEND theScreen THE MESSAGE insert(", ")
[0735]	SEND theScreen THE MESSAGE insert(theSheetNumber)
[0736]	SEND theScreen THE MESSAGE insert("]\n")
[0737]	ENDMETHOD display?
[0738]	
[0739]	ENDCLASS Map
[0740]	
[0741]	
[0742]	

E.5 Kapitel 8, Version 3 des Bibliothekssystems

```
[0001]   //.
[0002]   //.
[0003]   //.   ROME Copyright (c) Richard McMahon. 1993, 1994.
[0004]   //.   Generated On January 6, 1996 At 3:33:27.03 pm
[0005]
[0006]
[0007]
[0008]   //. -- Class Definitions: ----------------------------------------
[0009]
[0010]   //
[0011]   //    CLASS User
[0012]   //
[0013]   //    REVISION HISTORY
[0014]   //
[0015]   //            VERSION NUMBER 1.0
[0016]   //
[0017]   //            DATE 8 September 1995
[0018]   //
[0019]   //            AUTHOR   K Barclay / J Savage
[0020]   //
[0021]   //            PURPOSE First release
[0022]   //
[0023]   //
[0024]   //    DESCRIPTION
[0025]   //
[0026]   //            Eine Instanz dieser Klasse dient als Benutzer, der
[0027]   //            Veröffentlichungen
[0027]   //            im Bestand einer Bibliothek entleihen und diese
[0028]   //            zurückgeben kann.
[0028]   //            Ein Benutzer kann sich außerdem entliehene
[0028]   //            Veröffentlichungen anzeigen lassen.
[0029]   //
[0030]   CLASS User
[0031]   WITH
[0032]   PUBLIC INTERFACE
[0033]      User
[0034]      User(aName :String, anAddress :String)
[0035]      addLibrary(aLibrary :Library LINK )
[0036]      borrowOnePublication(aReferenceNumber :String)
[0037]      returnOnePublication
[0038]      name?  ->String
[0039]      lessThan(aUser :User) ->Boolean
```

```
[0040]        displayPublications?
[0041]    PROTECTED INTERFACE
[0042]        NONE
[0043]    PRIVATE IMPLEMENTATION
[0044]        REPRESENTATION
[0045]            theName :String
[0046]            theAddress :String
[0047]        AGGREGATIONS
[0048]            thePublications : POrderedCollection[Publication LINK]
[0049]        ASSOCIATIONS
[0050]            theLender : Library LINK INVERSE OF theBorrowers
[0051]        DEFINITIONS
[0052]          METHOD User
[0053]            AS
[0054]               // Default-Konstruktor.
[0055]
[0056]               // Initialisiere die Eigenschaften mit vernünftigen Werten.
[0057]               SEND theName THE MESSAGE initialise ("")
[0058]               SEND theAddress THE MESSAGE initialise("")
[0059]
[0060]               // Setze die Assoziation theLender und den Behälter
[0061]               // thePublications für die Aggregatskomponenten auf
                        vernünftige Werte.
[0062]               SEND theLender THE MESSAGE initialise(NIL)
[0063]               SEND thePublications THE MESSAGE initialise(DEFAULTSIZE,
                        UNMANAGED)
[0064]          ENDMETHOD User
[0065]
[0066]          METHOD User(aName :String, anAddress :String)
[0067]            AS
[0068]               // Parametrisierter Konstruktor.
[0069]
[0070]               // Initialisiere die Eigenschaften mit den entsprechenden
[0071]               // Parametern des Konstruktors.
[0072]               SEND theName THE MESSAGE initialise(aName)
[0073]               SEND theAddress THE MESSAGE initialise(anAddress)
[0074]
[0075]              // Setze die Assoziation theLender und den Behälter thePublications
[0076]               // für die Aggregatskomponenten auf vernünftige Werte.
[0077]               SEND theLender THE MESSAGE initialise(NIL)
[0078]               SEND thePublications THE MESSAGE initialise(DEFAULTSIZE,
                        UNMANAGED)
[0079]          ENDMETHOD User
[0080]
[0081]          METHOD addLibrary(aLibrary :Library LINK )
```

```
[0082]          AS
[0083]              // Erzeuge einen LINK zu einer Bibliothek.
[0084]
[0085]              SEND theLender THE MESSAGE assign(aLibrary)
[0086]          ENDMETHOD addLibrary
[0087]
[0088]          METHOD borrowOnePublication(aReferenceNumber :String)
[0089]          AS
[0090]              // Entleihe aus der Bibliothek eine Veröffentlichung mit einer
                       bestimmten Signatur.
[0091]
[0092]              INSTANCE thePublication :Publication LINK
[0093]                 (SEND theLender THE MESSAGE
                          borrowOnePublication(aReferenceNumber))
[0094]
[0095]              IF thePublication != NIL THEN
[0096]                 SEND thePublications THE MESSAGE addLast(thePublication)
[0097]              ENDIF
[0098]          ENDMETHOD borrowOnePublication
[0099]
[0100]          METHOD returnOnePublication
[0101]          AS
[0102]              // Gib eine Veröffentlichung an die Bibliothek zurück.
[0103]
[0104]              INSTANCE thePublication :Publication LINK
[0105]                              (SEND thePublications THE MESSAGE
first?)
[0106]              SEND theLender THE MESSAGE returnOnePublication
[0107]                              (SEND thePublication THE MESSAGE
                                       referenceNumber?)
[0108]              SEND thePublications THE MESSAGE removeFirst
[0109]          ENDMETHOD returnOnePublication
[0110]
[0111]          METHOD name?   ->String
[0112]          AS
[0113]              // Gib die private Eigenschaft theName an einen Client zurück.
[0114]
[0115]              RETURN theName
[0116]          ENDMETHOD name?
[0117]
[0118]          METHOD lessThan(aUser :User) ->Boolean
[0119]          AS
[0120]              // Vergleiche zwei Benutzer mit Hilfe des für Zeichenketten
                       definierten <-Operators anhand ihres Namens.
[0121]
```

```
[0122]            IF (SEND aUser THE MESSAGE name?) < theName THEN
[0123]               RETURN TRUE
[0124]            ELSE
[0125]               RETURN FALSE
[0126]            ENDIF
[0127]         ENDMETHOD lessThan
[0128]
[0129]         METHOD displayPublications?
[0130]         AS
[0131]            // Bildschirmausgabe der Details von entliehenen
[0132]            // Veröffentlichungen zusammen mit dem Namen des Benutzers.
[0133]
[0134]            SEND theScreen THE MESSAGE insert("\nVeröffentlichungen
                  entliehen von ")
[0135]            SEND theScreen THE MESSAGE insert(theName)
[0136]            SEND theScreen THE MESSAGE insert("\n")
[0137]
[0138]            IF (SEND thePublications THE MESSAGE isEmpty?) == FALSE THEN
[0139]               FOREACH aPublication :Publication LINK IN thePublications DO
[0140]                  SEND aPublication THE MESSAGE display?
[0141]               ENDFOREACH
[0142]            ELSE
[0143]               SEND theScreen THE MESSAGE insert("\tEs sind keine
                     Veröffentlichungen ausgeliehen.\n")
[0144]            ENDIF
[0145]
[0146]            // Falls erforderlich kann die Ausgabe auf dem Bildschirm mit
                  folgenden Anweisungen angehalten werden.
[0147]            // INSTANCE theResponse :String("")
[0148]            // SEND theScreen THE MESSAGE insert("\n\tBeliebige Taste drücken
                  > ")
[0149]            // SEND theKeyboard THE MESSAGE extract(theResponse)
[0150]            //
[0151]            // Entsprechend kann die Ausgabe angehalten werden, wenn diese
                  Anweisungen direkt
[0152]            // hinter der Nachricht display? in die FOREACH-Anweisung eingefügt
                  werden
[0153]         ENDMETHOD displayPublications?
[0154]
[0155] ENDCLASS User
[0156]
[0157]
[0158] //
[0159] //    CLASS Publication
[0160] //
```

```
[0161]   //    REVISION HISTORY
[0162]   //
[0163]   //           VERSION NUMBER 1.0
[0164]   //
[0165]   //           DATE 8 September 1995
[0166]   //
[0167]   //           AUTHOR K Barclay / J Savage
[0168]   //
[0169]   //           PURPOSE First release.
[0170]   //
[0171]   //    DESCRIPTION
[0172]   //
[0173]   //           Diese Klasse dient als Basis für die Erzeugung aller
[0174]   //           Veröffentlichungen.
[0174]   //           Als solche garantiert sie eine gemeinsame Schnittstelle.
[0175]   //
[0176]   ABSTRACT CLASS Publication
[0177]   WITH
[0178]   PUBLIC INTERFACE
[0179]      Publication
[0180]      Publication(aTitle :String, aPublisher :String, aPublicationDate :Date,
             aReferenceNumber :String)
[0181]      display?                                    DEFERRED
[0182]      referenceNumber? ->String
[0183]      lessThan?(aPublication :Publication) ->Boolean
[0184]      isOnLoan? ->Boolean
[0185]      setOnLoan(aValue :Boolean)
[0186]   PROTECTED INTERFACE
[0187]      displayPublicationPart?
[0188]   PRIVATE IMPLEMENTATION
[0189]      REPRESENTATION
[0190]         theTitle :String
[0191]         thePublisher :String
[0192]         thePublicationDate :Date
[0193]         theReferenceNumber :String
[0194]         onLoan :Boolean
[0195]      AGGREGATIONS NONE
[0196]      ASSOCIATIONS NONE
[0197]      DEFINITIONS
[0198]         METHOD Publication
[0199]         AS
[0200]            // Default-Konstruktor.
[0201]
[0202]            // Initialisiere die Eigenschaften mit vernünftigen Werten.
[0203]            SEND theTitle THE MESSAGE initialise("")
```

```
[0204]            SEND thePublisher THE MESSAGE initialise("")
[0205]            SEND thePublicationDate THE MESSAGE initialise( Date(1,1,1900) )
[0206]            SEND theReferenceNumber THE MESSAGE initialise("000")
[0207]            SEND onLoan THE MESSAGE initialise(FALSE)
[0208]         ENDMETHOD Publication
[0209]
[0210]         METHOD Publication(aTitle :String, aPublisher :String,
                    aPublicationDate :Date, aReferenceNumber :String)
[0211]         AS
[0212]            // Parametrisierter Konstruktor.
[0213]
[0214]            // Initialisiere die Eigenschaften mit den entsprechenden
[0215]            // Parametern des Konstruktors.
[0216]            SEND theTitle THE MESSAGE initialise(aTitle)
[0217]            SEND thePublisher THE MESSAGE initialise(aPublisher)
[0218]            SEND thePublicationDate THE MESSAGE initialise(aPublicationDate)
[0219]            SEND theReferenceNumber THE MESSAGE initialise(aReferenceNumber)
[0220]            SEND onLoan THE MESSAGE initialise(FALSE)
[0221]         ENDMETHOD Publication
[0222]
[0223]         METHOD displayPublicationPart?
[0224]         AS
[0225]            // Ausgabe aller relevanten Details einer Veröffentlichung auf
                     dem Bildschirm.
[0226]
[0227]            SEND theScreen THE MESSAGE insert(theTitle)
[0228]            SEND theScreen THE MESSAGE insert(", ")
[0229]            SEND theScreen THE MESSAGE insert(theReferenceNumber)
[0230]            SEND theScreen THE MESSAGE insert(", ")
[0231]         ENDMETHOD displayPublicationPart?
[0232]
[0233]         METHOD referenceNumber? ->String
[0234]         AS
[0235]            // Gib die private Eigenschaft theReferenceNumber an einen Client
                     zurück.
[0236]
[0237]            RETURN theReferenceNumber
[0238]         ENDMETHOD referenceNumber?
[0239]
[0240]         METHOD lessThan?(aPublication :Publication) ->Boolean
[0241]         AS
[0242]            // Vergleiche zwei Veröffentlichungen mit Hilfe des für
                     Zeichenketten
[0243]            // definierten <-Operators anhand ihrer Signatur.
[0244]
```

```
[0245]            IF theReferenceNumber < (SEND aPublication THE MESSAGE
                    referenceNumber?) THEN
[0246]                RETURN TRUE
[0247]            ELSE
[0248]                RETURN FALSE
[0249]            ENDIF
[0250]        ENDMETHOD lessThan?
[0251]
[0252]        METHOD isOnLoan? ->Boolean
[0253]            AS
[0254]            // Gib die private Eigenschaft onLoan an einen Client zurück.
[0255]
[0256]            RETURN onLoan
[0257]        ENDMETHOD isOnLoan?
[0258]
[0259]        METHOD setOnLoan(aValue :Boolean)
[0260]            AS
[0261]            // Setze die private Eigenschaft onLoan auf den Parameter der
                    Operation.
[0262]
[0263]            SEND onLoan THE MESSAGE assign(aValue)
[0264]        ENDMETHOD setOnLoan
[0265]
[0266] ENDCLASS Publication
[0267]
[0268]
[0269] //
[0270] //   CLASS Article
[0271] //
[0272] //   REVISION HISTORY
[0273] //
[0274] //           VERSION NUMBER 1.0
[0275] //
[0276] //           DATE 8 September 1995
[0277] //
[0278] //           AUTHOR K Barclay / J Savage
[0279] //
[0280] //           PURPOSE First release.
[0281] //
[0282] //   DESCRIPTION
[0283] //
[0284] //           Eine Instanz dieser Klasse dient als Artikel, der Teil
                    einer Zeitschrift ist.
[0285] //
[0286] CLASS Article
```

```
[0287]  WITH
[0288]  PUBLIC INTERFACE
[0289]     Article
[0290]     Article(aTitle :String, anAuthor :String)
[0291]     title? ->String
[0292]     lessThan(anArticle :Article) ->Boolean
[0293]     display?
[0294]  PROTECTED INTERFACE
[0295]     NONE
[0296]  PRIVATE IMPLEMENTATION
[0297]     REPRESENTATION
[0298]        theTitle :String
[0299]        theAuthor :String
[0300]     AGGREGATIONS NONE
[0301]     ASSOCIATIONS NONE
[0302]     DEFINITIONS
[0303]        METHOD Article
[0304]        AS
[0305]           // Default-Konstruktor.
[0306]
[0307]
[0308]           // Initialisiere die Eigenschaften mit vernünftigen Werten.
[0309]           SEND theTitle THE MESSAGE initialise("")
[0310]           SEND theAuthor THE MESSAGE initialise("")
[0311]        ENDMETHOD Article
[0312]
[0313]        METHOD Article(aTitle :String, anAuthor :String)
[0314]        AS
[0315]           // Parametrisierter Konstruktor.
[0316]
[0317]           // Setze die Eigenschaften auf die entsprechenden Parameter
[0318]           // des Konstruktors.
[0319]           SEND theTitle THE MESSAGE initialise(aTitle)
[0320]           SEND theAuthor THE MESSAGE initialise(anAuthor)
[0321]        ENDMETHOD Article
[0322]
[0323]        METHOD title? ->String
[0324]        AS
[0325]           // Gib die private Eigenschaft theTitle an einen Client zurück.
[0326]
[0327]           RETURN theTitle
[0328]        ENDMETHOD title?
[0329]
[0330]        METHOD lessThan(anArticle :Article) ->Boolean
[0331]        AS
```

```
[0332]                // Vergleiche zwei Artikel mit Hilfe des für Zeichenketten
                      definierten <-Operators anhand ihres Titels.
[0333]
[0334]             IF  theTitle <  (SEND anArticle THE MESSAGE title?) THEN
[0335]                RETURN TRUE
[0336]             ELSE
[0337]                RETURN FALSE
[0338]             ENDIF
[0339]          ENDMETHOD lessThan
[0340]
[0341]          METHOD display?
[0342]          AS
[0343]             // Bildschirmausgabe der relevanten Details eines Artikels.
[0344]
[0345]             SEND theScreen THE MESSAGE insert("\n       ")
[0346]             SEND theScreen THE MESSAGE insert(theTitle)
[0347]             SEND theScreen THE MESSAGE insert(", ")
[0348]             SEND theScreen THE MESSAGE insert(theAuthor)
[0349]
[0350]          ENDMETHOD display?
[0351]
[0352]    ENDCLASS Article
[0353]
[0354]
[0355]    //
[0356]    //    CLASS Library
[0357]    //
[0358]    //    REVISION HISTORY
[0359]    //
[0360]    //           CLASS Library
[0361]    //
[0362]    //    REVISION HISTORY
[0363]    //
[0364]    //           VERSION NUMBER 1.0
[0365]    //
[0366]    //           DATE 8 September 1995
[0367]    //
[0368]    //           AUTHOR   K Barclay / J Savage
[0369]    //
[0370]    //           PURPOSE First release.
[0371]    //
[0372]    //
[0373]    //           VERSION NUMBER 1.1
[0374]    //
[0375]    //           DATE 9 September 1995
```

```
[0376]   //
[0377]   //              AUTHOR   K Barclay / J Savage
[0378]   //
[0379]   //              PURPOSE  Support for Users.
[0380]   //
[0381]   //      DESCRIPTION
[0382]   //
[0383]   //              Eine Instanz dieser Klasse dient als Bibliotheksobjekt, zu
[0384]   //              der Veröffentlichungen hinzugefügt werden können, die man
//              sich anzeigen lassen kann.
[0385]   //              Benutzer können Veröffentlichungen aus der Bibliothek
//              ausleihen und an diese zurückgeben.
[0386]   //
[0387]   CLASS Library
[0388]   WITH
[0389]   PUBLIC INTERFACE
[0390]      Library
[0391]      Library(aName :String)
[0392]      addUser(aUser :User LINK )
[0393]      addOnePublication(aPublication :Publication LINK )
[0394]      returnOnePublication(aReferenceNumber :String)
[0395]      borrowOnePublication(aReferenceNumber :String) ->Publication LINK
[0396]      displayLoanStock?
[0397]      displayBorrowedStock?
[0398]      displayUsers?
[0399]   PROTECTED INTERFACE
[0400]      NONE
[0401]   PRIVATE IMPLEMENTATION
[0402]      REPRESENTATION
[0403]         theName :String
[0404]      AGGREGATIONS
[0405]         thePublications : POrderedCollection[Publication LINK]
[0406]      ASSOCIATIONS
[0407]         theBorrowers : PSortedCollection[User LINK] INVERSE OF theLender
[0408]      DEFINITIONS
[0409]         METHOD Library
[0410]         AS
[0411]            // Default-Konstruktor.
[0412]
[0413]            // Setze die private Eigenschaft theName auf den Wert einer
//            leeren Zeichenkette.
[0414]            SEND theName THE MESSAGE initialise("")
[0415]
[0416]            // Setze den Behälter thePublications für die Aggregatskomponenten
[0417]            // und den Behälter the Borrowers für die Assoziationen auf
```

```
[0418]              SEND thePublications THE MESSAGE initialise(DEFAULTSIZE, MANAGED)
[0419]              SEND theBorrowers THE MESSAGE initialise(DEFAULTSIZE, UNMANAGED)
[0420]          ENDMETHOD Library
[0421]
[0422]          METHOD Library(aName :String)
[0423]          AS
[0424]              // Parametrisierter Konstruktor.
[0425]
[0426]              // Setze die private Eigenschaft theName auf den Werte des
                       aktuellen Parameters.
[0427]              SEND theName THE MESSAGE initialise(aName)
[0428]
[0429]              // Setze den Behälter thePublications für die Aggregatskomponenten
[0430]              // und den Behälter the Borrowers für die Assoziationen auf
                       vernünftige Werte.
[0431]              SEND thePublications THE MESSAGE initialise(DEFAULTSIZE, MANAGED)
[0432]              SEND theBorrowers THE MESSAGE initialise(DEFAULTSIZE, UNMANAGED)
[0433]          ENDMETHOD Library
[0434]
[0435]          METHOD addUser(aUser :User LINK )
[0436]          AS
[0437]              // Füge einen Benutzer zur Bibliothek hinzu.
[0438]
[0439]              IF aUser != NIL THEN
[0440]                 SEND theBorrowers THE MESSAGE add(aUser)
[0441]              ENDIF
[0442]          ENDMETHOD addUser
[0443]
[0444]          METHOD addOnePublication(aPublication :Publication LINK )
[0445]          AS
[0446]              // Füge eine Veröffentlichung zur Bibliothek hinzu.
[0447]
[0448]              IF aPublication != NIL THEN
[0449]                 SEND aPublication THE MESSAGE setOnLoan(FALSE)
[0450]                 SEND thePublications THE MESSAGE add(aPublication)
[0451]              ENDIF
[0452]          ENDMETHOD addOnePublication
[0453]
[0454]          METHOD returnOnePublication(aReferenceNumber :String)
[0455]          AS
[0456]              // Gib eine Veröffentlichung mit einer bestimmten Signatur an die
                       Bibliothek zurück.
[0457]
[0458]              FOREACH aPublication :Publication LINK IN thePublications DO
```

```
[0459]              IF (SEND aPublication THE MESSAGE referenceNumber?) ==
                      aReferenceNumber THEN
[0460]                SEND aPublication THE MESSAGE setOnLoan(FALSE)
[0461]                RETURN
[0462]              ENDIF
[0463]            ENDFOREACH
[0464]          ENDMETHOD returnOnePublication
[0465]
[0466]          METHOD borrowOnePublication(aReferenceNumber :String) ->Publication
                  LINK
[0467]          AS
[0468]            // Gib eine Veröffentlichung mit einer bestimmten Signatur
                     an einen Client zurück.
[0469]
[0470]            FOREACH aPublication :Publication LINK IN thePublications DO
[0471]              IF (SEND aPublication THE MESSAGE referenceNumber?) ==
                      aReferenceNumber AND   (SEND aPublication THE MESSAGE isOnLoan?)
                      == FALSE   THEN
[0472]                SEND aPublication THE MESSAGE setOnLoan(TRUE)
[0473]                RETURN aPublication
[0474]              ENDIF
[0475]            ENDFOREACH
[0476]
[0477]            RETURN NIL
[0478]          ENDMETHOD borrowOnePublication
[0479]
[0480]          METHOD displayLoanStock?
[0481]          AS
[0482]            // Bildschirmausgabe der Details von Veröffentlichungen, die
                     entliehen werden können.
[0483]
[0484]            SEND theScreen THE MESSAGE insert("\nAktueller Bestand:\n")
[0485]            FOREACH aPublication :Publication LINK IN thePublications DO
[0486]              IF (SEND aPublication THE MESSAGE isOnLoan?) == FALSE THEN
[0487]                SEND aPublication THE MESSAGE display?
[0488]              ENDIF
[0489]            ENDFOREACH
[0490]            SEND theScreen THE MESSAGE insert("\n")
[0491]
[0492]            // Falls erforderlich kann die Ausgabe auf dem Bildschirm mit
                     folgenden Anweisungen angehalten werden.
[0493]            // INSTANCE theResponse :String("")
[0494]            // SEND theScreen THE MESSAGE insert("\n\tBeliebige Taste drücken
                     > ")
[0495]            // SEND theKeyboard THE MESSAGE extract(theResponse)
```

```
[0496]           //
[0497]           // Entsprechend kann die Ausgabe angehalten werden, wenn diese
                     Anweisungen direkt
[0498]           // hinter der Nachricht display? in die FOREACH-Anweisung eingefügt
                     werden.
[0499]       ENDMETHOD displayLoanStock?
[0500]
[0501]       METHOD displayBorrowedStock?
[0502]       AS
[0503]           // Bildschirmausgabe der Details entliehener Veröffentlichungen.
[0504]
[0505]           SEND theScreen THE MESSAGE insert("\nEntliehen:\n")
[0506]           FOREACH aPublication :Publication LINK IN thePublications DO
[0507]             IF (SEND aPublication THE MESSAGE isOnLoan?) == TRUE THEN
[0508]               SEND aPublication THE MESSAGE display?
[0509]             ENDIF
[0510]           ENDFOREACH
[0511]           SEND theScreen THE MESSAGE insert("\n")
[0512]
[0513]           // Falls erforderlich kann die Ausgabe auf dem Bildschirm mit
                     folgenden Anweisungen angehalten werden.
[0514]           // INSTANCE theResponse :String("")
[0515]           // SEND theScreen THE MESSAGE insert("\n\tBeliebige Taste drücken
                     > ")
[0516]           // SEND theKeyboard THE MESSAGE extract(theResponse)
[0517]           //
[0518]           // Entsprechend kann die Ausgabe angehalten werden, wenn diese
                     Anweisungen direkt
[0519]           // hinter der Nachricht display? in die FOREACH-Anweisung
                     eingefügt werden.
[0520]       ENDMETHOD displayBorrowedStock?
[0521]
[0522]       METHOD displayUsers?
[0523]       AS
[0524]           // Ausgabe der Details von Benutzern und von Veröffentlichungen,
[0525]           // die sie entliehen haben, auf dem Bildschirm.
[0526]
[0527]           SEND theScreen THE MESSAGE insert("\nBenutzer:\n")
[0528]           FOREACH aUser :User LINK IN theBorrowers DO
[0529]             SEND theScreen THE MESSAGE insert(SEND aUser THE MESSAGE name?)
[0530]             SEND theScreen THE MESSAGE insert("\n")
[0531]             SEND aUser THE MESSAGE displayPublications?
[0532]           ENDFOREACH
[0533]           SEND theScreen THE MESSAGE insert("\n")
[0534]
```

```
[0535]              // Falls erforderlich kann die Ausgabe auf dem Bildschirm mit
                       folgenden Anweisungen angehalten werden.
[0536]              // INSTANCE theResponse :String("")
[0537]              // SEND theScreen THE MESSAGE insert("\n\tBeliebige Taste drücken
                       > ")
[0538]              // SEND theKeyboard THE MESSAGE extract(theResponse)
[0539]           ENDMETHOD displayUsers?
[0540]
[0541]    ENDCLASS Library
[0542]
[0543]
[0544]    //
[0545]    //    CLASS Application
[0546]    //
[0547]    //    REVISION HISTORY
[0548]    //
[0549]    //           VERSION NUMBER 1.0
[0550]    //
[0551]    //           DATE 8 September 1995
[0552]    //
[0553]    //           AUTHOR K Barclay / J savage
[0554]    //
[0555]    //           PURPOSE First release.
[0556]    //
[0557]    //
[0558]    //           VERSION NUMBER 2.0
[0559]    //
[0560]    //           DATE 9 September 1995
[0561]    //
[0562]    //           AUTHOR  K Barclay / J Savage
[0563]    //
[0564]    //           PURPOSE Support for Users of the Library.
[0565]    //
[0566]    //
[0567]    //           VERSION NUMBER 3.0
[0568]    //
[0569]    //           DATE 10 September 1995
[0570]    //
[0571]    //           AUTHOR J Savage / K Barclay
[0572]    //
[0573]    //           PURPOSE Addition of Periodicals.
[0574]    //
[0575]    //
[0576]    //    DESCRIPTION
[0577]    //
```

```
[0578]   //               Eine Instanz dieser Klasse bildet die oberste
                          Steuerungsebenedes Systems.
[0579]   //
[0580]   //               Es werden eine Bibliothek und mehrere Benutzer mit
                          dynamischer
[0581]   //               Lebensdauer erzeugt, da sie eine Assoziation bilden.
[0582]   //
[0583]   //               Veröffentlichungen werden mit dynamischer Lebensdauer
                          erzeugt,
[0584]   //               da wir beabsichtigen, den Polymorphieeffekt zu benutzen.
[0585]   //
[0586]   CLASS Application
[0587]   WITH
[0588]   PUBLIC INTERFACE
[0589]      Application
[0590]      run
[0591]   PROTECTED INTERFACE
[0592]      NONE
[0593]   PRIVATE IMPLEMENTATION
[0594]      REPRESENTATION
[0595]         initialiseLibrary(aLibrary :Library LINK INOUT)
[0596]      AGGREGATIONS NONE
[0597]      ASSOCIATIONS NONE
[0598]      DEFINITIONS
[0599]         METHOD Application
[0600]         AS
[0601]          // Default-Konstruktor.
[0602]
[0603]          // Obwohl nichts zu tun ist, gilt es als sauberes Verfahren, einen
[0604]          // Default-Konstruktor bereitzustellen. Alternativ dazu kann man
[0605]          // auch annehmen, daß die Implementationssprache einen liefert.
[0606]         ENDMETHOD Application
[0607]
[0608]         METHOD run
[0609]         AS
[0610]          // Nachrichten der obersten Steuerungsebene.
[0611]
[0612]          // Erzeuge eine Bibliothek mit dynamischer Lebensdauer.
[0613]          INSTANCE theLibrary :Library LINK ("Dunning Library")
[0614]
[0615]          // Initialisiere die Bibliothek.
[0616]          SEND me THE MESSAGE initialiseLibrary(theLibrary)
[0617]
[0618]          // Erzeuge zwei Benutzer mit dynamischer Lebensdauer.
[0619]          INSTANCE u1 :User LINK ("Ken", "21 High Street")
```

```
[0620]            INSTANCE u2 :User LINK ("John", "42 Croft Square")
[0621]
[0622]            // Konfiguriere die Struktur.
[0623]            SEND theLibrary THE MESSAGE addUser(u1)
[0624]            SEND theLibrary THE MESSAGE addUser(u2)
[0625]            SEND u1 THE MESSAGE addLibrary(theLibrary)
[0626]            SEND u2 THE MESSAGE addLibrary(theLibrary)
[0627]
[0628]            // Zeige die Benutzer an.
[0629]            SEND theLibrary THE MESSAGE displayUsers?
[0630]
[0631]            // Entleihe fünf Veröffentlichungen.
[0632]            SEND theLibrary THE MESSAGE displayLoanStock?
[0633]            SEND u1 THE MESSAGE borrowOnePublication("AA1")
[0634]            SEND u1 THE MESSAGE borrowOnePublication("BB2")
[0635]            SEND u2 THE MESSAGE borrowOnePublication("CC3")
[0636]            SEND u2 THE MESSAGE borrowOnePublication("EE5")
[0637]            SEND u1 THE MESSAGE borrowOnePublication("GG7")
[0638]
[0639]            // Zeige die Ergebnisse an.
[0640]            SEND theLibrary THE MESSAGE displayLoanStock?
[0641]            SEND theLibrary THE MESSAGE displayBorrowedStock?
[0642]            SEND theLibrary THE MESSAGE displayUsers?
[0643]
[0644]            // Gib zwei Veröffentlichungen zurück.
[0645]            SEND u1 THE MESSAGE returnOnePublication
[0646]            SEND u2 THE MESSAGE returnOnePublication
[0647]
[0648]            // Zeige die Ergebnisse an.
[0649]            SEND theLibrary THE MESSAGE displayLoanStock?
[0650]            SEND theLibrary THE MESSAGE displayBorrowedStock?
[0651]            SEND theLibrary THE MESSAGE displayUsers?
[0652]        ENDMETHOD run
[0653]
[0654]        METHOD initialiseLibrary(aLibrary :Library LINK INOUT)
[0655]        AS
[0656]            // Private Operation, die bei der Initialisierung der Bibliothek
                     hilft.
[0657]
[0658]            // Erzeuge vier Book- und ein Map-Objekt mit dynamischer
                     Lebensdauer.
[0659]            INSTANCE b1 :Book LINK ("C++ Problem Solving and Programming",
[0660]                     "Prentice Hall", Date(1,1,1994), "AA1", "Barclay",1)
[0661]            INSTANCE b2 :Book LINK ("Object Oriented Modelling and Design",
[0662]                     "Prentice Hall", Date(2,2,1994), "BB2", "Rumbaugh et
```

```
                         al", 2)
[0663]          INSTANCE b3 :Book LINK ("Object Oriented Design",
[0664]                  "Benjamin Cummings", Date(3,3,1994),"CC3", "Booch", 1)
[0665]          INSTANCE b4 :Book LINK ("Object Oriented System Design",
[0666]                  "Prentice Hall", Date(4,4,1994), "DD4", "Yourdon", 1)
[0667]
[0668]          INSTANCE m1 :Map LINK ("Burgundy", "Michelin",
[0669]                                          Date(5,5,1994),
                                           "EE5","Michelin", 5)
[0670]
[0671]          // Füge LINKs zu vier Büchern und einer Karte zur Bibliothek hinzu.
[0672]          SEND aLibrary THE MESSAGE addOnePublication(b1)
[0673]          SEND aLibrary THE MESSAGE addOnePublication(b2)
[0674]          SEND aLibrary THE MESSAGE addOnePublication(b3)
[0675]          SEND aLibrary THE MESSAGE addOnePublication(b4)
[0676]          SEND aLibrary THE MESSAGE addOnePublication(m1)
[0677]
[0678]          // Erzeuge zwei Periodical-Objekte mit dynamischer Lebensdauer.
[0679]          INSTANCE per1 :Periodical LINK ("Journal of Object Oriented
                    Programming",
[0680]              "SIGS Publications inc", Date(1,3,1994), "FF6", "R Weiner")
[0681]          INSTANCE per2 :Periodical LINK ("The C++ Report", "SIGS
                    Publications inc",
[0682]              Date(1,7,1992), "GG7", "S Lippman")
[0683]
[0684]          // Erzeuge vier Article-Objekte mit dynamischer Lebensdauer.
[0685]          INSTANCE a1 :Article LINK ("Guide to OO Training and Mentoring
                    Services",
[0686]                  "H Newling")
[0687]          INSTANCE a2 :Article LINK ("The Life of an Object Model",
[0688]                  "J Rumbaugh")
[0689]          INSTANCE a3 :Article LINK ("Using C++ Effectively", "S Myers")
[0690]          INSTANCE a4 :Article LINK ("Crossing Paradigms : A Pilgrim's
                    Journey from C to C++",
[0691]              "F Tavaakkolian")
[0692]
[0693]          // Füge die Artikel zu den entsprechenden Zeitschriften hinzu.
[0694]          SEND per1 THE MESSAGE addOneArticle(a1)
[0695]          SEND per1 THE MESSAGE addOneArticle(a2)
[0696]          SEND per2 THE MESSAGE addOneArticle(a3)
[0697]          SEND per2 THE MESSAGE addOneArticle(a4)
[0698]
[0699]          // Füge zwei Zeitschriften in die Bibliothek ein.
[0700]          SEND aLibrary THE MESSAGE addOnePublication(per1)
[0701]          SEND aLibrary THE MESSAGE addOnePublication(per2)
```

```
[0702]          ENDMETHOD initialiseLibrary
[0703]
[0704]   ENDCLASS Application
[0705]
[0706]
[0707]   //
[0708]   //   CLASS Book
[0709]   //
[0710]   //   REVISION HISTORY
[0711]   //
[0712]   //          VERSION NUMBER 1.0
[0713]   //
[0714]   //          DATE 8 September 1995
[0715]   //
[0716]   //          AUTHOR   K Barclay / J Savage
[0717]   //
[0718]   //          PURPOSE First release
[0719]   //
[0720]   //   DESCRIPTION
[0721]   //
[0722]   //          Eine Instanz dieser Klasse dient als Buch, das sich im
[0723]   //          Besitz einer Bibliothek und von Benutzern befinden kann.
[0724]   //
[0725]   CLASS Book
[0726]      SPECIALISATION OF Publication
[0727]   WITH
[0728]   PUBLIC INTERFACE
[0729]      Book
[0730]      Book(aTitle :String, aPublisher :String, aDate :Date, aReferenceNumber
           :String, anAuthor :String, anEdition :Integer)
[0731]      display                                         REDEFINED
[0732]   PROTECTED INTERFACE
[0733]      NONE
[0734]   PRIVATE IMPLEMENTATION
[0735]      REPRESENTATION
[0736]        theAuthor :String
[0737]        theEdition :Integer
[0738]      AGGREGATIONS NONE
[0739]      ASSOCIATIONS NONE
[0740]      DEFINITIONS
[0741]        METHOD Book
[0742]        AS
[0743]          // Default-Konstruktor.
[0744]
[0745]          // Initialisiere die Eigenschaften der Veröffentlichung.
```

```
[0746]              SEND SUPERCLASS Publication THE MESSAGE initialise
[0747]
[0748]              // Setze die nur bei Büchern vorhandenen Eigenschaften auf
                        vernünftige Werte.
[0749]              SEND theAuthor THE MESSAGE initialise("")
[0750]              SEND theEdition THE MESSAGE initialise(1)
[0751]          ENDMETHOD Book
[0752]
[0753]          METHOD Book(aTitle :String, aPublisher :String, aDate :Date,
                    aReferenceNumber :String, anAuthor :String, anEdition :Integer)
[0754]              AS
[0755]              // Parametrisierter Konstruktor.
[0756]
[0757]              // Initialisiere die Eigenschaften der Veröffentlichung mit den
[0758]              // entsprechenden Parametern des Konstruktors.
[0759]              SEND SUPERCLASS Publication THE MESSAGE initialise(aTitle,
                        aPublisher,
[0760]                  aDate, aReferenceNumber)
[0761]
[0762]              // Initialisiere die nur bei Büchern vorhandenen Eigenschaften mit
[0763]              // den entsprechenden Parametern des Konstruktors.
[0764]              SEND theAuthor THE MESSAGE initialise(anAuthor)
[0765]              SEND theEdition THE MESSAGE initialise(anEdition)
[0766]          ENDMETHOD Book
[0767]
[0768]          METHOD display?
[0769]              AS
[0770]              // Ausgabe relevanter Details eines Buchs auf dem Bildschirm.
[0771]
[0772]              SEND theScreen THE MESSAGE insert("Buch[")
[0773]              SEND me THE MESSAGE displayPublicationPart?
[0774]              SEND theScreen THE MESSAGE insert(theAuthor)
[0775]              SEND theScreen THE MESSAGE insert(", ")
[0776]              SEND theScreen THE MESSAGE insert(theEdition)
[0777]              SEND theScreen THE MESSAGE insert("]\n")
[0778]          ENDMETHOD display?
[0779]
[0780]      ENDCLASS Book
[0781]
[0782]
[0783]      //
[0784]      //    CLASS Map
[0785]      //
[0786]      //    REVISION HISTORY
[0787]      //
```

```
[0788]  //                VERSION NUMBER 1.0
[0789]  //
[0790]  //                DATE 8 September 1995
[0791]  //
[0792]  //                AUTHOR   K Barclay / J Savage
[0793]  //
[0794]  //                PURPOSE First release
[0795]  //
[0796]  //   DESCRIPTION
[0797]  //
[0798]  //                Eine Instanz dieser Klasse dient als Karte, die sich im
                          Besitz
[0799]  //                einer Bibliothek und von Benutzern befinden kann.
[0800]  //
[0801]  CLASS Map
[0802]     SPECIALISATION OF Publication
[0803]  WITH
[0804]  PUBLIC INTERFACE
[0805]     Map
[0806]     Map(aTitle :String, aPublisher :String, aDate :Date, aReferenceNumber
            :String, aSeriesName :String, aSheetNumber :Integer)
[0807]     display?                                              REDEFINED
[0808]  PROTECTED INTERFACE
[0809]     NONE
[0810]  PRIVATE IMPLEMENTATION
[0811]     REPRESENTATION
[0812]        theSeriesName :String
[0813]        theSheetNumber :Integer
[0814]     AGGREGATIONS NONE
[0815]     ASSOCIATIONS NONE
[0816]     DEFINITIONS
[0817]        METHOD Map
[0818]          AS
[0819]             // Default-Konstruktor.
[0820]
[0821]             // Initialisiere die Eigenschaften der Veröffentlichung.
[0822]             SEND SUPERCLASS Publication THE MESSAGE initialise
[0823]
[0824]             // Setze die nur bei Karten vorhandenen Eigenschaften auf
                      vernünftige Werte.
[0825]             SEND theSeriesName THE MESSAGE initialise("")
[0826]             SEND theSheetNumber THE MESSAGE initialise(0)
[0827]        ENDMETHOD Map
[0828]
[0829]        METHOD Map(aTitle :String, aPublisher :String, aDate :Date,
```

```
[0830]                aReferenceNumber :String, aSeriesName :String, aSheetNumber :Integer)
[0830]             AS
[0831]                // Parametrisierter Konstruktor.
[0832]
[0833]                // Initialisiere die Eigenschaften der Veröffentlichung mit den
[0834]                // entsprechenden Parametern des Konstruktors.
[0835]                SEND SUPERCLASS Publication THE MESSAGE initialise(aTitle,
                      aPublisher,
[0836]                aDate, aReferenceNumber)
[0837]
[0838]                // Initialisiere die nur bei Karten vorhandenen Eigenschaften
[0839]                // mit den entsprechenden Parametern des Konstruktors.
[0840]                 SEND theSeriesName THE MESSAGE initialise(aSeriesName)
[0841]                 SEND theSheetNumber THE MESSAGE initialise(aSheetNumber)
[0842]             ENDMETHOD Map
[0843]
[0844]             METHOD display?
[0845]             AS
[0846]                // Anzeige von relevanten Details einer Karte auf dem Bildschirm.
[0847]
[0848]                SEND theScreen THE MESSAGE insert("Karte[")
[0849]                SEND me THE MESSAGE displayPublicationPart?
[0850]                SEND theScreen THE MESSAGE insert(theSeriesName)
[0851]                SEND theScreen THE MESSAGE insert(", ")
[0852]                SEND theScreen THE MESSAGE insert(theSheetNumber)
[0853]                SEND theScreen THE MESSAGE insert("]\n")
[0854]             ENDMETHOD display?
[0855]
[0856]     ENDCLASS Map
[0857]
[0858]
[0859]     //
[0860]     //    CLASS Perodical
[0861]     //
[0862]     //    REVISION HISTORY
[0863]     //
[0864]     //           VERSION NUMBER 1.0
[0865]     //
[0866]     //           DATE 8 September 1995
[0867]     //
[0868]     //           AUTHOR K Barclay / J Savage
[0869]     //
[0870]     //           PURPOSE First release
[0871]     //
[0872]     //    DESCRIPTION
```

```
[0873]  //
[0874]  //              Eine Instanz dieser Klasse dient als Zeitschrift, die im
                        Besitz
[0875]  //              einer Bibliothek und von Benutzern sein kann.
[0876]  //
[0877]  CLASS Periodical
[0878]     SPECIALISATION OF Publication
[0879]  WITH
[0880]  PUBLIC INTERFACE
[0881]     Periodical
[0882]     Periodical(aTitle :String, aPublisher :String, aPublicationDate :Date,
           aReferenceNumber :String, anEditor :String)
[0883]     addOneArticle(anArticle :Article LINK INOUT)
[0884]     display?                                              REDEFINED
[0885]  PROTECTED INTERFACE
[0886]     NONE
[0887]  PRIVATE IMPLEMENTATION
[0888]     REPRESENTATION
[0889]        theEditor :String
[0890]     AGGREGATIONS
[0891]        theArticles : POrderedCollection[Article LINK]
[0892]     ASSOCIATIONS NONE
[0893]     DEFINITIONS
[0894]        METHOD Periodical
[0895]        AS
[0896]           // Default-Konstruktor.
[0897]
[0898]           // Initialisiere die Eigenschaften der Veröffentlichung.
[0899]           SEND SUPERCLASS Publication THE MESSAGE initialise
[0900]
[0901]           // Setze die nur bei Zeitschriften vorhandenen Eigenschaften auf
                    vernünftige Werte.
[0902]           SEND theEditor THE MESSAGE initialise("")
[0903]           SEND theArticles THE MESSAGE initialise(DEFAULTSIZE, MANAGED)
[0904]        ENDMETHOD Periodical
[0905]
[0906]        METHOD Periodical(aTitle :String, aPublisher :String,
                aPublicationDate :Date, aReferenceNumber :String, anEditor :String)
[0907]        AS
[0908]           // Parametrisierter Konstruktor.
[0909]
[0910]           // Initialisiere die Eigenschaften der Veröffentlichung mit den
[0911]           // entsprechenden Parametern des Konstruktors.
[0912]           SEND SUPERCLASS Publication THE MESSAGE initialise(aTitle,
                    aPublisher,
```

```
[0913]              aPublicationDate, aReferenceNumber)
[0914]
[0915]              // Initialisiere die nur bei Zeitschriften vorhandenen
                       Eigenschaften
[0916]              // mit den entsprechenden Parametern des Konstruktors.
[0917]              SEND theEditor THE MESSAGE initialise(anEditor)
[0918]              SEND theArticles THE MESSAGE initialise(DEFAULTSIZE, MANAGED)
[0919]           ENDMETHOD Periodical
[0920]
[0921]           METHOD addOneArticle(anArticle :Article LINK INOUT)
[0922]              AS
[0923]              // Füge einen Artikel zu der Zeitschrift hinzu.
[0924]
[0925]              IF anArticle != NIL THEN
[0926]                SEND theArticles THE MESSAGE add(anArticle)
[0927]              ENDIF
[0928]           ENDMETHOD addOneArticle
[0929]
[0930]           METHOD display?
[0931]              AS
[0932]              // Ausgabe von relevanten Details einer Zeitschrift auf dem
                       Bildschirm.
[0933]
[0934]              SEND theScreen THE MESSAGE insert("Zeitschrift[")
[0935]              SEND me THE MESSAGE displayPublicationPart?
[0936]              SEND theScreen THE MESSAGE insert(theEditor)
[0937]              SEND theScreen THE MESSAGE insert("\n     mit Artikeln:")
[0938]
[0939]              FOREACH anArticle :Article LINK IN theArticles DO
[0940]                SEND anArticle THE MESSAGE display?
[0941]              ENDFOREACH
[0942]
[0943]              SEND theScreen THE MESSAGE insert("]\n")
[0944]
[0945]              // Falls erforderlich kann die Ausgabe auf dem Bildschirm mit
                       folgenden Anweisungen angehalten werden.
[0946]              // INSTANCE theResponse :String("")
[0947]              // SEND theScreen THE MESSAGE insert("\n\tBeliebige Taste drücken
                       > ")
[0948]              // SEND theKeyboard THE MESSAGE extract(theResponse)
[0949]              //
[0950]              // Entsprechend kann die Ausgabe angehalten werden, wenn diese
                       Anweisungen direkt
[0951]              // hinter der Nachricht display? in die FOREACH-Anweisung
                       eingefügt werden
```

```
[0952]          ENDMETHOD display?
[0953]
[0954]  ENDCLASS Periodical
[0955]
[0956]
[0957]
```

Anhang F

C++-Programm-Listings

Kapitel 6

Program 6.2

```
//////////////////////////////////////////////////////////////////
//
//                          main
// ROME Copyright (c) Richard McMahon. 1993, 1994.
// ROME Copyright (c) Ken Barclay 1995.
// Generated On December 29, 1995 At 5:05:04.08 pm
//
//////////////////////////////////////////////////////////////////

#include "ccstring.h"
#include "application.h"

int main()
{
    Application    app;
    app.run();

    return 0;
}

//-- End Implementation ---------------------------------------


//////////////////////////////////////////////////////////////////
//
//                     application.h
// ROME Copyright (c) Richard McMahon. 1993, 1994.
// ROME Copyright (c) Ken Barclay 1995.
// Generated On December 29, 1995 At 5:05:04.08 pm
//
//////////////////////////////////////////////////////////////////
```

Anhang F C++-Programm-Listings

```cpp
#ifndef APPLICATION
    #define APPLICATION

    #include "loom.h"
    #include "ccstring.h"


    class Application {
    public:                      // PUBLIC INTERFACE
                                                Application(void);
        void                                    run(void);

    };

#endif

//-- End Specification ------------------------------------------


///////////////////////////////////////////////////////////////////
//
//                          application.cpp
// ROME Copyright (c) Richard McMahon. 1993, 1994.
// ROME Copyright (c) Ken Barclay 1995.
// Generated On December 29, 1995 At 5:05:04.08 pm
//
///////////////////////////////////////////////////////////////////

#include "Car.h"
#include "Person.h"
#include "Application.h"



Application::Application(void)
{
}

void
Application::run(void)
{
    //
    // Erzeuge zwei Instanzen.
    //
```

```
    Car* renault = new Car("Renault", "Safrane");
    Person* ken = new Person("Ken Barclay");
    //
    // Ordne Ken das Auto zu.
    //
    ken->setVehicleLink(renault);
    //
    // Betrachte das Ergebnis.
    //
    cout << ken->name();
    cout << " owns: ";
    cout << ken->carMake();
    cout << "\n";
}
```

```
//-- End Implementation -------------------------------------------


//////////////////////////////////////////////////////////////////
//
//                          car.h
// ROME Copyright (c) Richard McMahon. 1993, 1994.
// ROME Copyright (c) Ken Barclay 1995.
// Generated On December 29, 1995 At 5:05:04.08 pm
//
//////////////////////////////////////////////////////////////////

#ifndef CAR
    #define CAR

    #include "loom.h"
    #include "ccstring.h"


    class Car {
    public:                 // PUBLIC INTERFACE
                            Car(const CString& aMake, const CString& aModel);
        CString                             make(void) const;
        CString                             model(void) const;

    private:                // REPRESENTATION
        CString                             theMake;
        CString                             theModel;
```

        };

#endif

//-- End Specification --

//
//
//   car.cpp
// ROME Copyright (c) Richard McMahon. 1993, 1994.
// ROME Copyright (c) Ken Barclay 1995.
// Generated On December 29, 1995 At 5:05:04.08 pm
//
//

#include "Car.h"

Car::Car(const CString& aMake, const CString& aModel)
    : theMake(aMake),
        theModel(aModel)
{

}

CString
Car::make(void) const
{
    return theMake;
}

CString
Car::model(void) const
{
    return theModel;
}

//-- End Implementation --

```
////////////////////////////////////////////////////////////////
//
//                          person.h
// ROME Copyright (c) Richard McMahon. 1993, 1994.
// ROME Copyright (c) Ken Barclay 1995.
// Generated On December 29, 1995 At 5:05:04.08 pm
//
////////////////////////////////////////////////////////////////

#ifndef PERSON
    #define PERSON

    #include "loom.h"
    #include "ccstring.h"

    class Car;              // forward references

    class Person {
    public:                 // PUBLIC INTERFACE
                                    Person(const CString& aName);
        CString                         name(void) const;
        CString                         carMake(void) const;
        void                            setVehicleLink(Car* aCar);

        private:            // REPRESENTATION
        CString                         theName;

        private:            // ASSOCIATION
            Car*                        theVehicle;

    };

#endif

//-- End Specification ------------------------------------------


////////////////////////////////////////////////////////////////
//
//                          person.cpp
// ROME Copyright (c) Richard McMahon. 1993, 1994.
// ROME Copyright (c) Ken Barclay 1995.
// Generated On December 29, 1995 At 5:05:04.08 pm
//
////////////////////////////////////////////////////////////////
```

```cpp
#include "Car.h"
#include "Person.h"


Person::Person(const CString& aName)
    : theName(aName),
        theVehicle(NULL)
{

}

CString
Person::name(void) const
{
    return theName;
}

CString
Person::carMake(void) const
{
    return theVehicle->make();
}

void
Person::setVehicleLink(Car* aCar)
{
    theVehicle = aCar;
}



//-- End Implementation ----------------------------------------
```

Program 6.3

```
////////////////////////////////////////////////////////////////
//
//                          main
// ROME Copyright (c) Richard McMahon. 1993, 1994.
// ROME Copyright (c) Ken Barclay 1995.
// Generated On December 29, 1995 At 5:08:18.24 pm
//
////////////////////////////////////////////////////////////////
```

Program 6.3

```cpp
#include "ccstring.h"
#include "application.h"

int main()
{
    Application    app;
    app.run();

    return 0;
}

//-- End Implementation ---------------------------------------


/////////////////////////////////////////////////////////////////
//
//                        application.h
// ROME Copyright (c) Richard McMahon. 1993, 1994.
// ROME Copyright (c) Ken Barclay 1995.
// Generated On December 29, 1995 At 5:08:18.24 pm
//
/////////////////////////////////////////////////////////////////

#ifndef APPLICATION
    #define APPLICATION

    #include "loom.h"
    #include "ccstring.h"


    class Application {
    public:                      // PUBLIC INTERFACE
                                            Application(void);
        void                                run(void);

    };

#endif

//-- End Specification ---------------------------------------
```

```cpp
//////////////////////////////////////////////////////////////////////
//
//                          application.cpp
// ROME Copyright (c) Richard McMahon, 1993, 1994.
// ROME Copyright (c) Ken Barclay 1995.
// Generated On December 29, 1995 At 5:08:18.24 pm
//
//////////////////////////////////////////////////////////////////////

#include "Company.h"
#include "ccstring.h"
#include "Employee.h"
#include "Application.h"


Application::Application(void)
{
}

void
Application::run(void)
{
    //
    // Erzeuge zunächst eine Organisation
    //
    Company co("Napier");
    //
    //      Lies nun einige Paare der Form Angestelltenname/Gehalt ein,
    //      beende die Eingabe mit dem eindeutigen Namen "ZZZ".
    //      Erzeuge neue Angestellte mit diesen Werten und stelle sie ein.
    //
    CString staffName = "";
    Integer staffSalary = 0;
    cout << "Liste der Angestellten eingeben:\n";
    cin >> staffName;
    cin >> staffSalary;
    while(staffName != "ZZZ") {
        Employee* emp = new Employee(staffName, staffSalary);
        co.hire(emp);
        cin >> staffName;
        cin >> staffSalary;
    }
    //
    //    Wie hoch sind nun die Gehälter?
    //
```

```
    cout << "Staff bill for ";
    cout << co.name();
    cout << " is ";
    cout << co.salaryBill();
    cout << "\n";
}


//-- End Implementation ------------------------------------------


////////////////////////////////////////////////////////////////////
//
//                          employee.h
// ROME Copyright (c) Richard McMahon. 1993, 1994.
// ROME Copyright (c) Ken Barclay 1995.
// Generated On December 29, 1995 At 5:08:18.24 pm
//
////////////////////////////////////////////////////////////////////

#ifndef EMPLOYEE
    #define EMPLOYEE

    #include "loom.h"
    #include "ccstring.h"



    class Employee {
    public:                     // PUBLIC INTERFACE
                                    Employee(const CString& aName, const Integer& aSalary);
        CString                     name(void) const;
        Integer                     salary(void) const;
        Logical                     lessThan(const Employee& anEmployee) const;
        Integer                     hashValue(void) const;

    private:                    // REPRESENTATION
        CString                     theName;
        Integer                     theSalary;

    };

#endif
```

```cpp
//-- End Specification ------------------------------------------


////////////////////////////////////////////////////////////////
//
//                         employee.cpp
// ROME Copyright (c) Richard McMahon. 1993, 1994.
// ROME Copyright (c) Ken Barclay 1995.
// Generated On December 29, 1995 At 5:08:18.24 pm
//
////////////////////////////////////////////////////////////////

#include "Employee.h"



Employee::Employee(const CString& aName, const Integer& aSalary)
    : theName(aName),
        theSalary(aSalary)
{

}

CString
Employee::name(void) const
{
    return theName;
}

Integer
Employee::salary(void) const
{
    return theSalary;
}

Logical
Employee::lessThan(const Employee& anEmployee) const
{
    CString anEmployeeName = anEmployee.name();
    if(theName < anEmployeeName) {
        return LTRUE;
    } else {
        return LFALSE;
    }
}
```

Program 6.3

```
Integer
Employee::hashValue(void) const
{
    return theName.hashValue();
}


//-- End Implementation ---------------------------------------


///////////////////////////////////////////////////////////////
//
//                          company.h
// ROME Copyright (c) Richard McMahon. 1993, 1994.
// ROME Copyright (c) Ken Barclay 1995.
// Generated On December 29, 1995 At 5:08:18.30 pm
//
///////////////////////////////////////////////////////////////

#ifndef COMPANY
    #define COMPANY

    #include "loom.h"
    #include "ccstring.h"
    #include "pset.h"

    class Employee;// forward references

    class Company {
    public:                     // PUBLIC INTERFACE
                                        Company(const CString& aName);
        CString                         name(void) const;
        void                            hire(Employee* anEmployee);
        Logical                         hasEmployee(const CString& aName)
                                        const;
        Integer                         salaryBill(void) const;

    private:                    // REPRESENTATION
        CString                         theName;

    private:                    // AGGREGATION
        PSet< Employee* >               theEmployees;

    };
```

```
#endif

//-- End Specification -------------------------------------------


/////////////////////////////////////////////////////////////////
//
//                          company.cpp
// ROME Copyright (c) Richard McMahon. 1993, 1994.
// ROME Copyright (c) Ken Barclay 1995.
// Generated On December 29, 1995 At 5:08:18.30 pm
//
/////////////////////////////////////////////////////////////////

#include "Employee.h"
#include "Company.h"


Company::Company(const CString& aName)
    : theName(aName),
        theEmployees(DEFAULTSIZE, MANAGED)
{

}

CString
Company::name(void) const
{
    return theName;
}

void
Company::hire(Employee* anEmployee)
{
    theEmployees.add(anEmployee);
}

Logical
Company::hasEmployee(const CString& aName) const
{
    PIterator< Employee* > empIterator(theEmployees);
    while( empIterator.isExhausted() == LFALSE ) {
        Employee* emp = empIterator.selection();
        CString empName = emp->name();
        if(empName == aName) {
```

```
            return LTRUE;
        }
        empIterator.advance();
    }
    return LFALSE;
}

Integer
Company::salaryBill(void) const
{
    Integer totalSalary = 0;
    PIterator< Employee* > empIterator(theEmployees);
    while( empIterator.isExhausted() == LFALSE ) {
        Employee* emp = empIterator.selection();
        Integer empSalary = emp->salary();
        totalSalary = totalSalary+empSalary;
        empIterator.advance();
    }
    return totalSalary;
}



//-- End Implementation -------------------------------------------
```

Program 6.4

```
/////////////////////////////////////////////////////////////////
//
//                          main
// ROME Copyright (c) Richard McMahon. 1993, 1994.
// ROME Copyright (c) Ken Barclay 1995.
// Generated On December 29, 1995 At 5:12:11.78 pm
//
/////////////////////////////////////////////////////////////////

#include "ccstring.h"
#include "application.h"

int main()
{
    Application    app;
    app.run();
```

```
    return 0;
}

//-- End Implementation ------------------------------------


////////////////////////////////////////////////////////////////
//
//                        application.h
// ROME Copyright (c) Richard McMahon. 1993, 1994.
// ROME Copyright (c) Ken Barclay 1995.
// Generated On December 29, 1995 At 5:12:11.78 pm
//
////////////////////////////////////////////////////////////////

#ifndef APPLICATION
    #define APPLICATION

    #include "loom.h"
    #include "ccstring.h"


    class Application {
    public:                    // PUBLIC INTERFACE
        void                                    run(void);

    };

#endif

//-- End Specification ------------------------------------


////////////////////////////////////////////////////////////////
//
//                        application.cpp
// ROME Copyright (c) Richard McMahon. 1993, 1994.
// ROME Copyright (c) Ken Barclay 1995.
// Generated On December 29, 1995 At 5:12:11.78 pm
//
////////////////////////////////////////////////////////////////

#include "Company.h"
#include "Employee.h"
#include "Employment.h"
```

```cpp
#include "Application.h"

void
Application::run(void)
{
    //
    //   Erzeuge zunächst eine Organisation, die Angestellte beschäftigt.
    //
    Company* napier = new Company("Napier");
    //
    //   Erzeuge dann einige Personen, die für diese Firma arbeiten.
    //
    Employee* john = new Employee("John Savage");
    Employee* ken = new Employee("Ken Barclay");
    Employee* jessie = new Employee("Jessie Kennedy");
    Employee* lesley = new Employee("Lesley Beddie");
    //
    //   Nun gib Ken und John einen Job bei Napier.
    //
    Employment* johnsJob = new Employment("Lecturer", 1000, napier, john);
    Employment* kensJob = new Employment("Systems Manager", 800, napier, ken);
    napier->addEmployment(johnsJob);
    john->addEmployment(johnsJob);
    napier->addEmployment(kensJob);
    ken->addEmployment(kensJob);
    //
    //   Betrachte das Ergebnis.
    //
    napier->displayEmployees();
    //
    //   Gib Jessie zwei Jobs bei Napier.
    //
    Employment* jessiesFirstJob = new Employment("Part Time Lecturer", 500,
         napier, jessie);
    Employment* jessiesSecondJob = new Employment("Part Time Research Assistant",
                                                  300,
         napier, jessie);
    napier->addEmployment(jessiesFirstJob);
    napier->addEmployment(jessiesSecondJob);
    jessie->addEmployment(jessiesFirstJob);
    jessie->addEmployment(jessiesSecondJob);
    napier->displayEmployees();
}
```

//-- End Implementation --

//
//
//   company.h
// ROME Copyright (c) Richard McMahon. 1993, 1994.
// ROME Copyright (c) Ken Barclay 1995.
// Generated On December 29, 1995 At 5:12:11.78 pm
//
//

#ifndef COMPANY
    #define COMPANY

    #include "loom.h"
    #include "ccstring.h"
    #include "pordcol.h"

    class Employment;// Vorwärtsverweise

    class Company {
    public: // PUBLIC INTERFACE
                                            Company(const CString& aName);
        void   addEmployment(Employment* anEmployment);
        void   displayEmployees(void) const;

    private: // REPRESENTATION
        CString   theName;

    private: // ASSOCIATION
        POrderedCollection< Employment* >   thePosts;// INVERSE OF theEmployer

    };

#endif

//-- End Specification --

```
//////////////////////////////////////////////////////////////////
//
//                         company.cpp
// ROME Copyright (c) Richard McMahon. 1993, 1994.
// ROME Copyright (c) Ken Barclay 1995.
// Generated On December 29, 1995 At 5:12:11.84 pm
//
//////////////////////////////////////////////////////////////////

#include "Employment.h"
#include "Company.h"



Company::Company(const CString& aName)
    : theName(aName),
        thePosts(DEFAULTSIZE, UNMANAGED)
{

}

void
Company::addEmployment(Employment* anEmployment)
{
    thePosts.add(anEmployment);
}

void
Company::displayEmployees(void) const
{
    cout << theName;
    cout << "\n------\n";
    PIterator< Employment* > employmentIterator(thePosts);
    while( employmentIterator.isExhausted() == LFALSE ) {
        Employment* employment = employmentIterator.selection();
        employment->display();
        employmentIterator.advance();
    }
    cout << "\n\n";
}



//-- End Implementation -------------------------------------------
```

```cpp
////////////////////////////////////////////////////////////////////
//
//                          employee.h
// ROME Copyright (c) Richard McMahon. 1993, 1994.
// ROME Copyright (c) Ken Barclay 1995.
// Generated On December 29, 1995 At 5:12:11.78 pm
//
////////////////////////////////////////////////////////////////////

#ifndef EMPLOYEE
    #define EMPLOYEE

    #include "loom.h"
    #include "ccstring.h"
    #include "pordcol.h"

    class Employment;// Vorwärtsverweise

    class Employee {
    public:                 // PUBLIC INTERFACE
                                        Employee(const CString& aName);
        void                            addEmployment(Employment*
                                            anEmployment);
        CString                         name(void) const;

    private:                // REPRESENTATION
        CString                         theName;

    private:                // ASSOCIATION
        POrderedCollection< Employment* >   theJobs;// INVERSE OF theEmployee

    };

#endif

//-- End Specification ------------------------------------------
```

Program 6.4

```cpp
////////////////////////////////////////////////////////////////
//
//                         employee.cpp
// ROME Copyright (c) Richard McMahon. 1993, 1994.
// ROME Copyright (c) Ken Barclay 1995.
// Generated On December 29, 1995 At 5:12:11.78 pm
//
////////////////////////////////////////////////////////////////
#include "Employment.h"
#include "Employee.h"


Employee::Employee(const CString& aName)
    : theName(aName),
        theJobs(DEFAULTSIZE, UNMANAGED)
{

}

void
Employee::addEmployment(Employment* anEmployment)
{
    theJobs.add(anEmployment);
}

CString
Employee::name(void) const
{
    return theName;
}



//-- End Implementation -------------------------------------
```

```
////////////////////////////////////////////////////////////////////
//
//                       employment.h
// ROME Copyright (c) Richard McMahon. 1993, 1994.
// ROME Copyright (c) Ken Barclay 1995.
// Generated On December 29, 1995 At 5:12:11.78 pm
//
////////////////////////////////////////////////////////////////////

#ifndef EMPLOYMENT
    #define EMPLOYMENT

    #include "loom.h"
    #include "ccstring.h"

    class Company;// Vorwärtsverweise
    class Employee;
    class Employment {
    public:                  // PUBLIC INTERFACE
        Employment(const CString& aJobTitle, const Integer& aSalary,
          Company* anEmployer, Employee* anEmployee);
        CString                         jobTitle(void) const;
        Logical                         lessThan(const Employment&
                                          anEmployment) const;
        void                            display(void) const;

    private:                 // REPRESENTATION
        CString                         theJobTitle;
        Integer                         theSalary;

    private:                 // ASSOCIATION
        Company*                        theEmployer;// INVERSE OF thePosts
        Employee*                       theEmployee;// INVERSE OF theJobs

    };

#endif

//-- End Specification -------------------------------------------
```

Program 6.4

```
///////////////////////////////////////////////////////////////////
//
//                          employment.cpp
// ROME Copyright (c) Richard McMahon. 1993, 1994.
// ROME Copyright (c) Ken Barclay 1995.
// Generated On December 29, 1995 At 5:12:11.78 pm
//
///////////////////////////////////////////////////////////////////

#include "Company.h"
#include "Employee.h"
#include "Employment.h"


Employment::Employment(const CString& aJobTitle, const Integer& aSalary, Company*
anEmployer, Employee* anEmployee)
    : theJobTitle(aJobTitle),
      theSalary(aSalary),
      theEmployer(anEmployer),
      theEmployee(anEmployee)
{
}

CString
Employment::jobTitle(void) const
{
    return theJobTitle;
}

Logical
Employment::lessThan(const Employment& anEmployment) const
{
    CString anEmploymentTitle = anEmployment.jobTitle();
    if(theJobTitle < anEmploymentTitle) {
        return LTRUE;
    } else {
        return LFALSE;
    }
}

void
Employment::display(void) const
{
    cout << theEmployee->name();
    cout << ": ";
```

```
    cout << theJobTitle;
    cout << ", ";
    cout << theSalary;
    cout << "\n";
}


//-- End Implementation ----------------------------------------
```

Kapitel 9

Program 9.2

```
////////////////////////////////////////////////////////////////
//
//                         main
// ROME Copyright (c) Richard McMahon. 1993, 1994.
// ROME Copyright (c) Ken Barclay 1995.
// Generated On January 2, 1996 At 4:20:06.63 pm
//
////////////////////////////////////////////////////////////////

#include "ccstring.h"
#include "application.h"

int main()
{
    Application    app;
    app.run();

    return 0;
}

//-- End Implementation ------------------------------------


////////////////////////////////////////////////////////////////
//
//                      application.h
// ROME Copyright (c) Richard McMahon. 1993, 1994.
// ROME Copyright (c) Ken Barclay 1995.
// Generated On January 2, 1996 At 4:20:06.63 pm
//
////////////////////////////////////////////////////////////////

#ifndef APPLICATION
    #define APPLICATION

    #include "loom.h"
    #include "ccstring.h"
```

```
    //
    //    #include "company.h"
    //    #include "employee.h"
    //    #include "manager.h"
    //

    class Application {
    public:                     // PUBLIC INTERFACE
                                                Application(void);
        void                                    run(void);

    public:
        virtual CString                         className(void) const;//
POLMORPHIC

    };

#endif

//-- End Specification ------------------------------------------


////////////////////////////////////////////////////////////////
//
//                    application.cpp
// ROME Copyright (c) Richard McMahon. 1993, 1994.
// ROME Copyright (c) Ken Barclay 1995.
// Generated On January 2, 1996 At 4:20:06.63 pm
//
////////////////////////////////////////////////////////////////

#include "Company.h"
#include "Employee.h"
#include "ccstring.h"
#include "Manager.h"
#include "Application.h"

//
//    #include "company.h"
//    #include "employee.h"
//    #include "manager.h"
//


Application::Application(void)
```

```
{
}

void
Application::run(void)
{
    //
    //    Erzeuge eine Liste von Manager- und Employee-Objekten,
    //    die alle beim Company-Objekt Napier angestellt sind.
    //    Bestimme aus der Liste der Angestellten die Gehaltsabrechnung
    //    der Firma.
    //
    Company co("Napier");
    Employee* newEmployee = 0;
    CString name = "";
    CString title = "";
    Integer salary = 0;
    Integer budget = 0;
    Integer day = 0;
    Integer month = 0;
    Integer year = 0;
    CString status = "";
    cout << "Employee type (ZZZ, EMP or MAN): ";
    cin >> status;
    while(status != "ZZZ") {
        if(status == "EMP") {
            cout << "Namen des Angestellten eingeben: ";
            cin >> name;
            cout << "Geburtsdatum des Angestellten eingeben: ";
            cin >> day;
            cin >> month;
            cin >> year;
            cout << "Jobbezeichnung und Gehalt des Angestellten eingeben: ";
            cin >> title;
            cin >> salary;
            Employee* emp = new Employee(name, CDate(day, month, year), title,
             salary);
            newEmployee = emp;
        } else {
            cout << "Namen des Managers eingeben: ";
            cin >> name;
            cout << "Geburtsdatum des Managers eingeben: ";
            cin >> day;
            cin >> month;
            cin >> year;
```

```
                cout << "Jobbezeichnung, Gehalt und Bezeichnung d. Managers eingeben: ";
                 cin >> title;
                 cin >> salary;
                 cin >> budget;
               Manager* man = new Manager(name, CDate(day, month, year), title, salary,
                  budget);
                 newEmployee = man;
            }
          co.hire(newEmployee);
          cout << "Employee type (ZZZ, EMP or MAN): ";
          cin >> status;
      }
      cout << "Gehaltsabrechnung für: ";
      cout << co.name();
      cout << " is ";
      cout << co.salaryBill();
      cout << "\n";
}




CString
Application::className(void) const// POLYMORPHIC
{
    return "Application";
}



//-- End Implementation ---------------------------------------


///////////////////////////////////////////////////////////////
//
//                        person.h
// ROME Copyright (c) Richard McMahon. 1993, 1994.
// ROME Copyright (c) Ken Barclay 1995.
// Generated On January 2, 1996 At 4:20:06.63 pm
//
///////////////////////////////////////////////////////////////

#ifndef PERSON
    #define PERSON

    #include "loom.h"
    #include "ccstring.h"
    #include "ccdate.h"
```

```
    class Person {
    public:                    // PUBLIC INTERFACE
                                              Person(const CString& aName, const
                                              CDate& aDateOfBirth);
        CString                               name(void) const;
        Integer                               age(void) const;

    private:                   // REPRESENTATION
        CString                               theName;
        CDate                                 theDateOfBirth;

    public:
        virtual CString                       className(void) const;
                                // POLMORPHIC


    };

#endif

//-- End Specification ------------------------------------------


///////////////////////////////////////////////////////////////
//
//                       person.cpp
// ROME Copyright (c) Richard McMahon. 1993, 1994.
// ROME Copyright (c) Ken Barclay 1995.
// Generated On January 2, 1996 At 4:20:06.63 pm
//
///////////////////////////////////////////////////////////////

#include "Person.h"


Person::Person(const CString& aName, const CDate& aDateOfBirth)
    : theName(aName),
        theDateOfBirth(aDateOfBirth)
{

}

CString
Person::name(void) const
```

```
{
    return theName;
}

Integer
Person::age(void) const
{
    //
    //    Einfacher Algorithmus, der Monate oder Tage
    //    innerhalb eines Monats nicht berücksichtigt.
    //
    CDate today;
    Integer todayYear = today.year();
    Integer dobYear = theDateOfBirth.year();
    return todayYear-dobYear;
}



CString
Person::className(void) const// POLYMORPHIC
{
    return "Person";
}



//-- End Implementation ----------------------------------------


////////////////////////////////////////////////////////////////
//
//                          employee.h
// ROME Copyright (c) Richard McMahon. 1993, 1994.
// ROME Copyright (c) Ken Barclay 1995.
// Generated On January 2, 1996 At 4:20:06.63 pm
//
////////////////////////////////////////////////////////////////

#ifndef EMPLOYEE
    #define EMPLOYEE

    #include "loom.h"
    #include "Person.h"
    #include "ccstring.h"
    #include "ccdate.h"
```

Program 9.2

```cpp
class Employee : public Person {
public:                   // PUBLIC INTERFACE
    Employee(const CString& aName, const CDate& aDateOfBirth,
    const CString& aJobTitle, const Integer& aSalary);
    CString                             jobTitle(void) const;
    Integer                             salary(void) const;
    Logical                             lessThan(const Employee& anEmployee)
                                            const;

private:                  // REPRESENTATION
    CString                             theJobTitle;
    Integer                             theSalary;

public:
    virtual CString                     className(void) const;
                        // POLMORPHIC

};

#endif

//-- End Specification ----------------------------------------


////////////////////////////////////////////////////////////////
//
//                      employee.cpp
// ROME Copyright (c) Richard McMahon. 1993, 1994.
// ROME Copyright (c) Ken Barclay 1995.
// Generated On January 2, 1996 At 4:20:06.63 pm
//
////////////////////////////////////////////////////////////////

#include "Employee.h"


Employee::Employee(const CString& aName, const CDate& aDateOfBirth,
      const CString& aJobTitle, const Integer& aSalary)
    : Person(aName, aDateOfBirth),
      theJobTitle(aJobTitle),
      theSalary(aSalary)
{

}
```

```cpp
CString
Employee::jobTitle(void) const
{
    return theJobTitle;
}

Integer
Employee::salary(void) const
{
    return theSalary;
}

Logical
Employee::lessThan(const Employee& anEmployee) const
{
    CString jobName = anEmployee.jobTitle();
    if(theJobTitle < jobName) {
        return LTRUE;
    } else {
        return LFALSE;
    }
}



CString
Employee::className(void) const// POLYMORPHIC
{
    return "Employee";
}


//-- End Implementation -------------------------------------
```

Program 9.2

```
//////////////////////////////////////////////////////////////////
//
//                          manager.h
// ROME Copyright (c) Richard McMahon. 1993, 1994.
// ROME Copyright (c) Ken Barclay 1995.
// Generated On January 2, 1996 At 4:20:06.63 pm
//
//////////////////////////////////////////////////////////////////

#ifndef MANAGER
    #define MANAGER

    #include "loom.h"
    #include "Employee.h"
    #include "ccstring.h"
    #include "ccdate.h"


    class Manager : public Employee {
    public:                    // PUBLIC INTERFACE
        Manager(const CString& aName, const CDate& aDateOfBirth,
      const CString& aJobTitle, const Integer& aSalary, const Integer& aBudget);
        Integer                              budget(void) const;

    private:                   // REPRESENTATION
        Integer                              theBudget;

    public:
        virtual CString                      className(void) const;
                                // POLMORPHIC

    };

#endif

//-- End Specification ------------------------------------------
```

```
///////////////////////////////////////////////////////////////
//
//                         manager.cpp
// ROME Copyright (c) Richard McMahon. 1993, 1994.
// ROME Copyright (c) Ken Barclay 1995.
// Generated On January 2, 1996 At 4:20:06.63 pm
//
///////////////////////////////////////////////////////////////

#include "Manager.h"


Manager::Manager(const CString& aName, const CDate& aDateOfBirth,
      const CString& aJobTitle, const Integer& aSalary, const Integer& aBudget)
    : Employee(aName, aDateOfBirth, aJobTitle, aSalary),
        theBudget(aBudget)
{

}

Integer
Manager::budget(void) const
{
    return theBudget;
}



CString
Manager::className(void) const// POLYMORPHIC
{
    return "Manager";
}


//-- End Implementation ----------------------------------------
```

```cpp
////////////////////////////////////////////////////////////////////
//
//                          company.h
// ROME Copyright (c) Richard McMahon. 1993, 1994.
// ROME Copyright (c) Ken Barclay 1995.
// Generated On January 2, 1996 At 4:20:06.63 pm
//
////////////////////////////////////////////////////////////////////

#ifndef COMPANY
    #define COMPANY

    #include "loom.h"
    #include "ccstring.h"
    #include "pordcol.h"

    class Employee;// Vorwärtsverweise

    //
    //    Ein Company-Objekt besitzt eine 1:N-Assoziation mit Employee-Objekten.
    //    Mit Hilfe des Prinzips der Substituierbarkeit kann es sich bei diesen
    //    entweder um einfache Employee-Objekte oder um Manager-Objekte,
    //    eine Spezialform der ersteren, handeln.
    //
    //

    class Company {
    public:                   // PUBLIC INTERFACE
                                            Company(const CString& aName);
        CString                             name(void) const;
        void                                hire(Employee* anEmployee);
        Integer                             salaryBill(void) const;

    private:                  // REPRESENTATION
        CString                             theName;

    private:                  // ASSOCIATION
        POrderedCollection< Employee* >     theEmployees;

    public:
        virtual CString                     className(void) const;
                          // POLYMORPHIC

    };
```

#endif

//-- End Specification ---

//
//
//   company.cpp
// ROME Copyright (c) Richard McMahon. 1993, 1994.
// ROME Copyright (c) Ken Barclay 1995.
// Generated On January 2, 1996 At 4:20:06.63 pm
//
//

#include "Employee.h"
#include "Company.h"

//
//   Ein Company-Objekt besitzt eine 1:N-Assoziation mit Employee-Objekten.
//   Mit Hilfe des Prinzips der Substituierbarkeit kann es sich bei diesen
//   entweder um einfache Employee-Objekte oder um Manager-Objekte,
//   eine Spezialform der ersteren, handeln.
//
//

Company::Company(const CString& aName)
    : theName(aName),
        theEmployees(DEFAULTSIZE, MANAGED)
{

}

CString
Company::name(void) const
{
    return theName;
}

void
Company::hire(Employee* anEmployee)
{
    theEmployees.add(anEmployee);
}

```
Integer
Company::salaryBill(void) const
{
    Integer totalSalary = 0;
    PIterator< Employee* > empIterator(theEmployees);
    while( empIterator.isExhausted() == LFALSE ) {
        Employee* emp = empIterator.selection();
        Integer empSalary = emp->salary();
        totalSalary = totalSalary+empSalary;
        empIterator.advance();
    }
    return totalSalary;
}


CString
Company::className(void) const// POLYMORPHIC
{
    return "Company";
}


//-- End Implementation -------------------------------------------
```

Program 9.3

```
////////////////////////////////////////////////////////////////
//
//                          main
// ROME Copyright (c) Richard McMahon. 1993, 1994.
// ROME Copyright (c) Ken Barclay 1995.
// Generated On January 2, 1996 At 4:31:37.76 pm
//
////////////////////////////////////////////////////////////////

#include "ccstring.h"
#include "application.h"

int main()
{
    Application     app;
    app.run();
```

```cpp
    return 0;
}

//-- End Implementation ------------------------------------


//////////////////////////////////////////////////////////////////
//
//                      application.h
// ROME Copyright (c) Richard McMahon. 1993, 1994.
// ROME Copyright (c) Ken Barclay 1995.
// Generated On January 2, 1996 At 4:31:37.76 pm
//
//////////////////////////////////////////////////////////////////

#ifndef APPLICATION
    #define APPLICATION

    #include "loom.h"
    #include "ccstring.h"


    class Application {
    public:                 // PUBLIC INTERFACE
                                            Application(void);
        void                                run(void);

    public:
        virtual CString                     className(void) const;
                            // POLYMORPHIC

    };

#endif

//-- End Specification ------------------------------------
```

```
//////////////////////////////////////////////////////////////////
//
//                       application.cpp
// ROME Copyright (c) Richard McMahon. 1993, 1994.
// ROME Copyright (c) Ken Barclay 1995.
// Generated On January 2, 1996 At 4:31:37.76 pm
//
//////////////////////////////////////////////////////////////////

#include "Employee.h"
#include "Manager.h"
#include "Manager.h"
#include "Employee.h"
#include "Application.h"


Application::Application(void)
{
}

void
Application::run(void)
{
    //
    //    Demonstriere den Effekt redefinierter Funktionen und statischer
    //    Bindung.
    //
    Employee e1("Ken Barclay", CDate(2, 2, 1974), "Systems Manager", 1000);
    Manager m1("John Savage", CDate(1, 1, 1973), "Lecturer", 1200, 1000);
    Manager* m2 = new Manager("Jessie Kennedy", CDate(3, 3, 1975),
         "Senior Lecturer", 1600, 1500);
    Employee* e2 = m2;
    e1.display();
    m1.display();
    e2->display();
}



CString
Application::className(void) const// POLYMORPHIC
{
    return "Application";
}
```

```
//-- End Implementation ----------------------------------------

////////////////////////////////////////////////////////////////
//
//                        person.h
// ROME Copyright (c) Richard McMahon. 1993, 1994.
// ROME Copyright (c) Ken Barclay 1995.
// Generated On January 2, 1996 At 4:31:37.76 pm
//
////////////////////////////////////////////////////////////////

#ifndef PERSON
    #define PERSON

    #include "loom.h"
    #include "ccstring.h"
    #include "ccdate.h"



    class Person {
    public:                    // PUBLIC INTERFACE
                                        Person(const CString& aName, const
                                        CDate& aDateOfBirth);
        CString                         name(void) const;
        Integer                         age(void) const;
        private:               // REPRESENTATION
        CString                         theName;
        CDate                           theDateOfBirth;

    public:
        virtual CString                 className(void) const;
                            // POLYMORPHIC

    };

#endif

//-- End Specification ------------------------------------------
```

```
//////////////////////////////////////////////////////////////////
//
//                           person.cpp
// ROME Copyright (c) Richard McMahon. 1993, 1994.
// ROME Copyright (c) Ken Barclay 1995.
// Generated On January 2, 1996 At 4:31:37.76 pm
//
//////////////////////////////////////////////////////////////////

#include "Person.h"



Person::Person(const CString& aName, const CDate& aDateOfBirth)
    : theName(aName),
        theDateOfBirth(aDateOfBirth)
{

}

CString
Person::name(void) const
{
    return theName;
}

Integer
Person::age(void) const
{
    //
    //    Einfacher Algorithmus, der Monate oder Tage innerhalb
    //    von Monaten nicht berücksichtigt.
    //
    CDate today;
    Integer todayYear = today.year();
    Integer dobYear = theDateOfBirth.year();
    return todayYear-dobYear;
}


CString
Person::className(void) const// POLYMORPHIC
{
    return "Person";
```

}

//-- End Implementation ------------------------------------

///
//
//   employee.h
// ROME Copyright (c) Richard McMahon. 1993, 1994.
// ROME Copyright (c) Ken Barclay 1995.
// Generated On January 2, 1996 At 4:31:37.76 pm
//
///

#ifndef EMPLOYEE
    #define EMPLOYEE

    #include "loom.h"
    #include "Person.h"
    #include "ccstring.h"
    #include "ccdate.h"

    class Employee : public Person {
    public: // PUBLIC INTERFACE
        Employee(const CString& aName, const CDate& aDateOfBirth,
      const CString& aJobTitle, const Integer& aSalary);
        CString   jobTitle(void) const;
        Integer   salary(void) const;
        void   display(void) const;

    private: // REPRESENTATION
        CString   theJobTitle;
        Integer   theSalary;

    public:
        virtual CString   className(void) const;
                        // POLMORPHIC

    };

#endif

//-- End Specification ------------------------------------

Program 9.3

```cpp
//////////////////////////////////////////////////////////////////
//
//                          employee.cpp
// ROME Copyright (c) Richard McMahon. 1993, 1994.
// ROME Copyright (c) Ken Barclay 1995.
// Generated On January 2, 1996 At 4:31:37.76 pm
//
//////////////////////////////////////////////////////////////////

#include "Employee.h"


Employee::Employee(const CString& aName, const CDate& aDateOfBirth,
        const CString& aJobTitle, const Integer& aSalary)
    : Person(aName, aDateOfBirth),
        theJobTitle(aJobTitle),
        theSalary(aSalary)
{

}

CString
Employee::jobTitle(void) const
{
    return theJobTitle;
}

Integer
Employee::salary(void) const
{
    return theSalary;
}

void
Employee::display(void) const
{
    cout << this->Person::name();
    cout << ": ";
    cout << theJobTitle;
    cout << "\n";
}
```

```cpp
CString
Employee::className(void) const// POLYMORPHIC
{
    return "Employee";
}


//-- End Implementation ------------------------------------



////////////////////////////////////////////////////////////////
//
//                         manager.h
// ROME Copyright (c) Richard McMahon. 1993, 1994.
// ROME Copyright (c) Ken Barclay 1995.
// Generated On January 2, 1996 At 4:31:37.76 pm
//
////////////////////////////////////////////////////////////////

#ifndef MANAGER
    #define MANAGER

    #include "loom.h"
    #include "Employee.h"
    #include "ccstring.h"
    #include "ccdate.h"


    class Manager : public Employee {
    public:                    // PUBLIC INTERFACE
        Manager(const CString& aName, const CDate& aDateOfBirth,
       const CString& aJobTitle, const Integer& aSalary, const Integer& aBudget);
        Integer                         budget(void) const;
        void                            display(void) const;

    private:               // REPRESENTATION
        Integer                         theBudget;

    public:
        virtual CString                 className(void) const;
                           // POLMORPHIC

    };

#endif
```

Program 9.3

```cpp
//-- End Specification ---------------------------------------------


/////////////////////////////////////////////////////////////////////
//
//                            manager.cpp
// ROME Copyright (c) Richard McMahon. 1993, 1994.
// ROME Copyright (c) Ken Barclay 1995.
// Generated On January 2, 1996 At 4:31:37.76 pm
//
/////////////////////////////////////////////////////////////////////

#include "Manager.h"


Manager::Manager(const CString& aName, const CDate& aDateOfBirth,
      const CString& aJobTitle, const Integer& aSalary, const Integer& aBudget)
    : Employee(aName, aDateOfBirth, aJobTitle, aSalary),
        theBudget(aBudget)
{

}

Integer
Manager::budget(void) const
{
    return theBudget;
}

void
Manager::display(void) const
{
    cout << this->Person::name();
    cout << ": ";
    cout << theBudget;
    cout << "\n";
}



CString
Manager::className(void) const// POLYMORPHIC
{
    return "Manager";
}
//-- End Implementation --------------------------------------
```

Program 9.4

```
////////////////////////////////////////////////////////////////
//
//                              main
// ROME Copyright (c) Richard McMahon. 1993, 1994.
// ROME Copyright (c) Ken Barclay 1995.
// Generated On January 2, 1996 At 4:39:58.52 pm
//
////////////////////////////////////////////////////////////////

#include "ccstring.h"
#include "application.h"

int main()
{
    Application    app;
    app.run();

    return 0;
}

//-- End Implementation -------------------------------------



////////////////////////////////////////////////////////////////
//
//                          application.h
// ROME Copyright (c) Richard McMahon. 1993, 1994.
// ROME Copyright (c) Ken Barclay 1995.
// Generated On January 2, 1996 At 4:39:58.52 pm
//
////////////////////////////////////////////////////////////////

#ifndef APPLICATION
    #define APPLICATION

    #include "loom.h"
    #include "ccstring.h"


    class Application {
    public:                  // PUBLIC INTERFACE
                                            Application(void);
        void                                run(void);
```

```
    public:
        virtual CString                         className(void) const;
                            // POLYMORPHIC


    };

#endif

//-- End Specification -------------------------------------------


////////////////////////////////////////////////////////////////
//
//                      application.cpp
// ROME Copyright (c) Richard McMahon. 1993, 1994.
// ROME Copyright (c) Ken Barclay 1995.
// Generated On January 2, 1996 At 4:39:58.52 pm
//
////////////////////////////////////////////////////////////////

#include "Employee.h"
#include "Manager.h"
#include "Manager.h"
#include "Employee.h"
#include "Application.h"


Application::Application(void)
{
}

void
Application::run(void)
{
    //
    //   Demonstriere den Effekt redefinierter Funktionen und
    //   dynamischer Bindung.
    //
    Employee e1("Ken Barclay", CDate(2, 2, 1974), "Systems Manager", 1000);
    Manager m1("John Savage", CDate(1, 1, 1973), "Lecturer", 1200, 1000);
    Manager* m2 = new Manager("Jessie Kennedy", CDate(3, 3, 1975),
          "Senior Lecturer", 1600, 1500);
    Employee* e2 = m2;
    e1.display();
    m1.display();
```

```
        e2->display();
}



CString
Application::className(void) const// POLYMORPHIC
{
    return "Application";
}


//-- End Implementation ----------------------------------------


///////////////////////////////////////////////////////////////
//
//                        person.h
// ROME Copyright (c) Richard McMahon. 1993, 1994.
// ROME Copyright (c) Ken Barclay 1995.
// Generated On January 2, 1996 At 4:39:58.52 pm
//
///////////////////////////////////////////////////////////////

#ifndef PERSON
    #define PERSON

    #include "loom.h"
    #include "ccstring.h"
    #include "ccdate.h"



    class Person {
    public:                    // PUBLIC INTERFACE
                                            Person(const CString& aName, const CDate& aDateOfBirth);
        CString                             name(void) const;
        Integer                             age(void) const;

    private:                   // REPRESENTATION
        CString                             theName;
        CDate                               theDateOfBirth;

    public:
```

```
        virtual CString                   className(void) const;
                        // POLYMORPHIC

    };

#endif

//-- End Specification ------------------------------------------


//////////////////////////////////////////////////////////////////
//
//                         person.cpp
// ROME Copyright (c) Richard McMahon. 1993, 1994.
// ROME Copyright (c) Ken Barclay 1995.
// Generated On January 2, 1996 At 4:39:58.52 pm
//
//////////////////////////////////////////////////////////////////

#include "Person.h"


Person::Person(const CString& aName, const CDate& aDateOfBirth)
    : theName(aName),
      theDateOfBirth(aDateOfBirth)
{

}

CString
Person::name(void) const
{
    return theName;
}

Integer
Person::age(void) const
{
    //
    //   Einfacher Algorithmus, der Monate oder Tage innerhalb
    //   von Monaten nicht berücksichtigt.
    //
    CDate today;
    Integer todayYear = today.year();
    Integer dobYear = theDateOfBirth.year();
```

```
    return todayYear-dobYear;
}




CString
Person::className(void) const// POLYMORPHIC
{
    return "Person";
}


//-- End Implementation ----------------------------------------



////////////////////////////////////////////////////////////////
//
//                          employee.h
// ROME Copyright (c) Richard McMahon. 1993, 1994.
// ROME Copyright (c) Ken Barclay 1995.
// Generated On January 2, 1996 At 4:39:58.52 pm
//
////////////////////////////////////////////////////////////////

#ifndef EMPLOYEE
    #define EMPLOYEE

    #include "loom.h"
    #include "Person.h"
    #include "ccstring.h"
    #include "ccdate.h"


    class Employee : public Person {
    public:                 // PUBLIC INTERFACE
        Employee(const CString& aName, const CDate& aDateOfBirth,
        const CString& aJobTitle, const Integer& aSalary);
        CString                         jobTitle(void) const;
        Integer                         salary(void) const;
        virtual void                    display(void) const;
                            // POLYMORPHIC

    private:                // REPRESENTATION
        CString                         theJobTitle;
        Integer                         theSalary;
```

```
        public:
            virtual CString                      className(void) const;
                            // POLYMORPHIC


        };

#endif

//-- End Specification ---------------------------------------------


////////////////////////////////////////////////////////////////////
//
//                          employee.cpp
// ROME Copyright (c) Richard McMahon. 1993, 1994.
// ROME Copyright (c) Ken Barclay 1995.
// Generated On January 2, 1996 At 4:39:58.52 pm
//
////////////////////////////////////////////////////////////////////

#include "Employee.h"


Employee::Employee(const CString& aName, const CDate& aDateOfBirth,
        const CString& aJobTitle, const Integer& aSalary)
    : Person(aName, aDateOfBirth),
        theJobTitle(aJobTitle),
        theSalary(aSalary)
{

}

CString
Employee::jobTitle(void) const
{
    return theJobTitle;
}

Integer
Employee::salary(void) const
{
    return theSalary;
}

void
```

```
Employee::display(void) const// POLYMORPHIC
{
    cout << this->Person::name();
    cout << ": ";
    cout << theJobTitle;
    cout << "\n";
}



CString
Employee::className(void) const// POLYMORPHIC
{
    return "Employee";
}


//-- End Implementation -----------------------------------------


///////////////////////////////////////////////////////////////
//
//                        manager.h
// ROME Copyright (c) Richard McMahon. 1993, 1994.
// ROME Copyright (c) Ken Barclay 1995.
// Generated On January 2, 1996 At 4:39:58.52 pm
//
///////////////////////////////////////////////////////////////

#ifndef MANAGER
    #define MANAGER

    #include "loom.h"
    #include "Employee.h"
    #include "ccstring.h"
    #include "ccdate.h"


    class Manager : public Employee {
    public:                     // PUBLIC INTERFACE
        Manager(const CString& aName, const CDate& aDateOfBirth,
      const CString& aJobTitle, const Integer& aSalary, const Integer& aBudget);
        Integer                         budget(void) const;
```

```
        virtual void                    display(void) const;
                        // REDEFINED

    private:            // REPRESENTATION
        Integer                         theBudget;

    public:
        virtual CString                 className(void) const;
                        // POLYMORPHIC

    };

#endif

//-- End Specification ---------------------------------------------


////////////////////////////////////////////////////////////////////
//
//                        manager.cpp
// ROME Copyright (c) Richard McMahon. 1993, 1994.
// ROME Copyright (c) Ken Barclay 1995.
// Generated On January 2, 1996 At 4:39:58.52 pm
//
////////////////////////////////////////////////////////////////////

#include "Manager.h"


Manager::Manager(const CString& aName, const CDate& aDateOfBirth,
      const CString& aJobTitle, const Integer& aSalary, const Integer& aBudget)
    : Employee(aName, aDateOfBirth, aJobTitle, aSalary),
        theBudget(aBudget)
{

}

Integer
Manager::budget(void) const
{
    return theBudget;
}

void
Manager::display(void) const// REDEFINED
```

```
{
    cout << this->Person::name();
    cout << ": ";
    cout << theBudget;
    cout << "\n";
}



CString
Manager::className(void) const// POLYMORPHIC
{
    return "Manager";
}


//-- End Implementation ------------------------------------
```

Program 9.5

```
////////////////////////////////////////////////////////////////
//
//                         main
// ROME Copyright (c) Richard McMahon. 1993, 1994.
// ROME Copyright (c) Ken Barclay 1995.
// Generated On January 2, 1996 At 4:56:53.37 pm
//
////////////////////////////////////////////////////////////////

#include "ccstring.h"
#include "application.h"

int main()
{
    Application    app;
    app.run();

    return 0;
}

//-- End Implementation ------------------------------------
```

///
//
//   application.h
// ROME Copyright (c) Richard McMahon. 1993, 1994.
// ROME Copyright (c) Ken Barclay 1995.
// Generated On January 2, 1996 At 4:56:53.37 pm
//
///

#ifndef APPLICATION
    #define APPLICATION

    #include "loom.h"
    #include "ccstring.h"

    //
    //   #include "company.h"
    //   #include "salesemployee.h"
    //   #include "salesmanager.h"
    //

    class Application {
    public: // PUBLIC INTERFACE
                                                Application(void);
        void   run(void);

    public:
        virtual CString   className(void) const;
                    // POLYMORPHIC

    };

#endif

//-- End Specification ---------------------------------------

Anhang F C++-Programm-Listings

```cpp
///////////////////////////////////////////////////////////////////
//
//                      application.cpp
// ROME Copyright (c) Richard McMahon. 1993, 1994.
// ROME Copyright (c) Ken Barclay 1995.
// Generated On January 2, 1996 At 4:56:53.37 pm
//
///////////////////////////////////////////////////////////////////

#include "Company.h"
#include "SalesEmployee.h"
#include "ccstring.h"
#include "SalesManager.h"
#include "Application.h"

//      Vorsicht: Unterscheidung zwischen Groß- und Kleinschreibung bei
//      Namen von Dateien des Betriebssystems möglich!
//      #include "company.h"
//      #include "salesemployee.h"
//      #include "salesmanager.h"
//


Application::Application(void)
{
}

void
Application::run(void)
{
    //
    //  Erzeuge eine Liste von Employee- und Manager-Objekten, die
    //  alle bei dem Company-Objekt namens Napier angestellt sind.
    //  Erzeuge aus der Liste der Mitarbeiter eine Ausgabe der von
    //  jedem Angestellten erzielten Verkaufszahlen.
    //
    Company co("Napier");
    SalesEmployee* newEmployee = 0;
    CString name = "";
    CString title = "";
    Integer salary = 0;
    Integer sales = 0;
    Integer target = 0;
    Integer budget = 0;
    Integer day = 0;
```

Program 9.5

```
   Integer month = 0;
   Integer year = 0;
   CString status = "";
   cout << "Employee type (ZZZ, EMP or MAN): ";
   cin >> status;
   while(status != "ZZZ") {
       if(status == "EMP") {
           cout << "Namen des Angestellten eingeben: ";
           cin >> name;
           cout << "Geburtsdatum des Angestellten eingeben: ";
           cin >> day;
           cin >> month;
           cin >> year;
           cout << "Jobbezeichnung, Gehalt und Verkaufszahlen des Angestellten
                    eingeben: ";
           cin >> title;
           cin >> salary;
           cin >> sales;
           SalesEmployee* emp = new SalesEmployee(name, CDate(day, month, year),
              title, salary, sales);
           newEmployee = emp;
       } else {
           cout << "Namen des Managers eingeben: ";
           cin >> name;
           cout << "Geburtsdatum des Managers eingeben: ";
           cin >> day;
           cin >> month;
           cin >> year;
           cout << "Jobbezeichnung, Gehalt, Verkaufszahlen und Budget des Managers
                    eingeben: ";
           cin >> title;
           cin >> salary;
           cin >> sales;
           cin >> target;
           SalesManager* man = new SalesManager(name, CDate(day, month, year),
              title, salary, sales, target);
           newEmployee = man;
       }
       co.hire(newEmployee);
       cout << "Typ des Angestellten (ZZZ, EMP oder MAN): ";
       cin >> status;
   }
   co.salesReport();
}
```

```cpp
CString
Application::className(void) const// POLYMORPHIC
{
    return "Application";
}


//-- End Implementation ---------------------------------------



////////////////////////////////////////////////////////////////////
//
//                          person.h
// ROME Copyright (c) Richard McMahon. 1993, 1994.
// ROME Copyright (c) Ken Barclay 1995.
// Generated On January 2, 1996 At 4:56:53.43 pm
//
////////////////////////////////////////////////////////////////////

#ifndef PERSON
    #define PERSON

    #include "loom.h"
    #include "ccstring.h"
    #include "ccdate.h"


    class Person {
      public:                   // PUBLIC INTERFACE
                                                Person(const CString& aName, const CDate& aDateOfBirth);
        CString                                 name(void) const;
        Integer                                 age(void) const;

      private:                  // REPRESENTATION
        CString                                 theName;
        CDate                                   theDateOfBirth;

      public:
        virtual CString                         className(void) const;
                                // POLYMORPHIC

    };

#endif
```

```
//-- End Specification ------------------------------------------


//////////////////////////////////////////////////////////////////
//
//                          person.cpp
// ROME Copyright (c) Richard McMahon. 1993, 1994.
// ROME Copyright (c) Ken Barclay 1995.
// Generated On January 2, 1996 At 4:56:53.43 pm
//
//////////////////////////////////////////////////////////////////

#include "Person.h"


Person::Person(const CString& aName, const CDate& aDateOfBirth)
    : theName(aName),
        theDateOfBirth(aDateOfBirth)
{

}

CString
Person::name(void) const
{
    return theName;
}

Integer
Person::age(void) const
{
    //
    //    Einfacher Algorithmus, der Monate oder
    //    Tage innerhalb des Monats nicht berücksichtigt.
    //
    CDate today;
    Integer todayYear = today.year();
    Integer dobYear = theDateOfBirth.year();
    return todayYear-dobYear;
}
```

```
CString
Person::className(void) const// POLYMORPHIC
{
    return "Person";
}


//-- End Implementation ------------------------------------------



////////////////////////////////////////////////////////////////////
//
//                          salesemployee.h
// ROME Copyright (c) Richard McMahon. 1993, 1994.
// ROME Copyright (c) Ken Barclay 1995.
// Generated On January 2, 1996 At 4:56:53.43 pm
//
////////////////////////////////////////////////////////////////////

#ifndef SALESEMPLOYEE
    #define SALESEMPLOYEE

    #include "loom.h"
    #include "Person.h"
    #include "ccstring.h"
    #include "ccdate.h"


    class SalesEmployee : public Person {
    public:                     // PUBLIC INTERFACE
        SalesEmployee(const CString& aName, const CDate& aDateOfBirth,
      const CString& aJobTitle, const Integer& aSalary, const Integer& aSales);
        CString                         jobTitle(void) const;
        Integer                         salary(void) const;
        Logical                         lessThan(const SalesEmployee&
                                          anEmployee) const;
        virtual void                    displaySales(void) const;
                        // POLYMORPHIC
        Integer                         sales(void) const;

    private:            // REPRESENTATION
        CString                         theJobTitle;
        Integer                         theSalary;
        Integer                         theAchievedSales;
```

```
    public:
        virtual CString                         className(void) const;
                            // POLYMORPHIC

    };

#endif

//-- End Specification ----------------------------------------


///////////////////////////////////////////////////////////////
//
//                        salesemployee.cpp
// ROME Copyright (c) Richard McMahon. 1993, 1994.
// ROME Copyright (c) Ken Barclay 1995.
// Generated On January 2, 1996 At 4:56:53.43 pm
//
///////////////////////////////////////////////////////////////

#include "SalesEmployee.h"


SalesEmployee::SalesEmployee(const CString& aName, const CDate& aDateOfBirth,
      const CString& aJobTitle, const Integer& aSalary, const Integer& aSales)
    : Person(aName, aDateOfBirth),
        theJobTitle(aJobTitle),
        theSalary(aSalary),
        theAchievedSales(aSales)
{

}

CString
SalesEmployee::jobTitle(void) const
{
    return theJobTitle;
}

Integer
SalesEmployee::salary(void) const
{
    return theSalary;
}
```

```cpp
Logical
SalesEmployee::lessThan(const SalesEmployee& anEmployee) const
{
    CString jobName = anEmployee.jobTitle();
    if(theJobTitle < jobName) {
        return LTRUE;
    } else {
        return LFALSE;
    }
}

void
SalesEmployee::displaySales(void) const// POLYMORPHIC
{
    cout << this->Person::name();
    cout << ": ";
    cout << theAchievedSales;
    cout << "\n";
}

Integer
SalesEmployee::sales(void) const
{
    return theAchievedSales;
}



CString
SalesEmployee::className(void) const// POLYMORPHIC
{
    return "SalesEmployee";
}


//-- End Implementation -------------------------------------------
```

```
/////////////////////////////////////////////////////////////////////
//
//                         salesmanager.h
// ROME Copyright (c) Richard McMahon. 1993, 1994.
// ROME Copyright (c) Ken Barclay 1995.
// Generated On January 2, 1996 At 4:56:53.43 pm
//
/////////////////////////////////////////////////////////////////////

#ifndef SALESMANAGER
    #define SALESMANAGER

    #include "loom.h"
    #include "SalesEmployee.h"
    #include "ccstring.h"
    #include "ccdate.h"


    class SalesManager : public SalesEmployee {
    public:                    // PUBIIC INTERFACE
        SalesManager(const CString& aName, const CDate& aDateOfBirth,
      const CString& aJobTitle, const Integer& aSalary,
      const Integer& aSales, const Integer& aTarget);
        virtual void                        displaySales(void) const;
                            // REDEFINED

    private:                   // REPRESENTATION
        Integer                             theSalesTarget;

    public:
        virtual CString                     className(void) const;
                            // POLYMORPHIC

    };

#endif

//-- End Specification ------------------------------------------
```

```
///////////////////////////////////////////////////////////////////
//
//                         salesmanager.cpp
// ROME Copyright (c) Richard McMahon. 1993, 1994.
// ROME Copyright (c) Ken Barclay 1995.
// Generated On January 2, 1996 At 4:56:53.43 pm
//
///////////////////////////////////////////////////////////////////

#include "SalesManager.h"


SalesManager::SalesManager(const CString& aName, const CDate& aDateOfBirth,
    const CString& aJobTitle, const Integer& aSalary, const Integer& aSales,
    const Integer& aTarget)
  : SalesEmployee(aName, aDateOfBirth, aJobTitle, aSalary, aSales),
      theSalesTarget(aTarget)
{

}

void
SalesManager::displaySales(void) const// REDEFINED
{
    cout << this->Person::name();
    cout << ": ";
    cout << this->SalesEmployee::sales();
    cout << ": ";
    cout << theSalesTarget;
    cout << "\n";
}



CString
SalesManager::className(void) const// POLYMORPHIC
{
    return "SalesManager";
}


//-- End Implementation -------------------------------------------
```

```
/////////////////////////////////////////////////////////////////
//
//                        company.h
// ROME Copyright (c) Richard McMahon. 1993, 1994.
// ROME Copyright (c) Ken Barclay 1995.
// Generated On January 2, 1996 At 4:56:53.43 pm
//
/////////////////////////////////////////////////////////////////

#ifndef COMPANY
    #define COMPANY

    #include "loom.h"
    #include "ccstring.h"
    #include "pordcol.h"

    class SalesEmployee;// forward references

    //
    //   Ein Company-Objekt besitzt eine 1:N-Assoziation mit Employee-Objekten.
    //   Mit Hilfe des Prinzips der Substituierbarkeit kann es sich bei diesen
    //   entweder um einfache Employee-Objekte oder um Manager-Objekte,
    //   eine Spezialform der ersteren, handeln.
    //
    //

    class Company {
    public:                  // PUBLIC INTERFACE
                                            Company(const CString& aName);
        CString                             name(void) const;
        void                                hire(SalesEmployee* anEmployee);
        void                                salesReport(void) const;

    private:                 // REPRESENTATION
        CString                             theName;

    private:                 // ASSOCIATION
        POrderedCollection< SalesEmployee* >  theEmployees;

    public:
        virtual CString                     className(void) const;
                        // POLYMORPHIC

    };
```

```
#endif

//-- End Specification ----------------------------------------


////////////////////////////////////////////////////////////////
//
//                         company.cpp
// ROME Copyright (c) Richard McMahon. 1993, 1994.
// ROME Copyright (c) Ken Barclay 1995.
// Generated On January 2, 1996 At 4:56:53.43 pm
//
////////////////////////////////////////////////////////////////

#include "SalesEmployee.h"
#include "Company.h"

//
//      Ein Company-Objekt besitzt eine 1:N-Assoziation mit Employee-Objekten.
//      Mit Hilfe des Prinzips der Substituierbarkeit kann es sich bei diesen
//      entweder um einfache Employee-Objekte oder um Manager-Objekte,
//      eine Spezialform der ersteren, handeln.
//
//


Company::Company(const CString& aName)
    : theName(aName),
        theEmployees(DEFAULTSIZE, MANAGED)
{

}

CString
Company::name(void) const
{
    return theName;
}

void
Company::hire(SalesEmployee* anEmployee)
{
    theEmployees.add(anEmployee);
}
```

```
void
Company::salesReport(void) const
{
    cout << "Sales report for: ";
    cout << theName;
    cout << "\n";
    PIterator< SalesEmployee* > empIterator(theEmployees);
    while( empIterator.isExhausted() == LFALSE ) {
        SalesEmployee* emp = empIterator.selection();
        emp->displaySales();
        empIterator.advance();
    }
}


CString
Company::className(void) const// POLYMORPHIC
{
    return "Company";
}


//-- End Implementation ------------------------------------------
```

Program 9.6

```
/////////////////////////////////////////////////////////////////
//
//                         main
// ROME Copyright (c) Richard McMahon. 1993, 1994.
// ROME Copyright (c) Ken Barclay 1995.
// Generated On January 2, 1996 At 7:01:09.73 pm
//
/////////////////////////////////////////////////////////////////

#include "ccstring.h"
#include "application.h"

int main()
{
    Application    app;
    app.run();
```

```
        return 0;
}

//-- End Implementation ------------------------------------------


////////////////////////////////////////////////////////////////////
//
//                            application.h
// ROME Copyright (c) Richard McMahon. 1993, 1994.
// ROME Copyright (c) Ken Barclay 1995.
// Generated On January 2, 1996 At 7:01:09.73 pm
//
////////////////////////////////////////////////////////////////////

#ifndef APPLICATION
    #define APPLICATION

    #include "loom.h"
    #include "ccstring.h"


    class Application {
    public:                    // PUBLIC INTERFACE
                                            Application(void);
        void                                run(void);

    public:
        virtual CString                     className(void) const;//
POLYMORPHIC

    };

#endif

//-- End Specification -----------------------------------------


////////////////////////////////////////////////////////////////////
//
//                            application.cpp
// ROME Copyright (c) Richard McMahon. 1993, 1994.
// ROME Copyright (c) Ken Barclay 1995.
// Generated On January 2, 1996 At 7:01:09.73 pm
//
////////////////////////////////////////////////////////////////////
```

Program 9.6

```cpp
#include "Company.h"
#include "ccstring.h"
#include "Sales.h"
#include "Manager.h"
#include "Application.h"


Application::Application(void)
{
}

void
Application::run(void)
{
    Company organisation("Napier");
    CString name = "";
    Integer day = 0;
    Integer month = 0;
    Integer year = 0;
    Integer sales = 0;
    Integer target = 0;
    CString managerName = "";
    CString status = "";
    ifstream dataFile("p06.dat");
    dataFile >> status;
    while(status != "ZZZ") {
        if(status == "SAL") {
            dataFile >> name;
            dataFile >> day;
            dataFile >> month;
            dataFile >> year;
            dataFile >> sales;
            dataFile >> managerName;
            Sales* salesEmployee = new Sales(name, CDate(day, month, year), sales);
            organisation.appointSales(salesEmployee, managerName);
        } else {
            dataFile >> name;
            dataFile >> day;
            dataFile >> month;
            dataFile >> year;
            dataFile >> target;
            Manager* salesManager = new Manager(name, CDate(day, month, year),
              target);
            organisation.appointManager(salesManager);
```

```
            }
        dataFile >> status;
    }
    organisation.salesReport();
}



CString Application::className(void) const// POLYMORPHIC
{
    return "Application";
}


//-- End Implementation ----------------------------------------


////////////////////////////////////////////////////////////////
//
//                          person.h
// ROME Copyright (c) Richard McMahon. 1993, 1994.
// ROME Copyright (c) Ken Barclay 1995.
// Generated On January 2, 1996 At 7:01:09.73 pm
//
////////////////////////////////////////////////////////////////

#ifndef PERSON
    #define PERSON

    #include "loom.h"
    #include "ccstring.h"
    #include "ccdate.h"



    class Person {
    public:                     // PUBLIC INTERFACE
                                            Person(const CString& aName, const CDate& aDateOfBirth);
        CString                     name(void) const;
        Integer                     age(void) const;

    private:                    // REPRESENTATION
        CString                                 theName;
```

```
        CDate                              theDateOfBirth;

    public:
        virtual CString                    className(void) const;
                            // POLMORPHIC


    };

#endif

//-- End Specification ------------------------------------------


////////////////////////////////////////////////////////////////
//
//                       person.cpp
// ROME Copyright (c) Richard McMahon. 1993, 1994.
// ROME Copyright (c) Ken Barclay 1995.
// Generated On January 2, 1996 At 7:01:09.73 pm
//
////////////////////////////////////////////////////////////////

#include "Person.h"



Person::Person(const CString& aName, const CDate& aDateOfBirth)
    : theName(aName),
        theDateOfBirth(aDateOfBirth)
{

}

CString
Person::name(void) const
{
    return theName;
}

Integer
Person::age(void) const
{
    //
    //    Einfacher Algorithmus, der Monate oder Tage
    //    innerhalb eines Monats nicht berücksichtigt.
```

```
    //
    CDate today;
    Integer todayYear = today.year();
    Integer dobYear = theDateOfBirth.year();
    return todayYear-dobYear;
}



CString
Person::className(void) const// POLYMORPHIC
{
    return "Person";
}


//-- End Implementation ------------------------------------


////////////////////////////////////////////////////////////////
//
//                         employee.h
// ROME Copyright (c) Richard McMahon. 1993, 1994.
// ROME Copyright (c) Ken Barclay 1995.
// Generated On January 2, 1996 At 7:01:09.73 pm
//
////////////////////////////////////////////////////////////////

#ifndef EMPLOYEE
    #define EMPLOYEE

    #include "loom.h"
    #include "Person.h"
    #include "ccstring.h"
    #include "ccdate.h"


    class Employee : public Person {        // ABSTRACT
    public:                    // PUBLIC INTERFACE
        Employee(const CString& aName, const CDate& aDateOfBirth,
      const CString& aJobTitle, const Integer& aSalary);
        Logical                        lessThan(const Employee& anEmployee)
                                                const;
        virtual void                   displaySales(void) const =0;
                        // DEFERRED
```

```
        protected:              // PROTECTED INTERFACE
            CString                         jobTitle(void) const;
            Integer                         salary(void) const;

        private:                // REPRESENTATION
            CString                         theJobTitle;
            Integer                         theSalary;

        public:
            virtual CString                 className(void) const;
                                // POLYMORPHIC

    };

#endif

//-- End Specification ----------------------------------------


///////////////////////////////////////////////////////////////
//
//                        employee.cpp
// ROME Copyright (c) Richard McMahon. 1993, 1994.
// ROME Copyright (c) Ken Barclay 1995.
// Generated On January 2, 1996 At 7:01:09.73 pm
//
///////////////////////////////////////////////////////////////

#include "Employee.h"


Employee::Employee(const CString& aName, const CDate& aDateOfBirth,
        const CString& aJobTitle, const Integer& aSalary)
    : Person(aName, aDateOfBirth),
        theJobTitle(aJobTitle),
        theSalary(aSalary)
{

}

CString
Employee::jobTitle(void) const
{
    return theJobTitle;
}
```

```
Integer
Employee::salary(void) const
{
    return theSalary;
}

Logical
Employee::lessThan(const Employee& anEmployee) const
{
    CString jobName = anEmployee.jobTitle();
    if(theJobTitle < jobName) {
        return LTRUE;
    } else {
        return LFALSE;
    }
}



CString
Employee::className(void) const// POLYMORPHIC
{
    return "Employee";
}


//-- End Implementation ---------------------------------------


////////////////////////////////////////////////////////////////
//
//                          sales.h
// ROME Copyright (c) Richard McMahon. 1993, 1994.
// ROME Copyright (c) Ken Barclay 1995.
// Generated On January 2, 1996 At 7:01:09.79 pm
//
////////////////////////////////////////////////////////////////

#ifndef SALES
    #define SALES

    #include "loom.h"
    #include "Employee.h"
```

Program 9.6

```cpp
#include "ccstring.h"
#include "ccdate.h"


class Sales : public Employee {
public:                   // PUBLIC INTERFACE
    Sales(const CString& aName, const CDate& aDateOfBirth, const Integer&
                                    aSales);
    Integer                             sales(void) const;
    virtual void                        displaySales(void) const;
                    // REDEFINED
    Logical                             lessThan(const Sales& aSales) const;

private:                  // REPRESENTATION
    Integer                             theAchievedSales;

public:
    virtual CString                     className(void) const;
                    // POLYMORPHIC


};

#endif

//-- End Specification ---------------------------------------


/////////////////////////////////////////////////////////////////
//
//                        sales.cpp
// ROME Copyright (c) Richard McMahon. 1993, 1994.
// ROME Copyright (c) Ken Barclay 1995.
// Generated On January 2, 1996 At 7:01:09.79 pm
//
/////////////////////////////////////////////////////////////////

#include "Sales.h"
Sales::Sales(const CString& aName, const CDate& aDateOfBirth, const Integer&
aSales)
    : Employee(aName, aDateOfBirth, "Sales Assistant", 1500),
        theAchievedSales(aSales)
{

}
```

```cpp
Integer
Sales::sales(void) const
{
    return theAchievedSales;
}

void
Sales::displaySales(void) const// REDEFINED
{
    cout << this->Employee::name();
    cout << "[";
    cout << this->Employee::jobTitle();
    cout << "]";
    cout << theAchievedSales;
    cout << "\n";
}

Logical
Sales::lessThan(const Sales& aSales) const
{
    Integer achievedSales = aSales.sales();
    if(theAchievedSales < achievedSales) {
        return LTRUE;
    } else {
        return LFALSE;
    }
}



CString
Sales::className(void) const// POLYMORPHIC
{
    return "Sales";
}


//-- End Implementation ------------------------------------
```

```
//////////////////////////////////////////////////////////////////
//
//                          manager.h
// ROME Copyright (c) Richard McMahon. 1993, 1994.
// ROME Copyright (c) Ken Barclay 1995.
// Generated On January 2, 1996 At 7:01:09.79 pm
//
//////////////////////////////////////////////////////////////////

#ifndef MANAGER
    #define MANAGER

    #include "loom.h"
    #include "Employee.h"
    #include "ccstring.h"
    #include "ccdate.h"
    #include "pordcol.h"

    class Sales;// Vorwärtsverweise

    class Manager : public Employee {
    public:                    // PUBLIC INTERFACE
        Manager(const CString& aName, const CDate& aDateOfBirth, const Integer&
              aTarget);
        virtual void                    displaySales(void) const;
                        // REDEFINED
        void                            appointTeamMember(Sales*
                                            aSalesPerson);

        private:               // REPRESENTATION
            Integer                     theSalesTarget;

        private:               // ASSOCIATION
            POrderedCollection< Sales* >    theSalesTeam;

        public:
            virtual CString             className(void) const;
                        // POLYMORPHIC

    };

#endif
//-- End Specification ------------------------------------------
```

```
//////////////////////////////////////////////////////////////////
//
//                              manager.cpp
// ROME Copyright (c) Richard McMahon, 1993, 1994.
// ROME Copyright (c) Ken Barclay 1995.
// Generated On January 2, 1996 At 7:01:09.79 pm
//
//////////////////////////////////////////////////////////////////

#include "Sales.h"
#include "Manager.h"


Manager::Manager(const CString& aName, const CDate& aDateOfBirth,
      const Integer& aTarget)
    : Employee(aName, aDateOfBirth, "Sales Executive", 2000),
        theSalesTarget(aTarget),
        theSalesTeam(DEFAULTSIZE, UNMANAGED)
{

}

void
Manager::displaySales(void) const// REDEFINED
{
    Integer totalSales = 0;
    PIterator< Sales* > salesMemberIterator(theSalesTeam);
    while( salesMemberIterator.isExhausted() == LFALSE ) {
        Sales* salesMember = salesMemberIterator.selection();
        Integer salesAmount = salesMember->sales();
        totalSales = totalSales+salesAmount;
        salesMemberIterator.advance();
    }
    cout << this->Person::name();
    cout << "[";
    cout << this->Employee::jobTitle();
    cout << "]";
    cout << totalSales;
    cout << ": ";
    cout << theSalesTarget;
    cout << "\n";
}

void
Manager::appointTeamMember(Sales* aSalesPerson)
```

```
{
    theSalesTeam.add(aSalesPerson);
}



CString
Manager::className(void) const// POLYMORPHIC
{
    return "Manager";
}


//-- End Implementation ---------------------------------------


////////////////////////////////////////////////////////////////
//
//                        company.h
// ROME Copyright (c) Richard McMahon. 1993, 1994.
// ROME Copyright (c) Ken Barclay 1995.
// Generated On January 2, 1996 At 7:01:09.79 pm
//
////////////////////////////////////////////////////////////////

#ifndef COMPANY
    #define COMPANY

    #include "loom.h"
    #include "ccstring.h"
    #include "pordcol.h"

    class Sales;// Vorwärtsverweise
    class Manager;
    class Employee;

    //
    //      Ein Company-Objekt besitzt eine 1:N-Assoziation mit Employee-Objekten.
    //      Mit Hilfe des Prinzips der Substituierbarkeit kann es sich bei diesen
    //      entweder um einfache Employee-Objekte oder um Manager-Objekte,
    //      eine Spezialform der ersteren, handeln.
    //
    //

    class Company {
```

```
    public:                     // PUBLIC INTERFACE
                                        Company(const CString& aName);
        CString                         name(void) const;
        void                            appointSales(Sales* aSalesPerson,
                                            const CString& aManager);
        void                            appointManager(Manager* aManager);
        void                            salesReport(void) const;

    private:                    // REPRESENTATION
        CString                         theName;

    private:                    // ASSOCIATION
        POrderedCollection< Employee* >     theEmployees;

    public:
        virtual CString                 className(void) const;
                                // POLYMORPHIC

    };

#endif

//-- End Specification ------------------------------------------


///////////////////////////////////////////////////////////////////
//
//                          company.cpp
// ROME Copyright (c) Richard McMahon. 1993, 1994.
// ROME Copyright (c) Ken Barclay 1995.
// Generated On January 2, 1996 At 7:01:09.79 pm
//
///////////////////////////////////////////////////////////////////

#include "Employee.h"
#include "Manager.h"
#include "Sales.h"
#include "Company.h"


//
//      Ein Company-Objekt besitzt eine 1:N-Assoziation mit Employee-Objekten.
//      Mit Hilfe des Prinzips der Substituierbarkeit kann es sich bei diesen
//      entweder um einfache Employee-Objekte oder um Manager-Objekte,
//      eine Spezialform der ersteren, handeln.
//
//
```

Program 9.6

```cpp
Company::Company(const CString& aName)
    : theName(aName),
        theEmployees(DEFAULTSIZE, MANAGED)
{

}

CString
Company::name(void) const
{
    return theName;
}

void
Company::appointSales(Sales* aSalesPerson, const CString& aManager)
{
    PIterator< Employee* > empIterator(theEmployees);
    while( empIterator.isExhausted() == LFALSE ) {
        Employee* emp = empIterator.selection();
        CString empName = emp->name();
        if(aManager == empName) {
            Manager* managerEmployee = 0;
            managerEmployee = (Manager*)emp;
            theEmployees.add(aSalesPerson);
            managerEmployee->appointTeamMember(aSalesPerson);
            return;
        }
        empIterator.advance();
    }
    //  Kein solches Manager-Objekt vorhanden -- nichts tun!

}

void
Company::appointManager(Manager* aManager)
{
    theEmployees.add(aManager);
}

void
Company::salesReport(void) const
{
    cout << "Verkaufsbericht für: ";
    cout << theName;
    cout << "\n";
```

```
        cout << "===============================\n";
        PIterator< Employee* > empIterator(theEmployees);
        while( empIterator.isExhausted() == LFALSE ) {
            Employee* emp = empIterator.selection();
            emp->displaySales();
            empIterator.advance();
        }
}



CString
Company::className(void) const// POLYMORPHIC
{
    return "Company";
}


//-- End Implementation ----------------------------------------
```

Stichwortverzeichnis

A

Ablauf, paralleler   133
Abstraktion   19, 34, 186
Adreßoperator   180
Aggregation   48, 49, 70, 71, 182
Aggregatskomponente   47, 50
Alias   197
Analyse, objektorientierte   39
Anweisung   65
Äquivalenzbildung   197
Assoziation   49, 95, 178, 182
    N:M   191
    rekursiv   190
    zwischen Aggregatskomponenten   50
Ausdruck   162
Ausgabe   75

B

Basisklasse   222, 285
    abstrakte   222, 307, 308
Behälter   69
Bezeichner   47, 155
Beziehung
    rekursive   45
    Rolle   44
Bibliothekssystem   105, 415, 427, 441, 451, 470
    Analyse   106
    Aufbau   118
    detailliertes Design   115
    Objektmodell   108
    Spezifikation   105
    Strategie   106
    strukturelles Design   107
    Szenarien   112
    Überarbeitung   243
    Version 1   415
    Version 2   451, 427
    Version 3   470
    Zentrales Design   109
Binden   26
    dynamisches   32, 290, 303
    statisches   26, 165

C

C++   11, 152, 495
    Klasse   383
    Klassenverzeichnis   397
    Programm-Listings   495
Copy-Konstruktor   161

D

Datenabstraktion   19
Datenelement   153, 154
Datenfluß   54
Deklarationsanweisung   158
Destruktor   161
Dynamische Bindung   303

E

Eigenschaft   19, 225
    geschützt   225
    öffentlich   225
Eingabe   75
Elementfunktion   153, 155
Elementinitialisierungsliste   167
Ereignis   134

F

Funktionsaufruf 26
Funktionsdefinition 166
Funktionsprototyp 155, 157

H

Header-Datei 152

I

Instanz 21, 24, 77, 185
   LINK 77
Interaktionsdiagramm 53
Iterator 186

K

Kapselung 22
Klasse 20, 24, 152
   abgeleitete 285
   Ableitung 388
   abstrakte 34
   Basisklasse 222, 307
   Bestimmung 39
   Beziehung zwischen 33
   C++ 383
   CDate 402
   CString 397
   Deklaration 152
   Hierarchie 29
   Klassendeklaration 153
   Klassenkopf 153
   Klassenname 153
   Klassenrumpf 153
   konkrete 34
   Nachfahre 209
   PIterator 413

   POrderedCollection 407
   Spezialisierung 27
   Subklasse 28
   Superklasse 28
   Template 394
   Vaterklasse 209
Klassendeklaration 153
Klassendiagramm 52, 207
   Interaktionsdiagramm 53
   Nachrichtenflußdiagramm 53
Klassenhierarchie 29
Klassenkopf 153
Klassenname 153
Klassenrumpf 153
Konstruktor 62
   Copy-Konstruktor 161
Konstruktorfunktion 155
Kontrollfluß 174
Kontroll-Thread 133
Kopplung 23, 49

L

Lebenszeit, dynamische 77
Lebenszyklen von Software 92
LOOM 14, 59
   Aggregationsklausel 346
   Anweisungsblock 349
   Assoziierungsklausel 346
   Ausdrücke 354
   Datentypen 357
   Definitionsklausel 348
   direkte Behälter 365
   Eigenschaft 343
   Foreach-Anweisung 352
   Grammatik 337
   Hintereinanderausführung 67
   informelle Argumentation 88
   instance-Anweisung 350
   invariant-Klausel 347
   Klassenrumpf 340
   Klassenspezifikation 338
   Let-Anweisung 354

Metasymbol 337
Nachbedingung 349
Nachrichtenanweisung 353
private implementation-Klausel 344
protected interface-Klausel 343
public interface-Klausel 341
representation-Klausel 345
Return-Anweisung 353
Schleife 67
Skript 60
Skripte zur Fallstudie 415
Spezialisierungsklausel 339
Spezifikation 151
struktureller Aufbau 70
Vererbungsklausel 345
Verzweigung 67
Vorbedingung 348
While-Anweisung 352
Zustandsdiagramm 142

M

Mehrfachvererbung 235
Methode 23, 26, 61, 65, 165
    dynamische 134
    redefinierte 214
    Redefinition 236
    Rumpf 165
    Vererbung 211
Modell, Aufbereitung 317
Modellierung 59, 133
    dynamische 133

N

Nachricht
    aufeinanderfolgende 67
    Versenden von 64
    Verzweigung 67
Nachrichtenflußdiagramm 53, 86
Nachrichtenverbreitung 48

O

Objekt 19
    Aggregation 48
    Aggregatskomponente 47
    Assoziation 48, 95
    Bestimmung 39
    Beziehung zwischen 43
    Charakteristikum 48
    Darstellung 43, 48
    Daten 19
    Deklaration 158
    Dialog 23
    Dienst 19
    dynamische Dauer 122
    Eigenschaft 43
    Generierung 63
    Lebensdauer 120
    Merkmal 48
    Methode 26
    Modellierung 59
    Nachricht 23
    Programmiersprache 151
    Top-Level 85
Objektinstanz 20
Objekttechnologie 19
    Software-Modul 22
OOAD 14, 39
Operation 19, 31, 42, 65
    Bestimmen von 42
    private 227
    Redefinition 302
Operationssignatur 203
Operator, Zuweisungsoperator 163

P

Parameter 195
Polymorphie 32, 217, 259, 303
Präprozessoranweisung 170
Profil 159

Programmiersprache 151
    C++ 152
Programmierumgebung 14, 315
    ROME 315
Programmodul-Datei 152
Prototypmodell 92
Prozedur 26

R

Rekursion, Assoziation 190
ROME 315
    Benutzerschnittstelle 316
    Codegenerierung 329
    zukünftige Entwicklungen 331

S

Schleife 68
Schnittstelle 215
Signatur 155
Software-Modul 22
Speicherloch 124
Spezialisierung 27, 207, 218, 285
Standardkonstruktor 160
STD 139
String 63
Subklasse 28
Superklasse 28
System, ereignisgesteuert 133, 134
Szenario 54

T

Template-Klasse 394

U

Überladen 75, 166
Umwandlungsoperation 21

V

Variable
    Gültigkeitsbereich 159
    lokale 159
Vaterklasse 209
Verallgemeinerung 27
Vererbung 30, 228, 285
    Mehrfachvererbung 235
    private 311
    Vererbungsauflösung 231
Verknüpfung 46

W

Wasserfallmodell 92
Wertübergabe 198

Z

Zeiger 158
Zustandsdiagramm 139, 141
Zuweisungsoperator 163

PRENTICE HALL

UNIX

Verteilte Betriebssysteme

Andrew S. Tanenbaum

Dieses Werk bietet Ihnen eine umfassende Einführung in die Thematik der verteilten Betriebssysteme. Sie erfahren alles über die Ziele, die Hardware-, Software- und Design-Konzepte, die die modernen Systeme kennzeichnen. Vier Fallstudien zu Amoeba, Mach, Chorus und OSF/DCE zeigen die praktische Umsetzung der theoretischen Ausführungen.
704 Seiten, ISBN 3-930436-23-X
DM 98,–

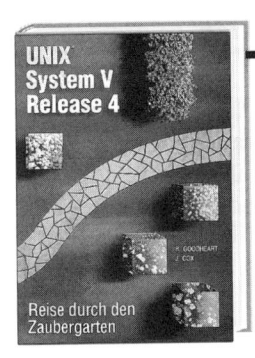

UNIX System V Release 4
Reise durch den Zaubergarten

B. Goodheart / J. Cox

Das weitgreifendste Buch über die Interna von UNIX System V Release 4. Die Autoren stellen die Techniken, Algorithmen und Strukturen des Kernels anschaulich dar, indem sie das System in mehrere Untersysteme zerlegen und deren Funktionsweise und Zusammenspiel genau erklären. Mit Übungen und Fallstudien, die Grundlagenwissen über Betriebssysteme vermitteln.
796 Seiten, ISBN 3-930436-05-1
DM 89,–

PANIC!
UNIX Crash-Dumps analysieren

C. Drake / K. Brown

Das erste Buch, das sich ausschließlich mit UNIX-Systemabstürzen beschäftigt! Ermöglicht die selbständige Crash-Dump-Analyse (die nötigen Tools finden Sie auf der beigefügten CD-ROM), zeigt Ursachen und Vermeidungsstrategien, Insider-Informationen, die endlich nicht mehr nur UNIX-Gurus nutzen können, sondern jeder Systemadministrator.
552 Seiten, 1 CD-ROM, ISBN 3-8272-9507-6
DM 89,–

Bücher von Prentice Hall erhalten Sie im Buchhandel.

PRENTICE HALL

UNIX

Unix Systemverwaltung

E. Nemeth / G. Snyder

Der praxisbezogene Ratgeber für alle Unix-Anwender. Renommierte Autoren stellen alle wesentlichen Eigenschaften von Unix didaktisch mustergültig vor, vom Booten und Herunterfahren des Systems über Hardwarefragen bis zu den Details der Vernetzung. Mit vielen Tips und Konfigurationsbeispielen für die sechs wichtigsten Unix-Dialekte.
816 Seiten, ISBN 3-8272-9511-4
DM 99,95

Beispielhaft in Perl programmieren

Ellen Quigley

Perl vereint in einer Sprache das Beste vieler Unix-Programme mit C. Damit dürfte es zur bevorzugten Programmiersprache für die Systemverwaltung und für skriptenverwaltete Aufgaben werden. Dieses Buch zeigt Schritt für Schritt den Aufbau und die Anwendung von Perl anhand vieler Beispiele.
352 Seiten, ISBN 3-8272-9505-X
DM 69,–

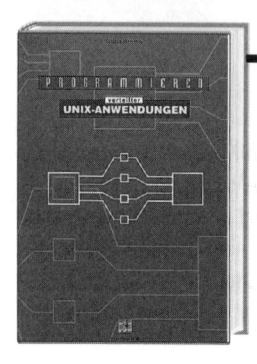

Programmieren verteilter Unix-Anwendungen

Chris Brown

Eine umfassende Einleitung zur Entwicklung verteilter Anwendungen in einem Rechner, in Netzen oder auf Multiprozessor-Systemen. Zahlreiche Codebeispiele erleichtern die im Text erläuterten Methoden zur Programmierung unter Unix. Eine übersichtliche Darstellung für Programmierer.
479 Seiten, ISBN 3-930436-14-0
DM 89,–

Bücher von Prentice Hall erhalten Sie im Buchhandel.

Objektorientierte Programmierung

P. Coad / J. Nicola

Anhand von praxisnahen Beispielen in C++ und in Smalltalk erläutern die Autoren die entscheidenden Aspekte des objektorientierten Programmierens. Eine Diskette mit C++- und Smalltalk-Quellcodes liegt bei.
570 Seiten
ISBN 3-930**436-08**-6
DM 89,–

Objektorientiertes Design

P. Coad / E. Yourdon

Die grundlegenden Entwicklungen auf dem Gebiet des objektorientierten Designs.
230 Seiten
ISBN 3-930**436-09**-4
DM 59,–

Objektorientierte Analyse

P. Coad / E. Yourdon

Mit dieser Neuauflage des Klassikers sparen Systemanalytiker Zeit und Nerven bei der Analyse der Systemanforderungen.
270 Seiten
ISBN 3-930**436-07**-8
DM 69,–

PRENTICE HALL

Prentice Hall

**Objektorientierte C++-Anwendungen:
Die Booch-Methode** Robert Cecil Martin

Martin, ein enger Mitarbeiter Grady Boochs, bietet grundlegende und fortgeschrittene objektorientierte Design-Konzepte sowie deren Umsetzung mit ausgereiften Programmiertechniken unter C++.
600 Seiten · ISBN 3-8272-9520-3 · DM 99,95

Mainstream Objects E. Yourdon u.a.

Die Autoren untersuchen ein breites Spektrum bestehender objektorientierter Entwicklungsmethoden. Sie zeigen, wie Methoden in einem Ansatz zusammengefaßt werden können, der sehr effektiv und vollständig – aber nicht unbedingt komplex – ist.
424 Seiten · ISBN 3-8272-9517-3 · DM 99,95

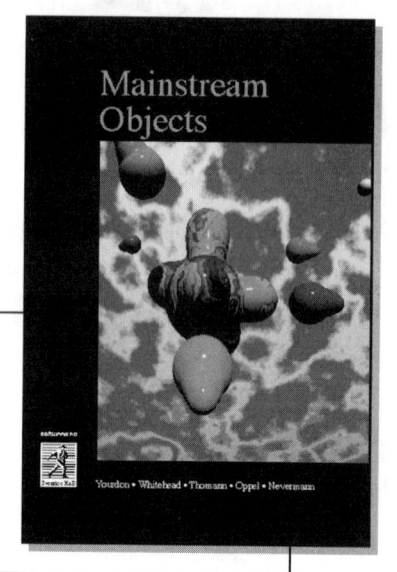

Die neuesten Infos gibt es rund um die
Uhr im Internet: http://www.mut.com

Prentice-Hall-Produkte erhalten Sie
im Buchhandel und Fachhandel.

Markt&Technik Buch- und Software-Verlag GmbH · Hans-Pinsel-Str. 9b
85540 Haar · Telefon (0 89) 4 60 03-222 · Fax (0 89) 4 60 03-100

Prentice Hall

Logik und Programmieren in Logik Ramin Yasdi
Neu an dem vorliegenden Buch ist die zusammengefaßte Behandlung von Logik und Prolog. Der Autor, Lehrbeauftragter an der Universität Heidelberg, ist von einer allzu theoretischen Darstellung abgerückt und befaßt sich eher mit der angewandten Darstellung der Inhalte.
272 Seiten · ISBN 3-930436-24-8 · DM 39,80

Künstliche neuronale Netze D. Patterson
Das Buch enthält Kapitel über biologische Inspiration, frühe neuronale Netze und Entwicklungen, mehrschichtige neuronale Netze mit Feedforward und Backpropagation, dynamische Kettenleiternetze und stochastische neuronale Netzwerke auf unbewachtem Lernen basierende Netze und ein abschließendes Kapitel über vage neuronale Systeme, Soft-Computing, genetische Algorithmen und neurologische Netzwerke.
512 Seiten · ISBN 3-8272-9531-9 · DM 79,95

Einführung in intelligente Softwaretechniken R. Hellmich
Der Autor bietet dem Leser eine einfache, knappe Einführung in folgende Themen: endliche Automaten und ereignisgesteuerte Systeme, Softwaregeneratoren, Techniken der Wissensverarbeitung und Expertensysteme, Fuzzy-Logik, genetische Algorithmen und Evolutionsstrategien, neuronale Netze und Mustererkennung. Trotz der Kürze werden alle grundsätzlichen Aspekte der aufgeführten Themen angesprochen.
297 Seiten · ISBN 3-8272-9546-7 · DM 59,95

Entscheidungstabellen – Entscheiden mit System Michael Rammé
Das Buch gibt dem Leser einen Einblick in die Struktur komplizierter Probleme. Dann wird gezeigt, wie solche Probleme mit Hilfe der Entscheidungstabellen übersichtlich dargestellt und analysiert werden können. Diese Technik ist mit dem beigelegten Programm einfach und wirkungsvoll einzusetzen.
344 Seiten ·1 Disk 3,5" · ISBN 3-8272-9530-0 · DM 69,95

Die neuesten Infos gibt es rund um die Uhr im Internet: http://www.mut.com

Prentice-Hall-Produkte erhalten Sie im Buchhandel und Fachhandel.

Markt&Technik Buch- und Software-Verlag GmbH · Hans-Pinsel-Str. 9b
85540 Haar · Telefon (0 89) 4 60 03-222 · Fax (0 89) 4 60 03-100

Prentice Hall

Programmiersprachen: Eine Einführung T. Pratt/M. Zellkowitz
Teil 1 des Buchs beschreibt das Grammatikmodell für Programmiersprachen und die relevanten Compiler, grundlegende Datentypen, Kapselung, Anweisungen, Prozeduraufruf und Vererbung. Beispiele dieser Merkmale werden in verschiedenen Sprachen aufgeführt.
Teil 2 enthält zahlreiche Beispiele in Fortran, Ada, C, Pascal, ML, Lisp, Prolog, C++ und Smalltalk.
ca. 700 Seiten · ISBN 3-8272-9547-5 · DM 79,95

Programmiersprachen für Datenbanken Norman Paton u.a.
Die Autoren zeigen die Probleme, die Programmierer mit den aktuellen kommerziellen Datenbanksprachen haben; sie bieten eine umfassende Einführung in die 4 Datenbank-Paradigmen, deduktiv, imperativ, funktional und objektorientiert, verdeutlichen deren Stärken und Schwächen und zeigen, wo kombinierte Ansätze effektiv sein könnten.
384 Seiten · ISBN 3-8272-9527-0 · DM 69,95

Theorie und Entwicklung von Programmiersprachen Ryan Stansifer
Stansifer liefert einen Überblick über Konzepte, Entwicklungen und theoretische Grundlagen von Programmiersprachen. Neben den klassischen Schwerpunkten eines Buches über Programmiersprachen, wie Prolog, OOP usw. werden das Lambda-Kalkül und die denotationale Semantik eingeführt.
384 Seiten · ISBN 3-8272-9504-1 · DM 55,-

Die neuesten Infos gibt es rund um die
Uhr im Internet: http://www.mut.com

Prentice-Hall-Produkte erhalten Sie
im Buchhandel und Fachhandel.

Markt&Technik Buch- und Software-Verlag GmbH · Hans-Pinsel-Str. 9b
85540 Haar · Telefon (0 89) 4 60 03-222 · Fax (0 89) 4 60 03-100